ToKL
국어능력
인증시험

꿈의 날개를 달고

Preface

언어로서의 한국어는 우리의 문자인 한글의 위상과 더불어 세계의 다른 민족의 언어보다 우수하다 할 수 있습니다. 특히 한글은 과학적이고 체계적이며 독창적인 문자로서 세계적으로 인정받고 있으며, 그 결과 유네스코에서 지정한 문맹퇴치에 기여한 사람에게 수여하는 상을 '세종대왕상'이라 이름을 붙일 정도입니다. 이처럼 우리말과 글은 우리의 찬란한 문화유산 가운데에서도 가장 자랑할 만한 것이라 할 수 있을 것입니다.

최근에 보면 인터넷과 같은 여러 매체에서 일부 바르지 못한 표현을 사용하는 등 우리말과 글이 많이 훼손되고 있음을 볼 수 있습니다. 그러나 한편에서는 우리말과 글에 대한 이해와 관심이 날로 확대되고 있으며 보다 바람직한 방향으로의 모범적인 사례들도 많이 보도되고 있습니다. 이에 발맞춰 국어정책의 수립·시행, 국민의 국어능력 향상, 국어의 국외 보급 및 국어정보화 등을 통한 국어의 보전과 발전의 기틀을 마련함으로써 국민의 창조적인 사고력을 증진하고 민족문화의 창달에 기여하려는 목적으로 2005년 7월 27일 공포되어 7월 28일부터 '국어기본법'이 시행되고 있습니다.

이러한 분위기를 반영하듯 각종 시험에서는 한국어 영역이 필수 과목으로 자리 잡고 있습니다. 또한 국어능력인증시험을 활용하는 기관이 많이 늘고 있습니다. 공기업 또는 공사를 비롯해서 기업 및 언론사, 각종 대학에서의 입학자료나 졸업인증제로 국어능력인증시험을 활용하고 있습니다. 이렇게 사회 곳곳에서 국어능력인증시험을 필요로 하고 있는 것은 국어 능력이 사회와 학교에서의 원활한 생활을 위한 밑바탕을 이루기 때문이라 판단할 수 있습니다. 이 책은 바로 국어능력인증시험과 그와 유사한 한국어를 대상으로 하는 여러 시험에 대비하여 만들어졌습니다.

이 책은 국어능력인증시험의 6개 출제영역에 맞추어 구성하였습니다. 어휘, 어법, 어문규정을 전반부에 배치하였고, 듣기, 읽기, 쓰기 등의 언어 기능과 관련된 영역을 후반부로 배치하였습니다. 각 영역별 핵심 이론들을 먼저 정리하여 기본적인 개념과 정보를 먼저 공부하게 하였고, 그와 관련된 실전 대비 문제들을 집중적으로 다루는 체제로 구성하였습니다.

이 책이 과연 많은 수험생들에게 조금이나마 보탬이 될 수 있을지 걱정이 많이 앞섭니다. 나름대로 최선을 다했다고 생각하지만 과연 수험생들에게 어떻게 읽히고, 실제 시험에서 좋은 성적을 거두게 할 것인지 의문이 들기도 합니다. 그러나 국어능력인증시험을 준비하는 모든 수험생들의 입장에 서서 공부에 많은 도움을 줄 수 있도록 한 줄 한 줄에 노력과 시간을 아끼지 않았음을 다시 한 번 말씀드립니다. 이 책이 주는 많은 지식과 정보, 그리고 수험생 여러분들의 노력이 하나가 되어 가장 훌륭한 결과를 만드시길 바랍니다.

끝으로 이 책이 나오기까지 많은 도움을 주시고 수고를 아끼지 않으신 모든 분들께 다시 한 번 감사의 말씀을 드립니다.

수험생 여러분의 건투를 빕니다!!!

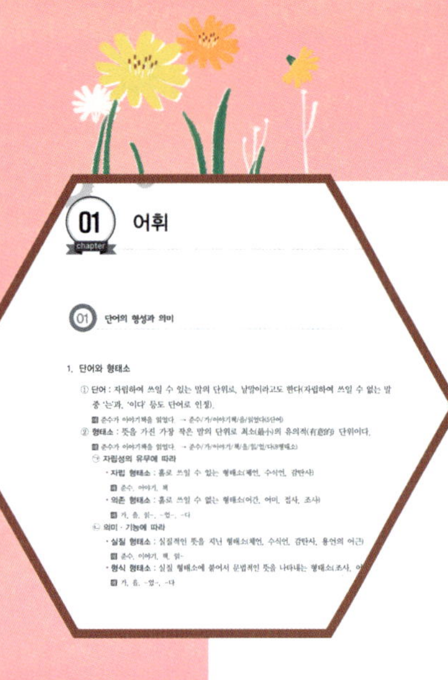

핵심이론정리

각 단원별 핵심이론을 체계적으로 정리하여 방대한 양의 이론을 효과적으로 학습할 수 있도록 구성하였습니다.

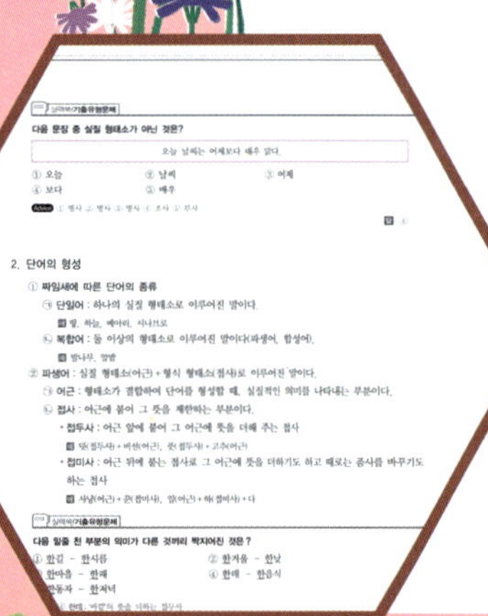

기출유형문제

해당 이론에서 출제된 기출유형문제를 분석하여 합격을 위한 기초를 단단히 다질 수 있습니다.

출제예상문제

주관식 문제를 포함하여 출제가 예상되는
문제를 엄선 · 수록하였습니다.

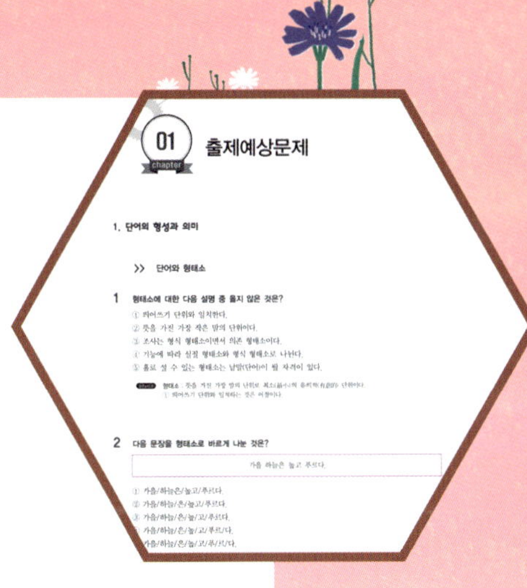

참고자료

필수 어문규정 및 새로 추가된 표준어
목록을 수록하여 학습효율을 높였습니다.

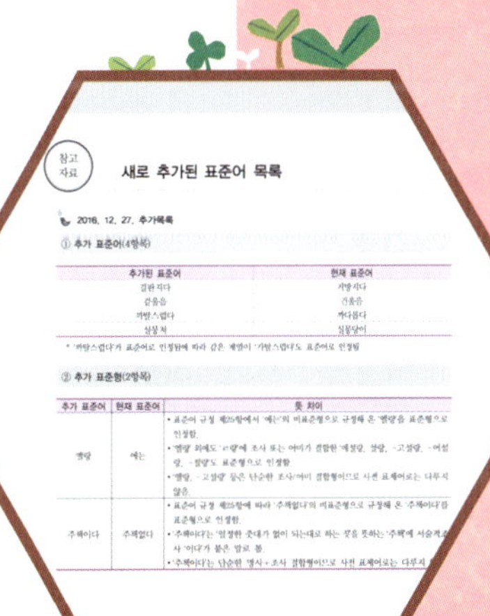

Contents

 *Information*

시험의 특징 및 개요

1. 평가 대상
한국어를 모국어로 하는 학생 및 일반인

2. 평가 목표
① 말하기, 듣기, 읽기, 쓰기에 관한 종합적인 국어사용능력 평가
② 일상적 언어 상황과 밀접하게 연관된 실질적인 국어사용능력 측정
③ 합리적 의사소통능력, 창조적 표현능력, 유연한 언어 상황 적응력 평가

3. 국어능력인증시험(ToKL)의 특징
① 언어 기능 영역과 함께 사실이해, 추론, 비판, 창의 능력을 통합 평가하는 문항 구성
② 서술형 주관식 평가 확대와 다양한 지문을 이용하여 창의적인 언어 사고력 평가

4. 평가 방법
① 시험 시간 : 1교시 60분, 2교시 70분(총 130분, 듣기평가 30분)
② 문항 구성
   ㉠ 문항 수 : 90문항
   ㉡ 유형 : 객관식 80문항(5지 택일형), 주관식 10문항
③ 문항 배점 : 총점 200점(객관식 2점-동일배점, 주관식 4점-차등배점)

5. 시험 시행
① 연간 6회 시행

회차	시행일시	정기접수	성적발표
88	2018. 01. 21(일) 09:30	2017-11-28 ~ 2018-01-08	2018. 02. 13.(화) 10:00

• 연간 일정은 변경될 수 있으며 접수는 시작일 0시부터~마감일 23시 59분까지 홈페이지를 통한 온라인 접수만 가능.
② 응시 접수 : www.tokl.or.kr
③ 시행 장소 : 전국의 주요 도시
④ 응시료 : 38,000원

6. 국가공인자격

(재)한국언어문화연구원에서 주관하는 국어능력인증시험(ToKL)은 2009년 10월 8일 문화체육관광부로
부터 국가공인 자격(제2009년 2호)을 취득함으로써 국내 최고 권위의 국어능력인증시험으로서의 위상
을 확고히 하였다.

① 등록번호 : 문화체육관광부 제2017-3호
② 자격발급기관 : 재단법인 한국언어문화연구원
③ 공인받은 자격의 종목 및 등급 : 국어능력 1급, 2급, 3급, 4급, 5급(국어능력인증시험)
④ 국가공인의 유효기간 : 2018년 1월 1일 ~ 2019년 12월 31일(2년)
⑤ 자격증 및 성적의 유효기간 : 성적 발표일로부터 2년

> ※ **국가공인이란?**
>
> 민간자격 국가공인 제도는 자격기본법(일부개정 2008년 12월 26일, 법률 제9190호)제17조에 의거 국가 외의 법인,
> 단체 또는 개인이 운영하는 민간자격 중에서 사회적 수요에 부응하는 우수 민간자격을 동법 제19조 및 동법 시행령
> 제18조에 의거 한국직업능력개발원의 조사, 연구를 수행하고 이에 대한 결과를 심의회의 심의를 거쳐 국가가 공인해
> 주는 제도로서, 민간자격 국가공인은 자격기본법 제23조에 의거 국가자격과 동등한 대우를 받을 수 있다.

7. 평가 영역 및 문항 구성

① 평가 영역

평가 영역	평가 내용
언어 기초 영역	수행기반능력(어휘)
	언어규범능력(어법 · 어문규정)
언어 기능 영역	창해능력(듣기)
	독해능력(읽기)
	작문능력(쓰기)
사고력 영역	사실적 이해
	추론
	비판
	창의

② 문항 구성 : 국어능력인증시험의 문항은 객관식 80문항, 주관식 10문항으로 구성되어 있으며, 전체 문항 수는 90문항이다. 문항 배점은 총점 200점에 객관식의 경우 동일 배점(2점)으로 하며, 주관식은 수준에 따라 차등 배점(4점)을 부여한다.

영역	총 문항수(주관식)	주요내용
어휘	15(2)	실생활에서 자주 사용하는 어휘의 활용 능력 평가
어법	5	정확하고도 경제적인 문장을 구사할 수 있는 능력 평가
어문 규정	5	효율적인 의사소통을 위한 규범 평가
듣기	15(2)	다양한 상황 설정을 통한 듣기 능력의 종합 평가
읽기	40(1)	매체 환경의 다양성을 반영하는 지문 선택을 통한 읽기 능력의 실질 평가
쓰기	10(5)	문장 생성 능력, 단락 전개 능력 등 실질적인 글쓰기 능력 중심의 평가

사고력	주요내용
이해	독해 또는 청해 과정에서 중심 내용을 확인하고, 글 또는 말의 구조를 파악하는 능력
추론	글의 구조 및 주어진 내용을 활용하여 필요한 정보를 추론하는 능력
비판	정보를 종합하여 비교·분석하고, 글 전체의 내용과 표현을 평가하는 능력
창의	정보를 재창출함은 물론 글쓴이의 의도를 파악하여 능동적으로 반응하고, 적절한 대안을 찾는 능력

8. 성적 / 급수

① 국어능력인증시험의 성적은 절대평가 방식
② 국어능력인증시험의 성적은 평가 영역별 점수와 총점으로 나누어짐
③ 국어능력인증시험의 총점은 200점이며, 점수에 따라 급수를 부여

급수	총점
1급	200 ~ 185
2급	185 미만 ~ 169
3급	169 미만 ~ 153
4급	153 미만 ~ 137
5급	137 미만 ~ 121

• 총점 121점 미만은 급수가 부여되지 않습니다.

9. 시험 시간

시험 시간	활동
09 : 00 ～ 09 : 30	수험자 입실
09 : 30 ～ 09 : 45	감독관 입실, 수험자 주의사항(신분증) 안내
09 : 45 ～ 10 : 00	• 1교시 답안지 작성 • 1교시 문제지 배부 및 파본 검사
10 : 00 ～ 11 : 00	• 1교시 평가 • 읽기, 어문규정, 어휘(객관식 57문항)
11 : 00 ～ 11 : 10	• 2교시 답안지 작성 • 2교시 문제지 배부 및 파본 검사
11 : 10 ～ 12 : 20	• 2교시 평가 • 듣기, 어법, 쓰기 등(객관식 23문항, 주관식 10문항)
12 : 20 ～ 12 : 30	• 시험 종료, 수험자 퇴실

• 응시자는 9시 30분까지 입실하셔야 하며, 시험 종료 시간 이전에는 퇴실할 수 없습니다.

10. 활용처

① 학교(진학 가산점)

　㉠ **고등학교** : 민족사관고등학교, 대일외국어고등학교, 한영외국어고등학교, 안양외국어고등학교, 고양외국어고등학교, 동두천외국어고등학교, 경남외국어고등학교, 현대청운고등학교, 상산고등학교

　㉡ **학점은행제/독학사 학점 획득** : 1급(10학점), 2급(8학점), 3급(5학점), 4급(3학점)

　㉢ **대학교 및 대학원** : 경인교육대학교, 춘천교육대학교, 안양대학교, 전주대학교, 청주대학교, 조선대학교, 순천향대학교, 장로회신학대학원, 의 · 치의학전문대학원

　※ 실제 입시요강과 상이할 수 있으니 각 학교 홈페이지에서 반드시 확인하시기 바랍니다.

② **공사/공기업/정부기관**(채용 & 승진 가산점) : 경찰청, 해양경찰청, 육군부사관, 한국전력공사, 한국전력 KPS, 한국동서발전, 남동발전, 한국토지주택(LH)공사, 국민건강보험공단, 국민체육진흥공단, 근로복지공단, 도로교통공단, 한국가스공사, 한국수자원공사, 한국농어촌공사, 한국자산관리공사, 한국지역난방공사, 한국농촌경제연구원, 한국석유관리원, 한국고전번역원, 사회능력개발원, 제주도청, 충북도청, 충주시청, 청주시청, 제천시청, 서울마포구청, 서울동작구청, 충남서천군청

　※ 채용전형은 유동적이므로 반드시 해당기관의 채용공고를 확인하시기 바랍니다.

③ **언론사 및 기업**(채용 가산점) : 세계일보, 평화신문, 프레시안, 한겨레신문, 경향신문, EBS교육방송, JTV전주방송, PBC평화방송, 우리은행, 강원애드컴, 엔도어즈, ㈜디자인컨티뉴코리아, ㈜한국문화진흥, 한국평생교육캠퍼스, 한샘이지유저가이드, 셰플러코리아, 홍익대학교, LG유플러스, 한신정신용정보㈜

　※ 채용전형은 유동적이므로 반드시 해당기관의 채용공고를 확인하시기 바랍니다.

 **응시안내**

1. 시험접수

ToKL 정기시험은 회차별로 지정된 접수기간 중 인터넷으로 접수할 수 있다.
① 인터넷 접수
　　㉠ 회차별로 지정된 정기접수기간 중 ToKL 홈페이지에서 인터넷으로 접수할 수 있다.
　　㉡ 신용카드, 실시간 계좌이체, 휴대폰, 컬쳐캐쉬로 결제할 수 있다.
② 고사장 선택
　　㉠ 고사장은 ToKL 홈페이지에서 현재 접수중인 고사장을 확인하시고 가까운 곳을 선택할 수 있다.
　　㉡ 고사장은 학교사정에 따라 변동될 수 있으며 접수가 마감된 고사장은 접수가 불가능하다.

2. 접수취소

접수 후 개인적인 사정으로 시험에 응시할 수 없는 경우 접수를 취소할 수 있다.(단, 차기 회차로 연기는 불가하다.)
① 취소신청방법
　　㉠ 인터넷 회원만 취소신청 가능
　　㉡ 단체접수자의 경우 해당 단체장에게 문의
　　㉢ 시험 전일 및 당일에는 취소신청 불가
　　㉣ 취소신청 시 유의사항 : 취소신청 후에는 재차 변경이 불가
② 취소신청기간 : 접수완료 직후부터 시험 2일전(금요일) 18:00까지 ToKL 홈페이지에서 취소신청 가능

3. 신분증 규정

시험 당일 고사장 입실 시 규정신분증을 반드시 소지해야 한다. 아래의 규정신분증 이외의 신분증을 소지한 경우 시험에 응시할 수 없다.
① ToKL 규정 신분증 : 아래 제시된 신분증 중 한 가지를 기간 만료 전 신분증으로 인정

구분	규정 신분증
일반인, 대학생	주민등록증, 운전면허증, 기간 만료 전 대한민국 여권, 공무원증, 기간 만료 전 주민등록증 발급 신청확인서 中 1개 ※ 주의 : 대학(원)생 학생증, 사원증, 舊 주민등록증, 각종 자격증, 사진이 부착된 신용카드, 의료보험증, 등본 인정 안 됨
중/고등학생	사진과 이름이 있는 학교장이 발행한 학생증, 재학증명서에 사진을 붙이고 사진위에 학교장 날인이 된 것, 청소년증, 기간 만료 전 대한민국 여권, ToKL신분확인증명서 中 1개 ※ 주의 : 등본, 의료보험증 인정 안 됨
초등학생	기간 만료 전 대한민국 여권, ToKL신분확인증명서 中 1개 ※ 주의 : 등본, 의료보험증 인정 안 됨
군인	현역간부 신분증, 군무원증, ToKL신분확인증명서(병사)

② 신분증 규정 안내
　㉠ ToKL에서 규정하는 신분증 중 한 가지를 반드시 소지해야 하며, 규정신분증 이외의 신분증을 소지하
　　거나 신분증을 소지하지 않은 경우 시험에 응시할 수 없음
　㉡ 규정신분증 이외의 의료보험증, 주민등록등본, 각종 자격증, 대학교 및 대학원 학생증, 사진이 있는
　　카드 등은 절대 신분증으로 인정하지 않음
　㉢ 규정신분증 미소지자가 시험 도중 적발될 경우에는 시험규정 위반으로 해당 시험성적은 무효처리 됨

4. 시험준비물 및 답안작성 안내

① **시험준비물** : 수험표, ToKL 규정신분증, 필기도구(컴퓨터용 사인펜, 수정테잎, 주관식 기입용 볼펜/연필),
　손목시계
② 답안작성 안내
　㉠ 공정하고 정확한 채점을 위해 OMR Reader가 수험자의 답안지를 판독한 결과에 따라 성적을 처리
　㉡ 잘못된 필기구 사용과 불완전한 마킹으로 인한 채점오류는 수험자 본인에게 책임이 있음
　㉢ 답안 수정 시에는 반드시 수정테이프를 사용, 수정액을 사용할 경우 답안 채점 시 오류가 발생하며
　　이에 대한 책임은 수험자 본인에게 있음
　㉣ ToKL시행본부에서는 컴퓨터용 사인펜과 수정테이프를 수험자에게 제공하지 않음

5. 성적발표 및 성적표 수령

① **성적발표** : ToKL 정기시험 성적결과는 시험일 이후 4주차 화요일 오전 9시에 홈페이지를 통해 발표되며
　우편통보는 성적발표일로부터 10일 가량 소요(성적발표일은 변경될 수 있으니 홈페이지 공지사항을 참고)
② **성적표 수령** : 성적표 수령방법을 인터넷 출력으로 선택한 수험자는 성적 발표 이후 홈페이지에서 출력
　가능
　㉠ **최초 발급 성적표 수령** : ToKL 정기시험 성적표 및 인증서는 별도로 신청하지 않아도 최초 발급 1회에
　　한하여 무료로 발급되며, 접수 당시 기재한 주소로 발송되거나 인터넷 출력이 가능(단체는 해당 기관
　　으로 성적표 및 인증서 발송)
　㉡ **수령방법** : 우편수령의 경우 성적발표 후 일괄 출력하여 일반우편으로 발송되므로 성적발표일 기준으
　　로 10일 가량 소요(인터넷 출력의 경우 성적발표 이후 홈페이지에서 출력 가능)
　㉢ **수령주소 변경** : 시험시행 후 10일 이내에 ToKL 홈페이지 〉 내 ToKL 정보 〉 시험 접수관리 〉 접수
　　정보 확인/수정/취소 메뉴에서 변경
　㉣ **수령방법 변경** : 시험시행 후 10일 이내에 ToKL 홈페이지 〉 내 ToKL 정보 〉 시험 접수관리 〉 접수
　　정보 확인/수정/취소 메뉴에서 변경

 읽기

★ 읽기 자료

분류(배정 문항 수)	세부
실용(8)	공문서, 법조문, 계약서, 안내문, 보고서, 설명서, 광고문 등
학술(12)	인문, 사회, 예술, 과학기술
시사교양(12)	정치, 경제, 사회, 문화
문학(8)	시, 소설, 수필

(1) 사실적 이해

① 정보의 파악

★ 세부 정보의 파악

☞ 위 글의 내용과 일치하지 않는 것은?

☞ ㉠의 의미로 가장 적절한 것은?

☞ ㉠에 대한 설명으로 적절하지 않은 것은?

☞ 다음은 어느 냉장고의 사용설명서의 일부분이다. 무상 기간 내라도 유상 처리되는 경우가 아닌 것은?

★ 핵심 정보의 파악

☞ 위 글의 제목으로 가장 적절한 것은?

☞ 각 단락의 중심내용을 요약한 것으로 적절하지 않은 것은?

② 구조의 파악

★ 논지 전개 양상의 파악 / 문단 구조의 파악

☞ 위 글의 논지 전개 방식으로 가장 적절한 것은?

☞ ㈎~㈑의 순서를 배열한 것으로 가장 적절한 것은?

(2) 추론

① 정보의 추리

★ 세부 정보의 추리

☞ 다음 글에서 추정할 수 있는 ㉠의 특징으로 가장 알맞은 것은?

☞ 다음 진술에서 이끌어 낼 수 있는 내용으로 가장 적절한 것은?

★ 생략된 정보의 추리

☞ 문맥상 빈칸에 들어갈 문구 및 어구로 가장 적절한 것은?

☞ 다음 문단의 내용으로 가장 적절한 것은?

☞ 다음은 어느 냉장고의 '고장 신고 전 확인 사항'이다. 냉동/냉장이 잘 되지 않는 원인으로 적절하지 않은 것은?

★ 핵심 정보의 관계 추리

☞ 다음 중 ㉠과 ㉡의 관계와 유사한 것은?

☞ ㉠과 ㉡의 관계를 바르게 이해한 것은?

② 상황의 추리
★ 사례와 구체적 상황 추리
  ☞ 다음 글에서 설명하고 있는 원리와 관계있는 사례는?
  ☞ 다음 글의 주장에 부합하는 가장 적절한 예는?
  ☞ 다음은 아파트 전세 계약서의 일부분이다. 계약 위반에 해당하지 않는 것은?

③ 태도와 관점의 추리
★ 필자의 태도, 관점, 의도 추리
  ☞ ㉠에 담겨 있는 필자의 관점으로 가장 알맞은 것은?
  ☞ 밑줄 친 부분을 통해 필자가 의도한 것은?

④ 과정의 추리
★ 전제와 결론의 추리
  ☞ 다음 글에서 이끌어 낼 수 있는 필자의 주장으로 가장 알맞은 것은?
  ☞ 다음 글에 나타난 A의 주장이 설득력을 갖기 위해서 보충되어야 할 전제는?
★ 논증의 타당성(논증 과정) 분석
  ☞ 다음 글에 나타난 논증에 대한 설명으로 가장 알맞은 것은?
  ☞ 다음 글의 논지를 강화하는/약화하는 주장은?

(3) 비판
① 종합적 분석
★ 주제, 관점, 구조의 유사성 분석
  ☞ (가)와 (나)를 비교한 것으로 적절하지 않은 것은?
  ☞ (가), (나)에 대한 설명으로 적절하지 않은 것은?

② 공감 및 감상
★ 문학 작품의 감상
  ☞ 〈보기〉는 주어진 시에 대한 시인의 해설이다. 〈보기〉를 참조하여 시에 나타난 정경을 표현한 사자성어로
    적절한 것은?

③ 정보의 평가
★ 비판의 적절성 평가
  ☞ 위 글에 대한 비판으로 적절한 것을 〈보기〉에서 모두 고르면?
  ☞ 위 글에 동의할 수 없는 사람의 의견으로 적절한 것을 〈보기〉에서 모두 고르면?

(4) 창의 – 수용과 반응[반응의 적절성(주관식)]
  ☞ 다음 글을 읽고 글쓴이의 주장에 찬성 혹은 반대하는 이유를 100자 내외로 쓰시오.

 어휘

(1) 단어의 사전적 의미

① 고유어
- ☞ 밑줄 친 단어의 뜻풀이가 바르지 않은 것은?
- ☞ 〈보기〉의 뜻풀이와 예문의 (   )에 가장 알맞은 단어는?

② 한자어
- ☞ 보기의 밑줄 친 부분의 의미로 바른 것은?
- ☞ 밑줄 친 부분을 가장 적절하게 한자어로 대치한 것은?
- ☞ 뜻풀이와 그에 해당하는 단어가 바르게 짝지어지지 않은 것은?

(2) 단어의 문맥적 의미

① 고유어
- ☞ 밑줄 친 부분의 문맥적 의미가 가장 다른 것은?
- ☞ 밑줄 친 단어나 표현을 바꾼 것 중 본래의 의미와 가장 가까운 것은?

② 한자어
- ☞ 보기에서 무분별하게 사용된 일본식 한자어를 적절한 단어로 대치한 것끼리 짝지어진 것은?
- ☞ 밑줄 친 단어의 문맥상 의미와 유사한 의미로 사용된 것은?

(3) 단어의 관계 – 반의/유의/다의/동의

① 고유어
- ☞ 밑줄 친 단어의 쓰임이 다른 것은?
- ☞ 밑줄 친 부분의 의미가 가장 이질적인 것은?
- ☞ 밑줄 친 부분을 같은 의미의 다른 단어나 표현으로 바꾼 것 중 바르지 않은 것은?

② 한자어
- ☞ 보기의 밑줄 친 단어와 유사한 의미로 쓰인 것은?

(4) 단어의 관계 – 연어
- ☞ 두 단어 간의 관계가 다른 것과 이질적인 것은?

(5) 용법

① 의미상 오류의 발견
- ☞ 밑줄 친 단어의 쓰임이 바른 것은?
- ☞ 경조사(慶弔事)에 쓰이는 단어나 표현으로 바르지 않은 것은?

② 사용상 오류의 발견
- ☞ 밑줄 친 부분이 문장의 의미와 자연스럽게 어울리지 않는 것은?
- ☞ 밑줄 친 부분의 쓰임이 바르지 않은 것은?

③ 오류의 수정
- ☞ 밑줄 친 단어를 고치기 위한 설명으로 바른 것은?
- ☞ 〈보기〉는 공문서의 일부이다. 지나치게 어려운 표현을 문맥에도 맞고 이해하기에도 쉬운 표현으로 바꾼 것 중 적절하지 않은 것은?

(6) 기타

① 복합어

☞ 밑줄 친 부분의 의미가 가장 이질적인 것은?

☞ 밑줄 친 부분의 의미가 다른 것은?

② 관용구/속담/한자성어

☞ 밑줄 친 부분의 의미가 가장 유사한 것끼리 짝지어진 것은?

☞ 관용구의 뜻풀이로 바르지 않은 것은?

☞ 〈보기〉의 밑줄 친 부분에 바꾸어 쓰기에 가장 적절한 것은?

③ 외래어/순화어/신조어

☞ 〈보기〉의 '혼조세'는 사전에도 올라 있지 않은 단어이다. 문맥으로 의미를 파악하여 밑줄 친 부분을 바꾼 것 중 가장 적절한 것은?

☞ 게시판에 나타난 단어나 표현을 고치기 위한 방안으로 가장 적절한 것은?

(7) 제시된 조건에 따른 어휘의 완성(주관식)

☞ 제시된 단어 간의 관계가 〈보기〉와 같도록 괄호 안에 알맞은 단어를 쓰시오.

☞ 십자말풀이를 참조해 빗금 친 칸에 맞는 단어를 쓰시오.

 어법

(1) 생략

☞ 다음은 광고 문구이다. 필요한 문장 성분을 모두 갖추어 내용과 어법상 자연스러운 것은?

☞ 어법이나 표현에 문제가 없는 것은?

(2) 중복

☞ 불필요한 요소가 중복되지 않고 어법에 맞는 것은?

☞ 불필요한 성분이 중복되어 있지 않은 문장은?

(3) 호응

☞ 주어와 서술어의 호응이 바르지 않은 문장은?

☞ 밑줄 친 동사를 수정한 것으로 적절하지 않은 것은?

☞ 다음 중 표현을 교정한 것으로 적절하지 않은 것은?

(4) 중의성

☞ 문장이 두 가지 의미 이상으로 풀이될 가능성이 가장 적은 것은?

(5) 기타

☞ 어법상 틀린 곳이 없는 문장은?

☞ 높임법 사용이 바른 것은?

☞ 밑줄 친 호칭과 지칭이 바르게 사용된 것은?

듣기

★ 듣기 자료

〈발화 유형 분류〉

> ① 일상 발화('시장의 언어')
> - 토론, 논쟁, 토의, 세미나, 심포지엄 등의 대화
> - 전화 통화, 길 찾기 등의 일상 대화
> - 상업적 광고, 요구, 부탁 등의 특수 상황 발화
> - 뉴스, 광고, 극 등의 방송 발화
> - 정서적 발화
> - 농담, 언어유희 등의 특수 발화
> ② 비일상 발화('실험실의 언어')
> - 학술 강연 발표
> - 연설, 담화 등의 일방적 발화
> - 문학작품 낭독
> - 안내, 고지 등의 정보전달 발화

〈평가 목표 이원 분류 및 문항 배정표〉

분류		내용
대화	경쟁적 대화(3)	말하는 이 간의 대립적 주장을 통해 이루어지는 대화
	협력적 대화(3)	말하는 이 간의 공통된 주제를 통해 새로운 결론을 이끌어 내는 대화
독화	화자 우위(3)	말하는 이가 일방적으로 듣는 이에게 정보를 전달하여 감화시키는 독화
	화자 · 청자 동등(3)	말하는 이와 듣는 이가 동등한 위치로 말하는 이가 듣는 이에게 객관적 정보를 전달하는 독화
	청자 우위(3)	말하는 이가 듣는 이의 행동과 동의를 요구하는 독화

(1) 사실적 이해

① 내용의 파악

☞ 강연의 핵심적인 주장으로 가장 적절한 것은?

☞ 남자의 주장으로 가장 핵심적인 것은?

☞ 다음 내용을 잘 듣고 100자 이내로 요약하시오.

② 발화 상황의 이해

☞ 이 대화의 전개 양상으로 설명으로 가장 적절한 것은?

☞ 이 강연자의 주장이 아닌 것은?

(2) 추론

① 의도 및 상황의 파악

☞ 여자의 마지막 말이 의미하는 것으로 적절한 것은?

☞ 토론자들이 공통적으로 전제하고 있는 것은?

☞ 남자의 주장의 근거로 가장 적절한 것은?

② 생략된 정보의 추론

☞ 이 토론에 이어질 여자의 말로 가장 적절한 것은?

☞ 이 강연의 뒤에 이어질 내용으로 적절한 것은?

☞ 강연에서 생략된 말로 가장 적절한 것은?

☞ 이 방송에서 삽입될 인터뷰 내용으로 가장 적절한 것은?

③ 구체적 상황에 적용하기

☞ 이 강연의 주제와 관련이 깊은 사례로 가장 적절한 것은?

☞ 남자의 질문에 답하기 위해 제시해야 할 자료로 적절하지 않은 것은?

☞ 담화 내용을 듣고 보인 반응으로 가장 적절한 것은?

(3) 비판

① 내용의 적절성 평가

☞ 남자의 발언에서 모순된 내용으로 적절한 것은?

☞ 이 토론의 문제점으로 가장 적절한 것은?

② 근거의 적절성 평가

☞ 연사의 태도의 문제점으로 가장 적절한 것은?

☞ 남자의 주장에 대한 비판으로 가장 적절한 것은?

(4) 창의(적용 및 대안 탐색)

☞ 강연자의 주장에 반박하는 내용을 하나의 주제문으로 쓰시오.

☞ 제시된 이야기에 대해서 주인공의 입장을 옹호하거나 비판하는 근거의 내용을 100자 이내로 쓰시오.

 어문규정

(1) 맞춤법

☞ 신문기사의 제목 중 맞춤법에 오류가 없는 것은?
☞ 광고 문구의 밑줄 친 부분이 어문규정에 맞는 것은?
☞ 대중가요나 시에 나온 단어나 표현에 대한 설명으로 바르지 않은 것은?

(2) 외래어표기법/로마자표기법

☞ 외래어의 발음에 대한 설명으로 바른 것은?
☞ 보기는 한 회사원의 영문 명함이다. 국어의 로마자 표기법과 관련하여 밑줄 친 부분에 대한 설명 중 바르지 않은 것은?

 쓰기

(1) 주제 설정

① 주제 설정

☞ 다음은 어떤 글의 개요이다. 개요를 보고 이 글의 주제문을 완성하시오.

② 참주제와 가주제의 이해

☞ 〈보기〉는 글을 쓰기 위해 수집한 내용들을 메모한 것이다. 이를 바탕으로 설정한 주제로 보기 어려운 것은?

(2) 자료의 수집과 정리

① 자료의 선별, 분류

☞ 〈보기〉는 '국어능력인증시험의 필요성'이라는 제목으로 글을 쓰기 위해 수집한 자료들이다. 직접적인 논거로 쓰일 수 있는 항목들은?

② 자료의 해석

☞ 다음 자료를 바탕으로 '초등학생 비만의 원인과 해결 방안'이라는 제목으로 글을 쓰려고 한다. 글을 쓰기 위한 계획으로 적절하지 않은 것은?

③ 자료의 보완

☞ 〈보기〉와 같은 구상을 통해 글을 완성하고자 한다. 추가적인 자료 수집 및 활용 방안으로 적절하지 않은 것은?

(3) 구성

① 구성요소의 설정

☞ 〈보기〉는 어떤 글의 서론과 결론 부분이다. 본론의 내용으로 적절하지 않은 것은?

② 구성요소의 배치

☞ '공교육의 붕괴는 부모에게 책임이 있다'라는 제목으로 글을 쓰려고 한다. 다음 〈보기〉의 글감을 가장 잘 정리한 것은?

③ 개요 작성

☞ 다음은 '하드보일드'에 대한 글이다. 〈보기〉의 조건에 맞추어 세 문장으로 요약하시오.

(4) 전개

① 단락의 요건과 구조

☞ ㉠~㉫ 중 단락의 구성 요건상 삭제해야 하는 것은?

② 화제문과 뒷받침문

☞ 다음 중 주제문장과 뒷받침 문장이 가장 긴밀하게 연결된 것은?

③ 설명과 논증

☞ 〈보기〉의 조건을 지켜 '핵심어를 통해 본 21세기'라는 제목으로 글을 쓰려고 한다. 그 내용으로 가장 적절한 것은?

☞ 〈보기〉와 같이 내용을 보다 구체적으로 다시 써 보시오(단, 비유법과 과장법을 써서 50자 이내로 쓰시오).

④ 서론과 결론

☞ 다음은 글을 쓰기 위해 구상한 개요이다. 서론, 본론의 개요를 통해 결론의 내용을 작성해 보시오(50자 내외의 한 문장으로 쓰시오).

어휘파트는 단어를 바탕으로 그 형성과 의미에 대해 묻는 문제가 주로 출제된다. 더하여 고유어와 한자어, 실생활에서 자주 쓰이는 속담과 관용어의 적절한 쓰임은 물론 국어순화와 생활어휘도 학습해야 한다.

어휘
01
CHAPTER

01 어휘

01 단어의 형성과 의미

1. 단어와 형태소

① 단어 : 자립하여 쓰일 수 있는 말의 단위로, 낱말이라고도 한다(자립하여 쓰일 수 없는 말 중 '는'과, '이다' 등도 단어로 인정).

> 예 준수가 이야기책을 읽었다. → 준수/가/이야기책/을/읽었다(5단어)

② 형태소 : 뜻을 가진 가장 작은 말의 단위로 최소(最小)의 유의적(有意的) 단위이다.

> 예 준수가 이야기책을 읽었다. → 준수/가/이야기/책/을/읽/었/다(8형태소)

  ㉠ 자립성의 유무에 따라

- **자립 형태소** : 홀로 쓰일 수 있는 형태소(체언, 수식언, 감탄사)

> 예 준수, 이야기, 책

- **의존 형태소** : 홀로 쓰일 수 없는 형태소(어간, 어미, 접사, 조사)

> 예 가, 을, 읽-, -었-, -다

  ㉡ 의미·기능에 따라

- **실질 형태소** : 실질적인 뜻을 지닌 형태소(체언, 수식언, 감탄사, 용언의 어근)

> 예 준수, 이야기, 책, 읽-

- **형식 형태소** : 실질 형태소에 붙어서 문법적인 뜻을 나타내는 형태소(조사, 어미, 접사)

> 예 가, 을, -었-, -다

다음 문장 중 실질 형태소가 아닌 것은?

> 오늘 날씨는 어제보다 매우 맑다.

① 오늘 ② 날씨 ③ 어제
④ 보다 ⑤ 매우

Advice ① 명사 ② 명사 ③ 명사 ④ 조사 ⑤ 부사

답 ④

2. 단어의 형성

① 짜임새에 따른 단어의 종류

　㉠ 단일어 : 하나의 실질 형태소로 이루어진 말이다.

　　예 땅, 하늘, 메아리, 시나브로

　㉡ 복합어 : 둘 이상의 형태소로 이루어진 말이다(파생어, 합성어).

　　예 밤나무, 알밤

② 파생어 : 실질 형태소(어근)＋형식 형태소(접사)로 이루어진 말이다.

　㉠ 어근 : 형태소가 결합하여 단어를 형성할 때, 실질적인 의미를 나타내는 부분이다.

　㉡ 접사 : 어근에 붙어 그 뜻을 제한하는 부분이다.

　　• 접두사 : 어근 앞에 붙어 그 어근에 뜻을 더해 주는 접사

　　　예 덧(접두사)＋버선(어근), 풋(접두사)＋고추(어근)

　　• 접미사 : 어근 뒤에 붙는 접사로 그 어근에 뜻을 더하기도 하고 때로는 품사를 바꾸기도 하는 접사

　　　예 사냥(어근)＋꾼(접미사), 일(어근)＋하(접미사)＋다

다음 밑줄 친 부분의 의미가 다른 것끼리 짝지어진 것은?

① 한길 – 한시름 ② 한겨울 – 한낮
③ 한마을 – 한패 ④ 한데 – 한음식
⑤ 한동자 – 한저녁

Advice ④ 한데 : '바깥'의 뜻을 더하는 접두사
　　　　한음식 : '끼니때 밖'의 뜻을 더하는 접두사

답 ④

ㄱ '큰'의 뜻을 더하는 접두사

  예 한걱정, 한길, 한시름

ㄴ '정확한' 또는 '한창인'의 뜻을 더하는 접두사

  예 한가운데, 한겨울, 한낮

ㄷ '같은'의 뜻을 더하는 접두사

  예 한패, 한마을, 한집안

ㄹ '바깥'의 뜻을 더하는 접두사

  예 한데

ㅁ '끼니때 밖'의 뜻을 더하는 접두사

  예 한동자, 한음식, 한저녁

③ 합성어 : 실질 형태소(어근)＋실질 형태소(어근)로 이루어진 말이다.

ㄱ 합성법의 유형

- **통사적 합성법** : 우리말의 일반적인 단어 배열법과 일치하는 것으로 대부분의 합성어가 이에 해당된다.

  예 작은형(관형사형＋명사)

- **비통사적 합성법** : 우리말의 일반적인 단어 배열법에서 벗어나는 합성법이다.

  예 늦더위('용언의 어간＋명사'로 이러한 문장 구성은 없음)

ㄴ 합성어의 의미상 갈래

- **병렬 합성어** : 어근이 대등하게 본래의 뜻을 유지하는 합성어

  예 팔다리, 서넛, 여닫다, 뛰놀다

- **유속 합성어** : 한쪽의 어근이 다른 한쪽의 어근을 수식하는 합성어

  예 손수건, 가죽신, 쇠못, 소고기, 쇠사슬

- **융합 합성어** : 어근들이 완전히 하나로 융합하여 새로운 의미를 나타내는 합성어

  예 피땀, 빈말, 집안, 바늘방석, 실마리, 종이호랑이

ㄷ 합성어의 파생

- 합성어＋접사의 구조로 이루어진 말

  예 빗나가다

- 통사적 합성어 어근＋접미사

  예 해돋이, 재떨이

- 비통사적 합성어 어근＋접미사

  예 나들이

- 반복 합성어＋접미사

  예 골골이, 다달이

단어의 형성 방법이 나머지와 다른 하나는?

① 밤낮　　　　　　　　② 물병　　　　　　　　③ 햇보리

④ 늦더위　　　　　　　⑤ 큰아버지

Advice ①②④⑤ 합성어　③ 파생어

답 ③

PLUS **합성어와 파생어**

　ㄱ 합성어 : 실질 형태소(어근) + 실질 형태소(어근)로 이루어진 말이다.
　　　예 작은형, 늦더위, 팔다리, 손수건, 집안 등
　ㄴ 파생어 : 실질 형태소(어근) + 형식 형태소(접사)로 이루어진 말이다.
　　　예 버선, 풋고추, 사냥꾼 등

3. 단어의 의미

다음의 뜻풀이와 예문의 (　　) 안에 가장 적절한 단어는?

> [뜻풀이]　어떤 일에 대하여 생각하고 있는 것 이외의 다른 생각
> [예 문]　뙤약볕을 무릅쓰고 구슬땀을 뻘뻘 흘려 가며 노질을 익히기에 (　　)이 없는 종술을 보고 남의 일에 참견하기 좋아하는 사람들이 내린 결론은 한마디로 미쳤다는 것이었다.

① 개념　　　　　　　　② 상념　　　　　　　　③ 여념

④ 체념　　　　　　　　⑤ 통념

Advice ① 어떤 사물 현상에 대한 일반적인 지식
　　　② 마음속에 품고 있는 여러 가지 생각
　　　④ 희망을 버리고 아주 단념함
　　　⑤ 일반적으로 널리 통하는 개념

답 ③

PLUS **여념과 유사한 말**

　ㄱ 타념 : 주된 생각 이외의 여러 가지 잡다한 생각
　　　예 타념에 사로잡히다.
　ㄴ 딴생각 : 주의를 기울이지 않고 다른 데로 쓰는 생각
　　　예 공부 시간에 딴생각을 하면 안 된다.

밑줄 친 단어의 문맥상 의미와 가장 유사한 것은?

> 잔치 음식에는 품이 많이 <u>든다</u>.

① 하숙집에 <u>든</u> 지도 벌써 삼 년이 지났다.
② 언 고기가 익는 데에는 시간이 좀 <u>드는</u> 법이다.
③ 일단 마음에 <u>드는</u> 사람이 있으면 적극적으로 나설 작정이다.
④ 4월에 <u>들어서만</u> 이익금이 두 배로 늘었다.
⑤ 그는 알찬 대학 생활을 위해 사진 동호회에 <u>들기로</u> 했다.

Advice 보기는 '어떤 일에 돈, 시간, 노력, 물자 따위가 쓰이다'의 의미이다.
① 방이나 집 따위에 있거나 거처를 정해 머무르게 되다.
② 어떤 일에 돈, 시간, 노력, 물자 따위가 쓰이다.
③ 어떤 물건이나 사람이 좋게 받아들여지다.
④ 어떠한 시기가 되다.
⑤ 어떤 조직체에 가입하여 구성원이 되다.

답 ②

PLUS '들다'의 의미

㉠ 밖에서 속이나 안으로 향해 가거나 오거나 하다.
㉡ 빛, 볕, 물 따위가 안으로 들어오다.
㉢ 방이나 집 따위에 있거나 거처를 정해 머무르게 되다.
㉣ 길을 택하여 가거나 오다.
㉤ 수면을 취하기 위한 장소에 가거나 오다.
㉥ 어떤 일에 돈, 시간, 노력, 물자 따위가 쓰이다.
㉦ 물감, 색깔, 물기, 소금기가 스미거나 배다.
㉧ 어떤 범위나 기준, 또는 일정한 기간 안에 속하거나 포함되다.
㉨ 안에 담기거나 그 일부를 이루다.
㉩ 어떤 처지에 놓이다.
㉪ 물건이나 사람이 좋게 받아들여지다.
㉫ 어떤 일이나 기상 현상이 일어나다.

㉬ 어떠한 시기가 되다.
㉭ 어떤 조직체에 가입하여 구성원이 되다.
㉮ 적금이나 보험 따위의 거래를 시작하다.
㉯ 어떤 때, 철이 되거나 돌아오다.
㉰ 잠이 생기어 몸과 의식에 작용하다.
㉱ 나이가 많아지다.
㉲ 과일, 음식의 맛 따위가 익어서 알맞게 되다.
㉳ 몸에 병이나 증상이 생기다.
㉴ 의식이 회복되거나 어떤 생각이나 느낌이 일다.
㉵ 버릇이나 습관이 몸에 배다.
㉶ 아이나 새끼를 가지다.
㉷ 식물의 뿌리나 열매가 속이 단단한 상태가 되다.
㉸ 남을 위하여 어떤 일을 하다.
㉹ 돈을 내고 셋집을 얻어 살다.

① 소리와 의미의 관계

    ㉠ 자의성 : 언어의 형식과 내용과의 관계는 필연적이 아니라, 사회적 약속에 의해 임의적으로 결합되어 있다.

    ㉡ 상징어 : 소리와 의미와의 관계가 필연적으로 여겨지는 단어로, 소리와 의미 사이에 특별한 관련성을 보이는 성질이 있다.

        • 의성어 : 소리를 흉내낸 말을 말한다.

            예 멍멍, 꿀꿀, 땡땡, 뻐꾹뻐꾹

        • 의태어 : 모양 또는 움직임을 흉내낸 말을 말한다.

            예 아장아장, 엉금엉금, 깡충깡충

    ㉢ 단의어와 다의어

        • 단의어 : 하나의 소리에 하나의 의미만이 있는 단어를 말한다.

            예 공책, 연필, 수박, 미나리 등

        • 다의어 : 하나의 소리에 서로 관련이 있는 의미가 여럿 결합되어 있는 단어를 말한다.

            예 먹다, 가다, 다리 등

② 의미의 종류

    ㉠ 중심 의미 : 단어가 가진 여러 의미 중, 가장 기본적이고 핵심적인 의미이다.

    ㉡ 주변 의미 : 중심 의미가 문맥에 따라 그 쓰임이 확장되어 다른 의미로 바뀐 의미이다.

        예 입다

        중심 의미 – 옷을 입다.

        주변 의미 – 피해를 입다, 은혜를 입다, 모친상을 입다 등

실력쑥! 기출유형문제

다음 밑줄 친 단어의 문맥상 의미와 유사한 의미로 사용된 것은?

> 이 검사는 재판부에 피고의 피 묻은 옷을 증거로 <u>댔지만</u> 재판부는 인정하지 않았다.

① 운전사는 사장이 회의 시간에 <u>댈</u> 수 있도록 지름길로 차를 몰았다.
② 아이는 어디서 무엇을 했는지를 사촌 형에게만은 바른대로 <u>대었다</u>.
③ 할아버지 수염을 잡아당기고 싶은 어리광으로 그는 사진에다 <u>대고</u> 윙크하며 중얼대었다.
④ 나비는 벌써 말라 있어서, 손을 <u>대는</u> 정도로도 쉽게 부서졌다.
⑤ 이장수의 목에 칼을 <u>대고</u> 있던 강도가 이번엔 송 씨의 목에 칼을 갖다 대었다.

Advice 보기는 '어떤 사실을 드러내어 말하다'의 의미로 사용되었으므로 ②가 적합하다.

답 ②

ㄱ 정해진 시간에 닿거나 맞추다.
ㄴ 어떤 것을 목표로 삼거나 향하다.
ㄷ 무엇을 어디에 닿게 하다.
ㄹ 어떤 도구나 물건을 써서 일을 하다.
ㅁ 차, 배 따위의 탈것을 멈추어 서게 하다.
ㅂ 돈이나 물건 따위를 마련하여 주다.
ㅅ 무엇을 덧대거나 뒤에 받치다.
ㅇ 어떤 것을 목표로 하여 총, 호스 따위를 겨냥하다.
ㅈ 노름, 내기 따위에서 돈이나 물건을 걸다.
ㅊ 사람을 구해서 소개해 주다.
ㅋ 어떤 곳에 물을 끌어 들이다.
ㅌ 잇닿게 하거나 관계를 맺다.
ㅍ 다른 사람과 신체의 일부분을 닿게 하다.
ㅎ 서로 견주어 비교하다.
㉮ 이유나 구실을 들어 보이다.
㉯ 어떤 사실을 드러내어 말하다.
㉰ 앞말이 뜻하는 행동을 반복하거나 그 행동의 정도가 심함을 나타내는 말

③ 단어들의 의미 관계

ㄱ 동의(同義) 관계 : 둘 이상의 단어가 소리는 다르나 의미가 같다(이음동의어).

> 예 책방 : 서점, 속옷 : 내의

ㄴ 이의(異義) 관계 : 소리는 같으나 의미가 다르다(동음이의어).

> 예 눈(眼) : 눈(雪), 배(과일) : 배(복부) : 배(선박)

ㄷ 유의(類義) 관계 : 둘 이상의 단어가 소리는 다르면서 뜻이 비슷하다.

> 예 어머니 : 엄마 : 어머님

ㄹ 반의(反義) 관계 : 한 쌍의 단어가 서로 반대되는 의미를 갖는다.

> 예 남성 : 여성, 기쁘다 : 슬프다

ㅁ 하의(下義) 관계 : 의미 관계로 보아 어떤 단어가 다른 단어에 포함되는 경우를 말한다.

• 상의어 : 다른 단어의 의미를 포함하는 단어를 말한다.
• 하의어 : 다른 단어의 의미에 포함되는 단어를 말한다.

> 예 상의어 – 꽃
>
> 하의어 – 장미, 국화, 맨드라미, 개나리, 수선화 등

다음 두 단어 사이의 관계가 나머지와 다른 하나는?

① 포괄(包括) : 개괄(概括)　　　　② 변환(變換) : 전환(轉換)

③ 현혹(轉換) : 미혹(迷惑)　　　　④ 개선(改善) : 개악(改惡)

⑤ 견지(見地) : 관점(觀點)

Advice ①②③⑤ 유의어 관계
④ 반의어 관계

답 ④

PLUS ① 포괄(包括) : 일정한 대상이나 현상 따위를 어떤 범위나 한계 안에 모두 끌어넣음
개괄(概括) : 중요한 내용이나 줄거리를 대강 추려 냄
② 변환(變換) : 달라져서 바뀜. 또는 다르게 하여 바꿈
전환(轉換) : 다른 방향이나 상태로 바뀌거나 바꿈
③ 현혹(轉換) : 정신을 빼앗겨 하여야 할 바를 잊어버림. 또는 그렇게 되게 함
미혹(迷惑) : 무엇에 홀려 정신을 차리지 못함
④ 개선(改善) : 잘못된 것이나 부족한 것, 나쁜 것 따위를 고쳐 더 좋게 만듦
개악(改惡) : 고치어 도리어 나빠지게 함
⑤ 견지(見地) : 어떤 사물을 판단하거나 관찰하는 입장
관점(觀點) : 사물이나 현상을 관찰할 때, 그 사람이 보고 생각하는 태도나 방향 또는 처지

④ 의미의 사용

　㉠ 중의적 표현 : 어느 한 단어나 문장이 두 가지 이상의 의미로 해석될 수 있는 표현을 말한다.

　　• 어휘적 중의성 : 어느 한 단어의 의미가 중의적이어서 그 해석이 모호한 것을 말한다.

　　　例 저 배를 보십시오. → 복부 / 선박 / 배나무의 열매

　　• 구조적 중의성 : 한 문장이 두 가지 이상의 의미로 해석될 수 있는 것을 말한다.

　　　例 나는 철수와 명수를 만났다.
　　　　→ 나는 철수와 함께 명수를 만났다.
　　　　→ 나는 철수와 명수를 둘 다 만났다.

　　• 비유적 중의성 : 비유적 표현이 두 가지 이상의 의미로 해석되는 것을 말한다.

　　　例 김 선생님은 호랑이다.
　　　　→ 김 선생님은 무섭다(호랑이처럼).
　　　　→ 김 선생님은 호랑이의 역할을 맡았다(연극에서).

ⓛ **관용적 표현** : 두 개 이상의 단어가 그 단어들의 의미만으로는 전체의 의미를 알 수 없는, 특수한 하나의 의미로 굳어져서 쓰이는 경우를 말한다.

  • **숙어** : 하나의 의미를 나타내는 굳어진 단어의 결합이나 문장을 말한다.

    예 신혼 살림에 깨가 쏟아진다. : 행복하거나 만족하다.

  • **속담** : 사람들의 체험에서 얻어진 생각과 교훈을 간결하게 나타낸 구나 문장을 말한다.

    예 백지장도 맞들면 낫다. : 아무리 쉬운 일이라도 혼자 하는 것보다 서로 힘을 합쳐서 하면 더 쉽다.

⑤ **의미의 변화**

  ㉠ **의미의 확장** : 어떤 사물이나 관념을 가리키는 단어의 의미 영역이 넓어짐으로써, 그 단어의 의미가 변화하는 것을 말한다.

    예 겨레 : 뜻 – 종친(宗親)

           확장 – 동포, 민족

  ㉡ **의미의 축소** : 어떤 대상이나 관념을 나타내는 단어의 의미 영역이 좁아짐으로써, 그 단어의 의미가 변화하는 것을 말한다.

    예 계집 : 뜻 – 여성을 가리키는 일반적인 말

           축소 – 여성의 낮춤말로만 쓰임

  ㉢ **의미의 이동** : 어떤 대상이나 관념을 나타내는 단어의 의미 영역이 확대되거나 축소되는 일이 없이, 그 단어의 의미가 변화하는 것을 말한다.

    예 주책 : 뜻 – 일정한 생각

           이동 – 일정한 생각이나 줏대가 없이 되는 대로 하는 행동

02 고유어

ㄱ

- **가납사니** : 쓸데없는 말을 잘하는 사람. 말다툼을 잘하는 사람
- **가늠** : 목표나 기준에 맞고 안 맞음을 헤아리는 기준. 일이 되어 가는 형편

  예 매사가 다 그렇듯이 떡 반죽도 가늠을 알맞게 해야 송편을 빚기가 좋다.
- **가래다** : 맞서서 옳고 그름을 따지다.

  예 철모르는 어린이들을 데리고 가래 보았자 무슨 소용이 있겠나?
- **가루다** : 자리를 나란히 함께 하다. 맞서 겨주다.

  예 승부를 가루다.
- **가리사니** : 사물을 판단할 수 있는 지각이나 실마리

  예 일이 복잡하게 얽히고설키어 가리사니를 잡을 수 없다.
- **가멸다** : 재산이 많고 살림이 넉넉하다.
- **가무리다** : 몰래 훔쳐서 혼자 차지하다. 남이 보지 못하게 숨기다.

  예 닭이 꿈틀거리는 지렁이를 가무렸다.
- **가분하다 · 가붓하다** : 들기에 알맞다.

  예 가분한 듯하다.
- **가살** : 간사하고 얄미운 태도

  예 가살을 떤다. / 가살을 부리다. / 가살을 피우다.
- **가시버시** : '부부(夫婦)'를 속되게 이르는 말
- **가장이** : 나뭇가지의 몸

  예 가장이에 붙어 있는 나뭇잎
- **가재기** : 튼튼하지 못하게 만든 물건
- **가직하다** : 거리가 조금 가깝다.

  예 여기서 가직한 거리에 상점이 하나 있다.
- **가축** : 알뜰히 매만져서 잘 간직하거나 거둠

  예 지금으로서는 제 몸 가축도 부실한 장자에게 맡길 일이란 아무것도 없었다. 〈김원일의 '불의 제전'〉
- **가탈** : 억지 트집을 잡아 까다롭게 구는 일. 일이 순탄하게 진행되지 못하게 방해하는 일

  예 처음 하는 일이라 여기저기서 가탈이 많이 생긴다.
- **각다분하다** : 일을 해 나가기가 몹시 힘들고 고되다.

  예 우선 당장은 각다분하겠지만 일을 당한 마당에는 역시 고향이 나을 터이었다. 〈채만식의 '민족의 죄인'〉

- **간동하다** : 잘 정돈되어 단출하다.

  예 그들은 간동한 보따리를 하나씩 짊어지고 길을 떠났다.
- **간정되다** : 앓던 병이나 소란하던 일이 가라앉다.

  예 약 기운에 병세가 조금 간정된 듯했다.
- **갈강갈강하다** : 얼굴이 파리하고 몸이 여윈 듯하나 단단하고 굳센 기상이 있다.

  예 순경이는 사십이 넘은 갈강갈강하게 생긴 여자인데 여자의 키로는 중키가 넘을 것 같다. 〈이기영의 '동천홍'〉
- **갈래다** : 정신 또는 길이 섞갈려 종잡을 수가 없다. 짐승이 갈 바를 모르고 우왕좌왕하다.

  예 밤중에는 짐승들이 갈래니 밖에 돌아다니지 않는 것이 좋다.
- **갈마들다** : 서로 번갈아들다.

  예 번개와 우레가 연상 갈마들며 볶아치니 주성 안은 그야말로 아수라장 속처럼 눈 귀가 먹먹했다.
  〈현기영의 '변방에 우짖는 새'〉
- **갈무리** : 물건을 잘 정돈하여 간수함. 일을 끝맺음

  예 메밀 네댓 되와 겨울 동안 갈무리를 했던 토란 잎, 아주까리 잎을 내다 팔기 위해 장 걸음을 하기로 작정하고 있기도 했다. 〈김원일의 '불의 제전'〉
- **갈아들이다** : 전부터 있던 사람이나 물건을 대신하여 다른 사람이나 물건을 새로 들이다.

  예 가정교사를 갈아들일 때마다 며칠은 전화통에서 불이 났다. 〈박완서의 '도시의 흉년'〉
- **갈피** : 일의 갈래가 구별되는 어름
- **감바리** : 이익을 보고 남보다 앞질러서 차지하는 약은 꾀가 있는 사람

  예 사람 됨됨이가 워낙 좀스럽고 이곳에 너무 밝은 감바리라서, 같은 쇠살쭈들 사이에서도 은근히 따돌림을 당하는 눈치였다. 〈문순태의 '타오르는 강'〉
- **감잡히다** : 남과 시비(是非)가 붙었을 때, 조리가 닿지 않아 약점을 잡히다.

  예 그는 상대편에게 감잡혀 아무 말도 하지 못했다.
- **갑치다** : 마구 서둘거나 조르면서 귀찮게 굴다.

  예 아이는 어머니에게 과자를 사 달라고 갑치었다.
- **강동거리다** : 자꾸 가볍게 뛰다.

  예 아이들이라 하루 종일 강동거리고 뛰어다녀도 피곤한 줄 모른다.
- **강파르다** : 몸이 야위고 파리하다. 성질이 깔깔하고 괴팍하다.

  예 그 사나이는 몸이 너무 강팔라서 불쌍해 보였다.
- **갖** : 가죽
- **갖바치** : 가죽신 만드는 일을 직업으로 삼는 사람

  예 꼬막 딱지만 한 점방에서 남의 밑창이나 꿰매 주는 갖바치 신세 안 부럽구먼. 〈박경리의 '토지'〉
- **개차반** : 똥이란 뜻으로, 행세를 더럽게 하는 사람을 욕하는 말
- **거듬** : 팔 따위로 한 몫에 거두어들일 만한 분량을 세는 단위

  예 불을 한 거듬 넣다가 아궁이 앞에 종이 부스러기를 모아서 들이밀려던 필순이는……. 〈염상섭의 '삼대'〉
- **거니채다** : 기미를 알아채다.

• **거레** : 괜히 어정거리면서 느리게 움직이는 일

　예 아낙네들이 인사를 하고 거레를 하며 나서기를 기다리려면 한이 없겠기에 멀지도 않은 데니 혼자 훌쩍 나선 것이다.
〈염상섭의 '대를 물려서'〉

• **거멀못** : 나무, 그릇 등의 금간 데나 벌어질 염려가 있는 곳에 걸쳐 박는 못

• **거우다** : 건드리어 성나게 하다.

　예 막걸리라는 소리가 어멈의 성미를 거웠다.
〈나도향의 '행랑 자식'〉

• **거탈** : 실상이 아닌, 다만 겉으로 드러난 태도

　예 황의 거탈을 벗겨 내어 창피를 주고자 했던 여럿의 앙심은 당초에 가량했던 대로 어지간히 이룬 셈이었다.
〈이문구의 '으악새 우는 사연'〉

• **건목** : 정성들여 다듬지 않고 거칠게 대강 만드는 일, 또는 그렇게 만든 물건

• **걸싸다** : 일하는 동작이 매우 날쌔다.

　예 이젠 일을 걸싸게 못하나 농사 이면이 밝아서 머슴들을 지시하고 논밭 둘러보는 소임이나 하고 있다.
〈한설야의 '탑'〉

• **걸태질** : 탐욕스럽게 마구 제물을 긁어모으는 것

　예 지금은 지주 혼자 마음대로 소작인들을 피를 내고 걸태질을 하던 세상이 아니다.

• **겉볼안** : 겉을 보면 속까지도 짐작하여 알 수 있다는 말

　예 아무리 겉볼안이라지만, 사람은 사귀어 보아야 진심을 알 수 있다.

• **게염** : 부러워하고 탐내는 욕심

　예 게염이 나서 나만 못살게 굴어

• **거스러미** : 손발톱 뒤의 살 껍질이 가시처럼 얇게 터져 일어난 것

　예 다시 따듯하게 덥힌 수건으로 손을 씻고 클렌징 제품으로 손톱 주변의 거스러미 등을 깨끗하게 제거한다.

• **겨끔내기** : 서로 번갈아 하기

　예 그는 왼손 바른손으로 겨끔내기로 치맛귀를 여며 가며…….
〈김유정의 '소낙비'〉

• **겨리** : 소 두 마리가 끄는 큰 쟁기

　예 농부가 황소 한 쌍에 겨리를 지워 밭을 갈고 있다.

• **결곡하다** : 얼굴의 생김새나 마음씨가 깨끗하고 야무져서 빈틈이 없다.

　예 그녀의 얼굴은 맑고 결곡하다.

• **결기** : 성이 나서 내어지르는 기운

　예 결기가 나다.

• **결두리** : 농사꾼이 힘든 일을 할 때 끼니밖에 간식으로 먹는 음식. 새참

　예 춘보 며느리가 곁두리로 고구마를 쪄 내왔다.
〈송기숙의 '암태도'〉

• **고갱이** : 사물의 핵심

• **고거리** : 소의 앞다리에 붙은 살

• **고물** : 배의 뒤쪽. 배의 앞쪽은 '이물'이라 함

- **고부탕이** : 피륙 따위의 필을 지을 때에, 꺾이어 겹쳐 넘어간 곳

  예 옷감을 고부탕이가 지도록 접어서 진열장에 쌓아 두다.
- **고빗사위** : 고비 중에서도 가장 아슬아슬한 순간
- **고샅** : 마을의 좁은 골목길. 좁은 골짜기의 사이

  예 마을 고샅으로 접어드는 길
- **고즈넉하다** : 고요하고 아늑하다. 말없이 다소곳하거나 잠잠하다.

  예 겉으로 고즈넉이 보이는 조선 팔도는 속으로는 여간 어지럽지 않았다. 〈김동인의 '젊은 그들'〉
- **골갱이** : 물질 속에 있는 단단한 부분. 일의 골자

  예 이 무는 골갱이가 씹힌다.
- **골막하다** : 그릇에 다 차지 않고 좀 모자라는 듯하다.

  예 뜨거운 죽을 그릇에 담을 때에는 넘지 않도록 골막하게 담아라.
- **곬** : 한쪽으로 트인 길

  예 제 곬으로만 흐르는 강물
- **곰살궂다** : 성질이 부드럽고 다정하다.

  예 곰살궂게 굴다.
- **곰상스럽다** : 성질이나 하는 짓이 잘고 꼼꼼하다.

  예 곰상스럽게 대하다.
- **곰비임비** : 물건이 거듭 쌓이거나 일이 겹치는 모양

  예 경사스러운 일이 곰비임비 일어난다.
- **곱살끼다** : 몹시 보채거나 짓궂게 굴다.

  예 그 애는 하는 짓이 워낙 곱살끼어 귀엽지 않다.
- **공중제비** : 두 손을 땅에 짚고 두 다리를 공중으로 쳐들어서 반대 방향으로 넘어가는 재주
- **구듭** : 귀찮고 괴로운 남의 뒤치다꺼리
- **구기박지르다** : 함부로 비비어 구기다.

  예 신문지를 구기박질러 버리다.
- **구두질** : 방고래의 재를 쑤셔 내는 일

  예 그 사람이 마구간에서 말을 끌어내 가지고 돌아서는 얼굴도 구두질을 하고 난 사람 이상으로 검었다.
  〈황순원의 '카인의 후예'〉
- **구메농사** : 규모가 작은 농사. 곳에 따라 풍흉(豊凶)이 다르게 되는 농사
- **구쁘다** : 먹고 싶어 입맛이 당기다.

  예 속이 구쁘다.
- **구성없다** : 격에 맞지 않다.

  예 계급장이니 부대 표지니 명찰 따위를 죄다 떼어 버리고 나면 군복이란 참 구성없는 법이다. 〈하근찬의 '야호'〉
- **구성지다** : 천연덕스럽고 구수하다.

  예 구성지게 들려오는 퉁소 소리

* **구순하다** : 말썽 없이 의좋게 잘 지내다.

　　예 집안이 구순하고 편안하다.
* **구실** : 공공이나 관가의 직무(職務). 세금(稅金). 마땅히 자기가 해야 할 책임

　　예 구실을 물다.
* **구완** : 아픈 사람이나 해산한 사람의 시중을 드는 일

　　예 그 집은 병자 구완 때문에 얼마 안 되는 재산을 다 써 버렸다.
* **구유** : 마소의 먹이를 담아 주는 큰 그릇

　　예 소 외양간 구유에 여물을 주다.
* **국으로** : 제 생긴 그대로. 잠자코
* **굴레** : 마소(말과 소)의 목에서 고삐에 걸쳐 얽어 매는 줄
* **굴침스럽다** : 억지로 하려는 빛이 보이다.
* **굼닐다** : 몸을 구부렸다 일으켰다 하다.

　　예 발목까지 직선으로 뻗은 발가락 끝으로 원을 그리는데 그에 따라 근육이 의도가 있는 것처럼 굼니는 것이었습니다.
〈장용학의 '원형의 전설'〉
* **굽도리** : (방안의) 벽의 아래 가장자리
* **굽바자** : 작은 나뭇가지로 엮어 만든 얕은 울타리
* **귀살쩍다** : 물건이 흩어져 뒤숭숭하다. 일이 복잡하게 뒤얽혀 마음이 산란하다.
* **귀잠** : 매우 깊이 든 잠
* **그악하다** : 장난이 지나치게 심하다. 사납고 모질다. 몹시 부지런하다.

　　예 마님의 그악한 며느리 길들이기도 세상 물정을 몰라서 저런다 싶으면 이해가 되기도 했다. 〈박완서의 '미망'〉
* **금새** : 물건의 시세나 값
* **기이다** : 드러나지 않도록 숨기다.

　　예 이실직고하렷다, 만일 추호라도 기이는 일이 있다면 목을 베고도 남음이 있으리라. 〈박종화의 '임진왜란'〉
* **기틀** : 일의 가장 중요한 고비

　　예 기틀을 마련하다.
* **길라잡이** : 앞에서 길을 인도하는 사람
* **길마** : 짐을 싣기 위하여 소의 등에 안장처럼 얹은 도구

　　예 길마를 지우다.
* **길미** : 빚돈에 대하여 덧붙여주는 돈. 이자(利子)

　　예 그 여자는 이런 때 어떻게 처신해야 자신에게 길미가 돌아오는가를 잘 알고 있었다.
* **길쌈** : 피륙을 짜는 일
* **길섶** : 길의 가장자리
* **까대기** : 건물이나 담 따위에 임시로 붙여서 만든 허술한 건조물

　　예 그는 까대기에 들어박혀 가마니를 짰다.

• **까막과부** : 청혼한 남자가 죽어서 시집도 가 보지 못한 과부. 망문과부(望門寡婦)

　　 까막과부에 대삼년에 참말 팔자 험한 색시로군.　　　　　　　　　　　　　　〈홍명희의 '임꺽정'〉
• **까불리다** : 재물 따위를 함부로 써 버리다.

　　예 힘들게 모은 재물을 밤새 노름판에서 다 까불리곤 했다.
• **깔축없다** : 조금도 축내거나 버릴 것이 없다.

　　예 바로 그 완장을 통해서 그는 지도에 그려진 광활한 땅덩어리 전체가 깔축없는 자기의 소유물임을 알딸딸하게 확인
　　하고 있었다.　　　　　　　　　　　　　　　　　　　　　　　　　　　　　　　　〈윤흥길의 '완장'〉
• **깜냥** : 스스로 일을 헤아림. 또는 헤아릴 수 있는 능력

　　예 그는 자기의 깜냥을 잘 알고 있었다.　　　　　　　　　　　　　　　　　　　　〈이기영의 '봄'〉
• **깜부기** : 깜부기병에 걸려서 까맣게 된 밀이나 보리의 이삭
• **깨단하다** : 오랫동안 생각해 내지 못하던 일 따위를 어떠한 실마리로 말미암아 깨닫거나 분명히 알다.

　　예 사업에 실패했던 원인을 이제야 깨단하게 되다니.
• **꺼병이** : 꿩의 어린 새끼. 겉모습 따위가 거칠게 생긴 사람
• **꺼펑이** : 덧씌워 덮거나 가린 물건
• **꼬투리** : 사건이나 이야기 따위의 실마리. 콩과 식물의 열매를 싸고 있는 껍질

　　예 사건의 꼬투리를 잡다.
• **끊다** : 잘잘못이나 좋고 나쁨을 살피어 정하다.

　　예 일기가 하도 좋으니까 시험 성적을 끊기에 피로한 선생님들까지 운동장에 나와서 테니스 선수들과 공을 치고….
　　　　　　　　　　　　　　　　　　　　　　　　　　　　　　　　　　　　　〈염상섭의 '모란꽃 필 때'〉
• **꿰미** : 구멍 뚫린 물건을 꿰어 묶는 노끈

　　예 구슬 꿰미. 명태 꿰미
• **끌밋하다** : 모양이나 차림새 따위가 매우 깨끗하고 헌칠하다.

　　예 열네 살의 털북숭이 소녀가 이제는 스물두 살의 끌밋한 처녀가 돼 있었다.　　〈황순원의 '나무들 비탈에 서다'〉
• **끼끗하다** : 생기가 있고 깨끗하다.

　　예 끼끗하고 준수한 사내다운 인물도 아니요, 어여쁜 인물도 아니요, 특징을 가진 괴상도 아니었다.
　　〈한용운의 '흑풍'〉

ㄴ

• **나부대다** : 조심히 있지 못하고 철없이 납신거리다.

　　예 그들은 무거운 짐들을 지고 종일 나부댄 탓인지 몹시 피곤했다.
• **나이배기** : 겉보기보다 나이가 많은 사람을 낮잡아 이르는 말

　　예 한복이는 옛날보다 더 자란 것 같지는 않았다. 그러나 고생에 찌든 얼굴은 제법 나이배기로 보였다.
　　〈박경리의 '토지'〉

- **난벌** : 나들이할 때 착용하는 옷이나 신발 따위를 통틀어 이르는 말

  예 난벌 하나 없는 것이 부끄럽게도 느껴지지만 그냥 너를 보낸다.　　　　　　〈윤동철의 '외출'〉
- **남새** : 무 · 배추 따위와 같이 심어서 가꾸는 채소

  예 가을 남새를 다듬고 있던 딸 오동네가 웅보를 보고는 "아버지" 하고 소리치며 뜨악하게 바라보았다.
  　　　　　　　　　　　　　　　　　　　　　　　　　　　　　　〈문순태의 '타오르는 강'〉
- **남우세** : 남에게서 비웃음이나 조롱을 받게 됨

  예 그렇게 허술하게 차리고 나갔다가는 남우세를 받기 딱 좋겠다.
- **남진계집** : 내외를 갖춘 남의 집 하인
- **낫잡다** : (수량 · 금액 · 나이 따위를) 좀 넉넉하게 치다.

  예 손님이 더 올지 모르니 음식을 낫잡아 준비해라.
- **낳이** : 피륙을 짜는 일, (지명 뒤에 붙어) 그 지방에서 짠 피륙을 이르는 말

  예 돌실낳이 / 한산낳이
- **내남없이** : 나나 다른 사람이나 다 마찬가지로

  예 재난을 맞아 내남없이 서로 위로하며 도왔다.
- **너나들이** : 서로 너니 나니 하고 부르며 터놓고 지내는 사이

  예 익삼 씨는 벼르고 별렀던 으름장을 놓았다. 지서장하고 너나들이로 지내는 처지임을 은근히 과시하는 소리였다.
  　　　　　　　　　　　　　　　　　　　　　　　　　　　　　　　　　　〈윤흥길의 '완장'〉
- **넉장거리** : 네 활개를 벌리고 뒤로 벌렁 나자빠지는 짓

  예 세상에 주산이를 감고 패물은 주렁주렁 달고 다니면서 그 발모가지 한 번 보면 넉장거리를 할 것이구먼.
  　　　　　　　　　　　　　　　　　　　　　　　　　　　　　　　　　　〈박경리의 '토지'〉
- **넌출지다** : 식물의 줄기가 처렁처렁 길게 늘어지다.

  예 권문세가의 잠영거족이란 것들은 원체 뿌리가 깊고 가지가 넌출지기 때문에 서로들 잘못한 것을 은폐해 버리기가
  일쑤요.　　　　　　　　　　　　　　　　　　　　　　　　　　　　〈박종화의 '다정불심'〉
- **노느매기** : 물건을 여러 몫으로 나누는 일

  예 송편 보따리를 끌러 두 집이 공평하게 노느매기를 하면서, 작은숙부 내외가 큰숙모의 노고와 솜씨를 찬양하는 소리
  를 들어야 했다.　　　　　　　　　　　　　　　　〈박완서의 '그 많던 싱아는 누가 다 먹었을까'〉
- **노량으로** : 어정어정 놀아가면서 천천히

  예 땅에 웅숭그리고 시적시적 노량으로 땅만 판다.　　　　　　　　　〈김유정의 '금 따는 콩밭'〉
- **노루잠** : 깊이 들지 못하고 자주 깨는 잠

  예 잠을 자도 설핏설핏 노루잠 자던 이가 사발밥을 남김없이 비우고 오랜만에 잠도 달게 자는 것이었다.
  　　　　　　　　　　　　　　　　　　　　　　　　　　　　　　〈현기영의 '변방에 우짖는 새'〉
- **노적가리** : 한데에 쌓아 둔 곡식 더미

  예 추수를 끝내고 마당에 쌓인 노적가리를 보니 마음이 뿌듯하다.
- **노총** : 기일(期日)을 남에게 알리지 말아야 될 일

  예 이 일에 대해 노총을 놓았다가는 너의 목숨이 위태로워질지도 모른다.

- **놉** : 하루하루 품삯과 음식을 받고 일을 하는 품팔이 일꾼, 또는 그 일꾼을 부리는 일

  예 어르신, 이 땅은 몇 명만 놉을 사면 금세 농토화시킬 수 있는 땅 아닙니까.　　　　　〈조정래의 '태백산맥'〉
- **높새** : 뱃사람들이 북동풍(北東風)을 이르는 말
- **눈비음** : 남의 눈에 들도록 겉으로만 꾸미는 일

  예 보기에 미상불 예쁘고 소담스러운 좋은 열매언마는, 눈비음뿐이지 먹는 소용은 못 됨이 가석도 하되….
  　　　　　　　　　　　　　　　　　　　　　　　　　　　〈최남선의 '백두산 근참기'〉
- **눅지다** : 추운 날씨가 좀 풀리다.

  예 아침 바람이 그리 맵지 않은 것을 보니 오늘은 날씨가 좀 눅지려나.
- **느껍다** : 어떤 느낌이 마음에 북받쳐서 벅차다.

  예 운명이란 원치 않아도 한 사람에게 주어진 것. 그리하여 하느님은 그렇게 만들어 낸 자신의 창조물들을 바라보며
  느꺼워 하고 있는 것이 아닐까?　　　　　　　　　　　　　〈이상각의 '동무 생각'〉
- **느루** : 한꺼번에 몰아치지 않고 오래도록

  예 하루라도 느루 쓰는 것이 옳고, 그래서 세 끼 먹던 것을 아침과 저녁 두 끼로 줄이었다.
  　　　　　　　　　　　　　　　　　　　　　　　　　　　〈채만식의 '소년은 자란다'〉
- **늑줄** : 동여매었으나 좀 느슨해진 줄

  예 늑줄을 주다.
- **는개** : 안개보다는 조금 굵고 이슬비보다는 가는 비. 연우(煙雨)

  예 골짜기마다 는개가 수액처럼 피어오르고 그나마 산꼭대기에 구름이 감겨 있어…….　　〈문순태의 '타오르는 강'〉
- **능갈** : 얄밉도록 몹시 능청을 떪

  예 작자는 능갈 솜씨가 여간이 아니었다.　　　　　　　　　　　〈송기숙의 '녹두 장군'〉
- **늦사리** : 철 늦게 농작물을 거두는 일. 또는 그 농작물

 ㄷ

- **다락같다** : 물건 값이 매우 비싸다. 덩치가 매우 크다.

  예 요즈음은 하루하루 물가가 오르는 것이 다락같아 살 수가 없다.
- **다리** : 여자의 머리숱을 많게 하려고 덧넣는 머리

  예 다리를 풀다.
- **다복솔** : 가지가 다보록하게 많이 퍼진 어린 소나무
- **다직하다** : 기껏 한다고 하면, 기껏 많게 잡아서, 기껏 많다고 하여야의 뜻으로 쓰는 말

  예 이 논의 추수야 다직하면 벼 석 섬이 될까.
- **닦아세우다** : 남을 꼼짝 못하게 몹시 호되게 나무라다.

  예 이 부장은 부하 직원을 면전에서 닦아세우는 버릇이 있었다.

- **단물나다** : 옷 같은 것이 오래 되어서 바탕이 헤지게 되다.

  예 그는 단벌 양복을 단물나도록 입고 다녔다.
- **달포** : 한 달이 조금 넘는 기간. 삭여(朔餘)

  예 그가 떠난 지 달포 가량 지났다.
- **답치기** : 되는 대로 함부로 덤벼드는 짓. 생각 없이 덮어놓고 하는 짓

  예 답치기로 대답하는 말
- **당나발** : 나발의 하나. 보통 나발보다 크다. 흐뭇하여 헤벌어진 입을 놀림조로 이르는 말

  예 쏟아지는 칭찬에 입이 당나발이 되었다.
- **대갚음** : 남에게 받은 은혜나 원한을 그대로 갚는 일

  예 아까의 흉잡혔던 대갚음을 하였다. 〈김유정의 '정분'〉
- **대거리** : 서로 번갈아 일함
- **대두리** : 큰 다툼, 일이 크게 벌어진 판

  예 대두리가 벌어지다.
- **더기** : 고원의 평평한 곳
- **더껑이** : 길쭉한 액체의 엉겨 붙은 막

  예 더껑이를 걷어 내다.
- **더께** : 찌든 물건에 앉은 거친 때

  예 먼지가 더께로 앉은 책상
- **더새다** : 길을 가다가 날이 저물어 정한 곳 없이 들어가 밤을 지내다.

  예 그날은 산장에서 밤을 더샜다.
- **더치다** : 병세가 도로 더해지다.

  예 다리 다친 것이 낫기도 전에 밭일을 나가 다리가 더쳐 다시 자리에 눕게 되었다.
- **더펄이** : 침착하지 못하고 덜렁대는 사람. 성미가 스스럼이 없고 붙임성이 있어 꽁하지 않은 사람.
- **덖다** : 때가 올라서 몹시 찌들다, 음식에 물을 붓지 않고 볶아서 익히다.

  예 야채와 쇠고기를 함께 넣어 자글자글 덖었다.
- **던적스럽다** : (하는 짓이) 보기에 매우 치사스럽고 더럽다.

  예 그의 행동은 던적스러워서 괜히 꺼려진다.
- **덜퍽지다** : 푸지고 탐스럽다.

  예 눈이 덜퍽지게 내린다.
- **덤받이** : 여자가 전남편에게서 낳아 데리고 들어온 자식
- **덤터기** : 남에게 넘겨 씌우거나 남에게서 넘겨 맡은 걱정거리

  예 덤터기를 쓰다.
- **덧거칠다** : 일이 순조롭지 못하고 가탈이 많다.
- **덧게비** : 이미 있는 것에 덧대거나 덧보탬

- **덧거리** : 정해진 수량 이외에 덧붙이는 물건

  예 배보다 배꼽이 크다더니 제 몫보다 덧거리가 더 많네.

- **덩저리** : 물건의 부피

  예 두부 덩저리가 크다.

- **도거리** : 몫으로 나누지 않고 한데 합쳐서 몰아치는 일

  예 일을 도거리로 맡다.

- **도드미** : 구멍이 널찍한 체

- **도사리** : 감·대추 등이 다 익지 못하고 도중에 떨어진 열매, 못자리에 난 작은 잡풀

  예 아파도 누워 있는 성미가 아니지, 도사리같이 살아나질 않았겠소.　　　　〈박경리의 '토지'〉

- **도스르다** : 무슨 일을 하려고 벌려서 마음을 가다듬다.

  예 경호는 마침내 최후의 결심을 도슬러 먹고 정중한 목소리로 오랫동안의 침묵을 깨뜨렸다.　〈이기영의 '고향'〉

- **도파니** : 죄다 몰아서

  예 모든 학생이 도파니 벌을 섰다.

- **동가리** : 단으로 묶은 것을 동으로 쌓아 놓은 무더기

  예 네 사람이 한패가 되어 한 동가리씩 베어 오라고, 사람 수에 맞추어 동네별로 할당을 했다.

  　　　　〈송기숙의 '녹두 장군'〉

- **동곳(을) 빼다** : 힘이 모자라서 복종하다. 여기에서 '동곳'은 '상투를 튼 뒤에 그것이 다시 풀어지지 아니하도록 꽂는 물건'을 이른다.

  예 말솜씨로도 이론으로도 당할 길이 없어 그는 동곳을 빼고 말았다.

- **동동 촉촉하다** : 매우 삼가고 조심하다.

- **동뜨다** : 시간적·공간적 간격이 생기다, 다른 것보다 훨씬 뛰어나다.

  예 그는 우리 동기 가운데서 가장 동뜬 학생이었다.

- **동아리** : (목적이 같은 사람들이) 한패를 이룬 무리

- **동티** : 흙을 잘못 다루어 지신(地神)을 노하게 하여 받는 재앙, 공연히 건드려서 스스로 걱정이나 해를 입음을 비유하는 말

  예 더러운 몸으로 제사를 지내면 동티가 난단다.

- **되모시** : 결혼한 일이 있는 여자로서 처녀 행세를 하는 여자

- **된바람** : 북풍(北風)을 이르는 말

- **된비알** : 몹시 험한 비탈

  예 그래도 할 수 있는 노력이라면 뒷갈망이야 어찌하든 양수기부터 세내어 켜다 놓고 물이 된비알을 기어오르도록 힘껏 해 볼 셈이었다.　　　　〈이문구의 '우리 동네'〉

- **두남두다** : 편들다, 가엾게 여겨 도와주다.

  예 아무리 못나도 자기 남편이라고 두남두는 모양이로구나.

- **두동지다** : 앞뒤가 서로 맞지 않다, 모순되다.

- **두레** : 농사꾼들이 모내기와 김매기를 공동으로 하기 위해 이룬 조직. 웅덩이나 도랑에서 지대가 높은 논으로 물을 퍼올리는 기구
- **두름** : 물고기 스무 마리를 열 마리씩 두 줄로 엮은 것

  예 우리는 사로잡은 적들을 굴비 두름처럼 새끼로 엮었다.
- **두멍** : 물을 길어 담아 두고 쓰는 큰 가마솥이나 큰 독

  예 쇠로 큰 두멍을 만들어 두 겹으로 포개고 그 위에 상을 베풀었다.　　　　　　　　〈최남선의 '심춘순례'〉
- **둔치** : 물가의 언덕 또는 강이나 호수 따위의 물이 있는 곳의 가장자리

  예 한강 둔치가 공원으로 개발되었다.
- **드난** : (흔히 여자가) 남의 집에 매이지 않고 임시로 붙어 살며 일을 도와주는 고용살이

  예 드난으로 들어온 여자
- **드러장이다** : 많은 물건이 한군데에 차곡차곡 쌓이다.

  예 풍년으로 곳간에는 가마니가 드러장이고 집집마다 넉넉함이 가득하였다.
- **드레지다** : 사람 됨됨이가 가볍지 않고 점잖아서 무게가 있다.

  예 서태석인가 하는 사람은 보통 똑똑한 사람이 아니라던데, 얼핏 보아도 허우대부터가 드레져 보입디다.
  　　　　　　　　〈송기숙의 '암태도'〉
- **드리없다** : 일정하지 않다. 대중없다.

  예 물건들이 크고 작고 드리없다.
- **드잡이** : 서로 머리나 멱살을 움켜잡고 싸우는 짓

  예 차고 지르고 드잡이를 쳐서 코가 터지고 갓양태가 떨어진 이 비장과 배 비장은….　　〈박종화의 '임진왜란'〉
- **들레다** : 야단스럽게 떠들다.

  예 사람들이 골목에 모여 밤새 들레는 바람에 밤잠을 설쳤다.
- **들마** : (가게나 상점의) 문을 닫을 무렵

  예 들마에 손님들이 몰려왔다.
- **들메** : (벗어나지 않도록) 신을 발에 동여매는 일

  예 그는 들메를 바짝 죄고 나서 걸음을 빨리했다.　　　　　　　　〈문순태의 '타오르는 강'〉
- **들썽하다** : 마음이 어수선하여 들떠있다.

  예 그 사건 이후론 마음이 들썽하여 아무 일도 할 수가 없다.
- **들입다** : 마구 무리하게

  예 그는 목이 탔는지 물을 입에 들입다 부었다.
- **딴죽** : 씨름이나 태견에서 발로 상대방을 넘어뜨리는 재주

  예 딴죽을 걸다.
- **딸깍발이** : 신이 없어 마른 날에도 나막신을 신는다는 뜻으로, 가난한 선비를 이르는 말

  예 남산골샌님 딸깍발이의 정신이야말로 시대의 양심이다.

- **떠세** : 돈이나 세력을 믿고 젠 체하고 억지를 쓰는 것

  예 명옥이만 하더라도 툭하면 떠세가, 제 남편 덕에 출세하게 된 것이 아니냐는 것이다.
  〈염상섭의 '돌아온 어머니'〉

- **떡심** : 성질이 매우 질긴 사람을 비유적으로 이르는 말

  예 저 사람 떡심이 좋은 것이 내 맘에 쏙 든다.

- **떨거지** : 일가친척에 속하는 무리나 한통속으로 지내는 사람들

  예 처가 떨거지가 와글와글하는 꼴이 보기 싫어 멀리 이사했습니다.

- **뚱기다** : 악기의 줄 따위를 튀기어 진동하게 하다. 슬쩍 귀띔해 주다.

  예 가야금을 뚱기는 그의 손가락에는 힘이 들어 있었다.

- **뜨악하다** : 마음에 선뜻 내키지 않다.

  예 주막 여주인은 별로 탐탁스럽지가 않다는 듯 뜨악한 얼굴로 천 서방 부녀를 가볍게 흘려 보았다.
  〈문순태의 '타오르는 강'〉

- **띠앗** : 형제나 자매 사이의 우애심

  예 다음의 일천 년간은 동족 일문(一門)끼리 띠앗이 사납다가는 배기지 못할 터이니 무엇보다도 먼저 내적 통일을 해야
  하겠다 하여….
  〈최남선의 '백두산 근참기'〉

- **마고자** : 저고리 위에 덧입는 옷

- **마구리** : 물건의 양쪽 머리의 면

  예 서까래 마구리

- **마닐마닐하다** : 음식이 씹어 먹기에 알맞도록 부드럽고 말랑말랑하다.

  예 음식상을 들여다보았다. 입에 마닐마닐한 것은 밤에 다 먹고, 남은 것으로 요기될 만한 것이 겉밤 여남은 개와 한
  무리 부스러기뿐이었다.
  〈홍명희의 '임꺽정'〉

- **마디다** : 쓰는 물건이 잘 닳거나 없어지지 아니하다.

  예 비누가 마디다.

- **마뜩하다** : 제법 마음에 들다.

  예 나는 그의 행동이 마뜩하지 않다.

- **마름** : 지주의 땅을 대신 관리하는 사람, 이엉을 엮어서 말아 놓은 단

  예 소작료를 받으러 다니는 마름이 때로는 지주보다 더 위세를 부렸다.

- **마름질** : 옷감이나 재목(材木) 등을 치수에 맞추어 자르는 일

  예 옷감을 펼쳐 놓고 마름질을 시작하다.

- **마수걸이** : 맨 처음으로 물건을 파는 일. 또는 거기서 얻은 소득

  예 오후 한 시가 넘도록 마수걸이도 못했다.

- **마전** : (피륙을 삶거나 빨아서)바래는 일, 표백(漂白)

  예 피륙을 마전하다.
- **마파람** : 남쪽에서 불어오는 바람, 남풍(南風)

  예 마파람에 게 눈 감추듯.
- **말가리** : 말의 갈피와 조리. 또는 말의 줄거리

  예 김가의 아내가 자기 잘못이 없는 것을 발명하려고 말가리를 드니 "당신 말은 나중 들을 테니 잠깐 가만히 있소."하고
  돌석이가 눌렀다. 〈홍명희의 '임꺽정'〉
- **말결** : 무슨 말을 하는 김

  예 정연이는 혹 지나가는 말결에 손금 이야기를 하였던 것이었다. 〈오상원의 '백지의 기록'〉
- **말재기** : 쓸데없는 말을 꾸며내는 사람
- **말코지** : 물건을 걸기 위하여 벽에 달아 놓은 나무 갈고리

  예 그는 말코지에 걸린 순찰모를 쓰고는 검은 외투를 걸쳤다. 〈김원일의 '불의 제전'〉
- **매나니** : 일을 하는 데 아무 도구도 없이 맨손뿐임. 반찬이 없는 맨밥

  예 삽이라도 있어야 땅을 파지 매나니로야 어떻게 하겠나?
- **매지구름** : 비를 머금은 검은 조각 구름

  예 갑자기 매지구름이 일더니 삽시간에 주위가 어두워지고 굵은 빗방울이 후드득후드득 떨어지기 시작한다.
- **맨드리** : 옷을 입고 매만진 맵시, 물건의 만들어진 모양새

  예 맨드리가 곱다.
- **맨망** : 요망스럽게 까부는 짓

  예 늘 장난기 어린 주모의 맨망이 오늘따라 눈에 거슬렸다.
- **맵자하다** : 모양이 꼭 체격에 어울려서 맞다.

  예 옷차림이 맵자하다.
- **맹문** : 일의 시비나 경위(經緯)

  예 어찌 된 일인지 맹문이나 들어 보자.
- **머드러기** : 많이 있는 과일이나 생선 가운데서 크고 굵은 것

  예 수북한 사과 더미 속에서 머드러기만 골라 샀다.
- **머쓱하다** : 어울리지 않게 키가 크다, 무안을 당하거나 흥이 꺾여 어색하고 열없다.

  예 그는 자신의 마음을 들킨 것이 머쓱해서 웃고 말았다.
- **머줍다** : 몸놀림이 느리다, 굼뜨다.

  예 초보자라서 일하는 것이 좀 머줍다.
- **메꽂다** : 고집이 세고 심술궂다.
- **메떨어지다** : 모양이나 몸짓이 어울리지 않다.

  예 그 사람은 행색이나 언동이 촌스럽고 메떨어졌다.
- **메지** : 일의 한 가지가 끝나는 단락

  예 메지가 나다, 메지를 내다.

- **멧부리** : 산등성이나 산봉우리의 가장 높은 꼭대기

  예 뾰죽뾰죽한 멧부리들은 하늘을 찌를 듯 날카롭게 솟아 있었다.
- **멱차다** : 더 이상 할 수 없는 한도에 이르다, 일이 끝나다.

  예 너무 멱차게 일을 맡지는 마라.
- **모가비** : 인부나 광대 등의 우두머리. 낮은 패의 우두머리

  예 전체를 한바탕 꾸짖고 나서, 그 모가비 되는 놈의 팔목을 끌고 가려 한즉, 이놈이 팔을 뿌리치며, 붙잡힌 손목을
  뽑아내려고 바둥거리었다. 〈이희승의 '소경의 잠꼬대'〉
- **모도리** : 빈틈없이 아주 야무진 사람
- **모람모람** : 이따금씩 한데 몰아서

  예 우리들이 겁쟁이는 아닐세. 모람모람 가다가 한번 톡톡히 혼을 낼 작정일세. 〈한용운의 '흑풍'〉
- **모래톱** : 강가나 바닷가에 있는 모래벌판, 모래사장

  예 산모퉁이를 돌아오는 바람에 잔파도가 일어나서 모래톱을 핥듯이 때려 댔다. 〈한승원의 '해일'〉
- **모르쇠** : 덮어놓고 모른다고 잡아떼는 일

  예 나장이 노밤이를 꾸짖은 뒤 다시 늙은이더러 이 말 저 말 더 물어보았으나 늙은이는 모두 모르쇠로 방패막이하였다.
  〈홍명희의 '임꺽정'〉
- **모지라지다** : 물건의 끝이 닳거나 잘려서 없어지다. 오래 써서 끝이 닳아진 물건을 '모지랑이'라 하며
  '모지랑붓', '모지랑비'라는 말이 있음. '몽당붓', '몽당비'라고도 씀

  예 책상의 네 귀가 모지라졌다.
- **모집다** : 허물이나 과실을 명백하게 지적하다.

  예 허물을 모집다.
- **모짝** : 한 번에 있는 대로 다 몰아서

  예 능금을 먹다가 위아래 이가 모짝 빠져서 앞에 떨어지는데…. 〈이인직의 '혈의 누'〉
- **목대** : 멍에 양쪽 끝 구멍에 꿰어 소의 목 양쪽에 대는 가는 나무

  예 목대를 잡다.
- **목매기** : 아직 코를 뚫지 않고 목에 고삐를 맨 송아지
- **몰강스럽다** : 보기에 억세고 모질며 악착스럽다.

  예 그 독살스러운 사람들이 소작료를 그렇게 몰강스럽게 긁어 간단 말이야. 〈한승원의 '해일'〉
- **몽구리** : 바싹 깎은 머리
- **몽니** : 심술궂게 욕심부리는 성질

  예 몽니를 부리다.
- **몽따다** : 알고 있으면서 일부러 모르는 체하다.

  예 그는 사실을 알면서도 몽따고 되물었다.
- **몽짜** : 음흉하게 몽니 부리는 짓 또는 그렇게 하는 사람

  예 몽짜를 부리다.

- **몽총하다** : 붙임성과 인정이 없이 새침하고 쌀쌀하다.

  예 그렇게 몽총한 사람에게는 친구가 많을 리 없다.
- **몽치** : 짤막하고 단단한 몽둥이

  예 각각 몽치와 칼을 가지고 각처로 다니면서 재물을 탈취한 죄로…. 〈독립신문〉
- **몽태치다** : 남의 물건을 슬그머니 훔치다.

  예 아이는 문방구에서 연필을 몽태치다가 들켰다.
- **무꾸리** : 무당이나 판수에게 길흉(吉凶)을 점치는 일

  예 무꾸리를 다니다.
- **무녀리** : 태로 낳은 짐승의 맨 먼저 나온 새끼, 언행이 좀 모자란 사람

  예 정익수는 자기 형에 비하면 체구부터가 크다 만 무녀리 꼴이었다. 〈송기숙의 '녹두 장군'〉
- **무드럭지다** : 두두룩하게 많이 쌓여 있다.

  예 무드럭진 입에는 들깻묵이 제격(변변찮은 음식을 먹으면서 스스로 자기를 비웃는 말)
- **무람없다** : (어른에게나 친한 사이에) 스스럼없고 버릇이 없다, 예의가 없다.

  예 제 행동이 다소 버릇없고 무람없더라도 용서하십시오.
- **무릎맞춤** : 대질(對質)

  예 이 일은 무릎맞춤을 해 보아야 진상이 밝혀지겠다.
- **무리꾸럭** : 남의 빚이나 손해를 대신 물어 주는 일

  예 돈이야 결국 영감이 무리꾸럭을 했거나 했겠지만, 선거비에 쩔쩔 맨다니까 듣기에 딱해서…. 〈염상섭의 '대를 물려서'〉
- **무서리** : 처음 오는 묽은 서리

  예 무서리에 잎이 지다.
- **무싯날** : 장이 서지 않는 날
- **묵새기다** : 별로 하는 일 없이 한 곳에 오래 묵으며 세월을 보내다.

  예 그는 고향에서 묵새기며 요양하고 있다.
- **물꼬** : 논에 물이 넘나들도록 만든 어귀

  예 물꼬를 트다.
- **물부리** : 궐련을 끼워 입에 물고 빠는 물건, 빨부리

  예 물부리에 담배를 꽂다.
- **물수제비뜨다** : 둥글고 얄팍한 돌을 물 위로 담방담방 튀기어 가게 던지다.
- **물참** : 조수가 잔뜩 밀려들어온 때

  예 배를 타려면 물참을 기다려야 하기 때문에 이곳의 왕래는 여간 불편한 것이 아니었다.
- **물초** : 온통 물에 젖은 상태, 또는 그 모양

  예 물초 된 옷도 채 벗지 아니하고 땀 씻을 수건도 미처 꺼내지 아니하여서…. 〈최남선의 '금강 예찬'〉
- **뭉근하다** : 불이 느긋이 타거나, 불기운이 세지 않다.

  예 사랑방은 뭉근한 화롯불로 새벽까지 뜻뜻했다.

- **미대다** : 하기 싫어서 잘못 된 일을 남에게 밀어 넘기다.

   자기 일을 남에게 미대는 것도 일종의 버릇이다.
- **미립** : 경험을 통하여 얻은 묘한 이치나 요령

  예 그가 다른 사물에는 어두운 대신 노동을 하는 데는 미립이 환하였다.　　　　　〈이기영의 '봄'〉
- **미쁘다** : 믿음성이 있다, 진실하다.

  예 여기저기 눈치를 살피는 모습이 도무지 미쁘게 보이지 않는다.
- **미투리** : 삼·모시 따위로 삼은 신
- **민낯** : 여자의 화장 하지 않은 얼굴

  예 민낯으로 다녀도 얼굴이 고운 여자
- **민둥산** : 나무가 없어 황토가 드러난 산

  예 병풍처럼 마을 뒤를 가렸던 얕은 언덕의 소나무 숲은 매연으로 이미 고사해 버려 민둥산으로 벌겋게 버려져 있었다.
　　　　　〈김원일의 '도요새에 관한 명상'〉
- **민틋하다** : 울퉁불퉁하지 않고 평평하고 미끈하다.

  예 이발사가 다녀간 다음이면 동네 아이들은 모두 무 밑동처럼 퍼렇고 민틋한 뒷머리로 값싼 분 냄새를 풍기며 돌아다
  녔다.　　　　　〈오정희의 '유년의 뜰'〉
- **밀막다** : 핑계를 대고 거절하다.

  예 부탁을 밀막다.
- **및다** : 한정한 곳에 이르다, '미치다'와 같은 말

  예 그는 아무리 노력을 해도 스승의 실력에는 및지 못했다.

ㅂ

- **바람만바람만** : 바라보일 만한 정도로 뒤에서 멀찍이 떨어져 따라가는 모양

  예 바람만바람만 뒤따라가다.
- **바르집다** : 숨겨진 일을 들추어내다.

  예 그는 상대편의 잘못을 바르집어 냈다.
- **바자위다** : 성질이 너무 깐깐하여 너그러운 맛이 없다.

  예 하지만 그렇게 꼼꼼하고 바자위게 하고 간 영감이 정미소 하나만은 뉘에게로 준다는 말이 없이 유서에도 안 써
  놓았으니….　　　　　〈염상섭의 '삼대'〉
- **바장이다** : 부질없이 짧은 거리를 오락가락 거닐다.

  예 공연히 이리저리 바장이다가 집으로 내려가는 중에 부산동서 살인이 났단 말을 듣고 여러분 일이 궁금해서…….
　　　　　〈홍명희의 '임꺽정'〉
- **바지춤** : 바지의 허리를 접어 여민 사이

  예 바지춤을 여미다.

- **바탕** : 활을 쏘아 미치는 거리

  예 동진은 연무정 근처, 서진은 용연 근처에 주둔했는데 섬에서 불과 활 두 바탕 거리였다.

  〈현기영의 '변방에 우짖는 새'〉

- **바투** : 두 물체의 사이가 썩 가깝게, 시간이 매우 짧게

  예 어머니는 아들에게 바투 다가가 두 손을 움켜쥐었다.

- **반거들충이** : 무엇을 배우다가 중간에 그만두어 다 이루지 못한 사람

  예 흰 두루마기를 입은 사람이 바로 두 차례나 초시에 낙방하고 나주에 건너다니며 기방 출입에 반거들충이 생활을 한다는 박 초시의 큰아들이 분명한 듯싶었다. 〈문순태의 '타오르는 강'〉

- **반기** : 잔치 · 제사 때에 동네 사람들에게 나누어 주려고 작은 목판에 담은 음식

  예 시루떡 반기

- **반살미** : 갓 혼인한 신랑이나 신부를 친척집에서 처음으로 초대하는 일

- **반자** : 지붕 밑이나 위층 바닥 밑을 편평하게 하여 치장한 각 방의 천장

  예 반자 받다(몹시 노하여 펄펄 뛰다).

- **반지랍다** : 기름기나 물기 따위가 묻어서 윤이 나고 매끄럽다.

  예 얼마나 매만졌던지 울퉁불퉁하던 호두 알이 반지랍게 되었다.

- **반지빠르다** : 교만스러워 얄밉다.

  예 반지빠른 행동

- **받내다** : (몸을 움직이지 못하는 사람의) 대소변을 받아내다.

- **발** : 새로 생긴 나쁜 버릇이나 관례

  예 그러다가는 무슨 일을 하려면 뇌물을 바쳐야 하는 발이 생길까 겁난다.

- **발림** : 판소리에서 노래하는 사람이 행하는 몸짓

- **발맘발맘** : 한 발씩 또는 한 걸음씩 길이나 거리를 재는 모양

  예 발맘발맘 재어 보았더니 족히 오 리는 될 듯하더라.

- **발쇠** : 남의 비밀을 알아내어 다른 사람에게 일러 주는 짓

  예 그 사람은 이곳저곳 돌아다니면서 발쇠나 일삼는 사람이라 믿을 수 없다.

- **방물** : 여자에게 소용되는 화장품 · 바느질 기구 · 패물 따위

  예 할머니는 저자 한 모퉁이에서 온갖 방물을 벌여 놓고 팔았다.

- **방자** : 남이 못되기를, 또는 남에게 재앙이 내리도록 귀신에게 비는 것

  예 계숙이를 집안 망할 도적년이라고 갖은 방자를 다하더라는 둥 자기에 대한 흠집은 모조리 들추어낸다.

  〈김유정의 '정분'〉

- **방자고기** : 양념도 하지 않고 소금만 뿌려서 구운 짐승의 고기

- **방패막이** : 어떤 것을 내세워 자기에게 닥쳐 오는 공격이나 영향 따위를 막아내는 일

  예 그는 권력을 방패막이로 하여 온갖 부정을 다 저질렀다.

- **밭다** : 시간 · 공간이 매우 가깝다.

  예 앉은 자리가 너무 밭다.

- **배때** : 배때기

  예 배때가 벗다(행동이나 말이 아주 거만하고 건방지다).
- **배메기** : 지주와 소작인이 수화한 것을 똑같이 나누는 제도. 반타작. 병작(竝作)
- **버겁다** : 힘에 겨워 다루기가 벅차다.

  예 이 많은 일을 나 혼자 다 하기에는 너무 버겁다.
- **버금** : (서열 등의 차례에서) '으뜸' 또는 '첫째'의 다음

  예 그는 선거를 했다 하면 늘 버금이었다.
- **버덩** : 나무는 없이 잡풀만 난 거친들

  예 바람에 아름거리는 저편 버덩의 파란 벼 잎을 아득히 바라보았다.　　　　　〈김유정의 '총각과 맹꽁이'〉
- **버력** : 하늘이나 신령이 사람의 죄악을 징계하려고 내린다는 벌

  예 아이가 별안간 까닭 모를 병으로 버럭버럭 앓는 것을 보니 그야말로 삼신할머니의 버력이 아이에게도 내린 것인지?
　　　　　〈염상섭의 '올수'〉
- **버르집다** : 숨은 일을 들춰내다.

  예 쓸데없이 지나간 일을 자꾸 버르집는 것은 결코 바람직하지 않다.
- **버릊다** : 벌여서 어수선하게 늘어놓다.

  예 어린아이가 밥상을 버릊어 놓았다.
- **버름하다** : 틈이 좀 벌어져 있다. 마음이 서로 맞지 않다.

  예 버름한 문틀
- **버성기다** : 벌어져서 틈이 나다.

  예 버성긴 발뒤꿈치에서 피가 나온다.
- **버슷버슷하다** : 여러 사람의 사이가 모두 서로 잘 어울리지 아니하다.

  예 그 사람들은 모두 버슷버슷해서 함께 일하기가 어렵다.
- **버캐** : 액체 속에 섞였던 염분이 엉겨서 뭉쳐진 찌끼

  예 변기에 오줌 버캐가 끼었다.
- **벅벅이** : 틀림없이 그러하리라고 미루어 헤아리는 뜻을 나타내는 말

  예 무슨 일이 있어도 내일은 그분이 벅벅이 올 것이다.
- **번하다** : 어두운 가운데 밝은 빛이 비치어 조금 훤하다.

  예 창문이 번하게 밝아 오다.
- **벋놓다** : 다잡아 기르거나 가르치지 아니하고, 제멋대로 올바른 길에서 벗어나게 내버려 두다.

  예 부모가 자식을 너무 벋놓아서 버릇이 없다.
- **벋다** : 틈이 생겨서 사이가 뜨다.

  예 문짝이 벋다.
- **베돌다** : 한데 어울리지 않고 따로 떨어져 밖으로만 돌다.

  예 그는 어제 싸우고 나온 뒤로 이렇게 베돌고 있다.

- **벼리** : 그물의 위쪽 코를 꿰어 오므렸다 폈다 하는 줄, 일이나 글의 가장 중심 되는 줄거리

  예 벼리를 당기다.
- **벼리다** : 날이 무딘 연장을 불에 달구어서 두드려 날카롭게 만들다.

  예 대장간에서 낫과 호미를 벼리다.
- **변죽** : 그릇·세간 등의 가장자리

  예 화살이 과녁의 변죽을 꿰뚫다.
- **볏가리** : 차곡차곡 쌓은 볏단이다.

  예 베기가 끝난 논에는 여기저기 볏가리가 쌓여 있다.
- **보깨다** : 먹은 것이 잘 삭지 아니하여 뱃속이 거북하고 괴롭다.

  예 어제 저녁 내내 속이 보깨어 혼났다.
- **보늬** : 밤·도토리 따위의 속에 있는 얇은 껍질

  예 보늬를 벗기다.
- **보람** : 눈에 뜨이게 해 두는 표

  예 비행기에 탈 때에는 가방마다 눈에 띄는 보람을 해 두어야 한다.
- **보습** : 쟁기에 달린 삽 모양의 쇳조각

  예 장정이 다 된 듬직한 몸으로 쟁기 꼭지를 쥐고 보습을 흙 속에 깊숙이 박았다.　　　　〈안수길의 '북간도'〉
- **보암보암** : 이모저모 살펴보아 짐작할 수 있는 겉모양

  예 보암보암으로는 별다른 훈련 없이 그냥 할 수 있을 것 같다.
- **보쟁이다** : 부부가 아닌 남녀가 남몰래 서로 친밀한 관계를 계속 맺다.

  예 순영이 쪽에서 한사코 보쟁이려고 하는 것이었다. 그날 저녁에도 먼저 만나자고 한 것은 순영이였다.
　　　　〈문순태의 '타오르는 강'〉
- **보짱** : 꿋꿋하게 가지는 속마음

  예 눈이 시퍼런 여편네가 있는데 동네까지 기어들어 왔으니 보짱도 예사 보짱 아니구먼.　　　　〈박경리의 '토지'〉
- **복장** : 가슴의 한복판

  예 어머니가 복장을 찢듯이 통곡을 하기 시작했다.　　　　〈박완서의 '미망'〉
- **본치** : 남의 눈에 띄는 태도나 겉모양

  예 그 여인은 맛깔 있어 보이는 점심상을 본치도 좋게 들여왔다.
- **볼모** : 약속을 이행하겠다는 담보로 상대편에 잡혀 두는 물건, 또는 사람

  예 볼모로 잡다.
- **볼썽** : 남에게 보이는 체면이나 태도

  예 "매우 쳐라!" 사또는 노기에 떨며 뻘건 얼굴을 볼썽 흉하게 이지러뜨린다.　　　　〈유현종의 '들불'〉
- **부꾸미** : 찹쌀가루, 밀가루, 수수 가루 따위를 반죽하여 둥글고 넓게 하여 번철에 지진 떡

  예 손님이 있을 때면 경주네 주막에서는 부꾸미와 빈대떡 부치는 구수한 냄새가 김과 함께 포렴 사이로 새어 나왔다.
　　　　〈윤흥길의 '황혼의 집'〉

- **부닐다** : 가까이 따르며 붙임성이 있게 굴다.

  예 며느리가 시어머니에게 부니는 모습이 보기 좋았다.
- **부르터나다** : 감추어져 있던 일이 드러나다.

  예 일이란 부르터난 김에 해야지요.　　　　　　　　　　　　　　〈홍효민의 '신라 통일'〉
- **부전부전하다** : 남의 바쁜 사정을 생각지 아니하고 자기가 하고 싶은 일만 서두르다.

  예 아들이라면 신통해서 인사라도 가겠지마는 아기 어머니부터 신신치 않아 하는데 부전부전 쫓아 들어갈 것까지 없다
  　하고 내버려 두었더니….　　　　　　　　　　　　〈염상섭의 '우주 시대 전후의 아들딸'〉
- **북새** : 많은 사람들이 아주 야단스럽게 부산을 떨며 법석이는 일

  예 한바탕 북새를 떨다.
- **불리다** : 쇠를 달구어 단련하다.

  예 쇠를 불리고 이기고 담그고 하는 것이 그가 하는 일의 전부였다.
- **불목하니** : 절에서 밥 짓고 물 긷는 일을 맡아서 하는 사람

  예 머리를 깎은 지 삼 년 후에는 나무를 해다가 승방에 군불을 지피고, 스님들의 공양을 짓는 불목하니가 되었다.
  　　　　　　　　　　　　　　　　　　　　　　　　　　　　　　〈문순태의 '피아골'〉
- **붓날다** : 말이나 행동이 경솔하고 들뜨다.

  예 그는 말이나 행동 따위가 붓나는 사람이다.
- **붓방아** : 글을 쓸 때 생각이 잘 나지 않아 붓대만 놀리고 있는 짓

  예 붓방아를 찧다.
- **붙좇다** : 존경하거나 섬기어 따르다.

  예 수양에게 붙좇는 사람은 살고 그를 거스르는 사람은 죽었다.
- **비거스렁이** : 비가 갠 뒤에 바람이 불고 기온이 낮아지는 현상

  예 초가 굴뚝에선 저녁 청솔가지 연기가 비거스렁이에 눌려 안개처럼 번져 나가고 있었다. 〈이문구의 '관촌 수필'〉
- **비나리** : 남의 환심을 사려고 아첨함

  예 비나리를 치다.
- **비릇다** : 임부가 진통을 하면서 아이를 낳으려는 기미를 보이다.

  예 그날 밤이 새도록 오주의 아내가 아이를 비릇기만 하고 낳지 못하여….　　　〈홍명희의 '임꺽정'〉
- **비설거지** : (비가 오려고 할 때) 물건들이 비에 맞지 않게 거두거나 덮거나 하는 일

  예 무시래기와 고구마 넝쿨을 툇마루에 올려놓는 것 외에는 달리 비설거지를 할 만한 게 없었다.
  　　　　　　　　　　　　　　　　　　　　　　　　　　　　　　〈이문열의 '영웅 시대'〉
- **비접** : 앓는 사람이 장소를 바꾸어 요양함

  예 비접을 나가다.
- **빌미** : 재앙이나 병 등이 불행이 생기는 원인

  예 빌미가 되다.
- **빌붙다** : 남의 환심을 사려고 들러붙어서 알랑거리다.

  예 세도가에 빌붙어 벼슬살이를 하다.

- **빗밑** : 비가 그치어 날이 개는 속도

  예 산 날씨는 빗밑이 가벼워서 소나기가 쏟아지다가도 금방 갠다.

- **빙충맞다** : 똑똑하지 못하고 어리석다.

  예 젊은 사람이 지나치게 살이 쪘고 더구나 성격마저 우울하고 빙충맞은 것이었다.　〈홍성원의 '육이오'〉

- **빚지시** : 빚을 주고 쓰는 일을 중간에서 소개하는 일

  예 빚지시 좀 하겠는가?　〈송기숙의 '녹두 장군'〉

- **빨다** : 끝이 차차 가늘어져 뾰족하다.

  예 주걱턱이란 대개 턱이 빨고 끝이 밖으로 굽은 것을 말한다.

- **뺨들이로** : 연해 갈마들어서

  예 뺨들이로 달래다.

- **삐다** : 괸 물이 빠져서 줄다.

  예 이번 비로 잠긴 밭에 물이 삐기 시작했다.

- **사금파리** : 사기 그릇의 깨진 작은 조각

  예 그녀는 사금파리를 밟아 발바닥에 상처를 입었다.

- **사람멀미** : 사람이 많은 데서 느끼는 어지러운 증세

- **사로자다** : 불안한 마음으로 자는 둥 마는 둥하게 자다.

  예 밤에 몰래 나가는 그의 뒤를 밟아 보려고 사로자면서 지키곤 하였다.

- **사리** : 매달 보름과 그믐날 조수가 밀려 오는 시각

- **사시랑이** : 가늘고 약한 물건이나 사람

  예 가뜩이나 사시랑이인 육신이 더 형편 무인지경이 돼 버렸어.　〈김성동의 '만다라'〉

- **사위다** : 불이 다 타서 재가 되다.

  예 숯불이 사위다.

- **사위스럽다** : 미신을 믿는 사람에게 꺼림칙한 데가 있다.

  예 사위스러운 생각

- **사태** : 소의 무릎 뒤쪽 오금에 붙은 고기

- **사품** : 어떤 일이나 동작이 진행되는 '마침 그 때(기회)'를 뜻함

  예 낭떠러지에서 떨어지는 사품에 그만 정신을 잃고 말았다.

- **삯메기** : 농촌에서 식사는 없이 품삯만 받고 하는 일

- **살갑다** : (집에나 세간 따위가) 겉으로 보기보다 속이 너르다. 마음씨가 부드럽고 다정스럽다.

  예 형이라고 해도 살가운 정을 느끼기보다는 믿음직스러우면서도 어려웠다.　〈조정래의 '태백산맥'〉

- **살강** : 그릇을 얹기 위하여 부엌 벽에 가로지른 선반

  예 그릇을 씻어 살강 위에 올려놓았다.
- **살뜰하다** : 매우 알뜰하다, 규모가 있고 착실하다.

  예 아내는 규모 있고 살뜰하게 살림을 꾸려 나간다.
- **살별** : 빛나는 긴 꼬리를 끌고 도는 별, 혜성
- **살붙이** : 혈육으로 볼 때 가까운 사람

  예 내 살붙이라고는 저놈 하나뿐이다.
- **살소매** : 팔과 소매 사이의 빈틈
- **살손** : 어떤 일을 할 때 연장이나 다른 물건을 쓰지 않고 직접 대서 만지는 손

  예 살손(을) 붙이다(일을 다그쳐 정성을 다하다).
- **살포시** : 부드럽고 가볍게

  예 어머니는 아이를 살포시 감싸 안았다.
- **살피** : 두 곳의 경계선을 표시한 표, 물건과 물건과의 사이를 구별 지은 표

  예 말뚝으로 살피를 대신해 놓았다.
- **삼삼하다** : 잊히지 않고 눈앞에 보이는 듯 또렷하다.

  예 불의를 보면 사갈같이 미워하고, 좋은 일이라면 몸을 돌보지 않고 단행하던 그 성격이 눈앞에 삼삼하다.
  〈박종화의 '임진왜란'〉
- **삼짇날** : 음력 삼월 초사흗날

  예 꽃 피는 삼월이라 삼짇날에 강남 갔던 제비가 돌아오는구나.
- **삼하다** : 어린아이의 성질이 순하지 않고 사납다.
- **상고대** : 나무나 풀에 눈같이 내린 서리

  예 상고대가 끼다.
- **새경** : 농가에 일 년 동안 일해 준 대가로 주인이 머슴에게 주는 곡물이나 돈

  예 내가 하늘에서 떨어진 돈으로 널 새경 주고 있는 줄 알았다간 큰코다친다. 〈김주영의 '달맞이꽃'〉
- **새때** : 끼니와 끼니의 중간 되는 때

  예 처남은 아침 새때쯤부터 벌겋게 취해 있곤 하는 호주가였다. 〈한승원의 '날새들은 돌아갈 줄 안다'〉
- **새물내** : 빨래하여 갓 입은 옷에서 나는 냄새

  예 새물내 물씬 나는 옷
- **샛바람** : 동쪽에서 불어오는 바람, 동풍(東風)

  예 그는 동해의 파도 소리와 샛바람 소리를 들으며 어린 시절을 보냈다.
- **생무지** : 일에 익숙하지 못하여 서투른 사람

  예 일은 잘 알지만 글은 생무지올시다.
- **생채기** : 손톱 따위로 할퀴어 생긴 작은 상처

  예 손톱으로 할퀴어서 얼굴에 생채기를 냈다.

- **생화** : 먹고 살아 나가기 위하여 벌이 하는 일

  예 막노동을 생화로 삼다.
- **서름하다** : 남과 가깝지 못하다, 사물에 익숙하지 못하다.

  예 그들은 한동안 서로 서름하게 지냈다.
- **섟** : 순간적으로 불끈 일어나는 격한 감정
- **선바람** : 차리고 나선 그대로의 차림새

  예 반가운 손님이 왔다는 소식에 선바람으로 달려 나갔다.
- **선불** : 급소에 바로 맞지 아니한 총알

  예 선불을 걸다(섣불리 건드리다. 관계없는 일에 참견하여 해를 입는다).
- **선술집** : 술청 앞에 선 채로 술을 마실 수 있도록 된 집, 목로주점
- **섣부르다** : 솜씨가 아주 설고 어설프다.

  예 지금 저쪽에서는 트집을 못 잡아 안달이니까, 괜히 섣부른 짓 하지 마라.
- **설멍하다** : 옷이 몸에 짧아 어울리지 않다.

  예 설멍한 바지를 입고 나타난 그의 모습이 너무나 우스꽝스러웠다.
- **설면하다** : 자주 만나지 못하여 좀 설다, 정답지 아니하다.

  예 석 달 동안 헤어져 있었대서 설면할 것은 없으련마는…. 〈염상섭의 '취우'〉
- **설피다** : 짜거나 엮은 것이 성기고 거칠다.

  예 설핀 삼베로 지은 옷이라서 여름에도 시원하다.
- **설핏하다** : 거칠고 성기다.

  예 천막에서 떨어지는 추녀 물이 닿는 자리에 잡초가 설핏하게 자랐다. 〈한수산의 '부초'〉
- **섬서하다** : 지내는 사이가 서먹서먹하다.

  예 그런 낌새가 있다 해서 춘복이가 공배 내외를 대하는 것이 예전과 다르게 섬서해진 구석은 없었다.

  〈최명희의 '혼불'〉
- **성기다** : 사이가 배지 않고 뜨다.

  예 잎이 거의 다 떨어진 탱자나무의 성긴 가지 사이로 서너 명의 코흘리개들 모습이 얼비쳐 보였다.

  〈조정래의 '태백산맥'〉
- **성깃하다** : 사이가 배지 않고 뜨다, 조금 성긴 것 같다.

  예 모로 서 있는 정 씨의 성깃한 머리칼 몇 올이 바람에 흩날리고 있었다. 〈이호철의 '소시민'〉
- **성냥** : 무딘 쇠 연장을 불에 불리어 재생하거나 연장을 만듦

  예 이제는 사정이 있어 이곳으로 들어와 눌러앉은 대장장이 금생이한테 아예 성냥 일은 맡겨 버린 것이다.

  〈최명희의 '혼불'〉
- **성마르다** : 성질이 급하고 도량이 좁다.

  예 성마른 성격

• **세나다** : 물건이 잘 팔려 나가다, 부스럼 따위가 덧나다.

  예 팔에 감은 붕대가 비에 젖고 물에 불어 달라붙으면서 세난 상처가 저리고 아파 꼼짝할 수가 없었다.
  〈황순원의 '나무들 비탈에 서다'〉

• **소** : 떡 속에 맛을 내기 위하여 넣은 팥 같은 것

• **소담하다** : 음식이 넉넉하여 먹음직하다, 생김새가 탐스럽다.

  예 소담한 꽃송이

• **소래기** : 독 뚜껑이나 그릇으로 쓰는 굽이 없는 짐 그릇

  예 장독의 소래기

• **소롱하다** : 재산을 되는 아무렇게나 써서 없애다.

  예 그는 조상으로부터 물려받은 많은 재산을 3년도 안 돼서 소롱해 버렸다.

• **소소리바람** : 이른봄의 맵고 스산한 바람

  예 굵은 눈이 내리고, 소소리바람이 부는데, 마치 따귀를 때리는 것 같았다.

• **소태** : 소태나무의 껍질

  예 입 안이 소태를 문 듯 쓰다.

• **속종** : 마음 속에 품고 있는 소견

  예 그의 속종에 의하면 인제는 수일이도 장가를 보낼 때가 된 것이다.
  〈김사량의 '낙조'〉

• **솎다** : 군데군데 골라서 뽑아내다.

  예 머리숱이 많아서 자를 때마다 적당히 솎아 내야만 한다.

• **손대기** : 잔심부름을 할 만한 아이

  예 보아하니 손대기도 없이 주모 혼자 여간 힘들어 보이지가 않겠는데.
  〈문순태의 '타오르는 강'〉

• **손떠퀴** : 무슨 일이나 손을 대기만 하면 나타나는 길흉화복

  예 손떠퀴가 사납다.

• **손바람** : 일을 치러나가는 솜씨나 기세

• **손방** : 솜씨가 없어 일을 못하는 것을 말함

  예 세상 이치는 모를 것이 없지만 실제에 있어서는 매사에 아주 손방이다.

• **손사래** : 남의 말을 부인할 때 손을 펴서 내젓는 짓

• **손포** : 일할 사람

  예 도대체 집안에 손포가 있어야 모를 내지 않겠는가.
  〈박종화의 '임진왜란'〉

• **솟보다** : 물건을 잘 살피지 않고 비싸게 사다.

• **수더분하다** : 성질이 순하고 소박하다.

  예 수더분해 보이다.

• **수지니** : 사람의 손으로 길들인 매

• **숙수그레하다** : 어떤 물건들의 크기가 별로 차이가 나지 않고 거의 고르다.

  예 고구마를 숙수그레한 것으로 골라 바구니에 담다.

- **숙지다** : 어떤 현상이나 기세 따위가 차차 줄어들다.

  예 늦더위가 숙지는 초가을
- **숫눈** : 건드리지 아니하고 쌓인 채로 있는 눈

  예 이른 새벽, 그는 빈 뜰 숫눈 위에 첫 발자국을 내며 길을 걸어갔다.
- **숫접다** : 순박하고 수줍어하는 태도가 있다.

  예 먹을 만큼 먹고 더구나 중학교 선생님인데 어쩌면 저렇게 숫저울까.
- **습습하다** : 사내답게 활발하고 너그럽다.

  예 장군은 성격이 습습해서 부하들이 잘 따른다.
- **시나브로** : 모르는 사이에 조금씩 조금씩

  예 바람은 불지 않았으나 낙엽이 시나브로 날려 발밑에 쌓이고 있었다.　　　　　〈김용성의 '도둑 일기'〉
- **시래기** : 무청이나 배추의 잎을 말린 것

  예 시래기로 나물을 볶다.
- **시렁** : 물건을 얹기 위해 두 개의 긴 마무를 건너질러 선반처럼 만든 것

  예 꿀단지를 시렁에 얹다.
- **시르죽다** : 기운을 못 차리다. 풀이 죽다.

  예 네 살쯤 된 어린 거지는 시르죽은 고양이처럼, 큰 놈의 무릎 위로 기어오르며….　　　〈김유정의 '심청'〉
- **시름없다** : 근심 · 걱정으로 맥이 없다. 아무 생각이 없다.

  예 그는 시름없는 얼굴로 힘겹게 터벅터벅 걷는다.
- **시망스럽다** : 몹시 짓궂은 데가 있다.

  예 아이들이야 학교 가는 시간을 빼고는 내내 밖에서만 노는데, 놀아도 여간 시망스럽게 놀지 않았다.
  　　　　　〈최일남의 '노새 두 마리'〉
- **시먹다** : 나이 어린 사람이 주제넘고 건방지다.

  예 녀석은 시먹어 도무지 어른 말을 귀담아듣지 않는다.
- **시쁘다** : 마음이 흡족하지 아니하다.

  예 어린 남편을 가진 것이 마음을 시쁘게 하였다.　　　　　〈이기영의 '봄'〉
- **시설궂다** : 싱글싱글 웃으면서 수다스럽게 자꾸 지껄이다.

  예 그들 세 자매는 모두 시설궂어 집안이 항상 소란스럽다.
- **시앗** : 남편의 첩

  예 시어머니는 며느리가 아들을 못 낳는다고 시앗을 들일 생각을 하고 있다.
- **시역** : 힘이 드는 일

  예 좋지 않은 몸에다 계속된 시역으로 그는 결국 앓아 누웠다.
- **시위** : 비가 많이 와서 강물이 넘쳐흘러 육지 위로 침범하는 일, 또는 그 물

  예 시위가 들다.
- **시치다** : 바느질할 때 임시로 듬성듬성 꿰매다.

  예 이불 홑청을 빨아 시치다.

• **신둥지다** : 지나치게 주제넘다.

    예 그 총중(叢中)에서는 대가리가 제일 크고 신둥진 수천이가 대장이었다.　　　　　　〈이기영의 '봄'〉
• **실랑이** : 남을 못 견디게 굴어 시달리게 하는 짓

    예 실랑이를 당하다.
• **실팍하다** : 사람이나 물건이 보기에 매우 튼튼하다.

    예 그는 실팍한 몸집인데도 쌀 한 가마를 제대로 못 옮겼다.
• **심드렁하다** : 마음에 탐탁하지 아니하여 관심이 거의 없다, 병이 더 중해지지도 않고 오래 끌다.

    예 속으로 기뻤지만 내색하지 않고 오히려 심드렁하게 반문했다.　　　　　　〈황석영의 '무기의 그늘'〉
• **심마니** : 산삼을 캐려고 돌아다니는 사람
• **싸개통** : 여러 사람이 둘러싸고 승강이를 하는 일, 여러 사람에게 둘러싸여 욕을 먹는 일

    예 싸개통에 걸려 혼이 나다.
• **싹수** : 앞으로 잘 트일 만한 낌새나 징조

    예 그는 사업으로 성공할 싹수가 보인다.
• **쌈** : 바늘 24개를 한 묶음으로 세는 단위

    예 바늘 세 쌈
• **쌩이질** : 한창 바쁠 때 쓸데없는 일로 남을 귀찮게 구는 것

    예 계집애가 나물을 캐러 가면 갔지 남 울타리 엮는데 쌩이질을 하는 것은 다 뭐냐.　　　　　　〈김유정의 '동백꽃'〉
• **쓰레질** : 갈아 놓은 논밭의 바닥을 써레로 고르는 일

    예 형은 비를 들고 마당으로 나가더니 물까지 뿌려 가며 쓰레질을 하였다.
• **쓿다** : 곡식의 껍질을 벗기어 깨끗이 하다.

    예 아직 쌀에 미가 많으니 한 번 더 쓿어야겠다.

• **아니리** : 판소리에서 창(唱)을 하는 중간에 장면의 변화나 정경 묘사를 설명하는 말
• **아람치** : 자기의 차지

    예 검둥이는 수영이가 삼 년 전 겨울 방학에 잠깐 왔을 때 이웃 동네에서 소매 속에 넣고 와 복영의 아람치로 기른
    강아지의 이름이다.　　　　　　〈심훈의 '영원의 미소'〉
• **아름드리** : 한 아름이 넘는 큰 나무나 물건

    예 마을 한가운데에는 아름드리 느티나무가 당당한 모습으로 서 있었다.
• **아스라이** : 까마득하게 멀리

    예 파란 하늘에 하얀 줄을 끌며 비행기 한 대가 아스라이 선회하고 있었다.　　　　　　〈이문희의 '흑맥'〉
• **아우르다** : 여럿이 합쳐서 하나로 되게 하다.

    예 여럿이 돈을 아울러서 선물을 준비했다.

• **아퀴** : 일을 마무르는 끝매듭

　例　아퀴를 짓다(일을 끝마무리하다).
• **악다구니** : 기를 써서 다투며 욕설을 하는 짓 또는 그런 입

　例　이환수 씨는 안방에 누워서 큰아들 신호가 술에 취해 발광에 가까운 악다구니를 쓰고 있는 소리를 다 듣고 있었다.
〈최일남의 '거룩한 응달'〉
• **안날** : 바로 전날

　例　수난녀는 보름 안날 저녁에 지은 오곡밥을 한 숟가락씩 줘 보냈다.　　〈오유권의 '대지의 학대'〉
• **안갚음** : 까마귀 새끼가 자라서 늙은 어미에게 먹이를 물어다 주는 일. 자식이 커서 부모를 봉양하는 일

• **안다미** : 남이 져야 할 책임을 맡아짐

• **안차다** : 겁 없고 야무지다.

　例　그 애는 어른이 뭐라 해도 워낙 안차서 기도 안 죽는다.
• **안틀다** : 일정한 수효나 값의 한도 안에 들다.

　例　부르는 값이 내가 바라는 선에 안틀어서 사기로 했다.
• **알심** : 은근히 동정하는 마음, 보기보다 야무진 힘

　例　영호가 오 선생이 더워하는 것을 알고 알심 있이 세숫물을 가져왔다.　　〈채만식의 '소년은 자란다'〉
• **알짬** : 여럿 중 가장 중요한 내용

　例　대소가 여러 집 세간의 알짬을 뽑아내서 짐들을 만들게 하는데….　　〈홍명희의 '임꺽정'〉
• **암팡지다** : 몸은 작아도 힘차고 다부지다.

　例　엄마가 하는 말에 암팡지게 대꾸를 했다.
• **앙갚음** : 자기에게 해를 입힌 사람에게 보복하는 행동

　例　그동안 내가 받아 온 멸시와 모욕에 대한 앙갚음으로 단단히 혼쭐을 내 줘야지.
• **앙금** : 물에 가라앉은 녹말 등의 부드러운 가루

　例　앙금이 가라앉다.
• **앙바틈하다** : 짤막하고 딱 바라지다.

　例　그녀는 단단한 몸집이 작은 키와 어울려 앙바틈하였다.
• **앙세다** : 몸은 약하여 보여도 힘이 세고 다부지다.

　例　기운이 준 데다가 술이 모두 깨어서 다시 덤빌 생각도 감히 나지 않았으나 그래도 앙센 마음은 남아서 창선의 눈을
마주 들여다보며….　　〈나도향의 '뉘우치려 할 때'〉
• **앙증하다** : 모양이 제격에 어울리지 않게 작다.

　例　그녀는 덩치에 비해 앙증한 손이 항상 마음에 걸렸다.
• **애면글면** : 약한 힘으로 무엇을 이루느라고 온갖 힘을 다하는 모양

　例　애면글면 살다.
• **애성이** : 분하고 성나는 감정

　例　싫다는데 지지리 못살게 쫓아다니어서 더욱 애성이 받았다.　　〈한설야의 '탑'〉

* **애오라지** : 좀 부족하나마 겨우. 오로지

　예 주머니엔 애오라지 동전 두 닢뿐이다.

* **애옥살이** : 가난에 쪼들리는 고생스러운 살림살이

　예 애옥살이 시골 살림, 몸보신에는 만만한 것이 닭뿐이어서 씨암탉을 손대기로 작정했다.　〈송기숙의 '암태도'〉

* **앤생이** : 잔약한 사람이나 보잘것없는 물건을 얕잡아 이르는 말

　예 호미를 옮겨 찍을 적마다 무더운 숨을 헉헉 돌린다. 가물에 조 잎은 앤생이다.　〈김유정의 '총각과 맹꽁이'〉

* **앵돌아지다** : 마음이 토라지다.

　예 말바우 어미는 앵돌아진 표정으로 법당 앞 댓돌 아래 쪼그리고 앉아 있었다.　〈문순태의 '타오르는 강'〉

* **야바위** : 그럴 듯한 방법으로 남을 속여 따먹는 노름. 협잡의 수단으로 그럴 듯한 광경을 꾸미는 일

* **야비다리** : 보잘것없는 사람이 제 딴에는 가장 만족하여 부리는 교만

　예 전쟁이 날수록 시골로 가길 참 잘했다고 야비다리를 피우면서 살 수 있을지언정 후회할 까닭이 없었다.
　〈박완서의 '그 많던 싱아는 누가 다 먹었을까'〉

* **약비나다** : 정도가 너무 지나쳐 몹시 싫증이 나다.

　예 소를 통째로 잡아다가 각을 떠서 딴 부대하고 나누긴 했지만 한 이틀 약비나게 고기로만 배를 불린 적도 있다고
　했다.　〈박완서의 '그 많던 싱아는 누가 다 먹었을까'〉

* **양지머리** : 소의 가슴에 붙은 뼈와 살

　예 양지머리를 곤 맑은장국에 떠 있는 편수가 꽃봉오리처럼 어여쁘고 앙증맞았다.　〈박완서의 '미망'〉

* **어거리풍년** : 드물게 보는 큰 풍년(豐年)

　예 몇 해 만에 어거리풍년이 들었지만 소작농들은 여전히 가난에서 벗어나지 못했다.

* **어둑발** : 사물을 뚜렷이 분간할 수 없을 만큼 어두운 빛살

　예 벌써 두터워진 어둑발 때문에 낯바닥을 분명히 볼 수는 없었지만, 몸태 동작이 나이 아직 젊은 여자인 것이 느껴진다.
　〈최명희의 '혼불'〉

* **어슷비슷** : 큰 차이가 없이 서로 비슷비슷한 모양

　예 그들은 형제도 아닌데 얼굴이 어슷비슷 닮았다.

* **어이딸** : 어머니와 딸

* **어줍다** : 말이나 동작이 부자연하고 시원스럽지 않다. 손에 익지 않아 서투르다.

　예 아이들은 어줍은 몸짓으로 절을 했다.

* **어지빠르다** : 정도가 넘고 처져서 어느 한쪽에도 맞지 아니하다.

　예 조선의 각반 예술이라더냐 영화라더냐 관심이네 연구네 하던 소리는 정녕 김종호의 어지빠른 고안일 테고.
　〈채만식의 '냉동어'〉

* **어험스럽다** : 짐짓 위엄이 있어 보이는 듯하다.

　예 그 사람이 나이는 어리지만 제법 어험스럽게 보인다.

* **억병** : 많이 마시는 술의 양. 술을 마셔서 고주가 된 상태

　예 그 여자는 고개와 팔을 아래로 툭 떨어뜨렸다. 정말 억병으로 마신 듯했다.　〈황석영의 '몰개월의 새'〉

- **언거번거하다** : 말이 쓸데없이 많고 수다스럽다.

  예 웬만한 사람하고 마주 앉아도 언거번거한 수작을 곧잘 떨곤 하는 교활하고 능갈 찬 영감이라는 것을 그는 모두
  알고 있노라고 했었다. 〈한승원의 '해일'〉

- **언구럭** : 말을 교묘하게 떠벌리며 남을 농락하는 일

  예 언구럭을 부리다.

- **얼** : 밖에 드러난 흠

  예 그 항아리는 얼이 들어서 좋지 않구먼

- **얼렁장사** : 여러 사람이 밑천을 어울러서 하는 장사

  예 그렇게 큰 장사는 얼렁장사가 아니면 힘이 들 것이다.

- **엄장** : 풍채가 좋은 큰 덩치

  예 막봉이는 엄장과 몸집이 선봉이, 작은봉이보다 배나 크고 둥근 눈과 가로 찢어진 입이 삼봉이와 달라서 사 형제
  중에 가장 거물스러웠다. 〈홍명희의 '임꺽정'〉

- **엄전하다** : 하는 짓이나 생긴 모양이 정숙하고 점잖다.

  예 우리 영애는 소견도 있지. 말하는 것이 모두 엄전하구나. 〈한용운의 '흑풍'〉

- **엇부루기** : 아직 큰 소가 되지 못한 수송아지

- **엉겁** : 끈끈한 물건이 마구 달라붙은 상태

  예 신발이 진흙으로 엉겁이 되었다.

- **엉구다** : 여러 가지를 모아 일이 되도록 하다.

  예 맡은 일을 엉구어 놓다.

- **엉너리** : 남의 환심을 사기 위하여 어벌쩍하게 서두르는 짓

  예 대불이는 마음에 없는 웃음을 헤프게 실실 날리면서 엉너리를 떨었다. 〈문순태의 '타오르는 강'〉

- **엉세판** : 몹시 가난하고 궁한 형세

  예 노인은 엉세판에 몹시 찌들린 얼굴이었다.

- **에다** : 예리한 연장으로 도려 내다. 마음을 몹시 아프게 하다.

  예 가뜩이나 빈 속은 칼로 에는 것처럼 쓰렸다.

- **여낙낙하다** : 성미가 곱고 상냥하다.

  예 김 귀인은 간드러지게 예쁘고 여낙낙하게 고울 뿐이 아니었다. 〈박종화의 '임진왜란'〉

- **여남은** : 열 가량으로부터 열 좀 더 되는 수

- **여투다** : 물건이나 돈 따위를 아껴 쓰고 나머지를 모아 두다.

  예 할머니는 쌀을 여투어 두었다가 불쌍한 사람에게 주곤 하셨다.

- **여우비** : 볕이 나 있는데 잠깐 오다가 그치는 비

- **여울** : 강이나 바다의 바닥이 얕거나 폭이 좁아 물살이 세게 흐르는 곳

- **여줄가리** : 원몸뚱이나 원줄기에 딸린 물건. 중요한 일에 딸린 그리 대수롭지 않은 일

  예 이것들은 도리어 다 여줄가리요, 그 대부등 되는 것은…. 〈최남선의 '백두산 근참기'〉

- **역성** : 옳고 그름에 상관없이 덮어놓고 한쪽만 편들어 주는 일

  예 형과 싸우면 어머니는 이유도 묻지 않고 형 역성만 드셨다.
- **열고나다** : 몹시 급하게 서두르다. 몹시 급한 일이 생기다.

  예 형사가 열고나게 범인의 뒤를 쫓고 있었다.
- **열없다** : 조금 부끄럽다. 겁이 많다.
- **영각** : 소가 길게 우는 소리

  예 영각을 뽑다.
- **영금** : 따끔하게 당하는 곤욕

  예 네 이놈, 정녕 네가 영금을 보아야 잘못을 뉘우칠 수 있단 말이냐?
- **영바람** : 자랑하고 뽐내는 태도나 기세

  예 그 사람은 소원을 성취하여 영바람이 났다.
- **영절스럽다** : 그럴듯하다.

  예 주사야몽으로 하도 장군이 적을 깨칠 궁리를 노심초사하고 있으니 이렇게 꿈이 영절스럽게 꾸어진 것이었다.
  〈박종화의 '임진왜란'〉
- **오금** : 무릎의 구부러지는 쪽의 관절부분
- **오달지다** : 허술한 데가 없이 야무지고 알차다.

  예 아람 밤톨같이 오달지고 단단하던 월파는 지금 천상백옥경에서 아래를 굽어 살피고 있는 것이다.
  〈이희승의 '딸깍발이 선비의 일생'〉
- **오롱이조롱이** : 오롱조롱하게 각기 달리 생긴 여럿
- **오롯하다** : 모자람이 없이 완전하다.

  예 부모님의 오롯한 사랑
- **오쟁이** : 짚으로 엮어 만든 작은 섬

  예 오쟁이(를) 지다(자기의 아내가 다른 남자와 간통하다).
- **오지랖** : 웃옷이나 윗도리에 입는 겉옷의 앞자락

  예 서희는 오지랖을 걷고 아이에게 젖을 물린다.
  〈박경리의 '토지'〉
- **옥셈** : 생각을 잘못하여 자기에게 불리하게 하는 셈
- **올되다** : 나이보다 일찍 철이 들다, 곡식 따위가 제철보다 일찍 익다.

  예 올해는 보리가 작년보다 올되었다.
- **옷깃차례** : 처음 시작한 사람으로부터 오른쪽으로 돌아가며 하게 되는 차례. 옷깃의 왼 자락이 바른 자락 위에 덮이게 입는 데서 유래한다.

  예 김 사장은 술잔을 옷깃차례로 돌렸다.
- **옹골지다** : 실속 있게 꽉 차다.

  예 그녀는 보기보다 옹골진 살림을 한다.

- **옹송옹송하다** : 정신이 흐리어 생각이 잘 떠오르지 않고 흐리멍덩하다.

  예 술 몇 잔 마셨다고 벌써 정신이 옹송옹송한가?

- **옹춘마니** : 마음이 좁고 오그라진 사람

  예 홍바우는 남의 일에 참견을 한다거나 훼방 치는 일도 없이 살아온, 변통성이라고는 털 뽑아 제자리에 꽂을 옹춘마니였다. 〈문순태의 '타오르는 강'〉

- **왕청되다** : 차이가 엄청나게 크다.

  예 찾는 번지가 가까워 오는가 하면 별안간 훌쩍 뛰어 왕청된 번지가 나온다. 〈한설야의 '황혼'〉

- **왜자하다** : 소문이 퍼져 자자하다.

  예 소문이 왜자하다.

- **욕지기** : 토할 것 같은 메슥메슥한 느낌

  예 욕지기를 느끼다.

- **용수** : 술이나 장 따위를 거르는데 쓰는 기구, 죄수를 밖으로 데리고 다닐 때 얼굴을 보지 못하게 머리에 씌우던 물건

  예 술독에 용수를 받치고 술을 걸렀다.

- **용심** : 남을 미워하고 시기하는 심술

  예 친구가 먼저 결혼하니 용심을 부린다.

- **용트림** : 거드름을 피우며 크게 힘을 들여 하는 트림

  예 종천이는 또 한 번 길게 고함을 쳐 대고는 사뭇 욱욱 용트림을 해 대며 노질이 뻐근하다. 〈천승세의 '낙월도'〉

- **우금** : 가파르고 좁은 산골짜기

- **우꾼하다** : 어떤 기운이 한꺼번에 세게 일어나다, 여러 사람이 한꺼번에 소리치며 기세를 올리다.

  예 갑자기 부는 바람에 잠잠하던 호숫가가 우꾼한다.

- **우두망찰하다** : 갑자기 닥친 일에 어찌할 바를 몰라 정신이 얼떨떨하다.

  예 일이 어렵다고 이렇게 우두망찰하고만 있을 게 아니라 정신을 좀 더 바짝 차려서 해결책을 찾아봅시다.

- **우듬지** : 나무의 꼭대기 줄기

  예 얼핏얼핏 고개를 들어 상수리나무의 우듬지 위로 뾰조록이 모습을 내민 산정을 올려다 보곤 하였다. 〈문순태의 '타오르는 강'〉

- **우렁잇속** : 내용이 복잡하여 헤아리기 어려운 일을 비유

  예 지시가 하루에도 서너 번씩 바뀌니 도대체 일을 종잡을 수가 없어 우렁잇속이 되어 버렸어.

- **우련하다** : 형태가 약간 나타나 보일 정도로 희미하다.

  예 아마, 굳이 불을 밝히지 않아도 방 안이 그렇게 우련했던 것은, 장지문에 가득히 밀리어 비치는 바깥의 달빛 때문이었으리라. 〈최명희의 '혼불'〉

- **우선하다** : 앓던 병이 조금 나은듯하다, 몰리거나 급박하던 형세가 다소 풀리다.

  예 그간 앓느라고 세상 돌아가는 것도 몰랐는데 이젠 우선한 듯하니 바깥바람이나 쐬면서 세상사도 들어 보고 싶다.

- **우세** : 남에게 놀림이나 비웃음을 받음

  예 우세를 당하다.

- **우수리** : 물건 값을 제하고 거슬러 받는 잔돈, 일정한 수효를 다 채우고 남은 수

  예 우수리는 받지 않을 테니 물건이나 좋은 것으로 주세요.
- **울대** : 울타리에 세운 기둥 같은 대나무
- **울력** : 여러 사람이 힘을 합하여 일을 함 또는 그 힘

  예 울력을 믿고 함부로 덤비다.
- **움딸** : 시집간 딸이 죽은 뒤에 다시 장가든 사위의 아내를 일컫는 말
- **웁쌀** : 잡곡으로 밥을 지을 때 위에 조금 얹어 안치는 쌀

  예 웁쌀을 얹다.
- **웃날** : 흐렸을 때의 날씨를 이르는 말

  예 웃날이 들다(날이 개다).
- **웃비** : 아직 비가 올 듯한 기색이 있으나 좍좍 내리다가 그친 비

  예 웃비가 걷힌 뒤라서 해가 한층 더 반짝인다.
- **윽살리다** : 남을 마구 놀려 주거나 집적거리다.

  예 순경이가 하는 말에 여러 학생들은 경호를 윽살렸다. 〈이기영의 '고향'〉
- **은결들다** : 원통한 일로 남모르게 속이 상하다.

  예 덧없이 기대어 보는 은결든 이 몸짓
- **은사죽음** : 마땅히 보람이 나타나야 할 일이 나타나지 않고 마는 일
- **음전하다** : 말이나 행동이 곱고 우아하다 또는 얌전하고 점잖다.

  예 금개의 말하는 태도는 그대로 음전하고 순박했다. 〈박종화의 '임진왜란'〉
- **의뭉하다** : 겉으로 보기에는 어리석어 보이나 속으로는 엉큼하다.

  예 우길이는 이제 일곱 살이 되었으나 열 살 넘은 아이같이 영실하고 의뭉하였다. 〈한설야의 '탑'〉
- **의초** : 동기간(同氣間)의 우애

  예 형제자매 사이에 의초가 두터운 집안
- **이드거니** : 충분한 분량으로 만족스러운 모양

  예 바쁜 일정 때문에 부족했던 저녁 식사를 모처럼 이드거니 먹었다.
- **이러구러** : 이럭저럭 일이 진행되는 모양

  예 이러구러 살다 보니 벌써 중년이 되었다.
- **이르집다** : 껍질을 뜯어 벗기다, 없는 일을 만들어 말썽을 일으키다.

  예 굴껍질을 이르집다.
- **이물** : 배의 머리 쪽, 뱃머리
- **이악하다** : 달라붙는 기세가 굳세고 끈덕지다, 자기 이익에만 마음이 있다.

  예 그녀는 이악하게 일에 매달렸다.
- **이울다** : 꽃이나 잎이 시들다, 점점 쇠약해지다.

  예 꽃이 이울다.

• **이지다** : 짐승이 살쪄서 지름지다, 음식을 충분히 먹어서 배가 부르다.

  예 실컷 먹어 둬야 힘을 쓰지 싶기도 했고 곧 배 속이 이지고 나면 덜 먹으려니 싶기도 했다. 〈박완서의 '미망'〉
• **인** : 여러 번 되풀이하여 몸에 깊이 밴 버릇

  예 술에 인이 박이다.
• **입찬말** : 자기의 지위와 능력을 믿고 장담하는 말

  예 일이란 어떻게 될지 모르는 일이니 그렇게 입찬말만 하지 마라.
• **잇바디** : '치열(齒列)'의 우리말

• **자깝스럽다** : 어린아이가 마치 어른처럼 행동하거나, 젊은 사람이 지나치게 늙은이의 흉내를 내어 깜찍한 데가 있다.

  예 그는 자깝스럽게 어른들처럼 모양을 내려고 애를 쓰고 싶진 않았다.   〈이기영의 '봄'〉
• **자드락** : 나지막한 산기슭의 비탈진 땅

  예 양지바른 자드락에 밭을 일구다.
• **자락** : 넓게 퍼진 안개나 구름, 어둠 따위

  예 고흥 뒷산 위로 고기비늘 같은 구름 몇 자락이 걸쳐 있었다.   〈한승원의 '해일'〉
• **자리맡** : 잠자리의 곁

  예 할머니는 늘 자리맡에 물 주전자를 두고 주무셨다.
• **자맥질** : 물 속에 들어가서 떴다 잠겼다 하며 팔다리를 놀리는 짓

  예 오랜 자맥질 끝에 물을 벗어난 잠수부처럼 나는 길게 숨을 내쉰다.   〈김성동의 '만다라'〉
• **자발없다** : 참을성이 없고 경솔하다. '자발머리없다'라고도 함

  예 가만둬도 괜찮았을지 몰랐는데 원체 자발없는 작자라 지레 겁이 나서 꾀를 낸다는 것이 제 꾀에 제가 걸려들고만 꼴이었다.   〈송기숙의 '자랏골의 비가'〉
• **자빡** : 결정적인 거절

  예 자빡(을) 대다(딱 잘라 거절하다).
• **자투리** : (팔거나 쓰다가 남은) 피륙의 조각
• **잔달음** : 걸음의 폭을 좁게 잇달아 떼어 놓으면서 바삐 뛰는 걸음

  예 잔달음을 치다.
• **잔풍하다** : 바람이 잔잔하다.

  예 포근하고 잔풍한 날씨
• **잣다** : 물레를 돌려 실을 뽑다.

  예 명주실을 잣다.
• **장돌림** : 각 처의 장으로 돌아다니며 물건을 파는 장수, 장돌뱅이

- **장맞이** : 길목에 지켜서서 사람을 만나려고 기다리는 일

  예 맨 먼저 출입한 필순이 부친이 근처에서 장맞이를 하던 사람에게 붙들려 갔고….　　　　　〈염상섭의 '삼대'〉
- **잦히다** : 밥이 끓은 뒤에 불을 잠깐 물렸다가 다시 불을 조금 때어 물이 잦아지게 하다.

  예 밥물을 잦히다.
- **재강** : 술을 걸러 내고 남은 찌꺼기

  예 배고픈 시절, 먹을 것이 없었던 그 집의 사람들은 어디에선가 구해 온 재강으로 허기를 채우곤 했다.
- **재다** : 동작이 굼뜨지 아니하다.

  예 손이 재다. / 발이 재다. / 입이 재다. / 솜이 재다.
- **재바르다** : 동작 따위가 재고 빠르다. '재빠르다'보다 여린 느낌을 준다.

  예 그러나 아무리 장날이라고 해도, 매안의 이씨 문중 사람들은 모습을 비치지 않았다. 장 길에 익숙한 머슴이나 재바른 하인을 시켜 심부름을 보내기 때문이었다.　　　　　〈최명희의 '혼불'〉
- **재우치다** : 빨리 하도록 재촉하다.

  예 어머니는 영희 앞으로 다가앉으며 재우쳐 물었다.
- **잼처** : 다시 되짚어

  예 여해가 어리둥절하고 미처 대답 못하는 것을 보고 그 여자는 잼처 묻는다.　　　　　〈현진건의 '적도'〉
- **저어하다** : 두려워하다.

  예 그는 남의 귀를 저어하기커녕 오히려 다들 들으란 듯이 큰 목소리로 말했다.
- **적바르다** : 모자라지 않을 정도로 겨우 어떤 수준에 미치다.

  예 먹고사는 데 적발라 문화생활은 생각도 못한다.
- **조리복소니** : 크고 좋던 물건이 졸아들어 보잘것없게 됨

  예 금년도 모두 지종(地種)을 하여 놓았으나, 예년에 없는 가뭄으로 모두 조리복소니가 되어 자라지를 못하고 있다.　　　　　〈이희승의 '먹추의 말참견'〉
- **조리차하다** : 물건을 알뜰하게 아껴서 쓰다.

  예 게다가 어머니 집에 죽거리라도 대야 하고 재동에 남은 식구에게도 틈틈이 흘러가고 하니 조리차를 하면서도 세 집 살림을 해 나가는 셈이었다.　　　　　〈염상섭의 '취우'〉
- **족대기다** : 남을 견디기 어렵도록 볶아치다, 함부로 우겨대다.

  예 그들은 그를 꼼짝 못하게 족대겼다.
- **졸들다** : 발육이 잘 되지 않고 주접이 들다.
- **좁쌀여우** : 됨됨이가 좀스럽고 요변을 잘 부리는 아이를 이르는 말
- **종요롭다** : 없어서는 안 될 만큼 몹시 긴요하다.

  예 이번 기술 제휴는 우리 회사를 키우는 데 종요로운 일이므로 모두가 성심으로 이 일에 임해 주기 바랍니다.
- **주니** : 몹시 지루하여 느끼는 싫증

  예 이제 이 일은 주니가 나서 못하겠다.
- **주릅** : 구전을 받고 흥정을 붙여 주는 일을 업으로 하는 사람

- **주저롭다** : 넉넉하지 못하여 퍽 곤란하다.

  예 양식이 약간 주저롭다고 군사를 회군하자 하니 이런 무엄한 일이 어디 있느냐?　　　　〈박종화의 '임진왜란'〉
- **주저리** : 너저분한 물건이 어지럽게 매달리거나 또는 한데 묶여진 것

  예 배추 주저리 / 짚 주저리
- **주전부리** : 때를 가리지 않고 군음식을 자주 먹는 입버릇

  예 주전부리가 심하다. / 주전부리로 과자를 먹다.
- **주접** : 사람이나 생물이 탈이 생기거나 하여 제대로 자라지 못하는 일

  예 아기는 잘도 자랍니다. 주접 한 번 끼는 법 없이 돋아나는 풀싹처럼 무럭무럭 잘도 자랍니다.

  　　　　　　　　　　　　　　　　　　　　　　　　　　　　〈김유정의 '두포전'〉
- **중절거리다** : 수다스럽게 중얼거리다.

  예 중절거리며 들어서는 진수에게 길례 어멈이 코를 훌쩍거리며 말했다.　　　　〈한수산의 '유민'〉
- **쥐락펴락** : 자기 손아귀에 넣고 마음대로 휘두르는 모양

  예 그는 마름의 세력과 금전의 권리로 온 동리를 자기 장중에 쥐락펴락할 수 있었다.　　　　〈이기영의 '고향'〉
- **쥘손** : 물건을 들 때 손으로 쥐는 부분
- **지다위** : 남에게 의지하고 떼를 씀, 제 허물을 남에게 덮어씌움

  예 아이가 엄마에게 지다위를 하며 보챈다.
- **지더리다** : 성품이나 행실이 지나치게 더럽고 야비하다.

  예 이게 왜 지더리게 이래. 어서 아버지 앞에 가 앉아서 언제 서울 올라와서 학교 보내 주시겠어요 하고 여쭤 봐.

  　　　　　　　　　　　　　　　　　　　　　　　　　　　　〈염상섭의 '순정의 저변'〉
- **지실** : 재앙이나 해가 미치는 일

  예 앞으로 큰 지실만 없으면 올해도 풍년이 될 것 같네.
- **지위** : '목수(木手)'를 높여 부르는 말
- **지질하다** : 보잘것없고 변변하지 못하다.

  예 섣불리 도망질을 치다가 붙들리는 날이면 지질한 목숨이나마 보전 못할 테니까….　　　　〈홍명희의 '임꺽정'〉
- **지척거리다** : 힘없이 다리를 끌며 억지로 걷다.

  예 술에 만취한 그의 다리는 심하게 지척거렸다.
- **지청구** : 아랫사람의 잘못을 꾸짖는 말 또는 까닭 없이 남을 탓하고 원망함

  예 나는 해마다 결혼기념일을 기억하지 못해 아내에게 지청구를 듣기 일쑤였다.
- **진솔** : 한 번도 빨지 않은 새 옷

  예 진솔의 비단옷을 차려입었다.
- **짜개** : (콩, 팥 따위의) 둘로 쪼갠 한쪽
- **째다** : 옷이나 신발 따위가 몸이나 발보다 작아서 바짝 죄게 되다, 일손이 모자라서 일에 쫓기다, 베어

  가르거나 찢다.

  예 몸에 꽉 째는 바지를 입다.

- **째마리** : 사람이나 물건 가운데서 가장 못된 찌꺼기

  예 좋은 사과는 다 팔고 째마리만 남았다.
- **찜부럭** : 몸이나 마음이 괴로울 때 걸핏하면 짜증을 내는 짓

  예 남의 머리를 죄 쥐어뜯고 어떻게 찜부럭을 내는지 옷이 죄 흘러내리고…. 〈현진건의 '적도'〉

- **차돌박이** : 양지머리뼈 한복판의 기름진 고기
- **차반** : 맛있게 잘 차린 음식, 예물로 가져가는 맛있는 음식
- **천둥벌거숭이** : 두려운 줄 모르고 함부로 날뛰기만 하는 사람

  예 하룻강아지 범 무서운 줄 모른다더니, 어디서 또 이런 천둥벌거숭이들이 뛰어들지? 〈송기숙의 '녹두 장군'〉
- **천세나다** : (어떤 물건이) 사용되는 데가 많아서 퍽 귀하여지다.

  예 물건이 천세나게 팔리다.
- **철겹다** : 제철에 뒤져 맞지 아니하다.

  예 남산의 푸르던 소나무는 가지가 휘도록 철겨운 눈덩이를 안고 함박꽃이 피었다. 〈현진건의 '적도'〉
- **첫밭** : (행동이나 일을 시작해서) 맨 처음의 국면

  예 첫밭부터 일이 꼬이다.
- **체수(體-)** : 몸의 크기

  예 비록 체수는 작으나 땅땅하게 야무진 몸매부터 꽤 정력적으로 보인다. 〈이호철의 '문'〉
- **추레하다** : 겉모양이 허술하여 보잘 것 없다, 생생한 기운이 없다.

  예 옷차림도 영 추레한 것이 부잣집 아들처럼 보이지는 않는다.
- **추렴** : 모임이나 놀음의 비용으로 각자가 얼마씩 내어 거둠. '출렴(出斂)'에서 나온 말

  예 그들은 일이 끝나면 막걸리 추렴을 자주 벌였다.
- **추지다** : 물기가 배어서 몹시 눅눅하다.

  예 빨래가 덜 말라 추지다.
- **치레** : 잘 매만져서 모양을 내는 일

  예 치레에 시간을 들이다.
- **치사랑** : 손윗사람에 대한 사랑
- **칠칠하다** : 잘 자라서 길다. 주접이 들지 아니하고 깨끗하다. 일의 솜씨가 능란하고 빠르다.

  예 검고 칠칠한 머리 / 칠칠하지 못한 사람

ㅋ

- **켜** : 물건을 포개어 놓은 층

  예 켜를 지은 시루떡
- **켕기다** : 팽팽하게 되다, 불안하고 두려워지다.

  예 그는 켕긴 연줄을 힘껏 당겼다가 다시 놓아주었다.
- **코숭이** : 산줄기의 끝

  예 해가 떠오르는 것을 보려고 나는 새벽같이 일어나 뒷산의 코숭이에 올랐다
- **콩켸팥켸** : 사물이 마구 뒤섞여 뒤죽박죽된 것을 가리키는 말
- **쾌** : 북어 스무 마리를 한 단위로 세는 말. 지난날 엽전 열 냥을 한 단위로 세던 말

  예 북어 한 쾌 / 엽전 두 쾌

ㅌ

- **타끈하다** : 인색하고 욕심이 많다.
- **타울거리다** : 뜻한 바를 이루려고 애를 쓰다.

  예 재산이란 지키려고 아등바등 타울거리기만 한다고 지켜지는 것이 아니었다.　　〈송기숙의 '녹두 장군'〉
- **터럭** : 사람이나 짐승의 몸에 난 길고 굵은 털

  예 개를 키우면 터럭이 날려 건강에 좋지 않다.
- **톡탁치다** : 옳고 그름을 가릴 것 없이 다 없애 버리다.
- **톳** : 김을 묶어 세는 단위. 한 톳은 김 100장을 이른다.

  예 가서 김 세 톳을 사 오너라.
- **투미하다** : 어리석고 둔하다.

  예 그는 남들이 말을 붙여 보아도 돌미륵같이 투미해서 답답하기 짝이 없다.
- **튀하다** : (새나 짐승 따위를) 털을 뽑기 위해 끓는 물에 잠깐 넣었다가 꺼내다.

  예 닭을 튀하다.
- **트레바리** : 까닭 없이 남에게 반대하기를 좋아하는 성미
- **튼실하다** : 튼튼하고 실하다.

  예 안심찮게 생긴 겉모양과는 달리 뗏목은 의외로 튼실하게 느껴지기도 했다.　　〈윤흥길의 '완장'〉
- **틀거지** : 듬직하고 위엄이 있는 겉모양

  예 나이도 나이지만 색안경까지 낀 틀거지가 객쩍은 대로 제법 의젓해서 그 틀거지 값으로라도 그 따위 시시한 짓이야 하겠나 싶긴 했다.　　〈송기숙의 '자랏골의 비가'〉

- **틀스럽다** : 겉모양이 듬직하고 위엄이 있다.

  예 말뚝벙거지를 깊숙이 눌러 쓴, 틀스럽게 생긴 사공은 힐끗 호방 등 불빛으로 대불이를 쳐다보더니 …….

  〈문순태의 '타오르는 강'〉

- **틈서리** : 틈이 난 부분의 가장자리

   아마도 벌레집은 시멘트 틈서리 속 썩은 나무 기둥 속에 있을 것이다.　　　〈박완서의 '오만과 몽상'〉

ㅍ

- **파임내다** : 일치된 의논에 대해 나중에 딴소리를 하여 그르치다.
- **판들다** : 가진 재산을 함부로 써서 죄다 없애다.

  예 노름판을 전전하며 선대로부터 물려받은 가옥과 전답을 판들어 먹고 말았다.
- **판수** : 점치는 일을 업으로 삼는 소경

  예 영하다는 무당 판수 굿도 하고 남편 몰래 이상한 것도 지녀 보았다.　　　〈한무숙의 '만남'〉
- **팔난봉** : 여러 방면으로 난봉을 부리는 사람

  예 숙부는 원래 정치를 좋아해서, 해방이 되자마자 청년 단체에 뛰어들었고, 팔난봉처럼 여기저기를 들쑤시고 다녔다.

  〈최일남의 '숙부는 늑대'〉
- **패다** : 곡식의 이삭이 나오다, 사내아이의 목소리가 변성기를 지나 깊고 굵게 되다.

  예 벼는 패기 시작해서 볼록볼록 밴 이삭이 배를 가르고 나온다.　　　〈이기영의 '봄'〉
- **팽하다** : 지나치거나 부족하지 아니하고 꼭 알맞다.

  예 모양도 좋고 크기도 팽하다.
- **푸네기** : 가까운 제살붙이

  예 관청 주변에서 턱찌끼 먹고 살아온 여자라 벌써 친정 동생에 조카에 일가 푸네기가 네댓 명이나 되었다.

  〈송기숙의 '녹두 장군'〉
- **푸접** : 남에게 인정이나 붙임성, 포용성 따위를 가지고 대하는 성질

  예 푸접이 있다. / 푸접이 좋다.
- **푸지다** : 넉넉하고 푸짐하다.

  예 푸지게 먹다. / 잔칫상에 음식이 푸지다.
- **푼더분하다** : 얼굴이 두툼하여 탐스럽다, 여유가 있고 넉넉하다.

  예 아낙네의 얼굴이 복스럽고 푼더분하게 생겼다.
- **푼푼하다** : 모자람이 없이 넉넉하다.

  예 먹을 것이 푼푼하다.
- **풀무** : 불을 피울 때 바람을 일으키는 기구

  예 풀무로 불을 피우다.

ㅎ

- **하늬** : 농가나 어촌에서 '서풍(西風)'을 이르는 말

- **하릅** : 소·말·개 등의 한 살 된 것

- **하릴없다** : 어찌 할 도리가 없다, 조금도 틀림이 없다.

  예 하릴없는 처지가 되다.

- **하비다** : 손톱이나 날카로운 물건으로 긁어 파다, 남의 결점을 들추어내서 헐뜯다.

  예 옆집 아이가 딸의 얼굴을 하벼 놓았다.

- **한겻** : 하루의 4분지 1인 시간

  예 그는 한겻이 지나서야 겨우 눈을 떴다.

- **한둔** : 한데에서 밤을 지냄. 노숙(露宿)

  예 모든 신하들은 풀덤불 속에서 한둔을 하는데 ….　　　　　　　　　　　〈박종화의 '임진왜란'〉

- **함진아비** : 혼인 전에 신랑 측에서 신부 측에 보내는 함을 지고 가는 사람

  예 상객과 신랑이 받는 큰상에 쓸 음식과 함진아비나 수행한 사람들이 먹을 상에 쓸 음식들은 감히 아랫사람들이 손대
  지 못했다.　　　　　　　　　　　　　　　　　　　　　　　　　　　　　〈최명희의 '혼불'〉

- **함초롬하다** : 젖거나 서려 있는 모양이나 상태가 가지런하고 차분하다.

  예 비에 젖은 그녀의 모습이 함초롬하다.

- **함치르르** : 곱고 윤이 나는 모양

  예 함치르르 윤기가 흐르는 긴 생머리

- **함함하다** : 털이 부드럽고 윤기가 있다.

  예 털이 함함한 강아지

- **핫아비** : 아내가 있는 남자

- **핫어미** : 남편이 있는 여자

- **핫옷** : 솜을 넣어서 지은 옷

- **해거름** : 해가 서쪽으로 기울어질 무렵

  예 이제 곧 떠나야 할 나그네만이 저무는 해거름을 아쉬워하는 건 아니다.　　　　　　〈이문구의 '장한몽'〉

- **해찰** : 물건을 이것저것 집적이어 해치는 짓, 일에는 마음을 두지 아니하고 쓸데없이 다른 짓을 함.

  예 자칫 한눈팔고 해찰하기 일쑤라서 가끔 주의를 환기할 필요가 있다.

- **허구리** : 허리의 좌우 쪽 갈비 아래의 잘록한 부분

  예 허구리를 걷어차다.

- **허닥하다** : (모아 둔 것을) 덜어서 쓰기 시작하다.

- **허릅숭이** : 언행이 착실하지 못하여 미덥지 못한 사람

  예 보들뜨기는 입이 너무 부지런한 것 같았으나, 아무렇게나 지분대는 허릅숭이는 아닌 것 같았다.
  　　　　　　　　　　　　　　　　　　　　　　　　　　　　　　　〈송기숙의 '녹두 장군'〉

• **허물하다** : 허물을 들어 나무라다.

　예 처음이라 실수가 있더라도 과히 허물하지 마세요.
• **허발** : 몹시 굶주려 있거나 궁하여 체면 없이 함부로 먹거나 덤빔

　예 배고픈 김에 허발을 하고 음식을 걷어 먹었다.
• **허섭스레기** : 좋은 것을 고르고 난 뒤의 찌꺼기 물건

　예 이삿짐을 싸고 남은 허섭스레기
• **허수롭다** : 짜임새나 단정함이 없이 느슨한 데가 있다.

　예 무슨 일에나 세심한 신경을 가졌던 홍 여사로서 그런 것에 허수로울 리가 만무하다. 〈황순원의 '움직이는 성'〉
• **허수하다** : 마음이 허전하고 서운하다.

　예 자기만 돌보아 줄 그가 아닌 것을 아사달도 번연히 알건마는 어쩐지 마음 한 모서리가 허수하게 비어 오는 것을
　　어찌할 수 없었다. 〈현진건의 '무영탑'〉
• **허출하다** : 허기가 져서 출출하다.

　예 저녁을 먹었는데 배가 이렇게 허출한 걸 보면…. 〈김원일의 '어둠의 축제'〉
• **헌칠하다** : 키와 몸집이 보기 좋게 어울리도록 크다.

　예 키가 헌칠하다.
• **헛헛하다** : 속이 비어 배고픈 느낌이 있다. 헛헛한 증세를 '헛헛증'이라 함

　예 속이 헛헛했는데 밥을 먹고 나자 제대로 속이 찬 것같이 든든했다.
• **헤먹다** : 들어 있는 물건보다 공간이 넓어서 어울리지 아니하다.

• **헤갈**

① 쌓이거나 모인 물건이 흩어져 어지러운 상태

　　예 마당 한 가득히 쓰레기통 같은 곳에는 밥 짓던 화덕이며 장작개미, 냄비 조각, 밥그릇들이 헤갈이 되고….
　　　〈염상섭의 '취우'〉

② 허둥지둥 헤매는 일

　　예 그는 양쪽이 다 좋게 일을 풀어 나갔던 것이다. 그런 것을 두고 철주가 헤갈을 하며 싸다니니 누군들 받자하는
　　　사람이 있을 리 없었다. 〈한수산의 '유민'〉
• **헤살** : 짓궂게 훼방함 또는 그러한 짓

　예 헤살을 놓다. / 헤살을 부리다. / 헤살을 치다.
• **헤식다** : 단단하지 못하여 헤지기 쉽다, 탐탁하지 못하다.

　예 점심이라고 해야 헤식은 보리밥에 반찬 몇 가지뿐이어서 금방 배가 고파 왔다.
• **호다** : 바느질할 때 헝겊을 여러 겹 겹쳐서 성기게 꿰매다.

　예 구멍 난 바지를 호다.
• **호락질** : 남의 힘을 빌리지 않고 가족끼리 짓는 농사

　예 이날 식전에 점돌이는 주사 댁으로 일을 가고 박 첨지는 호락질로 논을 써렸다. 〈이기영의 '맥추'〉
• **홀앗이** : 살림살이를 혼자 맡아 처리하는 처지

　예 홀앗이가 앓아 누웠으니 미음이라도 끓여 주고 약이라도 달여 줄 사람이 있어야지. 〈현진건의 '무영탑'〉

- **화수분** : 재물이 자꾸 생겨 아무리 써도 줄지 않음

  예 은 덩이는 한번 돈으로 바꾸면 그만이지만 땅은 해마다 돈을 낳을 테니까. 그야말로 화수분이지.

  〈박완서의 '미망'〉

- **화장** : 옷의 겨드랑이로부터 소매까지의 길이

  예 새로 맞춘 한복의 화장이 너무 길었다.

- **회두리** : 여럿 중에서 맨 끝, 맨 나중에 돌아오는 차례

  예 덕(德)이나 식(識)이나 그만하면 역대 대덕(大德)의 뒤를 받아 선암(仙巖)의 회두리를 맺을 만하다 하겠다.

  〈최남선의 '심춘순례'〉

- **휘휘하다** : 너무 쓸쓸하여 무서운 느낌이 있다.

  예 여러 사람이 떠드는 바람에 호젓하고 휘휘하는 방이 갑자기 우꾼하고 들썩하였다.　　〈홍명희의 '임꺽정'〉

- **흐드러지다** : 매우 탐스럽거나 한창 성하다.

  예 철쭉꽃이 흐드러지게 피어 꽃밭의 물결을 이루었다.　　〈문순태의 '피아골'〉

- **흔전만전** : 재물이 넉넉하여 아낌없이 쓰는 모양

  예 먹을 것이 흔전만전이다.

- **희나리** : 덜 마른 장작

- **희떱다** : 실속은 없어도 마음이 넓고 손이 크다, 말이나 행동이 분에 넘치며 버릇이 없다.

  예 제 살림에 맵고 짜다가도 없는 사람 사정 봐줄라 치면 희떱게 굴 줄도 알았다.　　〈박완서의 '미망'〉

실력쑥! 기출유형문제

밑줄 친 단어의 뜻풀이로 적절하지 <u>않은</u> 것은?

① 그 말이 <u>짜장</u> 사실인 듯하다. → 과연 정말로

② 그 여자는 <u>민낯</u>도 참 곱더라. → 얼굴에 나타나는 표정이나 빛깔

③ 오후 한 시가 넘도록 <u>마수걸이</u>도 못 했다. → 맨 처음으로 물건을 파는 일

④ 그는 남 얘기엔 그저 <u>트레바리</u>이다. → 이유 없이 남의 말에 반대하기를 좋아함.

⑤ 그녀의 삶의 기준에는 종교라는 <u>고갱이</u>가 있었다. → 사물의 중심이 되는 부분을 비유적으로 이르는 말

Advice 민낯 : 화장을 하지 않은 얼굴

답 ②

1. 한자어

① 잘못 읽기 쉬운 한자어[( )안은 틀린 음]

可矜 가긍(가금)	恪別 각별(격별)	姦慝 간특(간약)	看做 간주(간고)
戡定 감정(심정)	降下 강하(항하)	改悛 개전(개준)	坑道 갱도(항도)
釀出 양출(거출)	揭示 게시(계시)	更迭 경질(갱질)	驚蟄 경칩(경첩)
誇張 과장(오장)	刮目 괄목(활목)	壞滅 괴멸(회멸)	攪亂 교란(각란)
教唆 교사(교준)	丘陵 구릉(구능)	口腔 구강(구공)	口碑 구비(구패)
句讀 구두(구독)	求愛 구애(구득)	句節 구절(귀절)	救恤 구휼(구혈)
詭辯 궤변(위변)	龜裂 균열(구열)	近況 근황(근항)	拿捕 나포(합포)
難澁 난삽(난습)	捏造 날조(급조)	捺印 날인(나인)	內人 나인(내인)
烙印 낙인(각인)	來往 내왕(내주)	鹿皮 녹비(녹피)	鹿茸 녹용(녹이)
茶菓 다과(차과)	茶店 다점(차점)	團欒 단란(단락)	撞着 당착(동착)
陶冶 도야(도치)	瀆職 독직(속직)	獨擅 독천(독단)	鈍濁 둔탁(돈탁)
登攀 등반(등거)	蔓延 만연(만정)	邁進 매진(만진)	驀進 맥진(막진)
萌芽 맹아(붕아)	明澄 명징(명증)	牡友 모우(목우)	木瓜 모과(목과)
杳然 묘연(향연)	巫覡 무격(무현)	拇印 무인(모인)	未洽 미흡(미합)
剝奪 박탈(녹탈)	撲滅 박멸(복멸)	撲殺 박살(복살)	頒布 반포(분포)
潑剌 발랄(발자)	拔萃 발췌(발치)	幇助 방조(봉조)	便秘 변비(편비)
兵站 병참(병첨)	不朽 불후(불구)	比喩 비유(벽유)	沸騰 비등(불등)
憑藉 빙자(빙적)	使嗾 사주(사족)	奢侈 사치(사다)	詐欺 사기(사취)
數數 삭삭(수수)	索漠 삭막(색한)	撒布 살포(산포)	相殺 상쇄(상살)
省略 생략(성략)	書簡 서간(서한)	洗滌 세척(세조)	甦生 소생(갱생)
遡及 소급(삭급)	殺到 쇄도(살도)	水洗 수세(수선)	猜忌 시기(청기)
示唆 시사(시준)	諡號 시호(익호)	十方 시방(십방)	齷齪 악착(악족)
斡旋 알선(간선)	謁見 알현(알견)	愛玩 애완(애원)	隘路 애로(익로)
惹起 야기(약기)	掠奪 약탈(경탈)	濾過 여과(노과)	役割 역할(역활)
嗚咽 오열(명인)	汚辱 오욕(오진)	渦中 와중(과중)	訛傳 와전(화전)
緩和 완화(난화)	歪曲 왜곡(의곡)	凹凸 요철(요돌)	窯業 요업(질업)

容喙 용훼(용탁)	雨雹 우박(우포)	雲刻 운각(운핵)	遊說 유세(유설)
吟味 음미(금미)	凝結 응결(의결)	義捐 의연(의손)	弛緩 이완(치완)
移徙 이사(이도)	罹患 이환(나환)	溺死 익사(약사)	一括 일괄(일활)
一切 일체(일절)	剩餘 잉여(승도)	孜孜 자자(고고)	自刎 자문(자물)
箴言 잠언(함언)	沮止 저지(차지)	傳播 전파(전번)	暫定 잠정(참정)
將帥 장수(장사)	裝塡 장전(장진)	奠幣 전폐(존폐)	點睛 점정(점청)
措置 조치(차치)	稠密 조밀(주밀)	造詣 조예(조지)	奏請 주청(진정)
躊躇 주저(수저)	屯困 준곤(둔곤)	憎惡 증오(증악)	叱責 질책(힐책)
桎梏 질곡(지고)	執拗 집요(집유)	捉來 착래(촉래)	斬新 참신(산신)
懺悔 참회(섬회)	暢達 창달(장달)	漲溢 창일(장익)	刺殺 척살(자살)
喘息 천식(단식)	闡明 천명(단명)	尖端 첨단(연단)	涕泣 체읍(제읍)
諦念 체념(제념)	忖度 촌탁(촌도)	寵愛 총애(통애)	撮影 촬영(섭영)
秋毫 추호(추모)	追悼 추도(추탁)	衷心 충심(애심)	熾烈 치열(식열)
拓本 탁본(척본)	彈劾 탄핵(탄효)	綻露 탄로(정로)	攄得 터득(여득)
慟哭 통곡(동곡)	洞察 통찰(동찰)	堆敲 퇴고(추고)	破綻 파탄(파정)
跛立 피립(파립)	辨得 판득(변득)	敗北 패배(패북)	覇權 패권(파권)
膨脹 팽창(고창)	平坦 평탄(평단)	捕捉 포착(포촉)	襃賞 포상(보상)
輻輳 폭주(복주)	標識 표지(표식)	風味 풍미(풍마)	割引 할인(활인)
陜川 합천(협천)	肛門 항문(홍문)	行列 항렬(행렬)	降將 항장(강장)
解弛 해이(해지)	諧謔 해학(개학)	享樂 향락(형락)	絢爛 현란(순란)
現況 현황(현항)	荊棘 형극(형자)	忽然 홀연(총연)	花瓣 화판(화변)
廓然 확연(곽연)	滑走 활주(골주)	黃疸 황달(황단)	恍惚 황홀(광홀)
嚆矢 효시(고시)	嗅覺 후각(취각)	萱堂 훤당(선당)	麾下 휘하(마하)
恤兵 휼병(혈병)	欣快 흔쾌(흠쾌)	恰似 흡사(합사)	詰責 힐책(길책)

② 동자이음어(同字異音語)

覺 깨달을 각 / 꿈깰 교	覺醒(각성) / 覺眼(교안)	降 내릴 강 / 항복할 항	降等(강등) / 降服(항복)
乾 하늘 건 / 마를 간	乾坤(건곤) / 乾物(간물)	更 다시 갱 / 고칠 경	更新(갱신) / 變更(변경)
見 볼 견 / 드러날 현	見學(견학) / 謁見(알현)	句 글귀 구 / 글귀 귀	文句(문구) / 聖句(성구)

龜	거북 귀 땅이름 구 터질 균	龜趺(귀부) 龜浦(구포) 龜裂(균열)	洞	동리 동 구멍 동 밝을 통	洞里(동리) 洞窟(동굴) 洞察(통찰)
內	안 내 궁궐 나	室內(실내) 內人(나인)	金	쇠 금 성씨 김	金庫(금고) 金氏(김씨)
丹	붉을 단 꽃이름 란	丹靑(단청) 牡丹(모란)	宅	집 댁 집 택	宅內(댁내) 住宅(주택)
單	홀로 단 오랑캐임금 선	簡單(간단) 單于氏(선우씨)	度	법도 도 헤아릴 탁	制度(제도) 度地(탁지)
樂	즐길 락 좋아할 요 풍류 악	娛樂(오락) 樂山(요산) 音樂(음악)	說	말씀 설 달랠 세 기쁠 열	說明(설명) 遊說(유세) 悅樂(열락)
木	나무 목 모과 모	草木(초목) 木瓜(모과)	反	돌이킬 반 뒤침 번	反擊(반격) 反杳(번답)
復	회복할 복 다시 부	復舊(복구) 復活(부활)	否	아닐 부 막힘 비	否定(부정) 否運(비운)
北	북녘 북 패할 배	南北(남북) 敗北(패배)	寺	절 사 내관 시	寺刹(사찰) 寺人(시인)
狀	형상 상 문서 장	狀態(상태) 賞狀(상장)	索	찾을 색 적막할 삭	搜索(수색) 索莫(삭막)
塞	막을 색 변방 새	閉塞(폐색) 要塞(요새)	誓	서약 서 맹세 세	宣誓(선서) 盟誓(맹세)
食	먹을 식 밥 사	食事(식사) 簞食(단사)	殺	죽일 살 빠를, 감할 쇄	殺人(살인) 相殺(상쇄)
什	열사람 십 세간 집	什長(십장) 什器(집기)	省	살필 성 덜 생	反省(반성) 省略(생략)
宿	잘 숙 별 수	宿泊(숙박) 星宿(성수)	拾	주울 습 열 십	拾得(습득) 拾萬(십만)

識	알 식 기록할 지	識見(식견) 標識(표지)	辰	때 신 별 진	生辰(생신) 辰宿(진수)
惡	악할 악 미워할 오	惡魔(악마) 憎惡(증오)	若	같을 약 땅이름 야	若干(약간) 般若(반야)
於	어조사 어 탄식할 오	於是乎(어시호) 於乎(오호)	厭	싫어할 염 누를 엽	厭世(염세) 厭然(엽연)
葉	잎 엽 성 섭	落葉(낙엽) 葉氏(섭씨)	易	쉬울 이 바꿀 역	容易(용이) 貿易(무역)
咽	목구멍 인 목멜 열	咽喉(인후) 嗚咽(오열)	抵	막을 저 칠 지	抵抗(저항) 抵掌(지장)
刺	찌를 자 찌를 척 수라 라	刺客(자객) 刺殺(척살) 水刺(수라)	著	지을 저 나타날 저 붙을 착	著述(저술) 顯著(현저) 附著(부착)
切	끊을 절 모두 체	切斷(절단) 一切(일체)	參	참여할 참 석 삼	參加(참가) 參拾(삼십)
提	끌 제 깨달을 리	提携(제휴) 菩提樹(보리수)	拓	열 척 박을 탁	開拓(개척) 拓本(탁본)
車	수레 차 수레 거	自動車(자동차) 車馬費(거마비)	則	법칙 칙 곧 즉	規則(규칙) 然則(연즉)
沈	잠길 침 성씨 심	沈沒(침몰) 沈氏(심씨)	推	밀 퇴 밀 추	推敲(퇴고) 推進(추진)
跛	절뚝임 파 기울 피	跛行(파행) 跛立(피립)	便	편할 편 오줌, 똥 변	便利(편리) 便所(변소)
皮	가죽 피 가죽 비	皮革(피혁) 鹿皮(녹비)	合	합할 합 흡 흡	合同(합동) 五合(오흡)
暴	드러날 폭 사나울 폭 사나울 포	暴露(폭로) 暴風(폭풍) 暴惡(포악)	行	갈 행 항렬 항	行軍(행군) 行列(항렬)

③ 필수 한자 어휘

다음 밑줄 친 한자어를 다른 표현으로 바꾼 것 중 적절하지 못한 것은?

① 그는 자신의 초라함과 <u>방만(放漫)</u>한 그의 태도에 몸을 떨면서 쥐었던 신문지를 꽉 움켜쥐었다.
　→ 제멋대로인
② 시골에서 보낸 오랜 생활로 나의 시야와 말투는 서울 사람보다 <u>어눌(語訥)</u>하고 옷차림도 단순했다.
　→ 떠듬떠듬
③ 크나큰 난국을 타개할 계책에 <u>부심(腐心)</u>하고 있을 때, 홀연 황제가 마을에서 종적을 감추었다.
　→ 근심하고
④ 전혀 낯선 세계의 풍경이 <u>생경(生硬)</u>한 느낌으로 다가왔다. → 신비한
⑤ 그는 어제 사건에 관하여 일체 <u>함구(緘口)</u>하고 있다. → 다물고

Advice ④ 익숙하지 않아 어색하다.

답 ④

PLUS 단어의 의미

　㉠ 방만(放漫) : 맺고 끊는 데가 없이 제멋대로 풀어져 있음
　㉡ 어눌(語訥) : 말을 유창하게 하지 못하고 떠듬떠듬하는 면이 있음
　㉢ 부심(腐心) : 근심, 걱정으로 마음이 썩음
　㉣ 함구(緘口) : 말하지 아니함 또는 입을 다물고 있음

- **刻薄**(각박) : 인정이 없고 삭막함

　예 세상 인심이 각박하다.
- **角逐**(각축) : 서로 이기려고 다투며 덤벼듦

　예 외세의 각축 / 10여 개의 팀이 우승을 놓고 각축을 벌였다.
- **看過**(간과) : 큰 관심 없이 대강 보아 넘김

　예 나는 그가 따라 주는 술을 마시면서도 그 사실을 결코 간과하지 않았다.
- **看做**(간주) : 그렇다고 침, 그런 양으로 여김

　예 그 사내의 수상한 행동은 마치 그가 범인인 것처럼 간주될 오해의 소지가 있었다.
- **看破**(간파) : 속내를 꿰뚫어 알아차림

　예 남의 속셈을 간파하다.
- **間歇**(간헐) : 얼마 동안의 시간 간격을 두고 되풀이하여 일어났다 쉬었다 함

　예 부엉이의 울음이 간헐적으로 골짝을 울려온다.
- **感想**(감상) : 마음속에서 일어나는 느낌이나 생각

　예 일기에 하루의 감상을 적는 시간은 자신을 되돌아보는 시간이기도 하다. / 책을 읽은 감상은 한마디로 '대단하다'였다.
- **感賞**(감상) : 마음에 깊이 느끼어 칭찬함

- **鑑賞**(감상) : 주로 예술 작품을 이해하여 즐기고 평가함

  예 미술품을 감상하다. / 음식 맛을 감상하다. / 경치를 감상하다. / 관광객들은 한국의 고적을 감상하였다.
- **感傷**(감상) : 하찮은 일에도 쓸쓸하고 슬퍼져서 마음이 상함 또는 그런 마음

  예 감상에 빠지다. / 돌아가신 어머니에 대한 감상의 눈물이 흘렀다.
- **改善**(개선) : 잘못된 것이나 부족한 것, 나쁜 것 따위를 고쳐 더 좋거나 착하게 만듦

  예 입시 제도 개선
- **改惡**(개악) : 고치어 도리어 나빠지게 함

  예 이번 조치는 상황을 오히려 개악하고 말았다.
- **改悛**(개전) : 행실이나 태도의 잘못을 뉘우치고 마음을 바르게 고쳐먹음

  예 개전의 정을 보이다. / 죄인에게 개전의 기회를 주다.
- **改訂**(개정) : 글자나 글의 틀린 곳을 고쳐 바로잡음

  예 개정 증보판 / 초판본을 개정 보완하다.
- **改定**(개정) : 이미 정하였던 것을 고쳐 다시 정함

  예 개정 요금 / 맞춤법이 개정되다.
- **改正**(개정) : 주로 문서의 내용 따위를 고쳐 바르게 함

  예 헌법 개정 / 회칙 개정
- **更新**(갱신) : 다시 새로워짐 또는 다시 새롭게 함. 법률에서, 계약 기간이 만료되었을 때, 그 기간을 연장하는 일

  예 면허 갱신을 거부하다. / 여권 갱신을 받다. / 전통은 역사의 추이에 따라 갱신되고 변모되는 것이다. / 계약 내용을 갱신하다.
- **擧示**(거시) : 구체적으로 예를 들어 보임
- **堅持**(견지) : 굳게 지님

  예 신중한 자세를 견지하다.
- **見地**(견지) : 어떤 사물을 판단하거나 관찰하는 입장

  예 인도적 견지에서 이웃 나라에 식량을 지원했다
- **結紐**(결뉴) : 끈을 맴. 또는 얽어 맺음. 서로 관계를 맺음
- **決然**(결연) : 태도가 무척 굳세고 결정적이다.

  예 우리는 그에게서 죽음을 두려워하지 않는 결연한 태도를 엿볼 수 있었다.
- **箝制 / 鉗制**(겸제) : 말에 재갈을 물린다는 뜻으로, 자유를 구속하여 억누름을 이르는 말

  예 독재 정권이 언론을 겸제하여 국민의 눈과 귀를 막아 버리고 있다.
- **更新**(경신) : 이미 있던 것을 고쳐 새롭게 함

  예 수출 실적이 날로 경신되다. / 세계 기록을 경신하다.
- **更迭**(경질) : 어떤 직위에 있는 사람을 다른 사람으로 바꿈

  예 비서실장의 경질 사유를 밝히다. / 이번 사고에 대한 문책으로 장관이 전격 경질되었다.

• **啓發**(계발) : 슬기나 재능, 사상 따위를 일깨워 줌

　예 기술을 계발해야 한다.
• **鼓舞**(고무) : 격려하여 기세를 돋움

　예 투항자가 있었다는 점에서 자못 정신적인 고무를 받게 된 것이었다. / 박수로 선수들을 고무하다. / 육탄전을 벌이는 동료 선수에게 사기가 고무되다.
• **固守**(고수) : 굳게 지킴

　예 올해 우리 팀은 선두권 고수를 목표로 삼고 있다.
• **賈竪**(고수) : 장사하는 사람

• **高調**(고조) : 사상이나 감정, 세력 따위가 한창 무르익거나 높아짐 또는 그런 상태

　예 이야기가 고조에 이르다. / 두 나라 사이의 전쟁 위기감이 고조되다. / 활기찬 응원이 경기장의 분위기를 한층 더 고조했다.
• **觀照**(관조) : 고요한 마음으로 사물이나 현상을 관찰하거나 비추어 봄

　예 세상을 관조하다. / 인생을 관조하다. / 관조적으로 작품을 감상하다.
• **乖離**(괴리) : 서로 어그러져 동떨어짐

　예 현실과 이상은 언제나 괴리가 있기 마련이다. / 현실에서 괴리된 문학은 감동이 적을 수밖에 없다.
• **具現/具顯**(구현) : 어떤 내용이 구체적인 사실로 나타나게 함

　예 민주주의의 구현 / 정의 구현 / 평화란 전쟁이 없는 상태이기보다는 인간의 심성에서 유출되는 자비의 구현이다. / 희곡은 무대에서 구현되는 문학이다. / 토론과 설득은 민주 정치를 구현하는 방법이다.
• **倦怠**(권태) : 어떤 일이나 상태에 시들해져서 생기는 게으름이나 싫증

　예 단조로운 생활에서 오는 권태 / 권태를 느끼다.
• **糾明**(규명) : 어떤 사실을 자세히 따져서 바로 밝힘

　예 원인 규명 / 규명을 촉구하다. / 범인이 허위 자백을 한 경위는 반드시 규명되어야 한다.
• **寄與**(기여) : 도움이 되도록 이바지함

　예 수영이는 팀 승리에 결정적인 기여를 한 선수이다. / 국가와 사회의 발전에 기여하다.
• **嗜好**(기호) : 즐기고 좋아함

　예 소비자의 기호를 파악하다.
• **拿捕**(나포) : 사람이나 배, 비행기 등을 사로잡음

　예 외국 어선이 우리 경찰에 나포되었다.
• **樂觀**(낙관) : 일이 잘 될 것으로 생각됨

　예 일의 성공 여부에 대해서는 낙관하고 있다.
• **捏造**(날조) : 사실이 아닌 것을 사실인 것처럼 거짓으로 꾸밈

　예 날조 기사 / 유언비어 날조 / 보고서의 날조
• **濫觴**(남상) : 양쯔 강(揚子江) 같은 큰 하천의 근원도 잔을 띄울 만큼 가늘게 흐르는 시냇물이라는 뜻으로, 사물의 처음이나 기원을 이르는 말

　예 우편 제도의 남상

- **圖謀**(도모) : 어떤 일을 이루기 위하여 대책과 방법을 세움

  예 일을 도모하다. / 단결을 도모하다. / 위기를 피할 길을 도모하다. / 우리 서로 간의 친목을 도모하기 위하여 계를 합시다.

- **陶冶**(도야) : 훌륭한 사람이 되도록 몸과 마음을 닦아 기름을 비유적으로 이르는 말

  예 품성의 도야 / 학문을 도야하다.

- **度外視**(도외시) : 상관하지 아니하거나 무시함

  예 이번 일이 도외시되어서는 안 된다. / 현실을 도외시하다.

- **導出**(도출) : 판단이나 결론 따위를 이끌어 냄

  예 국민적 합의의 도출 / 결론은 여러 번의 회의 끝에 도출되었다.

- **邁進**(매진) : 어떤 일을 전심전력을 다하여 해 나감

  예 학업에 매진하다.

- **摸索**(모색) : 일이나 사건 따위를 해결할 수 있는 방법이나 실마리를 더듬어 찾음

  예 외국 진출을 모색하다. / 새로운 방법을 모색하다.

- **模糊**(모호) : 말이나 태도가 흐리터분하여 분명하지 않다.

  예 모호한 설명 / 문장이 모호하여 의미를 알 수 없다.

- **沒却**(몰각) : 아주 없애 버림, 무시해 버림

  예 개성이 몰각된 사회 / 근본 취지가 몰각되다.

- **黙過**(묵과) : 잘못을 알고도 모르는 체하고 그대로 넘김

  예 부정 행위를 보고 묵과할 수 없다.

- **門外漢**(문외한) : 어떤 일에 직접 관계가 없는 사람, 어떤 일에 전문적인 지식이 없는 사람

  예 그 방면에 문외한인 나는 조직 검사가 어떤 것인지를 전혀 알지 못했었다.

- **未踏**(미답) : 아직 아무도 밟지 않음

  예 다만 미답의 거무칙칙한 숲이 곳곳에 뒤엉켜 있는데….

- **紊亂**(문란) : 도덕, 질서, 규범 따위가 어지러움

  예 문란한 세상 / 군기가 문란하다. / 나라의 치안이 문란하여 걱정이다.

- **迫切**(박절) : 인정이 없고 쌀쌀하다.

  예 박절하게 굴다. / 박절하게 뿌리치다.

- **剝奪**(박탈) : 남의 재물이나 권리, 자격 따위를 빼앗음

  예 소유권 박탈 / 선거권 및 피선거권 박탈

- **反映**(반영) : 빛이 반사하여 비침. 다른 것에 영향을 받아 어떤 현상이 나타남 또는 어떤 현상을 나타냄

  예 현실의 반영 / 시대상의 반영 / 대학 입시에서 내신의 반영 비율이 높아졌다. / 민의를 국정에 반영하다.

- **頒布**(반포) : 세상에 널리 퍼뜨려 모두 알게 함

  예 훈민정음의 반포 / 율령의 반포 / 경국대전의 반포로 법제적 기틀이 확립되었다.

• **潑剌(발랄)** : 표정이나 행동이 밝고 활기가 있음

　예 재기 발랄한 젊은이들 / 기쁜 일이 있는지 그의 모습은 발랄해 보였다.

• **彷徨(방황)** : 이리저리 헤매어 돌아다님

　예 잘 곳을 정하지 못해 거리에서 방황을 계속하였다.

• **排擊(배격)** : 어떤 사상, 의견, 물건 따위를 물리침

　예 그의 진보적 사상은 모임에서 배격을 받았다. / 자기 생각과 다르다고 무조건 배격을 하는 건 옳지 않다.

• **白眼視(백안시)** : 남을 업신여기거나 무시하는 태도로 흘겨봄

　예 그 말에 다른 사람들도 지금껏 그 남자를 백안시하던 눈에 웃음을 띠게 되었다.

• **變換(변환)** : 다르게 하여 바꿈 또는 달라져서 바뀜

　예 변환 과정 / 변환을 가하다.

• **逢着(봉착)** : 어떤 처지나 상태에 부닥침

　예 새로운 국면에 봉착하다. / 경영난에 봉착하다.

• **浮刻(부각)** : 어떤 사물을 특징지어 두드러지게 함

　예 문제는 새로운 쟁점으로 부각되고 있다.

• **敷衍(부연)** : 이해하기 쉽도록 설명을 덧붙여 자세히 말함

　예 부연 설명 / 그는 그동안의 진행 과정을 부연하여 설명하였다.

• **符合(부합)** : 사물이나 현상이 서로 꼭 들어맞음

　예 실제에 부합되는 이론 / 그의 행동은 사회 관습에 부합되지 않는 것이었다. / 정치 개혁에 부합하는 인물

• **紛亂(분란)** : 어수선하고 떠들썩함

　예 분란을 조성하다. / 경선을 할 것인가를 놓고 당 내부에서 적잖은 분란이 일어났다.

• **比肩(비견)** : 낫고 못함이 없이 서로 비슷함

　예 그와 비견할 만한 사람이 없다.

• **庇護(비호)** : 감싸 보호함

　예 특정인을 비호하다.

• **憑藉(빙자)** : 남의 힘을 빌려서 의지함

　예 그는 장인을 빙자하여 어서 술이나 들고 푹 취해 버려야만 마음이 편해질 것 같았다.

• **使嗾(사주)** : 남을 부추겨 좋지 않은 일을 시킴

　예 사주를 받다. / 그는 적의 사주를 받아 내부의 기밀을 염탐했다.

• **奢侈(사치)** : 필요 이상의 돈이나 물건을 쓰거나 분수에 지나친 생활을 함

　예 멋과 사치를 즐기다. / 사치와 허영에 빠지다.

• **索莫/索寞/索漠(삭막)** : 쓸쓸하고 막막하다.

　예 삭막한 들판

• **相衝(상충)** : 맞지 않고 서로 어긋남

　예 의견이 서로 상충되다.

• **實在**(실재) : 실제로 존재함

  예 그 섬이 실재하고 있지 않다는 사실이 확인되고 난 순간에 모든 것을 알게 되었다.

• **實際**(실제) : 사실의 경우나 형편

  예 실제 모습 / 실제 상황 / 실제 생활 / 실제와 이론 / 그는 실제 나이보다 젊게 보인다.

• **涉獵**(섭렵) : 여러 종류의 책을 널리 읽음

  예 고대사 문헌을 섭렵하다.

• **遡及**(소급) : 지나간 일에까지 거슬러 올라가서 미침

  예 소급 적용 / 인류의 기원은 200만 년 전으로 소급해 올라간다.

• **刷新**(쇄신) : 묵은 나쁜 폐단을 없애고 새롭게 함

  예 국민들의 의식이 쇄신되어야 나라가 산다.

• **膝下**(슬하) : 무릎의 아래라는 뜻으로, 어버이나 조부모의 보살핌 아래

  예 슬하에 자녀는 몇이나 두었소?

• **示唆**(시사) : 어떤 것을 미리 간접적으로 표현해 줌

  예 정부는 이번 발표를 통해 불법 상거래에 대한 단속 강화를 강력히 시사했다.

• **我執**(아집) : 자기 중심의 좁은 생각이나 소견 또는 그것에 사로잡힌 고집

  예 아집이 세다. / 아집을 버리지 못하다.

• **軋轢**(알력) : 수레바퀴가 삐걱거린다는 뜻으로, 서로 의견이 맞지 아니하여 사이가 안 좋거나
  충돌하는 것을 이르는 말

  예 보수파와 개혁파 사이에 알력이 심하다.

• **隘路**(애로) : 어떤 일을 하는 데 장애가 되는 것

  예 애로 사항

• **惹起**(야기) : 일이나 사건 따위를 끌어 일으킴

  예 혼란을 야기하다. / 새로운 문제를 야기하다

• **洋洋**(양양) : 사람의 앞날이 한없이 넓어 발전의 여지가 많음

  예 양양한 앞길 / 전도가 양양한 청년

• **揚揚**(양양) : 뜻한 바를 이룬 만족한 빛을 얼굴과 행동에 나타내는 면이 있음

  예 왕자 사 형제에 옹주 다섯을 둔 김 귀인의 의기는 자못 양양했다.

• **逆說**(역설) : 일반적으로는 모순을 야기하지 아니하나 특정한 경우에 논리적 모순을 일으키는
  논증. 모순을 일으키기는 하지만 그 속에 중요한 진리가 함축되어 있는 것으로 간주함

  예 신앙을 가지고 산다는 것은 이성으로는 믿기 어려운 역설을 순순히 받아들이는 것이다.

• **誤謬**(오류) : 그릇되어 이치에 맞지 않는 일. 사유의 혼란, 감정적인 동기 때문에 논리적 규칙
  을 소홀히 함으로써 저지르게 되는 바르지 못한 추리

  예 오류를 범하다. / 오류를 저지르다. / 오류에 빠지다. / 사상 관계의 토론에서 그는 종종 궁지에 몰렸지만,
  자리를 박차고 나갈지언정 자신의 오류는 인정하지 않으려던 김철이었다.

- **傲慢**(오만) : 태도나 행동이 건방지거나 거만함. 또는 그 태도나 행동

  예 태도가 오만하다.

- **訛傳**(와전) : 사실과 다르게 전함

  예 소문이 와전되다. / 말이 와전되어 오해가 생겼다.

- **歪曲**(왜곡) : 사실과 다르게 해석하거나 그릇되게 함

  예 역사 왜곡 / 왜곡 보도 / 왜곡을 바로잡다. / 남의 말을 왜곡하여 듣다.

- **遊離**(유리) : 다른 것과 떨어져 존재함

  예 대중으로부터 유리된 문학

- **類推**(유추) : 같은 종류의 것 또는 비슷한 것에 기초하여 다른 사물을 미루어 추측하는 일

  예 유추에 의하여 판단하다. / 우리는 사람들의 행동에서 그의 마음을 유추해 낼 수 있다.

- **隱遁 / 隱遯**(은둔) : 세상일을 피하여 숨음

  예 교수는 모든 명예를 버리고 은둔의 생활을 택했다.

- **匿名**(익명) : 이름을 숨김

  예 익명의 시대 / 익명으로 제보하다. / 익명을 요구한 그는 회사의 비리를 낱낱이 폭로했다.

- **認識**(인식) : 사물을 분별하고 판단하여 앎

  예 인식이 높다. / 인식이 부족하다. / 인식이 바뀌다. / 인식이 나쁘다. / 역사에 대한 인식이 없다. / 그릇된 인식을 고치다.

실력쑥! 기출유형문제

다음 밑줄 친 한자어를 다른 표현으로 바꾸었을 때 적절하지 않은 것은?

① 그는 열 권의 잡지를 정기적으로 <u>구독(購讀)</u>한다. → 사서 읽는다
② 정부에서는 각계의 의견을 <u>수렴(收斂)</u>하여 정책을 수립하기로 하였다. → 하나로 정리하여
③ 각자에게 업무가 <u>과중(過重)</u>하다 보니 가족들과 함께 지낼 시간이 거의 없다. → 힘에 벅차다
④ 당신은 이 일을 신속하게 <u>처리(處理)</u>해야 할 것입니다. → 마무리해야
⑤ 그들 부부는 친정 부모님께 아이들을 <u>위탁(委託)</u>하였다. → 보냈다

Advice ⑤ '위탁(委託)하다'의 의미는 '남에게 사물이나 사람의 책임을 맡기다.'이므로 '보냈다'가 아닌 '맡겼다'로 바꾸어야 한다.

답 ⑤

PLUS ① 구독(購讀)하다 : 책이나 신문, 잡지 따위를 구입하여 읽다.
② 수렴(收斂)하다 : 의견이나 사상 따위가 여럿으로 나뉘어 있는 것을 하나로 모아 정리하다 또는 돈이나 물건 따위를 거두어들이다.
③ 과중(過重)하다 : 부담이 지나쳐 힘에 벅차다 또는 지나치게 무겁다.
④ 처리(處理)하다 : 사무나 사건 따위를 절차에 따라 정리하여 치르거나 마무리를 짓다.

- **認知**(인지) : 어떤 사실을 인정하여 앎

  예 사람들에게 인지된 사항 / 그 일은 모든 사람에게 사회적 문제로 인지되었다.
- **一家見**(일가견) : 어떤 문제에 대하여 독자적인 경지나 체계를 이룬 견해

  예 일가견을 가지다. / 일가견을 피력하다. / 그는 요리에 대해서 일가견이 있다.
- **轉嫁**(전가) : 잘못이나 책임을 다른 사람에게 넘겨씌움

  예 책임 전가 / 그는 책임 회피나 전가를 일삼는 사람이었다.
- **精彩**(정채) : 정묘하고 아름다운 빛깔, 생기가 넘치는 활발한 기상

  예 성모상은 지금까지 구경한 어떤 것보다도 정채가 나는 출중한 것이었다.
- **制裁**(제재) : 일정한 규칙이나 관습의 위반에 대하여 제한하거나 금지함 또는 그런 조치

  예 제재를 가하다. / 유엔 안보리는 그 나라를 군사적으로 제재할 것을 가결했다.
- **題材**(제재) : 예술 작품이나 학술 연구의 바탕이 되는 재료
- **照應**(조응) : 둘 이상의 사물이나 현상 또는 말과 글의 앞뒤 따위가 서로 일치하게 대응함

  예 사물과 자아의 조응 / 현실과 잘 조응하는 이론이 가치가 있다.
- **兆朕**(조짐) : 좋거나 나쁜 일이 생길 기미가 보이는 현상

  예 조짐이 심상치 않다. / 불길한 조짐이 나타나다.
- **措置**(조치) : 제기된 문제나 사태를 잘 살펴서 필요한 대책을 세움 또는 그 대책

  예 신속한 조치 / 조치를 내리다. / 조치를 강구하다.
- **止揚**(지양) : 더 높은 단계로 오르기 위하여 어떠한 것을 하지 아니함

  예 남북 사이의 이질화를 지양하다.
- **眞摯**(진지) : 마음 쓰는 태도나 행동 따위가 참되고 착실함

  예 진지한 대화 / 진지한 태도 / 진지하게 논의하다. / 사장은 사원들의 제안을 진지하게 받아들였다.
- **桎梏**(질곡) : 옛 형구인 차꼬와 수갑을 아울러 이르는 말, 몹시 속박하여 자유를 가질 수 없는 고통의 상태를 비유적으로 이르는 말

  예 질곡에서 벗어나다. / 질곡에 빠지다. / 전쟁 전체를 놓고 보면 미안한 일이지만 수많은 사람들을 고통의 질곡으로부터 구할 수 있었다.
- **斬新**(참신) : 새롭고 산뜻하다.

  예 참신한 인물 / 대학 졸업 작품전에 출품한 그림 중에는 젊은이다운 기발함과 참신함이 돋보이는 작품이 많이 있었다.
- **促進**(촉진) : 재촉하여 빨리 나아가게 함

  예 수출 산업화의 촉진
- **墜落**(추락) : 높은 곳에서 떨어짐

  예 추락으로 많은 인명 피해가 발생했다.
- **趨勢**(추세) : 일이나 형편의 전반적인 형세

  예 시대의 추세에 따르다.

• **推移**(추이) : 일이나 형편이 변하여 옮김 또는 그 모습

  예 일의 추이를 지켜보자.
• **趣旨**(취지) : 근본이 되는 종요로운 뜻

  예 취지에 어긋나다.
• **熾熱**(치열) : 기세나 세력 따위가 불길같이 맹렬함

  예 기업 간의 생존 경쟁이 치열하다.
• **墮落**(타락) : 올바른 길에서 벗어나 잘못된 길로 빠지는 일

  예 타락 선거 / 타락의 길을 걷다.
• **打破**(타파) : 부정적인 규정, 관습, 제도 따위를 깨뜨려 버림

  예 미신 타파 / 입으론 계급의 타파를 부르짖으며 속으론 계급에 사로잡혀 있다.
• **吐露**(토로) : 마음에 있는 것을 죄다 드러내어서 말함

  예 어머니께 흉금을 토로하다. / 친구에게 심정을 토로하다. / 그녀는 남편에게 결혼 생활의 불만을 토로했다.
• **波及**(파급) : 어떤 일의 여파나 영향이 차차 다른 데로 미침

  예 외국 문화의 개방으로 청소년에게 미칠 파급이 우려된다.
• **破綻**(파탄) : 일이나 계획 따위가 원만하게 진행되지 못하고 중도에서 잘못됨

  예 파탄에 직면하다. / 남편의 외도로 결혼 생활이 파탄에 이르렀다.
• **標識**(표지) : 다른 것과 구별하여 아는데 필요한 표시나 특징

  예 사람이 붐비는 곳은 화장실 표지를 눈에 띄게 해야 한다.
• **披瀝**(피력) : 생각하는 것을 털어놓고 말함

  예 자신의 견해를 피력하다. / 수상 소감을 피력하다.
• **涵養**(함양) : 능력이나 품성을 기르고 닦음

  예 인격 함양 / 정서 함양 / 의식 함양 / 독서는 학생들의 지식과 정서 함양에 크게 이바지한다.
• **解弛**(해이) : 긴장이나 규율 따위가 풀려 마음이 느즈러짐

  예 해이한 마음 / 훈련 나온 병사가 모두 소풍 나온 아이처럼 정신이 해이해 있으니 무슨 훈련을 하겠어.
• **諧謔**(해학) : 익살스럽고도 품위가 있는 말이나 행동

  예 해학이 넘치는 재담 / 풍자와 해학이 뛰어난 작품
• **絢爛**(현란) : 눈이 부시도록 찬란함

  예 옷차림의 현란에 정신이 다 나갈 정도이다. / 현란한 문체 / 현란한 말솜씨
• **眩亂**(현란) : 정신을 차리기 어려울 정도로 어수선함

  예 바닥에 칠한 에나멜의 붉은 색깔에 정신이 현란했다.
• **糊塗**(호도) : 풀을 바른다는 뜻으로, 명확하게 결말을 내지 않고 일시적으로 감추거나 흐지부
지 덮어 버림을 비유적으로 이르는 말

  예 현실을 호도하다. / 사건의 본질을 호도하다
• **呼訴**(호소) : 억울하거나 딱한 사정을 남에게 하소연함

  예 그의 절실한 호소에 귀를 기울이는 사람은 아무도 없었다.

- **混沌/渾沌**(혼돈) : 마구 뒤섞여 있어 갈피를 잡을 수 없음 또는 그런 상태

  예 혼돈에 빠지다. / 외래문화의 무분별한 수입은 가치관의 혼돈을 초래하였다.

- **懷疑**(회의) : 의심을 품음 또는 마음속에 품고 있는 의심

  예 회의가 생기다. / 회의를 품다. / 인생에 회의를 느끼다.

- **膾炙**(회자) : 회와 구운 고기라는 뜻으로, 칭찬을 받으며 사람의 입에 자주 오르내림을 이르는 말

  예 그 노래는 오늘날까지 많은 사람 사이에 널리 회자되고 있다. / 인구에 회자하는 명시

- **恰似**(흡사) : 거의 같음, 비슷함

  예 그의 눈빛은 자기 아버지의 눈빛과 매우 흡사하다.

실력쑥!기출유형문제

두 단어 간의 관계가 나머지와 다른 것은?

① 구축(構築)하다 – 쌓다
② 상통(相通)하다 – 맞다
③ 치료(治療)하다 – 떼다
④ 지천(至賤)이다 – 많다
⑤ 반추(反芻)하다 – 가다

Advice '반추(反芻)하다'는 '되새김하다, 새김질하다'의 의미이다.

답 ⑤

PLUS '단어의 의미'

ㄱ 구축(構築) : 어떤 시설물을 쌓아 올려 만듦 또는 체제, 체계 따위의 기초를 닦아 세움
ㄴ 상통(相通) : 서로 막힘이 없이 길이 트임, 서로 마음과 뜻이 통함 또는 서로 어떠한 일에 공통되는 부분이 있음
ㄷ 치료(治療) : 병이나 상처 따위를 잘 다스려 낫게 함
ㄹ 지천(至賤) : 더할 나위 없이 천함 또는 매우 흔함

2. 한자성어

- **家給人足**(가급인족) : 집집마다 살림이 넉넉하고, 사람마다 의식에 부족함이 없음
- **街談巷說**(가담항설) : 길거리나 항간에 떠도는 소문
- **苛斂誅求**(가렴주구) : 가혹하게 착취하고 징수함 또는 조세를 가혹하게 징수함
- **家無擔石**(가무담석) : 석(石)은 한 항아리, 담(擔)은 두 항아리로 집에 저축이 조금도 없음을 말함
- **可東可西**(가동가서) : 동쪽이라도 좋고 서쪽이라도 좋다는 뜻으로 이러나저러나 상관없음을 이르는 말
- **佳人薄命**(가인박명) : 여자의 용모가 아름다우면 운명이 기박하다는 뜻
- **刻骨難忘**(각골난망) : 은혜를 입은 고마움을 뼛속 깊이 새기어 잊지 않음

다음의 (　　) 안에 가장 알맞은 말은?

> 성숙(成熟)한 인격(人格)에 이르는 길은 끝이 없는 도정(道程)이다. 끝이 없는 길이기에 종점(終點)을 경험할 수 없다. 어떤 일을 성취한 후에 인간이 되었다고 생각하는 것은 (　　　) 같은 일이다. 그것은 마치, 2층 옥상에 올라가서 세상을 다 내다볼 수 있다고 자부하는 것과 흡사한 것이다.

① 각주구검(刻舟求劍)　　② 어불성설(語不成說)　　③ 정저지와(井底之蛙)
④ 호사다마(好事多魔)　　⑤ 오월동주(吳越同舟)

Advice 정저지와(井底之蛙) : 우물 밑의 개구리, 소견이나 견문이 몹시 좁은 것

답 ③

PLUS 한자성어
- ㉠ 각주구검(刻舟求劍) : 칼을 강물에 떨어뜨리자 뱃전에 그 자리를 표시했다가 나중에 그 칼을 찾으려 한다는 뜻으로, 판단력이 둔하여 융통성이 없고 세상일에 어둡고 어리석다는 것을 의미
- ㉡ 어불성설(語不成說) : 말이 하나의 일관된 논의로 되지 못함. 즉, 말이 이치에 맞지 않음을 의미
- ㉢ 호사다마(好事多魔) : 좋은 일에는 방해가 되는 일이 많음을 의미
- ㉣ 오월동주(吳越同舟) : 오나라 사람과 월나라 사람이 한 배에 타고 있다라는 뜻으로, 어려운 상황에서는 원수라도 협력하게 됨 또는 뜻이 전혀 다른 사람들이 한자리에 있게 됨을 의미

- **角者無齒**(각자무치) : 뿔이 있는 자는 이가 없다는 뜻으로 한 사람이 모든 복을 겸하지 못함
- **刻舟求劍**(각주구검) : 판단력이 둔하여 세상일에 어둡고 어리석다는 뜻
- **竿頭之勢**(간두지세) : 댓가지 꼭대기에 서게 된 형상으로 어려움이 극도에 달하여 위태로운 형세를 말함
- **敢不生心**(감불생심) : 힘이 부치어 감히 마음을 먹지 못함
- **感之德之**(감지덕지) : 몹시 고맙게 여김
- **甘呑苦吐**(감탄고토) : 달면 삼키고 쓰면 뱉는다는 뜻으로 신의를 돌보지 않고 사리를 꾀한다는 말
- **甲男乙女**(갑남을녀) : 보통의 평범한 사람들
- **康衢煙月**(강구연월) : 태평한 시대의 평화스러운 길거리의 모습
- **強近之親**(강근지친) : 도와 줄만한 가까운 친척
- **江湖煙波**(강호연파) : 강이나 호수 위에 안개처럼 보얗게 이는 잔 물결
- **改過遷善**(개과천선) : 지나간 허물을 고치고 착하게 됨
- **去頭截尾**(거두절미) : 머리와 꼬리를 잘라 버림. 어떤 일의 요점만 간단히 말함
- **車載斗量**(거재두량) : 차에 싣고 말에 실을 만큼 많음
- **乾坤一擲**(건곤일척) : 흥망, 승패를 걸고 단판 승부를 겨룸
- **隔靴搔痒**(격화소양) : 신을 신은 채 가려운 발바닥을 긁음과 같이 일의 효과를 나타내지 못함을 이름
- **牽强附會**(견강부회) : 이치에 맞지 않는 말을 억지로 끌어 붙여 자기의 주장하는 조건에 맞도록 함
- **犬馬之勞**(견마지로) : 자기의 노력을 낮추어 하는 말 또는 임금이나 나라에 충성을 다하는 노력

- **見物生心**(견물생심) : 물건을 보면 욕심이 생긴다는 말
- **見危致命**(견위치명) : 나라의 위태로움을 보고는 목숨을 아끼지 않고 나라를 위하여 싸움
- **堅忍不拔**(견인불발) : 굳게 참고 견딤
- **結草報恩**(결초보은) : 죽어 혼령이 되어도 은혜를 잊지 않고 갚음
- **經國濟世**(경국제세) : 나라 일을 경륜하고 세상을 구함
- **傾國之色**(경국지색) : 미인(美人)을 일컫는 말
- **輕佻浮薄**(경조부박) : 마음이 침착하지 못하고 행동이 신중하지 못함
- **驚天動地**(경천동지) : 세상을 몹시 놀라게 함
- **鏡花水月**(경화수월) : 거울에 비친 꽃과 물에 비친 달 또는 볼 수만 있고 가질 수 없는 것
- **鷄卵有骨**(계란유골) : 달걀 속에도 뼈가 있다는 뜻으로 뜻밖에 장애물이 생김을 이르는 말
- **鷄肋**(계륵) : 닭의 갈비라는 뜻으로, 그다지 큰 소용은 없으나 버리기에는 아까운 것을 이르는 말. 몸
  이 몹시 약한 사람을 비유적으로 이르는 말
- **鷄鳴狗盜**(계명구도) : 행세하는 사람이 배워서는 아니 될 천한 기능을 가진 사람
- **股肱之臣**(고굉지신) : 자신의 팔, 다리 같이 믿고 중하게 여기는 신하
- **鼓腹擊壤**(고복격양) : 태평한 세월을 즐김을 이르는 말. 중국 요 임금 때 한 노인이 배를 두드리고 땅
  을 치면서 요 임금의 덕을 찬양하고 태평성대를 즐겼다는 데서 유래함
- **孤掌難鳴**(고장난명) : 손바닥 하나로는 소리가 나지 않는다는 뜻으로 혼자 힘으로 일하기 어렵다는
  말. 서로 같으니까 싸움이 난다는 말
- **苦盡甘來**(고진감래) : 고생 끝에 낙이 온다는 말
- **曲學阿世**(곡학아세) : 그릇된 학문을 하여 세속에 아부함
- **骨肉相殘**(골육상잔)[**骨肉相爭**(골육상쟁)] : 같은 혈족끼리 서로 다투고 해하는 것
- **空手來空手去**(공수래공수거) : 세상에 빈손으로 왔다가 빈손으로 간다는 뜻
- **空前絕後**(공전절후) : 비교할 만한 것이 이전이나 이후에도 없을 것으로 생각함
- **誇大妄想**(과대망상) : 자신을 너무 과대하게 믿는 망상
- **過猶不及**(과유불급) : 지나친 것은 그 정도에 미치지 못한 것과 같다는 말
- **管鮑之交**(관포지교) : 옛날 중국의 관중(管仲)과 포숙(鮑叔)처럼 친구 사이가 다정함을 이르는 말
- **刮目相對**(괄목상대) : 눈을 비비고 다시 본다는 말로 다른 이의 학문이나 덕행이 크게 진보한 것을 말함
- **矯角殺牛**(교각살우) : 뿔을 고치려다 소를 죽인다는 뜻으로 작을 일에 힘쓰다가 큰 일을 망친다는 말
- **巧言令色**(교언영색) : 교묘한 말과 얼굴빛으로 남의 환심을 사려함
- **教外別傳**(교외별전) : 선종에서 부처의 가르침을 말이나 글에 의하지 않고 바로 마음에서 마음으로 전
  하여 진리를 깨닫게 하는 법
- **膠柱鼓瑟**(교주고슬) : 고지식하여 융통성이 없음

- **狡兎死 走狗烹**(교토사 주구팽) : 토끼가 죽으면 사냥개를 삶는다는 뜻으로 일이 있을 때는 실컷 부려 먹다가 일이 끝나면 돌보지 않고 학대한다는 뜻
- **敎學相長**(교학상장) : 가르쳐 주거나 배우거나 다 나의 학업을 증진시킨다는 뜻
- **九十春光**(구십춘광) : 노인의 마음이 청년같이 젊음을 이름, 봄의 석 달 구십일 동안
- **九折羊腸**(구절양장) : 양의 창자처럼 험하고 꼬불꼬불한 산길, 길이 매우 험함
- **群鷄一鶴**(군계일학) : 닭 무리 속에 끼어 있는 한 마리의 학이란 뜻으로 평범한 사람 가운데서 뛰어난 사람을 일컬음
- **權謀術數**(권모술수) : 목적 달성을 위해서는 인정이나 도덕을 가리지 않고 권세와 모략, 중상 등 갖은 방법과 수단을 쓰는 술책
- **勸善懲惡**(권선징악) : 착한 행실을 권장하고 악한 행실을 징계함
- **捲土重來**(권토중래) : 한번 실패에 굴하지 않고 몇 번이고 다시 일어남, 세력을 회복하여 다시 쳐들어옴
- **近墨者黑**(근묵자흑) : 먹을 가까이 하는 사람은 검어진다는 뜻으로 나쁜 사람과 사귀면 그 버릇에 물들기 쉽다는 말
- **金科玉條**(금과옥조) : 금이나 옥같이 귀중한 법칙이나 규정
- **錦上添花**(금상첨화) : 좋고 아름다운 것 위에 더 좋은 것을 더함
- **金石盟約**(금석맹약) : 쇠와 돌같이 굳게 맹세해 맺은 약속
- **錦衣還鄕**(금의환향) : 비단 옷을 입고 고향으로 돌아온다는 뜻이니 타향에서 크게 성공하여 자기 집으로 돌아감을 말함
- **金枝玉葉**(금지옥엽) : 임금의 자손이나 집안 또는 귀여운 자손을 소중하게 일컫는 말
- **氣高萬丈**(기고만장) : 씩씩한 기운이 크게 떨침
- **杞憂**(기우) : 앞일에 대해 쓸데없는 걱정을 함, 또는 그 걱정. 옛날 중국 기(杞)나라에 살던 한 사람이 '만일 하늘이 무너지면 어디로 피해야 좋을 것인가?'하고 침식을 잊고 걱정하였다는 데서 유래함

- **落穽下石**(낙정하석) : 남의 환란(患亂)에 다시 위해(危害)를 준다는 말
- **爛商公論**(난상공론) : 여러 사람들이 잘 의논함
- **難兄難弟**(난형난제) : 누구를 형이라 하고 누구를 동생이라 할지 분간하기 어렵다는 뜻으로 사물의 우열이 없다는 말로 곧 비슷하다는 말
- **南柯一夢**(남가일몽) : 꿈과 같이 헛된 한때의 헛된 부귀영화
- **男負女戴**(남부여대) : 남자는 지고 여자는 인다는 뜻으로 가난에 시달린 사람들이 살 곳을 찾아 떠돌아 사는 것을 말함

- **南船北馬**(남선북마) : 바쁘게 여기저기를 돌아다님
- **囊中之錐**(낭중지추) : 주머니 속에 든 송곳과 같이 재주가 뛰어난 사람은 숨어 있어도 저절로 사람들이 알게 됨을 말함
- **囊中取物**(낭중취물) : 주머니 속의 물건을 꺼내는 것같이 매우 용이한 일
- **勞心焦思**(노심초사) : 몹시 마음을 졸이는 것
- **綠陰芳草**(녹음방초) : 푸르게 우거진 나무와 향기로운 풀이라는 뜻으로, 여름철의 자연경관을 이르는 말
- **綠衣紅裳**(녹의홍상) : 연두 저고리에 다홍 치마라는 뜻으로 곱게 차려 입은 젊은 아가씨의 복색을 말함
- **弄瓦之慶**(농와지경) : 딸을 낳은 기쁨
- **弄璋之慶**(농장지경) : 아들을 낳은 기쁨
- **累卵之危**(누란지위) : 달걀을 쌓아 놓은 것과 같이 매우 위태함

- **多岐亡羊**(다기망양) : '길이 여러 갈래여서 양을 잃다.'에서 나온 말로 너무 방침이 많아 갈 바를 모름
- **多多益善**(다다익선) : 많으면 많을수록 좋음
- **斷機之交**(단기지교) : 학문을 중도에 그만 둔다는 것은 짜던 베의 끊음과 같다는 맹자 어머니의 교훈
- **簞食瓢飮**(단사표음)[**一簞食一瓢飮**(일단사일표음)] : 도시락 밥과 표주박 물, 즉 변변치 못한 살림을 가리키는 뜻으로 청빈한 생활을 말함
- **丹脣皓齒**(단순호치) : 붉은 입술과 흰 이, 즉 미인의 얼굴
- **螳螂拒轍**(당랑거철) : 제 분수도 모르고 강적에게 반항함
- **大器晚成**(대기만성) : 큰 그릇은 이루어짐이 더디다는 뜻으로 크게 될 사람은 성공이 늦다는 말
- **徒勞無益**(도로무익) : 헛되이 애만 쓰고 아무런 이로움이 없음
- **道聽塗說**(도청도설) : 거리에서 들은 것을 곧 남에게 아는 체하며 말함 또는 깊이 생각하지 않고 예사로 듣고 예사로 말함
- **塗炭之苦**(도탄지고) : 진구렁이나 숯불에 빠졌다는 뜻으로 몹시 고생스러움을 일컬음
- **獨不將軍**(독불장군) : 무슨 일이든 자기 생각대로 혼자서 처리하는 사람
- **東家食西家宿**(동가식서가숙) : 먹을 곳 잘 곳이 없이 떠도는 사람 또는 그런 짓
- **同價紅裳**(동가홍상) : 같은 값이면 다홍치마라는 뜻으로 같은 값이면 좋은 물건을 가짐을 이르는 말
- **棟樑之材**(동량지재) : 기둥이나 들보가 될 만한 훌륭한 인재. 즉, 한 집이나 한 나라의 요한 일을 맡을 만한 사람
- **同病相憐**(동병상련) : 처지가 서로 비슷한 사람끼리 서로 동정하고 도움
- **東奔西走**(동분서주) : 사방으로 이리저리 부산하게 돌아다님

• **同床異夢**(동상이몽) : 같은 처지와 입장에서 저마다 딴 생각을 함
• **杜門不出**(두문불출) : 세상과 인연을 끊고 출입을 하지 않음
• **杜撰**(두찬) : 전거나 출처가 확실하지 못한 저술, 틀린 곳이 많은 작품
• **得隴望蜀**(득롱망촉) : 한(漢)의 광무제가 농을 얻고도 촉나라를 탐냄. 즉, 사람의 욕심은 한이 없음
• **登高自卑**(등고자비) : 높은 곳에 오르려면 낮은 곳에서부터 오른다는 뜻으로 일을 순서대로 하여야 함을 이르는 말
• **燈下不明**(등하불명) : 등잔 밑이 어둡다는 뜻으로 가까이 있는 것이 오히려 알아내기 어려움을 이르는 말
• **燈火可親**(등화가친) : 등잔불을 가까이하여 책을 보기에 좋은 때

ㅁ

• **磨斧爲針**(마부위침) : 아무리 이루기 힘든 일이라도 끊임없는 노력과 끈기 있는 인내가 있으면 성공하고야 만다는 뜻
• **馬耳東風**(마이동풍) : 남의 말을 귀담아 듣지 않고 흘려 버림
• **萬頃蒼波**(만경창파) : 한없이 넓고 푸른 바다
• **亡羊之歎**(망양지탄) : 갈림길이 매우 많아 잃어버린 양을 찾을 길이 없음을 탄식한다는 뜻으로, 학문의 길이 여러 갈래여서 한 갈래의 진리도 얻기 어려움을 이르는 말
• **麥秀之嘆**(맥수지탄) : 고국의 멸망을 한탄함을 이르는 말. 기자(箕子)가 은(殷)나라가 망한 뒤에도 보리만은 잘 자라는 것을 보고 한탄하였다는 데서 유래함
• **盲龜遇木**(맹귀우목) : 눈먼 거북이 우연히 뜬 나무를 붙잡았다는 뜻으로, 어려운 형편에 우연히 행운을 얻게 됨을 이르는 말
• **孟母三遷**(맹모삼천) : 맹자 어머니가 맹자를 가르치기 위하여 세 번이나 이사를 하였음을 이르는 말
• **明鏡止水**(명경지수) : 맑은 거울과 고요한 물
• **明若觀火**(명약관화) : 불을 보는 듯이 환하게 분명히 알 수 있음
• **命在頃刻**(명재경각) : 곧 숨이 끊어질 지경에 이름
• **矛盾**(모순) : 어떤 사실의 앞뒤, 또는 두 사실이 이치상 어긋나서 서로 맞지 않음을 이르는 말. 중국 초나라의 상인이 창과 방패를 팔면서 창은 어떤 방패로도 막지 못하는 창이라 하고 방패는 어떤 창으로도 뚫지 못하는 방패라 하여, 앞뒤가 맞지 않은 말을 하였다는 데서 유래함
• **矛盾撞着**(모순당착) : 같은 사람의 문장이나 언행이 앞뒤가 서로 어그러져서 모순됨
• **目不忍見**(목불인견) : 차마 눈뜨고 볼 수 없는 참상이나 꼴불견

- **武陵桃源**(무릉도원) : 신선이 살았다는 전설적인 중국의 명승지. 중국 진(晉)나라 때 호남(湖南) 무릉의 한 어부가 배를 저어 복숭아꽃이 아름답게 핀 수원지로 올라가 굴속에서 진(秦)나라의 난리를 피하여 온 사람들을 만났는데, 그들은 하도 살기 좋아 그동안 바깥세상의 변천과 많은 세월이 지난 줄도 몰랐다고 함
- **無不通知**(무불통지) : 무슨 일이든 모르는 것이 없음
- **刎頸之交**(문경지교) : 목을 쳐도 후회하지 않을 정도의 사이라는 뜻으로, 생사를 같이할 수 있는 아주 가까운 사이 또는 그런 친구를 이르는 말
- **門外漢**(문외한) : 어떤 일에 직접 관계가 없거나 전문적인 지식이 없는 사람
- **門前成市**(문전성시) : 권세가 드날리거나 부자가 되어 집문 앞이 찾아오는 손님들로 마치 시장을 이룬 것 같음을 이르는 말
- **門前沃畓**(문전옥답) : 집 앞 가까이에 있는 좋은 논. 즉, 많은 재산을 일컫는 말
- **彌縫策**(미봉책) : 눈가림만 하는 일시적인 계책
- **未曾有**(미증유) : 지금까지 한 번도 있어 본 적이 없음

- **拍掌大笑**(박장대소) : 손바닥을 치면서 크게 웃음
- **拔本塞源**(발본색원) : 폐단의 근원을 아주 뽑아서 없애 버림
- **傍若無人**(방약무인) : 언행이 방자하고 제멋대로 행동하는 사람
- **背恩忘德**(배은망덕) : 은혜를 잊고 도리어 배반함
- **白骨難忘**(백골난망) : 죽어도 잊지 못할 큰 은혜를 입음
- **百年河淸**(백년하청) : 아무리 세월이 가도 일을 해결할 희망이 없음
- **伯樂一顧**(백락일고) : 남이 자기 재능을 알고 잘 대우함
- **白面書生**(백면서생) : 한갓 글만 읽고 세상일에 어두운 사람
- **白眉**(백미) : 흰 눈썹, 여럿 가운데에서 가장 뛰어난 사람이나 훌륭한 물건을 비유적으로 이르는 말
- **伯牙絶絃**(백아절현) : 자기를 알아주는 참다운 벗의 죽음을 슬퍼함. 중국 춘추 시대에 백아(伯牙)는 거문거를 매우 잘 탔고 그의 벗 종자기(鍾子期)는 그 거문고 소리를 잘 들었는데, 종자기가 죽어 그 거문고 소리를 들을 사람이 없게 되자 백아가 절망하여 거문고 줄을 끊어 버리고 다시는 거문고를 타지 않았다는 데서 유래함
- **百折不屈**(백절불굴) : 아무리 꺾으려고 해도 굽히지 않음
- **夫唱婦隨**(부창부수) : 남편이 창을 하면 아내도 따라 하는 것이 부부 화합의 도리라는 것을 이르는 말
- **附和雷同**(부화뇌동) : 제 주견이 없이 남이 하는 대로 그저 무턱대고 따라함

- **粉骨碎身**(분골쇄신) : 뼈가 가루가 되고 몸이 부서지도록 힘을 다하고 고생하며 일함
- **不共戴天之讐**(불공대천지수) : 세상을 같이 살수 없는 원수. 즉, 어버이의 원수
- **不問可知**(불문가지) : 묻지 않아도 가히 알 수 있음
- **不問曲直**(불문곡직) : 옳고 그름을 가리지 않고 함부로 일을 처리함
- **非夢似夢**(비몽사몽) : 꿈인지 생시인지 알 수 없는 어렴풋한 상태
- **氷姿玉質**(빙자옥질) : 얼음같이 맑고 깨끗한 살결과 아름다운 자질. '매화'의 이칭
- **氷炭不相容**(빙탄불상용) : 얼음과 숯이 서로 용납하지 못함, 군자와 소인이 같이 한 곳에 있지 못함

- **四顧無親**(사고무친)[**四顧無人**(사고무인)] : 친척이 없어 의지할 곳 없이 외로움
- **四面楚歌**(사면초가) : 한 사람도 도우려는 자가 없이 고립되어 곤경에 처해 있음
- **四面春風**(사면춘풍) : 항상 좋은 얼굴로 남을 대하여 누구에게나 호감을 삼
- **事必歸正**(사필귀정) : 무슨 일이든지 결국은 옳은 대로 돌아간다는 뜻
- **山上垂訓**(산상수훈) : 예수가 산꼭대기에서 행한 설교로 예수의 사랑의 윤리를 표현
- **山海珍味**(산해진미) : 산과 바다의 산물(産物)을 다 갖추어 썩 잘 차린 귀한 음식
- **殺身成人**(살신성인) : 절개를 지켜 목숨을 버림
- **三顧草廬**(삼고초려) : 유비가 제갈공명을 세 번이나 찾아가 군사로 초빙한 데서 유래한 말로 인재를 맞아들이기 위하여 참을성 있게 노력한다는 뜻
- **三遷之教**(삼천지교) : 맹자의 어머니가 아들의 교육을 위하여 세 번 거처를 옮겼다는 고사로 생활 환경이 교육에 있어 큰 구실을 함을 이르는 말
- **桑田碧海**(상전벽해) : 뽕나무밭이 변하여 바다가 된다는 말로 세상일의 변천이 심하여 사물이 바뀜을 비유하는 말
- **塞翁之馬**(새옹지마) : 세상일은 복이 될지 화가 될지 예측할 수 없다는 비유
- **生口不網**(생구불망) : 산 사람의 목구멍에 거미줄 치지 않는다는 말
- **先見之明**(선견지명) : 앞일을 미리 보아서 판단하는 총명
- **仙姿玉質**(선자옥질) : 용모가 아름답고 재질도 뛰어남
- **雪膚花容**(설부화용) : 흰 살결에 고운 얼굴, 미인의 얼굴
- **雪上加霜**(설상가상) : 눈 위에 또 서리가 덮인다는 뜻으로 불행이 엎친 데 덮친 격으로 거듭 생김
- **說往說來**(설왕설래) : 서로 변론(辯論)을 주고 받으며 옥신각신 함
- **纖纖玉手**(섬섬옥수) : 가냘프고 고운 여자의 손

- **送舊迎新**(송구영신) : 묵은 해를 보내고 새해를 맞이 함
- **首邱初心**(수구초심) : 고향을 그리워하는 마음을 일컫는 말
- **壽福康寧**(수복강녕) : 오래 살고 복되며 건강하고 편안함
- **手不釋卷**(수불석권) : 손에서 책을 놓지 아니하고 늘 글을 읽음
- **袖手傍觀**(수수방관) : 팔짱 끼고 보고만 있다는 뜻으로 어떤 일을 당하나 옆에서 보고만 있는 것을 말함
- **水深可知 人心難知**(수심가지 인심난지) : 물의 깊이는 알 수 있으나 사람의 속마음은 헤아리기가 어렵다는 뜻
- **水魚之交**(수어지교)[**君臣水魚**(군신수어)] : 교분이 매우 깊은 것을 말함
- **誰怨誰咎**(수원수구) : 남을 원망하거나 책망할 것이 없음
- **脣亡齒寒**(순망치한) : 입술이 없으면 이가 시린 것처럼 서로 돕던 이가 망하면 다른 한쪽 사람도 함께 위험하다는 뜻
- **是是非非**(시시비비) : 옳고 그름을 가림
- **識字憂患**(식자우환) : 아는 것이 탈이라는 말로 학식이 있는 것이 도리어 근심을 사게 됨을 말함
- **身言書判**(신언서판) : 사람됨을 판단하는 네 가지 기준을 말한 것으로 곧 신수(身手)와 말씨와 문필과 판단력을 일컬음
- **神出鬼沒**(신출귀몰) : 귀신과 같이 홀연히 나타났다가 홀연히 사라짐, 자유자재로 출몰하여 그 변화를 헤아릴 수 없는 일
- **十匙一飯**(십시일반) : 열 사람이 한 술씩 보태면 한사람 먹을 분량이 된다는 뜻으로 여러 사람이 힘을 합하면 한 사람을 돕기는 쉽다는 말

- **阿鼻叫喚**(아비규환) : 지옥 같은 고통에 못 견디어 구원을 부르짖는 소리라는 뜻으로 심한 참상을 형용하는 말
- **我田引水**(아전인수) : 제논에 물 대기, 자기에게 유리하도록 행동하는 것
- **安貧樂道**(안빈낙도) : 빈궁한 가운데 생활하여 도(道)를 즐김
- **眼下無人**(안하무인) : 태도가 몹시 거만하여 남을 사람 같이 대하지 않음
- **暗中摸索**(암중모색) : 물건을 어둠 속에서 더듬어 찾음. 즉, 어림으로 추측함
- **羊頭狗肉**(양두구육) : 양의 머리를 내걸고 개고기를 판다는 뜻으로 겉모양은 훌륭하나 속은 변변치 않음을 말함
- **梁上君子**(양상군자) : 들보 위에 있는 군자라는 뜻으로 도둑을 미화(美化)한 말

- **漁父之利**(어부지리) : 도요새가 조개를 쪼아 먹으려다가 둘 다 물리어 서로 다투고 있을 때 어부가 와서 둘을 잡아갔다는 고사에서 나온 말로 둘이 다투는 사이에 제삼자가 이득을 보는 것을 이르는 말
- **言中有骨**(언중유골) : 예사로운 말 속에 깊은 뜻이 있는 것을 말함
- **如履薄氷**(여리박빙) : 엷은 얼음을 밟는 듯 매우 위험한 것을 뜻함
- **如反掌**(여반장) : 손바닥을 뒤집는 것과 같이 매우 쉬움
- **緣木求魚**(연목구어) : 나무에 올라가 고기를 구하듯 불가능한 일을 하고자 할 때를 비유하는 말
- **寤寐不忘**(오매불망) : 밤낮으로 자나 깨나 잊지 못함
- **烏飛梨落**(오비이락) : '까마귀 날자 배 떨어진다.'라는 말로 우연의 일치로 남의 의심을 받았을 때 하는 말
- **傲霜孤節**(오상고절) : 서릿발 날리는 추운 때에도 굴하지 않고 외로이 지키는 절개라는 뜻으로 국화를 두고 하는 말
- **五十步百步**(오십보백보) : 양자 간에 차이는 있으나 본질적으로 같다는 뜻
- **吳越同舟**(오월동주) : 사이가 좋지 못한 사람끼리도 자기의 이익을 위해서는 행동을 같이 한다는 것을 비유하는 말
- **溫故而之新**(온고이지신) : 옛 것을 익히고 나아가 새 것을 앎
- **臥薪嘗膽**(와신상담) : 섶에 누워 쓸개를 씹는다는 뜻으로 원수를 갚고자 고생을 참고 견딤을 비유하는 말
- **樂山樂水**(요산요수) : '지자요수 인자요산(智者樂水 仁者樂山)'의 준말로 지혜 있는 자는 사리에 통달하여 물과 같이 막힘이 없으므로 물을 좋아하고, 어진 자는 의리에 밝고 산과 같이 중후하여 변하지 않으므로 산을 좋아 한다는 뜻
- **窈窕淑女**(요조숙녀) : 말과 행동이 품위가 있으며 얌전하고 정숙한 여자
- **欲速不達**(욕속부달) : 일을 속히 하려고 하면 도리어 이루지 못한다는 뜻
- **龍頭蛇尾**(용두사미) : 처음엔 그럴 듯하다가 끝이 흐지부지되는 것
- **牛耳讀經**(우이독경)[**牛耳誦經**(우이송경)] : 쇠 귀에 경 읽기
- **有備無患**(유비무환) : 미리 준비가 있으면 뒷걱정이 없다는 뜻
- **唯我獨尊**(유아독존) : 이 세상에는 나보다 더 높은 사람이 없다고 뽐냄
- **流言蜚語**(유언비어) : 근거 없는 좋지 못한 말
- **以心傳心**(이심전심) : 마음과 마음이 서로 통함
- **二律背反**(이율배반) : 서로 모순되는 명제(命題), 즉 정립(定立)과 반립(反立)이 동등의 권리를 가지고 주장되는 일
- **李下不正冠**(이하부정관) : 자두나무 아래서는 갓을 고쳐 쓰지 말라는 뜻으로 남에게 의심 받을 일을 하지 않도록 주의하라는 말

- **耳懸令 鼻懸令**(이현령 비현령) : 귀에 걸면 귀걸이, 코에 걸면 코걸이라는 말로 이렇게도 저렇게도 될 수 있음에 비유하는 말
- **益者三友**(익자삼우) : 사귀어 이롭고 보탬이 되는 세 벗으로 정직한 사람, 신의 있는 사람, 학식 있는 사람 등을 가리킴
- **因果應報**(인과응보) : 좋은 일에는 좋은 결과가, 나쁜 일에는 나쁜 결과가 따름
- **一擧兩得**(일거양득) : 하나의 행동으로 두 가지의 성과를 거두는 것
- **一網打盡**(일망타진) : 한꺼번에 모조리 다 잡음
- **一魚濁水**(일어탁수) : 물고기 한 마리가 큰 물을 흐리게 하듯 한 사람의 악행으로 인하여 여러 사람이 그 해를 받게 되는 것을 뜻함
- **一場春夢**(일장춘몽) : 인생의 영화(榮華)는 한바탕의 봄꿈과 같이 헛됨
- **日就月將**(일취월장) : 나날이 다달이 진보함
- **一筆揮之**(일필휘지) : 단숨에 글씨나 그림을 줄기차게 쓰거나 그림

- **自家撞着**(자가당착) : 자기의 언행이 전후 모순되어 들어맞지 않음
- **自繩自縛**(자승자박) : 자기의 줄로 자기를 묶는다는 말로 자기가 자기를 망치게 한다는 뜻
- **張三李四**(장삼이사) : 장씨(張氏)의 삼남(三男)과 이씨(李氏)의 사남(四男)이란 뜻으로 평범한 사람을 가리키는 말
- **賊反荷杖**(적반하장) : 도둑이 도리어 매를 든다는 뜻으로 잘못한 사람이 도리어 잘한 사람을 나무라는 경우에 쓰는 말
- **戰戰兢兢**(전전긍긍) : 매우 두려워하여 겁내는 모양
- **轉禍爲福**(전화위복) : 화를 바꾸어 복으로 한다는 뜻이니 궂은 일을 당하였을 때 그것을 잘 처리하여서 좋은 일이 되게 하는 것
- **切磋琢磨**(절차탁마) : 학문과 덕행을 닦음을 가리키는 말
- **漸入佳境**(점입가경) : 점점 더 재미있는 경지로 들어감
- **頂門一鍼**(정문일침) : 정수리에 침을 준다는 말로 잘못의 급소를 찔러 충고하는 것
- **井底之蛙**(정저지와) : 우물 안 개구리, 견문이 좁고 세상 형편을 모름

다음 밑줄 친 ㉠㉡에 가장 어울리는 말을 바르게 짝지은 것은?

> 나는 우리나라의 청소년이 ㉠좁은 견문으로 세상 형편에 어두운 것에서 벗어나 우리 민족의 큰 사명(使命)에 눈을 떠서, 제 마음을 닦고 제 힘을 기르는 것에 힘을 쓰기를 진심으로 바랍니다. 우리나라의 청소년이 모두 이렇게 하면 우리 민족의 힘과 실력은 짧은 시일 내에 ㉡놀랄 만큼 부쩍 늘게 될 것이라고 나는 믿습니다.

㉠	㉡
① 고식지계(姑息之計)	온고지신(溫故知新)
② 정저지와(井底之蛙)	일취월장(日就月將)
③ 갈이천정(渴而穿井)	금상첨화(錦上添花)
④ 당구풍월(堂狗風月)	일진월보(日進月步)
⑤ 새옹지마(塞翁之馬)	금의환향(錦衣還鄉)

Advice ② 정저지와(井底之蛙) : 우물 밑의 개구리라는 의미로 소견이나 견문이 몹시 좁은 것

일취월장(日就月將) : 날마다 달마다 성장하고 발전한다는 뜻으로, 학업이 날이 가고 달이 갈수록 진보함을 이름

답 ②

PLUS

㉠ 고식지계(姑息之計) : 근본 해결책이 아닌 임시로 편한 것을 취하는 계책 또는 당장의 편안함만을 꾀하는 일시적인 방편

㉡ 갈이천정(渴而穿井) : 목이 말라야 비로소 샘을 판다는 뜻으로, 미리 준비를 하지 않고 있다가 일이 지나간 뒤에는 아무리 서둘러 봐도 아무 소용이 없음 또는 자기가 급해야 서둘러서 일을 함

㉢ 금상첨화(錦上添花) : 비단 위에 꽃을 더한다는 뜻으로, 좋은 일에 또 좋은 일이 더하여짐

㉣ 금의환향(錦衣還鄉) : 비단옷 입고 고향에 돌아온다는 뜻으로, 출세하여 고향에 돌아옴을 이르는 말

㉤ 당구풍월(堂狗風月) : 서당 개 3년에 풍월을 한다는 뜻으로, 무식쟁이라도 유식한 사람과 사귀면 견문이 넓어짐 또는 무슨 일 하는 것을 오래 오래 보고 듣고 하면 자연히 할 줄 알게 된다는 말

㉥ 새옹지마(塞翁之馬) : 변방에 사는 노인의 말이라는 뜻으로, 세상만사는 변화가 많아 어느 것이 화가 되고, 어느 것이 복이 될지 예측하기 어려워 재앙도 슬퍼할 게 못되고 복도 기뻐할 것이 아님을 이르는 말 또는 인생의 길흉화복은 늘 바뀌어 변화가 많음을 이르는 말

㉦ 일진월보(日進月步) : 날로 달로 끊임없이 진보. 발전함

• **糟糠之妻(조강지처)** : 가난을 참고 고생을 같이하며 남편을 섬긴 아내

• **朝令暮改(조령모개)** : 법령을 자꾸 바꿔서 종잡을 수 없음을 비유하는 말

• **朝三暮四(조삼모사)** : 간사한 꾀로 사람을 속여 희롱함, 눈앞에 당장 나타나는 차별만을 알고 그 결과가 같음을 모름

• **鳥足之血(조족지혈)** : 새발의 피

• **左顧右眄(좌고우면)** : 좌우를 자주 둘러본다는 뜻으로 무슨 일에 얼른 결정을 짓지 못함을 비유하는 말

• **坐不安席(좌불안석)** : 마음에 불안이나 근심 등이 있어 한자리에 오래 앉아 있지 못함

• **晝耕夜讀(주경야독)** : 낮에 일하고 밤에 공부함

- **主客顚倒**(주객전도) : 주인은 손님처럼 손님은 주인처럼 각각 행동을 바꾸어 한다는 것으로 입장이 뒤바뀐 것을 나타냄
- **走馬加鞭**(주마가편) : 달리는 말에 채찍을 더한다는 뜻으로 잘하는 사람에게 더 잘하도록 하는 것
- **走馬看山**(주마간산) : 말을 달리면서 산을 본다는 말로 바빠서 자세히 보지 못하고 지나침을 뜻함
- **竹馬故友**(죽마고우) : 죽마를 타고 놀던 벗. 곧, 어릴 때 같이 놀던 친한 친구
- **竹杖芒鞋**(죽장망혜) : 대지팡이와 짚신, 가장 간단한 보행이나 여행의 차림
- **衆寡不敵**(중과부적) : 적은 수효로는 많은 수효를 대적하지 못한다는 뜻
- **衆口難防**(중구난방) : 뭇사람의 말을 이루 다 막기는 어렵다는 뜻
- **重言復言**(중언부언) : 한 말을 자꾸 되풀이 함
- **地鹿爲馬**(지록위마) : 중국 진나라의 조고(趙高)가 이세 황제(二世皇帝)에게 사슴을 말이라고 속여 바친 일에서 유래하는 고사로 윗사람을 농락하여 권세를 마음대로 함을 가리킴
- **支離滅裂**(지리멸렬) : 갈갈이 흩어지고 찢기어 갈피를 잡을 수 없음
- **知足不辱**(지족불욕) : 모든 일에 분수를 알고 만족하게 생각하면 모욕을 받지 않음을 이르는 말
- **盡人事待天命**(진인사대천명) : 노력을 다한 후에 천명을 기다림
- **進退幽谷**(진퇴유곡)[**進退兩難**(진퇴양난)] : 앞으로 나아갈 수도 뒤로 물러설 수도 없이 꼼짝할 수 없는 궁지에 빠짐
- **嫉逐排斥**(질축배척) : 시기하고 미워하여 물리침

- **創業易守成難**(창업이수성난) : 이루기는 쉽고 지키기는 어려움
- **滄海桑田**(창해상전)[**桑田碧海**(상전벽해)] : 푸른 바다가 변하여 뽕밭으로 된다는 말로 곧 덧없는 세상이라는 뜻
- **滄海一粟**(창해일속) : 넓은 바다에 떠있는 한 알의 좁쌀이라는 뜻으로 아주 큰 물건 속에 있는 아주 작은 물건을 말함
- **天高馬肥**(천고마비) : 하늘이 높고 말이 살찐다는 뜻으로 가을철을 일컫는 말
- **千慮一得**(천려일득) : 바보도 한 가지쯤은 좋은 생각이 있다라는 뜻
- **千慮一失**(천려일실) : 여러 번 생각하여 신중하고 조심스럽게 한 일에도 때로는 한 가지 실수가 있음
- **天方地軸**(천방지축) : 너무 바빠서 두서를 잡지 못하고 허둥대는 모습. 어리석은 사람이 갈 바를 몰라 두리번거리는 모습
- **泉石膏肓**(천석고황) : 고질병이 되다시피 산수 풍경을 좋아함

• **千衣無縫**(천의무봉) : 천사의 옷은 기울 데가 없다는 말로 곧 문장이 훌륭하여 손댈 곳이 없을 만큼 잘 되었음을 가리키는 말

• **千仞斷崖**(천인단애) : 천 길이나 되는 깎아지른 듯한 벼랑

• **千紫萬紅**(천자만홍) : 가지가지 빛깔로 만발한 꽃

• **千載一遇**(천재일우) : 천 년에나 한번 만날 수 있는 기회. 곧, 좀처럼 얻기 어려운 기회

• **徹頭徹尾**(철두철미) : 머리에서 꼬리까지 투철함. 즉, 처음부터 끝까지 투철함

• **靑天霹靂**(청천벽력) : 맑게 갠 하늘에서 치는 벼락. 곧, 뜻밖에 생긴 변을 일컫는 말

• **靑出於藍**(청출어람) : 쪽에서 우러난 푸른빛이 쪽보다 낫다는 말로 제자가 스승보다 낫다는 뜻

• **寸鐵殺人**(촌철살인) : 조그만 쇠붙이로 사람을 죽인다는 뜻으로 간단한 말로 사물의 가장 요긴한 데를 찔러 듣는 사람을 감동하게 하는 것

• **春秋筆法**(춘추필법) : 5경의 하나인 춘추와 같이 비판의 태도가 썩 엄정함을 이르는 말, 대의명분을 밝히어 세우는 사실의 논법

• **醉生夢死**(취생몽사) : 아무 뜻과 이룬 일도 없이 한평생을 흐리멍덩하게 살아감

• **七顚八起**(칠전팔기) : 여러 번 실패해도 굽히지 않고 분투함을 일컫는 말

• **七縱七擒**(칠종칠금) : 제갈공명의 전술로 일곱 번 놓아 주고 일곱 번 잡는다는 말로 자유자재로운 전술

• **針小棒大**(침소봉대) : 바늘을 몽둥이라고 말하듯 과장해서 말하는 것

(ㅋ)

• **快刀亂麻**(쾌도난마) : 시원스럽게 어지러운 일들을 처리함

(ㅌ)

• **他山之石**(타산지석) : 다른 산에서 난 나쁜 돌도 자기의 구슬을 가는 데에 소용이 된다는 뜻으로 다른 사람의 하찮은 언행일지라도 자기의 지덕을 연마하는 데에 도움이 된다는 말

• **卓上空論**(탁상공론) : 실현성이 없는 허황된 이론

• **太剛則折**(태강즉절) : 너무 강하면 부러지기 쉽다는 말

• **泰山北斗**(태산북두) : 태산과 북두칠성을 여러 사람이 우러러보는 것처럼 남에게 존경받는 뛰어난 존재

• **兎死狗烹**(토사구팽) : 토끼가 죽으면 토끼를 잡던 사냥개도 필요 없게 되어 주인에게 삶아 먹히게 된다는 뜻으로, 필요할 때는 쓰고 필요 없을 때는 야박하게 버리는 경우를 이르는 말

• **兎營三窟**(토영삼굴) : 자신의 안전을 위하여 미리 몇 가지 술책을 마련함

• **吐盡肝膽**(토진간담) : 솔직한 심정을 속임 없이 모두 말함

- **波瀾萬丈**(파란만장) : 일의 진행에 변화가 심함
- **波瀾重疊**(파란중첩) : 일의 진행에 있어서 온갖 변화나 난관이 많음
- **破竹之勢**(파죽지세) : 걷잡을 수 없이 나아가는 세력
- **弊袍破笠**(폐포파립) : 해진 옷과 부러진 갓, 곧 너절하고 구차한 차림새를 말함
- **抱腹絕倒**(포복절도) : 배를 안고 몸을 가누지 못할 정도로 몹시 웃음
- **表裏不同**(표리부동) : 겉과 속이 다름
- **風飛雹散**(풍비박산) : 사방으로 날아 흩어짐
- **風樹之嘆**(풍수지탄) : 부모가 이미 세상을 떠나 효도를 할 수 없음을 한탄하는 것을 뜻함
- **風前燈火**(풍전등화) : 바람 앞에 켠 등불처럼 매우 위급한 경우에 놓여 있음을 가리키는 말
- **風餐露宿**(풍찬노숙) : 바람과 이슬을 무릅쓰고 한데서 먹고 잠. 곧, 큰 일을 이루려는 사람의 고초를 겪는 모양
- **匹夫匹婦**(필부필부) : 평범한 남자와 평범한 여자
- **必有曲折**(필유곡절) : 반드시 어떠한 까닭이 있음

ㅎ

- **夏爐冬扇**(하로동선) : 여름의 화로와 겨울의 부채라는 뜻으로 쓸모없는 재능을 말함
- **下石上臺**(하석상대) : 아랫돌을 빼서 윗돌 괴고 윗돌 빼서 아랫돌 괴기. 즉, 임시 변통으로 이리 저리 둘러맞춤을 말함
- **鶴首苦待**(학수고대) : 학의 목처럼 목을 길게 늘여 몹시 기다린다는 뜻
- **漢江投石**(한강투석) : 한강에 돌 던지기라는 뜻으로 지나치게 미미하여 전혀 효과가 없음을 비유하는 말
- **汗牛充棟**(한우충동) : 짐으로 실으면 소가 땀을 흘리고, 쌓으면 들보에까지 찬다는 뜻으로, 가지고 있는 책이 매우 많음을 이르는 말
- **緘口無言**(함구무언) : 입을 다물고 아무런 말이 없음
- **含哺鼓腹**(함포고복) : 배불리 먹고 즐겁게 지냄
- **咸興差使**(함흥차사) : 심부름을 시킨 뒤 아무 소식이 없거나 회답이 더디 올 때 쓰는 말
- **懸河口辯**(현하구변) : 물이 거침없이 흐르듯 잘하는 말
- **孑孑單身**(혈혈단신) : 의지할 곳 없는 외로운 홀몸
- **螢雪之功**(형설지공) : 중국 진나라의 차윤(車胤)이 반딧불로 글을 읽고 손강(孫康)은 눈(雪)의 빛으로 글을 읽었다는 고사에서 온 말로 고생해서 공부한 공이 드러남을 비유한 말

- **狐假虎威**(호가호위) : 남의 권세를 빌려 위세를 부림
- **糊口之策**(호구지책) : 살아갈 방법, 그저 먹고 살아가는 방책
- **好事多魔**(호사다마) : 좋은 일에는 방해가 되는 일이 많다는 뜻
- **虎死留皮**(호사유피) : 범이 죽으면 가죽을 남김과 같이 사람도 죽은 뒤 이름을 남겨야 한다는 말
- **浩然之氣**(호연지기) : 사물에서 해방된 자유로운 마음 또는 하늘과 땅 사이에 넘치게 가득 찬 넓고도 큰 원기를 이르는 말
- **畵龍點睛**(화룡점정) : 용을 그려 놓고 마지막으로 눈을 그려 넣음. 즉, 가장 긴요한 부분을 완성시킴
- **換骨奪胎**(환골탈태) : 얼굴이 이전 보다 더 아름다워짐 또는 남의 문장을 본떴으나 형식을 바꿈
- **會者定離**(회자정리) : 만나면 반드시 헤어짐
- **後生可畏**(후생가외) : 후진들이 젊고 기력이 있어 두렵게 여겨짐
- **橫說竪說**(횡설수설) : 조리가 없는 말을 함부로 지껄임
- **興盡悲來**(흥진비래) : 즐거운 일이 다하면 슬픔이 옴. 곧, 흥망과 성쇠가 엇바뀜을 일컫는 말

 **속담과 관용어**

1. 속담

ㄱ

- 가게 기둥에 입춘 : 제 격에 맞지 않음(개발에 편자, 거적문에 돌쩌귀)
- 가까운 제 눈썹 못 본다 : 멀리 보이는 것은 용케 잘 보면서도 자기 눈앞에 가깝게 보이는 것은 잘 못 본다는 뜻
- 가는 말이 고와야 오는 말이 곱다 : 내가 남에게 좋게 해야 남도 나에게 좋게 함을 이르는 말
- 가꿀 나무는 밑동을 높이 자른다 : 어떠한 일이나 장래의 안목을 생각해서 미리부터 준비를 철저하게 해 두어야 한다는 뜻
- 가난한 집 제사 돌아오듯 한다 : 힘든 일이 자주 닥쳐옴을 일컫는 말
- 가는 년이 물 길어다 놓고 갈까 : 일을 그만두고 가는 사람이 뒷일을 생각하지 않고 일한다는 말
- 가는 방망이 오는 홍두깨 : 남을 해치면 그보다 더 큰 화를 입게 됨을 이르는 말

실력쑥!**기출유형문제**

다음 중 보기의 (   )에 알맞은 속담은?

> 다국적 기업의 저가 물량 공세가 날이 갈수록 심해지자, 정부와 관련 기관은 국민들의 애국심을 고취하여 구민들로 하여금 국내 제품을 쓰도록 유도하겠다는 정책을 내놓고 있다. 그러나 이는 (   )식의 대책으로 국민들에게 비판을 받고 있다.

① 언 발에 오줌 누는
② 숯이 검정 나무라는
③ 이불 속에서 활개 치는
④ 모진 놈 옆에 있다가 벼락 맞는
⑤ 얌전한 고양이가 부뚜막에 먼저 올라가는

Advice 보기의 상황은 제대로 된 대응책이 아닌 임시방편적인 대책에 불과하다.
① 언 발을 녹이려고 오줌을 누어 봤자 효력이 별로 없다는 뜻으로, 임시변통은 될지 모르나 그 효력이 오래가지 못할 뿐만 아니라 결국에는 사태가 더 나빠짐을 비유적으로 이르는 말.
② 숯이 검은 것을 나무란다는 뜻으로, 제 허물은 생각하지 않고 남의 허물을 들추어냄을 비유적으로 이르는 말.
③ 남 앞에서는 제대로 기도 못 펴면서 남이 없는 곳에서만 잘난 체하고 호기를 부리는 경우를 비유적으로 이르는 말
④ 악한 사람을 가까이하면 반드시 그 화를 입게 됨을 비유적으로 이르는 말
⑤ 겉으로는 얌전하고 아무것도 못 할 것처럼 보이는 사람이 딴 짓을 하거나 자기 실속을 다 차리는 경우를 비유적으로 이르는 말.

답 ①

- 가물에 돌 친다 : 물이 없는 가뭄에 강바닥에 있는 돌을 미리 치워서 물길을 낸다는 뜻으로, 무슨 일이든지 사전에 미리 준비를 해야 함을 비유적으로 이르는 말
- 가자니 태산이요, 돌아서자니 숭산이라 : 이러지도 저러지도 못할 난처한 처지
- 가랑비에 옷 젖는 줄 모른다 : 조금씩 없어지는 것이 자꾸 거듭되면 무시할 수 없는 것이 됨을 이르는 말
- 가을에는 부지깽이도 덤빈다 : 바쁠 때는 모양이 비슷만 해도 사용된다는 뜻
- 가을 바람에 새털 날듯 한다 : 가을 바람에 새털이 잘 날듯이 사람의 처신머리가 몹시 가벼움
- 가지 따먹고 외수 한다 : 남의 눈을 피하여 나쁜 짓을 하고 시치미를 뗀다는 뜻(외수 : 남을 속이는 꾀)
- 간다간다 하면서 아이 셋 낳고 간다 : 하던 일을 말로만 그만 둔다고 하고서 실제로는 그만두지 못하고 질질 끈다는 말
- 갈치가 갈치 꼬리 문다 : 친근한 사이에 서로 모함함을 이르는 말
- 가루는 칠수록 고와지고 말은 할수록 거칠어진다 : 말이 많으면 해 되는 일만 많으니 말을 삼가라는 뜻
- 감투가 크면 어깨를 누른다 : 실력이나 능력도 없이 과분한 지위에서 일을 하게 되면 감당할 수 없게 됨
- 강아지 메주 먹듯 한다 : 강아지가 좋아하는 메주를 먹듯이 음식을 매우 맛있게 먹는다는 말
- 개꼬리는 먹이를 탐내서 흔든다 : 누구에게나 반가운 척하는 사람의 이면에는 대부분 야심이 숨겨져 있다는 의미
- 개 못된 것은 들에 나가 짖는다 : 자기의 할 일은 하지 않고 쓸데없는 짓을 하는 사람을 가리키는 말
- 개미가 절구통을 물어 간다 : 개미들도 서로 힘을 합치면 절구통을 운반할 수 있듯이 사람들도 협동하여 일을 하면 불가능한 일이 없다는 뜻
- 개미 나는 곳에 범 난다 : 처음에는 개미만큼 작고 대수롭지 않던 것이 점점 커져서 나중에는 범같이 크고 무서운 것이 된다는 말
- 개살구가 먼저 익는다 : 개살구가 참살구보다 먼저 익듯이 악이 선보다 더 가속도로 발전하게 된다는 뜻(개살구가 지레 터진다)
- 거미줄로 방귀 동이듯 : 일을 함에 있어 건성으로 형용만 하는 체 하는 말
- 건너다보니 절터 : 미리부터 체념할 때 쓰는 말. 남의 것을 자기 것으로 만들려고 해도 될 수 없다는 것
- 게으른 놈 짐 많이 진다 : 게으른 사람이 일을 조금이라도 덜 할까 하고 짐을 한꺼번에 많이 지면 힘에 겨워 움직이질 못하므로 도리어 더 더디다는 말
- 경치고 포도청 간다 : 죽을 고비를 넘겨가면서도 또 제 스스로 고문을 당하려고 포도청을 가듯이 혹독한 형벌을 거듭 당함을 이르는 말
- 고래 싸움에 새우 등 터진다 : 남의 싸움에 공연히 해를 입음을 이르는 말
- 군자는 입을 아끼고 범은 발톱을 아낀다 : 학식과 덕망이 높은 사람일수록 항상 말을 조심해서 한다는 뜻
- 굽은 나무가 선산을 지킨다 : 쓸모없는 것이 도리어 소용됨을 이르는 말

- 굿하고 싶지만 맏며느리 춤추는 것 보기 싫다 : 무엇을 하려고 할 때 자기 마음에 들지 않는 미운 사람이 참여하여 기뻐함이 보기 싫어서 꺼려함을 이르는 말
- 그물이 열 자라도 벼리가 으뜸이다 : 아무리 수가 많더라도 주장되는 것이 없으면 소용이 없다는 뜻
- 급하면 임금 망건 값도 쓴다 : 경제적으로 곤란에 빠지면 아무 돈이라도 있기만 하면 쓰게 된다는 의미
- 기름 엎지르고 깨 줍는다 : 많은 손해를 보고 조그만 이익을 추구한다는 말

ㄴ

- 나무는 큰 나무 덕을 못 보아도 사람은 큰 사람의 덕을 본다 : 큰 사람한테서는 역시 음으로 덕을 입게 된다는 뜻
- 날로 보나 등으로 보나 : 어느 모로 보나 틀림없음을 이르는 말
- 날은 좋아 웃는다마는 동남풍에 잇속이 건다 : 의지가 약하고 무슨 일에나 걸핏하면 싱겁게 잘 웃음을 비유적으로 이르는 말
- 남의 밥 보고 장 떠먹는다 : 아무 상관도 없는 남의 일에 공연히 서둘러 좋아함을 비유적으로 이르는 말
- 남촌 양반이 반역할 뜻을 품는다 : 몰락하여 가난하게 사는 남촌 지방의 양반들이 반역할 뜻을 품는다는 뜻으로, 불평 많고 불우한 처지에 있는 사람들이 반역의 뜻을 품기 마련임을 비유적으로 이르는 말
- 내리 사랑은 있어도 치사랑은 없다 : 윗사람이 아랫사람을 사랑하기는 하여도 아랫사람이 윗사람을 사랑하기는 좀처럼 어렵다는 말
- 내 발등의 불을 꺼야 아비 발등의 불을 끈다 : 급할 때는 남의 일보다 자기 일을 먼저 하기 마련임
- 놀부 제사지내듯 한다 : 놀부가 제사를 지낼 때 재물 대신 돈을 놓고 제사를 지냈듯이 몹시 인색하고 고약한 짓을 한다는 뜻

ㄷ

- 다리가 위에 붙었다 : 몸체의 아래에 붙어야 할 다리가 위에 가 붙어서 쓸모없듯이 일이 반대로 되어 아무짝에도 소용이 없다는 뜻
- 다리 아래서 원을 꾸짖는다 : 직접 말을 못하고 안 들리는 곳에서 불평이나 욕을 하는 것
- 닫는 놈의 주먹만도 못하다 : 달리는 사람의 불끈 쥔 작은 주먹만도 못하다는 뜻으로, 매우 작음을 비유적으로 이르는 말
- 대가리 삶으면 귀까지 익는다 : 제일 중요한 것만 처리하면 다른 것은 자연히 해결된다는 뜻
- 대사 뒤에 병풍 지고 나간다 : 남의 집 잔치에 왔다가 병풍을 지고 간다는 뜻으로, 너무도 염치없는 짓을 함을 이르는 말

- 도깨비도 수풀이 있어야 모인다 : 의지할 곳이 있어야 무슨 일이나 이루어짐을 이르는 말
- 도둑놈 개 꾸짖듯 한다 : 남에게 들리지 않게 입 속으로 중얼거림을 말함
- 도둑은 뒤로 잡으랬다 : 도둑을 섣불리 앞에서 잡으려다가는 직접적으로 해를 당할 수 있기 때문에 뒤로 잡아야 한다는 뜻
- 도둑의 때는 벗어도 자식의 때는 못 벗는다 : 도둑의 누명은 범인이 잡히면 벗을 수 있으나 자식의 잘못을 그 부모가 지지 않을 수 없다는 뜻
- 도둑의 묘에 잔 부어 놓기 : 대접받을 가치가 없는 사람에게 과분한 대접을 함과 같이 일을 잘못 처리함을 비유적으로 이르는 말
- 독을 보아 쥐를 못 잡는다 : 독 사이에 숨은 쥐를 독 깰까봐 못 잡듯이 감정나는 일이 있어도 곁에 있는 사람 체면을 생각해서 자신이 참는다는 뜻
- 될성부른 나무는 떡잎부터 알아본다 : 크게 될 사람은 어릴 적부터 다르다는 뜻 또는 결과가 좋을 것은 시초부터 잘 됨을 이르는 말(용될 고기는 모이 철부터 안다)
- 들은 풍월 얻은 문자다 : 자기가 직접 공부해서 배운 것이 아니라 보고 들어서 알게 된 글이라는 뜻
- 등잔불에 콩 볶아 먹는 놈 : 어리석고 옹졸하며 하는 짓마다 보기에 답답할 일만 하는 사람
- 디딜방아질 삼 년에 엉덩이춤만 배웠다 : 디딜방아질을 오랫동안 하다보면 엉덩이춤도 절로 추게 됨
- 떠들기는 천안(天安) 삼거리 같다 : 늘 끊이지 않고 떠들썩한 것
- 똥 싼 주제에 매화타령 한다 : 잘못하고도 뉘우치지 못하고 비위 좋게 행동하는 사람을 비웃는 말

- 마냥모 판에는 뒷방 처녀도 나선다 : 늦모내기를 할 때에는 매우 바쁘고 사람 손이 모자람을 이르는 말
- 마루 넘은 수레 내려가기 : 사물의 진행 속도나 형세가 걷잡을 수 없이 매우 빠름을 이르는 말
- 마파람에 게 눈 감추듯 : 음식을 매우 빨리 먹어 버리는 모습을 비유적으로 이르는 말
- 말뚝 베끼기 : 밑천 없이 소의 말뚝만 옮겨 매어 돈을 번다는 데서, 우시장에서 흥정을 붙이고 구전을 받는 중개상을 비유적으로 이르는 말
- 망건 쓰고 세수한다 : 세수를 하고 머리를 빗고 그 다음에 망건을 쓰는 법인데 망건을 먼저 쓰고 세수를 한다는 뜻으로, 일의 순서를 바꾸어 함을 놀림조로 이르는 말
- 망건 쓰자 파장 : 준비를 하다가 때를 놓쳐 소기의 목적을 이루지 못하게 됨을 비유적으로 이르는 말
- 망신살이 무지갯살 뻗치듯 한다 : 많은 사람으로부터 심한 원망과 욕을 먹게 되었을 때 쓰는 말
- 망치로 얻어맞고 홍두깨로 친다 : 복수란 언제나 제가 받은 피해보다 더 무섭게 한다는 뜻
- 명주 고름 같다 : 성질이 매우 곱고 보드랍다는 말

- 명태 한 마리 놓고 딴전 본다 : 곁에 벌여 놓고 있는 일보다는 딴 벌이하는 일이 있다는 뜻
- 무른 땅에 말뚝 박기 : 몹시 하기 쉬운 일을 비유적으로 이르는 말 또는 세도 있는 사람이 힘없고 연약한 사람을 업신여기고 학대함을 비유적으로 이르는 말
- 문전 나그네 흔연대접 : 어떤 신분의 사람이라도 자기를 찾아 온 사람은 친절히 대하라는 말
- 물만 밥이 목이 메다 : 물에 말아 먹어도 밥이 잘 넘어가지 않을 만큼 매우 슬픔에 겨움을 이르는 말
- 물 밖에 난 고기 : 제 능력을 발휘할 수 없는 처지에 몰린 사람을 이르는 말 또는 운명이 이미 결정나 벗어날 수 없음을 비유적으로 이르는 말
- 물방아 물도 서면 언다 : 물방아가 정지하고 있으면 그 물도 얼듯이 사람도 운동을 하지 않고 있으면 건강이 나빠진다는 뜻
- 물 본 기러기, 꽃 본 나비 : 기러기는 물을 반겨하고 나비는 꽃을 좋아하므로, 자신이 원하던 것을 이루었을 때 쓰는 말
- 물에 물 탄 듯 술에 술 탄 듯 : 말이나 행동이 분명하지 않음을 비유하는 싱겁다는 말

- 바늘 가는 데 실 간다 : 바늘이 가는 데 실이 항상 뒤따른다는 뜻으로, 사람의 긴밀한 관계를 비유적으로 이르는 말
- 바늘뼈에 두부살 : 바늘처럼 가는 뼈에 두부같이 힘없는 살이란 뜻으로, 몸이 아주 연약한 사람을 비유적으로 이르는 말
- 바람 바른 데 탱자 열매같이 : 겉은 그럴듯하나 실속이 없는 모양을 비유적으로 이르는 말
- 바지랑대로 하늘 재기 : 빨랫줄을 받치는 바지랑대로 높은 하늘의 높이를 재려 한다는 뜻으로, 도저히 불가능한 일을 하려는 것을 비유적으로 이르는 말
- 받아 놓은 밥상 : 일이 확실하여 조금도 틀림이 없는 경우를 비유적으로 이르는 말 또는 밥상을 받아 놓고 그냥 물리지도 못하고 그렇다고 먹을 수도 없다는 뜻으로, 이러지도 못하고 저러지도 못하는 경우나 처지를 비유적으로 이르는 말
- 백송고리 생치 차듯 : 성질이 사납고 날쌘 푸른 매가 꿩을 잽싸게 잡아채듯 한다는 뜻으로, 무엇을 날쌔게 잡아채는 모양을 비유적으로 이르는 말
- 백일 장마에도 하루만 더 왔으면 한다 : 자기 이익 때문에 자기 본위로 이야기하는 것을 이르는 말
- 뱁새는 작아도 알 만 잘 낳는다 : 작아도 제 구실 못하는 법이 없음을 이르는 말
- 버들가지가 바람에 꺾일까 : 부드러워서 곧 바람에 꺾일 것 같은 버들가지가 끝까지 꺾이지 않듯이 부드러운 것이 단단한 것보다 더 강하다는 뜻

- 범 없는 골에는 토끼가 스승이라 : 못난 사람만이 사는 곳에서 활개침을 이르는 말
- 벌거벗고 환도 찬다 : 그것이 그 격에 어울리지 않음을 두고 이르는 말
- 벙어리 재판 : 아주 곤란한 일을 두고 하는 말
- 벼룩의 간에 육간 대청을 짓겠다 : 도량이 좁고 하는 일이 이치에 어긋남
- 변죽을 치면 복판이 울린다 : 슬며시 귀띔만 해 주어도 눈치가 빠른 사람은 곧 알아듣는다는 의미
- 보기 좋은 떡이 먹기도 좋다 : 겉이 아름다워야 속도 좋음을 이르는 말
- 보리 주면 오이 안 주랴 : 제 것은 아끼면서 남만 인색하다고 여기는 사람에게 하는 말
- 봄바람에 죽은 노인 : 봄바람을 맞고 얼어 죽은 늙은이라는 뜻으로, 몹시 추위를 타는 사람을 비유적으로 이르는 말
- 부엉이 곳간 : 부엉이는 둥지에 먹을 것을 많이 모아 두는 버릇이 있다는 데서, 없는 것이 없이 무엇이나 다 갖추어져 있는 경우를 비유적으로 이르는 말
- 부자는 망해도 삼 년 먹을 것이 있다 : 본래 부자이던 사람은 망했다 하더라도 얼마 동안은 그럭저럭 살아 나갈 수 있음을 비유적으로 이르는 말
- 분다 분다 하니 하루 아침에 왕겨 석 섬 분다 : 잘한다고 추어주니까 무작정 자꾸 한다는 뜻
- 빛 좋은 개살구 : 겉보기에는 먹음직스러운 빛깔을 띠고 있지만 맛은 없는 개살구라는 뜻으로, 겉만 그럴듯하고 실속이 없는 경우를 비유적으로 이르는 말
- 뺨을 맞아도 은가락지 낀 손에 맞는 것이 좋다 : 이왕 욕을 당하거나 복종할 바에야 지위가 높고 덕망이 있는 사람에게 당하는 것이 낫다는 말
- 뻗친 쇠발 : 이미 착수하여 버린 일임을 이르는 말

- 사람과 쪽박은 있는 대로 쓴다 : 살림살이를 하는데 있어 쪽박이 있는 대로 다 쓰이고 사람도 다 제각기 쓸모가 있다는 말
- 사람 살 곳은 골골이 있다 : 이 세상은 어디에 가나 서로 도와주는 풍습이 있어 살아갈 수 있다는 말
- 사자 어금니 같다 : 사자의 어금니는 가장 요긴한 것이니 반드시 있어야만 하는 것을 말함
- 사주 팔자에 없는 관을 쓰면 이마가 벗어진다 : 제 분수에 넘치는 일을 하게 되면 도리어 괴롭다는 뜻
- 산 개가 죽은 정승보다 낫다 : 아무리 구차하고 천한 신세라도 죽는 것보다는 사는 것이 낫다는 말
- 산 밑 집에 방앗공이가 논다 : 그 고장 산물이 오히려 그 곳에서 희귀하다는 말
- 산에 들어가 호랑이를 피하랴 : 이미 앞에 닥친 위험은 도저히 못 피함을 이르는 말
- 산이 높아야 골이 깊다 : 원인이나 조건이 갖추어져야 일이 이루어진다는 뜻

- 산 진 거북이요 돌 진 가재(자라)라 : 등이 납작하여 넘어질 위험이 없는 거북이와 가재, 또는 자라가 산과 돌을 각각 지었다는 뜻으로, 의지하고 있는 세력이 든든함을 비유적으로 이르는 말
- 산 호랑이 눈썹 : 도저히 얻을 수 없는 것을 얻으려 하는 것
- 삼수갑산을 가도 님 따라 가랬다 : 부부간에는 아무리 큰 고생이 닥치더라도 같이 해야 한다는 뜻
- 삼촌 못난 것이 조카 짐만 지고 다닌다 : 체구는 크면서 못난 짓만 하는 사람을 비웃는 말
- 상원의 개와 같다 : 대보름날 개를 굶기는 풍습처럼 굶은 개와 같다는 뜻으로, 배고픈 사람을 이르는 말
- 새도 날려면 움츠린다 : 어떤 일이든지 사전에 만반의 준비가 있어야 한다는 뜻
- 새 옷도 두드리면 먼지 난다 : 아무리 청백한 사람이라도 속속들이 파헤쳐 보면 부정이 드러난다는 뜻
- 생나무에 좀이 날까 : 생나무에는 좀이 나지 않듯이 건실하고 튼튼하면 내부가 부패되지 않는다는 뜻
- 생 감도 떨어지고 익은 감도 떨어진다 : 늙은 사람만 죽는 것이 아니라 젊은 사람도 죽는다는 뜻
- 선무당이 사람 잡는다(죽인다) : 의술에 서투른 사람이 치료해 준다고 하다가 사람을 죽이기까지 한다는 뜻으로, 능력이 없어서 제구실을 못하면서 함부로 하다가 큰일을 저지르게 됨을 비유적으로 이르는 말
- 섣달 그믐날 개밥 퍼주듯 한다 : 섣달 그믐날은 먹을 것이 너무 많아서 개밥도 후하게 주듯이 남에게 음식을 후하게 준다는 뜻
- 섶을 지고 불로 들어가려 한다 : 자기가 짐짓 그릇된 짓을 하여 화를 더 당하려 함을 이르는 말
- 세전 토끼(라) : 태어나서 첫 번째 설을 쇠기 전의 어린 토끼는 늘 같은 길로만 다닌다는 뜻으로, 융통성이 전혀 없음을 비유적으로 이르는 말
- 소매 긴 김에 춤춘다 : 별로 생각이 없던 일이라도 그 일을 할 조건이 갖추어졌기 때문에 하게 될 때 쓰는 말
- 쇠가 쇠를 먹고 살이 살을 먹는다 : 동족끼리 서로 싸우는 것을 말함
- 쇠가죽을 무릅쓰다 : 체면을 생각하지 아니함을 이르는 말
- 숙수가 많으면 국수가 수제비 된다 : 일을 하는데 참견하는 사람이 많으면 오히려 일을 그르치게 됨
- 시루에 물 퍼붓기 : 아무리 비용을 들이고 애를 써도 효과가 나타나지 않음
- 신 신고 발바닥 긁기다 : 일하기는 해도 시원치 않다는 말
- 씻어놓은 흰 죽 사발 같다 : 생김새가 허여멀건 사람을 가리키는 말

- 아내가 귀여우면 처갓집 말뚝 보고도 절한다 : 아내가 좋으면 아내 주위의 보잘것없는 것까지 좋게 보인다는 말
- 안 되는 사람은 뒤로 자빠져도 코가 깨진다 : 운수가 사나운 사람은 온갖 일에 마가 낌을 이르는 말

- 안방에 가면 시어머니 말이 옳고 부엌에 가면 며느리 말이 옳다 : 각각 일리가 있어 그 시비를 가리기 어렵다는 말
- 알기는 칠월 귀뚜라미 : 온갖 일을 다 아는 체하는 사람을 비꼬는 말
- 앓느니 죽지 : 수고를 조금 덜 하려고 남을 시켜서 시원치 아니하게 일을 하느니보다는 당장에 힘이 들더라도 자기가 직접 해치우는 편이 낫겠다는 말
- 양어깨에 동자보살이 있다 : 대개 자기의 선악을 자기 스스로는 알지 못하되, 은연중에 신명이 감시하고 있다는 말
- 언 발에 오줌 누기 : 눈앞에 급한 일을 피하기 위해서 하는 임시 변통이 결과적으로 더 나쁘게 되었을 때 하는 말
- 얻은 떡이 두레 반이다 : 여기저기서 조금씩 얻은 것이 남이 애써 만든 것보다 많다는 말
- 여름 불도 쬐다 나면 섭섭하다 : 오뉴월 겻불도 쬐다 나면 서운함(섭섭함) 또는 오랫동안 해 오던 일을 그만두기는 퍽 어렵다는 말
- 염불 못하는 중이 아궁이에 불 땐다 : 무능한 사람은 같은 계열이라도 가장 천한 일을 하게 된다는 뜻
- 오르지 못할 나무는 쳐다보지도 말아라 : 못 이룰 일은 단념하라는 뜻
- 오소리 감투가 둘이다 : 한 가지 일에 책임질 사람은 두 명이 있어서 서로 다툰다는 뜻
- 오동나무 보고 춤춘다 : 성미가 급하여 서두는 모습을 뜻함
- 우는 아이 젖 준다 : 무슨 일에 있어서나 자기가 요구하여야 쉽게 구할 수 있음을 이르는 말
- 우박 맞은 호박잎이다 : 우박 맞아 잎이 다 찢어져 보기가 흉한 호박잎처럼 모양이 매우 흉측하다는 뜻
- 윷짝 가르듯 한다 : 윷짝의 앞뒤가 분명하듯이 무슨 일에 대한 판단을 분명히 한다는 말
- 일각이 삼추(三秋) 같다 : 짧은 동안도 삼 년같이 생각된다는 뜻으로, 기다리는 마음이 간절함을 비유적으로 이르는 말

- 자가사리 끓듯 : 크지도 않은 것들이 많이 모여 복작거림을 비유적으로 이르는 말
- 자는 범 코침 주기 : 그대로 가만 두었으면 아무 일도 없었을 것을 공연히 건드려서 일을 저질러 위태롭게 된다는 말(자는 벌집 건드리기, 긁어 부스럼, 빈대 한 마리 잡으려다 초가 삼 칸 다 태운다)
- 자라 알 지켜보듯 한다 : 어떻게 일을 처리하려고 노력하지는 않고 그저 묵묵히 들여다 보고만 있음
- 자루 속 송곳은 빠져나오게 마련이다 : 남들이 알지 못하도록 아무리 은폐하려 해도 탄로 날 것은 저절로 탄로가 난다는 뜻
- 잔고기가 가시는 세다 : 몸집이 자그마한 사람이 속은 꽉 차고 야무지며 단단할 때 이르는 말

• 장가들러 가는 놈이 불알 떼어놓고 간다 : 가장 긴요한 것을 잊어버린다는 말
• 장구 치는 놈 따로 있고 고개 까딱이는 놈 따로 있나 : 저 혼자서 할 수 있는 일을 가지고 남에게
  나누어 하자고 할 때 핀잔주는 말
• 적게 먹으면 명주요 많이 먹으면 망주라 : 모든 일은 정도에 맞게 하여야 한다는 말
• 접시 밥도 담을 탓이다 : 수단이나 성의를 다하면 어려운 일이라도 좋게 된다는 뜻
• 정성이 있으면 한식에도 세배 간다 : 마음에만 있으면 언제라도 제 성의는 표시할 수 있다는 말
• 제사 덕에 이밥이라 : 무슨 일을 빙자하여 거기에서 이득을 얻는다는 말
• 주린 개 뒷간 넘겨다보듯 한다 : 누구나 배가 몹시 고플 때는 무엇이고 먹을 것을 찾기 위해 여기저기
  를 기웃거린다는 말
• 주인 많은 나그네 밥 굶는다 : 해 준다는 사람이 너무 많으면 서로 미루다가 결국 안 된다는 뜻
• 주인 모르는 공사 없다 : 무슨 일이든지 주장된 사람이 모르면 안 된다는 뜻의 말
• 죽 푸다 흘려도 솥 안에 떨어진다 : 일이 제대로 안되어 막상 손해를 본 것 같지만 따지고 보면 결코
  손해는 없다는 뜻
• 중의 상투 : 몹시 구하기 어려운 물건을 비유적으로 이르는 말
• 쥐구멍에 홍살문 세우겠다 : 마땅치 않은 일을 주책없이 하려 한다는 뜻
• 지붕 호박도 못 따는 주제에 하늘의 천도 따겠단다 : 아주 쉬운 일도 못하면서 당치도 않은 어려운
  일을 하겠다는 뜻
• 짝사랑에 외기러기 : 혼자서만 사랑하여서는 아무 소용이 없다는 말

• 찬물도 위아래가 있다 : 무엇에나 순서가 있으니, 그 차례를 따라 하여야 한다는 말
• 참새가 허수아비 무서워 나락 못 먹을까 : 반드시 큰 일을 하려면 다소의 위험 정도는 감수해야 함
• 참외 장수는 사촌이 지나가도 못 본 척 한다 : 장사하는 사람은 인색하다는 뜻
• 책망은 몰래하고 칭찬은 알게 하랬다 : 남을 책망할 때는 다른 사람이 없는 데서 하고 칭찬할 때는
  다른 사람 보는 앞에서 하여 자신감을 심어주라는 뜻
• 처갓집에 송곳 차고 간다 : 처갓집 밥은 꼭꼭 눌러 담았기 때문에 송곳으로 파야 먹을 수 있다는 말이
  니, 즉 처갓집에서는 사위대접을 극진히 한다는 뜻
• 천둥에 개 놀라듯 한다 : 몹시도 놀라서 허둥대며 정신을 못 차리고 날뛴다는 뜻
• 천만 재산이 서투른 기술만 못하다 : 자기가 지닌 돈은 있다가도 없어질 수 있지만 한번 배운 기술은
  죽을 때까지 지니고 있기 때문에 생활의 안정을 기할 수 있다는 뜻

• 청기와 장수 : 비법이나 기술 따위를 자기만 알고 남에게는 알려 주지 아니하는 사람을 비유적으로 이르는 말로, 옛날 어떤 사람이 청기와 굽는 법을 창안했으나 이익을 혼자 차지할 생각으로 남에게 그 방법을 가르치지 않았다는 이야기에서 나온 말
• 초사흘 달은 부지런한 며느리만 본다 : 부지런한 사람이 아니고서는 사소한 일까지 모두 헤아려서 살필 수 없다는 뜻
• 초상 술에 권주가 부른다 : 때와 장소를 분별하지 못하고 행동함을 이르는 말
• 촌놈은 밥그릇 큰 것만 찾는다 : 무식한 사람은 어떠한 물건의 질은 무시하고 그저 양이 많은 것만 요구한다는 뜻
• 칠 년 가뭄에 하루 쓸 날 없다 : 오랫동안 날씨가 개고 좋다가도 모처럼 무슨 일을 하려고 하면 비가 온다는 말
• 칠푼짜리 돼지 꼬리 같다 : 아무짝에도 쓸모없음을 비유적으로 이르는 말
• 침 먹은 지네 : 할 말이 있어도 못하고 있거나 겁이 나서 기를 펴지 못하고 꼼짝 못하는 사람을 비유적으로 이르는 말

ㅋ

• 코에 걸면 코걸이 귀에 걸면 귀걸이 : 정당한 근거와 원인을 밝히지 아니하고 제게 이로운 대로 이유를 붙이는 경우를 비유적으로 이르는 말 또는 보는 입장에 따라 이렇게도 설명할 수 있고 저렇게도 설명할 수 있는 경우를 비유적으로 이르는 말
• 콩 볶아 먹다가 가마솥 터뜨린다 : 작은 이익을 탐내다가 도리어 큰 해를 입음을 이르는 말
• 콩 심은 데 콩 나고 팥 심은 데 팥 난다 : 원인에 따라서 결과가 생긴다는 말
• 콩으로 메주를 쑨다 하여도 곧이 듣지 않는다 : 거짓말을 잘하여 신용할 수 없다는 말
• 키 크면 속이 없고 키 작으면 자발없다(대가 없다) : 키 큰 사람은 실없고 싱거우며 키 작은 사람은 참을성이 없고 까분다는 말

ㅌ

• 태산을 넘으면 평지를 본다 : 고생을 하게 되면 그 다음에는 즐거움이 온다는 말
• 태산이 평지 된다 : 자연이나 사회의 변화가 몹시 심함을 비유적으로 이르는 말 또는 세상의 모든 것이 덧없이 변함을 이르는 말
• 터주에 놓고 조왕에 놓고 나면 아무것도 없다 : 많지 아니한 것을 여기저기 주고 나면 남는 것이 없음

• **토끼를 다 잡으면 사냥개를 삶는다** : 필요할 때는 소중히 여기다가도 필요 없게 되면 천대하고 없애
  버림을 비유하는 말

• **파고 세운 장나무** : 사람이나 일이 든든하여 믿음직스러운 경우를 비유적으로 이르는 말
• **파방에 수수엿 장수** : 기회를 놓쳐서 이제는 별 볼일 없게 된 사람이나 경우를 비유적으로 이르는 말
• **팔선녀를 꾸민다** : 〈구운몽〉에 나오는 팔선녀처럼 꾸민다는 뜻으로, 옷차림이 우습거나 요란함
• **패랭이에 숟가락 꽂고 산다** : 아주 가난하여 떠돌아다니며 얻어먹을 정도임을 비유적으로 이르는 말
• **평양 병정의 발싸개 같다** : 물건이 더럽거나 행동이 천함을 비유적으로 이르는 말
• **포도청 문고리도 빼겠다** : 겁이 없고 대담한 사람을 두고 하는 말
• **풀 먹은 개 나무라듯** : 혹독하게 나무라거나 탓함을 비유적으로 이르는 말

• **하늘이 무너져도 솟아날 구멍이 있다** : 아무리 어려운 경우에 처하더라도 살아 나갈 방도가 생긴다는 말
• **하지 지낸 뜸부기** : 힘이 왕성한 한창때가 지나 버린 사람을 비유적으로 이르는 말
• **한강에 그물 놓기** : 이미 준비는 되었으니 기다리면 언젠가 일이 이루어질 것이라는 말 또는 막연한
  일을 어느 세월에 기다리고 있겠냐는 말
• **한강에 돌 던지기** : 어떤 사물이 지나치게 미미하여 일을 하는 데에 효과나 영향이 전혀 없다는 말
• **함박 시키면 바가지 시키고, 바가지 시키면 쪽박 시킨다** : 어떤 일을 윗사람이 아랫사람에게 시키면
  그는 또 제 아랫사람에게 다시 시킨다는 말
• **항우도 댕댕이덩굴에 넘어진다** : 항우와 같은 장사라도 보잘 것 없는 덩굴에 걸려 낙상할 때가 있다
  는 말. 아무리 작은 일도 무시하면 실패하기 쉽다는 뜻
• **허허해도 빚이 열닷 냥이다** : 겉으로는 호기 있게 보이나 속으로는 근심이 가득하다는 뜻
• **호랑이에게 개 꾸어 주기** : 빌려주면 다시 받을 가망이 없다는 말
• **홍두깨에 꽃이 핀다** : 뜻밖에 좋은 일을 만남을 이르는 말
• **홍제원 인절미** : 성질이 몹시 차진 사람을 비유적으로 이르는 말
• **황금 천 냥이 자식 교육만 못 하다** : 막대한 유산을 남겨 주는 것보다는 자녀 교육이 더 중요함
• **흥정은 붙이고 싸움은 말리랬다** : 좋은 일은 도와주고 궂은 일은 말리라는 말

2. 관용어

① **관용어의 개념** : 관용어는 두 개 이상의 낱말로 이루어져 있으면서 그 낱말이 지닌 의미만으로는 전체의 의미를 알 수 없는 특수한 의미를 지닌 말을 뜻한다.

> 예 오늘 시험에 붙었니? / 아니, 오늘 또 미역국 먹었다.
>
> → '미역국을 먹었다.'라는 말은 '시험'이란 상황과 관련해 '실패했다, 떨어졌다'는 뜻이다.

실력쑥! 기출유형문제

다음 밑줄 친 표현을 다른 말로 바꾸어 쓸 때 어울리지 않은 것은?

> 졸지에 벌어진 광경에 <u>어안이 벙벙해</u> 있던 식구들은 다시 한 번 깜짝 놀란다.

① 어리둥절해   ② 어이없어 하고
③ 겸연쩍어 하고   ④ 기가 막혀
⑤ 어처구니없어 하고

Advice 겸연(慊然)쩍다 : 쑥스럽거나 미안하여 어색하다.

답 ③

PLUS 어안이 벙벙하다 : 뜻밖에 놀랍거나 기막힌 일을 당하여 어리둥절하다.

② **관용어의 종류**

    ㉠ **숙어** : 하나의 의미를 나타내는 굳어진 단어의 결합이나 문장을 말한다.

> 예 깨가 쏟아진다. (행복하거나 만족함)
>
> 낯가죽이 두껍다. (부끄러움을 모름)

    ㉡ **속담** : 사람들의 생활 체험에서 얻어진 생각과 교훈을 간결하게 나타낸 구나 문장을 말한다.

> 예 백지장도 맞들면 낫다.

③ **관용어의 특징**

    ㉠ 각각의 낱말이 지닌 기본적 의미와는 다른 특수한 의미를 가지고 있다.
    ㉡ 형식은 언제나 변하지 않고 고정되어 사용된다.
    ㉢ 그 언어의 문화를 반영하므로, 그 나라 사람이 아니면 관용어의 의미를 이해하기 어렵다.
    ㉣ 오랜 세월을 통해 관습적으로 이루어진 것이다.
    ㉤ 관용어는 유래담을 갖고 있는 경우가 있다.
    ㉥ 긴 내용을 간결하게 나타낼 수 있다.
    ㉦ 삶의 교훈과 같은 특별한 의미를 나타낸다.
    ㉧ 일반적인 표현보다 표현의 효과가 강하다.

다음 밑줄 친 표현이 잘못 사용된 것은?

① 그는 얼마 안 되는 월급으로 겨우 <u>목구멍에 풀칠하며</u> 산다.

② <u>뱃가죽이 등에 붙은</u> 년더러 고기를 다루어서 밥도 없는 반찬을 만들라고?

③ 짓궂은 기자는 노파의 이야기는 <u>귓등으로 듣는지</u> 딴청을 했다.

④ <u>눈이 곤두서도록</u> 기다렸지만 아무도 오지 않았다.

⑤ 어둠 속에서 갑자기 한 사람이 튀어나오는 바람에 <u>머리털이 곤두설</u> 정도로 놀랐다.

Advice ① 목구멍에 풀칠하다 : 굶지 않고 겨우 살아가다.

② 뱃가죽이 등에 붙다 : 먹은 것이 없어서 배가 홀쭉하고 몹시 허기지다.

③ 귓등으로 듣다 : 듣고도 들은 체 만 체 하다.

④ 눈이 곤두서다 : 화가 나서 눈에 독기가 오르다.

⑤ 머리털이 곤두서다 : 무섭거나 놀라서 날카롭게 신경이 긴장되다.

※ 눈이 가매지도록 : 몹시 기다리는 모양을 비유적으로 이르는 말

답 ④

PLUS 관용구(慣用句) : 두 개 이상의 단어로 이루어져 있으면서 그 단어들의 의미만으로는 전체의 의미를 알 수 없는, 특수한 의미를 나타내는 어구이다. 예로 '발이 넓다'는 '사교적이어서 아는 사람이 많다.'를 뜻하는 것 따위를 말한다.

④ 관용어 용례

㉠ '몸'과 관련된 관용어

〈눈〉

• 눈 깜짝할 사이 : 매우 짧은 순간을 이르는 말이다.

　예 그 많은 걸 눈 깜짝할 사이에 먹어 치우다니.

• 눈 둘 곳을 모르다 : 어리둥절하거나 어색하여 눈길을 어디에 두어야 할지 모르다.

　예 그녀는 나와 마주치자 당황하여 눈 둘 곳을 몰라 얼굴이 벌겋게 상기되었다.

• 눈 딱 감다

　– 더 이상 다른 것을 생각하지 않다.

　　예 이번 기회에 눈 딱 감고 자동차를 한 대 샀다.

　– 남의 허물 따위를 보고도 못 본 체하다.

　　예 형님이 한 번만 눈 딱 감아 주신다면 다시는 이런 짓 안 하겠습니다.

• 눈 밖에 나다 : 신임을 잃고 미움을 받게 되다.

　예 그는 약속을 지키지 않아 동료들의 눈 밖에 났다.

• 눈에 넣어도 아프지 않다 : 매우 귀엽다.

　예 늘그막에 얻은 아들이라 눈에 넣어도 아프지 않다.

• 눈에 띄다 : 두드러지게 드러나다.

　예 경제가 눈에 띄게 성장하였다.

• 눈에 밟히다 : 잊혀지지 않고 자꾸 눈에 떠오르다.

　예 고향을 떠나 올 때 눈물을 삼키며 손을 꼭 잡아 주시던 어머니의 모습이 눈에 밟힌다.

• 눈(에) 어리다 : 어떤 모습이 잊혀지지 않고 머릿속에 뚜렷하게 떠오르다.

　예 자식들의 모습이 눈에 어리다

• 눈에 익다 : 여러 번 보아서 익숙하다.

　예 눈에 익은 얼굴

• 눈에 칼을 세우다 : 표독스럽게 눈을 번쩍이고 노려보다.

　예 눈에 칼을 세우고 노려보는 그를 보는 순간 그녀는 멈칫하였다.

• 눈에 흙이 들어가다 : 죽어 땅에 묻히다.

　예 내 눈에 흙이 들어가기 전에는 너희 결혼을 허락할 수 없다.

• 눈(이) 높다

　－ 정도 이상의 좋은 것만 찾는 버릇이 있다.

　　예 그 여자는 눈이 높아 웬만한 남자는 거들떠보지도 않는다.

　－ 안목이 높다.

　　예 부인은 눈이 높으시군요. 그럼 한번 괜찮은 것을 보여 드리지요.

• 눈(이) 맞다 : 두 사람의 마음이나 눈치가 서로 통하다.

　예 머슴하고 눈이 맞아서 달아났다던 계집이다.

• 눈(이) 삐다 : 뻔한 것을 잘못 보고 있을 때 비난조로 이르는 말이다.

　예 눈이 삐었어? 그런 남자를 남편감으로 고르게?

• 눈이 여리다 : 감정이 모질지 못하여 눈물을 잘 보이다.

　예 그녀는 눈이 여려서 조그만 일에도 운다.

〈얼굴〉

• 얼굴에 그늘이 지다 : 얼굴에 근심하는 기색이 있다.

　예 요즘 무슨 일 있나? 얼굴에 그늘이 졌네.

• 얼굴을 깎다 : 체면을 잃게 만들다.

　예 남편과 동행한 아내는 남편의 얼굴을 깎는 행동을 하지 않으려고 조심했다.

• 얼굴이 두껍다 : 부끄러움을 모르고 염치가 없다.

　예 그는 어찌나 얼굴이 두꺼운지 툭하면 찾아와 어려운 부탁을 했다.

• 얼굴이 뜨겁다 : 부끄러운 일을 당하여 남을 대할 면목이 없다.

　예 내 약점을 들추는 바람에 얼굴이 뜨거워 혼났다.

- **얼굴이 반쪽이 되다** : 병이나 고통 따위로 얼굴이 몹시 수척하여지다.

  예 그는 감기를 심하게 앓고 나더니만 얼굴이 반쪽이 되었다.
- **얼굴이 피다** : 얼굴에 살이 오르고 화색이 돌다.

  예 집안이 다시 일어서자 아내의 얼굴이 피기 시작했다.

〈머리〉

- **머리가 (잘) 돌아가다** : 임기응변으로 생각이 잘 떠오르다.

  예 김 군은 머리가 잘 돌아가는 친구야.
- **머리(가) 크다** : 성인(成人)이 되다, 머리(가) 굵다.

  예 머리가 컸다고 부모한테 말대꾸니?
- **머리(를) 맞대다** : 어떤 일을 의논하거나 결정하기 위하여 서로 마주 대하다.

  예 머리를 맞대고 대책을 강구하다.
- **머리를 짜다** : 몹시 애를 써서 궁리하다.

  예 며칠 동안 머리를 짠 끝에 묘안을 생각해 냈다.
- **머리를 쥐어짜다** : 몹시 애를 써서 궁리하다.

  예 아무리 머리를 쥐어짜도 별 뾰족한 수가 나오지 않았다.

〈이마〉

- **이마에 내 천(川) 자를 쓰다(그리다)** : 마음이 언짢거나 수심에 싸여 얼굴을 잔뜩 찌푸리다.

  예 뭐 속상하는 일이 있으면 그렇게 꽁하고 앉아 이마에 내 천 자 쓰지 말고 얘기를 해.
- **이마에 와 닿다** : 어떤 시기가 매우 가까이 와 있다.

  예 이제 시험 보는 날이 이마에 와 닿았구나.

〈눈썹〉

- **눈썹도 까딱하지 않다** : 놀라기는커녕 아주 태연하다.

  예 그는 목에 칼을 들이대도 눈썹도 까딱하지 않을 사람이다.

〈코〉

- **코가 납작해지다** : 몹시 무안을 당하거나 기가 죽어 위신이 뚝 떨어지다.

  예 그 날 싸움에서 코가 납작해진 후로, 그 소년은 학교에 가길 싫어했다.
- **코가 높다** : 잘난 체하고 뽐내는 기세가 있다.

  예 그녀는 코가 높아서 네가 상대하기 쉽지 않겠구나.
- **코(가) 빠지다** : 근심에 싸여 기가 죽고 맥이 빠지다.

  예 마을 사람들 모두 코가 빠져 아무 일도 하지 못했다.

• 코 묻은 돈이다 : 어린아이가 가진 적은 돈

　예 그는 돈이 모자라 작은아들의 코 묻은 돈까지 써야 했다.

〈입〉

• 입만 살다 : 행동은 없으면서 말만 그럴듯하게 잘 하다.

　예 저 친구도 입만 살았지, 막상 일을 하니 형편없지 뭐야?

• 입에 거미줄 치다 : 가난하여 먹지 못하고, 오랫동안 굶다.

　예 설마 산 입에 거미줄 치겠어?

• 입에 발린(붙은) 소리 : 마음에도 없는 것을 겉치레로 하는 말이다.

　예 입에 발린 소리 이제 그만 해라.

• 입에서 신물이 난다 : 매우 지긋지긋함을 비유적으로 이르는 말이다.

　예 너의 거짓말에 이제는 입에서 신물이 나.

• 입에 침이 마르다 : 다른 사람이나 물건에 대하여 거듭해서 아주 좋게 말하다.

　예 입에 침이 마르도록 자식 자랑을 늘어놓네.

• 입을 모으다 : 여러 사람이 같은 의견을 말하다.

　예 사람들은 입을 모아 그녀를 칭찬했다.

• 입이 도끼날 같다 : 바른말을 매우 날카롭게 거침없이 하다.

　예 그 사람 하는 일이 자로 잰 듯 꼼꼼한 건 좋은데 입이 도끼날 같은 건 무척 거슬리더군.

• 입이 무겁다 : 말이 적거나 아는 일을 함부로 옮기지 않다.

　예 그는 정말 입이 무거운 사람이야.

• 입이 짧다(밭다) : 음식을 심하게 가리거나 적게 먹다.

　예 내 동생은 입이 짧아 음식을 조금 먹다 그만둔다.

〈귀〉

• 귀가 솔깃하다 : 어떤 말이 그럴듯하게 여겨져 마음이 쏠리다.

　예 공짜라는 말에 귀가 솔깃했다.

• 귀(를) 기울이다 : 남의 이야기나 의견에 관심을 가지고 주의를 모으다.

　예 그는 조용히 다른 사람의 말에 귀를 기울였다.

• 귀에 못이 박히다 : 같은 말을 여러 번 듣다.

　예 그 이야기는 귀에 못이 박히도록 들었으니, 인제 그만두게.

• 귀가 뚫리다 : 말을 알아듣게 되다.

　예 미국에서 산 지 1년 만에 귀가 뚫렸다.

• 귀 베고 꼬리 베고 : 이것저것 제함을 비유적으로 이르는 말이다.

　예 그 적은 돈에서 귀 베고 꼬리 베고 나니 남는 게 없다.

〈목〉

- **목에 핏대를 세우다** : 몹시 노하거나 흥분하다.

  예 목에 핏대를 세우고 대들었다.
- **목에 힘을 주다** : 거드름을 피우거나 남을 깔보는 듯한 태도를 취하다.

  예 그 소년은 반장이 되더니 목에 힘을 주고 다녔다.
- **목을 세우다** : 몹시 노하거나 흥분하다.

  예 목을 세워 말하다.
- **목이 빠지게 기다리다** : 몹시 안타깝게 기다리다.

  예 출장 가신 아버지가 돌아오시길 목이 빠지게 기다렸다.
- **목(이) 곧다** : 남에게 호락호락 굽히지 아니하며 억지가 세다.

  예 그는 목이 곧아 누구 말도 듣지 않는다.

〈어깨〉

- **어깨가 무겁다** : 무거운 책임을 져서 마음의 부담이 크다.

  예 분에 넘치는 직책을 맡고 보니 어깨가 무겁습니다.
- **어깨가 으쓱거리다** : 뽐내고 싶은 기분이나 떳떳하고 자랑스러운 기분이 되다.

  예 시험에 합격하니 어깨가 저절로 으쓱거린다.
- **어깨가 쳐졌다** : 낙심하여 풀이 죽고 기가 꺾이다.

  예 그는 시험에 떨어진 뒤로 어깨가 축 처져 있다.
- **어깨를 겨누다** : 서로 비슷한 지위나 힘을 가지다, 어깨를 겨루다, 어깨를 나란히 하다.

  예 그는 너와 어깨를 겨눌 만한 상대다.

〈간〉

- **간(을) 녹이다**
  - 감언이설, 아양 따위로 상대방을 매혹하다.

    예 그녀의 애교스러운 눈빛이 내 간을 녹였다.
  - 몹시 애타게 하다.

    예 얘가 내 간을 녹이려고 작정을 한 모양이다.
- **간(이) 떨어지다** : 순간적으로 몹시 놀라다.

  예 에구머니, 간 떨어지겠네.
- **간(이) 붓다** : 지나치게 대담해지다.

  예 간이 부었나, 어찌 그리 무모한 짓을 해?
- **간이 서늘하다** : 위험하고 두려워 매우 놀라다.

  예 절벽 아래를 보니 간이 서늘했다.

〈뼈〉

- **뼈도 못 추리다** : 죽은 뒤에 추릴 뼈조차 없다는 뜻으로, 상대와 싸움의 적수가 될 수 없음을 과장되게 이르는 말이다.

  예 그 사람 손에 걸렸다 하면 너는 뼈도 못 추릴걸?
- **뼈를 깎다** : 매우 견디기 어려운 고통을 비유적으로 이르는 말이다.

  예 철수는 뼈를 깎는 노력을 통해 드디어 목표를 이뤘다.

〈손〉

- **손에 걸리다**
  - 어떤 사람의 손아귀에 잡혀 들다.

    예 날 배신하고 도망을 하다니, 언제라도 내 손에 걸리기만 하면 가만두지 않겠다.
  - 너무 흔하여 어디나 다 있다.

    예 돈을 흥청망청 쓰는 저 집은 돈이 손에 걸리나 보다.
  - 손에 잡히다.

    예 아이가 입원해 있는 동안에는 일이 전혀 손에 걸리지 않았다.
- **손에 땀을 쥐다** : 아슬아슬하여 마음이 조마조마하도록 몹시 애달다.

  예 아슬아슬한 곡예를 보고 있노라니 나도 모르게 손에 땀을 쥐게 되었다.
- **손(을) 거치다**
  - 어떤 사람을 경유하다.

    예 가계비는 말할 것 없고 자질구레한 푼돈마저도 할아버지의 손을 거치게끔 돼 있는 것이다.
  - 어떤 사람의 노력으로 손질되다.

    예 무너져 내릴 것 같이 허름하던 지붕이 아버지의 손을 거치자 아주 말끔해졌다.
- **손(을) 끊다** : 교제나 거래 관계를 중단하다.

  예 나쁜 친구들과 손을 끊어라.
- **손(을) 떼다** : 하고 있던 일을 그만두다.

  예 이제 그 일에서 나는 손을 뗐다.
- **손(을) 씻다** : 부정적인 일에 대한 관계를 청산하다.

  예 그는 종교에 귀의한 뒤로 범죄 조직에서 손을 씻고 착실히 살아가고 있다.
- **손(이) 뜨다** : 일하는 동작이 매우 굼뜨다.

  예 너처럼 손이 뜬 사람은 처음 봤다.
- **손이 나다** : 어떤 일에서 조금 쉬거나 다른 것을 할 틈이 생기다.

  예 철수는 나무를 해 날랐고, 지우는 그녀대로 손이 나면 들판에 나가서 쑥을 뜯었다.

- **손이 놀다** : 일거리가 없어 쉬는 상태에 있다.

  예 이 나이에 벌써 손이 놀아서 퍽 적적하다.

- **손이 닳도록**

  – 몹시 간절하게 비는 모양을 이른 말이다.

    예 형은 아버지께 잘못했다고 손이 닳도록 빌었다.

  – 몹시 고된 일에 시달리는 모양을 이르는 말이다.

    예 손이 닳도록 일을 했건만 자신과 가족의 형편은 별반 나아지는 것이 없었다.

- **손이 맞다** : 함께 일할 때 생각 · 방법 따위가 서로 잘 어울린다.

  예 그 사람하고는 손이 맞아 무슨 일이든 척척 진행된다.

<발>

- **발 벗고 나서다** : 적극적으로 나서다.

  예 그는 옳다고 생각하는 일이라면 항상 발 벗고 나서는 사람이다.

- **발 뻗고 자다** : 곤란한 일에서 벗어나 마음 놓고 편히 자다.

  예 내 할 일을 다 했으니 이제 발 뻗고 잘 수 있겠다.

- **발(을) 끊다** : 오가지 않거나 관계를 끊다, 발그림자도 끊다.

  예 그는 올해부터 술집에 발을 끊고 가정에 충실하기로 마음먹었다.

- **발(을) 빼다(씻다)** : 어떤 일에서 관계를 완전히 끊고 물러나다.

  예 노름판에서 발을 빼고 이제는 착실히 일을 하기로 했네.

- **발(을) 타다** : 강아지 따위가 걸음을 걷기 시작하다.

  예 우리 집 강아지들이 발을 타기 시작했다.

- **발(이) 넓다(너르다)** : 사귀어 아는 사람이 많아 활동하는 범위가 넓다.

  예 그 사람은 그쪽 방면으로 발이 넓어 네가 도움을 받을 수 있을 거다.

- **발이 닳다** : 매우 분주하게 많이 다니다.

  예 뺑소니차를 목격한 사람을 발이 닳도록 찾아보았으나 성과는 없었다.

- **발(이) 뜨다** : 이따금씩 다니다.

  예 예전에 그토록 우리 집에 자주 놀러 오던 그 애가 요샌 발이 떠서 얼굴 보기가 힘들다.

- **발(이) 묶이다** : 몸을 움직일 수 없거나 활동할 수 없는 형편이 되다.

  예 그는 집안일에 발이 묶여 당분간은 공부를 할 수 없게 되었다.

ⓒ '물'과 관련된 관용어

- **물 건너가다** : 일의 상황이 끝나 어떠한 조치를 할 수 없다.

  예 그 문제는 이미 물 건너간 일이다.

- **물 끓듯 하다** : 여러 사람이 몹시 술렁거리다.

  예 인기 연예인이 차에서 내리자 방송국 입구는 삽시간에 기자들과 열성 팬들로 물 끓듯 하였다.

* 물 쏟듯 총 쏘듯 : 말이 되건 안 되건 입에서 나오는 대로 마구 떠들어 대는 것을 비유적으로 이르는 말이다.

  예 형은 술이 얼큰하게 취하자 물 쏟듯 총 쏘듯 지껄이기 시작했다.

* 물 쓰듯 하다 : 물건을 헤프게 쓰거나, 돈 따위를 흥청망청 낭비하다.

  예 그는 돈을 물 쓰듯 하더니 얼마 후 빈털터리가 되었다.

* 물 얻은(만난) 고기 : 어려운 지경에서 벗어나 크게 활약할 판을 만난 처지를 이르는 말이다.

  예 아이를 놀이터 모래밭에 내려놓자 물 만난 고기처럼 마구 뛰어다녔다.

* 물에 빠진 생쥐 : 물에 흠뻑 젖어 몰골이 초췌한 모양을 비유적으로 이르는 말이다.

  예 갑작스럽게 퍼붓는 비에 나는 완전히 물에 빠진 생쥐가 될 수밖에 없었다.

* 물 위의 기름 : 서로 어울리지 못하여 겉도는 사이를 이르는 말이다.

  예 그는 회사에서도 물 위의 기름처럼 동료들과 어울리지 못했다.

* 물 찬 제비
  - 물을 차고 날아오른 제비처럼 몸매가 아주 매끈하여 보기 좋은 사람을 비유하여 이르는 말이다.

    예 신부는 얼굴이 보름달 같고 몸매는 물 찬 제비 같았다.
  - 동작이 민첩하고 깔끔하여 보기 좋은 행동을 함을 비유적으로 이르는 말이다.

    예 물 찬 제비같이 수비수를 제치고 공을 몰다.

ⓒ '불'과 관련된 관용어

* 불(을) 받다 : 남에게 큰 모욕을 당하거나 재해를 입다.

  예 그러게 남한테 불 받을 짓을 왜 하느냐?

* 불(을) 보듯 뻔하다(훤하다) : 앞으로 일어날 일이 의심할 여지가 없이 아주 명백하다.
  그렇게 공부를 안 하니 시험에 떨어질 것이 불 보듯 뻔하다.

* 불을 뿜다(토하다)
  - 총구에서 총알이 나가다.

    예 적들이 몰려오자 기다렸다는 듯이 아군 진지에서는 일제히 불을 뿜기 시작했다.
  - 열기나 기세가 세차다.

    예 소대장은 불을 뿜는 듯한 고함 소리로 돌격을 외쳤다.

* 불이 나다 : 뜻밖에 몹시 화가 나는 일을 당하여 감정이 격렬해지다.

  예 낮에 널 보고 있자면 난 가슴에 불이 난다.

ⓔ 기타 관용어

- **거덜 나다** : '거덜'은 조선시대 사복시에서 가마나 말을 관리하던 일꾼으로, '거덜 나다'는 살림이나 일의 기반이 흔들려서 곤경에 빠진 상황을 말한다.
- **걷잡을 수 없다** : 잘못 치닫거나 이미 기울어져 가는 형세를 바로잡을 길이 없다.
- **걸신(乞神)들리다** : 빌어먹는 귀신이라는 뜻으로, 음식을 지나치게 탐하는 일을 이른 말이다.
- **경을 치다** : 조선시대에 행하던 형벌의 일종[자자(刺字)형]으로, 호된 고통이나 벌을 받아야 함을 이르는 말이다.
- **그림의 떡** : 아무리 마음에 들어도 이용할 수 없거나 차지할 수 없는 경우를 이르는 말이다.
- **기(氣)가 막히다** : 신체의 기(氣)가 막혀서 잠시 움직일 수 없는 상태를 이르는 말이다(어처구니없는 일을 당함).
- **나발(을) 불다** : 나발은 놋쇠로 된 고유의 관악기로, 당치도 아니한 말을 함부로 떠들거나 허풍을 떤다는 뜻이다.
- **노래를 삼다** : 가사에 가락을 붙여 부르는 것 또는 듣기에 지겹도록 같은 내용의 말을 되풀이한다는 뜻이다.
- **뒷전(을) 보다** : 해야 할 일을 접어 두고 잇속을 찾아 슬며시 딴 짓을 함을 이르는 말이다.
- **뚱딴지같다** : 뚱딴지는 돼지감자를 뜻하며 우둔하고 완고하며 무뚝뚝한 사람을 말한다.
- **마(魔)가 들다** : 일에 헤살을 부리거나 재앙을 가져오는 것을 말한다, 무슨 까닭인지 일에 훼방을 놓거나 장애가 생긴다.
- **말짱 도루묵이다** : 임진왜란 당시, 피난길에 오른 선조임금이 처음 보는 생선을 먹게 되었다. 그 생선을 맛있게 먹은 선조가 고기의 이름을 물으니 '묵'이라 했다. 선조는 그 고기의 이름을 즉시 '은어'라고 바꾸게 했다. 왜란이 끝나고 궁에 돌아온 선조는 그 당시 먹었던 은어(강을 거슬러 올라오는 은어와는 다름)를 잡아오라고 했다. 그런데 다시 그 맛을 본 선조는 실망하여 '도로 묵이라고 불러라.'고 하여 그 물고기의 이름이 도루묵이 되었다. 즉, 일이 제대로 풀리지 않거나 애써 해왔던 일이 수포로 돌아간다는 뜻이다.
- **무슨 뾰족한 수 있나** : 아무런 신통한 수가 없다. 매우 난처하다.

- 바가지 긁다 : 〈삼국유사〉 ‘원효조’에 보면 바가지를 두드려 악기로 썼다는 기록이 있고, 또 조선 시대에 간행된 〈동국세시기〉를 보면 ‘어린이들이 파랑, 빨강, 노랑으로 물들인 호리병박을 차고 다니다가 정월 대보름 전날, 몰래 길에 버리면 액을 물리칠 수 있다.’하여 허리에 차고 다녔다는 기록이 있다. 이처럼 ‘액막이’ 기능이 있는 바가지를 전염병이 돌 때 긁으면 그 시끄러운 소리에 귀신이 물러간다고 생각했는데 아내들이 늘어놓는 잔소리 역시 바가지를 긁는 것처럼 시끄럽다고 하여 아내의 잔소리를 뜻하는 말로 쓰이게 되었다.

- 박차(拍車)를 가하다 : ‘박차’는 말을 빨리 달리게 하기 위하여 승마용 구두의 뒤축에 댄 쇠로 만든 톱니바퀴 모양의 물건을 뜻한다. 일이 더 빨리 진행되도록 힘을 더하다 또는 재촉한다는 뜻이다.

- 배수진(背水陣)을 치다 : 원래 ‘배수진’이란, 강이나 바다를 등지고 치는 진을 말하는 군사 용어이다. 이 군사 용어가 널리 쓰이면서 전시가 아닌 상황에서도 어떤 일을 성취하기 위하여 더 이상 물러설 수 없는 상황에 있을 때 ‘배수진을 친다.’라는 말을 쓰게 되었다.

- 밸을 부리다 : 밸은 배알의 준말로 배알은 ‘창자’를 속되게 이르는 말로, ‘배짱을 부리다, 성미를 부리다’라는 뜻이다.

- 벽창호 : 평북 벽동, 창성지방에서 나는 우직한 소인 벽창우(碧昌牛)에서 온 말이다. 고집 세고 무뚝뚝한 사람을 일컫는다.

실력쑥!기출유형문제

다음 중 단어의 쓰임이 바르지 못한 것은?

① 그자는 조선에 가서 은연중에 그들의 <u>경각심</u>을 일으키려 애쓰다 온 자다.

② 그 집 막내는 <u>고명딸</u>로 태어나 오빠들 틈에서 귀염을 독차지하며 자랐다.

③ 위선도 아니고 착각도 아니고 <u>사행심</u>도 아닌 명철한 이성으로써 죽음을 각오하는 모험이 있을 수 있을까.

④ 그 출병이 일본에 대한 개인적인 적개심 때문이었는지, 국제 정세에 편승한 <u>노파심</u> 때문이었는지 또는 진실로 황제의 오랜 원한을 설욕해 주기 위해서였는지는 지금도 명확하지 않다.

⑤ 그는 내 것 내가 갖는데 누가 뭐랄 것인가 하는 <u>벽창호</u> 같은 고집으로 일관했다.

Advice ④ ‘공을 세워 자기의 이름을 널리 드러내려는 마음’을 의미하는 공명심이 적당하다.

※ 노파심 : 필요 이상으로 남의 일을 걱정하고 염려하는 마음

답 ④

PLUS
㉠ 경각심 : 정신을 차리고 주의 깊게 살피어 경계하는 마음
㉡ 고명딸 : 아들 많은 집의 외딸
㉢ 사행심 : 요행을 바라는 마음
㉣ 벽창호 : 고집이 세며 완고하고 우둔하여 말이 도무지 통하지 아니하는 무뚝뚝한 사람

- **북망산(北邙山)가다** : 북망산은 중국 하남성 낙양땅에 있는 산이름으로, 후한시대 이래 이 곳에는 무덤이 많았다. '죽는다'는 의미의 은유적 표현이다.
- **비위맞추다** : 소화액을 분비하는 비장과 음식물을 소화시키는 위장을 합쳐서 비위라고 한다. 비장과 위장이 서로 협력하여야 소화가 잘 되듯이 어떤 일에 있어서 남의 마음에 들게 해주는 일을 뜻하는 말이다.
- **삼수갑산(三水甲山)을 가다** : 삼수는 함경남도 북서쪽에 있는 우리나라에서 가장 추운 지역으로 교통 또한 가장 불편하다. 갑산 또한 심한 오지로서 옛날부터 유배지로 유명했던 이 두 곳은 한번 가면 오기 힘든 곳으로 인식되었다. 이에 이 말은 죽음을 지칭하는 은유적 표현으로 사용된다.
- **손 없는 날** : 민간신앙의 하나로 이사를 하거나 큰 행사가 있을 때는 으레 '손 없는 날'을 골라 했다. 즉 음력으로 1이나 2가 들어가는 날은 동쪽에 손이 있고, 3·4가 들어가는 날은 서쪽에, 5·6이 들어가는 날은 남쪽에, 7·8이 들어가는 날은 북쪽에 손이 있다고 한다. 그리고 9와 10이 들어가는 날은 손이 하늘로 올라가므로 좋은 날이라고 했다. 그래서 큰 일은 모두 9, 10일에 날을 잡는 습관이 있었는데, 여기서 말하는 손은 귀신을 말한다.
- **시치미 떼다** : 몽골의 지배를 받던 고려 시대 때에는 매사냥이 성행했다. 어느 정도였는가 하면, 사냥매를 사육하는 '응방'이라는 곳이 따로 있을 정도였다. 당시 궁궐에서부터 시작된 매사냥은 귀족 사회로까지 번져 나가 많은 이들이 매사냥을 즐겼다. 이렇게 매사냥을 즐기는 사람이 늘어나다 보니 길들인 매를 잃어버리는 일이 잦아졌다. 이 때문에 서로 자기 매에 특별한 꼬리표를 달아 표시를 하였는데, 이것을 '시치미'라고 했다. 그런데 이 시치미를 떼면 누구 매인지 알 수 없게 되어 버린다는 데에서 '시치미를 떼다'라는 관용어가 유래되었다.
- **악어의 눈물(crocodile tears)** : 거짓눈물 또는 위선적인 행위를 일컫는 용어이다. 이집트 나일강(江)에 사는 악어는 사람을 보면 잡아먹고 난 뒤에 그를 위해 눈물을 흘린다는 고대 서양전설에서 유래하였다. 이처럼 먹이를 잡아먹고 거짓으로 흘리는 악어의 눈물을 거짓눈물에 빗대어 쓰기 시작하면서 위선자의 거짓눈물, 교활한 위정자(爲政者)의 거짓눈물 등을 뜻하는 말로 굳어졌다.
- **장사진(長蛇陣)을 이루다** : 예전의 병법에서 한 줄로 길게 벌인 군진(軍陣)의 하나로, 많은 사람이 줄을 지어 길게 늘어선 모양을 이르는 말이다.
- **종이호랑이** : 종이로 만든 호랑이라는 뜻으로, 겉보기에는 힘이 셀 것 같으나 사실은 아주 약한 것을 이르는 말이다.

- **주사위는 던져졌다** : 일이 되돌릴 수 없는 지경에 이르렀으니 단행하는 수밖에 없음을 이르는 말이다.
- **진(津)이 빠지다(떨어지다)** : 진은 식물의 줄기나 나무껍질에서 분비되는 끈끈한 물질(액체)을 말하며, 식물에서 진이 빠지면 말라 죽는다. 즉, 일을 하다가 지쳐 쓰러질 정도가 된 경우를 이른다.
- **찬물을 끼얹다** : 찬물은 온도가 낮은 물을 이르는 말로 모처럼 잘되어 가는 일에 공연히 헤살을 놓다.
- **콜럼버스의 달걀** : 탐험에서 돌아온 탐험가 콜럼버스가 축하 잔치에서 달걀 끝을 탁자에 쳐서 껍질을 깨고 깨진 끝이 밑으로 가게 하여 달걀을 세웠다는 데서 유래한 말로, '발상의 전환'을 뜻하는 말이다.
- **퇴짜 맞다** : 바치는 물건이나 제기하는 의견 따위가 거절을 당하다.
- **틀에 맞추다** : 틀은 물건을 만드는 데 쓰는 골이나 판을 말하는 것으로, 이 말은 융통성이나 여유가 없이 기계적 형식적으로 격식에만 맞추는 것을 말한다.
- **판도라의 상자(Pandora 箱子)** : 그리스의 신 제우스가 인간의 모든 죄악과 재앙을 넣어 판도라에게 주었다는 상자로, 판도라가 호기심으로 상자를 열자 모든 재앙이 쏟아져 나왔으나 희망만은 그 속에 남아 있었다고 한다.
- **학을 떼다** : 모기가 옮기는 여름 전염병인 말라리아를 학질이라고 부른다. 무시무시한 학질은 높은 열에 시달리는 것이 특징인데 높은 열이 나면서 땀을 많이 흘리게 된다. 괴로운 일을 겨우 모면한 경우를 이른다.
- **허울 좋다** : 허울은 겉모양이라는 뜻으로, 실속이 없이 겉으로 보기에만 번지르르함을 이르는 말이다.
- **화촉을 밝히다** : 혼례식을 올린다는 의미의 관용어이다. 화촉(華燭)은 원래 빛깔을 들인 밀초로 흔히 혼례 의식에 쓰는 초를 말한다. 혼례식은 원래 밤에 행했던 것이고, 이러한 밤에 의식을 치르다 보니 초가 필요했으며, 그 초는 의식이 의식이니만큼 보다 특별한 초인 화촉을 사용하게 된 것이다. 이렇게 혼례식에서 화촉을 자주 사용하다 보니 화촉은 의례 혼례식의 용도로 쓰이게 되었고, 이 화촉에 불을 밝힌다는 말은 자연스럽게 혼례식을 치른다는 의미를 가지게 된 것이다.

 **국어 순화와 생활 어휘**

1. 국어 순화

① 일본말

일본말	다듬은 말	일본말	다듬은 말
가부라	접단, 끝접기	가후스	커프스, 소맷부리단
곤로	화로, 풍로	곤색	감색, 검남색
곤조	근성, 본성, 성깔, 심지	구사리/쿠사리	면박, 꾸중, 핀잔
기마이/기아에	선심, 호기, 한턱 냄	기스	흠, 흠집, 상처
꼬붕	부하	나가레	깨짐, 유찰, 허사, 무효
나시	민소매	노가다	노동자, 노무자, 막노동꾼
다대기	다짐, 다진 양념	다시	(맛)국물
단도리	준비, 채비, 단속	덴센	풀린올, 올풀림
땡땡이	물방울(무늬)	뗑깡	투정, 생떼, 행패, 어거지
뗑뗑가라	물방울무늬	마호병	보온병
모나카	팥소 과자	몸뻬	왜바지, 일바지
무데뽀/무뎃뽀	무모, 막무가내	바바리	트렌치코트
빽바지	(꼭)낀 바지	사시꼬미	콘센트
선탠	살갗태우기	세타	스웨터
소데나시	민소매(옷)	소라색	하늘색
소보루빵	곰보빵	시다/시타	조수, 보조원
시아게	끝손질, 마무리	앙꼬	팥소
야지	야유	오방떡	왕풀빵
오야	두목, 우두머리, 계주	오야붕	두목, 우두머리, 책임자
유도리/유토리	늘품, 여유분, 융통	자바라	주름물통, 주름관
찌라시/지라시	선전지, 낱장 광고지, 전단	지리멸	애멸치
하리핀	핀, 바늘못	한소데	반소매

② 일본식 한자말

일본식 한자말	다듬은 말	일본식 한자말	다듬은 말
가료	치료	가봉	시침질
가족	식구	가처분	임시처분
각서	다짐장, 약속 문서	간수	교도관
견습	수습	견양	서식, 본, 본보기
견적	어림셈, 추산	견출지	찾음표
결석계	결석 신고서	계주	이어달리기
고수부지	둔치, 강턱	고지	알림, 통지
고참	선임자, 선참자	공임	품삯
구좌	계좌	기라성	빛나는 별, 뭇별
기분	기운	기중	상중(喪中)
기합	기넣기, 혼내기, 얼차려	납기	내는 날, 기한
납득	알아듣다, 이해	낭만	로망(Romance)
내역	명세	노임	품삯
담합	짬짜미	대금	값, 돈
대절	전세	대하	큰새우
대합실	기다리는 곳	도합	합계, 모두
매립	매움	매물	팔 물건, 팔 것
매상고	판매액	매점	가게
명도	내어줌, 넘겨줌, 비워줌	민초	민중
백묵	분필	부지	대지, 터
불하	팔아버림	사물함	개인 물건함
사양서	설명서, 내용서	생애	일생, 평생
선착장	나루터, 나루	세대	가구, 집
세면	세수	쇼부	흥정, 결판, 승부
수당	덤삯, 별급(別給)	수순	차례, 순서, 절차
수취인	받는 이	승강장	타는 곳
시건 장치	잠금 장치 (잠금쇠)	시말서	경위서
시합	경기, 겨루기, 내기	식상	싫증남, 물림
신병	몸체, 사람, 신분	실팔번	애창곡, 단골 장기

애매모호	모호	언도	선고
에리	옷깃	역할	할 일
오지	두메, 산골	육교	구름다리
인상	올림	입구	들머리
입장	처지, 태도, 조건	잔고	잔액, 나머지
절취선	자르는 선	조견표	보기표, 환산표
지분	몫	차출	뽑아냄
천정	천장	체념	단념, 포기
촌지	돈봉투	추월	앞지르기
축제	잔치, 모꼬지, 축전	출산	해산
하명	명령, 지시	할증료	추가금, 웃돈
회람	돌려보기	흑판	칠판

③ 일본식 외래어

일본식 외래어	다듬은 말
난닝구(running-shirts)	런닝셔츠
다스(dosen)	타(打), 묶음, 단
돈까스(豚/pork-cutlet)	포크 커틀릿, 돼지고기튀김
레미콘(ready-mixed-concret)	양회반죽(차)
레지	(다방)여종업원
리모콘(remote-controller)	원격조절기
만땅(滿-tank)	가득 채움(가득)
맘모스(mammoth)	대형, 메머드
메리야스(madias : 스페인어)	속옷
미싱(sewing machine)	재봉틀
백미러(rear-view-mirror)	뒷거울
보루(board)	포(담배 한 포)
빵꾸(punchure)	구멍, 망치다
뻥끼(pek : 네델란드어)	칠, 페인트
사라다(salad)	샐러드
스덴(stainless)	녹막이, 스테인리스
엑기스(extract)	농축액, 진액
오바(over coat)	외투
자꾸(zipper, chuck)	지퍼

조끼(jug)	저그(큰잔, 주전자, 단지)
츄리닝(training)	운동복, 연습복
함박스텍(hamburg steak)	햄버그 스테이크
후앙(fan)	환풍기

④ 외래어 · 외국어

외래어 · 외국어	다듬은 말	외래어 · 외국어	다듬은 말
게이트	의혹사건	그로테스크	기괴(奇怪), 엽기(獵奇)
그라피티	길거리그림	그룹 홈	자활꿈터
그린 프리미엄	환경덧두리	글로벌화	세계화
내비게이션	길도우미	네티즌	누리꾼
노미네이트	후보지명	노하우	일을 처리하는 지식, 요령, 기능, 비결
뉴타운	새누리촌	다운 사이징	자동차 소형화, 정부나 기업체의 기구 축소
다이(DIY)	손수짜기	다크서클	눈그늘
드레스 코드	표준옷차림	드레싱	맛깔장
디엠(DM)	우편광고(물)	디펜딩 챔피언	우승지킴이
라인을 긋다	줄을 긋다, 선을 긋다	랭크한다	자리 매김, 등급화
러브 라인	사랑구도	레퍼런스	고품질
로고송	상징노래	로드 무비	여정영화
로드킬	찻길동물사고	로밍	어울통신
리더십	통솔력, 지도력	리바이벌	소생, 부활, 재상영
리스크	위험, 손해를 볼 가능성	리플	댓글
마리나	해안유원지	마스터클래스	명인강좌
매스티지	대중명품	매치업	맞대결
머스트 해브	필수품	메세나	문예후원
메시지	전언(傳言), 통고, 성명, 교서(敎書)	메신저	쪽지창
무빙 워크	자동길	미디어	전달 매체(수단, 방법)
미션	중요임무	바우처 제도	복지상품권제도
박스 오피스	흥행수익	방카슈랑스	은행연계보험

브랜드 파워	상표경쟁력	브이오디 서비스	다시보기
블라인드	다시보기	블로그	누리사랑방
블루오션	대안시장	블루투스	쌈지무선망
비전	시력, 시각, 시야, 직관력	빅 리그	최상위연맹
빙고	맞았어	샘플러	맛보기묶음
선팅	빛가림	세트 피스	맞춤전술
소호	무점포사업	솔 메이트	교감지기
스크린 도어	안전문	스타일리스트	맵시가꿈이
스탠더드 넘버	대중명곡	스테디셀러	늘사랑상품
스트레스	압박, 억압, 긴장	스팸 메일	쓰레기편지
스포일러	영화헤살꾼	스폿 광고	반짝광고
슬로푸드	여유식	슬롯머신	성인오락기
시즌	~번째 이야기	시너지 효과	기관의 공동(협동) 작용, 약물의 상승 작용
실버시터	경로도우미	아이로니컬	풍자적, 역설적
아젠다	의제, 협의 사항, 예정표	아카이브	자료전산화
알파걸	으뜸녀	언론 플레이	여론몰이
액션	활동, 행동	엑스파일	안개문서
오마주	감동되살이	오프라인	현실공간
오픈하다	연다, 개업하다	올인	다걸기
옴부즈맨	민원도우미	와이브로	휴대누리망
워크아웃	일을 성취하다, 입안(立案)하다, 계산하다, 구조 조정	워터파크	물놀이공원
웰빙	참살이	웹서핑	누리검색
유니폼	제복, 군복, 교복, 단복	유시시(UCC)	손수제작물
이모티콘	그림말	체리 피커	금융얌체족
치어리더	흥돋움이	칙릿	꽃띠문학
카타르시스	정화(淨化)	캐리어	아이업개
캐릭터	특징물	캐치프레이즈	표어, 선전 문구
캐포츠	활동복	캠페인	운동, 계몽활동

캡처	장면갈무리	커뮤니케이션	전달, 보도, 통신, 소식, 정보 등의 전달
커플 매니저	새들이	컨트롤 타워	가온머리
컬러링	멋울림	컬트	소수취향
케이터링	맞춤밥상	코드프리	빗장풀기
콘텐츠	꾸림정보	퀄리티 스타트	선발쾌투
퀵서비스	늘찬배달	클러스터	산학협력지구
클린 센터	청백리마당	키맨	중추인물
타임 서비스	반짝할인	타임캡슐	기억상자
투잡	겹벌이	트레이드마크	으뜸상징
트리트먼트	머릿결영양제	파이팅	아자
파일럿 프로그램	맛보기프로그램	파트너십	동반관계
파파라치	몰래제보꾼	패러다임	문법의 활용례, 어형 변화표, 모범, 정형적인 예
패턴	모양, 양식, 형, 모형, 종류, 방식, 경향	팩션	각색실화
퍼블리시티권	초상사용권	펌킨족	펌누리꾼
펜트하우스	하늘채	포스트잇	붙임쪽지
퓨레/퓌레	과립즙	프레젠테이션	시청각설명(회)
프로슈머	참여형소비자	플래그십 스토어	체험판매장
플랫폼	승강장, 강단, 교단	플리 바기닝	자백감형제(도)
피싱	정보도둑	피처링	돋움연주
하드보일드	냉혹기법	하이브리드	어우름
핫팬츠	한뼘바지	핸즈프리	맨손전화기
하이브리드	어우름	하이테크	첨단기술, 전문 공업기술
헝그리 정신	맨주먹정신	호스피스	임종봉사자
홀드	중간구원	홈베이킹	손수굽기
후카시	폼재기	휘핑	거품크림

2. 생활 어휘

① 단위를 나타내는 말

㉠ 길이

뼘	엄지손가락과 다른 손가락을 완전히 펴서 벌렸을 때에 두 끝 사이의 거리
발	한 발은 두 팔을 양옆으로 펴서 벌렸을 때 한쪽 손끝에서 다른 쪽 손끝까지의 길이
길	한 길은 여덟 자 또는 열 자로 약 2.4미터 또는 3미터에 해당함. 또는 사람의 키 정도의 길이
치	길이의 단위. 한 치는 한 자의 10분의 1 또는 약 3.33cm에 해당함
자	길이의 단위. 한 자는 한 치의 열 배로 약 30.3cm에 해당함
리	거리의 단위. 1리는 약 0.393km에 해당함
마장	거리의 단위. 오 리나 십 리가 못 되는 거리를 이름

㉡ 넓이

평	땅 넓이의 단위. 한 평은 여섯 자 제곱으로 3.3058m² 에 해당함
홉지기	땅 넓이의 단위. 한 홉은 1평의 10분의 1
되지기	넓이의 단위. 한 되지기는 볍씨 한 되의 모 또는 씨앗을 심을 만한 넓이로 한 마지기의 10분의 1
마지기	논과 밭의 넓이를 나타내는 단위. 한 마지기는 볍씨 한 말의 모 또는 씨앗을 심을 만한 넓이로, 지방마다 다르나 논은 약 150~300평, 밭은 약 100평 정도임
섬지기	논과 밭의 넓이를 나타내는 단위. 한 섬지기는 볍씨 한 섬의 모 또는 씨앗을 심을 만한 넓이로, 한 마지기의 10배이며, 논은 약 2,000평, 밭은 약 1,000평 정도임
간	가옥의 넓이를 나타내는 말. '간'은 네 개의 도리로 둘러싸인 면적의 넓이로, 대략 6자×6자 정도의 넓이임

㉢ 부피

술	한 술은 숟가락 하나 만큼의 양
홉	곡식의 부피를 재기 위한 기구들이 만들어지고, 그 기구들의 이름이 그대로 부피를 재는 단위가 됨. '홉'은 그 중 가장 작은 단위(180ml)이며 곡식 외에 가루, 액체 따위의 부피를 잴 때도 쓰임(10홉 = 1되, 10되 = 1말, 10말 = 1섬)
되	곡식이나 액체 따위의 분량을 헤아리는 단위. '말'의 10분의 1, '홉'의 10배이며, 약 1.8ℓ 에 해당함
섬	곡식·가루·액체 따위의 부피를 잴 때 씀. 한 섬은 한 말의 열 배로 약 180ℓ 에 해당함

ⓔ 무게

돈	귀금속이나 한약재 따위의 무게를 잴 때 쓰는 단위. 한 돈은 한 냥의 10분의 1, 한 푼의 열 배로 3.75g에 해당함
냥	귀금속이나 한약재 따위의 무게를 잴 때 쓰는 단위. 한 냥은 귀금속의 무게를 잴 때는 한 돈의 열 배이고, 한약재의 무게를 잴 때는 한 근의 16분의 1로 37.5g에 해당함
근	고기나 한약재의 무게를 잴 때는 600g에 해당하고, 과일이나 채소 따위의 무게를 잴 때는 한 관의 10분의 1로 375g에 해당함
관	한 관은 한 근의 열 배로 3.75kg에 해당함

ⓜ 낱개

개비	가늘고 짤막하게 쪼개진 도막을 세는 단위
그루	식물, 특히 나무를 세는 단위
닢	가마니, 돗자리, 멍석 등을 세는 단위
땀	바느질할 때 바늘을 한 번 뜬, 그 눈
마리	짐승이나 물고기, 벌레 따위를 세는 단위
모	두부나 묵 따위를 세는 단위
올(오리)	실이나 줄 따위의 가닥을 세는 단위
자루	필기 도구나 연장, 무기 따위를 세는 단위
채	집이나 큰 가구, 기물, 가마, 상여, 이불 등을 세는 단위
코	그물이나 뜨개질한 물건에서 지어진 하나하나의 매듭
타래	사리어 뭉쳐 놓은 실이나 노끈 따위의 뭉치를 세는 단위
톨	밤이나 곡식의 낟알을 세는 단위
통	배추나 박 따위를 세는 단위
포기	뿌리를 단위로 하는 초목을 세는 단위

ⓗ 수량

갓	굴비, 고사리 따위를 묶어 세는 단위. 고사리 따위 10 모숨을 한 줄로 엮은 것 예 굴비 한 갓 = 10마리
꾸러미	달걀 10개
동	붓 10자루

두름	조기 따위의 물고기를 짚으로 한 줄에 10마리씩 두 줄로 엮은 것을 세는 단위. 고사리 따위의 산나물을 10 모숨 정도로 엮은 것을 세는 단위 예 조기 한 두름 = 20마리
벌	옷이나 그릇 따위가 짝을 이루거나 여러 가지가 모여서 갖추어진 한 덩이를 세는 단위 예 수저 한 벌
손	한 손에 잡을 만한 분량을 세는 단위. 조기, 고등어, 배추 따위 한 손은 큰 것과 작은 것을 합한 것을 이르고, 미나리나 파 따위 한 손은 한 줌 분량을 말함 예 고등어 한 손 = 2마리
쌈	바늘 24개를 한 묶음으로 하여 세는 단위
접	채소나 과일 따위를 묶어 세는 단위. 한 접은 채소나 과일 100개 예 배추 한 접 = 100통, 마늘 한 접 = 100통, 생강 · 오이 한 접 = 100개, 곶감 한 접 = 100개
제(劑)	탕약 20첩. 또는 그만한 분량으로 지은 환약
죽	옷이나 그릇 따위의 열 벌을 묶어 세는 단위 예 버선 한 죽 = 10켤레
축	오징어를 묶어 세는 단위 예 오징어 한 축 = 20마리
켤레	신, 양말, 버선, 방망이 따위의 짝이 되는 2개를 한 벌로 세는 단위
쾌	북어 20마리
톳	김을 묶어 세는 단위 예 김 한 톳 = 100장

밑줄 친 단어의 쓰임이 바르지 못한 것은?

① 아버지는 고등어 한 <u>손</u>을 사 들고 집에 오셨다.

② 영수는 한동안 철수의 뒷모습을 바라보다가 마른 가자미 한 <u>두름</u>을 들어 보며 아주머니에게 얼마냐고 물었다.

③ 요즘 오징어 한 <u>축</u>에 얼마나 하나요?

④ 상점에 가서 김 세 <u>톳</u>을 사 오너라.

⑤ 영희야 가서 바늘 한 <u>되</u>만 사오너라.

Advice 되 : 부피의 단위. 곡식, 가루, 액체 따위의 부피를 잴 때 쓴다. 한 되는 한 말의 10분의 1, 한 홉의 열 배로 약 1.8리터에 해당한다.

　※ 쌈

　　㉠ 바늘을 묶어 세는 단위. 한 쌈은 바늘 스물네 개

　　㉡ 옷감, 피혁 따위를 알맞은 분량으로 싸 놓은 덩이를 세는 단위

　　㉢ 금의 무게를 나타내는 단위. 한 쌈은 금 백 냥쭝

답 ⑤

㉠ 손 : 한 손에 잡을 만한 분량을 세는 단위. 조기, 고등어, 배추 따위 한 손은 큰 것과 작은 것을 합한 것을 이르고, 미나리나 파 따위 한 손은 한 줌 분량을 이른다.
㉡ 두름 : 조기 따위의 물고기를 짚으로 한 줄에 열 마리씩 두 줄로 엮은 것을 세는 단위 또는 고사리 따위의 산나물을 열 모숨 정도로 엮은 것을 세는 단위
㉢ 축 : 오징어를 묶어 세는 단위. 한 축은 오징어 스무 마리
㉣ 톳 : 김을 묶어 세는 단위. 한 톳은 김 100장

② 어림수를 나타내는 수사, 수관형사

한두	하나나 둘쯤 예 어려움이 한두 가지가 아니다.
두세	둘이나 셋 예 두세 마리
두셋	둘 또는 셋 예 사람 두셋
두서너	둘, 혹은 서너 예 과일 두서너 개
두서넛	둘 혹은 서넛 예 과일을 두서넛 먹었다.
두어서너	두서너
서너	셋이나 넷쯤 예 쌀 서너 되
서넛	셋이나 넷 예 사람 서넛
서너너덧	서넛이나 너덧. 셋이나 넷 또는 넷이나 다섯 예 서너너덧 명
너덧	넷 가량 예 너덧 개
네댓	넷이나 다섯 가량
네다섯	넷이나 다섯
대엿	대여섯. 다섯이나 여섯 가량
예닐곱	여섯이나 일곱 예 예닐곱 사람이 왔다.
일여덟	일고여덟 예 과일 일여덟 개

③ 나이에 관한 말

나이	어휘	나이	어휘
10대	沖年(충년)	15세	志學(지학)
20세	弱冠(약관)	30세	而立(이립)
40세	不惑(불혹)	50세	知天命(지천명)
60세	耳順(이순)	61세	還甲(환갑), 華甲(화갑), 回甲(회갑)
62세	進甲(진갑)	70세	古稀(고희)
77세	喜壽(희수)	80세	傘壽(산수)
88세	米壽(미수)	90세	卒壽(졸수)
99세	白壽(백수)	100세	期願之壽(기원지수)

④ 가족의 호칭

구분	본인		타인	
	생존시	사후	생존시	사후
父(아버지)	家親(가친) 嚴親(엄친) 父主(부주)	先親(선친) 先考(선고) 先父君(선부군)	春府丈(춘부장) 椿丈(춘장) 椿當(춘당)	先大人(선대인) 先考丈(선고장) 先人(선인)
母(어머니)	慈親(자친) 母生(모생) 家慈(가자)	先妣(선비) 先慈(선자)	慈堂(자당) 大夫人(대부인) 萱堂(훤당) 母堂(모당) 北堂(북당)	先大夫人(선대부인) 先大夫(선대부)
子(아들)	家兒(가아) 豚兒(돈아) 家豚(가돈) 迷豚(미돈)		令郎(영랑) 令息(영식) 令胤(영윤)	
女(딸)	女兒(여아) 女息(여식) 息鄙(식비)		令愛(영애) 令嬌(영교) 令孃(영양)	

출제예상문제

1. 단어의 형성과 의미

>> 단어와 형태소

1 형태소에 대한 다음 설명 중 옳지 않은 것은?

① 띄어쓰기 단위와 일치한다.
② 뜻을 가진 가장 작은 말의 단위이다.
③ 조사는 형식 형태소이면서 의존 형태소이다.
④ 기능에 따라 실질 형태소와 형식 형태소로 나뉜다.
⑤ 홀로 설 수 있는 형태소는 낱말(단어)이 될 자격이 있다.

advice 형태소 : 뜻을 가진 가장 말의 단위로 최소(最小)의 유의적(有意的) 단위이다.
① 띄어쓰기 단위와 일치하는 것은 어절이다.

2 다음 문장을 형태소로 바르게 나눈 것은?

> 가을 하늘은 높고 푸르다.

① 가을/하늘은/높고/푸르다.
② 가을/하늘/은/높고/푸르다.
③ 가을/하늘/은/높/고/푸르다.
④ 가을/하늘/은/높/고/푸르/다.
⑤ 가을/하늘/은/높/고/푸/르/다.

advice 용언의 어간, 어미는 각각 하나의 형태소 자격을 가지므로, '높고'와 '푸르다'는 각각 '높/고', '푸르/다'로 나누어야 한다.
① 단어(낱말)로 나눈 것이다.

Answer 1.① 2.④

3 '꽃이 예쁘게 피었다.'라는 문장에 대한 설명으로 알맞지 않은 것은?

① 단어의 수는 4개이다.
② 8개의 음절로 되어 있다.
③ 실질 형태소는 4개이다.
④ 3개의 어절로 되어 있다.
⑤ 모두 7개의 형태소로 되어 있다.

> **advice**
> ① 꽃/이/예쁘게/피었다(단어 4개)
> ② 꼬/치/예/쁘/게/피/어/따(음절 8개)
> ③ '꽃', '예쁘-', '피-'(실질 형태소 3개)
> ④ 꽃이/예쁘게/피었다(어절 3개)
> ⑤ 꽃/이/예쁘/게/피/었/다(형태소 7개)

4 다음 중 의존 형태소로만 이루어진 단어는?

① 감나무
② 사냥꾼
③ 멋쟁이
④ 내달리다
⑤ 달맞이꽃

> **advice**
> ①②③⑤ '감, 나무, 사냥, 멋, 달, 꽃'은 홀로 쓰일 수 있는 자립 형태소이다.
> ④ '내달리다'는 의존 형태소인 '내-, 달리-, -다'로 이루어진 단어이다.

5 다음 중 하나의 형태소로 이루어진 단어는?

① 맑다
② 물안개
③ 읽었다
④ 시나브로
⑤ 이야기책

> **advice**
> ① 맑/다
> ② 물/안개
> ③ 읽/었/다
> ④ '시나브로'는 단일어로 하나의 형태소로 이루어진 단어이다.
> ⑤ 이야기/책

Answer 3.③ 4.④ 5.④

6 다음 문장은 몇 개의 단어로 이루어져 있는가?

> 동해물과 백두산이 마르고 닳도록

① 4개　　　　　　　　　② 5개
③ 6개　　　　　　　　　④ 7개
⑤ 8개

advice 단어 : 자립하여 쓰일 수 있는 말의 단위이다.
동해물/과/백두산/이/마르고/닳도록

>> 단어의 형성

1 다음 중 하나의 요소로만 이루어져 더 이상 나눌 수 없는 단어는?
① 메아리　　　　　　　　② 감나무
③ 물안개　　　　　　　　④ 이야기책
⑤ 덧저고리

advice 단어는 구성 방식에 따라 단일어와 복합어로 나눌 수 있다. 단일어는 하나의 실질 형태소로 이루어진 말이고 복합어는 둘 이상의 형태소로 이루어진 말이다.
① '메아리'는 하나의 실질 형태소로 이루어진 말로 단일어이다.
② 감 + 나무
③ 물 + 안개
④ 이야기 + 책
⑤ 덧 + 저고리

2 다음 단어 중 만들어진 방식이 이질적인 것은?
① 덧버선　　　　　　　　② 햇보리
③ 멋쟁이　　　　　　　　④ 사냥꾼
⑤ 방울뱀

advice 파생어와 합성어
㉠ 파생어 : 어근 + 접사
㉡ 합성어 : 어근 + 어근
① 덧(접사) + 버선(어근) → 파생어
② 햇(접사) + 보리(어근) → 파생어
③ 멋(어근) + 쟁이(접사) → 파생어
④ 사냥(어근) + 꾼(접사) → 파생어
⑤ 방울(어근) + 뱀(어근) → 합성어

Answer 6.③ / 1.① 2.⑤

3 다음 중 단어의 형성법이 다른 하나는?

① 손수건   ② 보름달
③ 팔다리   ④ 가죽신
⑤ 아랫마을

> **advice** ③은 병렬 합성어(어근이 대등하게 본래의 뜻을 유지하는 합성어)이다.
> ①②④⑤는 유속 합성어(한쪽의 어근이 다른 한쪽의 어근을 수식하는 합성어)이다.

4 다음 중 단어의 형성법이 다른 하나는?

① 밤낮   ② 물병
③ 햇보리   ④ 늦더위
⑤ 큰아버지

> **advice** ①②④⑤ 합성어
> ③ 햇(접사)＋보리(어근) : 파생어

5 다음 중 파생어가 아닌 것은?

① 깊이   ② 풋김치
③ 방울뱀   ④ 잠꾸러기
⑤ 노래하다

> **advice** 파생어 : 어근에 접사가 결합되어 만들어진 말이다.
> ① 깊(어근) + 이(접사) : 파생어
> ② 풋(접사) + 김치(어근) : 파생어
> ③ 방울(어근) + 뱀(어근) : 합성어
> ④ 잠(어근) + 꾸러기(접사) : 파생어
> ⑤ 노래(어근) + 하(접사) + 다 : 파생어

Answer 3.③ 4.③ 5.③

6 다음 중 파생어끼리 짝지어진 것은?

① 주검 – 검붉다   ② 덧버선 – 모가지

③ 밥물 – 선생님   ④ 시나브로 – 풋과일

⑤ 밤나무 – 애오라지

> **advice** ① 주검 : 파생어
> 검붉다 : 합성어
> ② 덧버선 : 덧(접사) + 버선(어근)
> 모가지 : 목(어근) + 아지(접사)
> ③ 밥물 : 합성어
> 선생님 : 파생어
> ④ 시나브로 : 단일어
> 풋과일 : 파생어
> ⑤ 밤나무 : 합성어
> 애오라지 : 단일어(애오라지 : '겨우'를 강조하여 이르는 말)

7 다음 중 합성어가 되면서 원래의 모습이 바뀌어 결합한 것이 아닌 것은?

① 마소   ② 부삽

③ 맏딸   ④ 섣달

⑤ 소나무

> **advice** ① 말 + 소 ② 불 + 삽 ③ 맏 + 딸 ④ 설 + 달 ⑤ 솔 + 나무

>> 단어의 의미

1 다음 두 단어 간의 관계가 다른 것과 이질적인 것은?

① 안면 : 낯   ② 문학 : 시

③ 타액 : 침   ④ 금성 : 샛별

⑤ 내의 : 속옷

> **advice** ② '시'는 '문학'의 한 종류이므로 하의 관계이다.
> ①③④⑤는 한자어 : 고유어의 관계이다.
> ※ 하의 관계 : 의미 관계로 보아 어떤 단어가 다른 단어에 포함되는 경우

Answer 6.② 7.③ / 1.②

2 다음 두 단어 간의 관계가 다른 것과 이질적인 것은?

① 소설 – 시
② 국가 – 한국
③ 꽃 – 개나리
④ 예술 – 음악
⑤ 연예인 – 가수

advice ① '소설 – 시'는 동위 개념이다.
②③④⑤ '상의어 – 하의어'의 관계이다.
※ 상의어와 하의어
㉠ 상의어 : 다른 단어의 의미를 포함하는 단어
㉡ 하의어 : 다른 단어의 의미에 포함되는 단어

3 다음 단어의 관계와 같은 것은?

남자 : 여자

① 삶 : 죽음
② 과거 : 현재
③ 비극 : 희극
④ 과거 : 미래
⑤ 찬성 : 반대

advice '남자 : 여자'처럼 '삶 : 죽음'도 중간항이 허용되지 않는 모순 관계에 있다.
※ 반대 관계와 모순 관계
㉠ 반대 관계 : 중간항이 허용된다.
예 크다 : 작다 → '크지도 작지도 않다'는 진술이 가능하다.
㉡ 모순 관계 : 중간항이 허용되지 않는다.
예 남자 : 여자 → '남자도 여자도 아니다'는 진술은 모순이다.

4 다음 중 의미 영역이 종적인 관계인 것은?

① 속옷 : 내의
② 얼굴 : 낯
③ 샛별 : 금성
④ 문학 : 시
⑤ 엄마 : 어머니

advice ④ 하의 관계
※ 의미의 관계
㉠ 횡적 관계 : 동의 관계, 이의 관계, 유의 관계, 반의 관계
㉡ 종적 관계 : 하의 관계

Answer 2.① 3.① 4.④

5 다음 밑줄 친 단어와 같은 의미로 사용된 것은?

> 그는 몸에 <u>이상</u>을 느끼고 병원을 찾았다

① <u>이상</u>으로 중계방송을 마치겠습니다.
② 젊은이여, 가슴에 높은 <u>이상</u>을 품어라.
③ 기계에 <u>이상</u>이 생겨서 작업을 중단해야 했다.
④ 요즈음에는 자녀가 넷 <u>이상</u> 있는 가정이 드물다.
⑤ "근무 중 <u>이상</u> 무!"라고 외치는 군인들의 모습이 늠름하다.

> **advice** 지시문과 ③의 '이상(異常)'은 '정상적인 상태와 다름'을 뜻한다.
> ① 이상(以上) : 순서나 위치가 일정한 기준보다 앞이나 위
> ② 이상(理想) : 실현하고자 하는 목표
> ④ 이상(以上) : 어떤 것을 포함하여 그것보다 많거나 높음
> ⑤ 이상(異狀) : 평소와는 다른 상태

6 다음의 밑줄 친 '이상'이 '실현하고자 하는 목표'라는 뜻으로 쓰인 것은?

① <u>이상</u>한 행동을 하지 마라.
② 우리는 <u>이상</u>을 추구해야 한다.
③ 운동을 갑자기 하면 몸에 <u>이상</u>이 생긴다.
④ 요즘에는 자녀가 넷 <u>이상</u> 있는 가정이 드물다.
⑤ 젊은이는 높은 <u>이상</u>과 뜨거운 열정을 지녀야 한다.

> **advice** ① 이상(異常) : 별나거나 색다름
> ② 이상(理想) : 생각할 수 있는 범위 안에서 가장 완전하다고 여겨지는 상태
> ③ 이상(異狀) : 평소와는 다른 상태
> ④ 이상(以上) : 어떤 것을 포함하여 그것보다 많거나 높음
> ⑤ 이상(理想) : 그렇게 되었으며 하고 마음에 그리며 추구하는 최상의 목표
> ②보다는 ⑤가 '실현하고자 하는 목표'라는 뜻에 더 가깝다.

Answer 5.③ 6.⑤

7 다음 밑줄 친 낱말과 같은 의미로 사용된 것은?

> 요즘 대중 가요의 <u>가사</u>는 청소년의 취향에 맞추는 경향이 있다.

① <u>가사</u>를 걸친 스님을 보았다.
② 그 가수는 <u>가사</u>를 직접 쓰기도 한다.
③ 너무 큰 충격으로 <u>가사</u> 상태에 빠졌다.
④ 어머니께서는 <u>가사</u>에 바쁘셔서 참석 못했다.
⑤ 조선 시대의 <u>가사</u>는 4 · 4조의 율격을 지닌 운문이다.

> **advice** ① 가사(袈裟) : 장삼 위에 걸치는 스님의 옷
> ② 가사(歌詞) : 노랫말
> ③ 가사(假死) : 죽은 것처럼 보이는 현상
> ④ 가사(家事) : 집안일
> ⑤ 가사(歌辭) : 조선 시대 운문의 종류

8 다음 중 밑줄 친 두 낱말의 관계가 다른 것은?

① 집에 일찍 <u>들어</u>오너라.
　빨간 물이 아주 곱게 <u>들었다</u>.
② <u>풀</u>을 쑤어 도배를 했다.
　아이들이 모두 힘을 모다 <u>풀</u>을 뽑았다.
③ <u>김</u>을 매는 일은 매우 힘든 일이다.
　숨을 쉴 때마다 뿌연 <u>김</u>이 서렸나.
④ 그녀의 맑은 <u>눈</u>에 눈물이 어렸다.
　올 겨울에는 정말 <u>눈</u>이 많이도 내렸다.
⑤ 여름에는 <u>발</u>을 치고 문을 열어 놓는다.
　요즘 학생들은 <u>발</u>이 참 크다.

> **advice** ① 각각 '안으로 향해서 오거나 가다.', '빛깔이 옮거나 배다.'의 의미로 사용된 다의어이다.
> ②③④⑤ 동음이의어이다.

9 ㉠~㉢에 들어갈 단어를 바르게 짝지은 것은?

> • 그 얘기를 듣고 호기심이 (㉠).
> • 그의 초라한 모습이 내 호기심에 불을 (㉡).
> • 한나절 내내 걷기만 한 탓으로 종아리가 (㉢).

	㉠	㉡	㉢			㉠	㉡	㉢
①	당긴다	댕긴다	땅긴다		②	당긴다	땅긴다	댕긴다
③	땅긴다	댕긴다	당긴다		④	댕긴다	당긴다	땅긴다
⑤	땅긴다	당긴다	댕긴다					

advice ㉠ 당기다 : 좋아하는 마음이 일어나 저절로 끌리다. 입맛이 돋우어지다.
예 마음이 당기다. 식욕이 당기다.
㉡ 댕기다 : 불이 옮아 붙거나 또는 그렇게 하다.
예 불이 댕기다. 불을 댕기다.
㉢ 땅기다 : 몹시 단단하고 팽팽하게 되다.
예 얼굴이 땅기다. 상처가 땅기다. 수술한 자리가 땅기다.

10 다음 세 문장의 ( ) 안에 어디에도 들어갈 수 없는 것은?

> • ( )이 나빠 안경을 쓴다.
> • 그는 물건을 고르는 ( )이 뛰어나다.
> • 보석 따위는 ( )에도 없다.

① 눈 　　　　　　　　② 시력
③ 안목 　　　　　　　④ 안광
⑤ 안중

advice ④ 안광(眼光) : '눈의 정기'를 이르는 말이다.

11 다음 밑줄 친 단어와 문맥상 의미가 유사하게 사용된 것은?

> 과음으로 쓰린 속을 다스리는 데는 꿀물이 최고지.

① 속만 파먹지 말고 껍질도 같이 먹어.
② 전혀 말을 안 하니 그 속을 누가 알겠어.
③ 어제는 속이 더부룩하여 점심을 못 먹었다.
④ 그 사건은 온 국민을 충격 속으로 몰아넣었다.
⑤ 그 사람은 속이 너무 좋아 가만있는 거지, 너 같으면 못 참았어.

advice 속 : 사람의 몸에서 배의 안 또는 위장
① 거죽이나 껍질로 싸인 물체의 안쪽 부분
② 품고 있는 마음이나 생각
④ 어떤 현상이나 상황, 일의 안이나 가운데
⑤ 사람이나 사물을 대하는 자세나 태도

12 다음 밑줄 친 단어와 문맥상 의미가 유사하게 사용된 것은?

> 올해는 김장을 하는 데 손이 많이 모자란다.

① 모내기철에는 손이 귀한 법이다.
② 할아버지가 손자의 손에 용돈을 쥐어 주었다.
③ 외출했다가 돌아오면 반드시 손을 깨끗이 씻어라.
④ 나는 부모님이 돌아가셔서 할머니의 손에서 자랐다.
⑤ 범인은 경찰의 손이 미치지 않는 곳으로 멀리 도망갔다.

advice 하나의 낱말은 두 가지 이상의 서로 관련 있는 의미로 쓰일 수 있는데, 문제에서의 '손'은 '일손, 노동력' 등의 의미로 쓰였다.
① 일할 수 있는 사람
②③ 사람의 팔목 끝에 달린 부분
④ 어떤 일을 하는 데 드는 사람의 힘이나 노력
⑤ 어떤 사람의 영향력이나 권한이 미치는 범위

13 다음 밑줄 친 단어의 문맥상 의미와 유사한 의미로 사용된 것은?

> 그는 행동이 가볍고 민첩한 데다가 <u>머리</u>까지 뛰어났다.

① 그동안 안 보는 사이 <u>머리</u>가 많이 자랐다.
② 내 동생은 <u>머리</u>가 커서 멀리에서도 잘 보인다.
③ 그녀는 <u>머리</u>를 숙여 공손하게 선생님께 인사를 했다.
④ 그가 우리의 <u>머리</u>가 되기까지는 많은 우여곡절이 있었다.
⑤ 멍청한 녀석이 남다른 <u>머리</u>가 있어서 그나마 성공할 수 있었다.

> **advice** 지시문의 '머리'는 '생각하고 판단하는 능력'이란 뜻으로 쓰였다.
> ① 머리털
> ②③ 사람이나 동물의 목 위의 부분
> ④ 단체의 우두머리

14 다음 밑줄 친 단어의 문맥적 의미가 가장 이질적인 것은?

① 큰 방을 나의 서재로 <u>썼다</u>.
② 그 축구 선수는 왼발을 특히 잘 <u>쓴다</u>.
③ 그렇게 급하면 내 휴대 전화라도 <u>써라</u>.
④ 우리 동네 사람들은 사투리를 유난히 많이 <u>쓴다</u>.
⑤ 소설가인 강씨는 몇 해 전에 세 편의 소설을 <u>써서</u> 발표했다.

> **advice** ⑤는 '글을 짓다'의 의미로, 나머지는 '사용하다'의 의미로 쓰였다.

15 다음 밑줄 친 단어와 문맥상 의미가 가장 유사한 것은?

> 그는 다른 무엇보다도 명예를 최고라고 <u>치고</u> 사는 사람이다.

① 너까지 <u>치면</u> 전부 다섯 명이다.　　② 이 사과까지 전부 <u>쳐서</u> 얼마입니까?
③ 내가 잘못했다고 <u>치고</u> 그만 화해하자.　　④ 그 정도면 값을 잘 <u>쳐서</u> 판 것이지요.
⑤ 작은아버지는 촌수로 <u>치면</u> 나와 삼촌 간이다.

> **advice** 치다 : 어떠한 상태라고 인정하거나 사실인 듯 받아들이다.
> ①② 계산에 넣다
> ④ 셈을 맞추다
> ⑤ 어떤 것을 기준으로 삼다

Answer 13.⑤　14.⑤　15.③

16 다음 밑줄 친 단어의 문맥상 의미와 가장 유사한 것은?

> 어떤 집단이나 시대가 일반적인 동향, 분위기 등을 갖고 있어도 이들에 대한 설명은 결국 개인의 행동과 의식을 <u>살펴야</u> 가능하다는 것이다.

① 분석(分析)해야　　　　　　　　　② 성찰(省察)해야
③ 반추(反芻)해야　　　　　　　　　④ 감시(監視)해야
⑤ 구명(究明)해야

advice　살펴야 가능하다 → 탐구하여 밝힘으로써 가능하다
① 분석(分析) : 개별적인 요소나 성질로 나눔
② 성찰(省察) : 반성하고 살핌
③ 반추(反芻) : 어떤 일을 되풀이하여 음미하거나 생각함
④ 감시(監視) : 단속하기 위하여 주의 깊게 살핌
⑤ 구명(究明) : 사물의 본질, 원인 따위를 깊이 연구하여 밝힘

17 다음에서 '치다'의 의미가 '때리다'의 뜻으로 쓰인 것은?

> 이리 치고 저리 ㉠<u>치고</u> / 한강 그물 고기 잡아다 먹어 ㉡<u>치고</u> / 양반은 상놈 ㉢<u>치고</u> 상놈은 기집 치고 / 기집은 개 불러 똥 ㉣<u>치고</u> / 개는 꼬리 ㉤<u>치고</u>

① ㉠　　　　　　　　　　　　　　　② ㉡
③ ㉢　　　　　　　　　　　　　　　④ ㉣
⑤ ㉤

advice　㉠ 그물을 치다.
㉡ '치우다'가 바른 표현이고, 보조 용언으로 사용되었다.
㉢ 때리다.
㉣ 청소하거나 정리하다.
㉤ 날개나 꼬리 따위를 세차게 흔들다.

Answer 16.⑤ 17.③

18 다음 밑줄 친 말이 중심 의미로 사용된 것은?

① 책의 한 <u>귀</u>가 물에 젖었다.
② 철수 씨가 제일 <u>눈</u>에 든다.
③ 눈 깜짝한 새 주먹이 <u>날아</u> 들었다.
④ 편안하게 한잠을 <u>자고</u> 일어났다.
⑤ 이 음식은 <u>손</u>이 많이 간다.

advice 중심 의미는 단어가 가진 여러 의미 중 가장 기본적이고 핵심적인 의미이다.
① 귀 : 모난 물건의 모서리(주변 의미로 사용)
② 눈 : 관심과 사랑의 대상(주변 의미로 사용)
③ 날아 : 빨리 움직임(주변 의미로 사용)
⑤ 손 : 일할 수 있는 사람, 품(주변 의미로 사용)

19 다음 밑줄 친 '쓰다'의 의미가 다른 하나는?

① 아랫방을 서재로 <u>썼다</u>.
② 바쁘면 우리 집 전화라도 <u>써라</u>.
③ 그 축구 선수는 주로 왼발을 <u>쓴다</u>.
④ 우리 지역 사람들은 사투리를 많이 <u>쓴다</u>.
⑤ 소설가 이씨는 몇 년 전에 여섯 편의 소설을 <u>썼다</u>.

advice ①②③④는 '사용하다', ⑤는 '글을 짓다'의 뜻으로 쓰였다.

Answer 18.④ 19.⑤

20 다음의 밑줄 친 '머리'와 같은 의미로 쓰인 것은?

> <u>머리</u>만 가지고는 성숙한 인격자가 될 수 없으며, 행동으로 실천하는 생활태도가 있어야 한다.

① <u>첫머리</u>부터 잘 해야 한다.
② 영수는 <u>머리</u>를 흔들었다.
③ 결론을 문장의 <u>머리</u>에 놓았다.
④ 어려운 일은 <u>머리</u>를 잘 써야 해결된다.
⑤ 내 동생은 <u>머리</u>가 커서 멀리서도 잘 보인다.

> **advice** 제시된 글의 '머리'는 '생각하고 판단하는 능력'이란 의미로 사용되었다.
> ① 어떤 일의 시작
> ②⑤ 사람의 목 위 부분
> ③ 어떤 사물의 맨 처음, 맨 앞 부분
> ④ 사물을 슬기롭게 판단하는 능력, 두뇌

21 '재다'를 활용한 밑줄 친 표현 중 옳지 않은 것은?

① 쇠고기를 양념에 <u>재어</u> 놓았다.
② 일을 너무 <u>재다가는</u> 아무것도 못한다.
③ 갖가지 요리로 <u>재어</u> 나온 진수성찬을 먹었다.
④ 저렇게나 입을 <u>재게</u> 놀려 대니 무슨 말을 믿고 할 수가 있겠느냐.
⑤ 공부 잘하는 그 아이는 늘 자기가 최고인 양 친구들에게 <u>재고</u> 다닌다.

> **advice** ① 고기 따위의 음식을 양념하여 그릇에 차곡차곡 담아 두다.
> ② 여러모로 따져 보고 헤아리다.
> ④ 참을성이 모자라 입놀림이 가볍다.
> ⑤ 잘난 척하며 으스대거나 뽐내다.

2. 고유어

1 다음 뜻풀이를 참고할 때 (   )에 가장 알맞은 단어는?

> **[뜻풀이]** 물건이 거듭 쌓이거나 일이 계속 일어남을 나타내는 말
> **[예 문]** 준상이는 새해 들어 좋은 일이 (   ) 일어났는데, 대학에도 합격하고 새 차를 샀다.

① 곰비임비　　　　　　　　② 어빡자빡
③ 어슷비슷　　　　　　　　④ 콩켸팥켸
⑤ 애면글면

advice ① 곰비임비 : 일이나 물건이 거듭 모이는 모양. 이모로 저모로
② 어빡자빡 : 여럿이 서로 고르지 아니하게 포개져 있거나 자빠져 있는 모양
③ 어슷비슷 : 큰 차이가 없이 서로 비슷비슷한 모양
④ 콩켸팥켸 : 사물이 뒤섞여서 뒤죽박죽된 것을 이르는 말
⑤ 애면글면 : 몹시 힘에 겨운 일을 이루려고 갖은 애를 쓰는 모양

2 다음의 뜻풀이를 참고할 때 (   )에 들어갈 적절한 단어는?

> **[뜻풀이]** 갈피를 잡을 수 없도록 마구 지껄이는 모양
> **[예 문]** 이런 험한 세상에 전쟁터에 붙들려 간 아들이 돌아온다고 하니 괜히 기분 좋은 말만 골라한
> 　　　　　다고 (   )해 대던 것이었다.

① 시나브로　　　　　　　　② 보암보암
③ 콩팔칠팔　　　　　　　　④ 애오라지
⑤ 우두망찰

advice ① 시나브로 : 모르는 사이에 조금씩 조금씩
② 보암보암 : 이모저모 살펴보아 짐작할 수 있는 겉모양
④ 애오라지 : 겨우, 오로지
⑤ 우두망찰 : 정신이 얼떨떨하여 어찌할 바를 모르는 모양

Answer 1.① 2.③

3 다음 단어와 그 뜻풀이가 바르게 짝지어지지 않은 것은?

① 모짝모짝 – 한쪽에서부터 차례대로 모조리 뽑아버리는 모양

② 자박자박 – 가볍게 발소리를 내면서 자꾸 가만가만 걷는 소리

③ 서푼서푼 – 사람이나 빛 따위가 먼 곳에서 아렴풋이 자꾸 움직이는 모양

④ 가들막가들막 – 신이 나서 버릇없이 경솔하고 교만하게 행동하는 모양

⑤ 바람만바람만 – 바라보일 만한 정도로 뒤에서 멀찍이 떨어져 따라가는 모양

> **advice** ③ 서푼서푼 → 소리가 나지 아니할 정도로 가볍게 내걷는 모양
> ※ 감실감실 : 사람이나 물체, 빛 따위가 먼 곳에서 아렴풋이 자꾸 움직이는 모양

4 다음 단어의 뜻풀이가 바르지 않은 것은?

① 어험스럽다 : 짐짓 위엄이 있어 보이다.

② 더넘스럽다 : 다루기에 버거운 데가 있다.

③ 야지랑스럽다 : 얄밉도록 능청맞고 천연스럽다.

④ 뒤스럭스럽다 : 말과 행동이 수선스럽고 부산한 데가 있다.

⑤ 을씨년스럽다 : 얼굴 생김이 살이 적고 갸름하며 몸매가 날씬하다.

> **advice** ⑤ 을씨년스럽다 : 보기에 날씨나 분위기 따위가 몹시 스산하고 쓸쓸한 데가 있다.

5 다음 단어와 그 뜻풀이가 바르게 짝지어지지 않은 것은?

① 미주알 – 목의 앞쪽

② 살쩍 – 뺨 위 귀 앞에 난 털

③ 시울 – 눈이나 입 등의 가장자리

④ 허구리 – 허리의 좌우 쪽 갈비 아래의 잘쑥한 부분

⑤ 거스러미 – 손톱 뒤의 살 껍질 등이 가시처럼 얇게 터져 일어나는 부분

> **advice** ① 미주알 : 항문을 이루는 창자의 끝 부분
> ※ 멱은 목의 앞쪽을 의미하며, 아주 사소한 일까지 속속들이 하는 것을 미주알 고주알이라고 한다.

Answer 3.③ 4.⑤ 5.①

6 다음 밑줄 친 단어의 뜻풀이가 바르지 않은 것은?

① 저 사람은 자기 형에 비하면 체구부터가 크다 만 <u>무녀리</u> 꼴이다. → 언행이 좀 모자란 사람
② 장마 통에 집을 잃고 <u>깜냥</u>엔 비를 피해 오길 잘했다고 안심하는 성싶었다. → 스스로 일을 헤아림
③ 이제 곧 떠나야 할 나그네만이 저무는 <u>해거름</u>을 아쉬워하는 건 아니다. → 해가 질 때까지의 동안
④ 이렇게 투망으로 싸 놓은 고기라면 <u>벼리</u> 당기는 일만 남았는걸. → 그물의 위쪽 코를 꿰어 놓은 줄
⑤ 아마도 벌레집은 시멘트 <u>틈서리</u> 속 썩은 나무 기둥 속에 있을 것이다. → 틈이 난 부분의 가장자리

> **advice** ① 무녀리 : 한 태에 낳은 여러 마리 새끼 가운데 가장 먼저 나온 새끼, 말이나 행동이 좀 모자란 듯이 보이는 사람을 비유적으로 이르는 말
> ③ 해거름 : 해가 서쪽으로 기울어질 무렵
> ④ 벼리 : 그물의 위쪽 코를 꿰어 오므렸다 폈다 하는 줄, 일이나 글의 가장 중심 되는 줄거리
> ※ 해동갑 : 해가 질 때까지의 동안. 어떤 일을 해 질 무렵까지 계속함

7 다음 낱말의 뜻풀이가 바르지 않은 것은?

① 흥전만전 : 재물이 넉넉하여 아낌없이 쓰는 모양
② 지지재재 : 이러니저러니 하고 자꾸 지껄이는 모양
③ 애면글면 : 좋아하는 마음을 감추고 애태우는 모양
④ 콩팔칠팔 : 갈피를 잡을 수 없도록 마구 지껄이는 모양
⑤ 발맘발맘 : 한 발씩 또는 한 걸음씩 길이나 거리를 재는 모양

> **advice** ③ 애면글면은 '약한 힘으로 무엇을 이루느라고 온갖 힘을 다하는 모양'을 이르는 말이다.

8 다음 말의 풀이가 바르지 않은 것은?

① 갈음 : 둘로 나누다.
② 가멸다 : 재산이 많다.
③ 구쁘다 : 먹고 싶은 생각이 나다.
④ 갈무리 : 물건을 잘 정리하여 간수하다.
⑤ 가납사니 : 말다툼을 잘 하는 사람

> **advice** 갈음 : 같은 것으로 바꾸어 대신함을 이르는 말이다.

Answer 6.③ 7.③ 8.①

9 다음 중 우리말의 뜻을 잘못 풀이한 것은?

① 사위다 : 불이 다 피어 재가 되다.

② 푼푼하다 : 여유가 없고 빈약하다.

③ 애동대동하다 : 매우 앳되고 젊다.

④ 자발없다 : 방정맞아 참을성이 없다.

⑤ 곰살갑다 : 성질이 속으로 온화하고 다정하다.

advice ② 푼푼하다는 '여유가 있을 정도로 넉넉함'을 이르는 말이다.

10 다음 중 순 우리말 설명이 맞게 된 것은?

① 헤살 : 한 해가 조금 넘는 동안

② 해포 : 짓궂게 훼방함. 또는 그러한 짓

③ 해거름 : 해가 서쪽으로 기울어질 무렵

④ 해동갑 : 바탕이 단단하지 못하여 헤지기 쉬움

⑤ 헤식다 : 해가 질 때까지의 동안. 어떤 일을 해 질 무렵까지 계속함

advice ① 짓궂게 훼방함 또는 그러한 짓
② 한 해가 조금 넘는 동안
④ 해가 질 때까지의 동안, 어떤 일을 해 질 무렵까지 계속함
⑤ 바탕이 단단하지 못하여 헤지기 쉬움

11 다음 낱말의 풀이가 바르지 않은 것은?

① 자배기 : 둥글넓적하고 아가리가 쩍 벌어진 질그릇

② 껄떡이 : 우렁찬 목소리로 시원스럽게 잘 웃는 사람

③ 가즈럽다 : 아무것도 없으면서 다 갖춘 듯이 뻐기는 태도가 있다.

④ 파임내다 : 일치된 의논에 대해 나중에 딴 소리를 하여 그르치게 하다.

⑤ 허발 : 몹시 굶주려 있거나 궁하여 체면 없이 함부로 덤비거나 먹는 일

advice ② 껄떡이 : 음식이나 재물을 보고 욕심을 내는 사람

12 다음 중 순 우리말의 뜻을 바르게 말한 것은?

① 뒤넘스럽다 : 겉모양이 듬직하고 위엄이 있다.

② 어험스럽다 : 마음이 좁고 지나치게 인색하다.

③ 꼼바르다 : 부질없이 짧은 거리를 오락가락 거닐다.

④ 사박스럽다 : 어리석은 것이 주제넘게 행동하여 건방진 데가 있다.

⑤ 새살스럽다 : 성질이 차분하지 못하고 가벼워 실없이 수선 부리기를 좋아하다.

> **advice** ① 어리석은 것이 주제넘게 행동하여 건방진 데가 있다.
> ② 짐짓 위엄이 있어 보이는 듯하다.
> ③ 마음이 좁고 지나치게 인색하다.
> ④ 성질이 보기에 독살스럽고 야멸친 데가 있다.

13 다음 고유어 중 '재산이 많다.', '살림이 넉넉하다.'를 뜻하는 낱말은?

① 고샅   ② 무녀리

③ 가멸다   ④ 시나브로

⑤ 반지빠르다

> **advice** ① 마을의 좁은 골목길, 좁은 골짜기의 사이를 이르는 말이다.
> ② 한 태의 새끼 중 맨 먼저 나온 새끼로 언행이 좀 모자라는 사람을 비유하는 말이다.
> ③ 재산이 많음을 이르는 말이다.
> ④ '모르는 사이에 조금씩 조금씩, 다른 일을 하는 사이사이에'를 이르는 말이다.
> ⑤ 교만스러워 얄미움을 이르는 말이다.

14 다음 중 '길섶'이란 우리말의 뜻으로 알맞은 것은?

① 길 입구   ② 길 한가운데

③ 길 가장자리   ④ 앞쪽에 난 길

⑤ 두 갈래로 나누어지는 길

> **advice** 길섶 : '길의 가장자리, 길가를 이르는 말이다.

Answer 12.⑤ 13.③ 14.③

15 다음에서 '에누리'의 뜻을 잘못 풀이한 것은?

① 물건 값을 깎는 일
② 남을 낮추어 보는 일
③ 용서하거나 사정을 보아주는 일
④ 실제보다 더 보태거나 깎아서 말하는 일
⑤ 물건 값을 받을 값보다 더 많이 부르는 일

> **advice** '에누리'의 뜻
> ㉠ 물건 값을 깎는 일
> ㉡ 용서하거나 사정을 보아주는 일
>> 예 일 년 열두 달도 다 사람이 만든 거고 노래도 다 사람이 만든 건데 에누리 없이 사는 사람 있던가?
> ㉢ 실제보다 더 보태거나 깎아서 말하는 일
> ㉣ 물건 값을 받을 값보다 더 많이 부르는 일

16 다음 글의 밑줄 친 '벼리'와 그 뜻이 가장 가까운 말은?

> 효도와 우애는 선비의 <u>벼리</u>요, 선비는 사람의 <u>벼리</u>요, 선비의 우아한 행실은 모든 행동의 <u>벼리</u>이다.

① 요체(要諦)
② 표준(標準)
③ 결정(決定)
④ 의무(義務)
⑤ 토대(土臺)

> **advice** '벼리'는 일이나 글의 가장 중심되는 줄거리를 말한다.
> ① 중요한 점, 중요한 깨달음
> ② 사물의 정도나 성격 따위를 알기 위한 근거나 기준
> ③ 행동이나 태도를 분명하게 정함
> ④ 사람으로시 마땅히 하여야 할 일
> ⑤ 온갖 사물이나 사업의 밑바탕이 되는 기초와 밑천

17 바람에 대한 다음 단어 중 연결이 바르지 않은 것은?

① 동풍 – 샛바람
② 서풍 – 갈바람
③ 남풍 – 하늬바람
④ 북풍 – 된바람
⑤ 삭풍 – 겨울철의 찬 바람

> **advice** ③ 남풍은 '마파람', '앞바람'이라고 한다. '하늬바람'은 서풍을 이르는 말이다.

Answer 15.② 16.① 17.③

18 다음의 뜻을 가진 말로 알맞은 것은?

> 이른 봄에 살 속으로 스며드는 듯한 차고 매서운 바람

① 남실바람   ② 고추바람

③ 서릿바람   ④ 간들바람

⑤ 소소리바람

advice ① 남실바람 : 풍력 계급 2의 바람으로 초속 1.6 ~ 3.3미터로 부는 바람을 이르는 말이다.
② 고추바람 : 살을 에는 듯 매섭게 부는 차가운 바람을 비유적으로 이르는 말이다.
③ 서릿바람 : 서리가 내린 아침에 부는 쌀쌀한 바람을 이르는 말이다.
④ 간들바람 : 부드럽게 살랑살랑 부는 바람을 이르는 말이다.

19 다음 설명과 관계있는 것은?

> 안개보다는 조금 굵고 이슬비보다는 가는 비

① 는개   ② 보슬비

③ 이슬비   ④ 가랑비

⑤ 장대비

advice ① 안개보다는 조금 굵고 이슬비보다는 가는 비
② 바람이 없는 날 가늘고 성기게 조용히 내리는 비
③ 아주 가늘게 내리는 비. 는개보다 굵고 가랑비보다는 가는 비
④ 가늘게 내리는 비. 이슬비보다는 좀 굵음
⑤ 장대처럼 굵고 거세게 좍좍 내리는 비

Answer 18.⑤ 19.①

20 다음 밑줄 친 단어의 뜻풀이가 잘못된 것은?

① 그렇게 일이 복잡하게 얽히고설키니 <u>가리사니</u>를 잡을 수가 없다. → 두 물건의 끝이 한데 닿은 자리

② 그가 시비를 걸어서 그날 노름판이 <u>묵주머니</u>가 되었다는 충돌 사건이 들려왔다. → 뭉개고 짓이기거나 하여 못 쓰게 된 물건을 비유적으로 이르는 말

③ 그래도 할 수 있는 노력이라면 뒷갈망이야 어찌하든 양수기부터 세내어 져다 놓고 물이 <u>된비알</u>을 기어오르도록 힘껏 해 볼 셈이었다. → 몹시 험한 비탈

④ 새로 글을 깨친 아이들이 어느 틈에 분필과 연필로 예배당 안팎에다 <u>괴발개발</u> 글씨를 쓰고 지저분하게 환도 친다. → 글씨를 되는 대로 마구 갈겨 써 놓은 모양을 이르는 말

⑤ 청석골서 서울로 보내는 봉물짐이 어제 저녁 때 넘어갔다고 <u>생게망게</u>한 소리를 하여 황천왕동이가 근일에는 청석골서 봉물짐을 보낸 일이 없다고 말하였다. → 갑자기 벌어진 뜻밖의 일이 엉뚱하고 터무니없는 모양

advice ① 가리사니 : 사물을 판단할 만한 지각, 사물을 분간할 수 있는 실마리를 이르는 말
※ 어름 : 두 물건의 끝이 한데 닿은 자리

21 다음 밑줄 친 단어의 뜻풀이가 잘못된 것은?

① <u>듬마</u>에 손님들이 한꺼번에 몰려왔다. → 가게 문을 열 무렵
② 잘 속았소, 잘 속았어. 남을 속이더니 <u>잘코사니</u>이오. → 고소하게 여겨지는 일
③ 손바닥에 닿는 촉감이 <u>이물스러웠다.</u> → 성질이 음험하여 속을 헤아리기에 어려움이 있다.
④ 경사스러운 일이 <u>곰비임비</u> 일어난다. → 물건이 거듭 쌓이거나 일이 계속 일어남을 나타내는 말
⑤ 그가 시비를 걸어서 그날 노름판이 묵주머니가 되었다는 충돌 사건이 들려왔다. → 뭉개고 짓이기거나 하여 못 쓰게 된 물건을 비유적으로 이르는 말

advice ① 듬마 : 가게 문을 닫을 무렵

22 다음 밑줄 친 말의 뜻풀이가 잘못된 것은?

① <u>영금</u>을 당해야 알지. → 따끔하게 겪는 곤욕
② 솔깃한 이야기에 <u>발바투</u> 덤비었다. → 아무 조건 없이
③ <u>해포</u>가 지나도록 아무 소식이 없다. → 한 해가 조금 넘는 동안
④ 시끌벅적한 시장이 조금 <u>고자누룩해졌다.</u> → 한참 떠들다가 조용해졌다.
⑤ 열두 시가 가까운데 <u>마수걸이</u>도 못했다. → 맨 처음으로 물건을 파는 일

advice ② 발바투 : 때를 놓치지 않고 재빠르게

23 다음 밑줄 친 단어의 풀이가 잘못된 것은?

① 그런 빨로는 아무 소용없다. → 사물이 되어 가는 형편과 모양

② 안달이 나서 야단이었다. → 조급히 걱정하면서 속을 태우는 짓

③ 겨우 건건이 하나 차려 놓고 밥을 먹고 있다. → 마른 반찬 한 가지

④ 그만그만한 나이의 애들이 모여 있었다. → 여럿이 다 그저 어슷비슷한

⑤ 곤란한 경우에는 모르쇠가 제일 좋은 방책이다. → 아는 것이나 모르는 것이나 모두 모른다고만 하는 주의

> **advice** ③ 건건이 : 간단한 반찬

24 다음 밑줄 친 말의 풀이가 잘못된 것은?

① 외상값 대신에 쌀 엇셈을 했다. → 마주 에끼는(상쇄하는) 셈

② 비온 뒤 마당의 꽃들이 함초롬히 이슬을 머금고 있다. → 가지런하고 곱게

③ 왜 하는 일마다 나에게 따따부따하는 거야. → 딱딱한 말로 시비하는 모양

④ 늦은 밤에 배가 썰썰하여 잠이 오질 않았다. → 속이 더부룩하고 소화가 잘 되지 않아서

⑤ 그가 전혀 없는 사실을 생게망게 끄집어냈다. → 갑자기 벌어진 말이나 행동이 터무니없는 모양

> **advice** ④ 썰썰하다 : 속이 빈 것처럼 출출한 느낌이 있다.

25 다음 중 밑줄 친 말의 쓰임이 바르지 않은 것은?

① 겨울이 가고 시나브로 봄이 왔다.

② 무녀리라 그런지 옹골차고 튼튼하다.

③ 네 깜냥으로 그걸 어찌 하겠다는 거야?

④ 모름지기 자투리 시간을 잘 활용해야 한다.

⑤ 어른이 제 일 갈무리도 못해서야 어쩔 것인가?

> **advice** ① 시나브로 : '알지 못하는 사이에 조금씩'을 이르는 말이다.
> ② 무녀리 : '한 태의 새끼 중 맨 먼저 나온 새끼'로 '언행이 좀 모자란 사람'을 비유해서 쓰는 말이다.
> ③ 깜냥 : 일을 헤아려 해낼 만한 능력을 이르는 말이다.
> ④ 자투리 : 팔거나 쓰다가 남은 피륙의 조각을 이르는 말이다.
> ⑤ 갈무리 : 잘 챙기어 간수함을 이르는 말이다.

Answer 23.③ 24.④ 25.②

26 다음 문장의 (　　)에 알맞은 말은?

> 조국의 승전의 쾌보를 받지 못했던들 금당 벽화는 (　　) 승 담징의 관념의 표백에 그쳤을지도 모른다.

① 한날　　　　　　　　　　　　② 한낱
③ 한낫　　　　　　　　　　　　④ 한낯
⑤ 한낮

advice 한낱 : '오직 단 하나 뿐의, 하잘 것 없는'을 이르는 말이다.

27 다음 글의 (　　)에 들어갈 알맞은 말은?

> 다시 한번 이 행사를 위해 힘써 주신 여러분께 감사드리며, 이것으로 인사말을 (　　)하겠습니다.

① 가름　　　　　　　　　　　　② 갈음
③ 가늠　　　　　　　　　　　　④ 갸름
⑤ 겨룸

advice ① 따로따로 갈라놓는 일
② 본디 것 대신에 다른 것으로 가는 일
③ 목표나 기준에 맞고 안 맞음을 헤아리는 일
④ 보기 좋을 정도로 조금 가늘고 긴 듯함
⑤ 겨루는 일

28 다음 문장의 밑줄 친 낱말의 뜻을 바르게 설명한 것은?

> 그는 매우 <u>반지빠르다</u>.

① 몸매가 날씬하다.　　　　　　　② 허술한 데가 없다.
③ 성질이 부드럽고 친절하다.　　　④ 꾀가 많고 임기응변에 강하다.
⑤ 교만스러운 데가 있어 얄밉다.

advice 반지빠르다 : '교만스러워 얄밉다, 어중간하여 쓰기에 알맞지 않다.'를 이르는 말이다.

Answer 26.② 27.② 28.⑤

29 다음 문장의 밑줄 친 낱말의 뜻으로 알맞은 것은?

> 일이 복잡하게 얽히고설키어 <u>가리사니</u>를 잡을 수 없다.

① 두 물건의 끝이 한데 닿은 자리
② 사물을 분간하여 판단할 수 있는 실마리
③ 일정한 수효나 값의 한도 안에 듦
④ 생각을 잘못하여 제게 불리하게 계산하는 셈
⑤ 태도가 똑똑하지 못하여 종잡을 수가 없음

> **advice** 가리사니 : 사물을 판단할 만한 지각, 사물을 분간할 수 있는 실마리를 이르는 말이다.
> ① '어름'에 대한 설명이다.
> ③ '안틀다'에 대한 설명이다.
> ④ '옥셈'에 대한 설명이다.
> ⑤ '종착없다'에 대한 설명이다.

30 다음 문장의 밑줄 친 순 우리말의 뜻으로 알맞은 것은?

> 아이가 별안간 까닭 모를 병으로 버럭버럭 앓는 것을 보니 그야말로 삼신할머니의 <u>버력</u>이 아이에게도 내린 것인지?

① 몸이나 마음이 괴로울 때 걸핏하면 짜증을 내는 짓
② 하늘이나 신령이 사람의 죄악을 징계하려고 내린다는 벌
③ 광석이나 석탄을 캘 때 나오는 광물 성분이 섞이지 않은 잡돌
④ 아랫사람의 잘못을 꾸짖는 말. 또는 까닭 없이 남을 탓하고 원망함
⑤ 물속 밑바닥에 기초를 만들거나 수중 구조물의 밑 부분을 보호하기 위하여 물속에 집어넣는 허드레 돌

> **advice** 위의 문장에서 '버력'은 '하늘이나 신령이 사람의 죄악을 징계하려고 내린다는 벌'이란 뜻으로 쓰였다.
> ① '찜부럭'에 해당하는 뜻이다.
> ④ '지청구'에 해당하는 뜻이다.
> ※ '버력'의 뜻
>   ㉠ 물속 밑바닥에 기초를 만들거나 수중 구조물의 밑 부분을 보호하기 위하여 물속에 집어넣는 허드레 돌
>   ㉡ 광석이나 석탄을 캘 때 나오는 광물 성분이 섞이지 않은 잡돌
>   ㉢ 하늘이나 신령이 사람의 죄악을 징계하려고 내린다는 벌

Answer 29.② 30.②

31 다음 밑줄 친 낱말 중 문맥에 어울리지 않는 것은?

① 감기 기운도 나을 만하다가는 도지고 나을 만하다가는 도지고 하여 <u>시들부들</u> 쇠하여 버렸다.
〈염상섭의 '삼대'〉

② 좋은 청춘 <u>아등바등</u> 다 보냈지요, 신분에는 전과자라는 붉은 도장 찍혔지요, 몸에는 몹쓸 병까지 들었지요.
〈채만식의 '치숙'〉

③ 새로 글을 깨친 아이들이 어느 틈에 분필과 연필로 예배당 안팎에다 <u>괴발개발</u> 글씨를 쓰고 지저분하게 환도 친다.
〈심훈의 '상록수'〉

④ 철한이는 혼자서 픽 웃으며 머리를 절절 흔들어 공상을 흩어버리고는, 베어둔 볏단을 <u>주섬주섬</u> 안아서 지게에 얹었다.
〈김정한의 '사하촌'〉

⑤ 그러나 아무리 장날이라고 해도, 매안의 이씨 문중 사람들은 모습을 비치지 않았다. 장 길에 익숙한 머슴이나 <u>재바른</u> 하인을 시켜 심부름을 보내기 때문이었다.
〈최명희의 '혼불'〉

advice
① 시들부들 : 약간 시들어서 부드러워진 모양을 이르는 말이다.
② 아등바등 → 어영부영
아등바등은 무엇을 이루려고 애를 쓰거나 우겨대는 모양을 이르는 말이다.
③ 괴발개발 : 글씨를 되는 대로 마구 갈겨 써 놓은 모양을 이르는 말이다.
④ 주섬주섬 : 여기 저기 흩어져 널려 있는 물건들을 주워 거두는 모양을 이르는 말이다.
⑤ 재바르다 : 동작 따위가 재고 빠름을 이르는 말이다.

32 다음 중 밑줄 친 말이 문맥상 어울리지 않는 것은?

① 양지바른 <u>자드락</u>에 밭을 일구었다.
② 앞으로도 <u>길래</u> 마음이 평온을 얻기 어렵다는 것일까.
③ 그 애는 어른이 뭐라 해도 워낙 <u>안차서</u> 기도 안 죽는다.
④ 퇴근까지 삼십 분 정도 남았지만 일을 새로 시작하기엔 <u>어지빠르다</u>.
⑤ 그동안 내가 받아 온 멸시와 모욕에 대한 <u>안갚음</u>으로 단단히 혼쭐을 내 줘야지.

advice
① 자드락 : 나지막한 산기슭의 비탈진 땅을 이르는 말이다.
② 길래 : '오래도록 길게'를 이르는 말이다.
③ 안차다 : 겁이 없고 야무짐을 이르는 말이다.
④ 어지빠르다 : 정도가 넘고 처져서 어느 한쪽에도 맞지 아니함을 이르는 말이다.
⑤ 안갚음 → 앙갚음, '안갚음'은 '자식이 커서 부모를 봉양하는 일'을 이르는 말이다.

Answer 31.② 32.⑤

33 다음에서 설명하는 뜻을 나타내는 말은?

> 말이나 행동이 곱고 우아하다. 또는 얌전하고 점잖다.

① 반지랍다   ② 섬서하다
③ 음전하다   ④ 바장이다
⑤ 어험스럽다

advice ① 기름기나 물기 따위가 묻어서 윤이 나고 매끄럽다.
② 지내는 사이가 서먹서먹하다.
④ 부질없이 짧은 거리를 오락가락 거닐다.
⑤ 짐짓 위엄이 있어 보이는 듯하다.

34 다음 글의 밑줄 친 말의 뜻을 바르게 말한 것은?

> 하다못해 재덕이 겸전한 '<u>되모시</u>'를 내자로 들여앉히신다 하여도 태생이 무라지 백정의 소생인 저와 같은 대물림 씨종과는 하늘과 땅 사이 아닙니까?

① 남편과 사별하고 혼자 사는 과부   ② 하녀 가운데 총명하고 영리한 여자 아이
③ 행실이 얌전한 양반집 처녀 아이   ④ 혼기를 놓쳐 나이가 지긋한 처녀 아이
⑤ 이혼하고 처녀 행세를 하는 여자

advice '되모시'는 이혼하고 다시 처녀 행세를 하는 여자를 이르는 말이다.

35 다음 글의 밑줄 친 말의 뜻으로 옳은 것은?

> 계봉이는 그 이상 깊이 들어가서 완전히 설명할 자신이 없어 이내 <u>동곳을 빼고</u> 만다.

① 실제로 상투에 있는 동곳을 뽑다.   ② 어떤 일에 나약하고 소극적이다.
③ 힘이 모자라서 굴복하거나 복종하다.   ④ 남에게 잘 보이기 위해서 아첨하다.
⑤ 다른 이유를 들어 위기를 모면하다.

advice '동곳(을) 빼다'는 (비유적으로) '힘이 모자라서 복종하다.'라는 뜻을 지닌 관용어이다.
예 말솜씨로도 이론으로도 당할 길이 없어 그는 동곳을 빼고 말았다.

Answer   33.③   34.⑤   35.③

3. 한자어와 한자성어

>> 한자어

1 밑줄 친 부분과 바꾸어 쓸 수 있는 말은?

> 첫여름은 무엇보다 볕이 아름답다. 이웃집 뜰에 핀 장미가 곱고, 길 가다 문득 마주치곤 하는 담 너머 늘어진 들장미들이 <u>소담하고 아름답다</u>. 볕의 계절이라 할 수 있겠고, 장미의 계절이라고 할 수 있겠다.

① 풍족(豊足)하다　　　　　　② 소만(疏慢)하다

③ 소박(素朴)하다　　　　　　④ 요염(妖艶)하다

⑤ 화사(華奢)하다

> **advice** 소담하다 : 생김새가 탐스럽다.
> ② 소만하다 : 일에 게으르고 둔하다.
> ③ 소박하다 : 꾸밈이나 거짓이 없고 수수하다.
> ④ 요염하다 : 사람을 호릴 만큼 매우 아리땁다.
> ⑤ 화사하다 : 화려하게 곱다.

2 다음 한자어를 적절하게 우리말로 풀어쓸 때 바르지 않은 것은?

① 裸垈地(나대지) – 헐벗은 땅

② 催告(최고) – 재촉하는 뜻을 알림

③ 懈怠(해태) – 책임, 의무 따위를 게을리 함

④ 改悛(개전) – 뉘우치고 마음을 바르게 고쳐먹음

⑤ 徵收(징수) – 나라, 지주 등이 돈, 곡식, 물품 따위를 거두어들임

> **advice** ① 裸垈地(나대지) : 지상에 건축물 등이 없는 땅을 이르는 말이다.

3 다음 낱말을 한자로 바꾼 것 중 옳지 않은 것은?

① 탈바꿈 – 脫却   ② 우러러보다 – 推仰
③ 잘못 사용하다 – 惡用   ④ 감싸 보호하다 – 庇護
⑤ 인정없고 쌀쌀하다 – 迫切

> **advice** ① '탈바꿈'은 '變態(변태)'로 바꿀 수 있으며, '脫却(탈각)'은 잘못된 생각이나 나쁜 상황에서 벗어난다는 뜻이다.
> ② 推仰(추앙)   ③ 惡用(오용)   ④ 庇護(비호)   ⑤ 迫切(박절)

4 다음 밑줄 친 한자어의 사용이 바르지 않은 것은?

① 그는 증세가 많이 <u>개선(改善)</u>되어 퇴원하였다.
② 조만간 국제 학술 회의를 <u>개최(開催)</u>할 예정이다.
③ 흉악범이지만 죄인에게 <u>개전(改悛)</u>의 기회를 주었다.
④ 초판본을 <u>개정(改訂)</u>하고 보완하여 새로 책을 펴냈다.
⑤ 열악한 환경에서도 수확량을 높이는 농사 방법의 <u>개량(改良)</u>에 힘쓰고 있다.

> **advice** ① 개선(改善) → 호전(好轉)
> ③ 개전(改悛) : 행실이나 태도의 잘못을 뉘우치고 마음을 바르게 고쳐먹음
> ④ 개정(改訂) : 글자나 글의 틀린 곳을 고쳐 바로잡음
> ⑤ 개량(改良) : 나쁜 점을 보완하여 더 좋게 고침
> ※ 개선과 호전의 의미
> 　㉠ 개선 : 좋게 고침
> 　㉡ 호전 : 병의 증세가 나아짐

5 다음 밑줄 친 한자어의 사용이 잘못된 것은?

① 과장님 본론으로 들어가기 전에 <u>사설(辭說)</u>이 너무 길다.
② 나는 진심으로 <u>사양(辭讓)</u>했지만 그는 용서해 주지 않았다.
③ 이번 광고는 제 이미지와 맞지 않아 <u>사절(謝絕)</u>하겠습니다.
④ 한편에서는 복권이 <u>사행심(射倖心)</u>만을 조장한다고 비판한다.
⑤ 이벤트에 당첨되신 분은 신분증 <u>사본(寫本)</u>을 지참하시기 바랍니다.

> **advice** ① 사설(辭說) : 늘어놓는 말이나 이야기. 잔소리나 푸념을 길게 늘어놓음
> ② 사양(辭讓) → 사과(謝過)
> ③ 사절(謝絕) : 제의나 사례를 받아들이지 않고 물리침
> ④ 사행심(射倖心) : 요행을 노리는 마음
> ⑤ 사본(寫本) : 원본을 사진으로 찍거나 복사하여 만든 책이나 서류
> ※ 사과와 사양
> 　㉠ 사과 : 자기의 잘못을 인정하고 용서를 빎
> 　㉡ 사양 : 겸손하여 받지 않거나 응하지 않음

Answer 3.① 4.① 5.②

6 다음 밑줄 친 한자어의 사용이 바르지 않은 것은?

① 그는 불법 체류자 신분이라 <u>구제(救濟)</u>받을 수 없었다.

② 이번 밸런타인데이에는 <u>수제(手製)</u> 초콜릿을 준비했다.

③ 부장님의 <u>결제(決濟)</u>가 없으면 이 사업 계획은 시행할 수 없다.

④ 사건 현장은 외부인의 출입이 엄중하게 <u>통제(統制)</u>되고 있었다.

⑤ 집에서 불법으로 <u>복제(複製)</u>하여 돌고 있는 소프트웨어가 큰 문젯거리이다.

advice ① 구제(救濟) : 어려운 처지에 있는 사람을 건져 도와줌
③ 결제(決濟) → 결재(決裁)
※ 결재와 결제
　㉠ 결재 : 결정할 권한이 있는 상관이 부하가 제출한 안건을 검토하여 허가하거나 승인함
　㉡ 결제 : 증권 또는 대금을 주고받아 매매 당사자 사이의 거래 관계를 끝맺는 일
　　예 물품 대금은 나중에 예치금에서 자동으로 결제된다.

7 다음 문장의 밑줄 친 한자가 바르게 쓰이지 않은 것은?

① 그의 <u>재질(材質)</u>은 타고난 것이어서 모든 이들이 부러워했다.

② 그녀는 무엇보다도 그의 <u>다정다감(多情多感)</u>한 성격이 맘에 들었다.

③ 평소에 강직한 <u>성품(性品)</u>을 드러낸 그는 그 때에도 예외는 아니었다.

④ 사람을 대할 때에는 목소리는 조용하게, 얼굴빛은 <u>온화(溫和)</u>하게 가져야 한다.

⑤ 실패를 거듭한 그의 얼굴에서 지난날의 <u>패기(覇氣)</u>는 더 이상 찾아볼 수 없었다.

advice ① 재질(材質) → 재질(才質), 재주와 기질을 아울러 이르는 말이다.

8 다음 (　) 안에 들어갈 적절한 단어는?

> 지서의 여러 명 순경 중 자기가 그 사건을 (　　)하게 된 것도 그리 달가운 일은 아니었다.

① 전념(專念)　　　　　　　　② 전제(專制)

③ 전공(專攻)　　　　　　　　④ 전용(專用)

⑤ 전담(專擔)

advice ② 전제(專制) : 다른 사람의 의사는 존중하지 않고 제 생각대로만 일을 결정함
③ 전공(專攻) : 어느 일정한 분야에 대하여 전문적으로 연구함
⑤ 전담(專擔) : 어떤 일을 혼자서 담당함

Answer 6.③　7.①　8.⑤

9 다음 예문의 (　) 안에 들어갈 용어를 순서대로 바르게 나열한 것은?

> ㉠ 작성한 서류를 부장님께 드리고 (　　)를 기다리는 중이다.
> ㉡ 이번 달 전화요금은 카드로 (　　)했다.
> ㉢ 오늘 은행에서 새로운 예금(　　)를 개설했다.

① 결재 – 결재 – 구좌
② 결재 – 결제 – 구좌
③ 결재 – 결제 – 계좌
④ 결제 – 결제 – 계좌
⑤ 결제 – 결재 – 계좌

advice ㉠ 결재(決裁) : 결정할 권한이 있는 상관이 부하가 제출한 안건을 검토하여 허가하거나 승인하는 것을 이르는 말이다.
㉡ 결제(決濟) : 증권 또는 대금을 주고받아 매매 당사자 사이의 거래 관계를 끝맺는 일을 이르는 말이다.
㉢ 예금계좌(計座) : 금융기관에 예금하려고 설정한 개인명이나 법인명의 계좌를 이르는 말이다.

10 다음 글의 밑줄 친 부분의 한자가 바르지 않은 것은?

> 위로부터의 조직화에 의한 ① 여론(輿論) 형성은 여러 문제점을 ② 내포(內包)하게 되는데, 그 하나가 여론 과정이 고전적 이론의 예정된 통합적 기능보다도 ③ 분열(分裂)과 대립의 기능을 보다 많이 수행하게 되는 위험성이다. 즉 그곳에서는 예리하게 대립하는 주도적 의견을 중심으로 하여 그 동조자가 결집하는 결과 상호 간의 대화와 매개가 더 한층 ④ 곤란(困亂)하게 되는 ⑤ 경향(傾向)이 나타난다는 점이다.

advice ④ 곤란(困亂) → 곤란(困難), 사정이 몹시 딱하고 어려움을 이르는 말이다.

11 다음 밑줄 친 부분의 한자가 옳지 않은 것은?

> 제1조 (목적) 이 법은 ① <u>國語</u>(국어)의 사용을 촉진하고 국어의 발전과 보전의 기반을 마련하여 국민의 창조적 사고력의 ② <u>憎進</u>(증진)을 도모함으로써 국민의 문화적 삶의 질을 향상하고 민족문화의 ③ <u>發展</u>(발전)에 이바지함을 목적으로 한다.
> 제2조 (기본 이념) 국가와 국민은 국어가 민족 제일의 문화유산이며 문화창조의 ④ <u>原動力</u>(원동력)임을 깊이 인식하여 국어발전에 적극적으로 힘씀으로써 민족문화의 정체성을 ⑤ <u>確立</u>(확립)하고 국어를 잘 보전하여 후손에게 계승할 수 있도록 하여야 한다.

advice　② 增進(증진) : 더하여 나아감 또는 나아가게 함을 이르는 말이다.

12 다음 밑줄 친 단어의 사용이 적절하지 않은 것은?

> 　　소질과 적성을 ㉠ <u>계발(啓發)</u>하는 일은 장래의 삶을 위해 매우 중요하다. 이를 위해서는, 어렸을 때부터 자신의 감춰진 가능성을 찾아내는 일이 급선무이다. 가능성은 저절로 드러나는 것이 아니라, 적극적인 노력에 의해 찾아야만 하는 것이기 때문이다. 다른 사람과 ㉡ <u>구분(區分)</u>되는 자기만의 ㉢ <u>독창적(獨創的)</u>인 능력을 발굴하고 ㉣ <u>신장(伸張)</u>시켜야 한다. 미래는 노력하는 자의 것이다. 이런 노력들을 부단히 ㉤ <u>경주(競走)</u>할 때 내적인 성숙이 이루어진다.

① ㉠　　　　　　　　　　　　② ㉡
③ ㉢　　　　　　　　　　　　④ ㉣
⑤ ㉤

advice　② 구분(區分) → 구별(區別)
‘다른 사람과 다르다.’는 뜻으로 표현하려면 ‘구별’이 적당하다.
※ 구분과 구별
　　㉠ 구분 : 일정한 기준에 따라 전체를 몇 개로 갈라 나눔
　　㉡ 구별 : 성질이나 종류에 따라 나타나는 차이
　　　예 요즘 옷은 남녀의 구별이 없는 경우가 많다.

Answer　11.②　12.②

13 다음 밑줄 친 단어의 뜻풀이가 바르지 않은 것은?

> 고작 칠십 생애에 ㉠ <u>희로애락(喜怒哀樂)</u>을 싣고 ㉡ <u>각축(角逐)</u>하다가 한 움큼 ㉢ <u>부토(腐土)</u>로 돌아가는 것이 인생이라 생각하니, 의지 없는 나그네의 마음은 ㉣ <u>암연(暗然)</u>히 ㉤ <u>수수(愁愁)</u>롭다.

① ㉠ : 기쁨과 노여움과 슬픔과 즐거움
② ㉡ : 있는 힘을 다하여 몰아냄
③ ㉢ : 낙엽 등이 썩어서 된 흙
④ ㉣ : 흐리고 어두움
⑤ ㉤ : 근심 걱정

 ② 각축(角逐) → 서로 이기려고 다투며 덤벼듦

14 다음 중 밑줄 친 한자어의 쓰임이 옳은 것은?

① 새로운 논문을 <u>공포</u>했다.
② 사고 <u>안전</u> 대책을 마련해라.
③ 그는 <u>기량</u>이 뛰어난 선수이다.
④ 증세가 많이 <u>개선</u>되어 퇴원하였다.
⑤ 그는 <u>배상</u>도 바라지 않고 나를 도와주었다.

 ① 공포(公布) → 발표(發表)
　　　공포 : 널리 알림, 법령·예산·조약 따위를 일반 국민에게 널리 알림
　　　발표 : 어떤 사실이나 결과 따위를 세상에 널리 드러내어 알림
② 안전(安全) → 방지(防止)
　　안전 : 평안하여 위험이 없음
　　방지 : 어떤 일이나 현상이 일어나지 못하게 막음
③ 기량(技倆) : 기술상의 재주
④ 개선(改善) → 호전(好轉)
　　개선 : 좋게 고침
　　호전 : 병의 증세가 나아짐
⑤ 배상(賠償) → 보상(報償)
　　배상 : 남에게 입힌 손해를 갚아줌
　　보상 : 어떤 것에 대한 대가로 갚음

15 다음 문장의 밑줄 친 표현이 바른 것은?

① 부모님들은 <u>주야장창</u> 자식 걱정뿐이다.

② 하루 아침에 문자 그대로 <u>풍비박산</u>이 나고 말았다.

③ 회사 입장에서 보면 <u>절대절명</u>의 좋은 기회를 잡았다.

④ 사관생도들의 행진, 그것은 <u>일사분란</u>의 움직임이었다.

⑤ 잘해야 <u>산수갑산</u> 어느 깊은 골짜기로 숨어들었으리라.

advice　① 주야장창 → 주야장천(晝夜長川) : '밤낮으로 쉬지 아니하고 연달아'라는 뜻이다.
　② 풍비박산(風飛雹散)은 사방으로 날아 흩어짐을 이르는 말이다.
　③ 절대절명 → 절체절명(絶體絶命) : 몸도 목숨도 다 되었다는 뜻으로, 어찌할 수 없는 궁박한 경우를 비유적으로 이르는 말이다.
　④ 일사분란 → 일사불란(一絲不亂) : 한 오리 실도 엉키지 아니함이란 뜻으로, 질서가 정연하여 조금도 흐트러지지 아니함을 이르는 말이다.
　⑤ 산수갑산 → 삼수갑산(三水甲山) : 우리나라에서 가장 험한 산골이라 이르던 삼수와 갑산을 말한다.

16 다음 십자말풀이의 ㉠과 ㉡에 들어갈 한자로 옳은 것은?

- **가로**
  1) 높은 곳에 오르려면 낮은 곳에서부터 올라가야 함을 이르는 말이다.
  2) 많으면 많을수록 좋음을 이르는 말이다.
- **세로**
  1) 자기의 언행이 전후 모순되어 들어맞지 않음을 이르는 말이다.
  2) 지나간 허물을 고치고 착하게 됨을 이르는 말이다.

① 捉 － 仙　　　　② 着 － 先
③ 捉 － 先　　　　④ 捉 － 善
⑤ 着 － 善

advice　• 가로
　　1) 登高自卑(등고자비)
　　2) 多多益善(다다익선)
　• 세로
　　1) 自家撞着(자가당착)
　　2) 改過遷善(개과천선)

17 다음 설명에 해당하는 한자어로 옳은 것은?

> 이 한자어는 나무 위에 불이 붙은 현상을 나타내는 한자와 열십자 다섯 개로 이루어진 한자로 구성되어 있다.

① 燃燒(연소)　　　　　　② 螢光(형광)
③ 協同(협동)　　　　　　④ 森林(삼림)
⑤ 榮華(영화)

advice ⑤ 榮華(영화)는 목(木)위에 화(火)가 둘 있는 영(榮)과, 열십자(十)가 다섯 개인 '화(華)'로 이루어져 있다.

18 다음의 밑줄 친 단어들의 한자를 순서대로 바르게 나열한 것은?

> 그가 명예를 버리고 은둔의 생활을 택한 이유는 나라 안이 어수선하고 흉년이 겹쳐서인지 인심이 각박해지면서 세상이 변해가고 있었기 때문이다.

① 隱遁, 匈年, 却薄　　　　② 隱遁, 凶年, 刻薄
③ 隱鈍, 凶年, 却薄　　　　④ 隱鈍, 匈年, 刻薄
⑤ 隱鈍, 凶年, 刻薄

advice ② 隱遁(은둔) : 세상일을 피하여 숨음을 뜻한다.
凶年(흉년) : 수해, 풍해, 냉해, 충해 따위로 농작물이 잘되지 않은 해를 뜻한다.
刻薄(각박) : 인정이 없고 삭막함을 뜻한다.

19 다음 밑줄 친 단어의 한자가 바르게 쓰이지 않은 것은?

① 관리인의 착오(錯誤)로 문제가 발생하였다.
② 예술 작품에서는 모방(模倣)보다는 창조가 더 중요하다.
③ 이번 사건은 과거 불미스러웠던 일을 상쇄(相刷)한 셈이다.
④ 부모님의 반대를 무릅쓰고 두 사람의 사랑은 열렬(熱烈)했다.
⑤ 진주에서 덕유산까지 들어가기엔 적잖은 애로(隘路)가 있었다.

advice ③ 상쇄(相殺) : 상반되는 것이 서로 영향을 주어 효과가 없어지는 일

Answer　17.⑤　18.②　19.③

20 다음 밑줄 친 한자어의 음이 바르지 <u>않은</u> 것은?

① 여름 오후의 태양이 뜨겁게 <u>灼熱</u>하고 있다. → 장열

② 회원들이 <u>醵出</u>하여 구제 기금을 마련하였다. → 갹출

③ 죄인에게 <u>改悛</u>의 기회를 주는 것은 당연하다. → 개전

④ 미래를 이리저리 <u>忖度</u>해서 보람이 있을 것이 뭐냐. → 촌탁

⑤ <u>明晳</u>한 두뇌를 가진 사람이 왜 그런 어리석은 짓을 했을까. → 명석

> **advice**　① 장열 → 작열(灼熱) : 불 따위가 이글이글 뜨겁게 타오름
> ③ 개전(改悛) : 행실이나 태도의 잘못을 뉘우치고 마음을 바르게 고쳐먹음
> ④ 촌탁(忖度) : 남의 마음을 미루어서 헤아림

21 다음 중 한자의 독음이 바르지 못한 것이 들어 있는 것은?

① 忖度(촌탁), 交易(교역)　　　　② 隘路(애로), 葛藤(갈등)

③ 遊說(유설), 邁進(매진)　　　　④ 悅樂(열락), 桎梏(질곡)

⑤ 跛行(파행), 省略(생략)

> **advice**　③ 遊說(유세) : 자기 의견 또는 자기 소속 정당의 주장을 선전하며 돌아다님을 이르는 말이다.

22 다음 한자의 독음이 옳지 <u>않은</u> 것은?

① 率先 – 솔선　　　　　　　　② 洞察 – 통찰

③ 催促 – 재촉　　　　　　　　④ 打破 – 타파

⑤ 訊問 – 신문

> **advice**　③ 催促(최촉) : 어떤 일을 빨리 하도록 조름을 이르는 말이다.

23 다음 중 한자의 독음이 잘못된 것이 들어 있는 것은?

① 不朽(불후), 索漠(삭막)　　　　② 遡及(소급), 使嗾(사주)

③ 齷齪(악착), 渦中(와중)　　　　④ 凹凸(요철), 斡旋(알선)

⑤ 義捐(의연), 剝奪(발탁)

> **advice**　⑤ 剝奪(박탈) : 남의 재물이나 권리 · 자격 따위를 빼앗음을 이르는 말이다.

Answer　20.①　21.③　22.③　23.⑤

24 다음 밑줄 친 단어의 한자 병기가 잘못된 것은?

① 회장은 회원들의 제안을 <u>진지(眞摯)</u>하게 받아들였다.
② 당의 체제가 내부 모순의 <u>축적(蓄積)</u>으로 몰락하였다.
③ 이번 사고에 대한 문책으로 장관이 전격 <u>경질(硬迭)</u>되었다.
④ 그런 내용으로 대회를 진행하는 것은 <u>취지(趣旨)</u>에 어긋난다.
⑤ 정부는 이번 일로 불법 상거래에 대한 단속 강화를 강력히 <u>시사(示唆)</u>했다.

advice ③ 경질(更迭) : 어떤 직위에 있는 사람을 다른 사람으로 바꿈

25 다음 밑줄 친 단어의 한자 병기가 잘못된 것은?

<table>
<tr><td>제 3 조</td><td>대한민국의 ㉠ <u>영토(領土)</u>는 한반도와 그 부속도서로 한다.</td></tr>
<tr><td>제 4 조</td><td>대한민국은 통일을 지향하며, 자유민주적 기본질서에 ㉡ <u>입각(立閣)</u>한 평화적 통일 정책을 ㉢ <u>수립(樹立)</u>하고 이를 추진한다.</td></tr>
<tr><td>제 5 조</td><td>① 대한민국은 국제평화의 ㉣ <u>유지(維持)</u>에 노력하고 침략적 전쟁을 부인한다.
② 국군은 국가의 안전보장과 국토방위의 신성한 의무를 수행함을 사명으로 하며, 그 정치적 중립성은 ㉤ <u>준수(遵守)</u>된다.</td></tr>
</table>

① ㉠ ② ㉡
③ ㉢ ④ ㉣
⑤ ㉤

advice ㉡ '입각(立脚)'으로 써야 한다.
- 입각(立脚) : 어떤 사실이나 주장 따위에 근거를 두어 그 입장에 섬
- 입각(入閣) : 내각(內閣)의 한 사람이 됨

26 다음 밑줄 친 단어의 한자 병기가 잘못된 것은?

① 그는 박 선생에게서 활쏘기를 <u>사사(師使)</u>하였다.
② 그는 뜻을 이루기 위해 <u>학문(學問)</u>에 열중하고 있다.
③ 그는 꼭 성공하고야 말겠다는 <u>집념(執念)</u>에 불타올랐다.
④ 그들은 <u>인내(忍耐)</u>로 역경을 극복하고 목적지에 도착했다.
⑤ 인생도 관리를 얼마나 잘하느냐에 따라서 <u>성공(成功)</u>이냐 실패냐가 결정된다.

advice ① 사사(師事) : 스승으로 삼고 가르침을 받음

Answer 24.③ 25.② 26.①

27 다음 밑줄 친 단어의 한자 병기가 바르지 않은 것은?

> 언어 활동과 언어와 문학의 본질을 ㉠총체적(總體的)으로 이해하고, 언어 활동의 ㉡맥락(脈絡)과 목적과 대상과 내용을 ㉢종합적(綜合的)으로 고려하면서 국어를 정확하고 ㉣효과(效果)적으로 사용하며, 국어 문화를 바르게 이해하고, 국어의 발전과 민족의 언어 문화 ㉤창달(創達)에 이바지할 수 있는 능력과 태도를 기른다.

① ㉠   ② ㉡
③ ㉢   ④ ㉣
⑤ ㉤

advice ㉤ 창달(暢達) : 거침없이 쑥쑥 뻗어 나감 또는 그렇게 되게 함

28 다음 밑줄 친 말의 한자 병기를 바르게 한 것은?

① 意見垂簾(의견수렴) 후에 행사를 진행합시다.
② 國家寶訓處(국가보훈처)에서 전화가 왔습니다.
③ 우리 모두 머리 숙여 胡國英靈(호국영령)들께 감사드리자.
④ 올해는 우리 회사의 革新目標(혁신목표)를 꼭 이루어야 합니다.
⑤ 선생의 용력과 지혜라면 가히 새 왕조의 硝石(초석)을 이룰 만한 것입니다.

advice
① 意見收斂(의견수렴)
② 國家報勳處(국가보훈처)
③ 護國英靈(호국영령)
⑤ 礎石(초석)

1 다음 밑줄 친 내용에 가장 적합한 한자성어는?

> 오늘날 첨단 과학의 발달은 <u>하루가 다르게 발전을 거듭하는데</u>, 인간의 삶은 이러한 기술의 속도를 제대로 뒤쫓지 못해 괴리와 불균형, 모순적 현상이 곳곳에서 나타나고 있다. 기술이나 산업 물질 문명의 변화는 토끼 걸음으로 일어나고 있는데, 아이디어, 가치, 교육, 규범 등 비물질 문명은 거북이 걸음인 것이다. 이렇듯 정보화 사회의 함정은 인간의 근본적인 가치관을 위협하는 데 있다는 것을 의식할 필요가 있다.

① 유비무환(有備無患) ② 일거양득(一擧兩得)
③ 주마가편(走馬加鞭) ④ 일취월장(日就月將)
⑤ 전도양양(前途洋洋)

advice
① 유비무환(有備無患) : 미리 준비가 있으면 뒷걱정이 없다.
② 일거양득(一擧兩得) : 한 가지 일을 하여 두 가지 이익을 얻는다.
③ 주마가편(走馬加鞭) : 달리는 말에 채찍을 더한다.
④ 일취월장(日就月將) : 나날이 다달이 자라거나 발전한다.
⑤ 전도양양(前途洋洋) : 앞날이 희망차고 전망이 밝다.

2 다음 밑줄 친 내용과 관련이 없는 한자성어는?

> 동양의 무(無)의 사고는 주(主)와 객(客) 사이의 인위적 구분을 거부하고 주, 객 구분이 없는 상태에서 실체, 진리를 경험하는 데 초점을 두었다. 따라서, 실체를 관념화하고 말로 논리를 전개하는 것에 대해 회의적으로 본다. 즉, <u>말로 표현할 수 있는 것은 참다운 도(道)가 아니라, 무언(無言)의 경지, 말로 표현할 수 없는 진리를 석가의 제자는 단지 '미소'로만 전달, 표현할 수 있었던 것이다.</u>

① 촌철살인(寸鐵殺人) ② 이심전심(以心傳心)
③ 염화미소(拈華微笑) ④ 교외별전(敎外別傳)
⑤ 불립문자(不立文字)

Answer 1.④ 2.①

 밑줄 친 부분은 말로 통하지 않고 마음과 마음으로 서로 뜻이 통함을 뜻한다.
① 촌철살인(寸鐵殺人) : 조그만 쇠붙이로 사람을 죽인다는 뜻으로 간단한 말로 사물의 가장 요긴한 데를 찔러 듣는 사람을 감동하게 함을 이르는 말이다.
② 이심전심(以心傳心) : 마음과 마음으로 서로 뜻이 통함을 이르는 말이다. 〈전등록〉에 나오는 말로 원래는 불교의 법통을 계승할 때에 쓰였다.
③ 염화미소(拈華微笑) : 석가모니가 영산회(靈山會)에서 연꽃 한 송이를 대중에게 보이자 마하가섭만이 그 뜻을 깨닫고 미소 지으므로 그에게 불교의 진리를 주었다고 하는 데서 유래한다.
④ 교외별전(敎外別傳) : 부처의 가르침을 말이나 글에 의하지 않고 바로 마음에서 마음으로 전하여 진리를 깨닫게 하는 법을 이르는 말이다.
⑤ 불립문자(不立文字) : 불도의 깨달음은 마음에서 마음으로 전하는 것이므로 말이나 글에 의지하지 않는다는 말이다.

3 다음 밑줄 친 내용에 가장 적합한 한자성어는?

> 공자가 유랑하다가 하루는 몹시 울며 슬퍼하는 사람을 만났다. 그는 자신이 우는 까닭을 이렇게 말했다. "저는 세 가지 잘못을 저질렀습니다. 그 첫째는 젊었을 때 천하를 두루 돌아다니다가 집에 와보니 부모님이 이미 세상을 떠나신 것이요, 둘째는 섬기고 있던 군주가 사치를 좋아하고 충언을 듣지 않아 그에게서 도망쳐온 것이요, 셋째는 부득이한 사정으로 교제를 하던 친구와의 사귐을 끊은 것입니다. <u>무릇 나무는 조용히 있고자 하나 바람 잘 날이 없고, 자식이 부모를 모시고자 하나 부모는 이미 안 계신 것입니다.</u> 그럴 생각으로 찾아가도 뵈올 수 없는 것이 부모인 것입니다." 이 말을 마치고 그는 마른 나무에 기대어 죽고 말았다.

① 풍성학려(風聲鶴唳)　　　　　　② 풍수지탄(風樹之嘆)
③ 풍찬노숙(風餐露宿)　　　　　　④ 풍전등화(風前燈火)
⑤ 풍운지회(風雲之會)

 ① 풍성학려(風聲鶴唳) : 바람 소리와 학의 울음소리에도 놀란다는 뜻으로, 겁을 먹은 사람이 하찮은 일에도 놀람을 이르는 말이다.
② 풍수지탄(風樹之嘆) : 효도를 다하지 못한 채 어버이를 여읜 자식의 슬픔을 이르는 말이다(樹欲靜而風不止 子欲養而親不待).
③ 풍찬노숙(風餐露宿) : 바람과 이슬을 무릅쓰고 한데서 먹고 잠, 즉 큰 일을 이루려는 사람의 고초를 겪는 모양을 이르는 말이다.
④ 풍전등화(風前燈火) : 바람 앞에 켠 등불처럼 매우 위급한 경우에 놓여 있음을 가리키는 말이다.
⑤ 풍운지회(風雲之會) : 용이 바람과 구름을 얻어서 기운을 얻는 것처럼 총명한 임금과 어진 신하가 서로 만나는 일을 이르는 말이다.

4 다음 내용과 가장 관계가 깊은 한자성어는?

> 세종 때 영의정을 지낸 황희는 마음이 착하고 생활이 검소하였다. 황정승의 생활이 매우 빈한한 것을 상감께서 궁휼히 여기시고 어떻게 잘 살게 할 방도를 생각하시었다. 한 묘안을 얻어 명령하시되 내일은 아침 일찍 남대문을 열자부터 문을 닫을 때까지 이 문을 들어오는 물건을 다 황정승에게 주신다고 하셨다. 그러나 그 날은 뜻밖에도 새벽부터 폭풍우가 몰아쳐 종일토록 멎지 아니하므로 문을 드나드는 장사치라고는 한 사람도 없었다. 그러다가 다 어두워 집에 들어가려고 할 때 무슨 까닭인지 시골 영감이 달걀 한 꾸러미를 들고 들어오는 것을 보게 되어 이것을 사 가지고 집에 돌아와 곧 삶아 먹으려고 하니 알마다 곯아서 한 알도 먹지 못하고 말았다 한다.

① 경국지색(傾國之色)   ② 소탐대실(小貪大失)
③ 인자무적(仁者無敵)   ④ 금상첨화(錦上添花)
⑤ 계란유골(鷄卵有骨)

advice
① 경국지색(傾國之色) : 임금이 혹하여 나라가 기울어져도 모를 정도의 미인이라는 뜻으로, 뛰어나게 아름다운 미인을 이르는 말이다.
② 소탐대실(小貪大失) : 작은 이익에 욕심을 내어 큰 이익을 놓침을 이르는 말이다.
③ 인자무적(仁者無敵) : 어진 사람은 천하에 적이 없음을 이르는 말이다.
④ 금상첨화(錦上添花) : 비단 위에 꽃을 더한다는 뜻으로, 좋은 일 위에 또 좋은 일이 더하여짐을 비유적으로 이르는 말이다.
⑤ 계란유골(鷄卵有骨) : 달걀에도 뼈가 있다는 뜻으로, 운수가 나쁜 사람은 모처럼 좋은 기회를 만나도 역시 일이 잘 안됨을 이르는 말이다.

5 다음 내용과 관련하여 만들어진 한자성어는?

> 한번은 호랑이가 여우를 잡았습니다. 그러자 교활한 여우가 호랑이에게 말하기를 '나는 천제(天帝)의 명을 받고 내려온 사자(使者)다. 네가 나를 잡아먹으면 나를 백수의 왕으로 정하신 천제의 명을 어기는 것이니 천벌을 받게 될 거다. 만약 내 말이 믿기지 않는다면 내가 앞장설 테니 내 뒤를 따라와 봐라. 나를 보고 달아나지 않는 짐승은 하나도 없을 테니'라고 했습니다. 그래서 호랑이는 여우의 뒤를 따라갔습니다. 그랬더니 과연 여우의 말대로 만나는 짐승마다 모두 달아나기에 바빴습니다. 사실 짐승들을 달아나게 한 것은 여우 뒤에 따라오고 있던 호랑이였습니다. 그런데도 호랑이는 이 사실을 깨닫지 못했다고 합니다.

① 호사유피(虎死留皮)   ② 호연지기(浩然之氣)
③ 호시탐탐(虎視眈眈)   ④ 호가호위(狐假虎威)
⑤ 호사다마(好事多魔)

Answer 4.⑤ 5.④

advice 서문은 〈전국책〉의 〈초책(楚策)〉에 나오는 이야기로 여우가 호랑이의 위세를 빌려 호기를 부린다는 내용(남의 권세를 빌려 위세를 부림)이며 이 고사에서 '호가호위(狐假虎威)'라는 말이 나왔다.
  ① 호사유피(虎死留皮) : 호랑이는 죽어서 가죽을 남긴다는 뜻으로, 사람은 죽어서 명예를 남겨야 함을 이르는 말이다.
  ② 호연지기(浩然之氣) : 사물에서 해방된 자유로운 마음 또는 하늘과 땅 사이에 넘치게 가득 찬 넓고도 큰 원기를 이르는 말이다.
  ③ 호시탐탐(虎視眈眈) : 범이 눈을 부릅뜨고 먹이를 노려본다는 뜻으로, 남의 것을 빼앗기 위하여 형세를 살피며 가만히 기회를 엿봄을 나타내는 말이다.
  ⑤ 호사다마(好事多魔) : 좋은 일에는 흔히 방해되는 일이 많음을 이르는 말이다.

6 다음 글의 내용에 알맞은 한자 성어는?

> 현재의 정치적 지위를 합리화하기 위하여 자신의 역사적이고 도덕적인 정당성을 내세우면서, 자신의 목적을 위한 무기 사용은 그다지 큰 위험을 내포하지 않을 것이라고 장담한다. 반면 그들의 정치적 상대방은 이념적 정당성이 없기 때문에 혹은 잘못된 역사와 도덕성에 의존되어 있기 때문에 그들의 핵무기 사용은 불법이라고 생각하게 된다.

① 他山之石(타산지석)　　　　　② 我田引水(아전인수)
③ 吳越同舟(오월동주)　　　　　④ 傍若無人(방약무인)
⑤ 捲土重來(권토중래)

advice ① 他山之石(타산지석) : 다른 산에서 난 나쁜 돌도 자기의 구슬을 가는 데에 소용이 된다는 뜻으로 다른 사람의 하찮은 언행일지라도 자기의 지덕을 연마하는 데에 도움이 된다는 말이다.
  ② 我田引水(아전인수) : 자기 논에 물 대기라는 뜻으로, 자기에게만 이롭게 되도록 생각하거나 행동함을 이르는 말이다.
  ③ 吳越同舟(오월동주) : 사이가 좋지 못한 사람끼리도 자기의 이익을 위해서는 행동을 같이 한다는 것을 비유하는 말이다.
  ④ 傍若無人(방약무인) : 언행이 방자하고 제멋대로 행동하는 사람을 이르는 말이다.
  ⑤ 捲土重來(권토중래) : 땅을 말아 일으킬 것 같은 기세로 다시 온다는 뜻으로, 한 번 실패하였으나 힘을 회복하여 다시 쳐들어옴을 이르는 말이다. 중국 당나라 두목의 〈오강정시(烏江亭詩)〉에 나오는 말로, 항우가 유방과의 결전에서 패하여 오강(烏江) 근처에서 자결한 것을 탄식한 말에서 유래한다.

Answer 6.②

7 다음과 관계있는 한자 성어는?

> 가당치 않은 말을 억지로 끌어다 붙여 조건이나 이치에 맞도록 함을 이르는 말이다.

① 巧言令色

② 附和雷同

③ 牽强附會

④ 姑息之計

⑤ 苦盡甘來

advice ① 巧言令色(교언영색) : 교묘한 말과 얼굴빛으로 남의 환심을 사려함을 이르는 말이다.
② 附和雷同(부화뇌동) : 제 주견이 없이 남이 하는 대로 그저 무턱대고 따라함을 이르는 말이다.
③ 牽强附會(견강부회) : 이치에 맞지 않는 말을 억지로 끌어 붙여 자기의 주장하는 조건에 맞도록 함을 이르는 말이다.
④ 姑息之計(고식지계) : 일시적으로 변통하는 꾀를 이르는 말이다.
⑤ 苦盡甘來(고진감래) : 고생 끝에 낙이 온다는 말이다.

8 다음 글의 내용과 관련이 있는 한자 성어는?

> 우리는 현대인이며 고대인이 아니다. 결코 회상에 사로잡혀 현대를 고대로 돌리려고 해서는 안 된다. 옛날이 지금보다 낫다고 하는 것은 기력 빠지고 희망 없는 노인들의 생각이다. 전통이란 그 위에 서서 미래로 발전해 나아가는 데 의의가 있는 것이다. 또 그러한 전통의 발판 없이 민족 문화의 발전이란 있을 수도 없다. 그리고 전통이란 몸으로 느끼고 이해하는 데서 보존되고 계승되어 간다.

① 姑息之計(고식지계)

② 隔世之感(격세지감)

③ 改善匡正(개선광정)

④ 溫故知新(온고지신)

⑤ 今古一般(금고일반)

advice ① 姑息之計(고식지계) : 우선 당장 편한 것만을 택하는 꾀나 방법으로 한때의 안정을 얻기 위하여 임시로 둘러맞추어 처리하거나 이리저리 주선하여 꾸며 내는 계책을 이른다.
② 隔世之感(격세지감) : 오래지 않은 동안에 몰라보게 변하여 아주 다른 세상이 된 것 같은 느낌을 이르는 말이다.
③ 改善匡正(개선광정) : 잘못된 것이나 부정(不正) 따위를 바로잡아 고침을 이르는 말이다.
④ 溫故知新(온고지신) : 옛것을 익히고 그것을 미루어서 새것을 앎을 이르는 말이다.
⑤ 今古一般(금고일반) : 옛날이나 현재가 마찬가지의 상태임을 이르는 말이다.

Answer 7.③ 8.④

9 (   ) 안에 들어갈 수 있는 한자성어로 가장 적절한 것은?

> 기술 낙관주의적 견해가 극단적인 주장이듯이, 과학 기술의 긍정적인 측면을 무시하고 그 부정적 측면만을 지나치게 부각시키는 생태주의적 견해 또한 극단적인 주장이라 할 수 있다. 생태주의적 환경론의 지적을 받아들여 비록 과학 기술이 환경 파괴의 주요인이라는 점을 인정하더라도, (   )의 관점에서 과학 기술이 문제 해결에 긍정적으로 작용할 수 있는 현실적 가능성을 발견해서 개발하는 것은 중요한 일이라 아니할 수 없다.

① 역지사지(易地思之) 　　② 곡학아세(曲學阿世)
③ 적반하장(賊反荷杖) 　　④ 결자해지(結者解之)
⑤ 명약관화(明若觀火)

advice 과학 기술이 환경 파괴의 주요인을 제공했더라도 문제 해결을 위해 긍정적으로 작용할 수 있다는 서문의 내용을 참고한다.
① 역지사지(易地思之) : 처지를 바꾸어서 생각하여 봄을 이르는 말이다.
② 곡학아세(曲學阿世) : 바른 길에서 벗어난 학문으로 세상 사람에게 아첨함을 이르는 말이다.
③ 적반하장(賊反荷杖) : 도둑이 도리어 매를 든다는 뜻으로 잘못한 사람이 아무 잘못도 없이 사람을 나무람을 이르는 말이다.
④ 결자해지(結者解之) : 맺은 사람이 풀어야 한다는 뜻으로 자기가 저지른 일은 자기가 해결하여야 함을 이르는 말이다.
⑤ 명약관화(明若觀火) : 불을 보듯 분명하다는 뜻으로 더 말할 나위 없이 명백함을 이르는 말이다.

10 다음 (   ) 안에 들어갈 알맞은 한자 성어는?

> 자연 과학이 발흥하기 전에는 자연 철학이 자연을 형이상학적으로 해석하고 신비적 존재로 인정하였으나, 문예 부흥기 이후 자연 과학이 확립됨에 따라 각종 기계가 발명되고, 산업이 발달되고, 교통이 편리하게 되어 기계 문명 전성 시대가 도래하자, 자연을 겁내고 신을 두려워하던 인간들은 자만심이 생겨서 자연을 멸시하고, 급기야는 (   )도 분수가 있지 외람히도 자연을 정복하고 지배하려 하고 있다.

① 賊反荷杖(적반하장) 　　② 曲學阿世(곡학아세)
③ 牽强附會(견강부회) 　　④ 過猶不及(과유불급)
⑤ 附和雷同(부화뇌동)

advice ① 賊反荷杖(적반하장) : 도둑이 도리어 매를 든다는 뜻으로 잘못한 사람이 아무 잘못도 없는 사람을 나무람을 이르는 말이다.

11 (   ) 안에 들어갈 수 있는 한자성어로 알맞은 것은?

> 후진의 이한이 지은 〈몽구(蒙求)〉에 다음과 같은 이야기가 전한다.
> 손강은 집이 가난하여 기름을 살 돈이 없었다. 그래서 그는 늘 눈빛에 책을 비추어 글을 읽었다. 나중에 그는 어사대부에까지 벼슬이 올랐다.
> 또, 진나라의 차윤이란 사람은 기름을 구할 수가 없어 여름이면 수십 마리의 반딧불을 주머니에 담아 그 빛으로 밤을 새우며 책을 읽어 마침내 이부상서가 되었다고 한다. 이 고사에서 비롯되어 어려운 처지에서 공부하는 것을 (   )(이)라고 한다.

① 권토중래(捲土重來)   ② 고진감래(苦盡甘來)

③ 온고지신(溫故知新)   ④ 타산지석(他山之石)

⑤ 형설지공(螢雪之功)

> **advice** ① 권토중래(捲土重來) : 땅을 말아 일으킬 것 같은 기세로 다시 온다는 뜻으로, 한 번 실패했으나 힘을 회복하여 다시 쳐들어옴을 이르는 말이다.
> ② 고진감래(苦盡甘來) : 고생 끝에 낙이 온다는 말이다.
> ③ 온고지신(溫故知新) : 옛것을 익히고 그것을 미루어서 새것을 앎을 이르는 말이다.
> ④ 타산지석(他山之石) : 다른 산의 돌이라도 자신의 산의 옥돌을 가는 데에 쓸 수 있다는 뜻으로, 본이 되지 않는 남의 말이나 행동도 자신의 지식과 인격을 수양하는 데에 도움이 될 수 있음을 비유적으로 이르는 말이다.

12 다음 한자 성어의 뜻이 옳지 않은 것은?

① 誰怨誰咎(수원수구) : 아무도 의지할 것이 없음

② 自强不息(자강불식) : 스스로 힘쓰고 쉬지 아니함

③ 靑出於藍(청출어람) : 제자가 스승보다 나은 것을 말함

④ 亡羊之歎(망양지탄) : 학문을 연마하기란 양을 길들이는 것과 같이 힘듦

⑤ 桑田碧海(상전벽해) : 뽕나무 밭이 변하여 푸른 바다가 된다는 뜻으로 세상일의 변천이 심함

> **advice** ④ 亡羊之歎(망양지탄) : 갈림길이 매우 많아 잃어버린 양을 찾을 길이 없음을 탄식한다는 뜻으로, 학문의 길이 여러 갈래여서 한 갈래의 진리도 얻기 어려움을 이르는 말이다.

Answer 11.⑤ 12.④

13 다음 중 한자 성어의 뜻이 옳지 않은 것은?

① 勞心焦思 – 애쓰면서 속을 태움
② 捲土重來 – 태평한 시대의 평화로운 풍경
③ 邯鄲之夢 – 인생의 부귀영화는 부질없음
④ 狐假虎威 – 남의 권세에 의지하여 으스댐
⑤ 螢雪之功 – 반딧불·눈과 함께 하는 노력이라는 뜻으로, 고생을 하면서 부지런하고 꾸준하게 공부하는 자세를 이르는 말

advice ② 捲土重來(권토중래) : 땅을 말아 일으킬 것 같은 기세로 다시 온다는 뜻으로, 한 번 실패하였으나 힘을 회복하여 다시 쳐들어옴을 이르는 말이다.

14 다음 중 '절박한 위기 의식'을 뜻하는 성어가 아닌 것은?

① 累卵之危
② 百尺竿頭
③ 燈下不明
④ 如履薄氷
⑤ 焦眉之急

advice ③ 燈下不明(등하불명) : 등잔 밑이 어두움을 이르는 말이다.
※ 매우 위험한 상태(절박한 위기의식)를 뜻하는 한자 성어 : 危機一髮(위기일발), 風前燈火(풍전등화), 命在頃刻(명재경각), 百尺竿頭(백척간두), 累卵之危(누란지위), 焦眉之急(초미지급), 如履薄氷(여리박빙)

15 다음 중 '刻舟求劍'의 뜻으로 옳은 것은?

① 세력을 회복하여 다시 쳐들어옴을 이르는 말
② 꿈과 같이 헛된 한때의 부귀 영화를 일컫는 말
③ 어리석고 미련하여 융통성이 없음을 조롱하는 말
④ 언행이 방자하고 제멋대로 행동하는 사람을 이르는 말
⑤ 일의 진행에 있어서 온갖 변화나 난관이 많음을 이르는 말

advice 刻舟求劍(각주구검) : 융통성 없이 현실에 맞지 않는 낡은 생각을 고집하는 어리석음을 이르는 말로 초나라 사람이 배에서 칼을 물속에 떨어뜨리고 그 위치를 뱃전에 표시하였다가 나중에 배가 움직인 것을 생각하지 않고 칼을 찾았다는 데서 유래한다.

Answer 13.② 14.③ 15.③

16 다음 중 '절세의 미안'을 이르는 성어가 아닌 것은?

① 傾國之色

② 丹脣皓齒

③ 花容月態

④ 絶世佳人

⑤ 美人薄命

advice ⑤ 美人薄命(미인박명) : 미인은 불행하거나 병약하여 요절하는 일이 많음을 이르는 말이다.
※ 절세의 미인을 뜻하는 한자 성어 : 傾國之色(경국지색), 丹脣皓齒(단순호치), 花容月態(화용월태), 絶世佳人(절세가인), 傾城之色(경성지색), 明眸皓齒(명모호치), 月下美人(월하미인)

17 다음 중 '친한 친구'를 뜻하는 성어가 아닌 것은?

① 管鮑之交

② 臥薪嘗膽

③ 竹馬故友

④ 刎頸之交

⑤ 金蘭之契

advice ② 臥薪嘗膽(와신상담) : 거북한 섶에 몸을 눕히고 쓸개를 맛본다는 뜻으로, 원수를 갚거나 마음먹은 일을 이루기 위하여 온갖 어려움과 괴로움을 참고 견딤을 비유적으로 이르는 말이다.
※ 절친한 친구를 이르는 한자 성어 : 水魚之交(수어지교), 管鮑之交(관포지교), 金蘭之契(금란지계), 莫逆之友(막역지우), 刎頸之交(문경지교), 斷金之交(단금지교), 竹馬故友(죽마고우), 肝膽相照(간담상조), 金石之交(금석지교), 伯牙絶絃(백아절현), 知音(지음)

18 다음 중 '他山之石'의 풀이로 옳은 것은?

① 나와 관계없는 일

② 남의 산에 있는 돌

③ 나의 단점을 고치려고 노력함

④ 남의 단점을 나의 참고로 삼음

⑤ 다른 사람의 본받을 수 없는 단점

advice 他山之石(타산지석) : 다른 산의 나쁜 돌이라도 자신의 산의 옥돌을 가는 데에 쓸 수 있다는 뜻으로, 본이 되지 않은 남의 말이나 행동도 자신의 지식과 인격을 수양하는 데에 도움이 될 수 있음을 비유적으로 이르는 말이다.

Answer 16.⑤ 17.② 18.④

19 다음 중 '首丘初心'과 뜻이 통하는 것은?

① 泣斬馬謖 　　　　　　　　　　② 狐死首丘
③ 傍若無人 　　　　　　　　　　④ 水魚之交
⑤ 小貪大失

advice 首丘初心(수구초심) : 여우가 죽을 때에 머리를 자기가 살던 굴 쪽으로 둔다는 뜻으로, 고향을 그리워하는 마음을 이르는 말이다.
① 泣斬馬謖(읍참마속) : 큰 목적을 위하여 자기가 아끼는 사람을 버림을 이르는 말이다.
② 狐死首丘(호사수구) : 여우가 죽을 때 머리를 제가 살던 굴이 있는 언덕으로 돌린다는 뜻으로, 죽을 때라도 자기의 근본을 잊지 아니함을 이르는 말이다.
③ 傍若無人(방약무인) : 곁에 사람이 없는 것처럼 아무 거리낌 없이 함부로 말하고 행동하는 태도가 있음을 이르는 말이다.
④ 水魚之交(수어지교) : 고기와 물처럼 친한 사이를 이르는 말이다.
⑤ 小貪大失(소탐대실) : 작은 이익에 욕심을 내어 큰 이익을 놓침을 이르는 말이다.

20 다음 중 '벗이 잘 되어 기뻐함'을 뜻하는 말은?

① 松茂栢悅 　　　　　　　　　　② 手不釋卷
③ 自家撞着 　　　　　　　　　　④ 眼下無人
⑤ 溫故知新

advice ① 松茂栢悅(송무백열) : 소나무가 무성함을 잣나무가 기뻐한다는 뜻으로, 벗이 잘 됨을 기뻐함을 이르는 말이다.
② 手不釋卷(수불석권) : 손에서 책을 놓지 아니하고 늘 글을 읽음을 이르는 말이다.
③ 自家撞着(자가당착) : 같은 사람의 말이나 행동이 앞뒤가 서로 맞지 아니하고 모순됨을 이르는 말이다.
④ 眼下無人(안하무인) : 눈 아래에 사람이 없다는 뜻으로, 방자하고 교만하여 다른 사람을 업신여김을 이르는 말이다.
⑤ 溫故知新(온고지신) : 옛것을 익히고 그것을 미루어서 새것을 앎을 이르는 말이다.

21 다음 중 나머지 넷과 뜻이 다른 한자 성어는?

① 仁者無敵 　　　　　　　　　　② 以心傳心
③ 敎外別傳 　　　　　　　　　　④ 拈華示衆
⑤ 不立文字

advice ① 仁者無敵(인자무적) : 어진 사람은 천하에 적이 없음을 이르는 말이다.
※ 마음이 서로 통함을 이르는 한자 성어 : 不立文字(불립문자), 敎外別傳(교외별전), 拈華微笑(염화미소), 拈華示衆(염화시중), 心心相印(심심상인), 以心傳心(이심전심)

Answer 19.② 20.① 21.①

22 다음 한자 성어 중 '부모에 대한 효'와 관계가 없는 것은?

① 昏定晨省   ② 晚時之歎

③ 反哺之孝   ④ 斑衣之戲

⑤ 冬溫夏淸

advice ② 晚時之歎(만시지탄)은 시기에 늦어 기회를 놓쳤음을 안타까워하는 탄식을 이르는 말이다.

※ 부모에 대한 효와 관련있는 한자 성어
  ㉠ **昏定晨省**(혼정신성) : 밤에는 부모의 잠자리를 보아 드리고 이른 아침에는 부모의 밤새 안부를 묻는다는 뜻으로, 부모를 잘 섬기고 효성을 다함을 이르는 말이다.
  ㉡ **反哺之孝**(반포지효) : 까마귀 새끼가 자라서 늙은 어미에게 먹이를 물어다 주는 효(孝)라는 뜻으로, 자식이 자란 후에 어버이의 은혜를 갚는 효성을 이르는 말이다.
  ㉢ **斑衣之戲**(반의지희) : 늙어서 효도함을 이르는 말로 중국 초나라의 노래자가 일흔 살에 늙은 부모님을 위로하려고 색동저고리를 입고 어린이처럼 기어 다녀 보였다는 데서 유래한다.
  ㉣ **冬溫夏淸**(동온하정) : 겨울에는 따뜻하게, 여름에는 서늘하게 한다는 뜻으로, 부모를 잘 섬기어 효도함을 이르는 말이다.
  ㉤ 그밖에 부모에 대한 효를 뜻하는 성어로 '望雲之情(망운지정), 風樹之嘆(풍수지탄), 老萊之戲(노래지희)' 등이 있다.

23 다음 중 의미가 서로 반대되는 성어가 아닌 것은?

① 含哺鼓腹 － 塗炭之苦

② 我田引水 － 易地思之

③ 錦上添花 － 雪上加霜

④ 背恩忘德 － 結草報恩

⑤ 近墨者黑 － 近朱者赤

advice ⑤ 환경의 영향을 받아 변한다는 뜻으로 서로 유사한 의미이다.

Answer 22.② 23.⑤

4. 속담과 관용어

>> 속담

1 다음 ( ) 안에 가장 알맞은 속담은?

> 다들 나더러 팔자 좋다고 하지만 나 같은 (   )도 없다.

① 닭 쫓던 개 지붕 쳐다보듯
② 개발에 편자
③ 빛 좋은 개살구
④ 꽁지 빠진 수탉
⑤ 가게 기둥에 입춘

advice ① 닭 쫓던 개 지붕(먼산) 쳐다보듯 : 애써 하던 일이 실패로 돌아가거나 남보다 뒤떨어져 어찌할 도리가 없이 됨을 비유적으로 이르는 말이다.
②⑤ 제격에 맞지 않음을 비유적으로 이르는 말이다.
③ 겉만 그럴듯하고 실속이 없는 경우를 비유적으로 이르는 말이다.
④ 볼품이 없거나 위신이 없어 보임을 비유적으로 이르는 말이다.

2 다음 ( ) 안에 가장 알맞은 속담은?

> 키도 작고 몸집도 왜소한 친구에게 용기를 주고 싶었는데, 마땅한 말이 떠오르지 않아서 고민을 했다. 그때 (   )는 속담을 인용하면서 친구를 위로한 적이 있다.

① 거미줄에 목을 맨다.
② 거미 줄 따르듯 한다.
③ 거미줄도 줄은 줄이다.
④ 거미는 작아도 줄만 잘 친다.
⑤ 거미도 줄을 쳐야 벌레를 잡는다.

advice ① 어처구니없는 일로 몹시 억울하고 원통함을 이르는 말이다.
② 밀접한 관계가 있어서 서로 떨어지지 않고 따라다닌다는 말이다.
③ 미약하나마 명실(名實)을 갖추었다는 말이다.
④ 모양은 비록 작아도 제 할 일은 다 한다는 말이다.
⑤ 무슨 일이든지 필요한 준비가 있어야 그 결과를 얻을 수 있다는 말이다.

Answer 1.③ 2.④

3 다음 중 속담의 사용이 적절하지 않은 것은?

① 함부로 남의 험담을 하지 마라. 발 없는 말 천리 간다고 하잖아.

② 용기를 내라, 비 온 뒤에 땅이 굳는다고 하잖아. 다음엔 꼭 성공할 거야.

③ 오동나무만 보아도 춤춘다고 그렇게 성미가 급하게 미리부터 서둘러서 되겠니.

④ 호랑이도 제 말하면 온다더니, 방금 너 얘기를 하고 있었는데 무엇을 하고 있다가 어째서 지금 나타나는 거냐.

⑤ 그렇게 힘이 센 사람은 난생 처음이야. 서 발 막대 거칠 것 없다는 식으로 그 무거운 절구통을 한 손으로 번쩍 들지 않겠어.

advice ⑤ '서 발 막대 거칠 것 없다'는 '힘이 세다는 의미가 아니라, 주위에 조심스러운 사람도 없고 아무것도 거리낄 것이 없음을 비유적으로 이르는 말이다.
① 발 없는 말 천리 간다 : 사람의 말은 퍼지기 쉬우니 말을 삼가야 함을 비유적으로 이르는 말
② 비 온 뒤에 땅이 굳는다 : 비에 젖어 질척거리던 흙도 마르면서 단단하게 굳어진다는 뜻으로, 어떤 시련을 겪은 뒤에 더 강해짐을 비유적으로 이르는 말
③ 오동나무만 보아도 춤춘다 : 여러 단계를 거쳐야 비로소 연상할 수 있는 사물의 징조를 보고 마치 그 결과를 본 듯이 기뻐한다는 말
④ 호랑이도 제 말하면 온다 : 어느 곳에서나 그 자리에 없다고 남을 흉보아서는 안 된다는 말 또는 다른 사람에 관한 이야기를 하는데 공교롭게 그 사람이 나타나는 경우를 이르는 말

4 다음 중 속담의 사용이 바르지 않은 것은?

① 함부로 남의 험담하지 마라, 발 없는 말 천리 간다.

② 범 없는 골에는 토끼가 스승이라고 아버지가 외출을 하시니까 큰형이 우리집 대장이 돼버렸어.

③ 한 부모에게서 난 자식도 오롱이조롱이라 생김새와 하는 짓이 형제들끼리 너무도 똑같구만.

④ 며칠을 굶은 그들은 민가에서 먹을 것을 발견하고는 마파람에 게 눈 감추듯 순식간에 먹어치우고 말았다.

⑤ 호랑이도 제 말 하면 온다더니, 방금 너 얘기를 하고 있었는데 무엇을 하고 있다가 어째서 지금 나타나는 게야?

advice ③ '오롱이조롱이'는 오롱조롱하게 제각기 달리 개성을 가진 여럿을 이르는 말이다.

5 다음 속담과 그 뜻이 바르게 연결되지 않은 것은?

① 용 못된 이무기 방천만 무너뜨린다 → 못된 사람은 못된 짓만 한다.

② 가을 물은 소 발자국에 고인 물도 먹는다 → 가을 물이 매우 맑고 깨끗하다.

③ 하늘 천 하면 검을 현 한다 → 하나를 가르치면 둘, 셋을 앞질러 가며 깨닫는다.

④ 경주(慶州) 돌이면 다 옥석(玉石)인가 → 귀중한 것과 그렇지 않은 것을 구분할 필요가 없다.

⑤ 불난 끝은 있어도 물 난 끝은 없다 → 불이 나면 타다 남은 물건이라도 있으나 수재(水災)를 당하여 물에 씻겨 내려가 버리면 아무것도 남지 않는다.

> **advice** ④ 경주(慶州) 돌이면 다 옥석(玉石)인가 : 좋은 일 가운데 궂은 일도 섞여 있다는 말 또는 사물을 평가할 때, 그것이 나는 곳이나 그 이름만을 가지고서 판단할 수 없다는 말

6 다음 속담과 그 뜻이 바르게 연결되지 않은 것은?

① 물 건너온 범 − 바라던 바를 이루어 득의양양한 모습

② 물 만난 오리 걸음 − 보기 흉하게 어기적거리며 급히 걷는 모양

③ 물 밖에 난 고기 − 목숨이 경각에 다다랐거나 그런 운명에서 벗어날 수 없게 된 사람

④ 물이 깊을수록 소리가 없다 − 덕이 높고 생각이 깊은 사람은 떠벌리거나 잘난 체하지 않는다는 말

⑤ 물 본 기러기 산 넘어가랴 − 그리운 사람을 본 이가 그대로 지나쳐 가 버릴 리가 없음

> **advice** ① 물 건너온 범 → 한풀 꺾인 사람을 비유적으로 이르는 말

7 다음 속담과 그 뜻이 바르게 연결된 것은?

① 제 논에 물 대기 − 자기에게만 유익하도록 일을 함을 이르는 말

② 밑 빠진 독에 물 붓기 − 말이나 행동이 변화가 없이 싱겁다는 뜻

③ 물에 물탄 듯 술에 술탄 듯 − 아무리 돈을 쓰고 공을 들여도 아무 소용이 없음을 이르는 말

④ 물 밖에 난 고기 − 지조와 기개가 있는 이는 죽을지언정 비굴한 모습을 보이지 않는다는 뜻

⑤ 양반은 물에 빠져도 개헤엄은 안 한다. − '목숨이 경각에 다다랐거나 그런 운명에서 벗어날 수 없게 된 사람'을 빗대는 말

> **advice** ② 밑 빠진 독에 물 붓기 : 아무리 돈을 쓰고 공을 들여도 아무 소용이 없음을 이르는 말이다.
> ③ 물에 물탄 듯 술에 술탄 듯 : 말이나 행동이 변화가 없이 싱겁다는 뜻이다.
> ④ 물 밖에 난 고기 : 목숨이 경각에 다다랐다거나 그런 운명에서 벗어날 수 없게 된 사람을 이르는 말이다.
> ⑤ 양반은 물에 빠져도 개헤엄은 안 한다. : 지조와 기개가 있는 이는 죽을지언정 비굴한 모습을 보이지 않는다.

Answer 5.④ 6.① 7.①

8 다음 중 '돈만 있으면 세상에 못할 일이 없다.'는 뜻을 갖고 있는 속담은?

① 돈이 돈을 번다.

② 돈 떨어지자 입맛 난다.

③ 돈 나는 모퉁이 죽는 모퉁이

④ 돈만 있으면 귀신도 부릴 수 있다.

⑤ 돈 한 푼 쥐면 손에서 땀이 난다.

> **advice** ① 돈이 많은 사람이 그 이익을 통하여 돈을 더 벌 수 있다는 말이다.
> ② 돈을 다 쓰고 나면 더 간절히 돈을 써서 하고 싶은 일이 많아진다는 말이다.
> ③ 세상에서 돈 벌기가 가장 어려운 일이라는 말이다.
> ⑤ 재물을 너무 인색할 정도로 아끼는 것을 이르는 말이다.

9 다음 중 '堂狗風月'과 관련 있는 속담은?

① 개 밥에 도토리

② 쇠귀에 경 읽기

③ 서당 개 삼 년에 풍월한다.

④ 소 잃고 외양간 고친다.

⑤ 개똥밭에 굴러도 이승이 좋다.

> **advice** 堂狗風月(당구풍월) : 서당에서 기르는 개가 계속하여 글 읽는 소리를 들으면 풍월을 읊는다는 뜻으로, 그 분야에 대하여 경험과 지식이 전혀 없는 사람이라도 오래 있으면 얼마간의 경험과 지식을 가짐을 이르는 말이다.

10 다음 중 '성미가 급하여 서둘 때' 쓰이는 속담이 아닌 것은?

① 우물에 가 숭늉 찾는다.

② 오동나무 보고 춤춘다.

③ 콩밭에 가 두부 달란다.

④ 우렁도 두렁은 넘는다.

⑤ 털도 안 뜯고 먹으려고 한다.

> **advice** ④ 비록 어리석은 사람이라도 한두 가지의 재능은 지니고 있다는 말이다.

11 다음 한자 성어와 뜻이 통하는 속담을 바르게 연결하지 않은 것은?

① 狐假虎威 – 원님 덕에 나팔 분다.

② 烏飛梨落 – 까마귀 날자 배 떨어진다.

③ 死後藥方文 – 소 잃고 외양간 고친다.

④ 矯角殺牛 – 나중에 난 뿔이 우뚝하다.

⑤ 類類相從 – 가재는 게 편이요, 초록은 동색이다.

> **advice** 矯角殺牛(교각살우) : 소의 뿔을 바로잡으려다가 소를 죽인다는 뜻으로, 잘못된 점을 고치려다가 그 방법이나 정도가 지나쳐 오히려 일을 그르침을 이르는 말이다(빈대 잡으려다 초가 삼간 태운다).

12 다음 중 '십 년이면 강산도 변한다.'와 관계있는 말은?

① 桑田碧海   ② 塞翁之馬

③ 錦衣還鄕   ④ 朝三暮四

⑤ 十匙一飯

> **advice** 桑田碧海(상전벽해) : 뽕나무 밭이 변하여 푸른 바다가 된다는 뜻으로, 세상일의 변천이 심함을 비유적으로 이르는 말이다.

13 다음 관용어나 속담이 생활 속에서 변형되어 사용되는 예와 그 상황에 대한 설명이 잘못 짝지어 진 것은?

① 공든 탑이 무너진다. – 공들인 일이 잘못되는 경우

② 분식집 개 삼 년이면 라면을 끓인다. – 다른 낱말로 바뀜

③ 윗물이 맑아도 아랫물은 흐리다. – 환경오염으로 인한 현실

④ 윗물이 흐려도 아랫물은 맑다. – 과학의 발달로 정화되어 나옴

⑤ 소 잃고도 외양간 안 고친다. – 쓸데없이 고집을 부리는 경우

> **advice** ⑤ '부실 공사 등의 실수가 반복되는 경우'에 쓰일 수 있는 말이다.

14 다음 속담의 뜻이 서로 비슷하지 않은 것은?

① 작은 고추가 맵다. – 제비는 작아도 알만 낳는다.

② 산이 깊어야 범이 있다. – 물이 깊어야 고기가 모인다.

③ 벽에도 귀가 있다. – 낮말은 새가 듣고, 밤말은 쥐가 듣는다.

④ 말 많은 집이 장맛도 쓰다. – 말은 할수록 늘고 되질은 할수록 준다.

⑤ 가랑잎이 솔잎더러 바스락거린다고 한다. – 똥 묻은 개가 겨 묻은 개 나무란다.

> **advice**　② 덕망이 있어야 사람이 따른다는 말
> 　　　　　④ 말 많은 집이 장맛도 쓰다 : 집안에 잔말이 많으면 살림이 잘 안 된다는 말
> 　　　　　　　말은 할수록 늘고 되질은 할수록 준다 : 말은 퍼질수록 보태어지고, 물건은 옮겨 갈수록 줄어든다는 말

15 다음 글에 등장하는 개구리의 행위를 비판하는 데 가장 적절한 속담은?

> 　황소를 본 개구리는 그 황소의 덩치에 그만 기가 죽었다. 그러나 시기심이 생겨 기지개를 켜기도
> 하고, 숨을 들이켜 몸을 부풀게도 해보는 등 눈물겨운 노력을 하면서 소와 같은 큰 몸집을 갖고 싶어
> 했다. 그러다가 마침내 불쌍하게도 개구리는 너무 지나치게 뱃속을 부풀게 했기 때문에 그만 배가
> 펑하고 터지고 말았다.

① 값도 모르고 싸다 한다.

② 숭어가 뛰니까 망둥이도 뛴다.

③ 용 못된 이무기 방천만 무너뜨린다.

④ 될성부른 나무는 떡잎부터 알아본다.

⑤ 호랑이를 그리려다가 강아지를 그린다.

> **advice**　이 글은 개구리가 자신의 분수를 모르고 황소를 흉내내다가 죽은 이야기이다.
> 　　　　　① 일의 속사정은 잘 알지도 못하면서 경솔하게 이러니저러니 말함을 이르는 말이다.
> 　　　　　② 남이 한다고 하니까 분별없이 덩달아 나섬을 비유적으로 이르는 말이다.
> 　　　　　③ 못된 사람은 못된 짓만 한다는 말이다.
> 　　　　　④ 뛰어난 인물이 될 사람은 어릴 적부터 다른 데가 있음을 이르는 말이다.
> 　　　　　⑤ 시작할 때는 크게 마음먹고 훌륭한 것을 만들려고 하였으나 생각과는 다르게 초라하고 엉뚱한 것을 만들
> 　　　　　　게 됨을 비유적으로 이르는 말이다.

Answer　14.④　15.②

16 다음의 설명에 해당하는 속담으로 옳은 것은?

> 이 속담은 가을걷이 때에는 일이 많아서 누구나 바삐 나서서 거들게 됨을 비유적으로 이르는 말이다.

① 가을 중 싸대듯 한다.
② 가을 상추는 문 걸어 잠그고 먹는다.
③ 가을 물은 소 발자국에 고인 물도 먹는다.
④ 가을에 밭에 가면 가난한 친정에 가는 것보다 낫다.
⑤ 가을에는 대부인 마누라도 나무 신짝 가지고 나온다.

> **advice** ① 수확이 많은 가을철에 조금이라도 더 시주를 얻기 위하여 중이 바쁘게 돌아다닌다는 뜻이다.
> ② 가을 상추는 특별히 맛이 좋음을 비유적으로 이르는 말이다.
> ③ 가을 물이 매우 맑고 깨끗함을 비유적으로 이르는 말이다.
> ④ 가을밭에는 먹을 것이 많음을 이르는 말이다.

>> 관용어

1 다음 관용구의 뜻풀이가 바르지 않은 것은?

① 죽이 맞다 : 서로 뜻이 맞다.
② 구색이 맞다 : 여러 가지가 고루 갖추어지다.
③ 호흡이 맞다 : 일을 할 때 서로의 생각과 의향이 맞다.
④ 발이 맞다 : 여러 사람의 말이나 행동이 같은 방향으로 일치하다.
⑤ 사개가 맞다 : 옳지 못하거나 떳떳하지 못한 일을 하는 데 있어 서로의 뜻이 통하다.

> **advice** ② 구색(具色) : 여러 가지 물건을 고루 갖춤
> ⑤ 사개가 맞다 → 말이나 사리의 앞뒤 관계가 빈틈없이 딱 들어맞다.
> ※ 사개 : 상자 따위의 모퉁이를 끼워 맞추기 위하여 서로 맞물리는 끝을 들쭉날쭉하게 파낸 부분

Answer 16.⑤ / 1.⑤

2 다음 밑줄 친 부분을 풀이한 것 중 바르지 않은 것은?

① 이제는 그 사람들과 <u>손을 끊어라</u>.

　→ 교제나 거래 관계를 중단하다.

② 그와는 <u>손이 맞아</u> 무슨 일이든 척척 잘 진행된다.

　→ 함께 일할 때 생각·방법 따위가 서로 잘 어울린다.

③ 곡예단의 묘기를 보고 있노라니 나도 모르게 <u>손에 땀을 쥐게</u> 되었다.

　→ 아슬아슬하여 마음이 조마조마하도록 몹시 애달다.

④ 철수는 나무를 해 날랐고, 영희는 <u>손이 나면</u> 들에 나가서 쑥을 뜯었다.

　→ 어떤 일에서 조금 쉬거나 다른 것을 할 틈이 생기다.

⑤ 날 배신하고 도망을 가다니, 언제라도 내 <u>손에 걸리면</u> 가만두지 않겠다.

　→ 너무 흔하여 어디나 다 있다.

> **advice** ⑤ '손에 걸리다'는 다음 두 가지 뜻으로 쓰인다.
> ㉠ 너무 흔하여 어디나 다 있다.
> ㉡ 어떤 사람의 손아귀에 잡혀 들다.
> 문제의 예문에서는 ㉡의 뜻으로 쓰였다.

3 다음 밑줄 친 부분을 풀이한 것 중 바르지 않은 것은?

① 삼 일을 굶었더니 <u>하늘이 노랗고</u> 현기증이 난다.

　→ 지나친 과로나 상심으로 기력이 몹시 쇠하다.

② 우리 축구 선수들의 사기가 <u>하늘을 찌를</u> 것 같았다.

　→ 기세가 몹시 세차다.

③ 오늘도 돌아가지 못하고 <u>하늘을 지붕 삼아</u> 잠을 청해 보았다.

　→ 아무리 큰 어려움이 있더라도 참고 견디다.

④ 육십 늙은이에게 이제 와서 <u>하늘 천 따지</u>를 시작하란 말이야.

　→ '천자문'을 비유적으로 이르는 말이다.

⑤ 내일까지 이 일을 다 해야 하다니, 생각만 해도 <u>하늘이 캄캄하다</u>.

　→ 큰 충격을 받아 정신이 아찔하다.

> **advice** ③ 하늘을 지붕 삼다 → 한데서 기거하다, 정처 없이 떠돌아다니다.

4 다음 중 관용어의 풀이가 옳지 않은 것은?

① 낯이 깎이다 – 체면이 떨어지다.
② 발에 채이다 – 여기저기서 흔하게 널려 있다.
③ 손이 맵다 – 손으로 살짝 때려도 몹시 아프다.
④ 입 안의 혀 같다 – 무슨 말이 튀어나올 줄 몰라 불안하다.
⑤ 애를 먹다 – 속이 상하도록 어려움을 당하거나 고생을 하다.

advice　④ '입 안의 혀 같다.'는 일을 시키는 사람의 뜻대로 움직여 주는 것을 이르는 말이다.

5 다음 중 관용어의 밑줄 친 부분의 원래 뜻이 잘못된 것은?

① 간담이 서늘하다 – 간과 쓸개
② 법석을 떨다 – 불교에서 법회를 여는 자리
③ 시치미를 떼다 – 입을 꾹 다문 매의 입
④ 오금이 저리다 – 무릎을 구부리는 안쪽
⑤ 신물이 나다 – 먹은 것이 체하여 토할 때 나오는 시척지근한 물

advice　③ 시치미는 매의 주인을 밝히기 위하여 주소를 적어 매의 꽁지털 속에다 매어 둔 네모꼴의 뿔을 이르는 말이다.

6 다음 속담이나 관용어의 뜻이 바르게 연결되지 않은 것은?

① 손에 걸리다 – 너무 흔하여 어디에나 있다.
② 눈 가리고 아웅 – 얕은 수로 남을 속이려 한다.
③ 마른 논에 물 대기 – 일이 매우 힘듦을 이르는 말이다.
④ 콧대를 꺾다 – 상대편의 자만심이나 자존심을 꺾어 기를 죽이다.
⑤ 물이 깊을수록 소리가 없다 – 사람이 너무 결백하면 남이 가까이 하지 않는다.

advice　⑤ '물이 깊을수록 소리가 없다.'는 덕이 높고 생각이 깊은 사람은 겉으로 떠벌리거나 잘난 체하지 않음을 이르는 말이다.

7 다음 중 '소식이 깜깜하다.'라는 뜻을 가진 관용어는?

① 코가 땅에 닿다.　　　　② 눈코 뜰 새 없다.

③ 다 된 죽에 코 풀기　　　④ 코끝도 볼 수 없다.

⑤ 눈 감으면 코 베어 먹을 인심

advice　① '머리를 깊이 숙이다.'의 의미이다.
② '매우 바쁘다.'의 의미이다.
③ 일이 거의 다 됐는데, 갑자기 장애가 생겨 실패함을 이르는 말이다.
⑤ 세상의 인심이 험악하고 믿음성이 없음을 이르는 말이다.

8 관용어의 유래와 관련하여 다음 (　) 안에 공통으로 들어갈 알맞은 말은?

> 고려 시대에는 매사냥이 성행하여 사냥매를 사육하는 '응방'이라는 곳이 따로 있었다. 당시 궁궐에서부터 시작된 매사냥은 귀족 사회로까지 번져 나가 많은 이들이 매사냥을 즐겼다. 이렇게 매사냥을 즐기는 사람이 늘어나다 보니 길들인 매를 잃어버리는 일이 잦아졌다. 이 때문에 서로 자기 매에 특별한 꼬리표를 달아 표시를 하였는데, 이것을 (　　　)(이)라고 했다. 그런데 이 (　　　)(을)를 떼면 누구 매인지 알 수 없게 되어 버린다는 데에서 '(　　　)(을)를 떼다'라는 관용어가 유래되었다.

① 운　　　　　　　　　　② 오금

③ 시치미　　　　　　　　④ 꼬리표

⑤ 다랑귀

advice　① 운(을) 떼다 : 어떤 이야기를 하기 위하여 말을 하기 시작하다.
② 오금을 떼다 : 걸음을 옮기다.
③ 시치미 떼다 : 알고도 짐짓 모르는 체하거나, 하고도 안 한 체하다.
⑤ 다랑귀(를) 떼다(뛰다) : 두 손으로 붙잡고 매달리며 놓지 아니하려 하다.

9 다음 문장의 밑줄 친 부분에 들어갈 관용어로 가장 알맞은 것은?

> 그는 내가 한 말을 한참 생각하는 듯하더니, 잠시 후 ______________

① 입만 살다.　　　　　　② 입만 아프다.

③ 입(을) 떼다.　　　　　④ 입(을) 모으다.

⑤ 입을 딱 벌리다.

advice　③ 말을 하기 시작하다.

Answer　7.④　8.③　9.③

10 다음 중 관용적인 표현이 아닌 것은?

① 영수는 발이 넓다.

② 당신은 나의 태양입니다.

③ 낫 놓고 기역자도 모른다.

④ 신혼살림에 깨가 쏟아진다.

⑤ 내 손에 걸리는 사람은 혼날 줄 알아.

> **advice** 관용적인 표현에는 숙어와 속담이 있다.
> ①은 '발이 넓다.' ③은 '낫 놓고 기역자도 모른다.' ④는 '깨가 쏟아진다.' ⑤는 '손에 걸리다.'라는 관용적인
> 표현이 쓰였다.

11 다음 중 관용어가 사용되지 않은 문장은?

① 발 없는 말이 천 리 간다.

② 나는 이 일에서 발을 뺄래.

③ 이사를 하다가 재봉틀의 발이 부러졌다.

④ 그런 부탁은 발이 넓은 사람에게 해야지.

⑤ 영수는 그 날 이후로 민호네 집에 발을 끊었다.

> **advice** ①은 '발 없는 말이 천 리 간다.' ②는 '발을 빼다.' ④는 '발이 넓다.' ⑤는 '발을 끊다.'라는 관용어가 사용되었다.

12 다음 중 관용적 표현이 쓰이지 않은 문장은?

① 내가 너의 콧대를 꺾어 주겠다.

② 지금 동생을 따돌리는 것은 식은 죽 먹기다.

③ 우리 언니는 이번 시험에서 미역국을 먹었다.

④ 내가 가장 좋아하는 일은 음식을 만드는 것이다.

⑤ 공부를 열심히 하라는 잔소리는 엄마에게서 귀에 못이 박히게 들었다.

> **advice** ① '기를 죽이다.'의 의미인 '콧대를 꺾다.'라는 관용적 표현이 쓰였다.
> ② '매우 쉬운 일'의 의미인 '식은 죽 먹기'라는 관용적 표현이 쓰였다.
> ③ '시험에 떨어지다.'의 의미인 '미역국을 먹다.'라는 관용적 표현이 쓰였다.
> ④ 자체가 갖는 원래의 의미로 쓰였다.
> ⑤ '질릴 정도로 많이 듣다.'라는 의미인 '귀에 못이 박히다.'라는 관용적 표현이 쓰였다.

Answer 10.② 11.③ 12.④

13 다음 밑줄 친 말의 표현이 올바른 것은?

① <u>운영의 묘</u>를 잘 살려서 일을 마무리해라.

② 아름다운 민요 곡조는 나의 <u>신금을 울린다</u>.

③ 그는 실언을 해서 <u>자퉁수를 두는</u> 꼴이 되었다.

④ 잘해야 <u>산수갑산</u> 어느 깊은 골짜기로 숨어들었으리라.

⑤ 아무 어려움 없이 살던 사람도 <u>된서방을 맞고</u> 나면 세상이 다르게 보인다.

> **advice** ① 운영 → 운용(運用) : 무엇을 움직이게 하거나 부리어 씀
> ② 신금 → 심금(心琴)
>   **심금을 울리다** : 외부의 자극을 받아 마음에 감동을 일으키다.
> ③ 자퉁수 → 자충수(自充手)
>   **자충수를 두다** : 스스로 행한 행동이 결국에 가서는 자신에게 불리한 결과를 가져오게 됨을 비유적으로 이르는 말
> ④ 산수갑산 → 삼수갑산(三水甲山) : 우리나라에서 가장 험한 산골이라 이르던 삼수와 갑산을 뜻한다. 조선 시대에 귀양지의 하나였다.
> ⑤ 된서방(을) 맞다 : 몹시 어렵고 까다로운 일을 당하다.

14 다음 중 관용 표현을 잘못 사용한 것은?

① 그는 그것을 꼭 해야 직성이 풀리는 위인이야.

② 시험을 그렇게 잘 보았으니 1등은 떼어 놓은 당상이다.

③ 그는 어머니의 모습이 눈에 밟혀 발걸음을 옮길 수 없었다.

④ 그는 변죽을 울려서 은근한 가운데 비유적인 표현을 주로 한다.

⑤ 즐겁게 동창들과 어울리니 부아가 나서 노랫소리가 저절로 나왔다.

> **advice** ① 직성(이) 풀리다 : 제 성미대로 되어 마음이 흡족하다.
> ② 떼어 놓은 당상 : 일이 확실하여 조금도 틀림이 없음을 이르는 말
> ③ 눈에 밟히다 : 잊혀지지 않고 자꾸 눈에 떠오르다.
> ④ 변죽을 울리다 : 바로 집어 말을 하지 않고 둘러서 말을 하다.
> ⑤ 부아가 나서→신명이 나서
>   부아가 나다 : 노엽거나 분한 마음이 생기다.

Answer 13.⑤ 14.⑤

15 다음 중 관용 표현을 잘못 사용한 것은?

① 그는 선심을 쓰는 척하면서 제 실속은 다 챙겼다.

② 그 사람의 그림 솜씨에 많은 이들이 혀를 내둘렀다.

③ 입에 발린 소리를 잘하는 그의 말을 모두 믿지 마라.

④ 마라톤에서 금메달을 딴 선수는 명예와 함께 돈방석에 앉게 되었다.

⑤ 그는 혼잡한 인파 속에서 아내를 찾기 위해 자라목이 되어 두리번거렸다.

> **advice** ① 선심을 쓰다 : 남에게 착한 마음을 베풀어 도와주다.
> ② 혀를 내두르다 : 몹시 놀라거나 어이없어서 말을 못하다.
> ③ 입에 발린 소리 : 마음에도 없이 겉치레로 하는 말
> ④ 돈방석에 앉다 : 많은 돈을 벌 수 있는 처지가 되다.
> ⑤ '자라목이 되다'는 '사물이나 기세 따위가 움츠러들다'는 뜻을 가진 관용 표현으로 위의 상황에는 어울리지 않는 표현이다.
> 📖 그가 소리를 지르자 떠들던 사람들이 금방 자라목이 되고 말았다.

16 다음 밑줄 친 관용어의 쓰임이 적절하지 않은 것은?

① 너무 우스워서 <u>허리가 부러질</u> 지경이다.

② <u>콧대 높은</u> 사장도 자기 부인 앞에서는 꼼짝 못한다.

③ <u>입에 발린 소리</u>를 잘하는 그 사람의 말을 믿지 마라.

④ 그렇게 시험을 잘 보았으니 전체 1등은 <u>떼어 놓은 당상</u>이다.

⑤ 친구들과 즐겁게 어울리다보니 <u>부아가 나서</u> 콧노래가 저절로 나왔다.

> **advice** ① 허리가 부러지다 : 몹시 우습다. 어떤 일에 대한 부담이 감당하기 어려운 상태가 되다. 당당한 기세가 꺾이고 재주를 펼 수 없게 되다.
> ② 콧대(가) 높다 : 잘난 체하고 뽐내는 태도가 있다.
> ③ 입에 발린 소리 : 마음에도 없이 겉치레로 하는 말
> ④ 떼어 놓은 당상 : 일이 확실하여 조금도 틀림이 없음을 이르는 말
> ⑤ 부아가 나서 → 신명이 나서
> 부아가 나다 : 노엽거나 분한 마음이 생기다.

Answer 15 ⑤ 16.⑤

17 다음 밑줄 친 관용어 쓰임이 바르지 않은 것은?

① <u>목을 놓고</u> 그를 기다린 지 이미 오래다.

② 나는 그의 잔인한 행동에 <u>간담이 서늘했다.</u>

③ 그는 <u>뼈를 깎는</u> 노력을 통해 드디어 목표를 이룰 수 있었다.

④ 그들의 수작을 보니 <u>배알이 뒤틀리고</u> 역겨워 참을 수가 없었다.

⑤ 갖다 주라는 돈으로 술을 먹고 있자니 자꾸만 <u>오금이 저려</u> 왔다.

> **advice** ① 목을 놓고 → 목이 빠지게
>   목(을) 놓아(놓고) : 주로 울거나 부르짖을 때에 참거나 삼가지 않고 소리를 크게 낸다는 뜻을 가진 말이다.
>   목이 빠지게 기다리다 : 몹시 안타깝게 기다리다.
> ② 간담이 서늘하다 : 몹시 놀라서 섬뜩하다.
> ③ 뼈를 깎다 : 매우 견디기 어려운 고통을 비유적으로 이르는 말이다.
> ④ 배알이 뒤틀리다(꼴리다) : 비위에 거슬려 아니꼽다.
> ⑤ 오금이 저리다 : 저지른 잘못이 들통이 나거나 그 때문에 나쁜 결과가 있지 않을까 마음을 졸이다.

18 다음 밑줄 친 표현 중 잘못 쓰인 것은?

① 그는 부모님 <u>가슴에 못을 박는</u> 불효를 저질렀다.

② 그는 이번 경기에서 <u>물 건너 온 범처럼</u> 눈부신 활약을 했다.

③ 그는 감기를 심하게 앓고 나더니만 <u>얼굴이 반쪽이 되었다.</u>

④ 그는 옳다고 생각하는 일이라면 항상 <u>발 벗고 나서는</u> 사람이다.

⑤ 조그만 게 어찌나 <u>손이 매운지</u> 맞은 자리가 한참 동안이나 얼얼하였다.

> **advice** ① 가슴에 못을 박다 : 마음속 깊이 원통한 생각이 맺히게 하다.
> ② '물 건너 온 범'은 한풀 꺾인 사람을 비유적으로 이르는 말로, 여기에서는 '물 만난 고기'가 더 잘 어울린다.
> ③ 얼굴이 반쪽이 되다 : 병이나 고통 따위로 얼굴이 몹시 수척하여지다.
> ④ 발 벗고 나서다 : 적극적으로 나서다.
> ⑤ 손이 맵다 : 손으로 슬쩍 때려도 몹시 아프다.

19 다음 밑줄 친 관용 표현이 잘못된 것은?

① <u>운영의 묘를 살려</u> 그 일을 처리해야 한다.

② 상대방의 말이 끝나자 김 교수는 반론의 <u>포문을 열었다.</u>

③ 그런 위협에는 <u>콧방귀를 뀔</u> 정도로 실감이 가지 않았다.

④ 제가 뭘 했다고 그런 칭찬을 하시다니, <u>천만의 말씀입니다.</u>

⑤ 사태가 심각해지자 급기야는 당사자들끼리 <u>주먹이 오고 갔다.</u>

Answer 17.① 18.② 19.①

advice ① 운영 → 운용(運用) : 무엇을 움직이게 하거나 부리어 씀
② 포문을 열다 : 상대편을 공격하는 발언을 시작하다.
③ 콧방귀를 뀌다 : 아니꼽거나 못마땅하여 남의 말을 들은 체 만 체 말대꾸를 아니하다.
④ 천만의 말씀 : 남의 칭찬이나 사례에 대하여 사양할 때 당찮다는 뜻으로 이르는 말
⑤ 주먹이 오고 가다 : 싸움이 벌어져 서로 주먹질을 하다.

20 다음 밑줄 친 말의 쓰임이 바르지 않은 것은?

① 그 사람의 노래는 뭇사람의 <u>심금을 울린다.</u>

② 그가 돌아가지 않고 <u>산통을 깨면</u> 어떻게 하지.

③ 그는 실언을 해서 <u>자통수를 두는</u> 꼴이 되었다.

④ 그들은 차츰 흉악한 <u>마각을 드러내기</u> 시작했다.

⑤ <u>정곡을 찌르는</u> 질문에 발표자는 당황한 기색이 역력했다.

advice ① 심금(心琴)을 울리다 : 외부의 자극을 받아 마음에 감동을 일으키다.
② 산통을 깨다 : 다 잘되어 가던 일을 이루지 못하게 뒤틀다.
③ 자통수 → 자충수
　　자충수를 두다 : 스스로 행한 행동이 결국에 가서는 자신에게 불리한 결과를 가져오게 됨을 비유적으로
　　이르는 말이다.
④ 마각을 드러내다 : 말의 다리로 분장한 사람이 자기 모습을 드러낸다는 뜻으로, 숨기고 있던 일이나 정체
　　를 드러냄을 이르는 말이다.
⑤ 정곡을 찌르다 : 핵심을 파악하다.

21 다음 밑줄 친 관용 표현이 바르게 쓰이지 않은 것은?

① 그는 항상 <u>사개가 맞는</u> 말만 한다.

② 정부는 금융 정책으로 은행의 <u>발을 묶어</u> 놓았다.

③ 그는 <u>앞자락이 넓어</u> 어려운 사람들을 성의껏 잘 도와준다.

④ 그와 <u>무릎맞춤해서</u> 의심이 풀릴 일이라면 백 번이라도 하겠다.

⑤ 아무 어려움 없이 살던 사람도 <u>된서방을 맞고</u> 나면 세상이 다르게 보인다.

advice ① 사개(가) 맞다 : 말이나 사리의 앞뒤 관계가 빈틈없이 딱 들어맞다.
② 발을 묶다 : 꼼짝 못하게 하다.
③ 앞자락이 넓다 : 비위가 매우 좋다. 관심을 가지는 분야가 매우 넓다.
④ 무릎맞춤하다 : 두 사람의 말이 서로 어긋날 때, 제삼자를 앞에 두고 전에 한 말을 되풀이하여 옳고 그름을
　　따진다.
⑤ 된서방(을) 맞다 : 몹시 어렵고 까다로운 일을 당하다.

5. 국어 순화와 생활 어휘

>> 국어순화

1 다음 순화한 단어가 적절하지 않은 것은?

① 로밍(roaming) → 어울통신
② 컬러링(color ring) → 멋울림
③ 이모티콘(emoticon) → 그림표지
④ 유비쿼터스(ubiquitous) → 두루누리
⑤ 스타일리스트(stylist) → 맵시가꿈이

> **advice** ③ '이모티콘'은 '그림말', '감정기호' 등이 어울린다.
> ④ 유비쿼터스 : 사용자가 장소와 시간, 네트워크나 컴퓨터의 종류에 구애받지 않고 자유롭게 인터넷에 접속할 수 있는 환경을 말한다.

2 다음 순화한 단어 중 적절하지 않은 것은?

① 웹서핑(web surfing) → 누리검색
② 가드레일(guard-rail) → 보호 난간
③ 스크린 도어(screen door) → 영화관 출구
④ 방카슈랑스(bancassurance) → 은행연계보험
⑤ 스탠더드 넘버(standard number) → 대중명곡

> **advice** ③ 스크린 도어(screen door) → 안전문
> 스크린 도어 : 승강장 연단에 고정벽과 자동문을 설치하여 승강장과 선로부를 차단함으로써 승객의 안전과 승강장 환경개선 및 에너지 절감을 위한 시설
> ④ 방카슈랑스 : 은행에서 보험사와 연계하여 보험 상품을 판매하는 일을 가리키는 외래어

3 다음의 순화한 말 중 표현이 바르지 않은 것은?

① 하리핀 → 압정
② 시말서 → 경위서
③ 자바라 → 주름물통
④ 난닝구 → 런닝셔츠
⑤ 돈까스 → 포크 커틀릿

> **advice** ① 하리핀 → '핀' 또는 '바늘못'

Answer 1.③ 2.③ 3.①

4 외래어를 순화한 다음 단어 중 적절하지 않은 것은?

① 팩션(faction) → 가상현실　　　　② 피처링(featuring) → 돋움연주
③ 오마주(hommage) → 감동되살이　　④ 크로스백(cross bag) → 엇걸이가방
⑤ 스토리보드(storyboard) → 그림줄거리

> **advice**　① 팩션(faction) → 각색실화
> 　　팩션(faction) : 역사적 사실이나 실존 인물의 이야기에 작가의 상상력을 보태어 새로운 이야기를 풀어나
> 　　가는 문화 예술의 갈래를 일컫는 외래어
> 　② 피처링(featuring) : 어떤 악기를 중심으로 한 노래나 음악에서 특별한 인상을 주도록 노래하거나 연주하
> 　　는 일을 가리키는 외래어
> 　③ 오마주(hommage) : 영화에서 존경의 표시로 다른 작품의 주요 장면이나 대사를 인용하는 일을 가리켜
> 　　이르는 외래어
> 　⑤ 스토리보드(storyboard) : 드라마, 영화, 광고 등에서 주요 장면을 간단하게 그림으로 그려 이를 나란히
> 　　붙인 것을 가리켜 이르는 외래어

5 다음 밑줄 친 일본어식 표현을 고쳐 쓴 것 중 적절하지 않은 것은?

① 추운 겨울에는 역시 <u>세타</u>를 입는 게 최고 좋군. → 스웨터
② 새로 산 유리 그릇에 <u>기스</u>가 그렇게 많아 속상하다. → 흠, 흠집
③ 매운 국물에 <u>다대기</u>를 그렇게 많이 넣으면 어떡해. → 다진 양념
④ 보자기에 새겨진 <u>땡땡이</u> 무늬가 아주 멋져 보인다. → 꽃망울(무늬)
⑤ 쓰지도 않는 전열기를 <u>사시꼬미</u>에 그대로 꽂아 놓지 마라. → 콘센트

> **advice**　④ 땡땡이 → 물방울(무늬)

6 다음 밑줄 친 말을 고쳐 쓴 것 중 적절하지 않은 것은?

① 그의 <u>십팔번</u>은 언제 들어도 기분이 좋다. → 애창곡
② 한여름도 아닌데 <u>나시</u>를 입고 있으면 춥지 않겠어. → 민소매
③ 사람이 좀 <u>유도리</u>가 있어야지 그렇게 꽉 막혀서 어찌 살겠어. → 능력
④ 한강 <u>고수부지</u>에 아름다운 공원을 조성한다는 계획이 발표되었다. → 둔치
⑤ 그는 <u>기라성</u> 같은 경쟁자를 모두 물리치고 수상자로 결정됐다. → 빛나는 별

> **advice**　① 십팔번(十八番) : 가장 즐겨 부르는 노래를 뜻하며, 일본의 유명한 가부키 집안에 전하여 오던 18번의 인기
> 　　연주 목록에서 온 말이다.
> 　③ 유도리 → 융통(성), 여유, 늘품
> 　　유도리 : 시간·금전·기력 등의 여유를 뜻하는 일본어에서 온 말이다.
> 　⑤ 기라성(綺羅星) : 밤하늘에 반짝이는 무수한 별이라는 뜻으로, 신분이 높거나 권력이나 명예 따위를 가지
> 　　고 있는 사람이 모여 있는 것을 비유적으로 이르는 말이다.

Answer　4.①　5.④　6.③

7 다음 밑줄 친 단어의 순화어로 적절하지 않은 것은?

① 회를 먹을 때 <u>와사비</u>는 반드시 있어야겠지. → 고추냉이
② 오늘 일도 다 끝냈으니 <u>시마이</u>하고 집에 갑시다. → 준비
③ 비가 많이 온다니까 <u>단도리</u>를 단단히 해야 한다. → 채비
④ 그는 <u>곤색</u>을 좋아하여 옷이 대부분 그 색깔이다. → 감색(紺色)
⑤ 장거리를 가야하니까 차에 기름을 <u>만땅</u> 넣고 가야할 거야. → 가득

advice ② 시마이 → 끝냄, 마침

8 다음 순화한 말 중 잘못된 것은?

① 유도리 → 능력
② 시아게 → 끝손질
③ 십팔번 → 애창곡
④ 기라성 → 빛나는 별
⑤ 다대기 → 다진 양념

advice ① '융통성'으로 순화하는 게 좋다.

9 다음의 순화한 말 중 옳지 않은 것은?

① 쇼부 → 흥정
② 오야붕 → 두목
③ 찌라시 → 선전지
④ 고수부지 → 둔치
⑤ 사시꼬미 → 회칼

advice ⑤ 사시꼬미 → 콘센트

10 다음 밑줄 친 외래어를 바꾸어 쓴 것 중 적절하지 않은 것은?

① 역시 이 음악은 <u>스탠더드 넘버</u>로서 손색이 없다. → 순위 1위

② 우리는 위급한 상황에 놓여서 <u>에스오에스</u> 신호를 보냈다. → 구원요청

③ <u>스크린 도어</u>가 설치되니 소음도 줄고 먼지가 날리지 않아 좋다. → 안전문

④ 우리 회사의 <u>트레이드마크</u>는 어떤 것이 좋을지 의논해 봅시다. → 으뜸상징

⑤ 요즘 <u>유시시</u> 제작이 인기를 끌면서 많은 사람들의 새로운 취미로 떠오르고 있다. → 손수제작물

advice ① 스탠더드 넘버 → 대중명곡
스탠더드 넘버(standard number) : 시대에 관계없이 오랫동안 늘 연주되고 사랑받아 온 곡을 가리키는 외래어
③ 스크린 도어(screen door) : 승강장 연단에 고정벽과 자동문을 설치하여 승강장과 선로부를 차단함으로써 승객의 안전과 승강장 환경개선 및 에너지 절감을 위한 시설
⑤ 유시시 : UCC, User Created Contents

11 다음 밑줄 친 외래어 또는 외국어를 바꾸어 쓴 것 중 바른 것은?

① 그는 미래에 대한 <u>비전</u>이 없는 사람이다. → 시각

② 정보 통신 <u>미디어</u>가 급속히 발전하고 있다. → 전달 매체

③ 나는 <u>그로테스크한</u> 취향의 영화를 가장 싫어한다. → 낭만적인

④ <u>드레싱</u>을 받은 환자는 고통으로 인해 신음소리를 냈다. → 양념 소스

⑤ 한 인물에 대한 이해는 그가 살았던 시대의 <u>패러다임</u> 안에서 이루어져야 한다. → 사회적 변혁

advice ① 비전 → 이상, 전망
② 미디어 : 어떤 작용을 한쪽에서 다른 쪽으로 전달하는 역할을 하는 것으로 '대중 매체', '매개체(媒介體)', '매체(媒體)'로 순화할 수 있다.
③ 그로테스크한 → 기괴한, 엽기적인
④ 드레싱 → 상처를 치료하는 일 또는 그런 약품
'드레싱'은 '식품에 치는 소스 따위의 양념'이란 뜻으로 쓰이기도 한다.
⑤ 패러다임 → 어떤 한 시대 사람들의 견해나 사고를 근본적으로 규정하고 있는 테두리로서의 인식의 체계 또는 사물에 대한 이론적인 틀이나 체계

Answer 10.① 11.②

12 다음 밑줄 친 외래어를 고쳐 쓴 것 중 적절하지 않은 것은?

① 경영자에게 <u>리더십</u>은 필수 요건이다. → 통솔력
② 그는 심사숙고 끝에 가진 것을 모두 <u>올인</u> 했다. → 다걸기
③ 어떤 상황에서도 주어진 <u>미션</u>은 완수해야 한다. → 중요 임무
④ 이번 명절에는 국내 영화가 <u>박스 오피스</u> 1위를 차지했다. → 흥행 수익
⑤ 그녀는 모든 경쟁자를 물리치고 당당히 <u>알파걸</u>로 우뚝 섰다. → 여자 정치인

> **advice** 알파걸 → 으뜸녀
> 알파걸(alpha girl) : 남성보다 능력이 뛰어난 엘리트 소녀, 즉 첫째가는 여성을 가리키는 외래어

13 다음 밑줄 친 단어의 순화어로 적절하지 않은 것은?

① 그는 요즘 <u>유시시</u>를 제작하느라 시간 가는 줄 모른다. → 손수제작물
② 아직도 운전 중 <u>핸즈프리</u>를 사용하지 않는 사람들이 많다. → 맨손통화기
③ 가끔 도로변을 가다보면 <u>로드킬</u>로 죽은 동물사체를 볼 수 있다. → 뺑소니사고
④ 우리나라의 대표적인 디자이너인 그녀는 기업과의 <u>파트너십</u> 대열에 참가했다. → 동반관계
⑤ 그 회사는 창립일을 맞아 회사의 어제와 오늘을 보여 줄 수 있는 자료를 <u>타임캡슐</u>에 담아 지하에
　 묻었다. → 기억상자

> **advice** ① 유시시(UCC, User Created Contents) : 주로 방송 · 인터넷에서, 정보나 볼거리의 이용자 또는 소비자인
> 　 시청자나 누리꾼이 직접 생산 · 제작하는 콘텐츠
> ③ 로드킬 → 찻길동물사고
> ※ 로드킬(roadkill) : '동물이 차에 치여 죽는 일 또는 그렇게 죽은 동물'을 가리켜 이르는 외래어

14 다음 밑줄 친 말의 순화어로 적절하지 않은 것은?

① 위급한 상황에 놓여 <u>에스오에스</u> 신호를 보내야 했다. → 구원요청
② 그녀는 모든 경쟁자를 제치면서 당연 <u>알파걸</u>로 우뚝 섰다. → 으뜸녀
③ 그 순간 <u>뷰파인터</u> 안에서는 멋진 장면이 연출되고 있었다. → 보기창
④ 우리는 <u>워터파크</u>에서 즐겁게 노느라 시간 가는 줄도 몰랐다. → 수중공원
⑤ 우리 기업의 <u>트레이드마크</u>는 어떤 것이 좋을지 의논해 보시오. → 으뜸상징

> **advice** ② 알파걸(alpha girl) : 남성보다 능력이 뛰어난 엘리트 소녀, 즉 첫째가는 여성을 가리켜 이르는 외래어
> ④ 워터파크 → 물놀이공원
> 　 '워터파크'는 물놀이 따위를 위하여 마련한 공공 시설을 가리키므로 '물놀이공원'으로 바꾸어 쓰는 것이
> 　 자연스럽다.

Answer 12.⑤ 13.③ 14.④

1 다음 중 잘못된 표현은?

① 사나흘　　　　　　　　　　　　② 너댓새
③ 예니레　　　　　　　　　　　　④ 다엿새
⑤ 일여드레

> **advice** ① 사나흘 : 사흘이나 나흘
> ② 너댓새 : 너더댓새의 준말. 네댓새는 같은 말. 나흘이나 닷새가량
> ③ 예니레 : 엿새나 이레
> ④ 다엿새 → 대엿새 : 닷새나 엿새 정도
> ⑤ 일여드레 : 이레나 여드레

2 나이를 나타내는 다음 말 중 잘못 연결한 것은?

① 弱冠 – 20세　　　　　　　　　② 不惑 – 40세
③ 耳順 – 50세　　　　　　　　　④ 古稀 – 70세
⑤ 白壽 – 99세

> **advice** ③ 耳順(이순) : 생각하는 것이 원만하여 어떤 일을 들으면 곧 이해가 된다는 뜻으로, 예순 살을 이르는 말이다.

3 다음 중 '백수(白壽)'가 나타내는 나이로 옳은 것은?

① 77세　　　　　　　　　　　　② 88세
③ 90세　　　　　　　　　　　　④ 99세
⑤ 100세

> **advice** '백수(白壽)'는 99세를 가리키는 말로, '백(百)'에서 '일(一)'을 빼면 99세가 되고 '백(白)'이 되는 데에서 유래한다.
> ① 희수(喜壽)　② 미수(米壽)　③ 졸수(卒壽)　⑤ 기원지수(期願之壽)

4 단위를 나타내는 다음 말과 그 수가 바르게 연결되지 않은 것은?

① 바늘 한 쌈 – 24개　　　　　　② 곶감 한 접 – 100개
③ 고등어 한 손 – 10마리　　　　④ 오징어 한 축 – 20마리
⑤ 조기 한 두름 – 20마리

> **advice** ③ 고등어 한 손 – 2마리

Answer 1.④　2.③　3.④　4.③

5 다음 중 설명이 잘못된 것은?

① 자 – 1자는 0.303m

② 길 – 사람 키의 한 길이

③ 발 – 두 다리를 벌린 길이

④ 리 – 약 400m쯤 되는 거리

⑤ 뼘 – 엄지손가락과 다른 손가락의 사이를 한껏 벌린 거리

> **advice** ③ 발은 두 팔을 양옆으로 펴서 벌렸을 때의 한쪽 손끝에서 다른 쪽 손끝까지의 길이를 말한다.

6 다음 중 단위어가 잘못 사용된 것은?

① 난초 한 대   ② 꽃 네 송이

③ 주사 여섯 대   ④ 양말 두 켤레

⑤ 연필 열두 자루

> **advice** ① 난초의 포기를 세는 단위는 촉이다.

7 다음 사물을 세었을 때 나올 수 있는 숫자의 합은?

고등어 한 손 + 마늘 두 접 + 오징어 한 축

① 211   ② 212

③ 222   ④ 230

⑤ 240

> **advice** 고등어 한 손 = 2마리, 마늘 두 접 = 100개 × 2접 = 200개, 오징어 한 축 = 20마리이다. 그러므로 2 + 200 + 20 = 222이다.

8 다음 숫자를 세는 단어 중 맞춤법에 맞지 않는 것은?

① 서너너덧   ② 두세

③ 여닐곱   ④ 두서넛

⑤ 일여덟

> **advice** ③ 예닐곱 → 예닐곱

Answer   5.③   6.①   7.③   8.③

9 다음 중 잘못된 표현은?

① 사나흘

② 너댓새

③ 예니레

④ 다엿새

⑤ 일여드레

advice ① 사나흘 : 사흘이나 나흘
② 너댓새 : 너더댓새의 준말. 네댓새는 같은 말. 나흘이나 닷새가량
③ 예니레 : 엿새나 이레
④ 다엿새 → 대엿새 : 닷새나 엿새 정도
⑤ 일여드레 : 이레나 여드레

10 다음 중 돌아가신 타인의 아버지를 일컫는 말은?

① 선비(先妣)

② 가친(家親)

③ 선대인(先大人)

④ 춘부장(春府丈)

⑤ 대부인(大夫人)

advice ① 돌아가신 자신의 어머니
② 생존해 있는 자신의 아버지
④ 생존해 있는 타인의 아버지
⑤ 생존해 있는 타인의 어머니

11 다음의 가족 호칭 중 옳지 않은 것은?

① 令息 – 생존한 자신의 아들

② 慈堂 – 생존한 타인의 어머니

③ 先妣 – 돌아가신 자신의 어머니

④ 嚴親 – 생존해 있는 자신의 아버지

⑤ 春府丈 – 생존해 있는 타인의 아버지

advice 令息(영식)은 윗사람의 아들을 높여 이르는 말이며, 윗사람의 딸을 높여 이르는 말에는 令愛(영애), 令嬌(영교)가 있다.

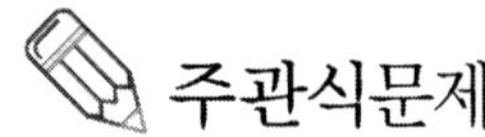

주관식문제

※ 다음의 설명을 참조하여 빈 칸에 들어갈 알맞은 단어를 쓰시오. 【1~5】

1

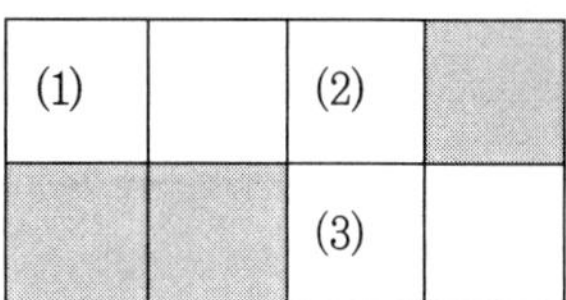

- **가로 열쇠**
  (1) 신심(信心)이 없이 입으로만 외는 헛된 염불

    예 아무리 좋은 말을 해도 그 사람에게는 ○○○에 지나지 않았다.
  (3) 나쁜 꾀로 남을 어려운 처지에 빠지게 함

    예 간신배들의 ○○으로 귀양을 갔다.
- **세로 열쇠**
  (2) 땅이 거칠고 메말라 식물이 나거나 자라지 아니함

    예 늙은 몸을 이끌고 ○○의 땅을 십여 차 찾아 들어갔다.

정답

(1) 공염불   (2) 불모   (3) 모함

2

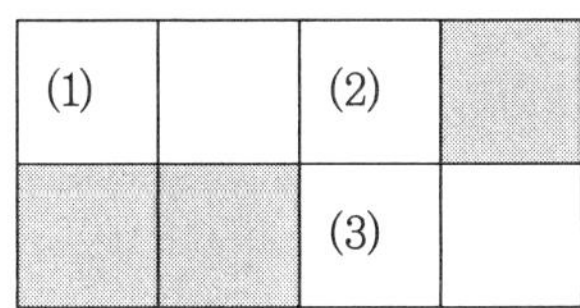

- **가로 열쇠**

  (1) 어떤 일이나 사람의 뒤를 잇는 사람

    예 그는 ○○○에게 뒤를 맡기고 은퇴하고 싶어 한다.

  (3) 날짐승과 길짐승이라는 뜻으로, 모든 짐승을 이르는 말

    예 남의 은혜를 저버리는 사람은 ○○만도 못하다.

- **세로 열쇠**

  (2) 사업을 경영하는 데에 쓰는 돈

    예 그 기업에 ○○을 댔다.

정답

(1) 후계자　　(2) 자금　　(3) 금수

3

- **가로 열쇠**

  (1) 남을 해치고자 하는 짓

    예 불량 청년들의 ○○○는 어른들도 겁낸다.

  (3) 볕이 잘 들지 아니하는 그늘진 곳

    예 우물이 있던 ○○만이 아직은 부추도 안 돋아나고 텅 비어 있었다.

- **세로 열쇠**

  (2) 마음이 서로 통하는 친한 벗을 비유적으로 이르는 말로서, 거문고의 명인 백아가 자기의 소리
  를 잘 이해해 준 벗 종자기가 죽자 자신의 거문고 소리를 아는 자가 없다고 하여 거문고 줄을
  끊었다는 데서 유래함

    예 평생 동안에 한 명의 ○○이라도 만나기란 어려운 일이다.

정답

(1) 해코지　　(2) 지음　　(3) 음지

4

<table>
<tr><td>(1)</td><td></td><td></td><td>(2)</td><td style="background:#ccc"></td><td style="background:#ccc"></td></tr>
<tr><td style="background:#ccc"></td><td style="background:#ccc"></td><td style="background:#ccc"></td><td>(3)</td><td></td><td></td></tr>
</table>

- **가로 열쇠**
  - (1) 비단에 수를 놓은 것처럼 아름다운 산천이라는 뜻으로, 우리나라의 산천을 비유적으로 이르는 말
    - 예 자연의 경관에 관한 한 우리나라는 언제나 ○○○○이었다.
  - (3) 물체의 모가 진 가장자리
    - 예 그는 침대 ○○○에 걸터앉았다.
- **세로 열쇠**
  - (2) 아기를 갓 낳은 여자
    - 예 다행히 순산을 하여 아이도 ○○도 건강했다.

정답

(1) 금수강산   (2) 산모   (3) 모서리

5

<table>
<tr><td>(1)</td><td></td><td></td><td>(2)</td><td style="background:#ccc"></td><td style="background:#ccc"></td></tr>
<tr><td style="background:#ccc"></td><td style="background:#ccc"></td><td style="background:#ccc"></td><td>(3)</td><td></td><td></td></tr>
</table>

- **가로 열쇠**
  - (1) 심부름을 가서 오지 아니하거나 늦게 온 사람을 이르는 말
    - 예 심부름을 보낸 지가 언젠데 아직도 ○○○○란 말인가.
  - (3) 한 태에 낳은 여러 마리 새끼 가운데 가장 먼저 나온 새끼
    - 예 주인 되는 사람이 동네 집집에 강아지를 나눠주게 되었고, 우리도 그중의 ○○○ 한 마리를 공짜로 얻어다 기르게 된 것이다.
- **세로 열쇠**
  - (2) 자신이 맡은 직책에 관련된 여러 가지 일을 처리하는 일
    - 예 ○○를 보느라 오늘도 정신없이 바쁘다.

정답

(1) 함흥차사   (2) 사무   (3) 무녀리

※ 다음의 설명에 해당하는 단어를 쓰시오(단, 세 단어의 첫 음절은 동일함). 【6~10】

6

① 일을 처리하여 마무리함

> 예 그는 옆 사람에게 일의 □□□을/를 부탁했다.

② 끝이 뾰족하고 꼬부라진 물건

> 예 손가락 마디가 모두 구부러져서 마치 □□□ 같았다.

③ 개인이나 집단 사이에 목표나 이해관계가 달라 서로 적대시하거나 충돌함. 또는 그런 상태

> 예 큰아들과 막내아들 사이에 □□이/가 생겼다.

정답

① 갈무리　　② 갈고리　　③ 갈등

7

① 도둑이 도리어 매를 든다는 뜻으로, 잘못한 사람이 아무 잘못도 없는 사람을 나무람을 이르는 말

> 예 □□□□(이)라더니 피해자를 보고 뭐 어째요?

② 지출이 수입보다 많아서 생기는 결손액. 장부에 기록할 때 붉은 글자로 기입한 데서 유래함

> 예 지난달의 □□을/를 메우려면 이번 달은 긴축해야 한다.

③ 일정한 조건이나 환경 따위에 맞추어 응하거나 알맞게 됨.

> 예 그 사람은 새로운 환경에 □□을/를 잘한다.

정답

① 적반하장　　② 적자　　③ 적응

8

① 모르는 사이에 조금씩 조금씩

> 예 바람은 불지 않았으나 낙엽이 □□□□ 날려 발밑에 쌓이고 있었다.

② 사물에 대한 식견이나 사려가 미치는 범위

> 예 그는 여러 곳을 다니며 □□을/를 넓혔다.

③ 시간과 공간을 아울러 이르는 말

> 예 □□을/를 초월한 사랑 이야기가 진한 감동으로 느껴졌다.

정답

① 시나브로　　② 시야　　③ 시공

9

> ① 죽은 뒤에라도 은혜를 잊지 않고 갚음을 이르는 말
>
> > 예 죽어 저승에 가서라도 □□□□을/를 하오리다.
>
> ② 식물이 열매를 맺거나 맺은 열매가 여묾
>
> > 예 가을은 □□의 계절이다.
>
> ③ 마땅히 있어야 할 것이 빠져서 없거나 모자람
>
> > 예 나는 내 무지와 신심의 □□을/를 꾸짖으며 고개를 꺾었다.

─ 정답
① 결초보은　② 결실　③ 결여

10

> ① 제 몸에 벌어지는 일을 모를 만큼 정신을 잃은 상태
>
> > 예 그는 간밤에 □□□□이 되도록 술을 마셨다.
>
> ② 끌어서 높은 곳으로 옮김
>
> > 예 사고 선박의 □□이/가 늦어져 바다 오염이 우려되고 있다.
>
> ③ 불이 붙음. 또는 불을 붙임
>
> > 예 □□이/가 잘 되는 물질은 불 옆에 두지 마라.

─ 정답
① 인사불성　② 인양　③ 인화

11 다음과 같이 주어진 단어를 모두 사용하여 짧은 글을 지으시오.

> • 거동, 가장, 수상
> ⇒ 뒷산 입구에 <u>거동</u>이 <u>수상</u>한 자가 등산객을 <u>가장</u>하여 서성이고 있어 경찰서에 신고했다.

• 거울, 못난이, 얼굴

⇒ ____

》 정답예시

　<u>못난이</u>의 얼굴을 보고 싶으면 먼저 자신의 얼굴을 <u>거울</u>에 비추어 보아라.

• 영위(營爲), 법(法), 사회(社會)

⇒ ____

》 정답예시

　<u>법</u>이 없다면 우리가 안전한 <u>사회</u> 생활을 <u>영위</u>해 나갈 수 없을 것이다.

• 고식지계(姑息之計), 해결(解決), 문제(問題)

⇒ ____

》 정답예시

　오줌을 누어 언 발을 녹이는 경우처럼 <u>고식지계</u>로 <u>문제</u>를 어리석게 <u>해결</u>하지 말아야 한다.

• 우물에 가 숭늉 찾는다, 성급(性急), 순서(順序)

⇒ ____

》 정답예시

　<u>우물에 가 숭늉 찾는</u> 격으로 <u>순서</u>를 무시하고 <u>성급</u>하게 일을 처리해서는 안 된다.

• 오지랖이 넓다, 참견

⇒ ____

》 정답예시

　그는 <u>오지랖이 넓어</u> 무슨 일이든 <u>참견</u>하지 않고는 못 견딘다.

어법파트는 단어의 품사에 대한 내용을 바탕으로 구성되었다. 문장을
이루는 성분을 알고, 문장의 호응관계 등을 파악하여 어법에 맞는 언어
생활을 하고 있는지 측정하려는 영역이다.

어법
02
CHAPTER

02 어법

01 품사

품사는 성질이 공통된 것끼리 모아 분류해 놓은 단어의 갈래를 말하며, 우리말에는 9가지의 품사가 있다.

▌품사의 분류 체계

형태에 따라	기능에 따라	의미에 따라
불변어	체언	명사, 대명사, 수사
	수식언	관형사, 부사
	독립언	감탄사
	관계언	조사
가변어	용언	동사, 형용사 서술격 조사(–이다)

1. 체언

주어, 목적어, 보어 등으로 쓰이며, 그 형태가 변하지 않는다.

① **명사** : 사람이나 사물의 이름을 표시하는 단어를 말한다.

   ㉠ **보통 명사** : 사물에 두루 쓰이는 명사이다.

      예 책상, 하늘

   ㉡ **고유 명사** : 특정한 사람이나 사물을 가리키는 명사이다.

      예 철수, 동대문

   ㉢ **자립 명사** : 다른 말의 도움을 받지 않고 쓰이는 명사이다.

      예 집, 꽃, 지하철

ⓔ 의존 명사 : 다른 말에 기대어 쓰이는 명사이다.

　　例 것, 줄, 수, 바, 데, 척, 채, 대로, 만큼, 나위

② 대명사 : 사람, 사물, 장소의 이름을 대신하여 가리키는 단어를 말한다.

　　㉠ 인칭 대명사 : 사람을 가리키는 대명사이다.

　　　例 나, 너, 우리, 그, 그녀

　　㉡ 지시 대명사 : 사물이나 장소를 가리키는 대명사이다.

　　　例 이것, 여기

TIP

대명사와 관형사의 구분(이, 그, 저)
㉠ 조사가 붙으면 대명사
　例 이가, 저를, 그는
㉡ 조사 없이 뒤에 오는 체언을 수식하면 관형사
　例 이 학생, 저 사람, 그 나무

③ 수사 : 수량이나 순서를 가리키는 단어를 말한다.

　　例 하나, 일, 첫째, 제일

TIP

수사와 관형사의 구분
㉠ 조사가 붙으면 수사
　例 아이들 열이 보였다.
㉡ 수(數)가 단위를 나타내는 의존 명사 앞에 오면 관형사
　例 배 한 척을 빌렸다.

2. 용언

문장에서 주로 서술어로 쓰이고 그 형태가 변한다.

① 동사 : 사람이나 사물의 움직임을 나타내는 단어를 말한다.

　　例 뛰다, 걷다, 먹다, 날다

② **형용사** : 사람이나 사물의 상태나 성질을 나타내는 단어를 말한다.

   예 맑다, 예쁘다, 이러하다

③ **본용언과 보조 용언**

   ㉠ **본용언** : 실질적인 의미를 나타내며 단독으로 서술 능력을 가지는 용언이다.

      예 철수가 놀고 있다

   ㉡ **보조 용언** : 자립성이 없거나 약하여 본용언에 기대어 그 말의 뜻을 도와주는 용언이다.

      예 철수가 놀고 <u>있다</u>.

④ **활용** : 동사나 형용사의 어간에 여러 다른 어미가 붙어서 단어의 형태가 변하는 것을 말한다.

   ㉠ **규칙 용언** : 용언이 활용할 때에 어간과 어미의 모습이 일정한 대부분의 용언이다.

      예 먹다 : 먹고, 먹어서, 먹을, 먹는 등

   ㉡ **불규칙 용언** : 국어의 일반적인 음운 규칙으로는 설명이 불가능하게 어간이나 어미의 모습이 달라지는 용언이다.

      예 ㅅ 불규칙, ㄷ 불규칙, ㅂ 불규칙, ㅎ 불규칙, 우 불규칙, 러 불규칙, 르 불규칙, 여 불규칙, 거라 불규칙, 너라 불규칙

⑤ **어미**

   ㉠ **선어말 어미** : 어간과 어말 어미 사이에 오는 어미이다.

     • **높임 선어말 어미** : −시− (주체 높임)

      예 하시다

     • **공손 선어말 어미** : −옵−, −오−

      예 바라옵건대

     • **시제 선어말 어미** : −았−/−었− (과거), −는−/−ㄴ− (현재), −겠− (미래), −더− (회상)

      예 잡았다, 잡는다, 잡겠다, 잡더라

   ㉡ **어말 어미** : 단어의 끝에 오는, 단어를 끝맺는 어미이다.

     • **종결 어미** : 평서형, 감탄형, 의문형, 명령형, 청유형

     • **연결 어미** : 대등적, 종속적, 보조적 연결 어미

     • **전성 어미** : 명사형, 관형사형 전성 어미

3. 수식언

다른 단어를 꾸며 주는 구실을 한다.

① 관형사 : 체언을 꾸며 주는 구실을 하는 단어를 말한다.
  예 새 책, 헌 옷

② 부사 : 주로 용언을 꾸며 주는 구실을 하는 단어를 말한다.
  예 빨리, 졸졸, 그러나

4. 관계언(조사)

문장에 쓰인 단어들의 관계를 나타낸다.

① 격조사 : 체언 뒤에 붙어 그 체언으로 하여금 일정한 문법적 자격을 가지게 하는 조사이다.
  예 이/가(주격), 이다(서술격), 을/를(목적격), 의(관형격), 이/가(보격), 에(부사격), 아/야(호격)

② 보조사 : 앞에 오는 체언에 특별한 의미를 더해 주는 조사이다.
  예 도, 만, 뿐, 조차, 부터, 까지

③ 접속 조사 : 두 단어를 같은 자격으로 이어 주는 조사이다.
  예 와/과, (이)며, 하고, (이)랑

5. 독립언(감탄사)

문장에서 독립적으로 쓰인다. 감정을 넣어 말하는 이의 놀람, 느낌, 부름, 대답을 나타내는 단어를 말한다.
  예 어머나, 아이쿠, 예

02 문장 성분

1. 문장의 성분

어느 어절이 다른 어절이나 단어에 대해 갖는 관계를 말한다(한 문장을 구성하는 요소들).

① 주성분 : 문장을 이루는 필수 성분이다.
  ㉠ 주어 : 문장에서 설명하고자 하는 대상으로서, '누가/무엇이'에 해당한다.
    예 <u>하늘이</u> 아름답다.
  ㉡ 서술어
    • 대상에 대한 설명으로서, '무엇이다', '어떠하다', '어찌하다'에 해당한다.
      예 물이 <u>흐른다</u>.
    • 환경에 따라 서술어는 자릿수가 달라진다.
      예 아이들이 즐겁게 <u>논다</u>. (한 자리 서술어)
        아이들이 윷을 <u>논다</u>. (두 자리 서술어)

▮ 서술어의 자릿수

종류	뜻	형태와 예
한 자리 서술어	주어만 요구하는 서술어	주어＋서술어 예 새가 운다.
두 자리 서술어	주어 이외에 또 하나의 필수적 문장 성분을 요구하는 서술어	• 주어＋목적어＋서술어 예 나는 물을 마셨다. • 주어＋보어＋서술어 예 물이 얼음이 된다. • 주어＋부사어＋서술어 예 그는 지리에 밝다.
세 자리 서술어	주어 이외에 두 개의 필수적 문장 성분을 요구하는 서술어	• 주어＋부사어＋목적어＋서술어 예 진희가 나에게 선물을 주었다. • 주어＋목적어＋부사어＋서술어 예 누나가 나를 시골에 보냈다.

  ㉢ 목적어 : 서술어가 나타내는 동작이나 행위의 대상이 되는 말로서, '누구를/무엇을'에 해당한다
    예 철수가 <u>사과를</u> 먹는다.

ⓔ 보어 : 서술어 '되다, 아니다'가 주어 이외에 꼭 필요로 하는 성분으로서, '누가/무엇이'에 해당한다. 보어는 서술어의 의미를 보충해 주는 구실을 한다.

　　예 철수가 <u>회장이</u> 되었다.

② 부속 성분 : 주성분을 꾸며 주는 성분이다.

　ⓖ 관형어 : 주로 사물, 사람과 같이 대상을 나타내는 말 앞에서 이를 꾸며 주는 역할을 한다.

　　예 <u>새</u> 구두가 예쁘다.

　ⓛ 부사어 : 일반적으로 서술어를 꾸며 그 의미를 자세히 설명해 주는 성분으로서, 다른 부사어나 관형어, 또는 문장 전체를 꾸며 주기도 한다.

　　예 철수가 꽃을 <u>영희에게</u> 주었다.

③ 독립 성분(독립어) : 다른 성분들과 직접적인 관계를 맺지 않고 독립적으로 쓰이는 성분으로서 부름, 감탄, 응답 등이 이에 속한다.

　　예 <u>예</u>, 제가 하겠습니다.

 문법 요소의 기능과 의미

1. 사동과 피동

(1) 사동(使動)

① 사동과 주동

　ⓖ 사동사 : 남으로 하여금 어떤 동작을 하도록 하는 것을 나타냄.

　ⓛ 주동사 : 동작주가 스스로 행하는 동작을 나타냄.

② 사동문 되기

　ⓖ 어근 + 접사(-이-, -히-, -리-, -기-, -우-, -구-, -추-)

　　예 얼음이 녹는다 → 아이가 얼음을 녹인다.(주동문 주어→목적어)

　　예 영호가 책을 읽었다.→ 선생님이 영호에게 책을 읽혔다.

　　예 담장이 높다.→ 담장을 높이다.(주동문의 주어 →목적어)

　ⓛ 어근 + -게(보조적 연결어미) + 하다(보조동사)

　　예 개가 집을 지키다. → 개가 집을 지키게 하다. (주어가 그대로 유지됨)

③ 사동문의 의미

　　㉠ 사동사에 의한 사동문은 두 가지 뜻으로 해석되기도 한다.

　　　　예 어머니께서 동생에게 약을 먹이셨다. → 직접 먹였다, 먹게 하셨다

　　㉡ 파생법에 의한 사동문은 의미의 차이가 있을 수도 있다.

　　　　예 어머니께서 동생에게 옷을 입히셨다.(직접, 간접) – 두 가지 뜻

　　　　　어머니께서 동생에게 옷을 입게 하셨다.(간접 행위) – 한 가지

(2) 피동(被動)

① 피동과 능동

　　㉠ 피동사 : 남의 행동을 입어서 행해지는 동작을 나타냄.

　　㉡ 능동사 : 제 힘으로 행하는 동작을 나타냄.

② 피동문 되기

　　㉠ 동사 어근 + 접사(–이–, –히–, –리–, –기–) ⇒ 접사 피동문

　　　(능동문 주어 → 부사어, 능동문 목적어 → 주어)

　　　　예 순경이 도둑을 잡았다 → 도둑이 순경에게 잡히었다

　　㉡ 모든 용언의 어간 + '–아/–어'(보조적 연결어미) + '지다'(보조동사)

　　　⇒ '–아/–어지다' 피동문

　　　　예 철수가 비로소 그의 오해를 풀었다.

　　　　　→ 그의 오해가 철수에 의해 비로소 풀어졌다.

2. 시간 표현

(1) 사건시와 발화시

① 사건시 : 사건이나 상황이 일어난 시간.

② 발화시 : 문장을 말한 시간으로 항상 현재임.

(2) 시제

말하는 이의 발화시를 기준으로 사건시의 앞뒤를 제한하는 것.

과거 시제, 현재 시제, 미래 시제가 있다.

① 절대 시제 : 발화시를 기준으로 결정되는 시제.(용언의 종결형에 나타남.)

② 상대 시제 : 전체 문장의 사건시에 기대어 상대적으로 결정되는 시제.(용언의 관형사형, 연
　　　　　　결형에 나타남.)

(3) 동작상(動作相)

문장 안에서 동작의 양상을 표시하는 문법적 사실.

보통 보조적 연결어미와 보조용언의 결합으로 이루어짐.

① 현재 완료상 : '-아/-어 있다'

② 현재 진행상 : '-고 있다', '-는 중이다', '-어 가다', '-곤 하다'

③ 현재 예정상 : '-게 되다', '-게 하다', '-고자 하다'

(4) 현재시제(現在時制) : 발화시와 사건시가 일치할 때

① 표현 방법

㉠ 활용형의 종결형 어미 : -는-/-ㄴ-　　예 그는 지금 책을 읽는다.

㉡ 활용형의 관형형 어미 : -는/-(으)ㄴ　예 이처럼 예쁜 꽃은 처음이다.

② 특징

㉠ 형용사와 서술격 조사에는 현재 시제 표시 형태가 따로 없다.

㉡ 발화시 관련의 부사적 표현에 의해 뒷받침 된다.　예 지금, 현재, 요즈음, …

㉢ 반복되는 동작이나 항구적 속성, 습관을 표시한다.

　　예 지구는 돈다. 인간은 사회적 동물이다. 형은 야구를 좋아한다.

㉣ 발화시 이후에 일어날 예정된 일도 표시함. 확실한 미래

　　예 내일 떠난다.(사건시와 발화시의 불일치)

(5) 과거시제(過去時制) : 사건시가 발화시보다 앞설 때의 시제

① 표현 방법

㉠ 선어말 어미 : -었-, -았-, -(하) 였-, -디-, -었었-, -았었

㉡ 활용형의 관형사형 어미 : -은, -ㄴ

② 선어말 어미 '-더-'의 쓰임

㉠ 말하는 이가 과거에 경험한 사실을 회상할 때. 단, 주어가 말하는 이(1인칭) 자신일 때는 종결
형에서 쓰이지 않음.

　　예 그는 집에서 공부하더라. 나는 집에서 공부하더라.

㉡ 관형사형에서는 '-던'으로 나타남.(1인칭 주어와 결합한다.)

　　예 그것은 제가 읽던 책입니다.(동작의 지속 표시)

㉢ '-었-/-았-' + '더' : 경험 당시의 과거(과거 완료) 표시.

　　예 아까 어떤 분이 찾아오셨더군요.

③ 과거 시제의 특징

㉠ 발화시 관련의 부사적 표현(어제, 작년…) 에 의해서 뒷받침 된다.

ⓛ '-고 있었다'에 의하여 과거 진행의 동작상을 표시한다.

　예 읽고 있었다.

ⓒ '-었었-/-았었-'을 써서 '현재에는 그렇지 않다'는 의미를 뚜렷이 한다.

　'-었-'에 비해 발화시보다 더 강한 단절감을 받는다.

　　예 엊그제 철수가 극장에 갔었다.

ⓔ '-었었-/-았었-'이 쓰인 문장에는 과거 관련의 시간 부사어가 자주 나타난다. (주로 먼 과거)

　　예 철수는 중학교 때 농구 선수였었다.

ⓜ '-었-/-았-'이 과거를 나타내지 않는 때도 있다.

　ⓐ 발화시와 사건시가 일치할 때, 동작의 현재 완료를 뜻할 때

　　'앉다, 서다, 뜨다…' 등 결과성을 띠는 동사에 나타난다.

　　예 그녀도 지금 의자에 앉았다.

　ⓑ 동작의 지속을 나타날 때에도 쓰인다.

　　예 그녀는 온종일 책을 읽었다.

　ⓒ 확정적인 가까운 미래일 때도 쓰인다.

　　예 숙제를 안 했다고? 너 오늘 수업시간에 죽었다.

(6) 미래시제(未來時制) : 사건시가 모두 발화시 이후일 때의 시제

① 표현 방법

　㉠ '-겠-'

　　ⓐ 미래시제 표현 : 예 내일은 이 일을 꼭 끝내겠다.

　　ⓑ 양태적 의미 표현

　　　┌
　　　－추측 : 예 내일도 비가 오겠다.
　　　│ 의지 : 예 내가 먼저 가겠다. (평서문 1인칭, 의문문 2인칭)
　　　└가능성 : 예 나도 그것은 알겠다.

　　ⓒ 현재의 사건 추측 : 예 지금은 고향에도 벚꽃이 피겠다.

　　ⓓ 과거의 사건 추측 : 예 고향에는 벌써 살구꽃이 피었겠다.

　㉡ '-ㄹ'(관형사형 미래시제)

　　ⓐ 미래시제 표현 : 예 내일은 그가 올 것이다.

　　ⓑ 시간 표시어 앞에 쓰여 특정한 시제로 해석되지 않을 때도 있다.
　　　예 합격할 때까지 노력하자.

② '-ㄹ 것이다'(관형형 어미 + 의존 명사)

　㉠ '-겠-'보다 '-ㄹ 것이다'가 말하는 이의 의지 및 판단의 근거가 약해 보인다.

　　예 내일은 비가 올 것입니다. 〈 내일은 비가 오겠습니다.

　㉡ 보통 '-ㄹ 거다'로 표현.

　　예 내일은 비가 올 거다.

3. 높임과 낮춤

(1) 주체 높임법 : 문장의 주체를 높임

  ① 주체 높임의 방법 : 높임 선어말어미 '-시-'를 붙임

    ㉠ 문장의 주어가 말하는 이도, 말 듣는 이도 아닌 제삼자인 경우

      예 어머니, 선생님께서 오십니다.

    ㉡ 말 듣는 이가 동시에 문장의 주어가 되는 경우

      예 선생님, 선생님께서도 그 이야기를 좋아하시는군요.

    ㉢ 주체가 말하는 이보다 높아서 높임의 대상이 된다하더라도, 말 듣는 이가 주체보다 높은 경우에는 '-시-'를 쓰지 않는다.(압존법)

      예 할아버지, 아버지가 지금 왔습니다.

  ② 주체 높임법의 제약(나이, 사회적 지위, 친분 관계 등의 요인)

    ㉠ 높임 대상 인물을, 화자 자신과의 개별적 관계로 파악하기도 함.

      예 충무공은 뛰어난 전략가이다.(공적, 객관적 서술)

      충무공은 뛰어난 전략가이셨다.(사적, 자신과의 친근 관계로 서술)

    ㉡ 주체를 간접적으로 높임.(높여야할 대상의 신체 부분이나 개인적 소유물이 되는 말은 '-시-'를 붙여 간접 높임으로 말하는 것이 옳다.)

      예 그 분은 귀가 밝으십니다.

(2) 상대 높임법 : 말 듣는 상대방을 높이거나 낮춤

  ① 상대 높임의 방법 : 일정한 종결 어미를 사용함

  ② 상대 높임법의 구분

    ㉠ 격식체(格式體) : 말하는 이와 말 듣는 이 사이의 거리가 멀 때

          공식적, 의례적, 직접적, 단정적, 객관적

      ⓐ 해라체 (아주 낮춤) → -다, -냐, -자, -어라, -거라, -라

      ⓑ 하게체 (보통 낮춤) → -게, -이, -나

      ⓒ 하오체 (보통 높임) → -오, -(으)ㅂ시다

      ⓓ 하십시오체(합쇼체) (아주 높임) → -습니다/-ㅂ니다, -습니까/-ㅂ니까, -(으)시오

    ㉡ 비격식체(非格式體) : 말하는 이와 말 듣는 이가 가까울 때.

      비공식적, 부드럽고, 비의례적, 비단정적, 주관적.

      ⓐ 해체(두루 낮춤) → -아/-어, -지, -을까(해라체+하게체)

      ⓑ 해요체 (두루 높임) → -아/어요, -지요, -을까요(하오체+합쇼체)

③ **공손법** : 말하는 이가 특별히 공손한 뜻을 나타내어서 말 듣는 이를 높이는 방법

공손 선어말 어미를 사용한다.

오늘날에는 편지, 광고문 등의 문어체에만 남아 있다.

> 예 변변치 못한 물건이오나, 정으로 드리오니 받아 주시옵소서.

(3) 높임말과 낮춤말

① **높임말** : 상대방을 높이고자 할 때

㉠ **직접 높임말** : 아버님, 선생님, 주무시다, 계시다, 잡수시다

㉡ **간접 높임말** : 진지, 댁(집), 따님(딸), 치아(이), 약주(술), 말씀(말)

② **낮춤말** : 자기를 낮추고자 할 때

㉠ **직접 낮춤말** : 저(나), 小生(나), 어미(어머니)

㉡ **간접 낮춤말** : 졸고(원고), 말씀(말)

③ 간접 높임말의 사용은 상황에 따라 달라진다.

> 예 선생님께서 손수 <u>진지</u>를 해 잡수신다.('잡수시는'의 대상임)
> 선생님께선 밥도 지어 보셨다고 한다.('잡수시는'대상이 아님)

④ **객체 높임법** : 동작의 대상인 객체(목적어나, 처소적인 격조사가 붙은 부사어)를 높일 때에, 서술어에 객체를 높이는 특수 어휘를 사용한다. (드리다, 모시다, 여쭙다, 계시다, 뵙다 등)

> 예 아버지가 <u>할아버지께</u> 뭔가 <u>드렸습니다</u>.
>   (동작의 대상)   (주다→드리다)

4. 문장의 종결

(1) 평서문

문장의 내용을 평범하게 진술하는 방식

(2) 감탄문

말하는 이가 듣는 이를 별로 의식하지 않는 상태에서 자기의 느낌을 표현하는 방식

(3) 의문문

질문을 하여 그 해답을 요구하는 방식

(4) 명령문

무엇을 시키거나 행동을 요구하는 방식이며, 쓰임에 따라 '시킴, 지시, 권고, 제의'로 해석된다.

① **직접 명령문** : 얼굴을 맞대고 하는 명령문. 특정대상을 지칭한다.

-아(어)라   예 빨리 가 보아라.

② 간접 명령문 : 신문, 시험지 등의 매체를 통한 명령문. 대상이 불분명

　　-(으)라　　　예 알맞은 답을 고르라.

(5) 청유문

말하는 이가 듣는 이에게 같이 행동할 것을 요청하는 방식

5. 긍정과 부정

(1) '안' 부정문 – 주체(동작주)의 의지에 의한 행동의 부정

① 부정의 방법

　㉠ 서술어가 명사일 때 : '이다' → '-가/-이 아니다.'

　㉡ 서술어가 동사 · 형용사일 때

　　ⓐ 동사 · 형용사 어간 + '-지 않다(아니하다)'

　　ⓑ '안(아니)' + 동사 · 형용사

② 긴 부정문과 짧은 부정문

　㉠ 긴 부정문 : 용언의 어간 + '-지' + '않다(아니하다)'

　㉡ 짧은 부정문 : '안(아니)' + 동사 · 형용사

③ '안' 부정문의 해석 : 중의적이라, 두 가지 이상으로 해석될 수 있다.

　　예 나는 그를 안 때렸다.(나는 그를 때리지 않았다.)

　　　⇒ 다른 사람이 때렸다. 다른 사람을 때렸다.

　　　⇒ 의미를 명확히 하려면 보조사를 첨가할 것.(때리지는 않았다.)

④ '안' 부정문의 제약

　㉠ '체언 + 하다'로 된 동사가 서술어로 쓰일 때는 '체언 + 안 + 하다'의 형태로 쓰인다.

　　　예 공부하다 → 공부 안 하다

　㉡ 서술어인 용언이 합성어 · 파생어이면 대체로 짧은 부정문보다 긴 부정문이 어울린다.

　　　예 *안 얕보다　*안 숙녀답다　*안 짓밟았다

　㉢ '아름답다, 울퉁불퉁하다, 화려하다, 사랑스럽다, 좀스럽다, 출렁거리다'처럼 음절이 길면 긴

　　부정문을 쓴다.

　　　예 *안 아름답다

　㉣ '견디다, 알다, 깨닫다'처럼 의미의 충돌이 일어나는 동사에는 '못'부정문이 쓰인다.

　　　예 알지 못하다, *안 알다, *알지 않다

　㉤ 평서 · 감탄 · 의문문에만 쓰이고, 명령 · 청유문에 쓸 수 없다.

(2) '못' 부정문

주체의 의지가 아닌, 그의 능력상 불가능하거나 또는 외부의 어떤 원인 때문에 그 행위가 일어나지 못하는 것을 표현할 때

① 긴 부정문과 짧은 부정문

    ㉠ 긴 부정문 : 동사의 어간 + '-지' + '못 하다'

    ㉡ 짧은 부정문 : '못' + 동사(서술어)

② '못' 부정문의 제약

    ㉠ '체언+하다'로 된 동사가 서술어로 쓰일 때는 '체언+못+하다'의 형태로 쓰인다.

    ㉡ 형용사에는 안 쓰는 것이 원칙이다.　예 *못 넓다

    ㉢ 형용사에 쓰면, '기대에 미치지 못함을 아쉬워할 때'이며 긴 부정문을 쓴다.

        예 운동장이 넓지 못하다. 넉넉하다, 우수하다, 풍부하다

    ㉣ '고민하다, 노심초사하다, 걱정하다, 후회하다, 실패하다, 망하다, 잃다, 당하다, 변하다'는 의미의 충돌 때문에 '안' 부정문을 쓴다.

    ㉤ 의도·목적을 뜻하는 어미와 함께 쓰지 못한다.　예 *못 가려고

    ㉥ 평서·감탄·의문문에만 쓰고, 명령·청유문에 쓸 수 없다.

③ '못' 부정문의 해석 : 중의적이다.

    예 내가 철수를 못 만났다.(내가 철수를 만나지 못했다.)

    ⇒ 내가 못 만난 사람은 철수다, 철수를 만나지 못한 것은 나다, 내가 철수를 만나지만 못했을 뿐이다

(3) 명령문과 청유문의 부정

① 부정의 방법 → '-지 말다'를 붙임

    예 집에 가지 마라.(명령문)

    학교에 가지 말자.(청유문)

② '-지 말다'의 쓰임

    ㉠ 소망을 나타내는 '바라다, 원하다, 희망하다' 등의 동사가 오면 명령문이나 청유문이 아니라도 '-지 말다'를 쓰기도 한다.

        예 비가 오지 말기를 바랐다.

        네가 오지 말고 그대로 있었으면 했다.

    ㉡ 형용사에 '말다'가 쓰이면 명령·청유가 아니라 기원의 뜻이 있다.

        예 올 겨울은 제발 춥지 마라.　*아름답지 마라

 **어법에 맞는 표현**

1. 잘못된 표현 고치기

(1) 주어와 서술어

① 주어를 부당하게 빠뜨린 경우

• 몸이 아파서 어머니와 침을 맞으러 다녔는데 (　　　) 어머니 교회의 집사님이셨다.

⇒ (침을 놓으시는 분은)

• 하지만 어린 나이에 할머니의 생활들을 이해한다는 것은 거의 불가능한 일이었다. 그럼에도 불구하고 돌아
보건대 (　　　) 나의 지금의 모습을 형성하는 데 많은 영향을 미쳤다.

⇒ (그것은)

• 그들이 결혼식을 마치고 신혼 여행을 떠난 후, 하객들이 음식점으로 떠났을 때 (　　　) 시작되었다.

⇒ (전쟁이)

② 주어와 서술어의 호응이 제대로 이루어지지 못한 경우

• 하나의 현상에 대한 올바른 이해에 도달하기 위해서는 그 현상을 포함한 그 언어의 전체계 속에서 파악될
때 비로소 가능하다.

⇒ (주어를 빠뜨렸고, 서술부도 손질 필요)

• 한 가지 더 첨가하고자 하는 것은 용비어천가와 같은 귀중한 책이 세종 27년에 이미 완성되었음을 보아서도
가히 알 수가 있다.

⇒ (서술부에 호응하는 주어가 없어 의미가 모호함)

• 확실한 것은 그들이 이제까지의 잘못을 반성하고 앞으로 진실한 국민으로 살아갈 것은 틀림없습니다.

⇒ (서술부를 '살아가야 한다는 것입니다.'로 고치거나 '확실한 것은'을 없애면 자연스러운 문장이 됨)

• 이 같은 오염 실태에 따라 강원도 보건 환경 연구소는 이미 지난 '89, '90년 용대리 일대를 '하천 수질 2등급'
과 '3등급'으로 각각 판정했으며, 지난 3월 27일 실시한 수질 검사에서는 이 일대 거의 전 구간에 하천 부패
의 주요 원인인 질소와 인 성분이 처음으로 검출되기도 하였다.

⇒ (서술부를 '검출되었다고 발표하였다.'로 고쳐야 됨)

- 무엇보다 중요한 것이 인간이 문명의 利器를 사용할 때, 그것이 인간 자신을 위하여 슬기롭게 사용되어야 한다.

  ⇒ (→ 것은, 한다는 점이다)

- 나는 앞으로의 교육 문제가 대학원 교육에 역점을 두면서도 기본적인 초등 교육의 문제를 공존시켜야 한다.

  ⇒ (→ 공존시켜야 한다고 생각한다)

③ 문장 도중에 주어가 바뀌는 경우

- 소련은 당초 7일로 예정된 세바르드나제 외무장관의 방북을 연기해 달라는 평양의 요청을 묵살하고 오히려 남북 총리 회담의 북측 대표단이 출발하기 하루 앞서 평양을 방문했다.

  ⇒ ('방문했다'의 주어를 '세바르드나제 장관이'로 명시해야 함)

(2) 호응 관계

구조어의 호응이 이루어지지 못한 경우

- 과연 그 사람은 영리하지 않구나!

  ⇒ (→ 영리하구나!)

- 비록 그는 가난하면서 이 세상에 사는 보람을 느꼈다.

  ⇒ (가난하면서 → 가난하지만, 가난할지라도)

- 필수도 못 푸는 문제인데, 하물며 네가 풀겠다고 덤볐다.

  ⇒ (풀겠다고 덤볐다 → 풀겠는가?, 풀겠다고 덤비다니)

- 비록 힘은 없으니 어떻게 모르는 체하겠는가?

  ⇒ (없으니 → 없으나, 없지만)

- 할머니께서는 이빨이 좋으시다.

  ⇒ (이빨 → 치아)

- 그녀는 요즘 소녀 시절의 순수한 마음을 잃어가는 것 같은 느낌으로 슬퍼지는 때가 있었다.

  ⇒ (있었다 → 있다)

- 16일 새벽부터 내린 봄시샘 눈으로 강원도 영동 산간 지방은 기막히는 설경을 이루었다.

  ⇒ (기막히는 → 기막힌)

(3) 문장을 접속할 경우

① 조응 규칙을 어긴 경우

　　(*조응규칙 : 접속한 두 문장의 구조가 문법적으로 대등한 관계가 되도록 해야 하는 규칙)

* 인간에게는 다른 동물과는 달리 성취 의욕, 즉 남들이 달성하기 어려운 과업을 자신이 이루었을 때 쾌감을 느끼는 특징이 있다.
  ⇒ ('성취 의욕, 즉 남들이 달성하기 어려운 과업을 자신이 이루어 보려고 하는 마음이 있고, 또 그것을 이루었을 때 쾌감을 느끼는 특징이 있다.'로 고친다.)

* 기재 사항의 정정 또는 금융기관의 수납인 및 취급자인이 없으면 무효입니다.
  ⇒ ('정정'을 '정정이 있거나'로 고친다.)

* 인간들은 한편으로는 자연에 순응하면서, 다른 한편으로는 이용하면서 살아왔다.
  ⇒ ('이용하면서' 앞에 '자연을'을 넣어야 함)

* 인간은 자연을 지배하기도 하고 복종하기도 한다.
  ⇒ ('복종하기도' 앞에 '자연에'를 넣어야 함)

* 시험 발표 후 얼마 동안은 기쁨으로 무얼할지도, 해야 할 일도 없었다.
  ⇒ ('무얼할지도' 다음에 '몰랐고'를 넣어야 함)

② 두 절의 관계가 논리적 호응을 이루지 못하는 경우

* 누나는 모범생이며, 형은 냉면을 좋아한다.
  ⇒ 누나는 모범생이나 형은 우등생이다.

* 내가 목표하는 과에 가기 위해서라기보다 자칫하면 망각하기 쉬운 학생의 직분, 즉 열심히 학문의 진리를 탐구해야겠다.
  ⇒ ('위해서라기보다'와 비교되는 말이 없음)

* 이 날 회의는 미성년자에게 술과 담배를 팔거나 풍기문란 영업행위에 대한 벌칙 강화를 내용으로 하는 미성년자 보호법 개정안을 백지화하기로 했다.
  ⇒ ('술과 담배를 팔거나'와 대등한 표현이 없음)

⑷ 부주의한 비문(非文)들

① 문장의 모호성 : 어순을 바꾸거나, 쉼표(,)를 붙이거나, 말을 첨가함.

• 사람들이 많은 도시를 다녀 보면 재미있는 일이 많을 것이다.
⇒ (→ 사람들이, 많은~)

• 끝까지 신문사에 남아 언론 자유를 지키겠습니다.
⇒ (한정하는 말이 '남아'인지 '지키겠습니다'인지 불분명함)

• 그 거만한 市長의 외삼촌은 그 동안 시장이 애써 쌓은 공덕을 죄다 깎아내리고 있었다.
⇒ (→ 그 거만한, 시장의 외삼촌은 ~)

• 맑은 물과 흰구름이 감도는 봉우리를 바라보며 우리는 한 걸음 한 걸음 秘境으로 들어갔다.
⇒ (→ 맑은 물과, 흰구름이)

• 사람이 많은 집을 가 보면 어수선하다.
⇒ (→ 사람들이 많이 사는 집)

• 1478부대 장병들이 크리스마스 대미사를 부대 밖의 성당에서 갖게 된 것은 독실한 카톨릭 신자인 부대장 사모님의 덕분이었다.
⇒ (→ 독실한 카톨릭 신자인, 부대장 사모님의 ~)

• 문학을 연구하는 김선생의 아들이 박사 학위를 받았다.
⇒ (→ 문학을 연구하는, 김선생의 ~)

• 튼튼하고 질긴 희경이의 가방을 보았다.
⇒ (→ 튼튼하고 질긴, 희경이의~)

② 피동문의 과용(過用)

• 그것이 요즈음 학생들에게 많이 읽혀지는 책이다.
⇒ (읽히는)

• 바위 위에 천마라고 생각되는 그림이 그려져 있는 것이 아닌가?
⇒ (천마로 보이는 그림을 그려 놓은)

• 열차가 곧 도착됩니다.

  ⇒ (도착합니다)

• 내일 아침이면 또 마음이 변해지겠지.

  ⇒ (변하겠지)

• 이러한 성격 때문에 당해지는 손해가 여간 크지 않다.

  ⇒ (당하는)

• 구름에 가려져서 하늘을 볼 수가 없었다.

  ⇒ (가려서)

③ 조사의 오용(誤用)과 부당한 생략

　　㉠ 대조 보조사 '은/는'은 주격 조사 '이/가'와 용법이 다르다.

　　㉡ '에게'는 사람이나 동물에게만 쓰이고, '에'는 무정물에만 사용되는 조사이다.

　　㉢ 남의 말을 인용하는 방법에는 '-라고', '-라는'을 사용하는 직접 인용과 '-고', '-는'을 사용하

　　　는 간접 인용이 있는데, 간접 인용을 직접 인용처럼 쓰는 경우가 종종 있다.

• 옛날 옛적에 마음씨가 착한 총각은 있었습니다.

  ⇒ (은 → 이)

• 원시시대부터 인간은 끊임없는 발전을 거듭해 온 것은 우리가 인정해야 하는 사실이다.

  ⇒ (은 → 이)

• 고속버스를 타고 우리는 날씨 걱정을 해야 했다. 장마철의 중반에 우리는 여행을 떠났으니 당연하였다.

  ⇒ (는 → 가)

• 정부는 이 문제를 일본에게 강력히 항의하였다.

  ⇒ (에게 → 에)

• 한결이는 날마다 화초에게 물을 준다.

  ⇒ (에게 → 에)

• 우리 농민들은 UR대책을 정부 당국에게 묻는다.

  ⇒ (에게 → 에)

• 그렇다고 해서 나에게서 불만이 아주 없는 것은 아니다.
　⇒ (에게서 → 에게)

• '신기록 제조기다.'라는 평을 받고 있습니다.
　⇒ (라는→ 는)

• 월드컵 이후 각 매스컴에서 우리 선수들의 골에 대한 결정력이 문제다라는 것을 지적했다.
　⇒ (라는 → 는)

• 모두 자기들 주장만이 옳다라고 우기며 타협하지 않았다.
　⇒ (라고 → 고)

• 동암이 형은 나만 보면 커서 뭐가 되겠느냐라고 묻곤 하였다.
　⇒ (라고 → 고)

• 여름은 바다로, 겨울은 산으로 가자.
　⇒ (은 → 에는)

• 비루스와 같은 미생물은 보통 현미경으로 볼 수 없다.
　⇒ (보통 → 보통의)

④ 단어의 오용(誤用)

• 나는 19살의 여고 삼년생이다.
　⇒ (→ 열아홉살, 19세)

• 시험 준비에 시달린 탓인지 신체가 많이 줄었다.
　⇒ (→ 몸, 체중)

• 노력한 만큼 성적도 많이 상승했다.
　⇒ (→ 향상됐다)

• 지방질이 낮아서 로우, 단백질이 높아서 하이.
　⇒ (→ 적어서, 많아서)

• 우리 아이는 나이가 일곱 살인데도 칠칠하게 침을 흘리고 다닌다.
　⇒ (→ 칠칠하지 못하게) * 변변치 못하다, 안절부절 못하다.

• 묘령(妙齡)의 30대 여인 변사체 발견

  ⇒ (→ 묘령삭제) * 묘령 : 20세 전후의 여자

⑤ 중복된 단어나 표현

• 소설과 희곡은 지은이인 소설가나 극작가가 꾸며낸 이야기이다.

• 그럴 줄 알고 미리 예비해 두었다.

• 선열들의 나라를 사랑하는 애국 정신을 우리는 본받아야 한다.

• 밤새도록 격론 끝에 마침내 결론을 맺었다.

• 빠진 말은 넣고 쓸데없는 말은 삭제하여 뺀다.

• 우리 팀의 올 시즌 목표는 탈꼴찌에서 벗어나 중위권으로 도약하는 것이다.

• 김선생님은 동물을 사랑하는 동물 애호가입니다.

2. 그 밖의 중복된 표현

동해(東海) 바다, 고목(古木) 나무, 피해(被害)를 입다, 역전(驛前) 앞, 축구(蹴球)를 찬다, 같은 동포(同胞), 간단히 요약(要約)하다, 날조(捏造)된 조작극, 남은 여생(餘生), 넓은 광장(廣場), 높은 고온(高溫), 담임(擔任)을 맡다, 더러운 누명(陋名), 명백(明白)히 밝히다, 박수(拍手)를 치다, 새로 들어온 신입생(新入生), 시범(示範)을 보이다, 쓰이는 용도(用度), 유산(遺産)을 물려주다, 음모(陰謀)를 꾸미다, 폭음(爆音) 소리, 푸른 창공(蒼空), 죽은 시체(屍體), 배우는 학생(學生), 따뜻한 온정(溫情), 스스로 자각(自覺), 새 신랑(新郎), 청천(晴天) 하늘, 처가(妻家)집 등.

출제예상문제

chapter 02

1. 품사

1 다음 중 단어의 자립성이 가장 강한 말은?

① 부사　　　　　　　　　　② 용언
③ 체언　　　　　　　　　　④ 조사
⑤ 감탄사

> **advice** 단어의 자립성이 강한 순서 : '감탄사 > 체언 > 용언 > 부사 > 관형사 > 조사'의 순이다.

2 다음에서 의존 명사가 없는 문장은?

① 그는 할 만큼 했다.　　　　② 열심히 운동할 뿐이다.
③ 구름에 달 가듯이 가겠다.　　④ 학생인 양 행동하지 마라.
⑤ 바람 부는 대로 걸어 갔다.

> **advice** 의존 명사 : 다른 말에 기대어 쓰이는 명사로, 띄어 써야 한다.
> ①의 '만큼', ②의 '뿐', ④의 '양', ⑤의 '대로'는 의존 명사이다.
> ③ 가듯이 → 가(어간) + 듯이(어미)

3 다음 중 용언에 대한 설명으로 옳지 않은 것은?

① 실질적인 뜻을 가진다.　　　② 형태가 변하지 않는다.
③ 어간과 어미로 나눌 수 있다.　④ 문장에서 주로 서술어로 쓰인다.
⑤ 사물의 동작 또는 모양을 설명하는 말이다.

> **advice** ② 용언은 쓰임에 따라 형태가 변하는데 이를 활용이라 한다.

Answer 1.⑤　2.③　3.②

4 다음 중 불규칙 활용을 하는 용언이 아닌 것은?

① 씻다
② 돕다
③ 흐르다
④ 노랗다
⑤ 푸르다

> **advice** ① '씻다'는 규칙 활용을 하는 용언이다.
> ※ 불규칙 활용 : 보편적인 음운 규칙으로 설명되지 않는 활용이다.
> ㉠ 어간이 바뀌는 불규칙 : ㅅ, ㄷ, ㅂ, 르 불규칙
> ㉡ 어미가 바뀌는 불규칙 : 여, 러, 거라, 너라 불규칙
> ㉢ 어간과 어미가 바뀌는 불규칙 : ㅎ 불규칙

5 다음 중 밑줄 친 낱말이 보조 용언으로 쓰인 것은?

① 아이들은 청소를 끝내고 <u>갔다</u>.
② 그녀가 먼저 그 옷을 입어 <u>보았다</u>.
③ 그들은 어려운 이웃을 잘 <u>돕는다</u>.
④ 버스에서 아이들이 소리치며 <u>웃었다</u>.
⑤ 아버지께서 방금 우리들에게 <u>말씀하셨다</u>.

> **advice** ② 보조 용언은 생략해도 문장의 의미가 변하지 않는다. '입어 보았다'에서 '보았다'를 생략해도 문장의 뜻은 변하지 않는다.
> ※ 보조 용언 : 본용언의 뒤에서 그 말의 뜻을 도와주는 용언으로 자립성이 희박하거나 결여되어 있다.
> ㉠ 보조 동사 : 말다(부정), 주다(봉사), 두다(보유)
> 예 동생의 숙제를 도와 주었다.
> ㉡ 보조 형용사 : 싶다(희망), 보다(추측)
> 예 나도 고향으로 돌아가고 싶다.

6 다음 밑줄 친 단어 중 나머지와 성격이 다른 것은?

① 영수는 아침에 늦게 <u>일어난다</u>.
② 철희는 이제야 점심밥을 <u>먹었다</u>.
③ 교실에서 아이들이 매우 시끄럽게 <u>떠든다</u>.
④ 어제 보니 화단에 핀 꽃이 정말 <u>아름다웠다</u>.
⑤ 영수는 공부는 못해도 노래는 아주 잘 <u>부른다</u>.

> **advice** ①②③⑤ 움직임을 나타내는 동사이다.
> ④ '아름답다'는 상태나 모습을 나타내는 형용사이다.

Answer 4.① 5.② 6.④

7 다음 낱말 중 품사가 다른 하나는?

① 떴다

② 들어와

③ 뚫어진

④ 쫓아내자

⑤ 조그맣게

advice ①②③④ 동사 ⑤ 형용사

8 다음 밑줄 친 말 중 조사가 아닌 것은?

> 동생과 내가 거의 동시에 소리를 지르고 말았다.

① 과

② 가

③ 에

④ 를

⑤ 고

advice ① 접속 조사
② 주격 조사
③ 부사격 조사
④ 목적격 조사
⑤ 어간 '지르-' 뒤에 붙은 어미

9 다음 문장의 밑줄 친 말의 쓰임과 같은 것은?

> 이번 사건은 우리 단체에서 해결하겠습니다.

① 서울에서 부산까지 비행기를 탔다.

② 고마운 마음에서 드리는 선물입니다.

③ 어느 학교 동창회에서 있었던 일이다.

④ 이에서 어찌 더 나쁠 수가 있겠습니까.

⑤ 이 경기는 우리 학교에서 승리해야 한다.

advice '에서'는 앞말이 주어임을 나타내는 '격조사'로 쓰였다.
① 앞말이 출발점의 뜻을 갖는 부사어임을 나타낸다.
② 앞말이 근거의 뜻을 갖는 부사어임을 나타낸다.
③ 앞말이 행동이 이루어지고 있는 처소의 부사어임을 나타낸다.
④ 앞말이 비교의 기준이 되는 점의 뜻을 갖는 부사어임을 나타낸다.

Answer 7.⑤ 8.⑤ 9.⑤

10 다음 중 접속 조사가 쓰이지 않은 문장은?

① 떡에 과일에 없는 게 없다.

② 어쩌면 네 생각이 나하고 같을까?

③ 그는 춤추며 노래하며 즐겁게 놀았다.

④ 대낮과 같이 휘영청 밝은 달밤이었다.

⑤ 그는 영어와 독일어와 프랑스어를 할 줄 안다.

> **advice** 접속 조사 : '과/와'가 대표적인 모습이나, 구어체에서는 '하고, 에(다), (이)며, (이)랑' 등이 함께 쓰인다.

11 다음 밑줄 친 단어 중 관형사인 것은?

① 너 오늘 <u>아주</u> 멋지다.　　② <u>네</u> 사람이 회의에 불참했다.

③ 우산 <u>셋</u>이 나란히 걸어옵니다.　　④ 급한 마음에 문을 <u>쾅쾅</u> 두드렸다.

⑤ 정수는 사과 <u>하나</u>와 배 둘을 사 왔다.

> **advice** ①④ 부사 ② 관형사 ③⑤ 수사

12 다음 밑줄 친 단어들의 공통점으로 알맞지 않은 것은?

> • <u>새</u> 자동차가 빨리 달린다.
> • <u>이</u> 사람은 아침이면 <u>아주</u> 일찍 일어난다.
> • 나는 <u>헌</u> 옷을 입고도 <u>전혀</u> 부끄럽지 않다.

① 수식언이라고 한다.　　② 다른 말을 꾸며 준다.

③ 형태가 변하지 않는다.　　④ 주로 꾸미는 말 앞에 온다.

⑤ 아무 말이나 꾸며 줄 수 있다.

> **advice** 밑줄 친 말은 다른 말을 꾸며 주는 수식언(관형사, 부사)이다. 관형사는 체언을 꾸미고, 부사는 다른 부사나 체언을 꾸며 준다. 관형사는 또한 용언을 꾸밀 수 없다.

Answer　10.④　11.②　12.⑤

2. 문장성분

1 다음 중 '무엇이 어떠하다'와 같은 문장 유형에 속하는 것은?

① 거미가 기어간다.　　　　　② 구름이 비가 된다.
③ 철수는 대학생이다.　　　　④ 교실이 매우 조용하다.
⑤ 저것이 코끼리이다.

> **advice** '무엇이 어떠하다'는 형용사문이다.
> ①② 동사문　③⑤ 명사문　④ 형용사문
> ※ 문장의 기본 구조
> 　　㉠ 누가(무엇이) + 무엇이다　[명사문]
> 　　㉡ 누가(무엇이) + 어떠하다　[형용사문]
> 　　㉢ 누가(무엇이) + 어찌하다　[동사문]

2 다음 중 밑줄 친 부분이 주어가 아닌 것은?

① <u>할아버지</u> 오셨다.　　　　② <u>어머니는</u> 내가 모시겠다.
③ <u>태양이</u> 높이 솟아 있다.　　④ <u>순이가</u> 과자를 먹는다.
⑤ <u>지구는</u> 태양의 둘레를 돈다.

> **advice** ② '어머니는'은 목적어이다.

3 다음 중 부사어가 쓰이지 않은 문장은?

① 얘들아, 함께 갈래?
② 영수는 새 책을 샀다.
③ 비가 주룩주룩 내린다.
④ 영희는 철수에게 꽃을 주었다.
⑤ 너의 생각을 솔직하게 말해라.

> **advice** ① 함께
> ② '새'는 '책'을 꾸며주는 관형어이다.
> ③ 주룩주룩
> ④ 철수에게
> ⑤ 솔직하게

Answer 1.④　2.②　3.②

4 다음 중 부속 성분이 없는 문장은?

① 세월이 빨리도 가는구나.　　② 새로운 방법을 연구했습니다.

③ 어머니의 모습이 자꾸 떠오른다.　　④ 아름다운 음악이 사방으로 퍼진다.

⑤ 선생님, 제가 심부름을 다녀오겠습니다.

> **advice** 　주로 다른 성분을 꾸며주는 구실을 하는 부속 성분에는 관형어, 부사어가 있다.
> ① 빨리도(부사어)
> ② 새로운(관형어)
> ③ 자꾸(부사어)
> ④ 사방으로(부사어)
> ⑤ 독립어 + 주어 + 목적어 + 서술어

5 다음 중 필요한 성분을 제대로 갖춘 문장은?

① 나는 선이를 좋아하지만 나를 좋아하는지는 알 수 없다.

② 동물은 다른 동물을 잡아먹기도 하고 잡아먹히기도 한다.

③ 영철이는 어제 저녁에 장미꽃 한 송이를 영미에게 주었다.

④ 오랫동안 영희를 사모해 왔던 철수는 드디어 아내로 삼았다.

⑤ 사람들은 자신의 잘못을 알면서도 남에게서는 듣기를 싫어한다.

> **advice** 　① '나를 좋아하는지' → '누가'에 해당하는 주어가 없다.
> ② '잡아먹히기' → '누구에게'에 해당하는 부사어가 없다.
> ④ '아내로 삼았다' → '누구를'에 해당하는 목적어가 없다.
> ⑤ '듣기를 싫어한다' → '무엇을'에 해당하는 목적어가 없다.

6 다음의 밑줄 친 문장에서 생략된 문장 성분은?

> "철수는 뭐 하니?"
> "<u>책 봐.</u>"

① 주어　　② 서술어

③ 목적어　　④ 부사어

⑤ 관형어

> **advice** 　철수는(주어) 책(목적어) 봐(서술어).

Answer 4.⑤　5.③　6.①

7 다음 밑줄 친 서술어 중에서, 필요로 하는 문장 성분이 가장 많은 것은?

① 개나리꽃이 활짝 <u>피었다</u>.

② 이 땅은 밭농사에 <u>적합하다</u>.

③ 철수는 훌륭한 의사가 <u>되었다</u>.

④ 영희는 철수에게 선물을 <u>주었다</u>.

⑤ 우리 강아지가 낯선 사람을 <u>물었다</u>.

advice ① 한 자리 서술어
②③⑤ 두 자리 서술어
④ 목적어와 부사어가 필요한 세 자리 서술어이다.

8 다음 중 서술어의 자릿수가 가장 큰 것은?

① 철수는 운동 선수가 아니다.

② 아름다운 종소리가 멀리멀리 퍼진다.

③ 나는 마침내 그의 말을 믿게 되었다.

④ 어머니는 내게 무한한 사랑을 주셨다.

⑤ 한국의 기후는 농사짓기에 아주 적합하다.

advice ① '아니다'는 두 자리 서술어이다.
② '퍼진다'는 한 자리 서술어이다.
③ '되었다'는 두 자리 서술어이다.
④ '주다'는 주어 외에 목적어와 부사가 반드시 필요한 세 자리 서술어이다.
⑤ '적합하다'는 두 자리 서술어이다.
※ 서술어 자릿수
㉠ 한 자리 서술어 : 주어만 요구하는 서술어
㉡ 두 자리 서술어 : 주어 이외에 또 하나의 필수적 문장 성분을 요구하는 서술어
㉢ 세 자리 서술어 : 주어 이외에 두 개의 필수적 문장 성분을 요구하는 서술어

9 다음 중 홑문장인 것은?

① 커다란 달이 떠오른다.

② 코끼리는 코가 길다.

③ 영수는 야구와 농구를 좋아한다.

④ 그가 드디어 얼굴에 미소를 띠었다.

⑤ 낮말은 새가 듣고 밤말은 쥐가 듣는다.

> **advice** 홑문장은 '주어 + 서술어'의 관계가 한 번 이루어져 있는 문장이다.
> ① 관형절을 안은 문장(겹문장)이다.
> ② 서술절을 안은 문장(겹문장)이다.
> ③ 2개의 문장으로 분리가 가능하다(겹문장).
> ④ 주어+서술어의 관계가 한 번 나타난다(홑문장).
> ⑤ 대등하게 이어진 문장이다(겹문장).

10 다음 중 주어와 서술어가 두 번 이상 나타나는 문장은?

① 나는 그만 울어 버렸다.

② 저 사람이 그 도둑을 잡았다.

③ 영수와 철수는 키가 비슷하다.

④ 세상은 아주 빨리 변하고 있다.

⑤ 수소가 중력에 의해 응축되어 별이 탄생한다.

> **advice** ③ 홑문장
> ⑤ 수소가(주어) 의해(서술어) 응축되어(서술어) 별이(주어) 탄생한다(서술어)

Answer 9.④ 10.⑤

4. 어법에 맞는 표현

1 **다음 중 주어와 서술어의 호응이 바른 것은?**

① 환경 오염의 심각성은 누구나 인정하는 심각한 문제이다.
② 경찰은 위험을 무릅쓰고라도 임무를 수행해야 하는 의무가 있다.
③ 철수가 친구를 만나 길거리에서 한참 이야기를 하는데, 인사도 없이 가버렸다.
④ 내가 강조하는 것은 언어는 민족 얼의 반영이요, 민족 정신의 핵심이요, 민족 사회의 보물이다.
⑤ 사람들은 주어진 목표를 가장 효과적으로 달성하는 데에 모든 관심과 노력이 기울여지고 있다.

> **advice** ① 환경 오염의 심각성은 → 환경 오염은
> ③ 주어가 생략되어 잘못된 문장이 되었다. 서술어 '가버렸다'의 주체를 밝혀야 자연스럽다.
> ④ 보물이다. → 보물이라는 점이다.
> ⑤ 모든 관심과 노력이 기울여지고 있다. → 모든 관심과 노력을 기울이고 있다.
> 　주어가 '사람들은'이므로 서술어도 이에 맞추어야 한다.

2 **다음 중 주어와 서술어의 호응이 바르지 않은 것은?**

① 내가 그렇게 하염없이 눈물은 흘린 이유는 고향에 계신 부모님이 그립다.
② 대부분의 학생은 열심히 과제를 했지만 그렇지 않은 학생도 몇 명 있었다.
③ 끝으로 여러분에게 당부하고 싶은 것은 반드시 복습을 해야 한다는 점이다.
④ 아이를 둔 기혼여성들이 편안하게 아기를 맡길 탁아 시설이 현저하게 부족하다.
⑤ 연구팀에 끼고 싶어 안달이었던 사람들은 사건이 터지자 빠져나갈 핑계를 대기에 바빴다.

> **advice** ① 부모님이 그립다. → 부모님이 그립기 때문이다.

3 **다음 중 문장을 이루는 각 성분의 호응이 바른 문장은?**

① 대학은 진리의 탐구와 자신의 인격을 도야하는 곳이다.
② 인쇄 기술의 발달로 엄청나게 많은 책들이 쏟아져 나오고 있다.
③ 짐승도 제 새끼는 귀한 줄 아는데, 하물며 인간은 그럴 수가 없다.
④ 아버지는 아들에게 큰 기대를, 아들은 그에 맞게 남달리 공부를 열심히 했다.
⑤ 학문의 자유가 침해되는 주요 원인으로는 주로 통치권의 부당한 간섭과 통제가 심하다.

> **advice** ① 진리의 탐구와 → 진리를 탐구하고
> 　공통이 되는 서술어가 아닐 때에는 생략하지 않도록 유의한다.
> ③ 인간은 그럴 수가 없다. → 인간은 그럴 수가 있으랴?
> 　'하물며'는 '~랴', '~ㄴ가' 등의 어미와 호응한다.
> ④ 기대를 → 기대를 했고
> ⑤ 심하다. → 심하다는 점을 들 수 있다.

Answer 1.② 2.① 3.②

4 다음 문장의 호응 관계가 바르지 않은 것은?

① 올해는 아마 우리에게 중요한 한 해가 될 것이다.
② 자연 현상의 연구는 모름지기 실험에 의하여야 한다.
③ 비록 우리가 노력한다면, 그 일을 해낼 수 있을 것이다.
④ 춤추는 아이의 모습은 마치 나비가 날갯짓하는 것 같다.
⑤ 그가 아무리 돈이 급하다고 해도 설마 도둑질이야 하겠습니까?

advice ③ 부사인 '비록'은 '~일지라도'와 같은 어미가 붙는 말과 함께 쓰인다.

5 다음 중 성분 간의 호응이 자연스럽게 이루어진 것은?

① 깜짝 놀라서 차마 볼 수 있었다.
② 정들었던 친구들과 헤어지려 하니 여간 슬프다.
③ 내가 눈물을 흘린 것은 고향에 계신 부모님이 그립다.
④ 굶주림에 시달리는 빈민들의 참상을 차마 볼 수 없었다.
⑤ 오늘은 왠지 모르게 기분이 별로 좋아서 영화관에 갔다.

advice ① ~ 차마 볼 수 있었다. → ~ 차마 볼 수 없었다.
② ~ 여간 슬프다. → ~ 여간 슬프지 않다.
③ ~ 부모님이 그립다. → ~ 부모님이 그립기 때문이다.
⑤ ~ 기분이 별로 좋아서 → ~ 기분이 별로 좋지 않아서

6 다음 중 어법에 맞는 문장은?

① 그 소방관은 생명을 무릅쓰고 불로 뛰어들어 사람을 구출하였다.
② 내 꿈은 훌륭한 의사가 되어 가난한 사람들에게 의술을 펼치려고 한다.
③ 그들은 한적한 오솔길을 걸으며 사색에 잠기기도 하고 내일을 설계했다.
④ 대학은 시간과 공간을 초월하여 영원히 받아들여질 수 있는 진리의 공간이다.
⑤ 인간에게는 여타 짐승과 다를 바 없는 원초적 본능, 즉 섭취하고 배설하고 생식하고자 한다.

advice ① 생명을 무릅쓰고 → 생명의 위험을 무릅쓰고, 죽음을 무릅쓰고
② 펼치려고 한다. → 펼치는 것이다.
③ 설계했다. → 설계하기도 했다.
⑤ 생식하고자 한다. → 생식하고자 하는 욕망이 있다.
　'원초적 본능'을 뒤의 절에서 대등하게 연결하지 못하고 있다.

Answer 4.③ 5.④ 6.④

7 다음 중 어법에 맞고 자연스러운 문장은?

① 나는 꾸준히 젊은 사람 못지않게 봉사 활동을 하였다.
② 사람은 모름지기 남을 위해 자신을 희생할 줄 알아야 해.
③ 이 배는 사람이나 짐을 싣고 하루에 다섯 번씩 운행한다.
④ 그들은 희망을 피안에 걸지 않고, 현실에서 실현되기를 바랐다.
⑤ 무료한 시간에 그런 회상의 유혹을 물리치기란 좀체로 어려운 일이었다.

> **advice** ① 꾸준히 젊은 사람 못지않게 봉사 활동을 하였다. → 젊은 사람 못지않게 봉사 활동을 꾸준히 하였다.
> 　　서술어를 수식하는 부사어는 피수식어와 가장 가까운 위치에 두는 것이 자연스럽다.
> ③ 사람이나 짐을 싣고 → 사람을 태우거나 짐을 싣고
> 　　접속되는 두 요소가 같은 성질이 되도록 해야 한다.
> ④ 실현되기를 → 실현하기를
> 　　'걸지 않고'는 능동 표현, '실현되기를'은 피동 표현이므로 연결이 어색하다.
> ⑤ 어려운 일이었다. → 쉬운 일이 아니었다.
> 　　부사어인 '좀체로'는 부정어와 호응한다.

8 다음 중 어법에 맞고 자연스러운 문장은?

① 철수는 영희에게 관심을 끌려고 노력하고 있다.
② 부정 선거를 막기 위하여 미리 대책이 마련되어져야 한다.
③ 농촌 지역은 임금 수준의 차이에 있어서도 결정적으로 불리하다.
④ 그들은 시내 버스 증차와 교통 경찰차를 늘려 줄 것을 요청했다.
⑤ 우리는 자유로운 학문 연구가 역사 발전 과정에서 중요한 역할을 해 왔음을 안다.

> **advice** ① 영희에게 → 영희의
> ② 대책이 마련되어져야 한다. → 대책을 마련해야 한다.
> ③ 임금 수준의 차이에 → 임금 수준에
> ④ 시내 버스 증차와 → 시내 버스를 증차하고

9 다음 중 어법이 바르고 자연스러운 문장은?

① 신문은 정치, 경제, 사회, 문화 등 생활의 일들이 모두 기사의 대상이다.
② 회원 각자의 현재의 자기 상황에 최선을 다하는 것은 매우 중요한 일이다.
③ 사람은 모든 사람을 신뢰해야 하며 특히 누구보다도 자기 자신을 신뢰한다.
④ 일반인들은 고스톱으로 추석을 보내는 일을 너무나 당연하게 받아들이고 있다.
⑤ 농약의 사용을 줄일 것이라고 해서 토양 속의 독성 물질이 제거되는 것은 아니다.

> **advice** ① 일들이 모두 기사의 대상이다. → 일들을 모두 기사의 대상으로 삼는다.
> ② 회원 각자의 → 회원 각자가
> ③ 자신을 신뢰한다. → 자신을 신뢰해야 한다.
> ⑤ 줄일 것이라고 → 줄인다고

Answer 7.② 8.⑤ 9.④

10 다음 중 어법에 맞게 표현된 문장은?

① 확실한 것은 그들이 이제까지의 잘못을 반성하고 앞으로 진실한 국민으로 살아갈 것은 틀림없습니다.

② 로봇은 계산하고 기억하는 능력이 대단할 뿐만 아니라, 기쁨이나 슬픔의 감정을 나타낼 능력은 갖지 못한다.

③ 대학은 모든 시대와 나라에서 형성된 가장 심오한 진리 탐구와 치밀한 과학 정신을 배양 형성하는 도장입니다.

④ 가정은 부부와 그들의 자녀가 함께 생활하는 공동체임에도 불구하고, 이 가정을 기본 단위로 하여 인간 사회가 성립한다.

⑤ 삼국은 안으로 서로 대립하거나 연맹 관계를 맺고, 밖으로는 중국 세력과 평화적 교섭을 하거나 전쟁을 치르면서 통일의 길로 나아갔다.

> **advice** ① 진실한 국민으로 살아갈 것은 틀림없습니다. → 진실한 국민으로 살아가야 한다는 것입니다.
> ② 능력이 대단할 뿐만 아니라 → 능력은 가질 수 있어도
> ③ 진리 탐구와 → 진리를 탐구하고
> ④ 공동체임에도 불구하고 → 공동체이며

11 다음 중 어법에 맞고 자연스러운 문장은?

① 해마다 우리 마을에 체육 대회가 열리는 날이면 경기보다는 더욱 재미난 것은 사람 관찰이었다.

② 미술 작품은 그 표현 형식과 내용이 이해되어지는 경우에 비로소 감상에 접근할 수 있을 것이다.

③ 손님 여러분께서는 계산이 완료되기 전에 상품 포장을 미리 뜯거나 식품 및 음료의 시식을 금합니다.

④ 무엇보다 중요한 것은 인간이 문명의 이기를 사용할 때, 그것이 인간 자신을 위하여 슬기롭게 사용되어야 한다는 것이다.

⑤ 우리가 한글과 세계의 여러 문자를 비교해 볼 때 매우 조직적이며 과학적이고 독창적인 문자라고 하는 사실은 널리 알려졌다.

> **advice** ① 관찰 → 구경
> ② 이해되어지는 경우에 비로소 → 이해될 때 비로소
> ③ 미리 뜯거나 식품 및 음료의 → 미리 뜯지 말아 주십시오. 또한 매장 내에서는 식품 및 음료의
> ⑤ 문자라고 하는 사실은 널리 알려졌다. → 문자라는 점은 널리 알려진 사실이다.

Answer 10.⑤ 11.④

12 다음 중 어법에 맞고 자연스러운 문장이 아닌 것은?

① 타인에 대한 믿음이 사회를 아름답게 만든다.

② 어느 새 악기를 다루는 솜씨가 부쩍 는 것 같다.

③ 우리는 비로소 그가 정당했다는 사실을 깨달았다.

④ 가죽이 워낙 두꺼워서 날아오는 화살을 모두 퉁겨냈다.

⑤ 사고 원인 파악과 재발 방지 대책을 조속히 마련해야 한다.

    advice ⑤ 사고 원인 파악과 → 사고 원인을 파악하고

13 다음 중 어법에 맞는 문장은?

① 인륜을 저버린 이 엄청난 사건 앞에서 사람들은 비통한 마음을 금하지 않을 수 없었다.

② 인간이 대자연에 순응하는 태도로 일관했다면 오늘날과 같은 문명을 이룩할 수 없었을 것이다.

③ 해마다 우리 마을에 체육 대회가 열리는 날이면 경기보다는 더욱 재미난 것은 사람 관찰이었다.

④ 모든 사람은 한 사람의 자연인으로서의 자유는 물론이고 한 사람의 사회인으로서의 책임도 질 줄
알아야 한다.

⑤ 재일 동포들은 일본 사회의 구성원으로서 모든 의무를 다하고 있으면서도 차별과 합당한 대우를
받지 못하고 있다.

    advice ① 비통한 마음을 금하지 않을 수 → 비통한 마음을 가눌 수가
            ③ 관찰 → 구경
            ④ 자유는 물론이고 → 자유를 누림과 동시에
            ⑤ 다하고 있으면서도 차별과 합당한 대우를 → 다하면서도 차별을 받고 정당한 대우를

14 다음 중 가장 자연스러운 문장은?

① 정부는 세금의 인상폭을 줄인다는 계획을 제시했다.

② 지난주에 극장이 개봉되었다.

③ 대책을 마련해 불법(不法)을 개선해야 한다.

④ 이번 달에는 유난히 전기세가 많이 나왔다.

⑤ 잘 생긴 그는 복장도 깔끔하게 잘 차려 입었다.

    advice ② 극장이 → 영화가
            ③ 개선 → 근절
            ④ 전기세 → 전기 요금
            ⑤ 복장 → 옷

Answer 12.⑤ 13.② 14.①

15 다음 중 어법에 맞는 문장은?

① 오늘은 별로 기분이 좋아.　　　② 우리 반 학생들에게 관심이 많습니다.
③ 지난 추석에 제사를 지냅니다.　④ 6월이면 여름은 시작합니다.
⑤ 꽃나무가 이리저리 흔들어요.

> **advice** ① 좋아 → 안 좋아
> ③ 지냅니다 → 지냈습니다
> ④ 시작합니다 → 시작됩니다
> ⑤ 흔들어요 → 흔들려요

16 다음 중 가장 자연스러운 문장은?

① 할아버지께서는 돈이 계시므로 여행을 가셨다.
② 비록 힘은 없으니 어떻게 모르는 체하겠는가?
③ 영희는 전혀 공부만 해서 원하는 대학에 합격했다.
④ 이 책을 읽는 순간 당신은 틀림없이 매료될 것입니다.
⑤ 아뢸 말씀은 다름이 아니오라, 학부모회의에 꼭 참석해 주시기 바랍니다.

> **advice** ① 계시므로 → 있으시므로
> ② 없으니 → 없으나
> ③ '전혀'는 부정어와 호응한다.
> ⑤ '아뢸 말씀은 다름이 아니오라' 다음에는 '~입니다.'가 와야 한다.

17 다음 중 어법에 맞게 표현된 문장은?

① 그 날 새벽에 떠오를 태양을 보며 감격에 잠겼었다.
② 부정 선거를 막기 위하여 미리 대책이 마련되어져야 한다.
③ 이번 사건은 우리 사회에 커다란 경각심을 불러 일으켰다.
④ 라디오의 대부분의 음악 프로그램들은 청소년들만의 것이다.
⑤ 그 일이 있고부터 영수는 가끔 그 여자의 생각에 사색에 빠지곤 했다.

> **advice** ① ~ 떠오르는 태양을 보며 감격에 잠겼었다.
> ② ~ 미리 대책을 마련해야 한다.
> ④ 대부분의 라디오 음악 프로그램들은 청소년들만의 것이다.
> ⑤ ~ 그 여자에 대한 생각으로 사색에 빠지곤 했다.

Answer　15.② 16.④ 17.③

18 다음 중 가장 자연스러운 문장은?

① 명수가 정희에게 관심을 끌려고 노력하고 있다.

② 부동산 사업이 엄청난 수지를 맞는 업종으로 둔갑하였다.

③ 영화 배우 박 씨는 영화 ‘좋은 남자’에 주연을 맡아서 열연하였다.

④ 일을 그런 식으로 몰려와 항의한다고 해서 풀어지는 것이 아니다.

⑤ 텍사스 팀의 코치는 마무리 투수의 첫째 조건으로 강인한 팔을 꼽았다.

> **advice** ① 정희에게 → 정희의
> ② 수지를 맞는 → 수지가 맞는
> ③ ‘좋은 남자’에 → ‘좋은 남자’에서
> ④ 일을 → 일은(이)

19 다음 중 표현이 바르게 된 것은?

① 드라마가 매우 재미있습니다.　　② 내가 친구 한 명 소개시켜 줄게.

③ 보십시오, 잘 날라가지 않습니까?　　④ 주례 선생님의 말씀이 계시겠습니다.

⑤ 리보솜과 리보좀은 서로 틀린 거야.

> **advice** ② 내가 친구 한 명 소개할게.
> ③ 잘 날라가지 않습니까? → 잘 날아가지 않습니까?
> ④ 말씀이 계시겠습니다. → 말씀이 있겠습니다.
> ⑤ 서로 틀린 거야. → 서로 다른 거야.

20 다음 중 어법에 맞고 자연스러운 문장은?

① 할아버지! 어머니께서 지금 가십니다.

② 그는 누가 시키는 일은 반드시 하지 않는다.

③ 친구야말로 어려움을 함께 나누는 동반자야.

④ 한결같이 어려운 사람들을 돕는 사람들이 많다.

⑤ 형식상 시의 갈래에는 자유시와 정형시 두 가지로 나뉜다.

> **advice** ① 할아버지 앞에서는 어머니는 높여서 표현하지 않는다.
> ② 반드시 → ‘절대로’ 또는 ‘결코’
> ③ 주어(친구야말로)와 서술어(동반자야)의 호응이 자연스럽게 이루어진 문장이다.
> ④ 한결같이 → 한결 같은 마음으로
> ⑤ 두 가지로 나뉜다. → 두 가지가 있다.

Answer 18.⑤　19.①　20.③

21 다음 중 가장 자연스러운 문장은?

① 각 가정마다 음식물 쓰레기를 최대한으로 줄여서 환경 오염을 막고, 식량 자원을 절약합시다.

② 손님 여러분께서는 계산이 완료되기 전에 상품 포장을 미리 뜯거나 식품 및 음료의 시식을 금합니다.

③ 전기를 아끼고 절약하기 위하여 승강기를 격층으로 운행하오니 주민 여러분께서는 적극적인 참여 있으시기 바랍니다.

④ 우편 번호를 올바르게 쓰고 규격 봉투를 사용하시면 기계 처리 능률이 향상되고 편지가 빠르고 정확하며 우편 요금이 저렴합니다.

⑤ 저희 할인점에서는 일반 할인 매장과 달리 가정·경제 절약 및 계획 구매의 현명한 쇼핑을 할 수 있도록 일반 크레디트 카드를 사용할 수 있습니다.

> **advice** ② 주술 관계의 호응이 부자연스럽다. → 계산이 완료되기 전에 상품 포장을 미리 뜯지 말아 주십시오. 또한 매장 내에서는 식품 및 음료의 시식을 금해 주시기 바랍니다.
> ③ 적절하지 않은 단어('참여')가 쓰였다. → 적극적으로 협조하여 주시기 바랍니다.
> ④ 용언의 사용이 부정확하다. → 편지가 빠르고 정확하게 배달되며
> ⑤ '가정·경제 절약'이란 말이 부자연스럽고, '구매'와 '쇼핑'은 동어 반복이다. → 소비자 여러분의 알뜰한 계획 구매를 돕기 위하여 일반 크레디트 카드로도 결제를 하고 있습니다.

22 다음 중 어법에 맞는 문장은?

① 건강 진단 카드에 흡연 여부를 기록하십시오.

② 판타지 문학은 비현실적인 세계를 주로 다루기를 원한다.

③ 최근에는 공장의 종류와 위치 결정에 국가 정책의 영향도 크다.

④ 어린이는 미래의 보배이므로 마땅히 보호해 주어야 할 자격이 있다.

⑤ 그녀는 자신이 이기적인 줄 알면서도 남에게서는 무척 듣기 싫어한다.

> **advice** ② 판타지 문학에서는 비현실적인 세계를 주로 다룬다.
> ③ 국가 정책의 → 국가 정책이 미치는
> ④ 보호해 주어야 할 자격이 있다. → 보호해 주어야 한다.
> ⑤ 남에게서는 → 남의 말은

23 다음 중 어법에 맞고 자연스러운 문장은?

① 이번 모임에서는 특이(特異)할 만한 사항이 없다.

② 사고 원인 파악과 재발 방지 대책을 조속히 마련해야 합니다.

③ 그의 얼굴에 나타난 감정은 누구에게도 감출 수 없는 사랑의 표정이었다.

④ 내가 영어를 공부했다는 사실은 나로 하여금 전쟁 중에 통역을 맡게 했다.

⑤ 인간은 언어를 통하여 자기의 경험을 남에게 전달할 뿐만 아니라 남의 경험을 제삼자에게 전달하기도 한다.

> **advice** ① 특이(特異)할 만한 → 특기(特記)할 만한
> ② 사고 원인 파악과 → 사고 원인을 파악하고
> ③ 나타난 감정은 → 나타난 표정은, 사랑의 표정 → 사랑의 감정
> ④ 내가 영어를 공부했다는 이유로 나는 전쟁 중에 통역을 맡게 되었다.

24 다음 중 필요한 문장 성분을 제대로 갖추고 있는 문장은?

① 바로 옆에서 보니 철수는 많이 닮은 것 같다.

② 사람은 남에게 속기도 하고 남을 속이기도 한다.

③ 철수는 어제 오후에 장미꽃 한 송이를 주었다.

④ 본격적인 작업이 언제 시작되고, 언제 개통될지 모른다.

⑤ 나는 아름이를 좋아하지만 나를 좋아하는지는 알 수 없다.

> **advice** ① '누구와'와 닮았는지 분명하지 않다.
> ② '속이다'의 주어가 앞문장의 주어 '사람은'과 동일하기 때문에 생략이 가능하다.
> ③ '누구에게' 주었는지 알 수 없다.
> ④ 언제 <u>도로가</u> 개통될지 모른다.
> ⑤ <u>아름이가</u> 나를 좋아하는지는 알 수 없다.

25 다음 중 어법에 맞고 의미가 분명한 문장은?

① 인간은 자연을 지배하기도 하고 복종하기도 한다.

② 너의 행동은 아무리 생각해 보아도 조금씩 이해가 된다.

③ 그 건강한 사람이 고민이 많아서 저렇게 병이 다 났을까.

④ 제비와 종다리는 하늘 높이 솟아올라 봄이 왔다는 것을 알린다.

⑤ 사회 복지란 모든 국민의 인간다운 생활을 보장하고, 안락하게 사는 상태를 말한다.

Answer 23.⑤ 24.② 25.④

26 다음 중 어법에 맞고 의미가 분명한 것은?

① 내가 내려간 곳은 제주도인데 서귀포다. 그 곳에서 내가 그림을 그리고 있는 동안 한국 민속촌에 견학을 하러 갈 것이라는 것을 생각하고 있었다.
② 확실한 것은 그들이 이제까지의 잘못을 반성하고 앞으로 진실한 국민으로 살아갈 것은 틀림없습니다.
③ 태양이 머리 위에서 녹아 흐늘거리는 아스팔트 위로 똑바로 걸어가려 애쓰고 있다. 호흡은 끈적끈적한 황 냄새를 유발시키며, 머리를 희미한 혼동으로 몰고 나온다.
④ 소설은 현실에서 제재를 취하지만, 현실 자체를 그대로 전하는 것은 아니다. 현실적인 제재에 허구성을 가미하여 현실을 새롭게 해석할 수 있도록 재구성하는 것이다.
⑤ 우리는 글을 읽을 때에 무심코 읽을 수도 있지만, 잠재적으로나마 어떤 목적을 가지게 마련이다. 그리고 올바른 독서를 위해서는 읽는 목적을 항상 의식하고 읽어야 한다.

27 다음 중 의미가 분명하고 자연스러운 문장은?

① 어머니는 슬픈 눈으로 돌아서는 딸을 보았다.
② 내가 좋아하는 제주도의 갑순이를 만나고 싶다.
③ 그는 순수한 철학자를 작품의 주인공으로 삼았다.
④ 경찰이 소리를 지르면서 달아나는 도둑을 쫓아갔다.
⑤ 철수는 아름다운 장미와 여인을 그린 그림을 가지고 있다.

Answer 26.④ 27.③

28 _ 다음 중 중복되는 부분이나 불필요한 부분이 없이 가장 자연스러운 문장은?

① 이번 대회에는 여성 자매도 참여했다.

② 그는 미래에 대한 계획도 없이 허송 세월을 보냈다.

③ 그 일로 인한 문제 발생을 예상하고 대비하길 바란다.

④ 단체 여행을 가기 위해 역전 앞에서 12시에 만나기로 했다.

⑤ 이번 선거에서는 과반수 이상의 표를 얻어야 당선할 수 있다.

> **advice** ① 여성 자매 → 자매
> ② 허송(虛送) 세월을 보냈다. → 헛되이 세월을 보냈다.
> ④ 역전 앞에서 → 역전(驛前)에서
> ⑤ 과반수 이상의 → 반수 이상의

29 다음 중 중복되는 부분이나 불필요한 부분이 없이 가장 자연스러운 문장은?

① 돌이켜 보건대 우리는 가시밭길을 걸어왔습니다.

② 인간에 대한 개념 규정은 보는 관점에 따라 다양하다.

③ 그들이 가지고 온 소식은 근거 없는 낭설로 밝혀졌다.

④ 선열들의 나라를 사랑하는 애국정신을 우리는 본받아야 한다.

⑤ 그 분은 이제 남아 있는 여생을 책을 저술하는 데 보내실 작정이다.

> **advice** ② 보는 관점 → 관점(觀點)
> ③ 근거 없는 낭설(浪說) → 근거 없는 이야기
> ④ 나라를 사랑하는 애국정신 → 애국정신
> ⑤ 남아 있는 여생 → 여생(餘生)

30 다음 중 불필요한 성분이 중복되어 있지 않은 문장은?

① 나로서는 어쩔 수 없는 불가피한 상황이었다.

② 이번 사건은 우리 사회에 커다란 경각심을 불러 일으켰다.

③ 자주 오가는 빈번한 왕래를 통해 인정이 두터워 진다고 할 수 있다.

④ 독자 자신이 이미 가지고 있던 기존의 지식을 바탕으로 이해해야 한다.

⑤ 해결하기 어려운 난제는 여러 사람의 중의를 모아 푸는 것이 바람직하다.

> **advice** ① '어쩔 수 없는'과 '불가피(不可避)한'이 중복된다.
> ③ '자주 오가는'과 '빈번한 왕래(往來)'가 중복된다.
> ④ '이미 가지고 있던'과 '기존(旣存)'이 의미상 중복된다.
> ⑤ 어려운 난제(難題) → 어려운 문제

Answer 28.③ 29.① 30.②

31 다음 중 중복된 표현이 없이 자연스러운 문장은?

① 고목 나무에 꽃이 필 리 없다.

② 어디선가 갑자기 폭음이 들려왔다.

③ 넓은 광장에 사람들이 많이 모여들었다.

④ 토요일 날 오후에 그녀를 만나기로 했다.

⑤ 이번 여름 방학에는 동해 바다에 가고 싶다.

advice ① 고목 – 나무 ③ 넓은 – 광장 ④ 토요일 – 날 ⑤ 동해 – 바다

32 다음 중 의미가 중복된 표현이 아닌 것은?

① 깊은 감회가 느껴지는군요.

② 어제 미리 예고했었습니다.

③ 역전 앞에서 6시에 만납시다.

④ 바랐던 소원을 드디어 이루었군요.

⑤ 새로운 신상품을 개발해야 합니다.

advice ① '감회'는 '지난 일을 돌이켜 볼 때 느껴지는 회포'라는 뜻이며, 중복된 표현이 없다.
② '미리'와 '예–'의 의미가 중복된다.
③ '–전'과 '앞'의 의미가 중복된다.
④ '바랐던'과 '–원'의 의미가 중복된다.
⑤ '새로운'과 '신–'의 의미가 중복된다.

33 다음 중 두 가지 이상의 의미로 해석되는 문장이 아닌 것은?

① 아름다운 고향의 하늘을 생각한다.

② 부모는 자식보다 이웃을 더 사랑한다.

③ 철수는 노란 옷을 입은 여자를 불렀다.

④ 험상궂은 그 녀석의 부하들이 나를 에워쌌다.

⑤ 낯선 가방이 어울리지 않는 그 방에 놓여 있었다.

advice ① '아름다운'이 꾸며주는 말이 불분명하다.
② 부모와 자식의 비교인지 자식과 이웃의 비교인지 분명하지 않다.
④ 험상궂은 것이 '그 녀석'인지 '부하'인지 분명하지 않다.
⑤ 어울리지 않는 것이 '가방'인지 '그 방'인지 알 수 없다.

Answer 31.② 32.① 33.③

34 다음 중 둘 이상의 의미로 해석되는 문장이 아닌 것은?

① 예쁜 소녀의 책을 빌렸다.

② 나는 영수와 철수를 만났다.

③ 아름다운 옷을 입은 소녀가 왔다.

④ 선생님이 보고 싶은 학생이 많다.

⑤ 컴퓨터를 무척이나 좋아하는 아우의 친구를 만났다.

> **advice** ① '소녀'와 '책' 중 '예쁘다'의 주체를 알기 어렵다.
> ② '영수'와 함께 있으면서 '철수'를 만났는지, 함께 있는 '영수'와 '철수'를 만났는지 불분명하다.
> ④ '선생님'을 보고 싶은 학생인지, '선생님'이 보고 싶은 학생인지 알 수 없다.
> ⑤ 컴퓨터를 좋아하는 사람이 '아우'인지, '아우의 친구'인지 분명하지 않다.

35 다음 밑줄 친 조사의 쓰임이 바르지 않은 것은?

① 김 교수<u>야말로</u> 이 시대의 진정한 교수이다.

② 인생을 한 판의 바둑<u>과</u> 비유한 것은 적절했다.

③ 부동산 사업이 엄청난 수지<u>가</u> 맞는 업종으로 둔갑했다.

④ 통신 기술의 발달<u>로</u> 우리는 여러 곳에서 정보를 얻을 수 있다.

⑤ 너도 인간이기에 감정<u>에</u> 이끌렸지만, 이성적으로 행동해야 한다.

> **advice** ② 바둑과 → 바둑에

36 다음 밑줄 친 조사의 쓰임이 올바른 것은?

① <u>그는커녕</u> 우리나라의 보배이다.

② 그 책을 동생<u>한테서</u> 주었습니다.

③ 비염<u>이</u> 걸리면 불편한 것이 한두 가지가 아니다.

④ 아직도 그의 생생한 목소리가 나의 귓전을 울린다.

⑤ 정부는 무역 수지 개선에 미온적인 일본 정부<u>에게</u> 강력히 항의했다.

> **advice** ① 그는커녕 → 그야말로, 그는
> '는커녕'은 '물론'의 뜻을 지닌 조사이다.
> ② 동생한테서 → 동생한테
> ③ 비염이 → 비염에
> ⑤ 일본 정부에게 → 일본 정부에
> 에게 : 유정 명사(사람이나 동물)에 쓰임
> 에 : 무정 명사에 쓰임

Answer 34.③ 35.② 36.④

37 다음 중 밑줄 친 말의 쓰임이 올바른 것은?

① 그것을 동생<u>한테서</u> 주었지요.
② 힘<u>에</u> 부치는 일은 하지 마라.
③ 얼굴<u>로부터</u> 땀이 흘러 내렸다.
④ <u>그는커녕</u> 우리나라의 보배이다.
⑤ 배<u>던지</u> 사과<u>던지</u> 먹고 싶은 것을 먹어라.

> **advice** ① 동생한테서 → 동생한테
> ③ 얼굴로부터 → 얼굴에서
> ④ 그는커녕 → '그야말로' 또는 '그는'('는커녕'은 '물론'의 뜻을 지닌 조사임)
> ⑤ 배던지 사과던지 → 배든지 사과든지

38 다음 밑줄 친 말의 쓰임이 올바른 것은?

① <u>그다지</u> 기분 좋은 날은 아니었다.
② 뜰에 핀 꽃이 <u>마땅히</u> 탐스럽지 않았다.
③ <u>바야흐로</u> 학생은 공부를 열심히 해야 한다.
④ <u>설마</u> 사소한 것일지라도 아버지와 의논해야지.
⑤ 그의 병세는 예전에 비해 <u>비단</u> 나아진 것이 없었다.

> **advice** ② 마땅히 → 여간
>   '여간'은 '그 상태가 보통으로 보아 넘길 만한 것임을 나타내는 말로 주로 부정어와 호응한다.
> ③ 바야흐로 → 모름지기
>   바야흐로 : 이제 한창 또는 지금 바로
> ④ 설마 → 비록
> ⑤ 비단 → 별로
>   '비단'은 내용을 첨가할 때 주로 쓰인다.
>   예 이런 일은 비단 어제오늘의 일이 아니다.

39 다음 밑줄 친 말이 바르게 쓰인 것은?

① 이제 나이가 드니까 몸이 예전과 <u>틀리다</u>.
② 김장 김치를 <u>담가서</u> 옆집과 나누어 먹었다.
③ 그는 건강을 위하여 담배를 <u>삼가하기로</u> 했다.
④ 빌딩 옆으로 이상한 물체가 <u>날으는</u> 것을 보았다.
⑤ 그 때는 얼마나 <u>춥든지</u> 손이 곱아 펴지지 않았다.

advice ① 틀리다 → 다르다
　　다르다 : 비교가 되는 두 대상이 서로 같지 않다.
③ 삼가하기로 → 삼가기로
　　삼가다 : 몸가짐이나 언행을 조심하다.
④ 날으는 → 나는
　　'날다'에 '-는'이 연결되면 'ㄹ'이 탈락되어 '나는'이 된다.
⑤ 춥든지 → 춥던지
　　든지 : 어느 것이 선택되어도 차이가 없는 둘 이상의 일을 나열함을 나타내는 보조사
　　던지 : 막연한 의문이 있는 채로 그것을 뒤 절의 사실이나 판단과 관련시키는 데 쓰는 연결 어미

40 다음 중 높임의 방법이 다른 하나는?

① 도시락을 선생님께 드려라.　　　② 선생님께서 축구를 하십니다.
③ 아버지께서 점심을 드십니다.　　④ 선생님께서도 그 이야기를 좋아하신다.
⑤ 그 분은 환경 운동을 하십니까?

advice 높임의 방법
　㉠ 주체 높임법 : 서술어가 나타내는 행위의 주체를 높여 표현하는 문법 기능
　㉡ 객체 높임법 : 말하는 이가 서술의 객체를 높여 표현하는 문법 기능
　① 객체 높임　②③④⑤ 주체 높임

41 다음 중 높임 표현이 어색한 것은?

① 할머니는 귀가 밝으십니다.　　　② 아버지께서 출장을 가셨습니다.
③ 철수야, 할아버지께서 오시래.　　④ 할아버지께서 진지를 잡수십니다.
⑤ 선생님께서는 언제 귀국하셨나요?

advice 높임 표현은 말하는 이, 듣는 이, 문장 속에 등장하는 사람 사이의 관계를 고려하여 표현해야 한다.
　③ 오시래 → 오라셔, '오다'의 동작의 주체는 할아버지가 아니라 철수이다.

Answer 39.② 40.① 41.③

42 다음 중 높임말을 바르게 쓴 것은?

① 선생님께 모르는 것을 여쭈어 보았습니다.
② 철수야, 선생님이 오시래.
③ 그 분은 따님밖에 없지?
④ 할아버지, 엄마께서 수박 드시래요.
⑤ 할머니께서 무슨 일거리가 계시겠습니까?

advice ② 선생님이 오시래 → 선생님께서 오라셔
③ 없지 → 없으시지
④ 엄마께서 → 엄마가
⑤ 계시겠습니까 → 있겠습니까

43 다음 중 피동 표현이 쓰이지 않은 것은?

① 창호지 문이 찢어졌다.
② 개그맨이 관객을 웃기고 있다.
③ 새로운 사실이 그에 의해 밝혀졌다.
④ 운동장의 잔디가 밟혀서 엉망이 되었다.
⑤ 많은 사람들에게 읽힌다고 좋은 소설은 아니다.

advice 피동 표현 : 주어가 남의 행동의 영향을 받아서 움직임을 나타내는 것이다.
①의 '찢어졌다', ③의 '밝혀졌다', ④의 '밟혀서', ⑤의 '읽힌다'는 피동 표현이다.
② 사동 접사에 의한 사동 표현이다.

44 다음 중 시제가 다른 문장은?

① 지구는 여전히 돈다.
② 내 짝이 책을 읽는다.
③ 그는 내일 올 것이다.
④ 아버지가 회사에 가신다.
⑤ 어린아이가 책을 잘도 읽는구나.

advice ①②④⑤ 현재 시제를 표현하고 있다.
③ '-ㄹ 것이-'는 미래 시제를 표현한다.

Answer 42.① 43.② 44.③

45 번역체 문장을 고친 것 중에서 잘못된 것은?

① 주목에 값하는 일이 아닐 수 없다.

    → 주목한 보람이 있다.

② 그들이 자숙하는 것을 필요로 합니다.

    → 그들이 자숙해야 합니다.

③ 처자를 갖고 있는 사람은 책임이 무겁다.

    → 처자를 가진 사람은 책임이 무겁다.

④ 우리가 그걸 모두 주선할 예정으로 있습니다.

    → 우리가 그걸 모두 주선하겠습니다.

⑤ 인간적 순수 서정을 드러냄에 다름 아니다.

    → 인간적 순수 서정을 드러내고 있다.

advice ③ 영어 have의 번역체 문장이다. 고친 문장도 크게 다를 게 없다.

46 문장을 고친 것 중 적절하지 못한 것은?

① 철수의 축구 소질이 널리 알려졌다.

    → 철수의 축구에 대한 소질이 있음이 널리 알려졌다.

② 우리는 비로소 그의 정당했음을 깨달았다.

    → 우리는 비로소 그가 정당했다는 사실을 깨달았다.

③ 가장 심각한 문제는 우리 대학의 국제 경쟁력 낙후이다.

    → 가장 심각한 문제는 우리 대학의 국제 경쟁력이 떨어진다는 것이다.

④ 한식은 영양가가 풍부하다는 것과 약간 맵다는 것이 특징이라는 것이다.

    → 한식은 영양가가 풍부하고 약간 매운 것이 특징이다.

⑤ 초라한 남루한 그의 행색을 본 사람들은 그에 대한 동정심을 금치 못했다.

    → 그의 초라한 행색을 본 사람들은 그를 동정했다.

advice ① 철수가 축구에 소질이 있음이 널리 알려졌다.

47 다음 대화의 ㉠～㉤ 중 고쳐 쓰지 않아도 되는 것은?

> **여** : 준상아, 너 주시경 선생님께서 빨리 교무실로 ㉠오래.
> **남** : 뭐, 주시경 선생님께서?
> **여** : 왜, 국어를 ㉡가르치시는 선생님 말야.
> **남** : 아, 그 선생님. 그런데 왜 날 ㉢불르실까?
> **여** : 그건 잘 모르겠고, 하여튼 빨리 오라는 말씀이 ㉣계셨어.
> **남** : 어쩐지 불안한 느낌이 ㉤드는 것 같아.

① ㉠   ② ㉡

③ ㉢   ④ ㉣

⑤ ㉤

advice ㉠ 오래 → 오라셔
㉢ 불르실까 → 부르실까
㉣ 계셨어 → 있었어
㉤ 드는 것 같아 → 들어

48 다음 대화의 밑줄 친 부분 중 표현이 잘못된 것은?

> **가** : 담배를 또 ① 피우십니까?
> **나** : 건강을 위해 ② 삼가야 할 텐데 저도 걱정입니다.
> **가** : 참, 박 대리는 서류 가져왔습니까?
> **나** : ③ 칠칠맞게도 중요한 서류인데 잃어버렸답니다.
> **가** : 이런 큰일이군요. 서류를 ④ 통째로 잃어버렸습니까?
> **나** : 예, 그렇다는군요. 다시는 실수하지 않도록 ⑤ 넌지시 충고해야겠어요

advice ③ 칠칠맞게도 → 칠칠맞지 못하게도, '칠칠하다'와 '칠칠맞다'는 '않다, 못하다' 등의 부정어와 어울려 쓰인다.

49 다음 글의 문제점을 바르게 지적한 것은?

> 우리 민족은 반만년의 역사 만큼이나 오랜 문화적 전통을 지니고 있다. 현재까지 남아 있는 문화재들은 찬란한 우리 문화의 일면을 잘 보여 준다. 그리고 그 동안 숱한 전란을 겪으면서 많은 문화재가 소실되거나 파괴되었다. 이러한 우리 문화의 현실은 관광 산업을 위축시키는 한 요인으로 작용하기도 한다. 외국 관광객들이 우리나라를 방문했을 때, 볼만한 문화재가 없다면 관광의 욕구가 충족되지 못할 것은 자명하기 때문이다. 따라서 문화재 복원을 통해 관광 산업을 활성화시키도록 해야 한다.

① 의미가 모호한 표현이 많다.
② 글의 주제가 분명하지 못하다.
③ 맞춤법에 어긋난 표현이 많다.
④ 접속어의 사용이 적절하지 못하다.
⑤ 문장의 성분끼리 호응하지 못하고 있다.

advice ④ 세 번째 문장의 접속어 '그리고'를 '그러나'로 바꾸는 것이 자연스럽다.

50 다음 문장에서 범하고 있는 오류는?

> 이것은 위대한 그림이다. 왜냐하면 모든 훌륭한 미술 평론가가 평하고 있기 때문이다. 훌륭한 미술 평론가란 이런 위대한 그림을 평하는 이이다.

① 논점 일탈의 오류
② 원칙 혼동의 오류
③ 순환 논증의 오류
④ 흑백 논리의 오류
⑤ 성급한 일반화의 오류

advice 제시된 글의 '위대한 그림'이라는 말이 따로 입증되지 않고 순환되고 있는 것으로 '순환 논증의 오류'를 범하고 있음을 알 수 있다. 순환 논증의 오류는 전제를 바탕으로 결론을 논증하고 다시 결론을 바탕으로 전제를 논증하는 데에서 오는 오류를 말한다.

Answer 49.④ 50.③

51 다음 글에서 범하고 있는 논리적 오류와 유사한 것은?

> 상수가 어제 백화점에 가서 10만 원 하는 운동화를 샀다. 그러므로 상수는 낭비벽이 심한 아이임에 틀림없다.

① 꿈은 생리현상이다. 인생은 꿈이다. 그러므로 인생은 생리현상이다.

② 현대는 경쟁사회이다. 이 시대에 내가 살아남으려면 남이 나를 쓰러뜨리기 전에 내가 먼저 남을 쓰러뜨려야 한다.

③ 그가 무단횡단을 하는 바람에 지나가던 차가 그를 피하기 위해 방향을 틀다가 사람을 치어 두 명을 죽게 했다. 그러므로 그는 살인자다.

④ 준수가 국어를 잘하는 이유가 따로 있다. 그의 아빠가 국어 선생이니 잘할 수밖에 더 있겠니? 나도 아빠가 국어 선생이라면 국어를 잘할 텐데.

⑤ 김 선생이 한국고교에 다니는 한 학생을 알고 있었는데, 그 학생은 매우 총명하였다. 마침 한국고교로 가게 된 김 선생은 학생들이 총명하리라 기대하고 교실에 들어갔으나, 그만 쓴웃음을 지을 수밖에 없었다.

advice 제시된 글은 '성급한 일반화의 오류'를 범하고 있다. '성급한 일반화의 오류'는 제한된 정보, 불충분한 자료, 대표성을 결여한 사례 등 특수한 경우를 근거로 하여 이를 성급하게 일반화하는 오류이다.
① 애매어 사용의 오류
② 원천 봉쇄에 호소하는 오류
③ 의도 확대의 오류
④ 정황적 논증의 오류
⑤ 성급한 일반화의 오류

어문규정은 맞춤법 및 표준어 등 실제 생활에서 잘못쓰기 쉬운 우리말
규정에 대한 내용을 다룬다. 외래어 표기법 및 로마자 표기법의 경우
무조건적인 암기보다는 주요 법칙을 통해 이해할 필요가 있다.

어문규정

03 CHAPTER

03 어문규정

01 맞춤법

1. 맞춤법에 유의해야 할 말

깍두기 ← 깍뚜기	㉠ 한 단어 안에서 뚜렷한 까닭 없이 나는 된소리는 다음 음절의 첫소리를 된소리로 적는다. 例 소쩍새, 아끼다, 어떠하다, 해쓱하다, 거꾸로, 가끔, 어찌, 이따금, 산뜻하다, 몽땅 ㉡ 'ㄱ, ㅂ'받침 뒤에서는 된소리로 적지 아니한다. 例 국수, 깍두기, 색시, 싹둑, 법석, 갑자기, 몹시, 딱지

 실력쑥! **기출유형문제**

다음 밑줄 친 부분 중 맞춤법이 틀린 것은?

① 그 일에는 <u>안팎</u>으로 꼭 맞는 사람이 있지.

② 그 남자는 <u>접때</u>부터 자기를 한 번만 만나 달라고 조른다.

③ 동구 밖 어디선가 달을 보며 짖는 듯한 <u>숫개</u> 소리가 들려왔다.

④ 조합에서는 새 품종의 종자 <u>볍씨</u>를 마을사람들에게 나누어 주었다.

⑤ 하루는 소 한 마리를 끌어와 잡아서 <u>살코기</u>를 발라내어 말려 보관하고 장조림까지도 만들어 놓았다.

Advice ① 안팎 : 두 말이 어울릴 적에 'ㅂ' 소리나 'ㅎ' 소리가 덧나는 것은 소리대로 적으므로 '안팎'으로 적는다〈한글 맞춤법 제4장 제4절 제31항〉.

② 접때 : '접때'의 의미로 '저즈막, 저즘, 저즘께'를 쓰는 경우가 있으나 '접때'만 표준어로 삼는다〈한글 맞춤법 제4장 제4절 제31항, 표준어 규정 제3장 제4절 제25항〉.

③ 숫개 → 수캐 : 수컷을 이르는 접두사는 '수-'로 통일하며, 접두사 '수-' 다음에서 나는 거센소리를 인정하므로 '수캐'를 표준어로 삼는다〈표준어 규정 제2장 제1절 제7항〉.

④ 볍씨 : '볍씨'의 의미로 '벼씨, 모씨'를 쓰는 경우가 있으나 '볍씨'만 표준어로 삼는다〈표준어 규정 제2장 제4절 제17항, 표준어 규정 제3장 제4절 제25항〉.

⑤ 살코기 : '살'과 '고기'가 어울릴 적에 'ㅎ' 소리가 덧나므로 소리대로 '살코기'로 적는다〈한글 맞춤법 제4장 제4절 제31항〉.

답 ③

㉠ 깍두기	㉮ 아무튼
㉡ 가까워	㉯ 책이에요
㉢ 오뚝이	㉰ 나룻배
㉣ 일찍이	㉱ 돗자리
㉤ 깨끗이	㉲ 휴게실
㉥ 심부름꾼	㉳ 닐리리
㉦ 맞추다	㉴ 만듦
㉧ -할게	㉵ 널따랗다
㉨ 있음	㉶ 사랑니
㉩ 백분율	㉷ 살코기
㉪ 남녀	㉸ 승낙
㉫ 씁쓸하다	㉹ 개수
㉬ 곱빼기	㉺ 뒷간
㉭ 생각건대	㉻ 전세방

곱빼기 ← 곱배기	[빼기]라는 소리의 앞에 오는 말이 분석 가능하면 '–빼기'로 쓰고, 분석할 수 없으면 '–배기'로 쓴다. 예 곱빼기, 뚝배기
씁쓸하다 ← 씁슬하다	한 단어 안에서 같은 음절이나 비슷한 음절이 겹쳐 나는 부분은 같은 글자로 적는다. 예 똑딱똑딱, 유유상종(類類相從), 누누이, 쌉쌀하다, 싹싹하다, 눅눅하다, 짭짤하다
가까워 ← 가까와	㉠ 'ㅂ'불규칙 용언에서 어간의 끝 'ㅂ'이 'ㅜ'로 바뀔 적에 '–워'로 적는다. 예 가깝다 : 가까워, 괴롭다 : 괴로워, 아름답다 : 아름다워 ㉡ '돕–, 곱–'과 같은 단음절 어간에 어미 '–아'가 결합되어 '와'로 소리나는 것은 '–와'를 적는다. 예 돕다 : 도와 – 도와서, 곱다 : 고와 – 고와서
사랑니 ← 사랑이	'이[齒]'가 합성어나 이에 준하는 말에서 '니' 또는 '리'로 소리 날 때에는 '니'로 적는다. 예 간니, 덧니, 사랑니, 송곳니, 어금니, 윗니, 틀니, 가랑니, 머릿니

오뚝이 ← 오뚜기	'-하다'나 '-거리다'가 붙는 어근에 '-이'가 붙어서 명사가 된 것은 그 원형을 밝혀 적는다. 예 깔쭉이, 쌕쌕이, 배불뚝이, 꿀꿀이, 살살이, 코납작이, 푸석이, 홀쭉이
일찍이 ← 일찌기	부사에 '-이'가 붙어서 뜻을 더하는 경우에는 그 어근이나 부사의 원형을 밝혀 적는다. 예 곰곰이, 더욱이, 생긋이, 해죽이
깨끗이 ← 깨끗히	㉠ 부사의 끝음절이 분명히 '-이'로만 나는 것은 '-이'로 적는다. 예 가붓이, 깨끗이, 나붓이, 반듯이, 틈틈이, 가까이 ㉡ '-히'로 나는 것은 '-히'로 적는다. 예 엄격히, 정확히, 급히, 딱히, 속히 ㉢ '-이, -히'로 나는 것은 '-히'로 적는다. 예 솔직히, 가만히, 쓸쓸히, 조용히, 고요히, 열심히
앎 ← 암	어간에 '-이'나 '-음/-ㅁ'이 붙어서 명사로 된 것과 '-이'나 '-히'가 붙어서 부사로 된 것은 그 어간의 원형을 밝히어 적는다. 예 길이, 다듬이, 땀받이, 벼훑이, 죽음, 굳이, 좋이, 짓궂이, 밝히, 익히
있음 ← 있슴	'있음'은 '있(다)＋-음'으로 이루어진 말이다. 어간에 '-이'나 '-음/ㅁ'이 붙어서 명사가 되는 것은 어간의 원형을 밝혀 적어야 한다. 단, '-읍니다'는 '-습니다'로 써야 한다. 예 걸음, 묶음, 믿음, 얼음, 울음
-할게 ← -할께	㉠ 다음과 같은 어미는 예사소리로 적는다. 예 -(으)ㄹ거나, -(으)ㄹ걸, -(으)ㄹ게, -(으)ㄹ세, -(으)ㄹ수록, -(으)ㄹ진대 ㉡ 의문을 나타내는 다음 어미들은 된소리로 적는다. 예 -(으)ㄹ까?, -(으)ㄹ꼬?, -(으)ㄹ쏘냐?
책이에요 ← 책이예요	'-예요'는 '-이에요'의 준말이다. '-에요'는 서술격 조사 '이다' 또는 형용사 '아니다'의 어간에 붙어, 친근감을 담아 애교스럽게 사물을 긍정적으로 단정하거나 지정하여 묻는 종결 어미이다. 서술격 조사 '이다'의 어간 '이-'와 어울려 합칠 때에는 줄여서 '여요'로 쓰기도 한다. 예 저것이 우리 학교예요. 제 책이에요. 아니에요. 우리 학교 대표여요.

<table>
<tr>
<td>나룻배 ← 나루배</td>
<td>

사이시옷은 다음과 같은 경우에 받치어 적는다.

㉠ 순 우리말로 된 합성어로서 앞말이 모음으로 끝난 경우, 뒷말의 첫소리가 된소리로 나는 것

  예 고랫재, 귓밥, 나룻배, 나뭇가지, 냇가, 댓가지, 맷돌, 모깃불, 못자리, 바닷가, 선짓국, 아랫집, 잇자국, 잿더미, 조갯살, 찻집, 핏대, 햇볕, 혓바늘

㉡ 순 우리말로 된 합성어로서 앞말이 모음으로 끝난 경우, 뒷말의 첫소리 'ㄴ, ㅁ' 앞에서 'ㄴ'소리가 덧나는 것

  예 멧나물, 아랫니, 텃마당, 아랫마을, 뒷머리, 잇몸, 깻묵, 냇물

㉢ 순 우리말과 한자어로 된 합성어로서 앞말이 모음으로 끝난 경우, 뒷말의 첫소리가 된소리로 나는 것

  예 귓병, 봇둑, 샛강, 아랫방, 자릿세, 전셋집, 찻잔, 핏기, 햇수, 횟가루

㉣ 순 우리말과 한자어로 된 합성어로서 앞말이 모음으로 끝난 경우, 뒷말의 첫소리 'ㄴ, ㅁ' 앞에서 'ㄴ'소리가 덧나는 것

  예 곗날, 제삿날, 훗날, 툇마루, 양칫물

㉤ 두 음절로 된 다음 한자어

  예 곳간(庫間), 셋방(貰房), 숫자(數字), 찻간(車間), 툇간(退間), 횟수(回數)

</td>
</tr>
<tr>
<td>살코기 ← 살고기</td>
<td>

두 말이 어울릴 적에 'ㅂ'소리나 'ㅎ'소리가 덧나는 것은 소리대로 적는다.

예 댑싸리, 멥쌀, 볍씨, 입쌀, 좁쌀, 머리카락, 수캐, 암컷, 수컷, 수탉, 암탉, 안팎

</td>
</tr>
<tr>
<td>생각건대 ← 생각컨대</td>
<td>

㉠ 무성음 뒤에서는 어간의 끝음절 '하'가 통째로 탈락된다.

  예 거북하지-거북지, 생각하건대-생각건대, 넉넉하지/넉넉지, 섭섭하지/섭섭지, 깨끗하지/깨끗지, 못하지/못지

㉡ 유성음 뒤에서는 끝음절 '하'에서 'ㅏ'만 탈락되고 'ㅎ'이 다음 음절의 첫소리와 어울려 거센소리로 된다.

  예 간편하게-간편케, 다정하다-다정타, 청하건대-청컨대, 무심하지-무심치, 실천하도록-실천토록, 사임하고자-사임코자, 흔하다-흔타

</td>
</tr>
<tr>
<td>승낙(承諾) ← 승락</td>
<td>

한자어에서 본음으로도 나고 속음으로도 나는 것은 각각 그 소리에 따라 적는다.

예 〈본음으로 나는 것〉

  승낙(承諾), 만난(萬難), 안녕(安寧), 분노(忿怒), 오륙십(五六十)

  〈속음으로 나는 것〉

  수락(受諾), 허락(許諾), 곤란(困難), 희로애락(喜怒哀樂), 모과(木瓜)

</td>
</tr>
</table>

다음 밑줄 친 부분의 맞춤법이 옳은 것은?

① 무반향이면서도 <u>그렇찮게</u> 조용한 어촌이었다.

② 잠깐 다녀오는 것이니 최대한 짐은 <u>간편게</u> 꾸려라.

③ 지난 일을 돌이켜 <u>생각컨대</u> 그 때 그 일은 내 잘못이 아니었다.

④ 나는 삼촌을 찾아보았으나 눈에 <u>띄질</u> 않았다.

⑤ 우리 프로그램은 사용자가 프로그램의 사용법에 <u>익숙치</u> 않아도 된다는 장점이 있다.

Advice ① 어미 '-지' 뒤에 '않-'이 어울려 '-잖-'이 될 적과 '-하지' 뒤에 '않-'이 어울려 '-찮-'이 될 적에는 준 대로 적는다. 따라서 '그렇지' 뒤에 '않-'이 어울릴 경우는 '그렇잖다'로 적는다〈한글 맞춤법 제4장 제5절 제39항〉.

② 어간의 끝음절 '하'의 'ㅏ'가 줄고 'ㅎ'이 다음 음절의 첫소리와 어울려 거센소리로 될 적에는 거센소리로 적는다〈한글 맞춤법 제4장 제5절 제40항〉.

③⑤ 어간의 끝음절 'ㅎ'가 아주 줄 적에는 준 대로 적는다〈한글 맞춤법 제4장 제5절 제40장 붙임 2〉.

답 ④

PLUS '뜨이다'와 '띄다'

'ㅏ, ㅕ, ㅗ, ㅜ, ㅡ'로 끝난 어간에 '-이'가 와서 각각 'ㅐ, ㅖ, ㅚ, ㅟ, ㅢ'로 줄 적는 준 대로 적는다〈한글 맞춤법 제4장 제5절 제37항〉.

'뜨이다'와 '띄다'는 본말과 준말의 관계로 모두 사용할 수 있다.

맞추다 ← 마추다	두 가지로 구별하여 적던 다음 말들은 한 가지로 적는다. 예 맞추다(입을 맞추다. 양복을 맞추다.), 뻗치다(다리를 뻗치다. 멀리 뻗치다.)
아무튼 ← 아뭏든	다음과 같은 부사는 소리대로 적는다. 예 결단코, 결코, 기필코, 무심코, 아무튼, 요컨대, 정녕코, 필연코, 하마터면, 하여튼, 한사코
심부름꾼 ← 심부름군	다음과 같은 접미사는 된소리로 적는다. 예 심부름꾼, 일꾼, 지게꾼, 빛깔, 성깔, 장난꾼, 귀때기, 코빼기, 팔꿈치
돗자리 ← 돋자리	'ㄷ' 소리로 나는 받침 중에서 'ㄷ'으로 적을 근거가 없는 것은 'ㅅ'으로 적는다. 예 덧저고리, 엇셈, 웃어른, 핫옷, 무릇, 사뭇, 얼핏, 자칫하면, 헛
널따랗다 ← 넓다랗다	겹받침의 끝소리가 드러나지 아니한 것은 소리대로 적는다. 예 할짝거리다, 널따랗다, 널찍하다, 말끔하다, 말짱하다, 실쭉하다, 실큼하다, 얄따랗다, 얄팍하다, 짤따랗다, 짤막하다, 실컷

닐리리 ← 늴리리	'의'나 자음을 첫소리로 가지고 있는 음절의 'ㅢ'는 'ㅣ'로 소리나는 경우가 있더라고 'ㅢ'로 적는다. 예 의의(意義), 무늬, 보늬, 하늬바람, 닁큼, 띄어쓰기, 씌어, 유희(遊戱)

휴게실 ← 휴계실	㉠ '계, 례, 몌, 폐, 혜'의 'ㅖ'는 'ㅔ'로 소리나는 경우가 있더라도 'ㅖ'로 적는다. 예 계수(桂樹), 사례(謝禮), 연몌(連袂), 계집, 핑계, 계시다 ㉡ 다음 말은 본음대로 적는다. 예 게송(偈頌), 게시판(揭示板), 휴게실(休憩室)

백분율 ← 백분률	모음이나 'ㄴ' 받침 뒤에 이어지는 '렬, 률'은 '열, 율'로 적는다 예 나열(羅列), 분열(分裂), 선열(先烈), 비율(比率), 선율(旋律), 규율(規律)

남녀(男女) ← 남여	㉠ 한자음 '녀, 뇨, 뉴, 니'가 단어 첫머리에 올 적에는, 두음 법칙에 따라 '여, 요, 유, 이'로 적는다. 예 여자(女子), 연세(年歲), 요소(尿素), 익명(匿名), 이토(泥土) ㉢ 단어의 첫머리 이외의 경우에는 본음대로 적는다. 예 남녀(男女), 당뇨(糖尿), 결뉴(結紐), 은닉(隱匿)

다음 중 맞춤법에 오류가 없는 것은?

① 여러 논문을 짜집기 한 보고서
② 남여노소 모두 좋아하는 가수
③ 영세민의 고통을 못 본 체하는 정부
④ 절대 승부를 가릴 수 없는 졸열한 경기
⑤ 갑짜기 쏟아지기 시작한 소나기

Advice ① 짜집기 → 짜깁기
② 남여노소 → 남녀노소
④ 졸열한 → 졸렬한
⑤ 갑짜기 → 갑자기

답 ③

🔍 PLUS **맞춤법**

말을 글자로 적을 때 지켜야 할 약속을 말한다. 맞춤법 규정에 맞게 써야 읽는 이가 그 글을 쉽고 정확하게 읽을 수 있다.
소리를 글자로 적을 때에는 낱말의 형태, 띄어쓰기, 문장 부호의 사용에 유의하여야 한다.

2. 구별해서 써야 할 말

어떻게 어떡해	'어떻게'는 '어떠하다'가 줄어든 '어떻다'에 어미 '-게'가 결합하여 부사적으로 쓰이는 말이며, '어떡해'는 '어떻게 해'라는 구가 줄어든 말이다. 예 너, 어떻게 된 거냐? / 지금 나 어떡해?
안 않	'안'은 용언 앞에 붙어 부정 또는 반대의 뜻을 나타내는 부사 '아니'의 준말이다. '않다'는 동사나 형용사 아래에 붙어 부정의 뜻을 더하는 보조 용언 '아니하다'의 준말이다. 예 담배를 안 피운다. / 담배를 피우지 않는다.
가름 갈음	'가름'은 '따로따로 나누는 일'이나 '사물이나 상황을 구별하거나 분별하는 일' 등의 뜻으로 쓰이며, '갈음'은 '다른 것으로 바꾸어 대신함'을 이르는 말이다. 예 둘로 가름 / 새 책상으로 갈음하였다.
반드시 반듯이	'반드시'는 '틀림없이', '꼭'이라는 뜻의 낱말로, 필연적 사실을 말할 때에 사용되며, '반듯이'는 '반듯하게'라는 뜻의 낱말이다. 예 약속을 반드시 지켜라. / 고개를 반듯이 들어라.

실력쑥! 기출유형문제

혼동하기 쉬운 어휘를 바르게 활용하지 못한 것은?

① <u>작열</u>하는 사막의 전쟁터에서 수류탄이 <u>작렬</u>하였다.

② 도둑의 뒤를 <u>쫓던</u> 경찰관은 늘 명예를 <u>좇는</u> 사람이었다.

③ 그는 단단한 돌을 맨손으로 <u>뻐개더니</u> 자신의 힘을 은근히 <u>뻐기고</u> 있다.

④ 그는 노동자들의 용기를 <u>돋구는</u> 글을 쓰기 위해 안경의 도수를 <u>돋우었다</u>.

⑤ 자유와 방종이 <u>혼동</u>되어서 나는 결국 가치관의 <u>혼돈</u>에 빠지고 말았다.

Advice ① 작열(灼熱) : 불 따위가 이글이글 뜨겁게 타오름
　　작렬(炸裂) : 포탄 따위가 터져서 좍 퍼짐.
④ 돋구다 : 안경의 도수 따위를 더 높게 하다
　　돋우다 : 위로 끌어 올려 도드라지거나 높아지게 하다.
　　　　　　밑을 괴거나 쌓아 올려 도드라지거나 높아지게 하다.
⑤ 혼동(混同) : 구별하지 못하고 뒤섞어서 생각함.
　　혼돈(混沌) : 마구 뒤섞여 있어 갈피를 잡을 수 없음. 또는 그런 상태.

답 ④

벌이다 벌리다	'벌이다'는 어떤 일을 계획하여 착수하거나 어떤 목적으로 시설을 차려 놓거나 모임을 주선할 때에 사용하며, '벌리다'는 두 사이를 떼어서 넓게 하거나, 접히거나 오므라진 것을 편다는 뜻으로 사용한다. 예 그 마을은 씨름판을 벌였다. / 벌린 입을 다물지 못한다.
봉오리 봉우리	'-오'는 양성 모음으로 귀엽고 작은 형상을, '-우'는 음성 모음으로 크고 우람한 형상을 가리킬 때에 쓰인다. 예 꽃봉오리 / 산봉우리
마치다 맞히다	'마치다'는 '어떤 일이나 과정, 절차 따위가 끝나다.'란 뜻을 지니며, '맞히다'는 '맞다(문제에 대한 답이 틀리지 아니하다)'의 사동사이다. 예 벌써 일을 마쳤다. / 여러 문제를 더 맞혔다.
살지다 살찌다	'살지다'는 형용사로서, 몸에 살이 많아 탐스러운 모양을 가리키며, '살찌다'는 동사로서, 몸에 살이 많아지거나 살이 오르는 동태적인 작용을 나타낸다. 예 살지고 싱싱한 물고기 / 너무 살찌면 움직임이 둔할뿐더러 건강에도 해롭다.
안치다 앉히다	'안치다'는 '끓이거나 삶거나 찌려고 솥에 넣는다'라는 뜻이며, '앉히다'는 '자리에 앉게 하다'라는 뜻이다. 예 밥을 안치다. / 학생을 자리에 앉히다.
웬 왠지	'웬'은 관형사로 '어떠한', '어찌된'의 뜻을 지니고 있으며, '왠지'는 부사로 '왜 그런지 모르게'라는 뜻을 나타낸다. 예 웬 일로 오셨수? / 그를 보니 왠지 쑥스럽다.
부치다 붙이다	'부치다'와 '붙이다' 여러 의미로 두루 쓰이는 말로 그 용례를 통해 의미를 익혀야 한다. 예 힘이 부치는 일이다, 편지를 부치다, 논밭을 부친다, 빈대떡을 부친다, 식목일에 부치는 글, 회의에 부치는 안건, 인쇄에 부치는 원고, 삼촌 집에 숙식을 부친다. 우표를 붙인다, 책상을 벽에 붙인다, 불을 붙인다, 감시원을 붙인다, 조건을 붙인다, 취미를 붙인다, 별명을 붙인다.
되어 돼야	'돼'는 '되어'의 준말이며, '돼야'는 '되어야'의 준말이다. 예 이번 농사는 잘 되어 풍년이다. / 잘 돼야 할 텐데.

-오 -요	종결형에서 사용되는 어미 '-오'는 '요'로 소리가 나는 경우가 있더라도 그 원형을 밝혀 '오'로 적고, 연결형에서 사용되는 '이요'는 '이요'로 적는다. 예 이것은 책이오, 이리로 오시오. / 이것은 책이요, 저것은 붓이다.
-던지 -든지	'-던지'는 지난 일을 나타내고, '-든지'는 무엇이나 가리지 아니함을 나타낸다. 예 얼마나 놀랐던지 몰라. / 배든지 사과든지 마음대로 먹어라.
-(으)로서 -(으)로써	'-으로서'는 신분, 지위, 자격이나 사실을 나타낼 때에 사용하며, '-으로써'는 재료, 수단, 방법을 나타낼 때에 사용한다. 예 사람으로서 그럴 수는 없다. / 닭으로써 꿩을 대신했다.
-(으)므로 (-ㅁ, -음)으로(써)	'-(으)므로'는('ㄹ'을 제외한 받침 있는 용언의 어간이나 어미 '-었-', '-겠-' 뒤에 붙어) 까닭이나 근거를 나타내는 연결 어미이며, '으로(써)'는 조사이다. 예 그가 나를 믿으므로 나도 그를 믿는다. / 그는 믿음으로(써) 산 보람을 느꼈다.

실력쑥! 기출유형문제

다음의 (   ) 안에 알맞은 표기로만 바르게 짝지어진 것은?

- 그 사람 머리가 아주 (㉠   ).
- 모임 장소와 시간은 한 시간 후에 내가 다시 (㉡   ).
- 수수께끼에 대한 답을 정확하게 (㉢   ) 상품을 드립니다.
- 들창 (㉣   ), 파랗다 못해 보라색을 머금은 하늘이 눈에 싱싱했다.

	㉠	㉡	㉢	㉣
①	똑똑하데 –	연락할게 –	맞추면 –	넘어
②	똑똑하대 –	연락할게 –	맞히면 –	너머
③	똑똑하데 –	연락할게 –	맞추면 –	너머
④	똑똑하대 –	연락할게 –	맞히면 –	넘어

Advice ㉠ '-대'는 남의 말을 전달하는 데 사용되며, '-데'는 과거의 직접 경험한 내용일 때 사용한다.

㉡ 다음과 같은 어미는 예사소리로 적는다〈한글 맞춤법 제6장 제53항〉.
　　예 -(으)ㄹ거나, -(으)ㄹ걸, -(으)ㄹ게 등

㉢ '퀴즈의 답을 맞히다.'가 옳은 표현이고 '퀴즈의 답을 맞추다.'라고 하는 것은 틀린 표현이다. '맞히다'에는 '적중하다'의 의미가 있어서 정답을 골라낸다는 의미를 가지지만 '맞추다'는 '대상끼리 서로 비교한다.'는 의미를 가져서 '답안지를 정답과 맞추다.'와 같은 경우에만 사용한다.

㉣ 어간에 '-이'나 '-음' 이외의 모음으로 시작된 접미사가 붙어서 다른 품사로 바뀐 것은 그 어간의 원형을 밝히어 적지 않는다. '너머'는 사물의 저쪽이나 공간을 나타내는 말이고, '넘어'는 "산을 넘어 간다." 와 같이 동작을 나타내는 말이다〈한글맞춤법 제4장 제3절 제19항〉.

답 ②

3. 띄어쓰기 규정

① 조사는 앞말에 붙여 쓴다.

서울**까지**	학생**치고는**	일인즉슨
오기는커녕	그것말고 저것	연필하고 책하고
사람**마다**	너밖에, 할 수밖에	꽃이다

② 용언의 어미 또는 어미처럼 굳어 버린 숙어는 붙여 쓴다.

보다시피	하면 할수록	놀지언정
가자마자	가다뿐이냐?	없을망정

③ 의존 명사는 띄어 쓴다.

아는 **것**이 힘이다.	할 **줄** 안다.	나도 할 **수** 있다.
네가 뜻한 **바**를 알겠다.	가는 **데**가	보는 **족족**
먹을 **만큼** 먹어라.	싸우는 **통**에	그럴 **리**가 있나?
그가 떠난 **지**가 오래다.	먹을 **참**이었다.	아는 **이**를 만났다.

④ 단위를 나타내는 명사(名詞)는 띄어 쓴다.

한 **개**	금 서 **돈**	조기 한 **손**
버선 한 **죽**	북어 한 **쾌**	김 네 **톳**
쌀 한 **섬**	콩 너 **말**	섭씨 십 **도**

단, 순서를 나타내는 경우나 숫자와 어울리어 쓰이는 경우에는 붙여 쓸 수 있다.

삼십분 오초	제일**과**	삼학년
제1실습실	7미터	10개

⑤ 수를 적을 적에는 '만(萬)' 단위로 띄어 쓴다.

십이억 삼천사백오십육만 칠천팔백구십팔	12억 3456만 7898

⑥ 두 말을 이어주거나 열거할 적에 쓰이는 말들은 띄어 쓴다.

국장 **겸** 과정 이사장 **및** 이사들	열 **내지** 스물 책상, 걸상 **등**이 있다.	청군 **대** 백군 사과, 배 **등속**

⑦ 단음절로 된 단어가 연이어 나타날 적에는 붙여 쓸 수 있다.

이말 저말	좀더 큰것	한잎 두잎

⑧ 보조 용언(보조 동사, 보조 형용사)은 띄어 씀을 원칙으로 하되, 경우에 따라 붙여 씀도 허용한다.

꺼져 **가다** (꺼져가다) 도와 **드리다** (도와드리다) 할 **만하다** (할만하다)	막아 **내다** (막아내다) 올 **성싶다** (올성싶다) 때려 **주다** (때려주다)	밝아 **오다** (밝아오다) 아는 **척하다** (아는척하다) 올 **듯하다** (올듯하다)

⑨ 첩어 또는 준첩어는 한 덩어리 되게 붙여 쓴다.

머나먼 여기저기	차례차례 하루하루	가깝디가깝다 기우뚱기우뚱

⑩ 복합어는 한 덩어리 되게 붙여 쓴다.

그만두다 남몰래 눈뜨다 눈웃음 대쪽같다	샘솟다 아침때 앉은키 여봐란듯이 우리글	지난번 큰아버지 하루빨리 한결같다 한동안

⑪ 파생어는 한 덩어리 되게 붙여 쓴다.

강추위 **늦**더위 **맨**발 **새**파랗다 **설**삶다 **웃**어른	**잔**소리 **풋**나물 **한**가운데 공부**하다** 욕심**꾸러기** 어른**답다**	한국어 천**여** 명 십 원**짜리** 미심**쩍다** 주목**받다** 부산**행**(釜山行)

⑫ 성과 이름, 성과 호 등은 붙여 쓰고, 이에 덧붙은 호칭어, 관직명 등은 띄어 쓴다.

김철수 서화담(徐花潭)	채영신 씨 최치원 선생	박동식 박사 충무공 이순신 장군

⑬ 성명 이외의 고유 명사는 단어별로 띄어 씀을 원칙으로 하되, 단위별로 띄어 씀도 허용한다.

〈원칙〉	〈허용〉
대한 중학교 한국 대학교 사범 대학	대한중학교 한국대학교 사범대학

⑭ 전문 용어는 단어별로 띄어 씀을 원칙으로 하되, 붙여 씀도 허용한다.

〈원칙〉	〈허용〉
모음 조화(母音調和) 중거리 탄도 유도탄(中距離彈道誘導彈)	모음조화 중거리탄도유도탄

1. 표준어

끄나풀 ← 끄나불	다음 단어들은 거센소리를 가진 형태를 표준어로 삼는다. 예 끄나풀, 빈 칸, 부엌, 살쾡이, 녘, 털어먹다 ※ '초가삼간, 윗간'은 표준어이다.
사글세 ← 삭월세	어원에서 멀어진 형태로 굳어져서 널리 쓰이는 것은, 그것을 표준어로 삼는다. 예 강낭콩, 사글세, 고삿, 울력성당(떼를 지어서 으르고 협박하는 일) ※ '월세(月貰)'는 표준어이다.
돌 ← 돐	다음 단어들은 의미를 구별함이 없이, 한 가지 형태만을 표준어로 삼는다. 예 돌, 둘째, 셋째, 넷째, 열두째, 빌리다(빌려 주다, 빌려 오다)
수꿩 ← 숫꿩	수컷을 이르는 접두사는 '수-'로 통일한다. 예 수꿩, 수소, 수나사, 수놈, 수사돈, 수은행나무 ※ '황소'도 표준어이다.
수캉아지 ← 숫강아지	다음 단어에서는 접두사 다음에서 나는 거센소리를 인정한다. 접두사 '암-'이 결합되는 경우에도 이에 준한다. 예 수캉아지, 수캐, 수컷, 수키와, 수탉, 수탕나귀, 수톨쩌귀, 수퇘지, 수평아리
숫염소 ← 수염소	다음 단어의 접두사는 '숫-'으로 한다. 예 숫양, 숫쥐, 숫염소
깡충깡충 ← 깡총깡총	양성 모음이 음성 모음으로 바뀌어 굳어진 다음 단어는 음성 모음 형태를 표준어로 삼는다. 예 깡충깡충, 쌍둥이, 바람둥이, 검둥이, 발가숭이, 보퉁이, 뻗정다리, 아서, 아서라, 오뚝이, 주춧돌

삼촌 ← 삼춘	어원 의식이 강하게 작용하는 다음 단어에서는 양성 모음 형태를 그대로 표준어로 삼는다. 예 부조(扶助), 사돈(査頓), 삼촌(三寸)
냄비 ← 남비	'ㅣ' 역행 동화 현상에 의한 발음은 원칙적으로 표준 발음으로 인정하지 아니하되, 다만 다음 단어들은 그러한 동화가 적용된 형태를 표준어로 삼는다. 예 풋내기, 서울내기, 신출내기, 냄비, 동댕이치다
아지랑이 ← 아지랭이	다음 단어는 'ㅣ' 역행 동화가 일어나지 아니한 형태를 표준어로 삼는다. 예 아지랑이
멋쟁이 ← 멋장이	기술자에게는 '-장이', 그 외에는 '-쟁이'가 붙는 형태를 표준어로 삼는다. 예 미장이, 유기장이, 멋쟁이, 소금쟁이, 담쟁이덩굴, 골목쟁이
케케묵다 ← 켸켸묵다	다음 단어는 모음이 단순화한 형태를 표준어로 삼는다. 예 괴팍하다, 미루나무, 미륵, 여느, 으레, 케케묵다, 허우대
상추 ← 상치	다음 단어에서는 모음의 발음 변화를 인정하여, 발음이 바뀌어 굳어진 형태를 표준어로 삼는다. 예 깍쟁이, 나무라다, 바라다, 상추, 주책, 지루하다, 튀기, 허드레, 호루라기, 시러베아들
윗도리 ← 웃도리	'웃-' 및 '윗-'은 명사 '위'에 맞추어 '윗-'으로 통일한다. 예 윗도리, 윗니, 윗목, 윗몸, 윗자리, 윗잇몸
위층 ← 웃층	된소리나 거센소리 앞에서는 '위-'로 한다. 예 위쪽, 위층, 위치마, 위턱, 위채, 위팔
웃어른 ← 윗어른	'아래, 위'의 대립이 없는 단어는 '웃-'으로 발음되는 형태를 표준어로 삼는다. 예 웃국, 웃돈, 웃비, 웃어른, 웃옷, 웃비

구절 ← 귀절	㉠ 한자 '구(句)'가 붙어서 이루어진 단어는 '귀'로 읽는 것을 인정하지 아니하고, '구'로 통일한다. 예 구절(句節), 문구(文句), 대구(對句), 절구(絕句), 시구(詩句), 어구(語句) ㉡ 다음 단어는 '귀'로 발음되는 형태를 표준어로 삼는다. 예 글귀, 귀글
무 ← 무우	준말이 널리 쓰이고 본말이 잘 쓰이지 않는 경우에는, 준말만을 표준어로 삼는다. 예 귀찮다, 김, 똬리, 무, 뱀, 빔, 샘, 생쥐, 솔개, 온갖, 장사치
귀이개 ← 귀개	준말이 쓰이고 있더라도, 본말이 널리 쓰이고 있으면 본말을 표준어로 삼는다. 예 궁상떨다, 귀이개, 낌새, 돗자리, 마구잡이, 부스럼, 일구다, 퇴박맞다
설거지하다 ← 설겆다	사어(死語)가 되어 쓰이지 않게 된 단어는 고어로 처리하고, 현재 널리 사용되는 단어를 표준어로 삼는다. 예 난봉, 낭떠러지, 설거지하다, 애달프다, 자두, 오동나무
천장(天障) ← 천정	비슷한 발음의 몇 형태가 쓰일 경우, 그 의미에 아무런 차이가 없고, 그 중 하나가 더 널리 쓰이면, 그 한 형태만을 표준어로 삼는다. 예 귀띔, 귀고리, 댑싸리, 멸치, 오금팽이, 옹골차다, 잠투정, 재봉틀, 코맹맹이
안절부절못하다 ← 안절부절하다	의미가 똑같은 형태가 몇 가지 있을 경우, 그 중 어느 하나가 압도적으로 널리 쓰이면, 그 단어만을 표준어로 삼는다. 예 까다롭다, 까치발, 나룻배, 담배꽁초, 등때기, 며느리발톱, 목메다, 밀짚모자, 버젓이, 부지깽이, 빙충이, 새앙손이, 샛별, 선머슴, 손목시계, 손수레, 쌍동밤, 앉은뱅이저울, 애벌레, 얄은꾀, 전봇대, 주책없다, 쥐락펴락, 칡범
구들장 ← 방돌	고유어 계열의 단어가 널리 쓰이고 그에 대응하는 한자어 계열의 단어가 용도를 잃게 된 것은, 고유어 계열의 단어만을 표준어로 삼는다. 예 가루약, 까막눈, 늙다리, 마른빨래, 박달나무, 사래논, 사래밭, 성냥, 외지다, 잎담배
총각무 ← 알타리무	고유어 계열의 단어가 생명력을 잃고 그에 대응하는 한자어 계열의 단어가 널리 쓰이면, 한자어 계열의 단어를 표준어로 삼는다. 예 개다리소반, 방고래, 겸상, 단벌, 산누에, 산줄기, 양파, 칫솔, 포수

서[三] 말 ← 세 말 석[三] 되 ← 세 되	비슷한 발음의 몇 형태가 쓰일 경우, 그 의미에 아무런 차이가 없고, 그 중 하나가 더 널리 쓰이면, 그 한 형태만을 표준어로 삼는다. 예 서 돈, 서 발, 서 푼, 너[四] 돈, 너 말, 너 발, 너 푼 　　석 냥, 석 섬, 석 자, 넉[四] 냥, 넉 되, 넉 섬, 넉 자
거시기 ← 거시키	다음 단어들은 거센소리로 나지 않는 형태를 표준어로 삼는다. 예 가을갈이, 거시기, 분침

2. 복수 표준어

구린내 쿠린내	어감의 차이를 나타내는 단어 또는 발음이 비슷한 단어들이 다 같이 널리 쓰이는 경우에는, 그 모두를 표준어로 삼는다. 예 거슴츠레하다/게슴츠레하다, 고린내/코린내, 꺼림하다/께름하다, 나부랭이/너부렁이
가엾다 가엽다	한 가지 의미를 나타내는 형태 몇 가지가 널리 쓰이며 표준어 규정에 맞으면, 그 모두를 표준어로 삼는다. 예 멍게/우렁쉥이, 넝쿨/덩굴, 눈대중/눈어림/눈짐작, 닭의장/닭장, 되우/된통, 딴전/딴청, -뜨리다/-트리다, 부침개질/부침질/지짐질, 삽살개/삽사리, 생/새앙/생강, 서럽다/섧다, 어저께/어제, 우레/천둥, 여쭈다/여쭙다, 엿가락/엿가래, 자물쇠/자물통, 책씻이/책거리
쇠고기 소고기	다음의 단어는 복수 표준어로 인정한다. 예 네/예, 쇠가죽/소가죽, 쇠기름/소기름, 쇠머리/소머리, 괴다/고이다, 꾀다/꼬이다, 쐬다/쏘이다, 죄다/조이다, 쬐다/쪼이다
외우다 외다	준말과 본말이 다 같이 널리 쓰이면서 준말의 효용이 뚜렷이 인정되는 것은, 두 가지를 다 표준어로 삼는다. 예 거짓부리/거짓불, 노을/놀, 서두르다/서둘다, 망태기/망태, 막대기/막대, 오누이/오뉘, 시누이/시뉘, 찌꺼기/찌끼, 이기죽거리다/이죽거리다

3. 표준 발음

넓다[널따]	겹받침 'ㄳ', 'ㄵ', 'ㄼ, ㄽ, ㄾ', 'ㅄ'은 어말 또는 자음 앞에서 각각 [ㄱ, ㄴ, ㄹ, ㅂ]으로 발음한다. **예** 넋[넉], 넋과[넉꽈], 앉다[안따], 여덟[여덜], 외곬[외골], 핥다[할따], 값[갑], 없다[업: 따]
밟는[밤: 는]	받침 'ㄱ(ㄲ, ㅋ, ㄳ, ㄺ), ㄷ(ㅅ, ㅆ, ㅈ, ㅊ, ㅌ, ㅎ), ㅂ(ㅍ, ㄼ, ㄿ, ㅄ)'은 'ㄴ, ㅁ' 앞에서 [ㅇ, ㄴ, ㅁ]으로 발음한다. **예** 먹는[멍는], 국물[궁물], 깎는[깡는], 키읔만[키응만], 몫몫이[몽목씨], 긁는[긍는], 흙만[흥만], 짓는[진: 는], 옷맵시[온맵씨], 맞는[만는], 젖멍울[전멍울], 쫓는[쫀는], 꽃망울[꼰망울], 놓는[논는], 잡는[잠는], 앞마당[암마당], 읊는[음는], 없는[엄: 는]
밟다[밥: 따]	'밟-'은 자음 앞에서 [밥]으로 발음하고, '넓-'은 다음과 같은 경우에 [넙]으로 발음한다. **예** 밟는[밤: 는], 밟으면[발브면], 밟히다[발피다] 넓다[널따], 넓죽하다[넙쭈카다], 넓둥글다[넙뚱글다]
읊고[읍꼬]	겹받침 'ㄺ, ㄻ, ㄿ'은 어말 또는 자음 앞에서 각각 [ㄱ, ㅁ, ㅂ]으로 발음한다. **예** 닭[닥], 흙과[흑꽈], 맑다[막따], 늙지[늑찌], 삶[삼:], 젊다[점: 따], 읊다[읍따]
맑게[말께]	용언의 어간 말음 'ㄺ'은 'ㄱ' 앞에서 [ㄹ]로 발음한다. **예** 맑고[말꼬], 얽거나[얼꺼나]
쌓지[싸치]	'ㅎ(ㄶ, ㅀ)' 뒤에 'ㄱ, ㄷ, ㅈ'이 결합되는 경우에는, 뒤 음절 첫소리와 합쳐서 [ㅋ, ㅌ, ㅊ]으로 발음한다. **예** 놓고[노코], 좋던[조: 턴], 많고[만: 코], 닳지[달치]
낳은[나은]	'ㅎ(ㄶ, ㅀ)' 뒤에 모음으로 시작된 어미나 접미사가 결합되는 경우에는, 'ㅎ'을 발음하지 않는다. **예** 놓아[노아], 쌓이다[싸이다], 싫어도[시러도]

맛있다[마딛따]	받침 뒤에 모음 'ㅏ, ㅓ, ㅗ, ㅜ, ㅟ'들로 시작되는 실질 형태소가 연결되는 경우에는, 대표음으로 바꾸어서 뒤 음절 첫소리로 옮겨 발음한다. 예 밭 아래[바다래], 늪 앞[느밥], 젖어미[저더미], 맛없다[마덥따], 겉옷[거돋], 헛웃음[허두슴], 꽃 위[꼬뒤] ※ '맛있다, 멋있다'는 [마싣따], [머싣따]로도 발음할 수 있다.
디귿이[디그시]	한글 자모의 이름은 그 받침소리를 연음하되, 'ㄷ, ㅈ, ㅊ, ㅋ, ㅌ, ㅍ, ㅎ'의 경우에는 특별히 다음과 같이 발음한다. 예 디귿이[디그시], 지읒이[지으시], 치읓이[치으시], 키읔이[키으기], 티읕이[티으시], 피읖이[피으비], 히읗이[히으시]
밭이[바치]	받침 'ㄷ, ㅌ(ㄾ)'이 조사나 접미사의 모음 'ㅣ'와 결합되는 경우에는, [ㅈ, ㅊ]으로 바꾸어서 뒤 음절 첫소리로 옮겨 발음한다. 예 곧이듣다[고지듣따], 굳이[구지], 미닫이[미ː다지], 땀받이[땀바지], 벼훑이[벼훌치]
침략[침ː냑]	받침 'ㅁ, ㅇ' 뒤에 연결되는 'ㄹ'은 [ㄴ]으로 발음한다. 예 담력[담ː녁], 강릉[강능], 대통령[대ː통녕]
대관령[대ː괄령]	'ㄴ'은 'ㄹ'의 앞이나 뒤에서 [ㄹ]로 발음한다. 예 난로[날ː로], 신라[실라], 광한루[광ː할루], 칼날[칼랄]
상견례[상견녜]	다음과 같은 단어들은 'ㄹ'을 [ㄴ]으로 발음한다. 예 의견란[의ː견난], 임진란[임ː진난], 생산량[생산냥], 결단력[결딴녁], 공권력[공꿘녁], 횡단로[횡단노], 이원론[이ː원논], 입원료[이붠뇨]
늑막염[능망념]	합성어 및 파생어에서, 앞 단어나 접두사의 끝이 자음이고 뒤 단어나 접미사의 첫음절이 '이, 야, 여, 요, 유'인 경우에는, 'ㄴ' 음을 첨가하여 [니, 냐, 녀, 뇨, 뉴]로 발음한다. 예 솜이불[솜ː니불], 막일[망닐], 삯일[상닐], 내복약[내ː봉냑], 남존여비[남존녀비], , 눈요기[눈뇨기], 식용유[시굥뉴], 백분율[백뿐뉼]
솔잎[솔립]	'ㄹ' 받침 뒤에 첨가되는 'ㄴ' 음은 [ㄹ]로 발음한다. 예 설익다[설릭따], 물약[물략], 유들유들[유들류들]

<table>
<tr><td>옷 입다[온닙따]</td><td>두 단어를 이어서 한 마디로 발음하는 경우에도 이에 준한다.
예 서른여섯[서른녀섣], 3 연대[삼년대], 먹은 엿[머근녇], 스물여섯[스물려섣], 1 연대[일련대], 먹을 엿[머글렫]</td></tr>
<tr><td>송별연[송ː벼련]</td><td>다음과 같은 단어에서는 'ㄴ(ㄹ)' 음을 첨가하여 발음하지 않는다.
예 6 · 25[유기오], 3 · 1절[사밀쩔], 등용문[등용문]</td></tr>
<tr><td>금융[금늉]</td><td>다음과 같은 말들은 'ㄴ'음을 첨가하여 발음하되, 표기대로 발음할 수 있다.
예 이죽이죽[이중니죽/이주기죽], 야금야금[야금냐금/야그먀금], 검열[검ː녈/거ː멸], 욜랑욜랑[욜랑뇰랑/욜랑욜랑]</td></tr>
<tr><td>아랫니[아랜니]</td><td>사이시옷 뒤에 'ㄴ, ㅁ'이 결합되는 경우에는 [ㄴ]으로 발음한다.
예 콧날[콛날 → 콘날], 툇마루[퇻ː마루 → 퇸ː마루], 뱃머리[밷머리 → 밴머리]</td></tr>
<tr><td>나뭇잎[나문닙]</td><td>사이시옷 뒤에 '이' 음이 결합되는 경우에는 [ㄴㄴ]으로 발음한다.
예 베갯잇[베갣닏 → 베갠닏], 깻잎[깯닙 → 깬닙], 도리깻열[도리깯녈 → 도리깬녈], 뒷윷[뒫ː뉻 → 뒨ː뉻]</td></tr>
</table>

4. 잘못 쓰기 쉬운 말

맞는 표기	틀린 표기
가까워	가까와
가까이	가까히
가려고	갈려고
가려지다	가리워지다
가르치다(국어를 ~.)	가리키다
가벼이	가벼히
가정란(家庭欄)	가정난
간질이다	간지르다
간편케	간편게
갈고리	갈구리
갉작갉작	각작각작
갑자기	갑짜기
강낭콩	강남콩
개다(날씨가 ~.)	개이다
객쩍다	객적다
거꾸로	꺼꾸로
거시기	거시키
거친/녹슨	거칠은/녹슬은
걸쭉하다	걸찍하다
겁쟁이	겁장이
게시판(揭示板)	계시판
결구(結句)	결귀
계수(桂樹)	게수
골병(~이 들다.)	곯병
골짜기	골자기
곱슬머리/고수머리	곱수머리/곱실머리
광한루	광한누
괴나리봇짐	개나리봇짐
괴로워	괴로와
괴팍하다	괴퍅하다
구레나룻	구렛나루

구절(句節)	귀절
구태여	구태어
귀글	구글
귀머거리	귀먹어리
귀이개	귀개
글귀	글구
깊숙이	깊숙히
깍두기	깍뚜기
깔때기	깔대기
깡충깡충	깡총깡총
깨끗이	깨끗히
깨끗지 않다	깨끗치 않다
꼭두각시	꼭둑각시
꽁초	꽁추
끄트머리	끝으머리
나들이	나드리
나무라다	나무래다
나열(羅列)	나렬
남녀(男女)	남여
남존여비(男尊女卑)	남존녀비
낭떠러지	낭떨어지
냄비	남비
너 돈	네 돈
넉 냥	네 냥
넉넉지 않다	넉넉치 않다
넉넉지/서슴지	넉넉치/서슴치
널따랗다	넓다랗다
널찍하다	넓직하다/널직하다
널빤지	널판지
넓적다리	널적다리
넝쿨/덩굴	덩쿨
노른자	노란자

높다랗다	높따랗다
누더기	누덕이
눈살	눈쌀
느지감치	늦으감치
늘그막	늙으막
닐리리	닐니리
닁큼	닝큼
닦달하다	닥달하다
담배꽁초	담배꽁추
대구(對句)	대귀
더욱이	더우기
덥석	덥썩
돌	돐
돌멩이	돌맹이
동구릉(東九陵)	동구능
동녘	동녁
됐다/되었다	됬다
뒤꿈치/팔꿈치	뒷굼치/팔굼치
뒤치다꺼리	뒤치닥거리
뒤탈	뒷탈
등때기	등떠리
똑따똑딱	똑닥똑닥
똬리	또아리
뙤약볕	뙤악볕
말쑥하다	말숙하다
맞춤옷	마춤옷
맵시	맵씨
머리말	머릿말
멋쩍다	멋적다
메슥거리다	메식거리다
며칠 몇날	몇일 몇날
멸치	며루치
모가지	목아지

메밀	모밀
목돈	묵돈
몹시	몹씨
무	무우
무심코	무심고
문구(文句)	문귀
미루나무	미류나무
미장이	미쟁이
바가지	박아지
바둑이	바두기
바라다	바래다
바람[所望](우리의 ~)	바램
백분율(百分率)	백분률
뱀	배암
법석	법썩
부엌	부억
부조(扶助)	부주
부치다(편지를 ~)	붙이다
비로소	비로서
빛깔	빛갈
뻐꾸기	뻐꾹이
사글세	삭월세
사돈(査頓)	사둔
사사(師事)하다	사사받다
사잣밥	사자밥
살코기	살고기
살쾡이	살괭이
삼가다	삼가하다
삼수갑산(三水甲山)	산수갑산
삼촌(三寸)	삼춘
상추	상치
색시	색씨
생각건대	생각컨대

생각다 못해	생각타 못해
생쥐	새앙쥐
서슴지/넉넉지	서슴치/넉넉치
서울깍쟁이	서울깍정이
서울내기	서울나기
선율(旋律)	선률

밑줄 친 부분에 대한 설명이 바르지 않은 것은?

① 그 찻집에는 감미로운 클래식의 <u>선률</u>이 흐르고 있었다.

   → 'ㄴ' 뒤에는 '율'로 적는 원칙에 따라 '선율'로 적어야 한다.

② 모친이 또 한 번 소리를 치니까 그제야 머리맡 <u>미다지</u>를 밀치고 경애가 잠이 어린 눈으로 내다본다.

   → 용언 어간에 '–이'가 붙어서 된 말은 어원을 밝혀 적어야 한다.

③ 둘이서 살림을 차리든 송사를 벌이든 <u>홋일</u>이야 내가 알 바 아니다.

   → 한자어와 우리말이 포함된 합성어에서 뒷말의 첫소리 앞에서 소리가 덧나는 경우 사이시옷을 받치어 적는다.

④ 전날 이것저것 섞어 마신 술로 머리는 지끈거리고 위는 쓰렸지만, <u>이튿날</u>도 유쾌한 기분은 그대로였다.

   → 끝소리가 'ㄹ'인 말과 딴 말이 어울릴 적에 'ㄹ' 소리가 'ㄷ' 소리로 나는 것은 'ㄷ'으로 적는다.

⑤ <u>제사상</u>에 차려 올릴 대추며 곶감을 가져오는 사람들도 있었다.

   → 뒷말의 첫소리가 'ㅅ'인데 'ㅆ'으로 발음되므로 '제삿상'으로 적는다.

Advice ⑤ 제사상은 한자어로 이루어진 합성어이므로 사이시옷을 사용하지 않는다.

답 ⑤

PLUS

① '율/률'은 'ㄴ' 뒤에서 '율'로 적는 원칙에 따라 '선율'로 적고, '선률'은 버린다〈한글 맞춤법 제3장 제5절 제11항〉.

② 용언 어간에 '–이'가 붙어서 된 말은 어원을 밝혀 적는 원칙에 따라 '미닫이'로 적는다〈한글 맞춤법 제4장 제3절 제19항〉.

③ '홋일'과 '뒷일'은 모두 두루 쓰이므로 모두 표준어로 삼는다. 한자어와 우리말이 포함된 합성어에서 뒷말의 첫소리 앞에서 소리가 덧나는 경우 사이시옷을 받치어 적는다. '홋일'은 [훈닐]로 소리 나므로 사이시옷을 받치어 적는다〈표준어 규정 제3장 제5절 제26항, 한글 맞춤법 제4장 제4절 제30항〉.

④ 끝소리가 'ㄹ'인 말과 딴 말이 어울릴 적에 'ㄹ' 소리가 'ㄷ' 소리로 나는 것은 'ㄷ'으로 적는다. 따라서 '이튿날(이틀＋날)'로 적는다〈한글 맞춤법 제4장 제4절 제29항〉.

설거지	설겆이/설건이
설거지하다	설겆다
설레다	설레이다
셋방(貰房)	세방
셋째/넷째	세째/네째
소금쟁이	소금장이
손목시계	팔뚝시계
수꿩	숫꿩
수나사	숫나사
수놈	숫놈
수캉아지	숫강아지
수캐	수개
수키와	숫기와
수퇘지	수돼지
숨바꼭질	숨박꼭질
숫양	수양
숫염소	수염소
숫쥐	수쥐
싹둑	싹뚝
쌍둥이	쌍동이
쌍룡(雙龍)	쌍용
씁쓸하다	씁슬하다
아무튼	아뭏든
아지랑이	아지랭이
안절부절못하다	안절부절하다
알쏭달쏭	알송달송
암탉	암닭
애달프다	애닲다
얄따랗다	얄다랗다
얼루기	얼룩이
없소/있소	없오/있오
엉망진창	억망진창
오뚝이	오뚜기
오랜만	오랫만

올바르다	옳바르다
요컨대/바라건대	요컨데/바라건데
우레	우뢰
움찔	움질
웃돈	윗돈
웃어른	윗어른
웃옷	윗옷
위짝	웃짝
위층	웃층
위치마	웃치마
윗넓이	웃넓이
윗니	웃니
윗도리	웃도리
윗머리	웃머리
윗배	웃배
윗사랑	웃사랑
윗수염	웃수염
유유상종(類類相從)	유류상종
으레	으례
으스대다	으시대다
으스스	으시시
은닉(隱匿)	은익
이파리	잎아리
익명(匿名)	닉명
익숙지 않다	익숙치 않다
인사말	인삿말
일찍이	일찌기
자그마치	작으만치
잔뜩	잔득
전세방	전셋방
전셋집	전세집
절구(絕句)	절귀
절뚝발이	절뚝바리
주근깨	죽은깨

주추	주초
지껄이다	지꺼리다
지루하다	지리하다
지푸라기	짚우라기
짤따랗다	짧다랗다
찻잔	차잔
창피하다	챙피하다
천장(天障)	천정
철따구니/철딱서니/철딱지	철때기
쳐부수다	쳐부시다
총각무	알타리무
치다꺼리	치닥거리
칡범	갈범
케케묵다	켸켸묵다
통째로	통채로
통틀어	통털어
튀기	트기
티격태격	티각태각
풋내기	풋나기
핑계	핑게
하늬바람	하니바람
하시압(그렇게 ~.)	하시앞
하여튼	하여든
해님	햇님
해쓱하다	해슥하다
허드렛일	허드랫일
허우대	허위대
홀쭉이	홀쭈기
횟배	회배
횟수(回數)	회수
휴게실(休憩室)	휴계실
흩어지다	흐터지다

 외래어 표기법

1. 외래어 표기의 기본 원칙

① 외래어는 국어의 현용 24 자모만으로 적는다.

② 외래어의 1 음운은 원칙적으로 1 기호로 적는다.

③ 받침에는 'ㄱ, ㄴ, ㄹ, ㅁ, ㅂ, ㅅ, ㅇ'만을 쓴다.

④ 파열음 표기에는 된소리를 쓰지 않는 것을 원칙으로 한다.

⑤ 이미 굳어진 외래어는 관용을 존중하되, 그 범위와 용례는 따로 정한다.

2. 외래어 표기 용례

① 무성 파열음

gap 갭	cat 캣	book 북
setback 셋백	act 액트	stamp 스탬프
cape 케이프	part 파트	desk 데스크
apple 애플		

② 유성 파열음

land 랜드	zigzag 지그재그	signal 시그널

③ 마찰음

mask 마스크	graph 그래프	thrill 스릴
jazz 재즈	olive 올리브	flash 플래시
fashion 패션	shopping 쇼핑	mirage 미라지
vision 비전		

④ 파찰음

Keats 키츠	switch 스위치	pittsburgh 피츠버그
bridge 브리지	chart 차트	virgin 버진

⑤ 비음

steam 스팀	ring 링	hint 힌트
corn 콘	lamp 램프	ink 잉크
hanging 행잉		

⑥ 유음

hotel 호텔	pulp 펄프	slide 슬라이드
film 필름	Hamlet 햄릿	Henley 헨리

⑦ 장모음

team 팀	route 루트

⑧ 중모음

time 타임	house 하우스	skate 스케이트
oil 오일	boat 보트	tower 타워

⑨ 반모음

word 워드	want 원트	wander 완더
west 웨스트	wool 울	swing 스윙
penguin 펭귄	quarter 쿼터	twist 트위스트
whistle 휘슬	yard 야드	yellow 옐로
you 유	Indian 인디언	union 유니언

⑩ 복합어

<table>
<tr><td>bookend 북엔드</td><td>headlight 헤드라이트</td></tr>
<tr><td>touchwood 터치우드</td><td>bookmaker 북메이커</td></tr>
<tr><td>Los Alamos 로스 앨러모스/로스앨러모스</td><td>top class 톱 클래스/톱클래스</td></tr>
</table>

⑪ 독일어의 표기

<table>
<tr><td>Hormon 호르몬</td><td>Hermes 헤르메스</td><td>Schiller 실러</td></tr>
<tr><td>eidelberg 하이델베르크</td><td>Hamburg 함부르크</td><td>Mischling 미슐링</td></tr>
<tr><td>Schüler 쉴러</td><td>Schatz 샤츠</td><td>Europa 오이로파</td></tr>
<tr><td>läuten 로이텐</td><td>Fräulein 프로일라인</td><td></td></tr>
</table>

⑫ 프랑스 어의 표기

<table>
<tr><td>soupe 수프</td><td>bague 바그</td><td>action 악시옹</td></tr>
<tr><td>avec 아베크</td><td>chemise 슈미즈</td><td>chevalier 슈발리에</td></tr>
<tr><td>chien 시앵</td><td>dignement 디뉴망</td><td>baignoire 베뉴아르</td></tr>
<tr><td>montagneux 몽타뇌</td><td>Marseille 마르세유</td><td>crayon 크레용</td></tr>
<tr><td>Montesquieu 몽테스키외</td><td></td><td></td></tr>
</table>

⑬ 에스파냐 어의 표기

<table>
<tr><td>Nicaragua 니카라과</td><td>antiguo 안티구오</td><td>carrera 카레라</td></tr>
<tr><td>accion 악시온</td><td>Cecilia 세실리아</td><td>blanco 블랑코</td></tr>
</table>

⑭ 이탈리아 어의 표기

<table>
<tr><td>gloria 글로리아</td><td>glossa 글로사</td><td>montagna 몬타냐</td></tr>
<tr><td>crescendo 크레셴도</td><td>Tosca 토스카</td><td>Puccini 푸치니</td></tr>
<tr><td>allegretto 알레그레토</td><td>soqquadro 소콰드로</td><td>polca 폴카</td></tr>
<tr><td>Carlo 카를로</td><td></td><td></td></tr>
</table>

⑮ 일본어의 표기

サッポロ 삿포로　　　　　　　　ヨッカイチ 욧카이치
キュウシュウ(九州) 규슈　　　　ニイガタ(新潟) 니가타
トウキョウ(東京) 도쿄　　　　　オオサカ(大阪) 오사카

⑯ 폴란드 어의 표기

zamek 자메크	Słupsk 스움스크	Grabski 그랍스키
zabawka 자바프카	grzmot 그주모트	koszt 코슈트
przjyaciół 프시야치우	mleko 믈레코	fryzjer 프리제르

⑰ 체코 어의 표기

mozek 모제크	námořník 나모르주니크	šest 셰스트

⑱ 루마니아 어의 표기

septembrie 셉템브리에	Galaţi 갈라치	Emil 에밀

⑲ 헝가리 어의 표기

ablak 어블러크	Pest 페슈트	selyem 셰옘

⑳ 스웨덴 어의 표기

Stockholm 스톡홀름	Celsius 셀시우스	Gustav 구스타브
Ludvig 루드비그	Sankt 상트	Karlshamn 칼스함
Magnus 망누스	Grieg 그리그	Björn 비에른
Dannemora 단네모라	Hammerfest 함메르페스트	

㉑ 노르웨이 어의 표기

Ibsen 입센 Jacob 야코브 Vincent 빈센트
spade 스파에 mord 모르드 Solveig 솔베이
Magnus 망누스 berg 베르그 Grieg 그리그
Bjørn 비에른 fjord 피오르 Rikard 리카르드
Skienselv 시엔스엘브 huset 후세 taket 타케
husets 후셋스 Matthias 마티아스
Hammerfest 함메르페스트 Mikkjel 미셸

㉒ 덴마크 어의 표기

Jacobsen 야콥센 campere 캄페레
Grundtvig 그룬트비 Frederiksberg 프레데릭스베르
Fjellerup 피엘레루프 Lolland 롤란

㉓ 말레이인도네시아어의 표기

Supratman 수프라트만 Paramesywara 파라메시와라
Jakarta 자카르타 Mahathir 마하티르
Palembang 팔렘방 Yogyakarta 욕야카르타

㉔ 타이어의 표기

Phraya 프라야 Kallasin 깐라신 Huaikhwang 후아이쾅

㉕ 베트남어의 표기

Hồ Chi Minh 호찌민 Quôc 꾸옥
Ha Long 할롱 Chê Lan Viên 쩨란비엔

3. 인명, 지명의 표기

① 원지음을 따르는 것을 원칙으로 한다.

> Ankara 앙카라   Gandhi 간디

② 원지음이 아닌 제3국의 발음으로 통용되고 있는 것은 관용을 따른다.

> Hague 헤이그   Caesar 시저

③ 고유 명사의 번역명이 통용되는 경우 관용을 따른다.

> Pacific Ocean 태평양   Black Sea 흑해

④ 중국 인명은 과거인과 현대인을 구분하여 과거인은 종전의 한자음대로 표기하고, 현대인은 원칙적으로 중국어 표기법에 따라 표기하되, 필요한 경우 한자를 병기한다.

⑤ 일본의 인명과 지명은 과거와 현대의 구분 없이 일본어 표기법에 따라 표기하는 것을 원칙으로 하되, 필요한 경우 한자를 병기한다.

⑥ 중국 및 일본의 지명 가운데 한국 한자음으로 읽는 관용이 있는 것은 이를 허용한다.

> 東京 도쿄, 동경   京都 교토, 경도   上海 상하이, 상해
> 臺灣 타이완, 대만   黃河 황허, 황하

⑦ 바다는 '해(海)'로 통일한다.

> 홍해   발트해   아라비아해

⑧ 우리나라를 제외하고 섬은 모두 '섬'으로 통일한다.

> 타이완섬   코르시카섬   (우리나라 : 제주도, 울릉도)

⑨ 한자 사용 지역(일본, 중국)의 지명이 하나의 한자로 되어 있을 경우, '강', '산', '호', '섬' 등은
겹쳐 적는다.

온타케산(御岳)	주장강(珠江)	도시마섬(利島)
하야카와강(早川)	위산산(玉山)	

⑩ 지명이 산맥, 산, 강 등의 뜻이 들어 있는 것은 '산맥', '산', '강' 등을 겹쳐 적는다.

Rio Grande 리오그란데강	Monte Rosa 몬테로사산
Mont Blanc 몽블랑산	Sierra Madre 시에라마드레산맥

 **로마자 표기법**

1. 로마자 표기의 기본 원칙

① 국어의 로마자 표기는 국어의 표준 발음법에 따라 적는 것을 원칙으로 한다.
② 로마자 이외의 부호는 되도록 사용하지 않는다.

2. 로마자 표기 용례

① 자음 사이에서 동화 작용이 일어나는 경우

백마[뱅마] Baengma	신문로[신문노] Sinmunno
종로[종노] Jongno	왕십리[왕심니] Wangsimni
신라[실라] Silla	

② 'ㄴ, ㄹ'이 덧나는 경우

학여울[항녀울] Hangnyeoul

실력쑥!기출유형문제

다음의 로마자 표기법에 따를 때 잘못 표기된 것은?

국어의 로마자 표기는 국어의 표준 발음법에 따라 적는 것을 원칙으로 한다.
[붙임 2] 'ㄹ'은 모음 앞에서는 'r'로, 자음 앞이나 어말에서는 'l'로 적는다. 단, 'ㄹㄹ'은 'll'로 적는다.

① 구리 → Guri   ② 학여울 → Hangyeoul
③ 설악 → Seorak   ④ 대관령 → Daegwallyeong
⑤ 울릉 → Ulleung

Advice ② 학여울 → Hangnyeoul

답 ②

③ 구개음화가 되는 경우

해돋이[해도지] haedoji	같이[가치] gachi

④ 체언에서 'ㄱ, ㄷ, ㅂ' 뒤에 'ㅎ'이 따를 때에는 'ㅎ'을 밝혀 적는다.

묵호 Mukho	집현전 Jiphyeonjeon

⑤ 된소리되기는 표기에 반영하지 않는다.

압구정 Apgujeong	낙동강 Nakdonggang
낙성대 Nakseongdae	합정 Hapjeong
샛별 saetbyeol	울산 Ulsan

⑥ 인명은 성과 이름의 순서로 띄어 쓴다. 이름은 붙여 쓰는 것을 원칙으로 하되 음절 사이에 붙임표(-)를 쓰는 것을 허용한다(〈 〉 안의 표기를 허용함).

민용하 Min Yongha 〈Min Yong-ha〉	송나리 Song Nari 〈Song Na-ri〉

⑦ '도, 시, 군, 구, 읍, 면, 리, 동'의 행정 구역 단위와 '가'는 각각 'do, si, gun, gu, eup, myeon, ri, dong, ga'로 적고, 그 앞에는 붙임표(-)를 넣는다. 붙임표(-) 앞뒤에서 일어나는 음운 변화는 표기에 반영하지 않는다.

충청북도 Chungcheongbuk-do	의정부시 Uijeongbu-si
양주군 Yangju-gun	도봉구 Dobong-gu
신창읍 Sinchang-eup	종로 2가 Jongno 2(i)-ga

⑧ 자연 지물명, 문화재명, 인공 축조물명은 붙임표(-) 없이 붙여 쓴다.

남산 Namsan	속리산 Songnisan
현충사 Hyeonchungsa	경복궁 Gyeongbokgung
독도 Dokdo	독립문 Dongnimmun
남한산성 Namhansanseong	금강 Geumgang

실력쑥!기출유형문제

다음 밑줄 친 외래어 표기 중 옳지 않은 것은?

① 정보대 최 중위는 <u>파일</u> 박스로 가서 <u>파일</u> 하나를 꺼내 들고 들여다보았다.
② 이상과 같은 <u>메시지</u> 내용으로 보아 이 문학가 대회가 공산당의 조종 아래 진행되었다는 것은 넉넉히 짐작할 만하다.
③ 나는 올 초 새로 출시된 <u>디지털</u> 카메라를 구입하였다.
④ 어릴 때부터 외국에서 살아서인지 그의 말에는 외국어의 <u>악센트</u>가 남아 있었다.
⑤ 그 교수는 학기말 고사 대신 <u>레포트</u>로 대체하게 하였다.

Advice ⑤ 레포트 → 리포트
　　　'report'를 발음대로 적으면 '리포트'가 된다〈외래어 표기법 제2장 표1〉.

답 ⑤

PLUS 외래어 표기법
　　㉠ 외래어는 국어의 현용 24 자모만으로 적는다.
　　㉡ 외래어의 1 음운은 원칙적으로 1 기호로 적는다.
　　㉢ 받침에는 'ㄱ, ㄴ, ㄹ, ㅁ, ㅂ, ㅅ, ㅇ'만을 쓴다.
　　㉣ 파열음 표기에는 된소리를 쓰지 않는 것을 원칙으로 한다.
　　㉤ 이미 굳어진 외래어는 관용을 존중하되, 그 범위와 용례는 따로 정한다.

출제예상문제

1. 맞춤법

1 다음 밑줄 친 말 중 어법에 맞는 것은?

① 문을 열고 들어온 사람은 <u>낯설은</u> 얼굴이었다.
② 어느 새 악기를 다루는 솜씨가 부쩍 <u>늘은</u> 것 같다.
③ 다른 의견이 있는 사람은 <u>서슴치</u> 말고 손을 드십시오.
④ 공공장소에서는 큰 소리로 떠드는 것을 <u>삼가야</u> 합니다.
⑤ 비가 내린 뒤 맑게 <u>개인</u> 하늘을 보면 마음이 상쾌해진다.

> **advice** ① 낯설은 → 낯선
> ② 늘은 → 는
> ③ 서슴치 → 서슴지
> ④ '삼가야'의 기본형은 '삼가다'이다. '삼가, 삼가니' 등의 형태로 활용한다.
> ⑤ 개인 → 갠

2 다음 밑줄 친 부분의 맞춤법이 틀린 것은?

① 오늘 당장 <u>주문할께요</u>.
② 살림살이가 <u>넉넉지</u> 않았다.
③ 옷을 <u>다리다</u> 말고 어디를 가는 거야?
④ 그는 하얀 이를 <u>드러내며</u> 웃고 있었다.
⑤ <u>모름지기</u> 남자는 다섯 수레의 책을 읽어야 한다.

> **advice** ① 주문할께요 → 주문할게요
> 다음 어미는 예사소리로 적는다.
> 예 -(으)ㄹ거나, -(으)ㄹ걸, -(으)ㄹ게, -(으)ㄹ세, -(으)ㄹ수록, -(으)ㄹ지언정, -(으)ㄹ진대

Answer 1.④ 2.①

3 다음 밑줄 친 부분의 맞춤법이 틀린 것은?

① 여러 문제를 <u>맞혔다</u>.

② <u>넓직한</u> 대청마루에 앉아 있었다.

③ 오늘 일은 <u>반드시</u> 오늘 끝내야 한다.

④ <u>갑자기</u> 소나기가 쏟아지기 시작했다.

⑤ 시계가 너무 빨라서 시곗바늘을 <u>거꾸로</u> 돌렸다.

> **advice** ② 넓직한 → 널찍한
> 겹받침의 끝소리가 드러나지 아니하는 말은 소리대로 적는다.

4 다음 밑줄 친 부분의 표기가 바르지 않은 것은?

① 너는 요즘 <u>코빼기</u>도 보기 힘들구나.

② <u>두 살배기</u> 아이치고는 매우 크구나.

③ 된장찌개는 역시 <u>뚝빼기</u>에 끓여야 제맛이다.

④ 비탈진 <u>언덕배기</u>에 단풍나무 몇 그루가 서 있다.

⑤ 아버지께서 <u>얼룩빼기</u> 송아지 한 마리를 사 오셨다.

> **advice** ① '코빼기'는 '코'를 속되게 이르는 말이다.
> ② '-배기'는 '그 나이를 먹은 아이'의 뜻을 더하는 접미사이다.
> ③ 뚝빼기 → 뚝배기
> ④ '언덕바지'와 복수표준어인 '언덕배기'는 '-배기'로 쓴다.
> ⑤ [빼기]라는 소리의 앞에 오는 말이 분석 가능하면 '-빼기'로 쓰고, 분석할 수 없으면 '-배기'로 쓴다.
> 　　예 곱빼기, 뚝배기

5 다음 밑줄 친 부분의 맞춤법이 바르지 않은 것은?

① 전쟁터에 시체가 <u>누누이</u> 널려 있다.

② 그는 우리를 보자 <u>쓸쓸한</u> 표정을 지었다.

③ <u>유유상종</u>이라더니 고만고만한 녀석들이 모였군.

④ 누가 누구인지 구별이 안 될 만큼 그저 <u>민밋해</u> 보인다.

⑤ 지난여름에는 수박 장사를 해서 <u>짭짤하게</u> 재미를 보았다.

> **advice** 한 단어 안에서 같은 음절이나 비슷한 음절이 겹쳐 나는 부분은 같은 글자로 적는다.
> ① '누누(累累)이'는 '여러 겹으로 상당한 높이까지 쌓이게'라는 뜻을 가진 부사이다.
> ④ 민밋해 → 밋밋해

Answer 3.② 4.③ 5.④

6 다음 밑줄 친 부분의 맞춤법이 바른 것은?

① <u>섣불리</u> 달아날 생각은 하지 마라.
② 내가 가진 돈은 <u>통털어</u> 삼백 원뿐이다.
③ 내 <u>바램</u>은 네가 건강하게 잘 지내는 거야.
④ 훤칠한 <u>허위대</u>에 넓적한 얼굴의 남자가 찾아왔다.
⑤ <u>잔득</u> 겁먹은 모습으로 무릎을 꿇고 있는 그녀가 가엾다.

> **advice** ② 통털어 → 통틀어
> ③ 바램 → 바람
> '바람'은 '바라다[望]'에서 온 말이다.
> ④ 허위대 → 허우대
> ⑤ 잔득 → 잔뜩

7 다음 밑줄 친 부분의 맞춤법이 바른 것은?

① <u>아무튼</u> 불행 중 다행이다.
② 우리는 <u>일찌기</u> 길을 나섰다.
③ <u>깍뚜기</u>가 매우 맛있게 익었다.
④ 그는 <u>홀쭈기</u>라 몸이 아주 가볍다.
⑤ <u>오뚜기</u>처럼 다시 일어서서 시작하자.

> **advice** ① 다음의 부사는 소리대로 적는다.
> 예 결단코, 기필코, 무심코, 아무튼, 하여튼, 하마터면, 한사코
> ② 일찌기 → 일찍이
> 부사에 '-이'가 붙어서 뜻을 더하는 경우에는 그 어근이나 부사의 원형을 밝혀 적는다.
> ③ 깍뚜기 → 깍두기
> 한 단어 안에서 까닭 없이 나는 된소리는 다음 음절의 첫소리를 된소리로 적되, 'ㄱ, ㅂ' 받침 뒤에서는 된소리로 적지 않는다.
> 예 소쩍새, 거꾸로, 국수, 색시, 갑자기, 몹시
> ④ 홀쭈기 → 홀쭉이
> ⑤ 오뚜기 → 오뚝이
> '-하다'나 '-거리다'가 붙는 어근에 '-이'가 붙어서 명사가 된 것은 그 원형을 밝혀 적는다.

8 다음 밑줄 친 부분이 맞춤법 규정에 어긋나는 것은?

① <u>덧저고리</u>가 제법 따뜻했다.
② 까만 고양이가 <u>얼핏</u> 눈에 띄었다.
③ <u>자칫하면</u> 우리가 큰 손해를 볼 뻔했다.
④ <u>반짓고리</u>는 어머니한테 소중한 물건이다.
⑤ <u>무릇</u> 법도란 지키기 위해 존재하는 것이다.

Answer 6.① 7.① 8.④

advice ①②③⑤ 'ㄷ'소리로 나는 받침 중에서 'ㄷ'으로 적을 근거가 없는 것은 'ㅅ'으로 적는다.
④ 반짓고리 → 반짇고리(바느질~)
끝소리가 'ㄹ'인 말과 딴 말이 어울릴 적에 'ㄹ'소리가 'ㄷ'소리로 나는 것은 'ㄷ'으로 적는다.

9 다음 밑줄 친 부분이 맞춤법 규정에 어긋나는 것은?

① 어쩜 발이 그렇게 <u>까맣니</u>?　② <u>동그란</u> 빵을 맛있게 먹었다.
③ 꽃잎의 색깔이 아주 깨끗하고 <u>노래</u>.　④ 얼굴이 너무 <u>하얘서</u> 꼭 아픈 사람 같다.
⑤ 얼굴이 <u>파래서</u> 묻는 말에 대답도 안 한다.

advice ① 까맣니 → 까마니
용언의 어미가 바뀔 경우, 그 어간이나 어미가 원칙에 벗어나면 벗어나는 대로 적는다.
예 그렇다, 동그랗다, 퍼렇다, 하얗다, 노랗다, 빨갛다

10 다음 밑줄 친 부분의 표기가 바르지 않은 것은?

① 그는 <u>양심(良心)</u>에 따라 행동하고 있다.
② <u>혼례(婚禮)</u>의 절차는 지방에 따라 다르다.
③ <u>유행(流行)</u>만을 추구하는 것은 바람직하지 못하다.
④ 구렁이 부부가 <u>쌍용(雙龍)</u>이 되어 하늘로 올라갔다.
⑤ 그 지역 사람들은 농사 방법의 <u>개량(改良)</u>에 힘쓰고 있다.

advice ④ 쌍용 → 쌍룡(雙龍)
한자음 '라, 래, 로, 뢰, 루, 르'가 단어의 첫머리에 올 적에는 두음법칙에 따라 '나, 내, 노, 뇌, 누, 느'로 적는다. 단, 단어의 첫머리 이외의 경우는 본음대로 적는다.

11 다음 밑줄 친 부분의 표기가 바르지 않은 것은?

① 너는 너무 <u>핑계</u>를 많이 댄다.　② <u>휴계실</u>에서 충분히 쉬고 오너라.
③ 그는 제 <u>계집</u>을 위할 줄도 모른다.　④ 구청 앞 <u>게시판</u>에 공고문이 붙었다.
⑤ <u>계수나무</u> 한 그루가 외로이 서 있다.

advice ② 휴계실 → 휴게실(休憩室)
'계, 례, 몌, 폐, 혜'의 'ㅖ'는 'ㅔ'로 소리나는 경우가 있더라도 'ㅖ'로 적는데, 다음의 **예**는 본음대로 적는다.
예 게송(偈頌), 게시판(揭示板), 휴게실(休憩室)

Answer 9.① 10.④ 11.②

12 다음 밑줄 친 부분의 표기가 바르지 <u>않은</u> 것은?

① 이것은 책이<u>오</u>, 저것은 연필이다.

② 그렇게 애절하게 <u>읊으니</u> 정말 처량하구나.

③ 오던 길고 <u>되짚어가니</u> 다시 그곳을 만났다.

④ 범인은 안개 속으로 유유히 <u>사라지고</u> 있었다.

⑤ 수양버들의 가지 끝이 아래로 축축 <u>늘어졌다</u>.

> **advice** ① 책이오 → 책이요
> 종결형에서 사용되는 어미 '-오'는 '요'로 소리나는 경우라도 그 원형을 밝혀 '오'로 적고, 연결형에서 사용되는 '이요'는 '이요'로 적는다.
> ② 용언의 어간과 어미는 구별하여 적는다.
> ③④⑤ 두 개의 용언이 어울려 한 개의 용언이 될 적에, 앞 말의 본뜻이 유지되고 있는 것은 그 원형을 밝히어 적고, 그 본뜻에서 멀어진 것은 밝히어 적지 않는다.

13 다음 밑줄 친 부분의 표기가 바른 것은?

① 개구리를 알코올에 <u>담궈</u> 두었다.

② 고된 일로 몸이 너무 <u>괴로와</u> 일찍 잤다.

③ 내가 알고 있는 것을 모두 <u>일러</u> 주었다

④ 그들은 직장이 서로 <u>가까와서</u> 자주 마주쳤다.

⑤ 저녁마다 자전거에 몸을 <u>실고</u> 맥없이 사라지곤 했다.

> **advice** ① 담궈 → 담가
> 기본형은 '담그다'이며, '담가', '담갔다' 등의 형태로 쓰인다.
> ② 괴로와 → 괴로워
> ③ '일러'의 기본형은 '이르다'이며, '-에게 -을 말하다'라는 뜻을 지닌 동사이다.
> ④ 가까와서 → 가까워서
> ⑤ 실고 → 싣고
> 기본형은 '싣다'이고 '실어', '실으니', '실었다', '싣고' 등의 형태로 쓰인다.

14 다음 밑줄 친 부분의 표기가 바르지 <u>않은</u> 것은?

① <u>간편케</u> 하다.　　　　② <u>거북지</u> 않다.

③ <u>깨끗지</u> 않다.　　　　④ <u>섭섭치</u> 않다.

⑤ <u>연구토록</u> 하다.

Answer 12.① 13.③ 14.④

advice ① 간편하게(본말) – 간편케(준말)

　　어간의 끝음절 '하'의 'ㅏ'가 줄고 'ㅎ'이 다음 음절의 첫소리와 어울려 거센소리로 될 적에는 거센소리로 적는다.

② 거북하지(본말) – 거북지(준말)

　　어간의 끝 음절 '하'가 아주 줄 적에는 준 대로 적는다. 안울림소리 받침 뒤의 '하'에서 주로 나타난다.

③ 깨끗하지(본말) – 깨끗지(준말)

④ 섭섭치 → 섭섭지, 섭섭하지(본말) – 섭섭지(준말)

⑤ 연구하도록(본말) – 연구토록(준말)

15 다음 밑줄 친 부분의 표기가 바른 것은?

① 잘 <u>되야</u> 할 텐테.

② <u>웬</u> 눈이 이렇게 많이 내리니?

③ 나라를 위해 목숨을 <u>받쳐야</u> 한다.

④ 늦었다고 너무 마음 <u>조리지</u> 마세요.

⑤ 그가 나를 <u>믿음으로</u> 나도 그를 믿는다.

advice ① 되야 → 돼야('되어야'의 준말)

② '웬'은 '어떠한', '어찌된'의 뜻을 지니고 있는 관형사이다. 부사로 쓰이는 '왠지'와 구별해서 써야 한다.

③ 받쳐야 → 바쳐야

　　'우산을 받치고 간다.'의 경우는 '받치다'로 적는다.

④ 조리지 → 졸이지

　　'생선을 <u>조린다</u>.'의 경우는 '조리다'로 적는다.

⑤ 믿음으로 → 믿으므로

　　'-(으)므로'는 까닭이나 근거를 나타내는 연결 어미이며, '으로(써)'와 구별하여 써야 한다.

　　예 그는 믿음으로(써) 산 보람을 느꼈다.

16 다음 밑줄 친 부분의 표기가 바르지 않은 것은?

① 고개를 <u>반듯이</u> 들어라.

② 지금 이러면 나는 <u>어떡해</u>?

③ 가마솥에 쌀을 <u>안치러</u> 부엌으로 갔다.

④ 그 일은 이제 기력이 <u>부쳐</u> 할 수 없다.

⑤ 우리 교실의 책상을 새것으로 <u>가름</u>하였다.

advice ② '어떡해'는 '어떻게 해'가 줄어든 말이다.

③ 안치다 : 밥, 떡, 구이, 찌개 따위를 만들기 위하여 그 재료를 솥이나 냄비 따위에 넣고 불 위에 올리다.

④ 부치다 : 모자라거나 미치지 못하다.

⑤ 가름 → 갈음

　　가름 : 따로따로 나누는 일. 사물이나 상황을 구별하거나 분별하는 일

　　갈음 : 다른 것으로 바꾸어 대신함

Answer 15.② 16.⑤

17 다음 밑줄 친 표현이 잘못된 것은?

① 재산 일절(一切)을 기부한다.

② 몸이 괴로워서 집에만 있었다.

③ 다음과 같이 시행하고자 합니다.

④ 그는 성공함으로써 널리 알려졌다.

⑤ 그것은 사람으로서 못할 짓이다.

> **advice** ① 일절(一切) → 일체
> ※ '일절'과 '일체'의 구분
> ㉠ 일절(一切) : 아주, 도무지, 결코, 전혀
> 예 면회는 일절 금한다.
> ㉡ 일체(一切) : 모든 것, 온갖 것
> 예 도난에 대한 일체의 책임을 지다.

18 다음 밑줄 친 말이 바르게 쓰이지 않은 것은?

① 옷을 거꾸로 입으면 어떡해.

② 색시의 얼굴이 너무나 곱고 예뻤다.

③ 갑짜기 소나기가 쏟아지기 시작했다.

④ 아이들이 법석을 피우며 대청소를 하고 있다.

⑤ 해쓱한 얼굴 때문에 누군지 알아 보지 못했다.

> **advice** ③ 갑짜기 → 갑자기
> 'ㄱ, ㅂ' 받침 뒤에서 나는 된소리는 같은 음절이나 비슷한 음절이 겹쳐 나는 경우가 아니면 된소리로 적지
> 않는다.
> ⑤ 한 단어 안에서 뚜렷한 까닭 없이 나는 된소리는 다음 음절의 첫소리를 된소리로 적는다.

19 다음 문장의 밑줄 친 말의 표기가 옳은 것은?

① 자꾸 핑게만 대지 말고 묻는 말에나 대답해.

② 어둠 속에 영수의 얼굴이 어슴푸레 드러났다.

③ 시계가 너무 빨라서 시곗바늘을 꺼꾸로 돌렸다.

④ 그는 갑짜기 우리를 향해 고함을 지르기 시작했다.

⑤ 며칠 앓고 난 그녀는 해슥한 얼굴로 내 앞에 나타났다.

> **advice** ① 핑게 → 핑계 ③ 꺼꾸로 → 거꾸로 ④ 갑짜기 → 갑자기 ⑤ 해슥한 → 해쓱한

Answer 17.① 18.③ 19.②

20 다음 중 바르게 표기한 문장은?

① 비에 젖은 꼬락서니가 가관이다.
② 어머니께서 홧병으로 누워 계신다.
③ 자신을 도리켜 생각하는 것이 중요하다.
④ 넓직한 대청마루에 앉아 마을 사람들이 모였다.
⑤ 얇팍한 지갑을 열어 본 구보씨는 버스 정류소를 향해 걸었다.

> **advice** ① 명사 뒤에 '-이' 이외의 모음으로 시작된 접미사가 붙어서 된 말은 그 명사의 원형을 밝히어 적지 않는다.
> '꼬락서니'는 '꼴'을 낮잡아 이르는 말이다.
> ② 홧병 → 화병
> 한자어로 된 말은 사이시옷을 받쳐 적지 않는다.
> ③ 도리켜 → 돌이켜
> ④ 넓직한 → 널찍한
> ⑤ 얇팍한 → 얄팍한
> ※ 겹받침의 끝소리가 드러나지 아니하는 말은 소리대로 적는다.

21 다음 중 표기가 바르지 않은 것은?

① 넉넉지 않다.　　　　　　② 서슴지 않다.
③ 양산을 받치다.　　　　　④ 바위에 부딛치다.
⑤ 연구토록 지시하다.

> **advice** ④ 부딛치다 → 부딪치다

22 다음 중 표기가 잘못된 것은?

① 역이용(逆利用)　　　　　② 실패율(失敗率)
③ 백분률(百分率)　　　　　④ 그럴 리(理)가 없다.
⑤ 육천육백육십육(六天六白六十六)

> **advice** ③ 백분률(百分率) → 백분율
> 모음이나 'ㄴ'받침 뒤에 이어지는 '렬, 률'은 '열, 율'로 적는다.

23 다음 중 표기가 모두 바른 것끼리 묶인 것은?

① 깨끗이, 따뜻이
② 겹겹이, 간편이
③ 솔직히, 버젓히
④ 번번히, 고요히
⑤ 가만히, 일일히

> **advice** 부사의 끝음절이 분명히 '이'로만 나는 것은 '-이'로 적고, '히'로만 나거나 '이'나 '히'로 나는 것은 '-히'로 적는다.
> ② 간편이 → 간편히   ③ 버젓히 → 버젓이   ④ 번번히 → 번번이   ⑤ 일일히 → 일일이

24 다음 중 밑줄 친 말이 바르지 않은 것은?

① <u>도나캐나</u> 마구 지껄여 댔다.
② <u>앞서거니</u> <u>뒤서거니</u> 하며 달려갔다.
③ 닭이 채소밭을 온통 <u>헤집어</u> 놓았다.
④ 그는 오늘도 <u>만두국</u>을 먹으러 나갔다.
⑤ 큰형과 <u>막냇동생</u>은 특히 사이가 좋았다.

> **advice** ① 도나캐나 : 하찮은 아무나 또는 무엇이나
> '도나개나'로 쓰지 않도록 유의한다.
> ④ 만두국 → 만둣국

25 다음 밑줄 친 말이 바르지 않은 것은?

① 새들의 <u>날갯짓</u>이 요란하다.
② <u>남녀</u>가 다정히 손을 잡고 걷고 있다.
③ 그녀는 친한 친구를 <u>들러리</u>로 세웠다.
④ <u>익숙히</u> 다녀 본 길이라서 쉽게 그 집을 찾았다.
⑤ 그 물음에 대한 대답을 분명히 하지 않고 그냥 <u>두리뭉수리</u>로 넘어가려 했다.

> **advice** ⑤ 두리뭉수리 → 두루뭉수리
> ※ 두루뭉수리 : 말이나 행동이 분명하지 아니한 상태

Answer 23.① 24.④ 25.⑤

26 다음 중 맞춤법에 어긋나게 쓴 것은?

① 하마트면 큰일 날 뻔했다.
② 그는 한사코 자기가 점심을 사겠다고 우겼다.
③ 골목 끄트머리의 파란색 대문이 우리 집이다.
④ 그녀와 헤어지는 것이 정녕코 두렵지는 않았다.
⑤ 나는 다음 말을 기어코 하고 말겠다고 다짐했다.

> **advice** ① 하마트면 → 하마터면
> ③ 끄트머리 : '-이' 이외의 모음으로 시작된 접미사가 붙어서 된 말은 그 명사의 원형을 밝히어 적지 않는다.

27 다음 중 맞춤법에 어긋난 표현은?

① 익명(匿名)　　　　　　② 열렬(熱烈)
③ 신여성(新女性)　　　　④ 공염불(空念佛)
⑤ 남존녀비(男尊女卑)

> **advice** ⑤ 남존녀비(男尊女卑) → 남존여비
> 접두사처럼 쓰이는 한자가 붙어서 된 말이나 합성어에서, 뒷말의 첫소리가 'ㄴ' 소리로 나더라도 두음 법칙에 따라 적는다.

28 다음 밑줄 친 말 중 맞춤법에 맞는 표현은?

① <u>오뚜기</u>가 오뚝 섰다.　　　② <u>도착하는 대로</u> 전화해라.
③ <u>"그래 좋다"</u>라고 말했다.　　④ <u>깍뚜기</u>를 반찬으로 밥을 먹었다.
⑤ 쉼표 하나, 마침표 하나 <u>소홀이</u> 하지 마라.

> **advice** ① 오뚜기 → 오뚝이
> ② '대로'는 의존 명사로 띄어 써야 한다.
> ③ "그래 좋다" → "그래, 좋다."
> ④ 깍뚜기 → 깍두기
> ⑤ 소홀이 → 소홀히

Answer 26.① 27.⑤ 28.②

29 다음 중 맞춤법에 맞는 표기는?

① 동구능(東九陵)　　　　　　　② 가정난(家庭欄)

③ 광한루(廣寒樓)　　　　　　　④ 상로인(上老人)

⑤ 내래월(來來月)

　　advice　한자음 '라, 래, 로, 뢰, 루, 르'가 단어의 첫머리에 올 적에는, 두음 법칙에 따라 '나, 내, 뇌, 누, 느'로 적는다.
　　다만, 단어의 첫머리 이외의 경우에는 본음대로 적는다. 또한 접두사처럼 쓰이는 한자가 붙어서 된 단어는
　　뒷말을 두음 법칙에 따라 적는다.
　　① 동구능(東九陵) → 동구릉
　　② 가정난(家庭欄) → 가정란
　　④ 상로인(上老人) → 상노인
　　⑤ 내래월(來來月) → 내내월

30 다음 중 맞춤법에 맞지 않는 표기는?

① 드러나다　　　　　　　　　　② 쓰러지다

③ 살아지다　　　　　　　　　　④ 엎어지다

⑤ 흩어지다

　　advice　③ 살아지다 → 사라지다
　　※ 두 개의 용언이 어울려 한 개의 용언이 될 적에, 앞말의 본뜻이 유지되고 있는 것은 그 원형을 밝히어
　　적고, 그 본뜻에서 멀어진 것은 밝히어 적지 아니한다.
　　　㉠ 앞말의 본뜻이 유지되고 있는 것
　　　　예　넘어지다, 흩어지다, 엎어지다, 늘어나다
　　　㉡ 본뜻에서 멀어진 것
　　　　예　드러나다, 사리지다, 쓰리지다

31 다음 중 맞춤법에 맞는 것으로 짝지어진 것은?

① 섣달 – 안팎 – 계시판　　　　② 법칙 – 귀때기 – 살어름

③ 일꾼 – 암캐 – 계시판　　　　④ 섯달 – 살얼음 – 휴계실

⑤ 휴게실 – 뻗치다 – 심부름꾼

　　advice　섯달 → 섣달, 살어름 → 살얼음, 휴계실 → 휴게실, 계시판 → 게시판

Answer　29.③　30.③　31.⑤

32 다음 중 맞춤법에 맞는 것끼리 바르게 묶인 것은?

① 횟배, 수도물, 아랫니 ② 머리카락, 수컷, 살고기
③ 댑싸리, 햅쌀, 엊그저께 ④ 달달이, 불나비, 부리나케
⑤ 삼진날, 반짇고리, 잗따랗다

> **advice** ① 수도물 → 수돗물
> ② 살고기 → 살코기
> 두말이 어울릴 적에 'ㅂ'소리나 'ㅎ'소리가 덧나는 것은 소리대로 적는다.
> 예 댑싸리, 멥쌀, 볍씨, 좁쌀, 머리카락, 수탉, 안팎, 수컷, 암캐, 암컷, 암탉
> ④ 달달이 → 다달이, 불나비 → 부나비(불+나비)
> ⑤ 삼진날 → 삼짇날, 잗따랗다 → 잗다랗다
> 끝소리가 'ㄹ'인 말과 딴 말이 어울릴 적에 'ㄹ' 소리가 'ㄷ' 소리로 나는 것은 'ㄷ'으로 적는다.
> 예 반짇고리(바느질~), 사흗날(사흘~), 삼짇날(삼질~), 섣달(설~), 숟가락(술~), 이튿날(이틀~), 잗다듬다
> (잘~), 잗다랗다(잘~)

33 다음 중 문장을 맞춤법에 맞게 고쳐 쓴 것으로 적절하지 않은 것은?

① 고기는 냉장고에 있슴. → 고기는 냉장고에 있음.
② 몇일 동안 많이 아팠어. → 며칠 동안 많이 아팠어.
③ 영수야, 기다려. 곧 갈게 → 영수야, 기다려. 곧 갈게.
④ 웬일로 네가 잠을 않 자니? → 웬일로 네가 잠을 안 자니?
⑤ 너의 말이 거짓임이 들어났다. → 너의 말이 거짓임이 드러났다.

> **advice** ③ 갈께 → 갈게
> 다음과 같은 어미는 예사소리로 적는다.
> 예 -(으)ㄹ거나, -(으)ㄹ걸, -(으)ㄹ게, -(으)ㄹ세, -(으)ㄹ수록, -(으)ㄹ진대

34 다음 중 밑줄 친 말이 잘못 쓰인 것은?

① <u>덧니</u>가 튀어나온 모양이 귀엽다.
② <u>조갯살</u>을 넣은 된장찌개가 시원하다.
③ 그가 졸업한 지 <u>햇수</u>로 3년이 넘었다.
④ 정장을 하고 <u>머리기름</u>을 바른 신사가 다가왔다.
⑤ 과일 장수는 <u>맛보기</u>로 손님들에게 수박 한 쪽씩 주었다.

> **advice** ④ 머리기름 → 머릿기름
> 순 우리말로 된 합성어로 앞말이 모음으로 끝난 경우에 사이시옷을 받치어 적는다.

Answer 32.③ 33.③ 34.④

35 다음 중 표기가 바르지 않은 것은?

① 곳간(庫間) ② 셋방(貰房)
③ 숫자(數字) ④ 냇과(內科)
⑤ 찻간(車間)

> **advice** ④ 냇과(內科) → 내과. '내과(內科), 이과(理科), 총무과(總務課), 장미과(薔薇科)' 등은 사이시옷을 붙이지 않는다.
> ※ 두 음절로 된 다음 한자어는 사이시옷을 받치어 적는다.
> 예 곳간(庫間), 셋방(貰房), 숫자(數字), 찻간(車間), 툇간(退間), 횟수(回數)

36 다음 중 맞춤법에 어긋난 표현은?

① 갯수(個數) ② 툇간(退間)
③ 숫자(數字) ④ 회수(回收)
⑤ 전세방(傳貰房)

> **advice** ① 갯수(個數) → 개수
> ④ '회수(回收)'는 '회수'로, '회수(回數)'는 '횟수'로 적어야 한다.
> ⑤ '전세방', '전셋집'으로 적는다.

37 다음 중 사이시옷을 맞게 쓴 것은?

① 뒷뜰, 뒷물 ② 윗짝, 윗층
③ 윗턱, 윗사람 ④ 윗치마, 윗자리
⑤ 수돗물, 우윳빛

> **advice** ① 뒷뜰 → 뒤뜰
> ② 윗짝 → 위짝, 윗층 → 위층
> ③ 윗턱 → 위턱
> ④ 윗치마 → 위치마

38 다음 중 사이시옷을 잘못 사용한 것은?

① 머릿말 ② 나뭇잎
③ 댓가지 ④ 베갯잇
⑤ 나룻배

Answer 35.④ 36.① 37.⑤ 38.①

※ 사이시옷 표기 : 순 우리말로 된 합성어로서 앞말이 모음으로 끝난 경우에 받치어 적는다.
  ㉠ 뒷말의 첫소리가 된소리로 나는 것
    예 고랫재, 귓밥, 나룻배, 나뭇가지, 냇가, 댓가지, 맷돌, 모깃불, 못자리, 바닷가, 선짓국, 아랫집, 잇자국, 잿더미, 조갯살, 찻집, 핏대, 햇볕, 횟바늘
  ㉡ 뒷말의 첫소리 'ㄴ, ㅁ' 앞에서 'ㄴ'소리가 덧나는 것
    예 멧나물, 아랫니, 텃마당, 아랫마을, 뒷머리, 잇몸, 깻묵, 냇물
  ㉢ 뒷말의 첫소리 모음 앞에서 'ㄴㄴ' 소리가 덧나는 것
    예 도리깻열, 뒷윷, 뒷일, 뒷입맛, 베갯잇, 깻잎, 나뭇잎

39 다음 중 사이시옷 표기가 맞는 것은?

① 윗층, 위쪽   ② 숫자, 갯수
③ 전셋방, 곳간   ④ 뱃길, 장미빛
⑤ 단춧구멍, 부싯돌

advice ① 윗층 → 위층 ② 갯수 → 개수 ③ 전셋방 → 전세방 ④ 장미빛 → 장밋빛

40 다음의 내용에 비추어 볼 때 밑줄 친 부분의 맞춤법이 틀린 것은?

> 사이시옷은 고유어나, 고유어와 한자어의 두 말이 합쳐져 한 단어를 이룰 때 붙는데, 앞의 말이 모음으로 끝나고 뒷말의 첫소리가 된소리가 나는 경우, 뒷말의 첫소리 'ㄴ, ㅁ' 앞에서 'ㄴ'소리가 덧나는 경우, 뒷말의 첫소리 모음 앞에서 'ㄴㄴ'소리가 덧나는 경우에 붙는다. 단 원래의 두 말이 한자어로만 이루어지는 경우 몇 가지를 제외하고 다른 경우에는 붙지 않는다.

① <u>횟수</u>가 많이 늘었다.   ② 빨리 <u>갯수</u>를 세워 봐라.
③ <u>나룻배</u>가 한 척 떠 있다.   ④ <u>혓바늘</u>이 서고 입맛이 없다.
⑤ <u>자릿세</u>를 내고 겨우 앉았다.

advice ② 갯수 → 개수
두 음절로 된 다음 한자어의 경우 사이시옷을 받쳐 적는다.
  예 곳간(庫間), 셋방(貰房), 숫자(數字), 찻간(車間), 툇간(退間), 횟수(回數)

41 다음의 내용에 비추어 볼 때 맞춤법이 틀린 것은?

> 명사나 혹은 용언의 어간 뒤에 자음으로 시작된 접미사가 붙어서 된 말은 그 명사나 어간의 원형을 밝히어 적는다. 단, 겹받침의 끝소리가 드러나지 아니하고 소리대로 적는 경우도 있다.

① 널따랗다
② 넓적하다
③ 짧다랗다
④ 굵다랗다
⑤ 굵직하다

advice ③ 짧다랗다 → 짤따랗다
겹받침의 끝소리가 드러나지 않는 경우이며 소리대로 적어야 한다.

42 다음의 바른 표기와 틀린 표기의 연결이 잘못된 것은?

〈바른 표기〉	〈틀린 표기〉		〈바른 표기〉	〈틀린 표기〉
① 아귀찜	아구찜	②	먹장어	꼼장어
③ 조갯국	조개국	④	쭈꾸미	주꾸미
⑤ 생선찌개	생선찌게			

advice ④ 쭈꾸미 → 주꾸미

43 다음 중 표기가 바른 문장은?

① 더우기 그는 다리까지 다쳐 걷지도 못한다.
② 골목에서 아이들이 딱지를 가지고 놀고 있다.
③ 우두커니 서서 길가에 늘어선 행열을 바라본다.
④ 문을 두드리는 소리에 기영은 움질 주머니에 손이 갔다.
⑤ 잔득 겁먹은 모습으로 무릎을 꿇고 있는 그녀가 가엾다.

advice ① 더우기 → 더욱이
② 'ㄱ, ㅂ' 받침 뒤에서 나는 된소리는 같은 음절이나 비슷한 음절이 겹쳐 나는 경우가 아니면 된소리로 적지 않는다.
③ 행열 → 행렬(行列)
④ 움질 → 움찔
⑤ 잔득 → 잔뜩

Answer 41.③ 42.④ 43.②

44 다음 중 표기를 바르게 한 것은?

① 없을쏘냐?　　　　　　　　② 않았을껄.

③ 주문할께요.　　　　　　　④ 날아갈쎄라.

⑤ 아니올씨다.

> **advice** 다음 어미는 예사소리로 적는다.
> 예 -(으)ㄹ걸, -(으)ㄹ게, -(으)ㄹ세, -(으)ㄹ지언정, -올시다
> 다만, 의문을 나타내는 다음 어미들은 된소리로 적는다.
> 예 -(으)ㄹ까?, -(으)ㄹ꼬?, -(스)ㅂ니까?, -(으)리까?, -(으)ㄹ쏘냐?

45 다음 중 표기가 바른 문장은?

① 약을 먹은 효과가 금세 나타났다.

② 내가 가진 돈은 통털어 오백 원뿐이다.

③ 인제 채비가 다 되어서 모레면 떠날까 한데요.

④ 훤칠한 허위대에 넓적한 얼굴의 남자가 찾아왔다.

⑤ 그는 여러 논문을 짜집기하여 보고서를 작성하였다.

> **advice** ① 금세 : 지금 바로. '금시에'가 줄어든 말로 구어체에서 많이 사용된다.
> ② 통털어 → 통틀어
> ③ 한데요 → 한대요
> 　'한데요'에서 '데'는 과거 회상의 뜻이 있을 때 쓰는 어미이다. '아까 그 영화 배우가 이 앞으로 지나가데.',
> 　'야, 그 여자가 정말 그렇게 예쁘데?' 등으로 쓸 수 있다. '한대요'의 '-ㄴ대'는 '-ㄴ다고 해'가 준 말로,
> 　'급한 볼일이 있어서 꼭 가야 한대'처럼 다른 사람이 한 말을 인용할 때 쓴다.
> ④ 허위대 → 허우대
> ⑤ 짜집기 → 짜깁기

46 다음 중 표기가 바르게 된 문장은?

① 그 가수는 남여노소 함께 좋아한다.

② 환률이란 한 나라 노동 생산성의 척도이다.

③ 그 축구 경기는 어느 쪽도 승자가 되지 못하는 졸열한 경기였다.

④ 부모가 당뇨병일 때 자녀가 당뇨병에 걸릴 확률은 30% 정도이다.

⑤ 문화난에는 다양한 문화 행사 소개와 이용에 관한 정보가 게재되어 있다.

> **advice** ① 남여노소 → 남녀노소(男女老少)
> ② 환률 → 환율(換率)
> ③ 졸열 → 졸렬(拙劣)
> 　'렬, 률'은 모음이나 'ㄴ'받침 뒤에만 '열, 율'로 적는다.
> ⑤ 문화난 → 문화란
> 　단어의 첫머리 이외의 경우에는 본음대로 적는다.

Answer 44.① 45.① 46.④

47 다음 중 표기가 바른 문장은?

① 소매를 걷어부치고 나섰다.

② 그 집을 경매에 바로 부치기로 했다.

③ 무지를 무릅쓰고 밀어부치는 억지는 더 큰 죄다.

④ 이를 부드득 갈아부치며 일어선 그는 벽을 짚으며 소리쳤다.

⑤ 현실적으로 매우 어려운 데도 정부가 몰아부치는 것은 잘못이다.

> **advice** ① 걷어부치고 → 걷어붙이고
> ② 다음의 경우 '부치다'로 써야 한다.
> > **예** 힘이 부치는 일이다, 편지를 부치다, 논밭을 부치다, 빈대떡을 부치다, 회의에 부치는 안건, 식목일에 부치는
> > 글, 인쇄에 부치는 원고 등
> ③ 밀어부치는 → 밀어붙이는
> ④ 갈아부치며 → 갈아붙이며
> **갈아붙이다** : 분함을 억제하지 못할 때나 결심을 굳게 할 때, 독한 마음으로 이를 바짝 갈다.
> ⑤ 몰아부치는 → 몰아붙이는

48 다음 중 표기가 바르게 쓰인 문장은?

① 냉장고에서 어름을 꺼내 먹었다.

② 배던지 사과던지 마음대로 먹어라.

③ 답을 알아맞힌 분께 상품을 드립니다.

④ 내 바램은 네가 건강하게 지내는 거야.

⑤ 그가 나를 믿음으로 나도 그를 믿는다.

> **advice** ① 냉장고에서 어름을 꺼내 먹었다. → 냉장고에서 얼음을 꺼내 먹었다.
> '얼다'에서 온 말은 '얼음'으로 적어야 한다. '어름'은 '두 사물의 끝이 맞닿은 자리'를 뜻하는 말이다.
> ② 배던지 사과던지 마음대로 먹어라. → 배든지 사과든지 마음대로 먹어라.
> 물건이나 일의 내용을 가리지 아니하는 뜻을 나타내는 조사와 어미는 '-든지'로 적는다.
> ④ 내 바램은 네가 건강하게 지내는 거야. → 내 바람은 네가 건강하게 지내는 거야.
> '바람'은 '바라다(望)'에서 온 말이다.
> ⑤ 그가 나를 믿음으로 나도 그를 믿는다. → 그가 나를 믿으므로 나도 그를 믿는다.
> '-(으)므로'는 이유, 원인 등을 나타내는 어미이다.

Answer 47.② 48.③

49 다음 밑줄 친 부분의 표기가 잘못된 것은?

① 며칠 더 <u>있다가</u> 갈 생각이다.
　　<u>이따가</u> 그곳에서 다시 만나자.
② 라면이 <u>불어</u> 맛이 정말 없다.
　　잠을 많이 못자서 얼굴이 <u>부어</u> 보였다.
③ 불길이 <u>걷잡을</u> 수 없이 치솟았다.
　　다 마치려면 <u>겉잡아</u> 두 달은 걸린다.
④ 눈을 <u>지긋이</u> 감고 과거를 떠올렸다.
　　그 분은 나이가 <u>지그시</u> 들어 보인다.
⑤ 지리산은 전라, 충청, 경상도 <u>어름</u>에 있다.
　　더운 여름에는 시원한 <u>얼음</u> 생각이 간절하다.

> **advice**　① 이따가 : 조금 지난 뒤에
> 　　　　② 붇다(불어, 불으니) : 물에 불어서 부피가 커지다.
> 　　　　　　붓다(부어, 부으니) : 피부가 부어 오르다.
> 　　　　③ 걷잡다 : 거두어 바로 잡다.
> 　　　　　　겉잡다 : 겉으로 보고 대강 짐작하여 헤아리다.
> 　　　　④ 지긋이 : 나이가 비교적 많아 듬직하게
> 　　　　　　지그시 : 슬며시 힘을 주는 모양
> 　　　　⑤ 어름 : 구역과 구역의 경계점

50 다음 문장의 밑줄 친 말의 쓰임이 바르지 않은 것은?

① 오늘 회의에 <u>부칠</u> 안건을 말씀해 주십시오.
　　겉봉을 봉하고 우표를 <u>붙여</u> 발송해야 한다.
② 약속은 <u>반드시</u> 지켜야 한다.
　　머리를 <u>반듯이</u> 들고 칠판을 주목해 주십시오.
③ 선생님, 진도가 너무 <u>느려서</u> 걱정입니다.
　　수출량을 2배 이상 <u>늘릴</u> 수 있도록 최선을 다 하시오.
④ 다리가 <u>저려서</u> 더 이상 버티기 힘들다.
　　김장 배추를 몇 포기만 더 <u>절이도록</u> 하지요.
⑤ 그들은 창고에서 재고품을 <u>드러냈다</u>.
　　그녀는 하얀 이를 <u>들어내며</u> 웃고 있었다.

> **advice**　⑤ 드러내다 : 가려 있거나 보이지 않던 것이 보이게 하다.
> 　　　　　　들어내다 : 물건을 들어서 밖으로 옮기다.

Answer　49.④　50.⑤

51 다음 밑줄 친 말이 잘못 쓰인 것은?

① 그는 <u>반드시</u> 올 것입니다.

  고개를 <u>반듯이</u> 들고 정신을 집중하여라.

② 옷을 <u>다리다</u> 말고 어디를 가는 게냐?

  약을 <u>달이며</u> 어서 빨리 병이 낫기를 기원했다.

③ <u>벌린</u> 입을 다물지 못하고 서 있었다.

  그 마을은 이맘때쯤 씨름판을 <u>벌였다</u>.

④ 그들은 나라를 위해 목숨을 <u>바쳤다</u>.

  비가 많이 왔지만 우산을 <u>받치고</u> 씩씩하게 걸어 갔다.

⑤ 들창 <u>넘어</u>, 보라색을 머금은 하늘이 아름다웠다.

  우리 가족은 삼팔선을 <u>너머</u> 남으로 내려왔다.

> **advice** ⑤ 들창 넘어 → 들창 너머, 삼팔선을 너머 → 삼팔선을 넘어
> '넘어'는 '산을 넘어 간다.'처럼 동작을 나타내고, '너머'는 공간이나 공간의 위치를 나타낸다.

52 다음 중 밑줄 친 낱말이 잘못 쓰인 것은?

① 다리가 <u>저리다</u>.　　　　　　② 마음을 <u>조리다</u>.

③ 책상을 벽에 <u>붙였다</u>.　　　　④ 힘이 <u>부치는</u> 일이다.

⑤ 여러 문제를 더 <u>맞혔다</u>.

> **advice** ② 조리다 : 어육 및 채소를 양념하여 바짝 끓이는 것을 이르는 말이다.
> 　　　　예 생선을 조린다.
> 　　　　졸이다 : 속을 태우다시피 조바심함을 이르는 말이다.
> 　　　　예 마음을 졸인다.

53 다음 중 밑줄 친 낱말의 쓰임이 바르지 않은 것은?

① 이것은 <u>연필이오</u>.

② <u>뻐꾸기가</u> 뻐꾹뻐꾹 울고 있다.

③ 오늘 일은 <u>반드시</u> 오늘 끝내야 한다.

④ 너는 행동을 <u>삼가하고</u> 입을 조심해라.

⑤ <u>모름지기</u> 남자는 다섯 수레의 책을 읽어야 한다.

> **advice** ④ 삼가하고 → 삼가고
> '삼가고'의 기본형은 '삼가다'이며, '몸가짐이나 언행을 조심하다.'라는 뜻을 지닌 말이다.
> 　　　예 그런 행동은 삼가는 게 좋겠다. 건강을 위해 담배를 삼가기로 했다.

Answer 51.⑤　52.②　53.④

54 다음 중 밑줄 친 단어의 쓰임이 잘못된 것은?

① 고무줄을 <u>늘인다</u>. / 수출량을 더 <u>늘린다</u>.

② 영희는 간장을 <u>달였다</u>. / 전속력으로 <u>달려</u> 겨우 도착했다.

③ 친구를 방에 <u>들렸다</u>. / 책방에 <u>들여</u> 책을 샀다.

④ 일을 너무 많이 <u>시키지</u> 마라. / 끓인 물을 얼른 <u>식혀라</u>.

⑤ 이제 부모 속 좀 작작 <u>썩여라</u>. / 음식을 <u>썩혀</u> 거름을 만들었다.

   advice ③ 친구를 방에 <u>들렸다</u>. → 친구를 방에 <u>들였다</u>.
            책방에 <u>들여</u> 책을 샀다. → 책방에 <u>들러</u> 책을 샀다.

55 다음 문장의 밑줄 친 낱말의 활용이 옳지 않은 것은?

① 살찌다 : 가을은 하늘이 높고 말이 <u>살찌는</u> 계절이다.
    살지다 : 이 농장에는 <u>살진</u> 젖소가 참 많다.

② 바치다 : 조국의 승리를 위하여 목숨을 <u>바쳤다</u>.
    받치다 : 다리가 쓰러지지 않도록 기둥을 <u>받쳤다</u>.

③ 가르치다 : 저 학원에서는 일본어를 <u>가르친다</u>.
    가리키다 : 나는 손가락으로 아이를 <u>가리켰다</u>.

④ 잊다 : 본 지 오래된 책이라서 그 제목을 <u>잊었다</u>.
    잃다 : 휴일에 놀이공원에서 지갑을 <u>잃었다</u>.

⑤ 좇다 : 사냥꾼들은 눈 위에 번진 핏자국을 따라 사슴을 <u>좇았다</u>.
    쫓다 : 선생님의 의견을 <u>쫓기로</u> 했다.

   advice ① 살찌다 : 몸에 살이 많아지다.
         살지다 : 몸에 살이 많고 튼튼하다.
      ② 바치다 : 드리다. 남을 위해 아낌없이 다하다.
         받치다 : 치밀어 오르다. 물건을 괴다.
      ③ 가르치다 : 일깨워 알게 하다.
         가리키다 : 집어서 이르다. 알리다
      ④ 잊다 : 기억하지 못하다.
         잃다 : (물건이) 없어지게 되다.
      ⑤ 쫓다 : 억지로 몰아내다. 급하게 뒤를 따르다. 물리치다.
         좇다 : 남의 뜻을 따라 그대로 하다.

     Answer 54.③ 55.⑤

56 다음 밑줄 친 부분의 띄어쓰기가 바른 것은?

① 그는 적진으로 말을 <u>내몰았다</u>.

② 옷을 곱게 <u>차려 입은</u> 여인이 앉아 있었다.

③ 그는 어린 나이에 사업가의 길로 <u>들어 섰다</u>.

④ 오래 전의 제자가 나를 <u>알아 보고</u> 인사를 한다.

⑤ 그는 펑크가 난 타이어를 <u>갈아끼우고</u> 다시 출발했다.

> **advice**　①②③④는 합성동사이므로 붙여 써야 한다.
> ⑤ '갈아끼우다'는 두 개의 동사로 이루어진 말이므로 띄어서 써야 한다.

57 다음 중 띄어쓰기가 바르게 된 것은?

① 구급차가 쏜살같이 달리고 있다.
② 집에 도착하는대로 편지를 썼다.
③ 학교 부터 집까지는 약 10km이다.
④ 중국어는 공부할 수록 더욱 어렵다.
⑤ 가는 길이 맞기는 커녕 돌아가야 한다.

> **advice**　② 도착하는대로 → 도착하는 대로
> '대로'는 의존 명사이며 띄어 써야 한다.
> ③ 학교 부터 → 학교부터
> '-부터'는 조사이며 붙여 써야 한다.
> ④ 공부할 수록 → 공부할수록
> '-ㄹ수록'은 연결어미이므로 붙여 써야 한다.
> ⑤ 맞기는 커녕 → 맞기는커녕
> '-커녕'은 어떤 사실을 부정하는 것은 물론 그보다 덜하거나 못한 것까지 부정하는 뜻을 나타내는 보조사
> 이므로 붙여 써야 한다.

58 다음 밑줄 친 부분의 띄어쓰기가 바르지 않은 것은?

① 그렇게 보람 있는 일은 <u>할 만하다</u>.

② 그녀는 모든 내용을 다 <u>아는척했다</u>.

③ 어제는 집에서 어머니를 <u>도와드렸다</u>.

④ 그의 차는 언덕 아래로 <u>내달리고</u> 있었다.

⑤ 어제의 대답으로 볼 때 그가 올 <u>듯도하다</u>.

> **advice**　⑤ 올 듯도하다 → 올 듯도 하다, 보조 용언은 띄어 씀을 원칙으로 하되, 경우에 따라 붙여 씀도 허용한다.
> 다만, 앞말에 조사가 붙거나 앞말이 합성 동사인 경우, 그리고 중간에 조사가 들어갈 적에는 그 뒤에 오는
> 보조 용언은 띄어 쓴다.

Answer　56.①　57.①　58.⑤

59 다음 문장의 밑줄 친 부분의 띄어쓰기가 잘못된 것은?

① 나에게는 <u>당신뿐이기에</u> 그저 <u>보고플 뿐이기에</u> 먼 길을 달려 왔소.

② 바람 <u>부는 대로</u> 정처없이 걸으면서 <u>내 나름대로의</u> 생각을 정리했다.

③ 친구가 도착한 지 <u>두 시간 만에</u> 떠나고 혼자 남은 나는 잠만 실컷 잤다.

④ 형을 알아주는 사람은 <u>나 밖에</u> 없었고, 나를 알아주는 사람도 <u>형 밖에</u> 없었다.

⑤ <u>숨소리가 들릴 만큼</u> 조용한 방에서, <u>부모님에게만큼은</u> 잘해 드리고 싶었다고 말했다.

> **advice**　④ 나 밖에 → 나밖에, 형 밖에 → 형밖에
> 　　　　　여기서 '밖에'는 조사로 쓰였기 때문에 붙여 써야 한다.

60 다음 중 띄어쓰기가 바르게 된 것은?

① 과장겸 국장　　　　　　　② 연필 한자루

③ 청군 대 백군　　　　　　　④ 책상, 걸상등이 있다.

⑤ 삼백십억삼만 이천칠백

> **advice**　① 과장겸 국장 → 과장 겸 국장
> 　　　　　두말을 이어 주거나 열거할 때에 쓰이는 말들은 띄어 쓴다.
> 　　　　　② 연필 한자루 → 연필 한 자루
> 　　　　　단위를 나타내는 말은 띄어 쓴다.
> 　　　　　④ 책상, 걸상등이 있다. → 책상, 걸상 등이 있다.
> 　　　　　⑤ 삼백십억삼만 이천칠백 → 삼백십억 삼만 이천칠백
> 　　　　　수를 적을 때에는 '만(萬)' 단위로 띄어 쓴다.

61 다음 중 띄어쓰기가 바르지 않은 것은?

① 모르는 것이 약이다.　　　　② 네가 알 바 아니다.

③ 그가 떠난지 벌써 1년이 지났다.　④ 이상은 위에서 지적한 바와 같습니다.

⑤ 어떻게 네가 나한테 그럴 수 있니?

> **advice**　③ 떠난지 → 떠난 지('지'는 의존 명사임), 의존 명사는 띄어 쓴다.
> 　　　　　예 아는 것이 힘이다. 네가 뜻한 바를 알겠다. 먹을 만큼 먹어라. 나도 할 수 있다. 아는 이를 만났다.

Answer　59.④　60.③　61.③

62 다음 중 띄어쓰기가 옳지 않은 것은?

① 현 군

② 현준상 박사

③ 현준상 군

④ 현 준상 국장

⑤ 현준상 씨

advice ④ 현 준상 국장 → 현준상 국장
성과 이름, 성과 호 등은 붙여 쓰고, 이에 덧붙는 호칭어, 관직명 등은 띄어 쓴다.

63 다음 중 문장 부호의 쓰임이 바른 것은?

① 그 남자는 미국인이냐? 영국인이냐?

② 그는 1977. 8. 15.(1977년 8월 15일)에 태어났다.

③ 선생님께 말했다가-아니, 말씀드렸다가 꾸중만 들었다.

④ 분리하여 자립적으로 쓸 수 있는 말을 낱말(單語)이라 한다.

⑤ 용기. 이것이야말로 무엇과도 바꿀 수 없는 젊은이의 자산이다.

advice ① 미국인이냐? 영국인이냐? → 미국인이냐, 영국인이냐?
③ '선생님께 말했다가-아니, 말씀드렸다가-꾸중만 들었다.'처럼 줄표는 앞뒤에 모두 넣어야 한다.
④ 묶음표 안의 말이 바깥 말과 음이 다를 때에는 대괄호([ ])를 써야 한다.
⑤ 제시어 다음에는 반점(,)을 쓴다.

64 다음 중 문장 부호를 바르게 사용한 것은?

① 문방사우-붓, 먹, 벼루, 종이 등

② "배부른 돼지"보다는 "배고픈 소크라테스"가 되겠다.

③ 『향수(鄕愁)』는 정지용(6·25 때 납북)의 대표작이다.

④ '농촌 계몽 운동' 등 민족의 독립을 위한 '~운동'이 곳곳에서 전개되었다.

⑤ 그는 "여러분! 이럴 때일수록 침착해야 합니다. "하늘이 무너져도 솟아날 구멍이 있다"고 합니다."
라고 외쳤다.

advice ① 내포되는 종류를 들 적에는 쌍점(:)을 쓴다.
② 문장에서 중요한 부분을 두드러지게 할 경우 작은따옴표를 쓴다.
③ 작품은 제목은 홑낫표를 사용한다.
④ 물결표(~)는 어떤 말의 앞이나 뒤에 들어갈 말 대신 쓴다.
⑤ 인용한 말 안에 있는 인용한 말을 나타낼 때는 작은따옴표를 쓴다.

Answer 62.④ 63.② 64.④

65 _다음 중 문장 부호의 사용이 바르지 않은 것은?

① 그것 참 대단한(?) 용기야.

② 8,15 광복의 의미를 되새기자.

③ 영수가, 내가 제일 좋아하는 친구이다.

④ 육군 ○○ 부대 ○○○ 명이 작전에 참가하였다.

⑤ 영수·순이, 철수·영희가 서로 짝이 되어 윷놀이를 하였다.

> **advice** ① 물음표(?)는 특정한 어구 또는 그 내용에 대하여 의심이나 빈정거림, 비웃음 등을 표시할 때, 또는 적절한
> 말을 쓰기 어려운 경우에 소괄호 안에 쓴다.
> ② 8,15 광복 → 8.15 광복 또는 8·15 광복
> 특정한 의미를 가지는 날을 나타내는 숫자에는 마침표(.) 또는 가운뎃점(·)을 쓴다.
> ③ 쉼표(,)는 문맥상 끊어 읽어야 할 곳에 쓴다.
> ④ 비밀을 유지할 사항일 경우, 그 글자의 수효만큼 숨김표(○○, ××)를 쓴다.
> ⑤ 쉼표로 열거된 어구가 다시 여러 단위로 나누어질 때에는 가운뎃점(·)을 쓴다.

66 _다음 중 부호의 쓰임이 바르지 않은 것은?

① 수업 끝나고 바로 집에 오도록.

② 너는 언제 왔니, 어디서 왔니, 무엇하러?

③ ○○○는 4백m에서 우승했다(잠실운동장).

④ 성질 급한, 철수의 누이동생이 화를 내었다.

⑤ "그 사람이 그녀를 데리고 갔어요."라고 말하였다.

> **advice** ① 종결 어미로 끝나지 않은 불완전한 문장의 경우도 서술이 끝났다는 표시로 마침표를 쓸 수 있다.
> ② 너는 언제 왔니, 어디서 왔니, 무엇하러? → 너는 언제 왔니? 어디서 왔니? 무엇하러?
> 물음표는 한 문장에서 몇 개의 선택적인 물음이 겹쳤을 때에는 맨 끝의 물음에만 쓰지만, 각각 독립된
> 물음인 경우에는 물음마다 쓴다.
> ③ 문장 끝에 부분적으로 주석하는 괄호를 할 때는 괄호 다음에 마침표를 한다.

67 _다음 중 문장의 부호를 바르게 쓴 것은?

① 아 달이 참 밝구나!

② 첫째. 몸이 튼튼해야 된다.

③ 꺼진 불도 다시 보자(표어).

④ 이게 은혜에 대한 보답이냐.

⑤ 5분의 2는 $\frac{2}{5}$ 이라고 쓴다.

> **advice** ① 아, 달이 참 밝구나!
> ② 첫째, 몸이 튼튼해야 된다.
> ③ 꺼진 불도 다시 보자(표어)
> ④ 이게 은혜에 대한 보답이냐?

Answer 65.② 66.② 67.⑤

2. 표준어

>> 표준어

1 다음 중 표준어 규정에 맞는 표현은?

① 숫놈   ② 숫쥐
③ 숫사돈   ④ 숫돼지
⑤ 숫병아리

advice ① 숫놈 → 수놈
③ 숫사돈 → 수사돈
④ 숫돼지 → 수돼지
⑤ 숫병아리 → 수평아리
※ 수컷을 이르는 접두사는 '수-'로 통일한다.
   예 수꿩, 수나사, 수놈, 수사돈, 수소, 수은행나무
   다음은 접두사 다음에서 나는 거센소리를 인정한다.
   예 수캉아지, 수캐, 수컷, 수탉, 수돼지, 수평아리
   다음 단어의 접두사는 '숫-'으로 쓴다.
   예 숫양, 숫염소, 숫쥐

2 다음 중 표준어가 아닌 것은?

① 웃옷   ② 윗층
③ 위쪽   ④ 웃어른
⑤ 윗눈썹

advice ② 윗층 → 위층
※ '웃-' 및 '윗-'은 명사 '위'에 맞추어 '윗-'으로 쓴다.
   예 윗넓이, 윗눈썹, 윗니, 윗도리, 윗동아리, 윗수염, 윗입술
   다만, 된소리나 거센소리 앞에서는 '위-'로 한다.
   예 위짝, 위쪽, 위층, 위치마, 위턱
   '아래, 위'의 대립이 없는 단어는 '웃-'으로 발음되는 형태를 표준어로 삼는다.
   예 웃국, 웃돈, 웃어른, 웃옷

Answer 1.② 2.②

3 다음 중 표준어가 아닌 것은?

① 사돈   ② 냄비

③ 풋나기   ④ 오뚝이

⑤ 아지랑이

> **advice** 'ㅣ' 역행 동화 현상에 의한 발음은 원칙적으로 표준 발음으로 인정하지 아니하되, 다만 다음 단어들은 그러한 동화가 적용된 형태를 표준어로 삼는다.
>
> **예** 서울내기, 시골내기, 신출내기, 풋내기

4 다음 밑줄 친 단어가 표준어가 아닌 것은?

① <u>셋째</u> 아이가 오늘 집에 온다는군.

② 동틀 녘에 동네 어귀에서 출발한다.

③ <u>사글세</u>가 많지 않아 방 구하기가 힘들었다.

④ 큰 아이 <u>돐</u> 잔치가 내일이라 무척 바쁘겠군.

⑤ 다른 방법이 없어서 임시로 <u>끄나풀</u>을 사용했다.

> **advice** ④ 돐 → 돌
>
> 다음 단어들은 의미를 구별함이 없이, 한 가지 형태로만 표준어로 삼는다.
>
> **예** 돌, 둘째, 셋째, 넷째, 빌리다

5 다음 밑줄 친 부분이 표준어가 아닌 것은?

① 일이 돌아가는 <u>낌새</u>가 심상치 않다.

② 너희 둘은 <u>쌍둥이</u>처럼 너무 닮았구나.

③ 마음이 초조하고 불안하여 <u>안절부절하고</u> 있었다.

④ 어린 토끼가 <u>깡충깡충</u> 잘도 뛰어 다닌다.

⑤ 우리 <u>삼촌</u>은 나이가 어려서 나와 친구처럼 지낸다.

> **advice** ③ 안절부절하고 → 안절부절못하고

Answer 3.③ 4.④ 5.③

6 다음 밑줄 친 부분이 표준어 규정에 맞는 것은?

① 저것이 우리 <u>학교예요</u>.
② <u>까탈스러운</u> 성격 때문에 모두가 그를 싫어한다.
③ <u>가리마</u>를 타고 곱게 빗은 머릿결이 부드러워 보였다.
④ 그는 <u>주책없는</u> 사람이지만 아이와의 약속은 잘 지킨다.
⑤ 봄이 되니 여기저기서 아물아물 <u>아지랭이</u>가 피어오른다.

> **advice** ① 학교예요 → 학교에요
> ② 까탈스러운 → 까다로운
> ③ 가리마 → 가르마
> ④ 주책없다 : 일정한 줏대가 없이 이랬다저랬다 하여 몹시 실없다.
> ⑤ 아지랭이 → 아지랑이

7 다음 밑줄 친 부분이 표준어 규정에 맞는 것은?

① 얼음을 넣고 시원하게 <u>미싯가루</u>를 타 먹고 싶다.
② 마을 입구에 커다란 <u>미류나무</u>가 한 그루 서 있다.
③ 그는 일을 마치면 <u>으례</u> 동료들과 술 한잔을 한다.
④ 저 아이는 <u>괴팍한</u> 성격 때문에 친구가 없어 늘 혼자서 다닌다.
⑤ 그는 사고방식이 너무 <u>켸켸묵어서</u> 요즘 젊은이들과는 대화가 되지 않는다.

> **advice** ① 미싯가루 → 미숫가루
> ② 미류나무 → 미루나무
> ③ 으례 → 으레
> ⑤ 켸켸묵어서 → 케케묵어서

8 다음 밑줄 친 부분이 표준어 규정에 맞는 것은?

① 우리의 가장 큰 <u>바램</u>은 통일일 것이다.
② 계속 같은 말만 듣고 있으니 매우 <u>지리하다</u>.
③ 식사 뒤에 <u>설겆이하는</u> 일은 늘 귀찮은 법이다.
④ 그는 <u>꼭둑각시</u>처럼 남의 명령에 따라 움직였다.
⑤ 그 사람의 행색을 훑어보면서 노골적으로 <u>이죽거렸다</u>.

9　다음 밑줄 친 부분이 표준어 규정에 맞는 것은?

① 그렇게 <u>으시대는</u> 꼴을 보니 참 한심하다.
② 그는 메모지에 책의 한 <u>귀절</u>을 적고 있었다.
③ 아무 말도 없이 먼 산만 <u>우두머니</u> 바라고 있었다.
④ 나에게는 중요하고 <u>옹골져</u> 보이는 책들이 적지 않다.
⑤ 여행에 대한 기대로 <u>설레이는</u> 마음을 달래 수 없었다.

10　다음 밑줄 친 부분이 표준어 규정에 맞는 것은?

① 저렇게 <u>철때기</u>가 없어서 큰일이구나.
② 뭘 그렇게 혼자 <u>궁시렁거리고</u> 있니?
③ 세상을 <u>쥐락펴락</u> 하려는 듯 기세가 등등하다.
④ 방바닥에 과자 <u>부스럭지</u>가 많이 떨어져 있구나.
⑤ 모자를 <u>깊숙히</u> 내려 썼다.

Answer　9.④　10.③

11 다음 밑줄 친 부분이 표준어가 아닌 것은?

① <u>오랫만</u>에 보니 더 예뻐졌구나.
② <u>까막눈</u>이라 글자를 못 읽어 매우 불편하다.
③ <u>총각무</u>로 담근 김치가 아주 잘 익어서 참 맛있구나.
④ 학교 담에 <u>괴발개발</u> 아무렇게나 낙서가 되어 있었다.
⑤ 그는 자리가 불편한지 엉덩이를 한쪽으로 <u>뭉그적거렸다</u>.

> **advice** ① 오랫만 → 오랜만('오래간만'의 준말)
> ④ 괴발개발 : 고양이의 발과 개의 발이라는 뜻으로, 글씨를 되는대로 아무렇게나 써 놓은 모양을 이르는 말

12 다음 문장 중에서 밑줄 친 말이 표준어가 아닌 것은?

① 그는 <u>저만치</u> 흘러가는 강물을 바라보고 있다.
② 그 산의 제일 높은 <u>봉우리</u>에 올라 고함을 질렀다.
③ <u>가르마</u>를 타고 곱게 빗은 머릿결이 부드러워 보였다.
④ 초가지붕을 인 옛 그대로의 모습이 <u>어슴푸레</u> 기억 속에서 되살아났다.
⑤ 그들의 발소리가 멀어져 <u>비로서</u> 그는 안도의 한숨을 쉬었다.

> **advice** ⑤ 비로서 → 비로소

13 다음 밑줄 친 말이 표준어가 아닌 것은?

① <u>게슴츠레</u>하게 눈을 뜨고 보았다.
② 가지가 실하니 열매도 많이 <u>열리겠구먼</u>.
③ 그녀의 손에 조그만 <u>보퉁이</u>가 들려 있었다.
④ 조그만 <u>골목쟁이</u>에서 갑자기 그가 뛰어 나왔다.
⑤ 하늘과 그것을 떠받친 <u>민밋한</u> 능선이 멀리 보인다.

> **advice** ① '거슴츠레하다'도 표준어이다.
> ③ 보퉁이 : 물건을 보에 싸서 꾸려 놓은 것
> ④ 골목쟁이 : 골목에서 좀 더 깊숙이 들어간 좁은 곳
> ⑤ 민밋한 → 밋밋한
>   밋밋하다 : 경사나 굴곡이 심하지 않고 평평하고 비스듬하다.

Answer 11.① 12.⑤ 13.⑤

14 다음 중 표준어가 아닌 것은?

① 으레

② 쌍둥이

③ 사글세

④ 아지랭이

⑤ 동댕이치다

> **advice** ④ 아지랭이 → 아지랑이, '아지랑이'는 'ㅣ' 역행 동화가 일어나지 아니한 형태를 표준어로 삼는다.

15 다음 밑줄 친 말 중 표준어인 것은?

① 어머니께서 시원한 <u>미싯가루</u>를 타 주셨다.

② 내가 의사가 되는 것이 아버지의 <u>바램</u>이다.

③ 그렇게 <u>게을러 빠져서</u> 장차 무슨 일을 하겠니?

④ 철수는 합격자 발표 날이 다가올수록 <u>안절부절했다</u>.

⑤ <u>담배꽁추</u>를 휴지통에 버리라고 매번 핀잔을 주었다.

> **advice** ① 미싯가루 → 미숫가루
> ② 바램 → 바람
> 모음의 발음 변화를 인정하여, 발음이 바뀌어 굳어진 형태를 표준어로 삼는다.
> **예** 나무라다[나무래다(×)], 상추[상치(×)], 지루하다[지리하다(×)], 바람[바램(×)], 미숫가루[미싯가루(×)], 허드레[허드래(×)]
> ④ 안절부절하다 → 안절부절못하다
> ⑤ 담배꽁추 → 담배꽁초
> 의미가 똑같은 형태가 몇 가지 있을 경우, 그 중 어느 하나가 압도적으로 널리 쓰이면, 그 단어만을 표준어로 삼는다.
> **예** 새앙손이, 쌍동밤, 주책없다, 안절부절못하다, 칡범, 담배꽁초, 등때기

16 다음 중 표준어로만 바르게 묶인 것은?

① 애닯다 – 늙다리

② 박달나무 – 까막눈

③ 사래논 – 알타리무

④ 멍게 – 설겆이하다

⑤ 빈대떡 – 까탈스럽다

> **advice** ① 애닯다 → 애달프다
> ③ 알타리무 → 총각무, 사래논은 묘지기나 마름이 부쳐 먹는 땅을 이르는 말이다.
> ④ 설겆이하다 → 설거지하다
> ⑤ 까탈스럽다 → 까다롭다

Answer 14.④ 15.③ 16.②

17 다음 중 표준어로만 바르게 묶인 것은?

① 삵괭이, 칸막이, 털어먹다　　② 거시키, 강낭콩, 고삿
③ 삭월세, 월세, 휴지　　④ 둘째, 세째, 스물두째
⑤ 부엌, 갈빗대, 끄나풀

> **advice**　① 삵괭이 → 살쾡이
> 거센소리를 가진 형태를 표준어로 삼는다.
> 　예　끄나풀, 나팔꽃, 녘, 부엌, 살쾡이, 칸, 털어먹다
> ② 거시키 → 거시기
> 거센소리로 나지 않는 형태를 표준어로 삼는다.
> 　예　가을갈이, 거시기, 분침
> ③ 삭월세 → 사글세
> 어원에서 멀어진 형태로 굳어져서 널리 쓰이는 것은 그것을 표준어로 삼는다.
> 　예　강낭콩, 고삿(초가지붕을 일 때 쓰는 새끼), 사글세('월세'는 표준어임), 울력성당(떼를 지어서 으르고 협박하는 일)
> ④ 세째 → 셋째
> 다음 단어들은 의미를 구별하지 않고, 한 가지 형태만을 표준어로 삼는다.
> 　예　돌[돐(×)], 둘째, 셋째, 넷째, 빌리다(빌려 주다, 빌려 오다), 열두째, 스물두째

18 다음 중 표준어로만 옳게 짝지어진 것은?

① 웃입술, 냄비, 주책없다　　② 깡총깡총, 네째, 강낭콩
③ 끄나풀, 괴팍하다, 소금장이　　④ 미장이, 수평아리, 숫염소
⑤ 스물두째, 아지랭이, 미루나무

> **advice**　① 웃입술 → 윗입술, '웃-' 및 '윗-'은 명사 '위'에 맞추어 '윗-'으로 통일한다.
> ② 깡총깡총 → 깡충깡충, 네째 → 넷째
> ③ 소금장이 → 소금쟁이
> ⑤ 아지랭이 → 아지랑이, 'ㅣ' 역행 동화가 일어나지 아니한 형태를 표준어로 삼는 경우이다.
> ※ 주의해야 할 표준어 규정
> 　㉠ 양성 모음이 음성 모음으로 바뀌어 굳어진 단어는 음성 모음 형태를 표준어로 삼는다.
> 　　예　깡충깡충, 막둥이, 쌍둥이, 바람둥이, 발가숭이, 오뚝이, 뻗정다리
> 　㉡ 다음 단어들은 의미를 구별함 없이, 한 가지 형태만을 표준어로 삼는다.
> 　　예　돌(생일, 주기), 둘째, 셋째, 넷째, 빌리다
> 　㉢ 기술자에게는 '-장이', 그 외에는 '-쟁이'가 붙는 형태를 표준어로 삼는다.
> 　　예　미장이, 유기장이, 멋쟁이, 소금쟁이, 골목쟁이

Answer　17.⑤　18.④

19 다음 중 표준어로만 묶인 것은?

① 수나사, 숫소 　　　　　② 숫캉아지, 수퇘지
③ 숫양, 숫쥐 　　　　　　④ 수꿩, 숫놈
⑤ 수당나귀, 수은행나무

advice ① 숫소 → 수소　② 숫캉아지 → 수캉아지
④ 숫놈 → 수놈　⑤ 수당나귀 → 수탕나귀
※ 주의해야 할 표준어 규정
㉠ 수컷을 이르는 접두사는 '수-'로 통일한다.
예 수꿩, 수나사, 수놈, 수소, 수은행나무
㉡ 접두사 다음에서 나는 거센소리를 인정한다.
예 수캉아지, 수캐, 수탉, 수퇘지, 수평아리
㉢ 다음 단어의 접두사는 '숫-'으로 한다.
예 숫양, 숫염소, 숫쥐

20 다음 중 본말과 준말의 연결이 바르지 않은 것은?

① 트이어 – 트여 　　　　② 흔하다 – 흔타
③ 간편하게 – 간편케 　　④ 적지 않은 – 적잖은
⑤ 생각하건대 – 생각컨대

advice ⑤ 생각하건대 – 생각건대
어간의 끝음절 '하'가 아주 줄 적에는 준 대로 적는다.
예 거북하지/거북지, 넉넉하지 않다/넉넉지 않다, 생각하건대/생각건대, 섭섭하지 않다/섭섭지 않다, 생각하다 못해
/생각다 못해, 깨끗하지 않다/깨끗지 않다, 익숙하지 않다/익숙지 않다.

21 다음 밑줄 친 부분에 쓰인 복수 표준어가 바르지 않은 것은?

① <u>쇠고기/소고기</u>는 역시 우리 것이 최고다.
② 저만치 먼 하늘에서 <u>우뢰/천둥</u>이 울려왔다.
③ 그 사건이 일어난 때는 바로 <u>어제/어저께</u>이다.
④ 그렇게 서 있지 말고 여기 <u>앉으세요/앉으셔요</u>.
⑤ <u>좀체/좀처럼</u> 모습을 볼 수 없어 여간 궁금하지 않았다.

advice ② 우뢰 → 우레
※ 복수 표준어 : 한 가지 의미를 나타내는 여러 형태의 단어가 표준어로 인정되는 것을 말한다.
예 넝쿨/덩굴, 고린내/코린내, 눈대중/눈어림/눈짐작, 닭의장/닭장, 벌레/버러지, 부침개/부침질/지짐질, 생/새
앙/생강, 아무튼/어떻든/어쨌든/하여튼/여하튼, 여쭈다/여쭙다, 중신/중매

Answer 19.③　20.⑤　21.②

22 다음 중 복수표준어로만 묶인 것은?

① 여태 – 여직
② 우레 – 천둥
③ 멸치 – 며루치
④ 까다롭다 – 까탈스럽다
⑤ 거든그리다 – 거둥그리다

advice 복수 표준어 : 한 가지 의미를 나타내는 여러 형태의 단어가 표준어로 인정되는 것을 말한다.
> 예 넝쿨/덩굴, 고린내/코린내, 거슴츠레하다/게슴츠레하다, 가락엿/가래엿, 꼬까옷/때때옷/고까옷, 눈대중/눈어림/눈짐작, 닭의장/닭장, 벌레/버러지, 부침개질/부침질/지짐질, 생/새앙/생강, 아무튼/어떻든/어쨌든/하여튼/여하튼, 여쭈다/여쭙다, 우레/천둥, 자물쇠/자물통, 중신/중매, 한턱내다/한턱하다
> ① '여직'은 비표준어이다(여태/입때, 여태껏/이제껏/입때껏).
> ③ '며루치'는 비표준어이다.
> ④ '까탈스럽다', '까닭스럽다'는 비표준어이다.
> ⑤ '거든그리다'가 표준어이고, '거둥그리다'는 비표준어이다.
> > 예 거든하게 거두어 싸다.

23 다음 복수 표준어 중 잘못된 것은?

① 서럽다 – 섧다
② 엿가락 – 엿가래
③ 철딱서니 – 철때기
④ 여쭈다 – 여쭙다
⑤ 나부랭이 – 너부렁이

advice ③ '철때기'는 비표준어이다. '철따구니/철딱서니/철딱지'는 모두 표준어이다.

24 다음 중 표현이 바르지 않은 것은?

① 쌀 서 되
② 금 너 냥
③ 은 엿 돈
④ 삼베 넉 자
⑤ 논 닷 마지기

advice ① 쌀 서 되 → 쌀 석 되
> ③ 엿 : (일부 단위를 나타내는 말 앞에 쓰여) 그 수량이 여섯임을 나타내는 말이다.
> ⑤ 닷 : (되, 말, 냥 따위의 단위를 나타내는 말 앞에 쓰여) 그 수량이 다섯임을 나타내는 말이다.
> ※ 비슷한 발음의 몇 형태가 쓰일 경우, 그 의미에 아무런 차이가 없고 그 중 하나가 더 널리 쓰이면 그 한 형태만을 표준어로 삼는다.
> > 예 서(너) 돈, 서 말, 서 발, 서 푼, 석(넉) 냥, 석 되, 석 섬, 석 자

1 소리의 길이에 따른 다음 예에서 바르지 않은 것은?

① 밤 – 밤이 깊었다.

　밤 : – 밤이 맛있다.

② 눈 – 먼지 때문에 눈이 따금 거렸다.

　눈 : – 산에 눈이 많이 내렸다.

③ 벌 – 벌에 쏘이면 빨리 조치를 취해야 한다.

　벌 : – 오랜 시간 벌을 서느라 고생했어.

④ 솔 – 솔향기가 가득한 풀숲에서 산책을 했다.

　솔 : – 옷에 먼지가 많아서 솔로 한번 털어야겠어.

⑤ 손 – 손을 깨끗이 씻어야 병에 걸리지 않는다.

　손 : – 우리 집은 손이 너무 귀하다.

advice ③ 벌 – 잘못하거나 죄를 지은 사람에게 주는 고통(罰)
　　　　벌 : – 벌목의 곤충 가운데 개미류를 제외한 곤충을 통틀어 이르는 말[蜂]

2 다음 밑줄 친 말의 장음과 단음의 연결이 바르지 않은 것은?

① 굴 – 굴이 너무 맛있어서 정신없이 먹었다.

　굴 : – 굴을 파려면 장비가 필요할 것이다.

② 공 – 공놀이에 정신없어 시간 가는 줄도 몰랐다.

　공 : – 우리가 얼마나 많은 공을 들였던가?

③ 말 – 우리가 키운 말이 이렇게 커서 잘도 뛰어다닌다.

　말 : – 멀리 떨어져 있어서 말이 제대로 안 들린다.

④ 벌 – 벌로 화장실 청소를 하게 되었다.

　벌 : – 벌에 쏘인 자리가 부어올랐다.

⑤ 발 – 축구를 심하게 해서 발이 많이 부어올랐다.

　발 : – 여름철에는 문에 발을 걸고 문을 열어두면 시원하다.

advice ② 공 – 일을 마치거나 목적을 이루는 데 들인 노력과 수고
　　　　공 : – 가죽이나 고무 따위로 둥글게 만들어 속에 공기나 다른 속을 넣어 던지거나 치거나 차거나 굴릴
　　　　　　수 있도록 만든 운동 기구

Answer 1.③ 2.②

3 다음 중 장음이 바르게 표시된 것은?

① 너는 <u>장기(長技)</u>가 뭐니?
　　<u>장: 기(長期)</u> 출장을 다녀와야겠어.
② <u>다리</u>가 길어서 예뻐 보인다.
　　<u>다: 리</u>를 건너서 곧장 오면 된다.
③ <u>여권(女權)</u> 신장을 위해 애썼다.
　　<u>여: 권(旅券)</u>을 신청했다.
④ <u>사과(沙果)</u>를 맛있게 먹었다.
　　<u>사: 과(謝過)</u>의 말씀을 전했다.
⑤ <u>잠자리</u> 잡으러 가자.
　　<u>잠: 자리</u>가 불편해서 잠을 설쳤어.

advice　①②③⑤ 모두 긴소리를 내지 않는다.

4 표준발음법에 대한 다음 설명 중 맞지 않는 것은?

① '희망'의 'ㅢ'는 [ㅢ] 또는 [ㅣ]로 발음한다.
② '협의'의 'ㅢ'는 [ㅢ] 또는 [ㅣ]로 발음한다.
③ '계집'의 'ㅖ'는 [ㅖ] 또는 [ㅔ]로 발음한다.
④ '우리의'의 'ㅢ'는 [ㅢ] 또는 [ㅔ]로 발음한다.
⑤ 용언의 활용형 '다쳐'의 'ㅕ'는 [ㅓ]로 발음한다.

advice　① 희망 → [히망]
　　자음을 첫소리로 가지고 있는 음절의 'ㅢ'는 [ㅣ]로 발음해야 한다.
　　②④ 단어의 첫 음절 이외의 '의'는 [ㅣ]로, 조사 '의'는 [ㅔ]로 발음함도 허용한다.
　　③ '예, 례' 이외의 'ㅖ'는 [ㅔ]로도 발음한다.
　　　예 시계[시계/시게](時計)
　　⑤ 용언의 활용형에 나타나는 '져, 쪄, 쳐'는 [저, 쩌, 처]로 발음한다.
　　　예 가지어 – 가져[가저]

5 다음 중 표준 발음법에 맞는 발음이 아닌 것은?

① 디귿이 – [디그디] ② 지읒에 – [지으세]

③ 치읓을 – [치으슬] ④ 키읔이 – [키으기]

⑤ 히읗에 – [히으세]

> **advice** ① 디귿이 → [디그시]
>
> 한글 자모의 이름은 그 받침소리를 연음하되, 'ㄷ, ㅈ, ㅊ, ㅋ, ㅌ, ㅍ, ㅎ'의 경우에는 특별히 다음의 예와 같이 발음한다.
>
> **예** 디귿이[디그시], 지읒이[지으시], 치읓이[치으시], 키읔이[키으기], 티읕이[티으시], 피읖이[피으비], 히읗이 [히으시]

6 다음 밑줄 친 부분이 표준발음법에 맞지 않는 것은?

① 날이 <u>밝도록[박또록]</u> 여태 마무리를 못했다.

② 책을 열심히 <u>읽고[익꼬]</u> 독후감을 써 보아라.

③ 학교 운동장이 깨끗하면서도 매우 <u>넓다[널따]</u>.

④ 가져온 물건을 거기에 <u>놓고[노코]</u> 빨리 가시오.

⑤ 실내가 따뜻하니 <u>겉옷[거돋]</u>을 잠시 벗는 게 좋겠군요.

> **advice** ①② 읽고 → [일꼬]
>
> 겹받침 'ㄺ'은 어말 또는 자음 앞에서 [ㄱ]으로 발음한다. 다만, 용언(동사, 형용사)의 어간 말음 'ㄺ'은 'ㄱ' 앞에서 'ㄹ'로 발음한다.
>
> ③ 겹받침 'ㄼ'은 어말 또는 자음 앞에서 [ㅂ]으로 발음한다.

7 다음 중 밑줄 친 낱말의 겹받침 발음이 바르지 않은 것은?

① 날이 <u>밝는[방는]</u> 대로 나에게 빨리 오너라.

② 그 사람의 표정이 그리 <u>밝지[박찌]</u> 못했다.

③ 날이 <u>밝도록[발또록]</u> 여태 마무리를 못해 큰일이구나.

④ 시골에서 보는 밤하늘의 별과 달빛이 유난히 <u>밝다[박따]</u>.

⑤ 그녀는 보름달같이 <u>밝고[발꼬]</u> 환한 표정으로 나를 쳐다 보았다.

> **advice** ③ 밝도록[발또록] → [박또록]
>
> 용언의 어간 말음 'ㄺ'은 'ㄱ' 앞에서 [ㄹ]로 발음한다.
>
> **예** 밝고[발꼬], 맑게[말께], 묽고[물꼬], 얽거나[얼거나]

Answer 5.① 6.② 7.③

8 다음 중 발음이 바르지 않은 것은?

① 밟다[발따] 　　　　② 늙지[늑찌]

③ 읊다[읍따] 　　　　④ 읽고[일꼬]

⑤ 핥다[할따]

> **advice** ① 밟다[발따] → [밥: 따]
> '밟–'은 자음 앞에서 [밥]으로 발음한다.
> 예 밟다[밥: 따], 밟소[밥: 쏘], 밟지[밥: 찌], 밟고[밥: 꼬]

9 다음 밑줄 친 부분의 발음이 옳지 않은 것은?

① 그렇게 <u>신바람[신빠람]</u> 나는 일도 없을 거야.

② 어제는 <u>아랫니[아랜니]</u>가 매우 아파 한숨도 못 잤다.

③ 입학식에서 신입생과 재학생은 <u>상견례[상결례]</u>를 하였다.

④ <u>식용유[시굥뉴]</u>를 많이 사용하는 것은 환경에도 좋지 않다.

⑤ 춘향전의 배경으로 유명한 <u>광한루[광: 할루]</u>에 한번 가보자.

> **advice** ② 사이시옷 뒤에 'ㄴ, ㅁ'이 결합되는 경우에는 [ㄴ]으로 발음한다.
> 예 아랫니[아랜니 → 아랜니], 콧날[콘날 → 콘날]
> ③⑤ 상견례 → [상견녜]
> 'ㄴ'은 'ㄹ'의 앞이나 뒤에서 [ㄹ]로 발음한다. 다만, 다음의 단어들은 'ㄹ'을 [ㄴ]으로 발음한다.
> 예 의견란[의: 견난], 공권력[공꿘녁], 결단력[결딴녁], 입원료[이붠뇨]

10 다음 문장의 밑줄 친 낱말의 발음이 옳지 않은 것은?

① <u>늑막염[능망념]</u>이 도대체 어떤 병이니?

② 얘야, 가게에 가서 <u>식용유[시굥뉴]</u> 하나 사오너라.

③ 오늘 저녁 부장님의 <u>송별연[송: 벼련]</u>이 있습니다.

④ 요즘에는 약국에서 <u>내복약[내: 봉냑]</u>을 함부러 지어 주지 않는다.

⑤ 현대에 와서 이 직책은 고위 관직을 위한 <u>등용문[등뇽문]</u>이 되고 있다.

> **advice** ⑤ 등용문[등뇽문] → 등용문[등용문]
> 합성어 및 파생어에서 앞 단어나 접두사의 끝이 자음이고 뒤 단어나 접미사의 첫음절이 '이, 야, 여, 요, 유'인 경우에는 'ㄴ'음을 첨가하여 [니, 냐, 녀, 뇨, 뉴]로 발음한다. 다만, 다음과 같은 단어에서는 'ㄴ(ㄹ)'음을 첨가하여 발음하지 않는다.
> 예 6·25[유기오], 3·1절[사밀쩔], 송별연[송: 벼련], 등용문[등용문]

Answer 8.① 9.③ 10.⑤

11 다음 중 발음이 올바른 것은?

① 중부지방[중부지방], mm 가량[미리미터 가량]
② 중부지방[중부지방], mm 가량[밀리미터 가량]
③ 중부지방[중부찌방], mm 가량[미리미터 가량]
④ 중부지방[중부찌방], mm 가량[밀리미터 가량]
⑤ 중부지방[중부찌방], mm 가량[미리미터 까량]

advice '중부지방'은 사잇소리 현상이 일어나지 않으므로 [중부지방]으로 발음한다. 'mm'는 외래어 표기법에 의해 '밀리미터'(millimeter)로 적고, [밀리미터]로 발음한다.

12 다음 중 표준 발음이 아닌 것은?

① 놓고[노코]
② 맑게[막께]
③ 젊다[점: 따]
④ 흙과[흑꽈]
⑤ 많고[만코]

advice ② 맑게[막께] → [말께]
※ 주의해야 할 표준 발음 규정
㉠ 용언의 어간 말음 'ㄺ'은 'ㄱ' 앞에서 [ㄹ]로 발음한다.
예 맑게[말께], 묽고[물꼬], 얽거나[얼꺼나]
㉡ 겹받침 'ㄺ, ㄻ, ㄿ'은 어말 또는 자음 앞에서 각각 [ㄱ, ㅁ, ㅂ]으로 발음한다.
예 흙과[흑꽈], 맑다[막따], 늙지[늑찌], 삶[삼:], 젊다[점: 따], 읊고[읍꼬], 읊다[읍따]

13 다음 중 표준 발음으로 올바르지 않은 것은?

① 우리의[우리에], 강의의[강: 이에]
② 밟히다[발피다], 외곬[외골]
③ 꽃 한 송이[꼬탄송이], 숱하다[수타다]
④ 않네[안네], 뚫는[뚤른]
⑤ 문법[뭄뻡], 젖먹이[점머기]

advice ⑤ 문법[뭄뻡] → [문뻡], 젖먹이[점머기] → [전머기], 자음 동화를 인정하지 않는다.
※ 단어의 첫음절 이외의 '의'는 [ㅣ]로, 조사 '의'는 [ㅔ]로 발음함도 허용한다.
예 주의[주의/주이], 협의[혀븨/혀비], 우리의[우리의/우리에], 강의의[강: 의의/강: 이에]

14 다음 밑줄 친 말의 발음이 잘못된 것은?

① 각종 <u>금융</u>[금늉] 기관에서 이자율을 낮추었다.

② 입학식에서 신입생과 재학생은 <u>상견례</u>[상견녜]를 가졌다.

③ 한 달 이상 병원에 있었더니 <u>입원료</u>[이붠뇨]가 많이 나왔다.

④ 군에 입대하는 동료를 위한 <u>송별연</u>[송: 별련]을 벌이고 있다.

⑤ <u>광한루</u>[광: 할루]는 전라북도 남원시 천거동에 있는 누각을 말한다.

> **advice** ④ 송별연[송: 별련] → [송: 벼련]
>
> ※ 주의해야 할 표준 발음 규정
>   ㉠ 다음과 같은 말들은 'ㄴ'음을 첨가하여 발음하되, 표기대로 발음할 수 있다.
>   **예** 검열[검: 녈/거: 멸], 금융[금늉/그뮹]
>   ㉡ 'ㄴ'은 'ㄹ'의 앞이나 뒤에서 [ㄹ]로 발음한다.
>   **예** 대관령[대: 괄령], 칼날[칼랄]
>   ㉢ 'ㄴ'은 'ㄹ'의 앞이나 뒤에서 [ㄹ]로 발음한다. 다만, 다음과 같은 단어들은 'ㄹ'을 [ㄴ]으로 발음한다.
>   **예** 의견란[의: 견난], 임진란[임: 진난], 생산량[생산냥], 결단력[결딴녁], 공권력[공꿘녁], 동원령[동: 원녕],
>   상견례[상견녜], 횡단로[횡단노], 입원료[이붠뇨]
>   ㉣ 다음과 같은 단어에서는 'ㄴ(ㄹ)'음을 첨가하여 발음하지 않는다.
>   **예** 6 · 25[유기오], 3 · 1절[사밀쩔], 송별연[송: 벼련], 등용문[등용문]

15 다음 밑줄 친 말의 발음이 표준 발음법에 어긋나는 것은?

① <u>갈등</u>[갈뜽]을 일으켰다.　　② <u>공권력</u>[공꿘녁]을 행사했다.

③ <u>창살</u>[창쌀] 너머 밖을 보았다.　　④ <u>잠자리</u>[잠짜리]를 펴고 누웠다.

⑤ <u>고가도로</u>[고까도로] 위를 달린다.

> **advice** ① 한자어에서 'ㄹ' 받침 뒤에 연결되는 'ㄷ, ㅅ, ㅈ'은 된소리로 발음한다.
>   ③④ 표기상으로는 사이시옷이 없더라도, 관형격 기능을 지니는 사이시옷이 있어야 할 합성어의 경우에는,
>   뒤 단어의 첫소리 'ㄱ, ㄷ, ㅂ, ㅅ, ㅈ'을 된소리로 발음한다.
>   ⑤ '고가도로'의 '고가(高架)'는 '높이 건너질러 가설하는 것'이란 뜻의 말이며 [고가]로 발음한다.

16 다음 밑줄 친 말의 발음이 올바른 것은?

① 빵을 <u>잘라</u>[짤라] 먹는　　② 방 청소를 <u>깨끗이</u>[께끄치] 하고

③ <u>교과서</u>[교: 꽈서]를 소리내어 읽으며　　④ 어려운 영어 <u>문법</u>[문법]을 공부하며

⑤ <u>부엌에서는</u>[부어케서는] 밥물이 넘치고

> **advice** ① 잘라 → [잘라]　② 깨끗이 → [깨끄시]　③ 교과서 → [교: 과서]　④ 문법 → [문뻡]

Answer 14.④　15.⑤　16.⑤

17 다음 중 표준 발음법에 어긋나는 것은?

① 그건 <u>있고</u>[익꼬] 없고의 문제가 아니야.

② <u>멋있는</u>[머신는] 사람이 저기 오고 있네.

③ 이런 일은 참 <u>값있는</u>[가빈는] 일이야.

④ <u>맛있는</u>[마딘는] 과자라고 너무 맛이 먹었군.

⑤ <u>디귿이</u>[디그시] 니은 다음에 오는 자음 맞죠?

> **advice** ① 있고 → [읻꼬]
> ② 멋있다[머딛따/머싣따]
> ③ 값있다[가빋따]
> ④ 맛있다[마딛따/마싣따]
> ⑤ 한글 자모의 이름은 그 받침소리를 연음하되 다음의 경우 발음에 유의한다.
> 　　**예** 디귿이[디그시], 지읒이[지으시], 치읓이[치으시], 키읔이[키으기], 티읕이[티으시], 피읖이[피으비], 히읗이
> 　　　[히으시]

18 다음 밑줄 친 단어가 표준어가 아닌 것은?

① <u>광주리</u>에 사과를 가득 담았다.

② <u>팔목시계</u>를 차고 뽐내며 걸었다.

③ <u>총각무</u>로 담근 김치가 어찌나 맛있던지.

④ <u>개다리소반</u>에 받쳐온 음식은 갓 삶은 고구마였다.

⑤ 이런 옛 노래는 우리 같은 <u>늙다리</u>나 좋아할 거다.

> **advice** ② 팔목시계 → 손목시계
> ③ 총각무 : 무청째로 김치를 담그는, 뿌리가 잔 어린 무. '알타리무'는 비표준어이다.
> ④ 개다리소반 : 상다리 모양이 개의 다리처럼 휜 막치 소반
> ⑤ 늙다리 : 늙은 짐승. '늙은이'를 낮잡아 이르는 말

Answer 17.① 18.②

3. 외래어표기법

1 다음 외래어 표기가 바르지 않은 것은?

① 에스파냐(España)
② 에콰도르(Ecuador)
③ 함부르크(Hamburg)
④ 이디오피아(Ethiopia)
⑤ 스코틀랜드(Scotland)

advice ④ 이디오피아 → 에티오피아(Ethiopia)

2 다음의 외래어 표기가 바르지 않은 것은?

① 모짜르트(Mozart)
② 아인슈타인(Einstein)
③ 슈바이처(Schweitzer)
④ 마오쩌둥(Mao Zedong)
⑤ 셰익스피어(Shakespeare)

advice ① 모짜르트 → 모차르트(Mozart)

3 다음 중 외래어 표기가 바르지 않은 것은?

① 에어컨
② 보우트
③ 코미디
④ 스펀지
⑤ 액세서리

advice ② 보우트 → 보트, 중모음은 각 단모음의 음가를 살려서 적되, [ou]는 '오'로 적는다.

4 다음 중 외래어 표기가 올바른 것은?

① 랑데부
② 스폰지
③ 플래쉬
④ 인디안
⑤ 발렌타인데이

advice ② 스폰지 → 스펀지(sponge)
③ 플래쉬 → 플래시(flash)
④ 인디안 → 인디언(Indian)
⑤ 발렌타인데이 → 밸런타인데이(Valentine Day)

Answer 1.④ 2.① 3.② 4.①

5 다음 중 표기가 바른 것끼리 알맞게 짝지어진 것은?

① 케비넷, 재킷

② 액센트, 앙코르

③ 콩쿨, 액세서리

④ 유머, 리더십

⑤ 앙케트, 스치로폼

> **advice** ① 케비넷 → 캐비닛
> ② 액센트 → 악센트
> ③ 콩쿨 → 콩쿠르
> ⑤ 스치로폼 → 스티로폼

6 다음 중 외래어 표기가 맞는 것은?

① 에스파니아

② 네델란드

③ 룩셈부룩

④ 이디오피아

⑤ 콸라룸푸르

> **advice** ① 에스파니아 → 에스파냐(España)
> ② 네델란드 → 네덜란드(Netherlands)
> ③ 룩셈부룩 → 룩셈부르크(Luxemburg)
> ④ 이디오피아 → 에티오피아(Ethiopia)

7 다음 외래어 표기가 바르게 된 것은?

① 데생, 에어컨

② 글라스, 심포지움

③ 비스켓, 부페

④ 쇼맨쉽, 데이타

⑤ 바베큐, 레이져

> **advice** ② 심포지움 → 심포지엄
> ③ 비스켓 → 비스킷, 부페 → 뷔페
> ④ 쇼맨쉽 → 쇼맨십, 데이타 → 데이터
> ⑤ 바베큐 → 바비큐, 레이져 → 레이저

8 다음 외래어 표기 중 올바른 것으로만 짝지어진 것은?

① 젯트, 세트
② 알파벳, 카페트
③ 몽타지, 링게르
④ 도너스, 로케트
⑤ 레크리에이션, 티켓

advice ① 젯트 → 제트
② 카페트 → 카펫
③ 몽타지 → 몽타주, 링게르 → 링거
④ 도너스 → 도넛, 로케트 → 로켓

9 다음 중 외래어 표기가 바른 것은?

① color – 칼라
② service – 서비스
③ cracker – 크래카
④ power – 파우어
⑤ skate – 스캐이트

advice ① 칼라 → 컬러(honey 허니)
② [s] 소리를 'ㅆ'이 아닌 'ㅅ'으로 표기해야 한다(system 시스템, center 센터).
③ 크래카 → 크래커
④ 파우어 → 파워(tower 타워)
⑤ 스캐이트 → 스케이트(skate[skeit]의 [ei]는 '에이'로 적는다)

10 다음 중 표기가 올바르지 않은 것은?

① 앙카라(Ankara)
② 에콰도르(Ecuador)
③ 이스탄불(İstanbul)
④ 함부르크(Hamburg)
⑤ 스코트랜드(Scotland)

advice ④ 철자 'berg', 'burg'는 '베르크', '부르크'로 통일해서 적는다.
⑤ 스코트랜드 → 스코틀랜드

Answer 8.⑤ 9.② 10.⑤

11 다음 외래어 표기 중 올바른 것은?

① 초콜렛(chocolate)
② 코메디(comedy)
③ 커피숖(coffee shop)
④ 스탠다드(standard)
⑤ 내레이션(narration)

> **advice**　① 초콜렛(chocolate) → 초콜릿
> ② 코메디(comedy) → 코미디
> ③ 커피숖(coffee shop) → 커피숍
> ④ 스탠다드(standard) → 스탠더드

12 다음 중 외래어 표기가 잘못된 것은?

① badge – 배지
② conte – 콩트
③ curtain – 커튼
④ placard – 플랭카드
⑤ bourgeois – 부르주아

> **advice**　④ 플랭카드 → 플래카드

13 다음 중 외래어 표기가 바르게 쓰인 것은?

① 샌달
② 카디건
③ 스커프
④ 악세서리
⑤ 썬그라스

> **advice**　① 샌달 → 샌들(sandal)
> ③ 스커프 → 스카프(scarf)
> ④ 악세사리 → 액세서리(accessory)
> ⑤ 썬그라스 → 선글라스(sunglass)

Answer　11.⑤　12.④　13.②

14 다음 축구 용어 중에서 표기가 잘못된 것은?

① 프리킥
② 트래핑
③ 코너킥
④ 스로우인
⑤ 오프사이드

> **advice**
> ① 프리킥(free kick)
> ② 트래핑(trapping)
> ③ 코너킥(corner kick)
> ④ 스로우인 → 스로인(throw-in)
> ⑤ 오프사이드(off-side)

15 다음 중 인명 표기가 잘못된 것은?

① 뉴턴(Newton)
② 시저(Caesar)
③ 풋치니(Puccini)
④ 콜럼버스(Columbus)
⑤ 아인슈타인(Einstein)

> **advice**
> ① 장모음의 장음은 따로 표기하지 않는다.
> ② 원지음이 아닌 제3국의 발음으로 통용되고 있는 것은 관용을 따른다.
> ③ 풋치니 → 푸치니(Puccini)
> 　 같은 자음이 겹쳤을 때에는 겹치지 않은 경우와 같이 적는다.

16 다음 밑줄 친 단어가 외래어 표기법에 맞는 것은?

① 역시 당신은 <u>바베큐</u> 요리가 최고야.
② 부드러운 <u>스폰지</u>로 가볍게 문질러야 한다.
③ <u>액세서리</u> 가게는 많은 여자 손님들로 붐볐다.
④ 오늘은 <u>에어콘</u>이 절실히 필요한 무더운 날이다.
⑤ 연주가 끝나고 모든 사람들이 '<u>앵콜</u>'을 외치며 환호했다.

> **advice**
> ① 바베큐 → 바비큐(barbecue)
> ② 스폰지 → 스펀지(sponge)
> ④ 에어콘 → 에어컨(air conditioner)
> ⑤ 앵콜 → 앙코르(encore)

Answer 14.④　15.③　16.③

17 다음 밑줄 친 단어가 외래어 표기법에 어긋나는 것은?

① 맛이 좋다고 <u>비스킷</u>을 너무 많이 먹지 마라.
② 살다 보면 때때로 <u>쇼맨십</u>이 필요할 때가 있다.
③ <u>내레이션</u>의 목소리가 아주 낭랑하여 듣기 좋았다.
④ 찬바람이 많이 부니 <u>카디건</u>을 걸치는 것이 좋겠다.
⑤ 날이 따뜻해지자 <u>브라우스</u> 차림의 여자들이 많아졌다.

> **advice** ⑤ 브라우스 → 블라우스(blouse)
> 어중의 [l]이 모음 앞에 오거나, 모음이 따르지 않는 비음([m], [n])앞에 올 때에는 'ㄹㄹ'로 적는다.
> 예 slide[slaid] 슬라이드, film[film] 필름

18 다음 밑줄 친 단어가 외래어 표기법에 맞는 것은?

① 알루미늄 <u>샤시</u>로 만든 창문이라 매우 실용적이다.
② 갈증 해소에는 오렌지 <u>주스</u>만한 것이 없는 것 같다.
③ 과학의 발달은 <u>로보트</u>의 대중화를 가속화시키고 있다.
④ 볕이 좋은 오후에 잔디밭에 <u>스프링쿨러</u>로 물을 뿌렸다.
⑤ 오늘 생일 잔치는 한식 <u>부페</u>에서 하기고 결정했습니다.

> **advice** ① 샤시 → 새시(sash)
> ② 주스(juice), '쥬스'로 쓰지 않도록 주의한다.
> ③ 로보트 → 로봇(robot)
> ④ 스프링쿨러 → 스프링클러(sprinkler)
> ⑤ 부페 → 뷔페(buffet)

19 다음 밑줄 친 부분이 외래어 표기법에 맞는 것은?

① 그 음식점은 특히 야채 <u>수프</u>를 잘 한다.
② 몸이 좋지 않아 병원에서 <u>링게르</u>의 신세를 지게 됐다.
③ 환경 <u>호르몬</u>은 우리에게 치명적인 영향을 미친다.
④ 여자 친구가 없는 사람은 <u>발렌타인데이</u>가 반갑지 않다.
⑤ 행복 지수에 대한 <u>앙케이트</u>에서 상상도 못할 결과가 나왔다.

> **advice** ① 수프 → 스프(sufu)
> ② 링게르 → 링거(Ringer)
> ④ 발렌타인데이 → 밸런타인데이(Valentine Day)
> ⑤ 앙케이트 → 앙케트(enquête)

Answer 17.⑤ 18.② 19.③

20 다음 밑줄 친 부분 중 외래어 표기가 옳은 것은?

① 타이어에 <u>펑크</u>가 났네.
② <u>쎄미나실</u>에서 회의가 있을 예정입니다.
③ 정말 <u>다이나믹</u>한 기술이었습니다.
④ 여기가 <u>맛사지</u>로 유명한 미용실이야.
⑤ <u>크리스탈</u> 유리는 맑고 투명하다.

advice ② 쎄미나 → 세미나
③ 다이나믹 → 다이내믹
④ 맛사지 → 마사지
⑤ 크리스탈 → 크리스털

21 다음 밑줄 친 외래어 표기가 바르지 않은 것은?

① <u>크레용</u>으로 그림을 그렸다.
② 축제의 시작을 알리는 <u>팡파르</u>가 울려 퍼졌다.
③ 그는 <u>스프</u>와 커피 한 잔으로 아침 식사를 한다.
④ <u>부르주아</u>는 근대 사회에서 자본가 계급에 속하는 사람을 뜻한다.
⑤ <u>호르몬</u> 분비에 문제가 생기면 인체에 치명적인 영향을 줄 수 있다.

advice ③ 스프 → 수프(soup)

4. 로마자 표기법

1 다음 로마자 규정을 참고하였을 때 로마자 표기법에 맞지 않는 것은?

> 음운 변화가 일어날 때에는 변화의 결과에 따라 적는다. 다만 된소리되기는 표기에 반영하지 않는다.

① 신라 : Silla
② 울산 : Ulsan
③ 학여울 : Hakyeoul
④ 신문로 : Sinmunno
⑤ 압구정 : Apgujeong

> **advice** ③ 학여울 → Hangnyeoul
> '학여울'은 [항녀울]로 소리가 나기 때문에, 음운 변화가 일어난 대로 적어야 한다.
> ②⑤는 된소리를 표기에 반영하지 않은 경우이다.

2 다음 로마자 규정을 참고하였을 때 로마자 표기법에 어긋나는 것은?

> 음운 변화가 일어날 때에는 변화의 결과에 따라 적는다. 다만 된소리되기는 표기에 반영하지 않는다.

① 백마 – Baengma
② 별내 – Byeolnae
③ 독립문 – Dongnimmun
④ 촉석루 – Chokseongnu
⑤ 낙동강 – Nakdonggang

> **advice** ② 별내 → Byeollae
> '별내'는 [별래]로 발음하며, 음운 변화가 일어난 그 결과에 따라 적는다.
> ⑤는 된소리를 표기에 반영하지 않은 경우이다.

3 다음 로마자 규정을 참고하였을 때 로마자 표기법에 맞지 않는 것은?

> 음운 변화가 일어날 때에는 변화의 결과에 따라 적는데, 된소리는 표기에 반영하지 않는다. 다만, 체언에서 'ㄱ, ㄷ, ㅂ' 뒤에 'ㅎ'이 따를 때에는 'ㅎ'을 밝혀 적는다.

① 안압지 : Anapji
② 오죽헌 : Ojukheon
③ 집현전 : Jipyeonjeon
④ 낙성대 : Nakseongdae
⑤ 경복궁 : Gyeongbokgung

> **advice** ③ 집현전 → Jiphyeonjeon
> 체언(명사, 대명사, 수사)에서 'ㄱ, ㄷ, ㅂ' 뒤에 'ㅎ'이 오면 'ㅎ'을 밝혀 적는다. '집'의 'ㅂ' 뒤에 '현'의 'ㅎ'이 오는 경우이므로 'h'을 적어야 한다. ②의 '오죽헌'도 이에 해당한다.

Answer 1.③ 2.② 3.③

4 다음 중 로마자 표기법에 어긋나는 것은?

① 팔당 – Palddang
② 해돋이 – haedoji
③ 왕십리 – Wangsimni
④ 한복남 – Han Boknam
⑤ 광희문 – Gyeonghuimun

> **advice** ① 팔당 → Paldang
> 된소리되기는 표기에 반영하지 않는다.
> ②③ 음운 변화가 일어날 때에는 변화의 결과에 따라 적는다.
> 해돋이 → [해도지], 왕십리 → [왕심니]
> ④ 이름에서 일어나는 음운 변화는 표기에 반영하지 않는다.
> ⑤ 'ㅢ'는 'ㅣ'로 소리 나더라도 'ui'로 적는다.

5 다음 중 로마자 표기가 바른 것은?

① 설악 : Seolak
② 한밭 : Hanbad
③ 남산 : Nam-san
④ 종로 2가 : Jongro 2-ga
⑤ 현충사 : Hyeonchungsa

> **advice** ① 설악 → Seorak
> 'ㄹ'은 모음 앞에서는 'r'로, 자음 앞이나 어말에서는 'l'로 적는다.
> ② 한밭[한받] → Hanbat
> 'ㄱ, ㄷ, ㅂ'은 모음 앞에서는 'g, d, b'로, 자음 앞이나 어말에서는 'k, t, p'로 적는다.
> ③⑤ 자연 지물명, 문화재명, 인공 축조물은 붙임표(-) 없이 붙여 쓴다.
> 남산 → Namsan
> ④ 종로[종노] → Jongno
> 음운 변화가 일어날 때에는 변화의 결과에 따라 적는다. 또한 '도, 시, 군, 구, 읍, 면, 리, 동'의 행정 구역 단위와 '가'는 그 앞에 붙임표(-)를 넣는다.

6 다음 중 국어의 로마자 표기가 잘못된 것은?

① 정읍 : Jeongeup
② 여의도 : Yeoui-do
③ 압구정 : Apgujeong
④ 학여울 : Hangnyeoul
⑤ 남한산성 : Namhansanseong

> **advice** ② 여의도 → Yeouido
> 행정 구역 단위인 '도(道)'는 붙임표를 넣어 '-do'로 적지만 섬 이름에 들어가는 '도(島)'는 붙임표를 넣지 않고 표기한다.
> 예 독도 : Dokdo

Answer 4.① 5.⑤ 6.②

7 다음 중 로마자 표기가 맞는 것은?

① 남산(Nam-san) ② 평택시(Pyeongtaeksi)
③ 양촌리(Yangchon-ri) ④ 충청도(Chungcheongdo)
⑤ 현충사(Hyeonchung-sa)

advice ① 남산(Nam-san) → 남산(Namsan)
② 평택시(Pyeongtaeksi) → 평택시(Pyeongtaek-si)
④ 충청도(Chungcheongdo) → 충청도(Chungcheong-do)
⑤ 현충사(Hyeonchung-sa) → 현충사(Hyeonchungsa)
자연 지물명, 문화재명, 인공 축조물명은 붙임표(-) 없이 붙여 쓰고, '도, 시, 군, 구, 읍, 면, 리, 동'의 행정 구역 단위와 '가'는 각각 'do, si, gun, gu, eup, myeon, ri, dong, ga'로 적고, 그 앞에는 붙임표(-)를 넣는다.

8 다음 로마자 표기 중 바르지 않은 것은?

① 독도 – Dokdo ② 남산 – Namsan
③ 독립문 – Dongnimmun ④ 속리산 – Songnisan
⑤ 촉석루 – Chokseongru

advice ⑤ Chokseongru → Chokseongnu
음운 변화가 일어날 때에는 변화의 결과에 따라 적는다.

9 다음 로마자 표기 중 바르지 않은 것은?

① 놓다 : nota ② 세종 : Sejong
③ 호법 : Hobeop ④ 해운대 : Hae-undae
⑤ 대관령 : Daegwanlyeong

advice ④ 발음상 혼동의 우려가 있을 때에는 음절 사이에 붙임표(-)를 쓸 수 있다.
⑤ 대관령[대괄령] → Daegwallyeong
음운 변화가 일어날 때에는 변화의 결과에 따라 적고, 'ㄹㄹ'은 'll'로 적는다.

10 다음 중 국어의 로마자 표기로 바른 것은?

① 묵호 : Muko

② 팔당 : Palddang

③ 신문로 : Sinmunro

④ 홍빛나 : Hong Bitna

⑤ 신당동 : Sindangdong

> **advice** ① 묵호 → Mukho
> 체언에서 'ㄱ, ㄷ, ㅂ' 뒤에 'ㅎ'이 따를 때에는 'ㅎ'을 밝혀 적는다.
> ② 팔당 → Paldang
> 된소리되기는 표기에 반영하지 않는다.
> ③ 신문로[신문노] → Sinmunno
> 음운 변화가 일어날 때에는 변화의 결과에 따라 적는다.
> ④ 이름에서 일어나는 음운 변화는 표기에 반영하지 않는다.
> ⑤ 신당동 → Sindang-dong
> 행정 구역 단위 앞에는 붙임표(-)를 넣는다.

11 다음 중 로마자 표기가 바른 것은?

① 구미 : Kumi

② 울릉 : Ulreung

③ 마라도 : Marodo

④ 설악산 : Seolaksan

⑤ 퇴계로 : Toegye-ro

> **advice** ① 구미 → Gumi
> 'ㄱ, ㄷ, ㅂ'은 모음 앞에서는 'g, d, b'로, 자음 앞이나 어말에서는 'k, t, p'로 적는다.
> ② 울릉 → Ulleung
> 'ㄹㄹ'은 'll'로 적는다.
> ④ 설악산 → Seoraksan
> 'ㄹ'은 모음 앞에서는 'r'로, 자음 앞이나 어말에서는 'l'로 적는다.
> ⑤ 퇴계로 → Toegyero

어문규정

한글 맞춤법

제1장 총칙

제1항   한글 맞춤법은 표준어를 소리대로 적되, 어법에 맞도록 함을 원칙으로 한다.

제2항   문장의 각 단어는 띄어 씀을 원칙으로 한다.

제3항   외래어는 '외래어 표기법'에 따라 적는다.

제2장 자모

제4항   한글 자모의 수는 스물넉 자로 하고, 그 순서와 이름은 다음과 같이 정한다.

ㄱ(기역)	ㄴ(니은)	ㄷ(디귿)	ㄹ(리을)	ㅁ(미음)
ㅂ(비읍)	ㅅ(시옷)	ㅇ(이응)	ㅈ(지읒)	ㅊ(치읓)
ㅋ(키읔)	ㅌ(티읕)	ㅍ(피읖)	ㅎ(히읗)	
ㅏ(아)	ㅑ(야)	ㅓ(어)	ㅕ(여)	ㅗ(오)
ㅛ(요)	ㅜ(우)	ㅠ(유)	ㅡ(으)	ㅣ(이)

[붙임 1]   위의 자모로써 적을 수 없는 소리는 두 개 이상의 자모를 어울러서 적되, 그 순서와 이름은
다음과 같이 정한다.

ㄲ(쌍기역)	ㄸ(쌍디귿)	ㅃ(쌍비읍)	ㅆ(쌍시옷)	ㅉ(쌍지읒)
ㅐ(애)	ㅒ(얘)	ㅔ(에)	ㅖ(예)	ㅘ(와)
ㅙ(왜)	ㅚ(외)	ㅝ(워)	ㅞ(웨)	ㅟ(위)
ㅢ(의)				

[붙임 2]   사전에 올릴 적의 자모 순서는 다음과 같이 정한다.
자음 ㄱ ㄲ ㄴ ㄷ ㄸ ㄹ ㅁ ㅂ ㅃ ㅅ ㅆ ㅇ ㅈ ㅉ ㅊ ㅋ ㅌ ㅍ ㅎ
모음 ㅏ ㅐ ㅑ ㅒ ㅓ ㅔ ㅕ ㅖ ㅗ ㅘ ㅙ ㅚ ㅛ ㅜ ㅝ ㅞ ㅟ ㅠ ㅡ ㅢ ㅣ

제3장 소리에 관한 것

제1절 된소리

제5항 한 단어 안에서 뚜렷한 까닭 없이 나는 된소리는 다음 음절의 첫소리를 된소리로 적는다.

1. 두 모음 사이에서 나는 된소리

소쩍새	어깨	오빠	으뜸	아끼다
기쁘다	깨끗하다	어떠하다	해쓱하다	가끔
거꾸로	부썩	어찌	이따금	

2. 'ㄴ, ㄹ, ㅁ, ㅇ' 받침 뒤에서 나는 된소리

산뜻하다	잔뜩	살짝	훨씬	담뿍
움찔	몽땅	엉뚱하다		

다만, 'ㄱ, ㅂ' 받침 뒤에서 나는 된소리는, 같은 음절이나 비슷한 음절이 겹쳐 나는 경우가 아니면 된소리로 적지 아니한다.

국수	깍두기	딱지	색시	싹둑(~ 싹둑)
법석	갑자기	몹시		

제2절 구개음화

제6항 'ㄷ, ㅌ' 받침 뒤에 종속적 관계를 가진 '-이(-)'나 '-히'가 올 적에는 그 'ㄷ, ㅌ'이 'ㅈ, ㅊ'으로 소리 나더라도 'ㄷ, ㅌ'으로 적는다. (ㄱ을 취하고, ㄴ을 버림.)

〈ㄱ〉	〈ㄴ〉	〈ㄱ〉	〈ㄴ〉
맏이	마지	핥이다	할치다
해돋이	해도지	걷히다	거치다
굳이	구지	닫히다	다치다
같이	가치	묻히다	무치다
끝이	끄지		

제3절 ' ㄷ ' 소리 받침

덧저고리	돗자리	엇셈	웃어른	핫옷
무릇	사뭇	얼핏	자칫하면	뭇[衆]
옛	첫	헛		

제4절 모음

〈ㄱ〉	〈ㄴ〉		〈ㄱ〉	〈ㄴ〉
계수(桂樹)	게수		혜택(惠澤)	헤택
사례(謝禮)	사레		계집	게집
연몌(連袂)	연메		핑계	핑게
폐품(廢品)	페품		계시다	게시다

다만, 다음 말은 본음대로 적는다.

게송(偈頌)	게시판(揭示板)	휴게실(休憩室)

〈ㄱ〉	〈ㄴ〉		〈ㄱ〉	〈ㄴ〉
의의(意義)	의이		닁큼	닝큼
본의(本義)	본이		띄어쓰기	띠어쓰기
무늬[紋]	무니		씌어	씨어
보늬	보니		틔어	티어
오늬	오니		희망(希望)	히망
하늬바람	하니바람		희다	히다
닁리리	닝리리		유희(遊戱)	유히

제5절 두음 법칙

제10항 한자음 '녀, 뇨, 뉴, 니'가 단어 첫머리에 올 적에는 두음 법칙에 따라 '여, 요, 유, 이'로 적는다. (ㄱ을 취하고 ㄴ을 버림.)

〈ㄱ〉	〈ㄴ〉		〈ㄱ〉	〈ㄴ〉
여자(女子)	녀자		유대(紐帶)	뉴대
연세(年歲)	년세		이토(泥土)	니토
요소(尿素)	뇨소		익명(匿名)	닉명

다만, 다음과 같은 의존 명사에서는 '냐, 녀' 음을 인정한다.

냥(兩) 냥쭝(兩-) 년(年)(몇 년)

[붙임 1] 단어의 첫머리 이외의 경우에는 본음대로 적는다.

남녀(男女) 당뇨(糖尿) 결뉴(結紐) 은닉(隱匿)

[붙임 2] 접두사처럼 쓰이는 한자가 붙어서 된 말이나 합성어에서, 뒷말의 첫소리가 'ㄴ' 소리로 나더라도 두음 법칙에 따라 적는다.

신여성(新女性) 공염불(空念佛) 남존여비(男尊女卑)

[붙임 3] 둘 이상의 단어로 이루어진 고유 명사를 붙여 쓰는 경우에도 붙임 2에 준하여 적는다.

한국여자대학 대한요소비료회사

제11항 한자음 '랴, 려, 례, 료, 류, 리'가 단어의 첫머리에 올 적에는 두음 법칙에 따라 '야, 여, 예, 요, 유, 이'로 적는다. (ㄱ을 취하고 ㄴ을 버림.)

〈ㄱ〉	〈ㄴ〉		〈ㄱ〉	〈ㄴ〉
양심(良心)	량심		용궁(龍宮)	룡궁
역사(歷史)	력사		유행(流行)	류행
예의(禮儀)	례의		이발(理髮)	리발

다만, 다음과 같은 의존 명사는 본음대로 적는다.

리(里) : 몇 리냐? 리(理) : 그럴 리가 없다.

[붙임 1] 단어의 첫머리 이외의 경우에는 본음대로 적는다.

개량(改良)	선량(善良)	수력(水力)	협력(協力)
사례(謝禮)	혼례(婚禮)	와룡(臥龍)	쌍룡(雙龍)
하류(下流)	급류(急流)	도리(道理)	진리(眞理)

다만, 모음이나 'ㄴ' 받침 뒤에 이어지는 '렬', '률'은 '열', '율'로 적는다. (ㄱ을 취하고 ㄴ을 버림.)

<table>
<tr><td>〈ㄱ〉</td><td>〈ㄴ〉</td><td>〈ㄱ〉</td><td>〈ㄴ〉</td></tr>
<tr><td>나열(羅列)</td><td>나렬</td><td>분열(分裂)</td><td>분렬</td></tr>
<tr><td>치열(齒列)</td><td>치렬</td><td>선열(先烈)</td><td>선렬</td></tr>
<tr><td>비열(卑劣)</td><td>비렬</td><td>진열(陳列)</td><td>진렬</td></tr>
<tr><td>규율(規律)</td><td>규률</td><td>선율(旋律)</td><td>선률</td></tr>
<tr><td>비율(比率)</td><td>비률</td><td>전율(戰慄)</td><td>전률</td></tr>
<tr><td>실패율(失敗率)</td><td>실패률</td><td>백분율(百分率)</td><td>백분률</td></tr>
</table>

[붙임 2]　외자로 된 이름을 성에 붙여 쓸 경우에도 본음대로 적을 수 있다.

신립(申砬)　　　최린(崔麟)　　　채륜(蔡倫)　　　하륜(河崙)

[붙임 3]　준말에서 본음으로 소리 나는 것은 본음대로 적는다.

국련(국제 연합)　　　　　한시련(한국 시각 장애인 연합회)

[붙임 4]　접두사처럼 쓰이는 한자가 붙어서 된 말이나 합성어에서 뒷말의 첫소리가 'ㄴ' 또는 'ㄹ' 소리가 나더라도 두음 법칙에 따라 적는다.

역이용(逆利用)　　　연이율(年利率)　　　열역학(熱力學)　　　해외여행(海外旅行)

[붙임 5]　둘 이상의 단어로 이루어진 고유 명사를 붙여 쓰는 경우나 십진법에 따라 쓰는 수(數)도 붙임 4에 준하여 적는다.

서울여관　　　　　신흥이발관　　　　　육천육백육십육(六千六白六十六)

제12항　한자음 '라, 래, 로, 뢰, 루, 르'가 단어의 첫머리에 올 적에는 두음법칙에 따라 '나, 내, 노, 뇌, 누, 느'로 적는다.　(ㄱ을 취하고 ㄴ을 버림.)

<table>
<tr><td>〈ㄱ〉</td><td>〈ㄴ〉</td><td>〈ㄱ〉</td><td>〈ㄴ〉</td></tr>
<tr><td>낙원(樂園)</td><td>락원</td><td>뇌성(雷聲)</td><td>뢰성</td></tr>
<tr><td>내일(來日)</td><td>래일</td><td>누각(樓閣)</td><td>루각</td></tr>
<tr><td>노인(老人)</td><td>로인</td><td>능묘(陵墓)</td><td>릉묘</td></tr>
</table>

[붙임 1]　단어의 첫머리 이외의 경우는 본음대로 적는다.

쾌락(快樂)　　　극락(極樂)　　　거래(去來)　　　왕래(往來)
부로(父老)　　　연로(年老)　　　지뢰(地雷)　　　낙뢰(落雷)
고루(高樓)　　　광한루(廣寒樓)　　　동구릉(東九陵)　　　가정란(家庭欄)

[붙임 2]　접두사처럼 쓰이는 한자가 붙어서 된 단어는 뒷말을 두음 법칙에 따라 적는다.

내내월(來來月)　　　상노인(上老人)　　　중노동(重勞動)　　　비논리적(非論理的)

제6절　겹쳐 나는 소리

제13항　한 단어 안에서 같은 음절이나 비슷한 음절이 겹쳐 나는 부분은 같은 글자로 적는다. (ㄱ 을 취하고 ㄴ을 버림.)

〈ㄱ〉	〈ㄴ〉	〈ㄱ〉	〈ㄴ〉
딱딱	딱닥	꼿꼿하다	꼿곳하다
쌕쌕	쌕색	놀놀하다	놀롤하다
씩씩	씩식	눅눅하다	눙눅하다
똑딱똑딱	똑닥똑닥	밋밋하다	민밋하다
쓱싹쓱싹	쓱삭쓱삭	싹싹하다	싹삭하다
연연불망(戀戀不忘)	연련불망	쌉쌀하다	쌉살하다
유유상종(類類相從)	유류상종	씁쓸하다	씁슬하다
누누이(屢屢-)	누루이	짭짤하다	짭잘하다

제4장　형태에 관한 것

제1절　체언과 조사

제14항　체언은 조사와 구별하여 적는다.

떡이	떡을	떡에	떡도	떡만
손이	손을	손에	손도	손만
팔이	팔을	팔에	팔도	팔만
밤이	밤을	밤에	밤도	밤만
집이	집을	집에	집도	집만
옷이	옷을	옷에	옷도	옷만
콩이	콩을	콩에	콩도	콩만
낮이	낮을	낮에	낮도	낮만
꽃이	꽃을	꽃에	꽃도	꽃만
밭이	밭을	밭에	밭도	밭만
앞이	앞을	앞에	앞도	앞만
밖이	밖을	밖에	밖도	밖만

넋이	넋을	넋에	넋도	넋만
흙이	흙을	흙에	흙도	흙만
삶이	삶을	삶에	삶도	삶만
여덟이	여덟을	여덟에	여덟도	여덟만
곬이	곬을	곬에	곬도	곬만
값이	값을	값에	값도	값만

제2절 어간과 어미

제15항 용언의 어간과 어미는 구별하여 적는다.

먹다	먹고	먹어	먹으니
신다	신고	신어	신으니
믿다	믿고	믿어	믿으니
울다	울고	울어	(우니)
넘다	넘고	넘어	넘으니
입다	입고	입어	입으니
웃다	웃고	웃어	웃으니
찾다	찾고	찾아	찾으니
좇다	좇고	좇아	좇으니
같다	같고	같아	같으니
높다	높고	높아	높으니
좋다	좋고	좋아	좋으니
깎다	깎고	깎아	깎으니
앉다	앉고	앉아	앉으니
많다	많고	많아	많으니
늙다	늙고	늙어	늙으니
젊다	젊고	젊어	젊으니
넓다	넓고	넓어	넓으니
훑다	훑고	훑어	훑으니
읊다	읊고	읊어	읊으니
옳다	옳고	옳아	옳으니
없다	없고	없어	없으니
있다	있고	있어	있으니

[붙임 1] 두 개의 용언이 어울려 한 개의 용언이 될 적에, 앞말의 본뜻이 유지되고 있는 것은 그 원형

을 밝히어 적고, 그 본뜻에서 멀어진 것은 밝히어 적지 아니한다.

(1) 앞말의 본뜻이 유지되고 있는 것

넘어지다	늘어나다	늘어지다	돌아가다	되짚어가다
들어가다	떨어지다	벌어지다	엎어지다	접어들다
틀어지다	흩어지다			

(2) 본뜻에서 멀어진 것

드러나다	사라지다	쓰러지다

[붙임 2] 종결형에서 사용되는 어미 '-오'는 '요'로 소리 나는 경우가 있더라도 그 원형을 밝혀 '오'로 적는다. (ㄱ을 취하고 ㄴ을 버림.)

〈ㄱ〉	〈ㄴ〉
이것은 책이오.	이것은 책이요.
이리로 오시오.	이리로 오시요.
이것은 책이 아니오.	이것은 책이 아니요.

[붙임 3] 연결형에서 사용되는 '이요'는 '이요'로 적는다. (ㄱ을 취하고 ㄴ을 버림.)

〈ㄱ〉	〈ㄴ〉
이것은 책이요, 저것은 붓이요, 또 저것은 먹이다.	이것은 책이오, 저것은 붓이오, 또 저것은 먹이다.

제16항 어간의 끝음절 모음이 'ㅏ, ㅗ'일 때에는 어미를 '-아'로 적고, 그 밖의 모음일 때에는 '-어'로 적는다.

1. '-아'로 적는 경우

나아	나아도	나아서
막아	막아도	막아서
얇아	얇아도	얇아서
돌아	돌아도	돌아서
보아	보아도	보아서

2. '-어'로 적는 경우

개어	개어도	개어서
겪어	겪어도	겪어서

되어	되어도	되어서
베어	베어도	베어서
쉬어	쉬어도	쉬어서
저어	저어도	저어서
주어	주어도	주어서
피어	피어도	피어서
희어	희어도	희어서

제17항 어미 뒤에 덧붙는 조사 '-요'는 '-요'로 적는다.

읽어	읽어요
참으리	참으리요
좋지	좋지요

제18항 다음과 같은 용언들은 어미가 바뀔 경우, 그 어간이나 어미가 원칙에 벗어나면 벗어나는 대로 적는다.

1. 어간의 끝 'ㄹ'이 줄어질 적

갈다 :	가니	간	갑니다	가시다	가오
놀다 :	노니	논	놉니다	노시다	노오
불다 :	부니	분	붑니다	부시다	부오
둥글다 :	둥그니	둥근	둥굽니다	둥그시다	둥그오
어질다 :	어지니	어진	어집니다	어지시다	어지오

[붙임] 다음과 같은 말에서도 'ㄹ'이 준 대로 적는다.

마지못하다	마지않다
(하)다마다	(하)자마자
(하)지 마라	(하)지 마(아)

2. 어간의 끝 'ㅅ'이 줄어질 적

긋다 :	그어	그으니	그었다
낫다 :	나아	나으니	나았다
잇다 :	이어	이으니	이었다
짓다 :	지어	지으니	지었다

3. 어간의 끝 'ㅎ'이 줄어질 적

그렇다 :	그러니	그럴	그러면	그러오
까맣다 :	까마니	까말	까마면	까마오
동그랗다 :	동그라니	동그랄	동그라면	동그라오
퍼렇다 :	퍼러니	퍼럴	퍼러면	퍼러오
하얗다 :	하야니	하얄	하야면	하야오

4. 어간의 끝 'ㅜ, ㅡ'가 줄어질 적

푸다 :	퍼	펐다
끄다 :	꺼	껐다
담그다 :	담가	담갔다
따르다 :	따라	따랐다
뜨다 :	떠	떴다
크다 :	커	컸다
고프다 :	고파	고팠다
바쁘다 :	바빠	바빴다

5. 어간의 끝 'ㄷ'이 'ㄹ'로 바뀔 적

걷다[步] :	걸어	걸으니	걸었다
듣다[聽] :	들어	들으니	들었다
묻다[問] :	물어	물으니	물었다
싣다[載] :	실어	실으니	실었다

6. 어간의 끝 'ㅂ'이 'ㅜ'로 바뀔 적

깁다 :	기워	기우니	기웠다
굽다[炙] :	구워	구우니	구웠다
가깝다 :	가까워	가까우니	가까웠다
괴롭다 :	괴로워	괴로우니	괴로웠다
맵다 :	매워	매우니	매웠다
무겁다 :	무거워	무거우니	무거웠다
밉다 :	미워	미우니	미웠다
쉽다 :	쉬워	쉬우니	쉬웠다

다만, '돕-, 곱-'과 같은 단음절 어간에 어미 '-아'가 결합되어 '와'로 소리 나는 것은 '-와'로
적는다.

돕다[助] :	도와	도와서	도와도	도왔다
곱다[麗] :	고와	고와서	고와도	고왔다

7. '하다'의 어미 활용에서 어미 '-아'가 '-여'로 바뀔 적

하다 :	하여	하여서	하여도	하여라	하였다

8. 어간의 끝음절 '르' 뒤에 오는 어미 '-어'가 '-러'로 바뀔 적

이르다[至] :	이르러	이르렀다
노르다 :	노르러	노르렀다
누르다 :	누르러	누르렀다
푸르다 :	푸르러	푸르렀다

9. 어간의 끝음절 '르'의 'ㅡ'가 줄고, 그 위에 오는 어미 '-아/-어'가 '-라/-러'로 바뀔 적

가르다 :	갈라	갈랐다
거르다 :	걸러	걸렀다
구르다 :	굴러	굴렀다
벼르다 :	별러	별렀다
부르다 :	불러	불렀다
오르다 :	올라	올랐다
이르다 :	일러	일렀다
지르다 :	질러	질렀다

제 3 절 접미사가 붙어서 된 말

제 19 항 어간에 '-이'나 '-음/-ㅁ'이 붙어서 명사로 된 것과 '-이'나 '-히'가 붙어서 부사로 된 것은
그 어간의 원형을 밝히어 적는다.

1. '-이'가 붙어서 명사로 된 것

길이	깊이	높이	다듬이
땀받이	달맞이	먹이	미닫이
벌이	벼훑이	살림살이	쇠붙이

2. '-음/-ㅁ'이 붙어서 명사로 된 것

걸음	묶음	믿음	얼음
엮음	울음	웃음	졸음
죽음	앎		

3. '-이'가 붙어서 부사로 된 것

같이	굳이	길이	높이
많이	실없이	좋이	짓궂이

4. '-히'가 붙어서 부사로 된 것

밝히	익히	작히

다만, 어간에 '-이'나 '-음'이 붙어서 명사로 바뀐 것이라도 그 어간의 뜻과 멀어진 것은 그 원형을 밝히어 적지 아니한다.

굽도리	다리[髢]	목거리(목병)	무녀리
코끼리	거름(비료)	고름[膿]	노름(도박)

[붙임] 어간에 '-이'나 '-음' 이외의 모음으로 시작된 접미사가 붙어서 다른 품사로 바뀐 것은 그 어간의 원형을 밝히어 적지 아니한다.

(1) 명사로 바뀐 것

귀머거리	까마귀	너머	뜨더귀	마감
마개	마중	무덤	비렁뱅이	쓰레기
올가미	주검			

(2) 부사로 바뀐 것

거뭇거뭇	너무	도로	뜨덤뜨덤	바투
불긋불긋	비로소	오긋오긋	자주	차마

(3) 조사로 바뀌어 뜻이 달라진 것

나마	부터	조차

1. 부사로 된 것

곳곳이	낱낱이	몫몫이
샅샅이	앞앞이	집집이

2. 명사로 된 것

곰배팔이	바둑이	삼발이
애꾸눈이	육손이	절뚝발이/절름발이

[붙임] '-이' 이외의 모음으로 시작된 접미사가 붙어서 된 말은 그 명사의 원형을 밝히어 적지 아니한다.

꼬락서니	끄트머리	모가치	바가지
바깥	사타구니	싸라기	이파리
지붕	지푸라기	짜개	

제21 항 명사나 혹은 용언의 어간 뒤에 자음으로 시작된 접미사가 붙어서 된 말은 그 명사나 어간의 원형을 밝히어 적는다.

1. 명사 뒤에 자음으로 시작된 접미사가 붙어서 된 것

값지다	흙지다	넋두리
빛깔	옆댕이	잎사귀

2. 어간 뒤에 자음으로 시작된 접미사가 붙어서 된 것

낚시	늙정이	덮개	뜯게질	갉작갉작하다
갉작거리다	뜯적거리다	뜯적뜯적하다	굵다랗다	굵직하다
깊숙하다	넓적하다	높다랗다	늙수그레하다	얽죽얽죽하다

다만, 다음과 같은 말은 소리대로 적는다.

(1) 겹받침의 끝소리가 드러나지 아니하는 것

할짝거리다	널따랗다	널찍하다	말끔하다	말쑥하다
말짱하다	실쭉하다	실큼하다	얄따랗다	얄팍하다
짤따랗다	짤막하다	실컷		

(2) 어원이 분명하지 아니하거나 본뜻에서 멀어진 것

넙치	올무	골막하다	납작하다

1. '-기-, -리-, -이-, -히-, -구-, -우-, -추-, -으카-, -이카-, -애-'가 붙는 것

맡기다	옮기다	웃기다	쫓기다
뚫리다	울리다	낚이다	쌓이다
핥이다	굳히다	굽히다	넓히다
앉히다	얽히다	잡히다	돋구다
솟구다	돋우다	갖추다	곧추다
맞추다	일으키다	돌이키다	없애다

다만, '-이-, -히-, -우-'가 붙어서 된 말이라도 본뜻에서 멀어진 것은 소리대로 적는다.

도리다(칼로 ~)	드리다(용돈을 ~)	고치다
바치다(세금을 ~)	부치다(편지를 ~)	거두다
미루다		이루다

2. '-치-, -뜨리-, -트리-'가 붙는 것

놓치다	덮치다	떠받치다	받치다
밭치다	부딪치다	뻗치다	엎치다

부딪뜨리/부딪트리다	쏟뜨리다/쏟트리다	젖뜨리다/젖트리다
찢뜨리다/찢트리다	흩뜨리다/흩트리다	

실력쑥!기출유형문제

다음 중 맞춤법이 바른 것은?

① 무언가 생각을 하는지 그의 입이 굳게 <u>다쳤다</u>.
② 이 조끼는 무난해서 어떤 셔츠에 <u>바쳐</u> 입어도 다 잘 어울린다
③ 그가 하굣길에 깡패와 <u>부딪혀</u> 돈을 빼앗겼단다.
④ 늙은 부모를 버리지 말라는 마지막 부탁엔 여무지게 마음을 먹은 주만에게도 쏟아지는 뜨거운
  눈물을 <u>걷잡기</u> 어려웠다
⑤ 창애는 <u>있다가</u> 먹겠노라고 하고는 꿈속에서 자기가 노트에 적으려고 했던 일을 생각했다.

Advice ① 닫혔다 ② 받쳐 ③ 부딪쳐 ⑤ 이따가

답 ④

  ㉠ 닫히다 : '굳게 다물다'의 의미를 가진 닫다의 피동사형이다.
  ㉡ 받치다 : '옷의 색깔이나 모양이 조화를 이루도록 함께 하다'는 의미의 동사이다.
  ㉢ 부딪치다 : '뜻하지 않게 어떤 사람을 만나다'의 의미를 지닌 동사이다.
  ㉣ 걷잡다 : '마음을 진정하거나 억제하다'의 의미를 지닌 동사이다.
  ㉤ 이따가 : '조금 지난 뒤에'의 의미를 지닌 부사이다.

[붙임] '-업-, -읍-, -브-'가 붙어서 된 말은 소리대로 적는다.

미덥다   우습다   미쁘다

제23항 '-하다'나 '-거리다'가 붙는 어근에 '-이'가 붙어서 명사가 된 것은 그 원형을 밝히어 적는다. (ㄱ을 취하고 ㄴ을 버림.)

〈ㄱ〉	〈ㄴ〉	〈ㄱ〉	〈ㄴ〉
깔쭉이	깔쭈기	살살이	살사리
꿀꿀이	꿀꾸리	쌕쌕이	쌕쌔기
눈깜짝이	눈깜짜기	오뚝이	오뚜기
더펄이	더퍼리	코납작이	코납자기
배불뚝이	배불뚜기	푸석이	푸서기
삐죽이	삐주기	홀쭉이	홀쭈기

[붙임] '-하다'나 '-거리다'가 붙을 수 없는 어근에 '-이'나 또는 다른 모음으로 시작되는 접미사가 붙어서 명사가 된 것은 그 원형을 밝히어 적지 아니한다.

개구리	귀뚜라미	기러기	깍두기	꽹과리
날라리	누더기	동그라미	두드러기	딱따구리
매미	부스러기	뻐꾸기	얼루기	칼싹두기

제24 항 '–거리다'가 붙을 수 있는 시늉말 어근에 '–이다'가 붙어서 된 용언은 그 어근을 밝히어 적는다. (ㄱ을 취하고 ㄴ을 버림.)

〈ㄱ〉	〈ㄴ〉	〈ㄱ〉	〈ㄴ〉
깜짝이다	깜짜기다	속삭이다	속사기다
꾸벅이다	꾸버기다	숙덕이다	숙더기다
끄덕이다	끄더기다	울먹이다	울머기다
뒤척이다	뒤처기다	움직이다	움지기다
들먹이다	들머기다	지껄이다	지꺼이다
망설이다	망서리다	퍼덕이다	퍼더기다
번득이다	번드기다	허덕이다	허더기다
번쩍이다	번쩌기다	헐떡이다	헐떠기다

제25 항 '–하다'가 붙는 어근에 '–히'나 '–이'가 붙어서 부사가 되거나, 부사에 '–이'가 붙어서 뜻을 더하는 경우에는 그 어근이나 부사의 원형을 밝히어 적는다.

1. '–하다'가 붙는 어근에 '–히'나 '–이'가 붙는 경우

급히	꾸준히	도저히
딱히	어렴풋이	깨끗이

[붙임] '–하다'가 붙지 않는 경우에는 반드시 소리대로 적는다.

갑자기	반드시(꼭)	슬며시

2. 부사에 '–이'가 붙어서 역시 부사가 되는 경우

곰곰이	더욱이	생긋이
오뚝이	일찍이	해죽이

제26 항 '–하다'나 '–없다'가 붙어서 된 용언은 그 '–하다'나 '–없다'를 밝히어 적는다.

1. '–하다'가 붙어서 용언이 된 것

딱하다	숱하다	착하다	텁텁하다	푹하다

2. '–없다'가 붙어서 용언이 된 것

부질없다	상없다	시름없다	열없다	하염없다

제4절 합성어 및 접두사가 붙은 말

제27항 둘 이상의 단어가 어울리거나 접두사가 붙어서 이루어진 말은 각각 그 원형을 밝히어 적는다.

국말이	꺾꽂이	꽃잎	끝장	물난리
밑천	부엌일	싫증	옷안	웃옷
젖몸살	첫아들	칼날	팥알	헛웃음
홀아비	홀맘	흙내		
값없다	겉늙다	굶주리다	낮잡다	맞먹다
받내다	벋놓다	빗나가다	빛나다	새파랗다
샛노랗다	시꺼멓다	싯누렇다	엇나가다	엎누르다
엿듣다	옻오르다	짓이기다	헛되다	

[붙임 1] 어원은 분명하나 소리만 특이하게 변한 것은 변한 대로 적는다.

할아버지	할아범

[붙임 2] 어원이 분명하지 아니한 것은 원형을 밝히어 적지 아니한다.

골병	골탕	끌탕	며칠
아재비	오라비	업신여기다	부리나케

[붙임 3] '이[齒, 虱]'가 합성어나 이에 준하는 말에서 '니' 또는 '리'로 소리 날 때에는 '니'로 적는다.

간니	덧니	사랑니	송곳니
앞니	어금니	윗니	젖니
톱니	틀니	가랑니	머릿니

제28 항 끝소리가 'ㄹ'인 말과 딴 말이 어울릴 적에 'ㄹ' 소리가 나지 아니하는 것은 아니 나는 대로
적는다.

다달이(달-달-이)   따님(딸-님)   마되(말-되)   마소(말-소)
무자위(물-자위)   바느질(바늘-질)   부삽(불-삽)   부손(불-손)
싸전(쌀-전)   여닫이(열-닫이)   우짖다(울-짖다)   화살(활-살)

제29 항 끝소리가 'ㄹ'인 말과 딴 말이 어울릴 적에 'ㄹ' 소리가 'ㄷ' 소리로 나는 것은 'ㄷ'으로 적는다.

반짇고리(바느질~)   사흗날(사흘~)   삼짇날(삼질~)   섣달(설~)
숟가락(술~)   이튿날(이틀~)   잗주름(잘~)   푿소(풀~)
섣부르다(설~)   잗다듬다(잘~)   잗다랗다(잘~)

제30 항 사이시옷은 다음과 같은 경우에 받치어 적는다.

1. 순우리말로 된 합성어로서 앞말이 모음으로 끝난 경우
  (1) 뒷말의 첫소리가 된소리로 나는 것

      고랫재   귓밥   나룻배   나뭇가지   냇가
      댓가지   뒷갈망   맷돌   머릿기름   모깃불
      못자리   바닷가   뱃길   볏가리   부싯돌
      선짓국   쇳조각   아랫집   우렁잇속   잇자국
      잿더미   조갯살   찻집   쳇바퀴   킷값
      핏대   햇볕   혓바늘

  (2) 뒷말의 첫소리 'ㄴ, ㅁ' 앞에서 'ㄴ' 소리가 덧나는 것

      멧나물   아랫니   텃마당   아랫마을   뒷머리
      잇몸   깻묵   냇물   빗물

  (3) 뒷말의 첫소리 모음 앞에서 'ㄴㄴ' 소리가 덧나는 것

      도래깻열   뒷윷   두렛일   뒷일   뒷입맛
      베갯잇   욧잇   깻잎   나뭇잎   댓잎

2. 순우리말과 한자어로 된 합성어로서 앞말이 모음으로 끝난 경우

   (1) 뒷말의 첫소리가 된소리로 나는 것

귓병	머릿방	뱃병	봇둑	사잣밥
샛강	아랫방	자릿세	전셋집	찻잔
찻종	촛국	콧병	탯줄	텃세
핏기	햇수	횟가루	횟배	

   (2) 뒷말의 첫소리 'ㄴ, ㅁ' 앞에서 'ㄴ' 소리가 덧나는 것

곗날	제삿날	훗날	툇마루	양칫물

   (3) 뒷말의 첫소리 모음 앞에서 'ㄴㄴ' 소리가 덧나는 것

가욋일	사삿일	예삿일	훗일

3. 두 음절로 된 다음 한자어

곳간(庫間)	셋방(貰房)	숫자(數字)
찻간(車間)	툇간(退間)	횟수(回數)

제31항 두 말이 어울릴 적에 'ㅂ' 소리나 'ㅎ' 소리가 덧나는 것은 소리대로 적는다.

   1. 'ㅂ' 소리가 덧나는 것

댑싸리(대ㅂ싸리)	멥쌀(메ㅂ쌀)	볍씨(벼ㅂ씨)	입때(이ㅂ때)
입쌀(이ㅂ쌀)	접때(저ㅂ때)	좁쌀(조ㅂ쌀)	햅쌀(해ㅂ쌀)

   2. 'ㅎ' 소리가 덧나는 것

머리카락(머리ㅎ가락)	살코기(살ㅎ고기)	수캐(수ㅎ개)
수컷(수ㅎ것)	수탉(수ㅎ닭)	안팎(안ㅎ밖)
암캐(암ㅎ개)	암컷(암ㅎ것)	암탉(암ㅎ닭)

제5절 준말

제32항 단어의 끝모음이 줄어지고 자음만 남은 것은 그 앞의 음절에 받침으로 적는다.

〈본말〉	〈준말〉		〈본말〉	〈준말〉
기러기야	기럭아		가지고, 가지지	갖고, 갖지
어제그저께	엊그저께		디디고, 디디지	딛고, 딛지
어제저녁	엊저녁			

제33 항 체언과 조사가 어울려 줄어지는 경우에는 준 대로 적는다.

〈본말〉	〈준말〉	〈본말〉	〈준말〉
그것은	그건	너는	넌
그것이	그게	너를	널
그것으로	그걸로	무엇을	뭣을/무얼/뭘
나는	난	무엇이	뭣이/무에
나를	날		

제34 항 모음 'ㅏ, ㅓ'로 끝난 어간에 '-아/-어, -았-/-었-'이 어울릴 적에는 준 대로 적는다.

〈본말〉	〈준말〉	〈본말〉	〈준말〉
가아	가	가았다	갔다
나아	나	나았다	났다
타아	타	타았다	탔다
서어	서	서었다	섰다
켜어	켜	켜었다	켰다
펴어	펴	펴었다	폈다

[붙임 1] 'ㅐ, ㅔ' 뒤에 '-어, -었-'이 어울려 줄 적에는 준 대로 적는다.

〈본말〉	〈준말〉	〈본말〉	〈준말〉
개어	개	개었다	갰다
내어	내	내었다	냈다
베어	베	베었다	벴다
세어	세	세었다	셌다

[붙임 2] '하여'가 한 음절로 줄어서 '해'로 될 적에는 준 대로 적는다.

〈본말〉	〈준말〉	〈본말〉	〈준말〉
하여	해	하였다	했다
더하여	더해	더하였다	더했다
흔하여	흔해	흔하였다	흔했다

〈본말〉	〈준말〉		〈본말〉	〈준말〉
꼬아	꽈		꼬았다	꽜다
보아	봐		보았다	봤다
쏘아	쏴		쏘았다	쐈다
두어	둬		두었다	뒀다
쑤어	쒀		쑤었다	쒔다
주어	줘		주었다	줬다

[붙임 1] '놓아'가 '놔'로 줄 적에는 준 대로 적는다.

[붙임 2] 'ㅚ' 뒤에 '-어, -었-'이 어울려 'ㅙ, 왰'으로 될 적에도 준 대로 적는다.

〈본말〉	〈준말〉		〈본말〉	〈준말〉
괴어	괘		괴었다	괬다
되어	돼		되었다	됐다
뵈어	봬		뵈었다	뵀다
쇠어	쇄		쇠었다	쇘다
씌어	쐐		씌었다	쐤다

〈본말〉	〈준말〉		〈본말〉	〈준말〉
가지어	가져		가지었다	가졌다
견디어	견뎌		견디었다	견뎠다
다니어	다녀		다니었다	다녔다
막히어	막혀		막히었다	막혔다
버티어	버텨		버티었다	버텼다
치이어	치여		치이었다	치였다

제37항 ‘ㅏ, ㅕ, ㅗ, ㅜ, ㅡ’로 끝난 어간에 ‘-이-’가 와서 각각 ‘ㅐ, ㅖ, ㅚ, ㅟ, ㅢ’로 줄 적에는 준 대로 적는다.

〈본말〉	〈준말〉	〈본말〉	〈준말〉
싸이다	쌔다	누이다	뉘다
펴이다	폐다	뜨이다	띄다
보이다	뵈다	쓰이다	씌다

제38항 ‘ㅏ, ㅗ, ㅜ, ㅡ’ 뒤에 ‘-이어’가 어울려 줄어질 적에는 준 대로 적는다.

〈본말〉	〈준말〉	〈본말〉	〈준말〉
싸이어	쌔여 싸여	뜨이어	띄어
보이어	뵈어 보여	쓰이어	씌어 쓰여
쏘이어	쐬어 쏘여	트이어	틔어 트여
누이어	뉘어 누여		

제39항 이미 ‘-지’ 뒤에 ‘않-’이 어울려 ‘-잖-’이 될 적과 ‘-하지’ 뒤에 ‘않-’이 어울려 ‘-찮-’이 될 적에는 준 대로 적는다.

〈본말〉	〈준말〉	〈본말〉	〈준말〉
그렇지 않은	그렇잖은	만만하지 않다	만만찮다
적지 않은	적잖은	변변하지 않다	변변찮다

제40항 어간의 끝음절 ‘하’의 ‘ㅏ’가 줄고 ‘ㅎ’이 다음 음절의 첫소리와 어울려 거센소리로 될 적에는 거센소리로 적는다.

〈본말〉	〈준말〉	〈본말〉	〈준말〉
간편하게	간편케	다정하다	다정타
연구하도록	연구토록	정결하다	정결타
가하다	가타	흔하다	흔타

[붙임 1] ‘ㅎ’이 어간의 끝소리로 굳어진 것은 받침으로 적는다.

않다	않고	않지	않든지
그렇다	그렇고	그렇지	그렇든지
아무렇다	아무렇고	아무렇지	아무렇든지

어떻다	어떻고	어떻지	어떻든지
이렇다	이렇고	이렇지	이렇든지
저렇다	저렇고	저렇지	저렇든지

[붙임 2] 어간의 끝음절 '하'가 아주 줄 적에는 준 대로 적는다.

〈본말〉	〈준말〉	〈본말〉	〈준말〉
거북하지	거북지	넉넉하지 않다	넉넉지 않다
생각하건대	생각건대	못하지 않다	못지않다
생각하다 못해	생각다 못해	섭섭하지 않다	섭섭지 않다
깨끗하지 않다	깨끗지 않다	익숙하지 않다	익숙지 않다

[붙임 3] 다음과 같은 부사는 소리대로 적는다.

결단코	결코	기필코	무심코
아무튼	요컨대	정녕코	필연코
하마터면	하여튼	한사코	

제 5 장 띄어쓰기

제 1 절 조사

제41항 조사는 그 앞말에 붙여 쓴다.

꽃이	꽃마저	꽃밖에	꽃에서부터	꽃으로만
꽃이나마	꽃이다	꽃입니다	꽃처럼	어디까지나
거기도	멀리는	웃고만		

제 2 절 의존 명사, 단위를 나타내는 명사 및 열거하는 말 등

제42항 의존 명사는 띄어 쓴다.

아는 것이 힘이다.	나도 할 수 있다.
먹을 만큼 먹어라.	아는 이를 만났다.
네가 뜻한 바를 알겠다.	그가 떠난 지가 오래다.

한 개	차 한 대	금 서 돈	소 한 마리	옷 한 벌
열 살	조기 한 손	연필 한 자루	버선 한 죽	집 한 채
신 두 켤레	북어 한 쾌			

다만, 순서를 나타내는 경우나 숫자와 어울리어 쓰이는 경우에는 붙여 쓸 수 있다.

두시 삼십분 오초	제일과	삼학년	육층
1446년 10월 9일	2대대	16동 502호	제1실습실
80원	10개	7미터	

십이억 삼천사백오십육만 칠천팔백구십팔

12억 3456만 7898

국장 겸 과장	열 내지 스물
청군 대 백군	책상, 걸상 등이 있다.
이사장 및 이사들	사과, 배, 귤 등등
사과, 배 등속	부산, 광주 등지

좀더 큰것	이말 저말	한잎 두잎

제3절 보조 용언

제47항 보조 용언은 띄어 씀을 원칙으로 하되, 경우에 따라 붙여 씀도 허용한다. (ㄱ을 원칙으로
하고, ㄴ을 허용함.)

〈ㄱ〉	〈ㄴ〉
불이 꺼져 간다.	불이 꺼져간다.
내 힘으로 막아 낸다.	내 힘으로 막아낸다.
어머니를 도와 드린다.	어머니를 도와드린다.
그릇을 깨뜨려 버렸다.	그릇을 깨뜨려버렸다.
비가 올 듯하다.	비가 올듯하다.
그 일은 할 만하다.	그 일은 할만하다.
일이 될 법하다.	일이 될법하다.
비가 올 성싶다.	비가 올성싶다.
잘 아는 척한다.	잘 아는척한다.

다만, 앞말에 조사가 붙거나 앞말이 합성 용언인 경우, 그리고 중간에 조사가 들어갈 적에는
그 뒤에 오는 보조 용언은 띄어 쓴다.

잘도 놀아만 나는구나!	책을 읽어도 보고…….
네가 덤벼들어 보아라.	이런 기회는 다시없을 듯하다.
그가 올 듯도 하다.	잘난 체를 한다.

제4절 고유 명사 및 전문 용어

제48항 성과 이름, 성과 호 등은 붙여 쓰고, 이에 덧붙는 호칭어, 관직명 등은 띄어 쓴다.

김양수(金良洙)	서화담(徐花潭)	채영신 씨
최치원 선생	박동식 박사	충무공 이순신 장군

다만, 성과 이름, 성과 호를 분명히 구분할 필요가 있을 경우에는 띄어 쓸 수 있다.

남궁억/남궁 억	독고준/독고 준	황보지봉(皇甫芝峰)/황보 지봉

제49항 성명 이외의 고유명사는 단어별로 띄어 씀을 원칙으로 하되, 단위별로 띄어 쓸 수 있다.
(ㄱ을 원칙으로 하고 ㄴ을 허용함.)

<ㄱ>

대한 중학교
한국 대학교 사범 대학

<ㄴ>

대한중학교
한국대학교 사범대학

제50항 전문 용어는 단어별로 띄어 씀을 원칙으로 하되, 붙여 쓸 수 있다. (ㄱ을 원칙으로 하고 ㄴ을 허용함.)

<ㄱ>

만성 골수성 백혈병
중거리 탄도 유도탄

<ㄴ>

만성골수성백혈병
중거리탄도유도탄

제6장 그 밖의 것

제51항 부사의 끝 음절이 분명히 '이'로만 나는 것은 '-이'로 적고, '히'로만 나거나 '이'나 '히'로 나는 것은 '-히'로 적는다.

1. '이'로만 나는 것

가붓이	깨끗이	나붓이	느긋이	둥긋이
따뜻이	반듯이	버젓이	산뜻이	의젓이
가까이	고이	날카로이	대수로이	번거로이
많이	적이	헛되이	겹겹이	번번이
일일이	집집이	틈틈이		

2. '히'로만 나는 것

극히	급히	딱히	속히	작히
족히	특히	엄격히	정확히	

3. '이, 히'로 나는 것

솔직히	가만히	간편히	나른히	무단히
각별히	소홀히	쓸쓸히	정결히	과감히
꼼꼼히	심히	열심히	급급히	답답히
섭섭히	공평히	능히	당당히	분명히
상당히	조용히	간소히	고요히	도저히

〈본음으로 나는 것〉	〈속음으로 나는 것〉
승낙(承諾)	수락(受諾), 쾌락(快諾), 허락(許諾)
만난(萬難)	곤란(困難), 논란(論難)
안녕(安寧)	의령(宜寧), 회령(會寧)
분노(忿怒)	대로(大怒), 희로애락(喜怒哀樂)
토론(討論)	의논(議論)
오륙십(五六十)	오뉴월, 유월(六月)
목재(木材)	모과(木瓜)
십일(十日)	시방정토(十方淨土), 시왕(十王), 시월(十月)
팔일(八日)	초파일(初八日)

〈ㄱ〉	〈ㄴ〉	〈ㄱ〉	〈ㄴ〉
-(으)ㄹ거나	-(으)ㄹ꺼나	-(으)ㄹ지니라	-(으)ㄹ찌니라
-(으)ㄹ걸	-(으)ㄹ껄	-(으)ㄹ지라도	-(으)ㄹ찌라도
-(으)ㄹ게	-(으)ㄹ께	-(으)ㄹ지어다	-(으)ㄹ찌어다
-(으)ㄹ세	-(으)ㄹ쎄	-(으)ㄹ지언정	-(으)ㄹ찌언정
-(으)ㄹ세라	-(으)ㄹ쎄라	-(으)ㄹ진대	-(으)ㄹ찐대
-(으)ㄹ수록	-(으)ㄹ쑤록	-(으)ㄹ진저	-(으)ㄹ찐저
-(으)ㄹ시	-(으)ㄹ씨	-올시다	-올씨다
-(으)ㄹ지	-(으)ㄹ찌		

다만, 의문을 나타내는 다음 어미들은 된소리로 적는다.

-(으)ㄹ까?   -(으)ㄹ꼬?   -(스)ㅂ니까?   -(으)리까?   -(으)ㄹ쏘냐?

다음 중 (   ) 안에 알맞은 표기로만 바르게 짝지어진 것은?

> • 그것은 무모한 (㉠   ) 용감한 행동은 아니다.
> • 해오라기가 겉이 희다고 속까지 (㉡   )?
> • 그 사람 생김과는 달리 말을 (㉢   )!
> • 날씨가 왜 이리 (㉣   )?

	㉠	㉡	㉢	㉣
①	행동일지언정	흴쏘냐	잘하던데	추울꼬
②	행동일찌언정	흴쏘냐	잘하던데	추울꼬
③	행동일지언정	흴소냐	잘하든데	추울꼬
④	행동일찌언정	흴소냐	잘하던데	추울고
⑤	행동일지언정	흴쏘냐	잘하든데	추울고

Advice ㉠ 행동일지언정 ㉡ 흴쏘냐 ㉢ 잘하던데 ㉣ 추울꼬

답 ①

PLUS ㉠ −ㄹ지언정 : 된소리로 소리가 나지만 예사소리로 적는다. 한 단어이므로 붙여 쓴다〈한글 맞춤법 제6장 제53항, 제1장 제2항〉.

㉡ −ㄹ쏘냐?, −(으)ㄹ꼬? : 의문을 나타내는 어미들은 된소리로 적는다〈한글 맞춤법 제6장 제53항〉.

㉢ '−더라, −던' : 지난 일을 나타내는 어미는 '−더라, −던'으로 적는다〈한글 맞춤법 제6장 제56항〉.

제54항 다음과 같은 접미사는 된소리로 적는다. (ㄱ을 취하고 ㄴ을 버림.)

〈ㄱ〉	〈ㄴ〉	〈ㄱ〉	〈ㄴ〉
심부름꾼	심부름군	귀때기	귓대기
익살꾼	익살군	볼때기	볼대기
일꾼	일군	판자때기	판잣대기
장꾼	장군	뒤꿈치	뒷굼치
장난꾼	장난군	팔꿈치	팔굼치
지게꾼	지겟군	이마빼기	이맛배기
때깔	땟깔	코빼기	콧배기
빛깔	빛갈	객쩍닷	객적다
성깔	성갈	겸연쩍다	겸연적다

제55항 두 가지로 구별하여 적던 다음 말들은 한 가지로 적는다. (ㄱ을 취하고 ㄴ을 버림.)

          〈ㄱ〉   〈ㄴ〉

맞추다(입을 맞춘다. 양복을 맞춘다.)   마추다

뻗치다(다리를 뻗친다. 멀리 뻗친다.)   뻐치다

제56항 '−더라, −던'과 '−든지'는 다음과 같이 적는다.

1. 지난 일을 나타내는 어미는 '−더라, −던'으로 적는다. (ㄱ을 취하고, ㄴ을 버림.)

        〈ㄱ〉   〈ㄴ〉

지난겨울은 몹시 춥더라.   지난겨울은 몹시 춥드라.

깊던 물이 얕아졌다.   깊든 물이 얕아졌다.

그렇게 좋던가?   그렇게 좋든가?

그 사람 말 잘하던데!   그 사람 말 잘하든데!

얼마나 놀랐던지 몰라.   얼마나 놀랐든지 몰라.

2. 물건이나 일의 내용을 가리지 아니하는 뜻을 나타내는 조사와 어미는 '(-)든지'로 적는다.
   (ㄱ을 취하고, ㄴ을 버림.)

        〈ㄱ〉   〈ㄴ〉

배든지 사과든지 마음대로 먹어라.   배던지 사과던지 마음대로 먹어라.

가든지 오든지 마음대로 해라.   가던지 오던지 마음대로 해라.

제57항 다음 말들은 각각 구별하여 적는다.

가름   둘로 가름

갈음   새 책상으로 갈음하였다.

거름   풀을 썩인 거름

걸음   빠른 걸음

거치다   영월을 거쳐 왔다.

걷히다   외상값이 잘 걷힌다.

걷잡다   걷잡을 수 없는 상태

겉잡다   겉잡아서 이틀 걸릴 일

그러므로(그러니까)   그는 부지런하다. 그러므로 잘 산다.

그럼으로(써)
(그렇게 하는 것으로)

그는 열심히 공부한다. 그럼으로(써) 은혜에 보답한다.

노름
노름판이 벌어졌다.

놀음(놀이)
즐거운 놀음

느리다
진도가 너무 느리다.

늘이다
고무줄을 늘인다.

늘리다
수출량을 더 늘린다.

다리다
옷을 다린다.

달이다
약을 달인다.

다치다
부주의로 손을 다쳤다.

닫히다
문이 저절로 닫혔다.

닫치다
문을 힘껏 닫쳤다.

마치다
벌써 일을 마쳤다.

맞히다
여러 문제를 더 맞혔다.

목거리
목거리가 덧났다.

목걸이
금목걸이, 은목걸이

바치다
나라를 위해 목숨을 바쳤다.

받치다
우산을 받치고 간다. / 책받침을 받친다.

받히다
쇠뿔에 받혔다.

밭치다
술을 체에 밭친다.

반드시
약속은 반드시 지켜라.

반듯이
고개를 반듯이 들어라.

부딪치다
차와 차가 마주 부딪쳤다.

부딪히다
마차가 화물차에 부딪혔다.

부치다
힘이 부치는 일이다. / 편지를 부친다. / 논밭을 부친다. / 빈대떡을 부친다. / 식목일에 부치는 글 / 회의에 부치는 안건 / 인쇄에 부치는 원고 / 삼촌 집에 숙식을 부친다.

붙이다
우표를 붙인다. / 책상을 벽에 붙였다. / 흥정을 붙인다. / 불을 붙인다. / 감시원을 붙인다. / 조건을 붙인다. / 취미를 붙인다. / 별명을 붙인다.

시키다	일을 시킨다.
식히다	끓인 물을 식힌다.
아름	세 아름 되는 둘레
알음	전부터 알음이 있는 사이
앎	앎이 힘이다.
안치다	밥을 안친다.
앉히다	윗자리에 앉힌다.
어름	두 물건의 어름에서 일어난 현상
얼음	얼음이 얼었다.
이따가	이따가 오너라.
있다가	돈은 있다가도 없다.
저리다	다친 다리가 저린다.
절이다	김장 배추를 절인다.
조리다	생선을 조린다. 통조림, 병조림
졸이다	마음을 졸인다.
주리다	여러 날을 주렸다.
줄이다	비용을 줄인다.
하노라고	하노라고 한 것이 이 모양이다.
하느라고	공부하느라고 밤을 새웠다.
-느니보다(어미)	나를 찾아오느니보다 집에 있거라.
-는 이보다(의존 명사)	오는 이가 가는 이보다 많다.
-(으)리만큼(어미)	나를 미워하리만큼 그에게 잘못한 일이 없다.
-(으)ㄹ 이만큼(의존 명사)	찬성할 이도 반대할 이만큼이나 많을 것이다.
-(으)러(목적)	공부하러 간다.
-(으)려(의도)	서울 가려 한다.
-(으)로서(자격)	사람으로서 그럴 수는 없다.
-(으)로써(수단)	닭으로써 꿩을 대신했다.
-(으)므로(어미)	그가 나를 믿으므로 나도 그를 믿는다.
(-ㅁ, -음)으로(써)(조사)	그는 믿음으로(써) 산 보람을 느꼈다.

1. 마침표(.)

(1) 서술, 명령, 청유 등을 나타내는 문장의 끝에 쓴다.

　　젊은이는 나라의 기둥이다.　　　　　　　　황금 보기를 돌같이 하라.

[붙임 1]　직접 인용한 문장의 끝에는 쓰는 것을 원칙으로 하되, 쓰지 않는 것을 허용한다.(ㄱ을 원칙으로 하고, ㄴ을 허용함.)

　　〈ㄱ〉 그는 "지금 바로 떠나자."라고 말하며 서둘러 짐을 챙겼다.
　　〈ㄴ〉 그는 "지금 바로 떠나자"라고 말하며 서둘러 짐을 챙겼다.

[붙임 2]　용언의 명사형이나 명사로 끝나는 문장에는 쓰는 것을 원칙으로 하되, 쓰지 않는 것을 허용한다.(ㄱ을 원칙으로 하고, ㄴ을 허용함.)

　　〈ㄱ〉 목적을 이루기 위하여 몸과 마음을 다하여 애를 씀.
　　〈ㄴ〉 목적을 이루기 위하여 몸과 마음을 다하여 애를 씀

　　〈ㄱ〉 결과에 연연하지 않고 끝까지 최선을 다하기.
　　〈ㄴ〉 결과에 연연하지 않고 끝까지 최선을 다하기

　　다만, 제목이나 표어에는 쓰지 않음을 원칙으로 한다.

　　압록강은 흐른다　　　　　꺼진 불도 다시 보자　　　　　건강한 몸 만들기

(2) 아라비아 숫자만으로 연월일을 표시할 때 쓴다.

　　1919. 3. 1.　　　　　　　　　　　　　　10. 1.~10. 12.

(3) 특정한 의미가 있는 날을 표시할 때 월과 일을 나타내는 아라비아 숫자 사이에 쓴다.

　　3. 1 운동　　　　　　　　　　　　　　8. 15 광복

[붙임]　이때는 마침표 대신 가운뎃점을 쓸 수 있다.

　　3·1 운동　　　　　　　　　　　　　　8·15 광복

(4) 장, 절, 항 등을 표시하는 문자나 숫자 다음에 쓴다.

　　가. 인명　　　　　　ㄱ. 머리말　　　　　Ⅰ. 서론　　　　　1. 연구 목적

[붙임]　'마침표' 대신 '온점'이라는 용어를 쓸 수 있다.

2. 물음표

(1) 의문문이나 의문을 나타내는 어구의 끝에 쓴다.

　　점심 먹었어?　　　　　　　　　　이번에 가시면 언제 돌아오세요?

[붙임 1]　한 문장 안에 몇 개의 선택적인 물음이 이어질 때는 맨 끝의 물음에만 쓰고, 각 물음이 독립

적일 때는 각 물음의 뒤에 쓴다.

　　너는 중학생이냐, 고등학생이냐?

　　너는 여기에 언제 왔니? 어디서 왔니? 무엇하러 왔니?

[붙임 2]　의문의 정도가 약할 때는 물음표 대신 마침표를 쓸 수 있다.

　　도대체 이 일을 어쩐단 말이냐.

　다만, 제목이나 표어에는 쓰지 않음을 원칙으로 한다.

　　역사란 무엇인가　　　　　　　　　　아직도 담배를 피우십니까

(2) 특정한 어구의 내용에 대하여 의심, 빈정거림 등을 표시할 때, 또는 적절한 말을 쓰기 어려울 때 소괄호 안에 쓴다.

　　우리와 의견을 같이할 사람은 최 선생(?) 정도인 것 같다.

(3) 모르거나 불확실한 내용임을 나타낼 때 쓴다.

　　최치원(857~?)은 통일 신라 말기에 이름을 떨쳤던 학자이자 문장가이다.

3. 느낌표

(1) 감탄문이나 감탄사의 끝에 쓴다.

　　이게 누구야!　　　　　　　　　　내가 왜 나빠!

[붙임]　감탄의 정도가 약할 때는 느낌표 대신 쉼표나 마침표를 쓸 수 있다.

　　어, 벌써 끝났네.　　　　　　　　날씨가 참 좋군.

(2) 특별히 강한 느낌을 나타내는 어구, 평서문, 명령문, 청유문에 쓴다.

　　청춘! 이는 듣기만 하여도 가슴이 설레는 말이다.　　이야, 정말 재밌다!

(3) 물음의 말로 놀람이나 항의의 뜻을 나타내는 경우에 쓴다.

　　이게 누구야!　　　　　　　　　　내가 왜 나빠!

(4) 감정을 넣어 대답하거나 다른 사람을 부를 때 쓴다.

　　네!　　　　　　　　　　네, 선생님!

4. 쉼표(,)

(1) 같은 자격의 어구를 열거할 때 그 사이에 쓴다.

　　근면, 검소, 협동은 우리 겨레의 미덕이다.

　　충청도의 계룡산, 전라도의 내장산, 강원도의 설악산은 모두 국립 공원이다.

　다만, ㈎ 쉼표 없이도 열거되는 사항임이 쉽게 드러날 때는 쓰지 않을 수 있다.

　　　아버지 어머니께서 함께 오셨어요.

㈏ 열거할 어구들을 생략할 때 사용하는 줄임표 앞에는 쉼표를 쓰지 않는다.

    광역시 : 광주, 대구, 대전……

(2) 짝을 지어 구별할 때 쓴다.

    닭과 지네, 개와 고양이는 상극이다.

(3) 이웃하는 수를 개략적으로 나타낼 때 쓴다.

    5, 6세기   6, 7, 8개

(4) 열거의 순서를 나타내는 어구 다음에 쓴다.

    첫째, 몸이 튼튼해야 한다.   마지막으로, 무엇보다 마음이 편해야 한다.

(5) 문장의 연결 관계를 분명히 하고자 할 때 절과 절 사이에 쓴다.

    콩 심은 데 콩 나고, 팥 심은 데 팥 난다.

(6) 같은 말이 되풀이되는 것을 피하기 위하여 일정한 부분을 줄여서 열거할 때 쓴다.

    여름에는 바다에서, 겨울에는 산에서 휴가를 즐겼다.

(7) 부르거나 대답하는 말 뒤에 쓴다.

    지은아, 이리 좀 와 봐.   네, 지금 가겠습니다.

(8) 한 문장 안에서 앞말을 '곧', '다시 말해' 등과 같은 어구로 다시 설명할 때 앞말 다음에 쓴다.

    책의 서문, 곧 머리말에는 책을 지은 목적이 드러나 있다.

(9) 문장 앞부분에서 조사 없이 쓰인 제시어나 주제어의 뒤에 쓴다.

    돈, 돈이 인생의 전부이더냐?

(10) 한 문장에 같은 의미의 어구가 반복될 때 앞에 오는 어구 다음에 쓴다.

    그의 애국심, 몸을 사리지 않고 국가를 위해 헌신한 정신을 우리는 본받아야 한다.

(11) 도치문에서 도치된 어구들 사이에 쓴다.

    이리 오세요, 어머님.   다시 보자, 한강수야.

(12) 바로 다음 말과 직접적인 관계에 있지 않음을 나타낼 때 쓴다.

    갑돌이는, 울면서 떠나는 갑순이를 배웅했다.
    철원과, 대관령을 중심으로 한 강원도 산간 지대에 예년보다 일찍 첫눈이 내렸습니다.

(13) 문장 중간에 끼어든 어구의 앞뒤에 쓴다.

    나는, 솔직히 말하면, 그 말이 별로 탐탁지 않아.

[붙임 1]   이때는 쉼표 대신 줄표를 쓸 수 있다.

    나는 ― 솔직히 말하면 ― 그 말이 별로 탐탁지 않아.

[붙임 2]   끼어든 어구 안에 다른 쉼표가 들어 있을 때는 쉼표 대신 줄표를 쓴다.

    이건 내 것이니까 ― 아니, 내가 처음 발견한 것이니까 ― 절대로 양보할 수 없다.

(14) 특별한 효과를 위해 끊어 읽는 곳을 나타낼 때 쓴다.

　　내가, 정말 그 일을 오늘 안에 해낼 수 있을까?

(15) 짧게 더듬는 말을 표시할 때 쓴다.

　　선생님, 부, 부정행위라니요? 그런 건 새, 생각조차 하지 않았습니다.

[붙임]　‘쉼표’ 대신 ‘반점’이라는 용어를 쓸 수 있다.

5. 가운뎃점(·)

(1) 열거할 어구들을 일정한 기준으로 묶어서 나타낼 때 쓴다.

　　민수·영희, 선미·준호가 서로 짝이 되어 윷놀이를 하였다.

(2) 짝을 이루는 어구들 사이에 쓴다.

　　한(韓)·이(伊) 양국 간의 무역량이 늘고 있다.

　　다만, 이때는 가운뎃점을 쓰지 않거나 쉼표를 쓸 수도 있다.

　　　　한(韓) 이(伊) 양국 간의 무역량이 늘고 있다.
　　　　한(韓), 이(伊) 양국 간의 무역량이 늘고 있다

(3) 공통 성분을 줄여서 하나의 어구로 묶을 때 쓴다.

　　상·중·하위권　　　　　　금·은·동메달　　　　　　통권 제54·55·56호

[붙임]　이때는 가운뎃점 대신 쉼표를 쓸 수 있다.

　　상, 중, 하위권　　　　　　금, 은, 동메달　　　　　　통권 제54, 55, 56호

6. 쌍점(:)

(1) 표제 다음에 해당 항목을 들거나 설명을 붙일 때 쓴다.

　　문방사우 : 종이, 붓, 먹, 벼루
　　일시 : 2014년 10월 9일 10시

(2) 희곡 등에서 대화 내용을 제시할 때 말하는 이와 말한 내용 사이에 쓴다.

　　김 과장 : 난 못 참겠다.
　　아들 : 아버지, 제발 제 말씀 좀 들어 보세요.

(3) 시와 분, 장과 절 등을 구별할 때 쓴다.

　　오전 10:20(오전 10시 20분)
　　두시언해 6:15(두시언해 제6권 제15장)

(4) 의존명사 ‘대’가 쓰일 자리에 쓴다.

　　65:60(65 대 60)　　　　　청군:백군(청군 대 백군)

[붙임]　쌍점의 앞은 붙여 쓰고 뒤는 띄어 쓴다. 다만, (3)과 (4)에서는 쌍점의 앞뒤를 붙여 쓴다.

7. 빗금(/)

(1) 대비되는 두 개 이상의 어구를 묶어 나타낼 때 그 사이에 쓴다.

먹이다/먹히다   남반구/북반구

(2) 기준 단위당 수량을 표시할 때 해당 수량과 기준 단위 사이에 쓴다.

100미터/초   1,000원/개

(3) 시의 행이 바뀌는 부분임을 나타낼 때 쓴다.

산에 / 산에 / 피는 꽃은 / 저만치 혼자서 피어 있네

다만, 연이 바뀜을 나타낼 때는 두 번 겹쳐 쓴다.

산에는 꽃 피네 / 꽃이 피네 / 갈 봄 여름 없이 / 꽃이 피네 // 산에 / 산에 / 피는 꽃은 / 저만치 혼자서 피어 있네

[붙임]　빗금의 앞뒤는 (1)과 (2)에서는 붙여 쓰며, (3)에서는 띄어 쓰는 것을 원칙으로 하되 붙여 쓰는 것을 허용한다. 단, (1)에서 대비되는 어구가 두 어절 이상인 경우에는 빗금의 앞뒤를 띄어 쓸 수 있다.

8. 큰따옴표(" ")

(1) 글 가운데에서 직접 대화를 표시할 때 쓴다.

"어머니, 제가 가겠어요."   "아니다. 내가 다녀오마."

(2) 말이나 글을 직접 인용할 때 쓴다.

밤하늘에 반짝이는 별들을 보면서 "나는 아무 걱정도 없이 가을 속의 별들을 다 헬 듯합니다."라는 시구를 떠올렸다.

9. 작은따옴표(' ')

(1) 인용한 말 안에 있는 인용한 말을 나타낼 때 쓴다.

그는 "여러분! '시작이 반이다.'라는 말 들어 보셨죠?"라고 말하며 강연을 시작했다.

(2) 마음속으로 한 말을 적을 때 쓴다.

나는 '일이 다 틀렸나 보군.' 하고 생각하였다.

10. 소괄호(( ))

(1) 주석이나 보충적인 내용을 덧붙일 때 쓴다.

니체(독일의 철학자)의 말을 빌리면 다음과 같다.

(2) 우리말 표기와 원어 표기를 아울러 보일 때 쓴다.

기호(嗜好), 자세(姿勢)   커피(coffee), 에티켓(étiquette)

(3) 생략할 수 있는 요소임을 나타낼 때 쓴다.

　학교에서 동료 교사를 부를 때는 이름 뒤에 '선생(님)'이라는 말을 덧붙인다.

(4) 희곡 등 대화를 적은 글에서 동작이나 분위기, 상태를 드러낼 때 쓴다.

　현우 : (가쁜 숨을 내쉬며) 왜 이렇게 빨리 뛰어?

(5) 내용이 들어갈 자리임을 나타낼 때 쓴다.

　우리나라의 수도는 (　　)이다.

(6) 항목의 순서나 종류를 나타내는 숫자나 문자 등에 쓴다.

　사람의 인격은 (1) 용모, (2) 언어, (3) 행동, (4) 덕성 등으로 표현된다.

11. 중괄호({ })

(1) 같은 범주에 속하는 여러 요소를 세로로 묶어서 보일 때 쓴다.

　주격 조사 {이 / 가}

(2) 열거된 항목 중 어느 하나가 자유롭게 선택될 수 있음을 보일 때 쓴다.

　아이들이 모두 학교{에, 로, 까지} 갔어요.

12. 대괄호([ ])

(1) 괄호 안에 또 괄호를 쓸 필요가 있을 때 바깥쪽의 괄호로 쓴다.

　이번 회의에는 두 명[이혜정(실장), 박철용(과장)]만 빼고 모두 참석했습니다.

(2) 고유어에 대응하는 한자어를 함께 보일 때 쓴다.

　나이[年歲]　　　　　　낱말[單語]　　　　　　손발[手足]

(3) 원문에 대한 이해를 돕기 위해 설명이나 논평 등을 덧붙일 때 쓴다.

　그것[한글]은 이처럼 정보화 시대에 알맞은 과학적인 문자이다.

13. 겹낫표(『 』)와 겹화살괄호(≪ ≫)

책의 제목이나 신문 이름 등을 나타낼 때 쓴다.

우리나라 최초의 민간 신문은 1896년에 창간된 『독립신문』이다.

　[붙임]　겹낫표나 겹화살괄호 대신 큰따옴표를 쓸 수 있다.

　　우리나라 최초의 민간 신문은 1896년에 창간된 "독립신문"이다.

14. 홑낫표(「 」)와 홑화살괄호(〈 〉)

소제목, 그림이나 노래와 같은 예술 작품의 제목, 상호, 법률, 규정 등을 나타낼 때 쓴다.

이 곡은 베르디가 작곡한 「축배의 노래」이다.

  [붙임] 홑낫표나 홑화살괄호 대신 작은따옴표를 쓸 수 있다.

  사무실 밖에 '해와 달'이라고 쓴 간판을 달았다.

15. 줄표(—)

제목 다음에 표시하는 부제의 앞뒤에 쓴다.

이번 토론회의 제목은 '역사 바로잡기 — 근대의 설정 —'이다.

다만, 뒤에 오는 줄표는 생략할 수 있다.

이번 토론회의 제목은 '역사 바로잡기 — 근대의 설정'이다.

  [붙임] 줄표의 앞뒤는 띄어 쓰는 것을 원칙으로 하되, 붙여 쓰는 것을 허용한다.

16. 붙임표(-)

(1) 차례대로 이어지는 내용을 하나로 묶어 열거할 때 각 어구 사이에 쓴다.

  멀리뛰기는 도움닫기-도약-공중 자세-착지의 순서로 이루어진다.

(2) 두 개 이상의 어구가 밀접한 관련이 있음을 나타내고자 할 때 쓴다.

  드디어 서울-북경의 항로가 열렸다.   원-달러 환

17. 물결표(~)

기간이나 거리 또는 범위를 나타낼 때 쓴다.

9월 15일~9월 25일   김정희(1786~1856)

  [붙임] 물결표 대신 붙임표를 쓸 수 있다.

  9월 15일-9월 25일   김정희(1786-1856)
  서울-천안 정도는 출퇴근이 가능하다.   이번 시험의 범위는 3-78쪽입니다.

18. 드러냄표(˙)와 밑줄(＿)

문장 내용 중에서 주의가 미쳐야 할 곳이나 중요한 부분을 특별히 드러내 보일 때 쓴다.

한글의 본디 이름은 훈민정음이다.
다음 보기에서 명사가 아닌 것은?

[붙임]   드러냄표나 밑줄 대신 작은따옴표를 쓸 수 있다.
        한글의 본디 이름은 '훈민정음'이다.

19. 숨김표(○, ×)

(1) 금기어나 공공연히 쓰기 어려운 비속어임을 나타낼 때, 그 글자의 수효만큼 쓴다.
    배운 사람 입에서 어찌 ○○○란 말이 나올 수 있느냐?

(2) 비밀을 유지해야 하거나 밝힐 수 없는 사항임을 나타낼 때 쓴다.
    1차 시험 합격자는 김○영, 이○준, 박○순 등 모두 3명이다.

20. 빠짐표(□)

(1) 옛 비문이나 문헌 등에서 글자가 분명하지 않을 때 그 글자의 수효만큼 쓴다.
    大師爲法主□□賴之大□薦

(2) 글자가 들어가야 할 자리를 나타낼 때 쓴다.
    훈민정음의 초성 중에서 아음(牙音)은 □□□의 석 자다.

21. 줄임표(……)

(1) 할 말을 줄였을 때 쓴다.
    "어디 나하고 한번……." 하고 민수가 나섰다.

(2) 말이 없음을 나타낼 때 쓴다.
    "빨리 말해!"   "……."

(3) 문장이나 글의 일부를 생략할 때 쓴다.
    '고유'라는 말은 문자 그대로 본디부터 있었다는 뜻은 아닙니다. …… 같은 역사적 환경에서 공동의
    집단생활을 영위해 오는 동안 공동으로 발견된, 사물에 대한 공동의 사고방식을 우리는 한국의 고유
    사상이라 부를 수 있다는 것입니다.

(4) 머뭇거림을 보일 때 쓴다.
    "우리는 모두…… 그러니까…… 예외 없이 눈물만…… 흘렸다."

[붙임 1]   점은 가운데에 찍는 대신 아래쪽에 찍을 수도 있다.
          "어디 나하고 한번.......” 하고 민수가 나섰다.

[붙임 2]   점은 여섯 점을 찍는 대신 세 점을 찍을 수도 있다.
          "어디 나하고 한번…” 하고 민수가 나섰다.

[붙임 3]   줄임표는 앞말에 붙여 쓴다. 다만, (3)에서는 줄임표의 앞뒤를 띄어 쓴다.

표준어 규정

제1부 표준어 사정 원칙

제1장 총칙

제1항   표준어는 교양 있는 사람들이 두루 쓰는 현대 서울말로 정함을 원칙으로 한다.

제2항   외래어는 따로 사정한다.

제2장 발음 변화에 따른 표준어 규정

제1절 자음

제3항   다음 단어들은 거센소리를 가진 형태를 표준어로 삼는다. (ㄱ을 표준어로 삼고, ㄴ을 버림.)

ㄱ	ㄴ	비고
끄나풀	끄나불	
나팔-꽃	나발-꽃	
녘	녁	동~, 들~, 새벽~, 동틀 ~
부엌	부억	
살-쾡이	삵-괭이	
칸	간	1. ~막이, 빈~, 방 한~ 2. '초가삼간, 윗간'의 경우에는 '간'임
털어-먹다	떨어-먹다	재물을 다 없애다.

제4항   다음 단어들은 거센소리로 나지 않는 형태를 표준어로 삼는다. (ㄱ을 표준어로 삼고, ㄴ을 버림.)

ㄱ	ㄴ	비고
가을-갈이	가을-카리	
거시기	거시키	
분침	푼침	

제5항 어원에서 멀어진 형태로 굳어져서 널리 쓰이는 것은, 그것을 표준어로 삼는다. (ㄱ을 표준어로 삼고, ㄴ을 버림.)

ㄱ	ㄴ	비고
강낭-콩	강남-콩	
고삿	고샅	겉~, 속~
사글-세	삭월-세	'월세'는 표준어임
울력-성당	위력-성당	떼를 지어서 으르고 협박하는 일

다만, 어원적으로 원형에 더 가까운 형태가 아직 쓰이고 있는 경우에는, 그것을 표준어로 삼는다. (ㄱ을 표준어로 삼고, ㄴ을 버림.)

ㄱ	ㄴ	비고
갈비	가리	~구이, ~찜, 갈빗-대
갓모	갈모	1. 사기 만드는 물레 밑 고리 2. '갈모'는 갓 위에 쓰는, 유지로 만든 우비
굴-젓	구-젓	
말-곁	말-겻	
물-수란	물-수랄	
밀-뜨리다	미-뜨리다	
적-이	저으기	적이-나, 적이나-하면
휴지	수지	

제6항 다음 단어들은 의미를 구별함이 없이, 한 가지 형태로만을 표준어로 삼는다. (ㄱ을 표준어로 삼고, ㄴ을 버림.)

ㄱ	ㄴ	비고
돌	돐	생일, 주기
둘-째	두-째	'제2, 두 개째'의 뜻
셋-째	세-째	'제3, 세 개째'의 뜻
넷-째	네-째	'제4, 네 개째'의 뜻
빌리다	빌다	1. 빌려주다, 빌려 오다 2. '용서를 빌다'는 '빌다'임

다만, '둘째'는 십 단위 이상의 서수사에 쓰일 때 '두째'로 한다.

ㄱ	ㄴ	비고
열두-째		열두-개째의 뜻은 '열둘째'로
스물두-째		스물두 개째의 뜻은 '스물둘째'로

ㄱ	ㄴ	비고
수-꿩	수-퀑, 숫-꿩	'장끼'도 표준어임
수-나사	숫-나사	
수-놈	숫-놈	
수-사돈	숫-사돈	
수-소	숫-소	'황소'도 표준어임
수-은행나무	숫-은행나무	

다만 1. 다음 단어에서는 접두사 다음에서 나는 거센소리를 인정한다. 접두사 '암-'이 결합되는 경우에도 이에 준한다.　(ㄱ을 표준어로 삼고, ㄴ을 버림.)

ㄱ	ㄴ	비고
수-캉아지	숫-강아지	
수-캐	숫-개	
수-컷	숫-것	
수-키와	숫-기와	
수-탉	숫-닭	
수-탕나귀	숫-당나귀	
수-톨쩌귀	숫-돌쩌귀	
수-퇘지	숫-돼지	
수-평아리	숫-병아리	

다만 2. 다음 단어의 접두사는 '숫-'으로 한다.　(ㄱ을 표준어로 삼고, ㄴ을 버림.)

ㄱ	ㄴ	비고
숫-양	수-양	
숫-염소	수-염소	
숫-쥐	수-쥐	

제2절 모음

제8항 양성 모음이 음성 모음으로 바뀌어 굳어진 다음 단어는 음성 모음 형태를 표준어로 삼는다. (ㄱ을 표준어로 삼고, ㄴ을 버림.)

ㄱ	ㄴ	비고
깡충–깡충	깡총–깡총	큰말은 '껑충껑충'임
–둥이	–동이	←童–이. 귀–, 막–, 선–, 쌍–, 검–, 바람–, 흰–
발가–숭이	발가–송이	센말은 '빨가숭이', 큰말은 '벌거숭이, 뻘거숭이'임
보퉁이	보통이	
봉죽	봉족	←奉足. ~꾼, ~들다
뻗정–다리	뻗장–다리	
아서, 아서라	앗아, 앗아라	하지 말라고 금지하는 말
오뚝–이	오똑–이	부사도 '오뚝–이'임
주추	주초	←柱礎. 주춧–돌

다만, 어원 의식이 강하게 작용하는 다음 단어에는 양성 모음 형태를 그대로 표준어로 삼는다. (ㄱ을 표준어로 삼고, ㄴ을 버림.)

ㄱ	ㄴ	비고
부조(扶助)	부주	~금, 부좃–술
사돈(査頓)	사둔	밭~, 안~
삼촌(三寸)	삼춘	시~, 외~, 처~

제9항 'ㅣ'역행 동화 현상에 의한 발음은 원칙적으로 표준 발음으로 인정하지 아니하되, 다만 단어들은 그러한 동화가 적용된 형태를 표준어로 삼는다. (ㄱ을 표준어로 삼고, ㄴ을 버림.)

ㄱ	ㄴ	비고
–내기	–나기	서울–, 시골–, 신출–, 풋–
냄비	남비	
동댕이–치다	동당이–치다	

[붙임 1] 다음 단어는 'ㅣ' 역행 동화가 일어나지 아니한 형태를 표준어로 삼는다. (ㄱ을 표준어로 삼고, ㄴ을 버림.)

ㄱ	ㄴ	비고
아지랑이	아지랭이	

[붙임 2] 기술자에게는 '-장이', 그 외에는 '-쟁이'가 붙는 형태를 표준어로 삼는다. (ㄱ을 표준어로 삼고, ㄴ을 버림.)

ㄱ	ㄴ	비고
미장이	미쟁이	
유기장이	유기쟁이	
멋쟁이	멋장이	
소금쟁이	소금장이	
담쟁이-덩굴	담장이-덩굴	
골목쟁이	골목장이	
발목쟁이	발목장이	

제10 항   다음 단어는 모음이 단순화된 형태를 표준어로 삼는다. (ㄱ을 표준어로 삼고, ㄴ을 버림.)

ㄱ	ㄴ	비고
괴팍-하다	괴퍅-하다/ 괴팩-하다	
-구먼	-구면	
미루-나무	미류-나무	←美柳~
미륵	미력	←彌勒. ~보살, ~불, 돌~
여느	여늬	
온-달	왼-달	만 한 달
으레	으례	
케케-묵다	켸켸-묵다	
허우대	허위대	
허우적-허우적	허위적-허위적	허우적-거리다

제11항 다음 단어에서는 모음의 발음 변화를 인정하여, 발음이 바뀌어 굳어진 형태를 표준어로 삼는다. (ㄱ을 표준어로 삼고, ㄴ을 버림.)

ㄱ	ㄴ	비고
-구려	-구료	
깍쟁이	깍정이	1. 서울~, 알~, 찰~ 2. 도토리, 상수리 등의 받침은 '깍정이'임
나무라다	나무래다	
미수	미시	미숫-가루
바라다	바래다	'바램[所望]'은 비표준어임
상추	상치	~쌈
시러베-아들	실업의-아들	
주책	주착	←主着. ~망나니, ~없다
지루-하다	지리-하다	←支離
튀기	트기	
허드레	허드래	허드렛-물, 허드렛-일
호루라기	호루루기	

제12항 '웃-' 및 '윗-'은 명사 '위'에 맞추어 '윗-'으로 통일한다. (ㄱ을 표준어로 삼고, ㄴ을 버림.)

ㄱ	ㄴ	비고	ㄱ	ㄴ	비고
윗-넓이	웃-넓이		윗-바람	웃-바람	
윗-눈썹	웃-눈썹		윗-배	웃-배	
윗-니	웃-니		윗-벌	웃-벌	
윗-당줄	웃-당줄		윗-변	웃-변	수학 용어
윗-덧줄	웃-덧줄		윗-사랑	웃-사랑	
윗-도리	웃-도리		윗-세장	웃-세장	
윗-동아리	웃-동아리	준말은 '윗동'임	윗-수염	웃-수염	
윗-막이	웃-막이		윗-입술	웃-입술	
윗-머리	웃-머리		윗-잇몸	웃-잇몸	
윗-목	웃-목		윗-자리	웃-자리	
윗-몸	웃-몸	~ 운동	윗-중방	웃-중방	

다만 1. 된소리나 거센소리 앞에서는 '위–'로 한다. （ㄱ을 표준어로 삼고, ㄴ을 버림.）

ㄱ	ㄴ	비고	ㄱ	ㄴ	비고
위–짝	웃–짝		위–치마	웃–치마	
위–쪽	웃–쪽		위–턱	웃–턱	~구름[上層雲]
위–채	웃–채		위–팔	웃–팔	
위–층	웃–층				

다만 2. '아래, 위'의 대립이 없는 단어는 '웃–'으로 발음되는 형태를 표준어로 삼는다. （ㄱ을 표준어로 삼고, ㄴ을 버림.）

ㄱ	ㄴ	비고	ㄱ	ㄴ	비고
웃–국	윗–국		웃–비	윗–비	~걷다
웃–기	윗–기		웃–어른	윗–어른	
웃–돈	윗–돈		웃–옷	윗–옷	

제13항　한자 '구(句)'가 붙어서 이루어진 단어는 '귀'로 읽는 것을 인정하지 아니하고, '구'로 통일한다. （ㄱ을 표준어로 삼고, ㄴ을 버림.）

ㄱ	ㄴ	비고	ㄱ	ㄴ	비고
구법(句法)	귀법		대구(對句)	대귀	~법(對句法)
구절(句節)	귀절		문구(文句)	문귀	
구점(句點)	귀점		성구(成句)	성귀	~어(成句語)
결구(結句)	결귀		시구(詩句)	시귀	
경구(警句)	경귀		어구(語句)	어귀	
경인구(警人句)	경인귀		연구(聯句)	연귀	
난구(難句)	난귀		인용구(引用句)	인용귀	
단구(短句)	단귀		절구(絕句)	절귀	
단명구(短命句)	단명귀				

다만, 다음 단어는 '귀'로 발음되는 형태로 표준어를 삼는다. （ㄱ을 표준어로 삼고, ㄴ을 버림.）

ㄱ	ㄴ	비고	ㄱ	ㄴ	비고
귀–글	구–글		글–귀	글–구	

제3절 준말

제14항 준말이 널리 쓰이고 본말이 잘 쓰이지 않는 경우에는, 준말만을 표준어로 삼는다. (ㄱ을 표준어로 삼고, ㄴ을 버림.)

ㄱ	ㄴ	비고
귀찮다	귀치 않다	
김	기음	~매다
똬리	또아리	
무	무우	~강즙, ~말랭이, ~생채, 가랑~, 갓~, 왜~, 총각~
미다	무이다	1. 털이 빠져 살이 드러나다. / 2. 찢어지다.
뱀	배암	
뱀-장어	배암-장어	
빔	비음	설~, 생일~
샘	새암	~바르다, ~바리
생-쥐	새앙-쥐	
솔개	소리개	
온-갖	온-가지	
장사-치	장사-아치	

제15항 준말이 쓰이고 있더라도, 본말이 널리 쓰이고 있으면 본말을 표준어로 삼는다. (ㄱ을 표준어로 삼고, ㄴ을 버림.)

ㄱ	ㄴ	비고
경황-없다	경-없다	
궁상-떨다	궁-떨다	
귀이-개	귀-개	
낌새	낌	
낙인-찍다	낙-하다/낙-치다	
내왕-꾼	냉-꾼	
돗-자리	돗	
뒤웅-박	뒝-박	
뒷물-대야	뒷-대야	

ㄱ	ㄴ	비고
마구-잡이	막-잡이	
맵자-하다	맵자다	모양이 제격에 어울리다.
모이	모	
벽-돌	벽	
부스럼	부럼	정월 보름에 쓰는 '부럼'은 표준어임
살얼음-판	살-판	
수두룩-하다	수둑-하다	
암-죽	암	
어음	엄	
일구다	일다	
죽-살이	죽-살	
퇴박-맞다	퇴-맞다	
한통-치다	통-치다	

[붙임]   다음과 같이 명사에 조사가 붙는 경우에도 이 원칙을 적용한다. (ㄱ을 표준어로 삼고, ㄴ을 버림.)

ㄱ	ㄴ	비고
아래-로	알-로	

제16항   준말과 본말이 다 같이 널리 쓰이면서 준말의 효용이 뚜렷이 인정되는 것은, 두 가지를 다 표준어로 삼는다. (ㄱ은 본말이며, ㄴ은 준말임.)

ㄱ	ㄴ	비고
거짓-부리	거짓-불	작은말은 '가짓부리, 가짓불'임
노을	놀	저녁~
막대기	막대	
망태기	망태	
머무르다	머물다	모음 어미가 연결될 때에는 준말의 활용형을 인정하지 않음
서두르다	서둘다	
서투르다	서툴다	
석새-삼베	석새-베	
시-누이	시-뉘/시-누	
오-누이	오-뉘/오-누	

외우다	외다	외우며, 외워 : 외며, 외어
이기죽-거리다	이죽-거리다	
찌꺼기	찌끼	'찌꺽지'는 비표준어임

제4절 단수 표준어

제17항 비슷한 발음의 몇 형태가 쓰일 경우, 그 의미에 아무런 차이가 없고 그중 하나가 더 널리 쓰이면, 그 한 형태만을 표준어로 삼는다. (ㄱ을 표준어로 삼고, ㄴ을 버림.)

ㄱ	ㄴ	비고
거든-그리다	거둥-그리다	1. 거든하게 거두어 싸다. 2. 작은말은 '가든-그리다'임
구어-박다	구워-박다	사람이 한군데서만 지내다.
귀-고리	귀엣-고리	
귀-띔	귀-틤	
귀-지	귀에-지	
까딱-하면	까땍-하면	
꼭두-각시	꼭둑-각시	
내색	나색	감정이 나타나는 얼굴빛
내숭-스럽다	내흉-스럽다	
냠냠-거리다	얌냠-거리다	냠냠-하다
냠냠-이	얌냠-이	
너[四]	네	~ 돈, ~ 말, ~ 발, ~ 푼
넉[四]	너/네	~ 냥, ~ 되, ~ 섬, ~ 자
다다르다	다닫다	
댑-싸리	대-싸리	
더부룩-하다	더뿌룩-하다/ 듬뿌룩-하다	
-던	-든	선택, 무관의 뜻을 나타내는 어미는 '-든'임 가-든(지) 말-든(지), 보-든(가) 말-든(가)
-던가	-든가	
-던걸	-든걸	
-던고	-든고	

-던데	-든데	
-던지	-든지	
-(으)려고	-(으)ㄹ려고/ -(으)ㄹ라고	
-(으)려야	-(으)ㄹ려야/ -(으)ㄹ래야	
망가-뜨리다	망그-뜨리다	
멸치	며루치/메리치	
반빗-아치	반비-아치	'반빗' 노릇을 하는 사람, 찬비(饌婢). '반비'는 밥 짓는 일을 맡은 계집종
보습	보십/보섭	
본새	뽄새	
봉숭아	봉숭화	'봉선화'도 표준어임
뺨-따귀	뺌-따귀/뺨-따구니	'뺨'의 비속어임
뻐개다[斫]	뻐기다	두 조각으로 가르다.
뻐기다[誇]	뻐개다	뽐내다
사자-탈	사지-탈	
상-판대기	쌍-판대기	
서[三]	세/석	~ 돈, ~ 말, ~ 발, ~ 푼
석[三]	세	~ 냥, ~ 되, ~ 섬, ~ 자
설령(設令)	서령	
-습니다	-읍니다	먹습니다, 갔습니다, 없습니다, 있습니다, 좋습니다 모음 뒤에는 '-ㅂ니다'임
시름-시름	시늠-시늠	
씀벅-씀벅	썸벅-썸벅	
아궁이	아궁지	
아내	안해	
어-중간	어지-중간	
오금-팽이	오금-탱이	
오래-오래	도래-도래	돼지 부르는 소리
-올시다	-올습니다	
옹골-차다	공골-차다	
우두커니	우두머리	작은 말은 '오도카니'임

잠-투정	잠-투세/잠-주정	
재봉-틀	자봉-틀	발~, 손~
짓-무르다	짓-물다	
짚-북데기	짚-북세기	'짚북더기'도 비표준어임
쪽	짝	편(便). 이~, 그~, 저~. 다만, '아무-짝'은 '짝'임
천장(天障)	천정	'천정부지(天井不知)'는 '천정'임
코-맹맹이	코-맹녕이	
흉-업다	흉-헙다	

제5절 복수 표준어

제18항 다음 단어는 ㄱ을 원칙으로 하고, ㄴ도 허용한다.

ㄱ	ㄴ	비고
네	예	
쇠-	소-	-가죽, -고기, -기름, -머리, -뼈
괴다	고이다	물이 ~. 밑을 ~.
꾀다	꼬이다	어린애를 ~. 벌레가 ~.
쐬다	쏘이다	바람을 ~.
죄다	조이다	나사를 ~.
쬐다	쪼이다	볕을 ~.

제19항 어감의 차이를 나타내는 단어 또는 발음이 비슷한 단어들이 다 같이 널리 쓰이는 경우에는, 그 모두를 표준어로 삼는다. (ㄱ, ㄴ을 모두 표준어로 삼음.)

ㄱ	ㄴ	비고
거슴츠레-하다	게슴츠레-하다	
고까	꼬까	~신, ~옷
고린-내	코린-내	
교기(驕氣)	갸기	교만한 태도
구린-내	쿠린-내	
꺼림-하다	께름-하다	
나부랭이	너부렁이	

제3장 어휘 선택의 변화에 따른 표준어 규정

제1절 고어

제20항　사어(死語)가 되어 쓰이지 않게 된 단어는 고어로 처리하고, 현재 널리 사용되는 단어를 표준어로 삼는다. (ㄱ을 표준어로 삼고, ㄴ을 버림.)

ㄱ	ㄴ	비고
난봉	봉	
낭떠러지	낭	
설거지-하다	설겆다	
애달프다	애닯다	
오동-나무	머귀-나무	
자두	오얏	

제2절 한자어

제21항　고유어 계열의 단어가 널리 쓰이고 그에 대응되는 한자어 계열의 단어가 용도를 잃게 된 것은, 고유어 계열의 단어만 표준어로 삼는다. (ㄱ을 표준어로 삼고, ㄴ을 버림.)

ㄱ	ㄴ	비고
가루-약	말-약	
구들-장	방-돌	
길품-삯	보행-삯	
까막-눈	맹-눈	
꼭지-미역	총각-미역	
나뭇-갓	시장-갓	
늘-다리	노닥다리	
두껍-닫이	두껍-창	
떡-암죽	병-암죽	
마른-갈이	건-갈이	
마른-빨래	건-빨래	
메-찰떡	반-찰떡	

박달-나무	배달-나무	
밥-소라	식-소라	큰 놋그릇
사래-논	사래-답	묘지기나 마름이 부쳐 먹는 땅
사래-밭	사래-전	
삯-말	삯-마	
성냥	화곽	
솟을-무늬	솟을-문(-紋)	
외-지다	벽-지다	
움-파	동-파	
잎-담배	잎-초	
잔-돈	잔-전	
조-당수	조-당죽	
죽데기	피-죽	'죽더기'도 비표준어임
지겟-다리	목-발	지게 동발의 양쪽 다리
짐-꾼	부지-군(負持-)	
푼-돈	분-전/푼-전	
흰-말	백-말/부루-말	'백마'는 표준어임
흰-죽	백-죽	

제22항 고유어 계열의 단어가 생명력을 잃고 그에 대응하는 한자어 계열의 단어가 널리 쓰이면, 한자어 계열의 단어를 표준어로 삼는다. (ㄱ을 표준어로 삼고, ㄴ을 버림.)

ㄱ	ㄴ	비고
개다리-소반	개다리-밥상	
겸-상	맞-상	
고봉-밥	높은-밥	
단-벌	홑-벌	
마방-집	마바리-집	馬房~
민망-스럽다/ 면구-스럽다	민주-스럽다	
방-고래	구들-고래	
부항-단지	뜸-단지	
산-누에	멧-누에	

산-줄기	멧-줄기/멧-발	
수-삼	무-삼	
심-돋우개	불-돋우개	
양-파	둥근-파	
어질-병	어질-머리	
윤-달	군-달	
장력-세다	장성-세다	
제-석	젯-돗	
총각-무	알-무/알타리-무	
칫-솔	잇-솔	
포수	총-댕이	

제3절   방언

제23항   방언이던 단어가 표준어보다 더 널리 쓰이게 된 것은, 그것을 표준어로 삼는다. 이 경우, 원래의 표준어는 그대로 표준어로 남겨 두는 것을 원칙으로 한다. (ㄱ을 표준어로 삼고, ㄴ도 표준어로 남겨 둠.)

ㄱ	ㄴ	비고
멍게	우렁쉥이	
물-방개	선두리	
애-순	어린-순	

제24항   방언이던 단어가 널리 쓰이게 됨에 따라 표준어이던 단어가 안 쓰이게 된 것은, 방언이던 단어를 표준어로 삼는다.   (ㄱ을 표준어로 삼고, ㄴ을 버림.)

ㄱ	ㄴ	비고
귀밑-머리	귓-머리	
까-뭉개다	까-무느다	
막상	마기	
빈대-떡	빈자-떡	
생인-손	생안-손	준말은 '생-손'임
역-겹다	역-스럽다	
코-주부	코-보	

제25항　의미가 똑같은 형태가 몇 가지 있을 경우, 그 중 어느 하나가 압도적으로 널리 쓰이면, 그 단어만을 표준어로 삼는다. (ㄱ을 표준어로 삼고, ㄴ을 버림.)

ㄱ	ㄴ	비고
-게끔	-게시리	
겸사-겸사	겸지-겸지/겸두-겸두	
고구마	참-감자	
고치다	낫우다	병을 ~.
골목-쟁이	골목-자기	
광주리	광우리	
괴통	호구	자루를 박는 부분
국-물	멀-국/말-국	
군-표	군용-어음	
길-잡이	길-앞잡이	'길라잡이'도 표준어임
까치-발	까치-다리	선반 따위를 받치는 물건
꼬창-모	말뚝-모	꼬챙이로 구멍을 뚫으면서 심은 모
나룻-배	나루	'나루[津]'는 표준어임
납-도리	민-도리	
농-지거리	기롱-지거리	다른 의미의 '기롱지거리'는 표준어임
다사-스럽다	다사-하다	간섭을 잘하다.
다오	다구	이리 ~.
담배-꽁초	담배-꼬투리/담배-꽁치/담배-꽁추	
담배-설대	대-설대	
대장-일	성냥-일	
뒤져-내다	뒤어-내다	
뒤통수-치다	뒤꼭지-치다	
등-나무	등-칡	
등-때기	등-떠리	'등'의 낮은 말

등잔-걸이	등경-걸이	
떡-보	떡-충이	
똑딱-단추	딸꼭-단추	
매-만지다	우미다	
먼-발치	먼-발치기	
며느리-발톱	뒷-발톱	
명주-붙이	주-사니	
목-메다	목-맺히다	
밀짚-모자	보릿짚-모자	
바가지	열-바가지/열-박	
바람-꼭지	바람-고다리	튜브의 바람을 넣는 구멍에 붙은, 쇠로 만든 꼭지
반-나절	나절-가웃	
반두	독대	그물의 한 가지
버젓-이	뉘연-히	
본-받다	법-받다	
부각	다시마-자반	
부끄러워-하다	부끄리다	
부스러기	부스럭지	
부지깽이	부지팽이	
부항-단지	부항-항아리	부스럼에서 피고름을 빨아내기 위하여 부항을 붙이는데 쓰는 자그마한 단지
붉으락-푸으락	푸르락-붉으락	
비켜-덩이	옆-사리미	김맬 때에 흙덩이를 옆으로 빼내는 일, 또는 그 흙덩이
빙충-이	빙충-맞이	작은말은 '뱅충이'
빠-뜨리다	빠-치다	'빠트리다'도 표준어임
뻣뻣-하다	왜긋다	
뽐-내다	느물다	
사로-잠그다	사로-채우다	자물쇠나 빗장 따위를 반 정도만 걸어 놓다.
살-풀이	살-막이	
상투-쟁이	상투-꼬부랑이	상투 튼 이를 놀리는 말
새앙-손이	생강-손이	
샛-별	새벽-별	

선-머슴		풋-머슴
섭섭-하다	애운-하다	
속-말	속-소리	국악 용어 '속소리'는 표준어임
손목-시계	팔목-시계/ 팔뚝-시계	
손-수레	손-구루마	'구루마'는 일본어임
쇠-고랑	고랑-쇠	
수도-꼭지	수도-고동	
숙성-하다	숙-지다	
순대	골집	
술-고래	술-꾸러기/술-부대/ 술-보/술-푸대	
식은-땀	찬-땀	
신기-롭다	신기-스럽다	'신기-하다'도 표준어임
쌍동-밤	쪽-밤	
쏜살-같이	쏜살-로	
아주	영판	
안-걸이	안-낚시	씨름 용어
안다미-씌우다	안다미-시키다	제가 담당할 책임을 남에게 넘기다.
안쓰럽다	안-슬프다	
안절부절-못하다	안절부절-하다	
앉은뱅이-저울	앉은-저울	
알-사탕	구슬-사탕	
암-내	곁땀-내	
앞-지르다	따라-먹다	
애-벌레	어린-벌레	
얕은-꾀	물탄-꾀	
언뜻	펀뜻	
언제나	노다지	
얼룩-말	워라-말	
열심-히	열심-으로	
입-담	말-담	

자배기	너벅지	
전봇-대	전선-대	
-지만	-지만서도	←--지마는
짓고-땡	지어-땡/ 짓고-땡이	
짧은-작	짜른-작	
찹-쌀	이-찹쌀	
청대-콩	푸른-콩	
칡-범	갈-범	

제5 절 복수 표준어

제26 항 한 가지 의미를 나타내는 형태 몇 가지가 널리 쓰이며 표준어 규정에 맞으면, 그 모두를 표준어로 삼는다.

복수 표준어	비고
가는-허리/잔-허리	
가락-엿/가래-엿	
가뭄/가물	
가엾다/가엽다	가엾어/가여워, 가엾은/가여운
감감-무소식/감감-소식	
개수-통/설거지-통	'설겆다'는 '설거지-하다'로
개숫-물/설거지-물	
갱-엿/검은-엿	
-거리다/-대다	가물-, 출렁-
거위-배/횟-배	
것/해	내 ~, 네 ~, 뉘 ~
게을러-빠지다/게을러-터지다	
고깃-간/푸줏-간	'고깃-관, 푸줏-관, 다림-방'은 비표준어임
곰곰/곰곰-이	
관계-없다/상관-없다	
교정-보다/준-보다	

구들-재/구재	
귀퉁-머리/귀퉁-배기	'귀퉁이'의 비어임
극성-떨다/극성-부리다	
기세-부리다/기세-피우다	
기승-떨다/기승-부리다	
깃-저고리/배내-옷/배냇-저고리	
꼬까/때때/고까	~신, ~옷
꼬리-별/살-별	
꽃-도미/붉-돔	
나귀/당-나귀	
날-걸/세-뿔	윷판의 쨀밭 다음의 셋째 밭
내리-글씨/세로-글씨	
넝쿨/덩굴	'덩쿨'은 비표준어임
녘/쪽	동~, 서~
눈-대중/눈-어림/눈-짐작	
느리-광이/느림-보/늘-보	
늦-모/마냥-모	←만이앙-모
다기-지다/다기-차다	
다달-이/매-달	
-다마다/-고말고	
다박-나룻/다박-수염	
닭의-장/닭-장	
댓-돌/툇-돌	
덧-창/겉-창	
독장-치다/독판-치다	
동자-기둥/쪼구미	
돼지-감자/뚱딴지	
되우/된통/되게	
두동-무니/두동-사니	윷놀이에서, 두 동이 한데 어울려 가는 말
뒷-갈망/뒷-감당	
뒷-말/뒷-소리	

들락-거리다/들랑-거리다	
들락-날락/들랑-날랑	
딴-전/딴-청	
땅-콩/호-콩	
땔-감/땔-거리	
-뜨리다/-트리다	깨-, 떨어-, 쏟-
뜬-것/뜬-귀신	
마룻-줄/용총-줄	돛대에 매어 놓은 줄. '이어줄'은 비표준어임
마-파람/앞-바람	
만장-판/만장-중(滿場中)	
만큼/만치	
말-동무/말-벗	
매-갈이/매-조미	
매-통/목-매	
먹-새/먹음-새	'먹음-먹이'는 비표준어임
멀찌감치/멀찌가니/멀찍이	
멱통/산-멱/산-멱통	
면-치레/외면-치레	
모-내다/모-심다	모-내기/모-심기
모쪼록/아무쪼록	
목판-되/모-되	
목화-씨/면화-씨	
무심-결/무심-중	
물-봉숭아/물-봉선화	
물-부리/빨-부리	
물-심부름/물-시중	
물추리-나무/물추리-막대	
물-타작/진-타작	
민둥-산/벌거숭이-산	
밑-층/아래-층	
바깥-벽/밭-벽	
바른/오른[右]	~손, ~쪽, ~편
발-모가지/발-목쟁이	'발목'의 비속어임

버들-강아지/버들-개지	
벌레/버러지	'벌거지, 벌러지'는 비표준어임
변덕-스럽다/변덕-맞다	
보-조개/볼-우물	
보통-내기/여간-내기/예사-내기	'행-내기'는 비표준어임
볼-따구니/볼-통이/볼-때기	'볼'의 비속어임
부침개-질/부침-질/지짐-질	'부치개-질'은 비표준어임
불똥-앉다/등화-지다/등화-앉다	
불-사르다/사르다	
비발/비용(費用)	
뾰두라지/뾰루지	
살-쾡이/삵	삵-피
삽살-개/삽사리	
상두-꾼/상여-꾼	'상도-꾼, 향도-꾼'은 비표준어임
상-씨름/소-걸이	
생/새앙/생강	
생-뿔/새앙-뿔/생강-뿔	'쇠뿔'의 형용
생-철/양-철	1. '서양-철'은 비표준어임 2. '生鐵'은 '무쇠'임
서럽다/섧다	'설다'는 비표준어임
서방-질/화냥-질	
성글다/성기다	
-(으)세요/-(으)셔요	
송이/송이-버섯	
수수-깡/수숫-대	
술-안주/안주	
-스레하다/-스름하다	거무-, 발그-
시늉-말/흉내-말	
시새-세사(細沙)	
신/신발	
신주-보/독보(櫝褓)	
심술-꾸러기/심술-쟁이	
쓸쓰레-하다/쓸쓰름-하다	
아귀-세다/아귀-차다	

아래-위/위-아래	
아무튼/어떻든/어쨌든/하여튼/여하튼	
앉음-새/앉음-앉음	
알은-척/알은-체	
애-갈이/애벌-갈이	
애꾸눈-이/외눈-박이	'외대-박이, 외눈-퉁이'는 비표준어임
양념-감/양념-거리	
어금버금-하다/어금지금-하다	
어기여차/어여차	
어림-잡다/어림-치다	
어이-없다/어처구니-없다	
어저께/어제	
언덕-바지/언덕-배기	
얼렁-뚱땅/엄벙-떵	
여왕-벌/장수-벌	
여쭈다/여쭙다	
여태/입때	'여직'은 비표준어임
여태-껏/이제-껏/입때-껏	'여직-껏'은 비표준어임
역성-들다/역성-하다	'편역-들다'는 비표준어임
연-달다/잇-달다	
엿-가락/엿-가래	
엿-기름/엿-길금	
엿-반대기/엿-자박	
오사리-잡놈/오색-잡놈	'오합-잡놈'은 비표준어임
옥수수/강냉이	~떡, ~묵, ~밥, ~튀김
왕골-기직/왕골-자리	
외겹-실/외올-실/홑-실	'홑겹-실, 올-실'은 비표준어임
외손-잡이/한손-잡이	
욕심-꾸러기/욕심-쟁이	
우레/천둥	우렛-소리/천둥-소리
우지/울-보	
을러-대다/을러-메다	
의심-스럽다/의심-쩍다	

단어	비고
-이에요/-이어요	
이틀-거리/당-고금	학질의 일종임
일일-이/하나-하나	
일찌감치/일찌거니	
입찬-말/입찬-소리	
자리-옷/잠-옷	
자물-쇠/자물-통	
장가-가다/장가-들다	'서방-가다'는 비표준어임
재롱-떨다/재롱-부리다	
제-가끔/제-각기	
좀-처럼/좀-체	'좀-체로, 좀-해선, 좀-해'는 비표준어임
줄-꾼/줄-잡이	
중신/중매	
짚-단/짚-못	
쪽/편	오른~, 왼~
차차/차츰	
책-씻이/책-거리	
척/체	모르는~, 잘난~
천연덕-스럽다/천연-스럽다	
철-따구니/철-딱서니/철-딱지	'철-때기'는 비표준어임
추어-올리다/추어-주다	'추켜-올리다'는 비표준어임
축-가다/축-나다	
침-놓다/침-주다	
통-꼭지/통-젖	통에 붙은 손잡이
파자-쟁이/해자-쟁이	점치는 이
편지-투/편지-틀	
한턱-내다/한턱-하다	
해웃-값/해웃-돈	'해우-차'는 비표준어임
혼자-되다/홀로-되다	
흠-가다/흠-나다/흠-지다	

제1장　총칙

제1항　표준 발음법은 표준어의 실제 발음을 따르되, 국어의 전통성과 합리성을 고려하여 정함을 원칙으로 한다.

제2장　자음과 모음

제2항　표준어의 자음은 다음 19개로 한다.

ㄱ ㄲ ㄴ ㄷ ㄸ ㄹ ㅁ ㅂ ㅃ ㅅ ㅆ ㅇ ㅈ ㅉ ㅊ ㅋ ㅌ ㅍ ㅎ

제3항　표준어의 모음은 다음 21개로 한다.

ㅏ ㅐ ㅑ ㅒ ㅓ ㅔ ㅕ ㅖ ㅗ ㅘ ㅙ ㅚ ㅛ ㅜ ㅝ ㅞ ㅟ ㅠ ㅡ ㅢ ㅣ

제4항　‘ㅏ ㅐ ㅓ ㅔ ㅗ ㅚ ㅜ ㅟ ㅡ ㅣ’는 단모음(單母音)으로 발음한다.

[붙임]　‘ㅚ, ㅟ’는 이중 모음으로 발음할 수 있다.

제5항　‘ㅑ ㅒ ㅕ ㅖ ㅘ ㅙ ㅛ ㅝ ㅞ ㅠ ㅢ’는 이중 모음으로 발음한다.

다만 1. 용언의 활용형에 나타나는 ‘져, 쪄, 쳐’는 [저, 쩌, 처]로 발음한다.

가지어 → 가져[가저]　　　　찌어 → 쪄[쩌]　　　　다치어 → 다쳐[다처]

다만 2. ‘예, 례’ 이외의 ‘ㅖ’는 [ㅔ]로도 발음한다.

계집[계: 집/게: 집]　　　　계시다[계: 시다/게: 시다]
시계[시계/시게](時計)　　　　연계[연계/연게](連繫)
몌별[몌별/메별](袂別)　　　　개폐[개폐/개페](開閉)
혜택[혜: 택/헤: 택](惠澤)　　　　지혜[지혜/지헤](智慧)

다만 3. 자음을 첫소리로 가지고 있는 음절의 ‘ㅢ’는 [ㅣ]로 발음한다.

늴리리　　　닁큼　　　무늬　　　띄어쓰기　　　씌어
틔어　　　희어　　　희떱다　　　희망　　　유희

다만 4. 단어의 첫 음절 이외의 '의'는 [ㅣ]로, 조사 '의'는 [ㅔ]로 발음함도 허용한다.

주의[주의/주이]　　　　　　　　　협의[혀븨/혀비]
우리의[우리의/우리에]　　　　　　강의의[강: 의의/강: 이에]

제3장　음의 길이

(1)　눈보라[눈: 보라]　　　　　말씨[말: 씨]　　　　　밤나무[밤: 나무]
　　　많다[만: 타]　　　　　　멀리[멀: 리]　　　　　벌리다[벌: 리다]

(2)　첫눈[천눈]　　　　　　　참말[참말]　　　　　　쌍동밤[쌍동밤]
　　　수많이[수: 마니]　　　　눈멀다[눈멀다]　　　　떠벌리다[떠벌리다]

다만, 합성어의 경우에는 둘째 음절 이하에서도 분명한 긴소리를 인정한다.

반신반의[반: 신 바: 늬/반: 신 바: 니]　　　　　재삼재사[재: 삼 재: 사]

[붙임]　용언의 단음절 어간에 어미 '-아/-어'가 결합되어 한 음절로 축약되는 경우에도 긴소리로 발음한다.

보아 → 봐[봐:]　　　　기어 → 겨[겨:]　　　　되어 → 돼[돼:]
두어 → 둬[둬:]　　　　하여 → 해[해:]

다만, '오아 → 와, 지어 → 져, 찌어 → 쪄, 치어 → 처' 등은 긴소리로 발음하지 않는다.

1. 단음절인 용언 어간에 모음으로 시작된 어미가 결합되는 경우

감다[감: 따] – 감으니[가므니]　　　　밟다[밥: 따] – 밟으면[발브면]
신다[신: 따] – 신어[시너]　　　　　　알다[알: 다] – 알아[아라]

다만, 다음과 같은 경우에는 예외적이다.

끌다[끌: 다] – 끌어[끄: 러]　　　　떫다[떨: 따] – 떫은[떨: 븐]
벌다[벌: 다] – 벌어[버: 러]　　　　썰다[썰: 다] – 썰어[써: 러]
없다[업: 따] – 없으니[업: 쓰니]

2. 용언 어간에 피동, 사동의 접미사가 결합되는 경우

감다[감: 따] – 감기다[감기다]   꼬다[꼬: 다] – 꼬이다[꼬이다]
밟다[밥: 따] – 밟히다[발피다]

다만, 다음과 같은 경우에는 예외적이다.

끌리다[끌: 리다]   벌리다[벌: 리다]   없애다[업: 쌔다]

[붙임] 다음과 같은 복합어에서는 본디의 길이에 관계없이 짧게 발음한다.

밀–물   썰–물   쏜–살–같이   작은–아버지

제4장 받침의 발음

제8항   받침소리로는 'ㄱ, ㄴ, ㄷ, ㄹ, ㅁ, ㅂ, ㅇ'의 7개 자음만 발음한다.

제9항   받침 'ㄲ, ㅋ', 'ㅅ, ㅆ, ㅈ, ㅊ, ㅌ', 'ㅍ'은 어말 또는 자음 앞에서 각각 대표음 [ㄱ, ㄷ, ㅂ]으로 발음한다.

닦다[닥따]   키읔[키윽]   키읔과[키윽꽈]   옷[옫]
웃다[욷: 따]   있다[읻따]   젖[젇]   빗다[빋따]
꽃[꼳]   쫓다[쫃따]   솥[솓]   뱉다[밷: 따]
앞[압]   덮다[덥따]

제10항   겹받침 'ㄳ', 'ㄵ', 'ㄼ, ㄽ, ㄾ', 'ㅄ'은 어말 또는 자음 앞에서 각각 [ㄱ, ㄴ, ㄹ, ㅂ]으로 발음한다.

넋[넉]   넋과[넉꽈]   앉다[안따]   여덟[여덜]
외곬[외골]   핥다[할따]   값[갑]   없다[업: 따]
넓다[널따]

다만, '밟–'은 자음 앞에서 [밥]으로 발음하고, '넓–'은 다음과 같은 경우에 [넙]으로 발음한다.

(1) 밟다[밥: 따]   밟소[밥: 쏘]   밟지[밥: 찌]
    밟는[밥: 는 → 밤: 는]   밟게[밥: 께]   밟고[밥: 꼬]

(2) 넓–죽하다[넙쭈카다]   넓–둥글다[넙뚱글다]

제11항   겹받침 'ㄺ, ㄻ, ㄿ'은 어말 또는 자음 앞에서 각각 [ㄱ, ㅁ, ㅂ]으로 발음한다.

닭[닥]   흙과[흑꽈]   맑다[막따]   늙지[늑찌]
젊다[점: 따]   읊고[읍꼬]   읊다[읍따]   삶[삼:]

다만, 용언의 어간 말음 'ㄺ'은 'ㄱ' 앞에서 [ㄹ]로 발음한다.

맑게[말께]   맑고[물꼬]   얽거나[얼꺼나]

1. 'ㅎ(ㄶ, ㅀ)' 뒤에 'ㄱ, ㄷ, ㅈ'이 결합되는 경우에는, 뒤 음절 첫소리와 합쳐서 [ㅋ, ㅌ, ㅊ]으로 발음한다.

놓고[노코]   좋던[조: 턴]   쌓지[싸치]   많고[만: 코]
않던[안턴]   닳지[달치]

[붙임 1]   받침 'ㄱ(ㄺ), ㄷ, ㅂ(ㄼ), ㅈ(ㄵ)'이 뒤 음절 첫소리 'ㅎ'과 결합되는 경우에도, 역시 두 음을 합쳐서 [ㅋ, ㅌ, ㅍ, ㅊ]으로 발음한다.

각하[가카]   먹히다[머키다]   밝히다[발키다]   맏형[마텽]
좁히다[조피다]   넓히다[널피다]   꽂히다[꼬치다]   앉히다[안치다]

[붙임 2]   규정에 따라 'ㄷ'으로 발음되는 'ㅅ, ㅈ, ㅊ, ㅌ'의 경우에도 이에 준한다.

옷 한 벌[오탄벌]   낮 한때[나탄때]
꽃 한 송이[꼬탄송이]   숱하다[수타다]

2. 'ㅎ(ㄶ, ㅀ)' 뒤에 'ㅅ'이 결합되는 경우에는, 'ㅅ'을 [ㅆ]으로 발음한다.

닿소[다: 쏘]   많소[만: 쏘]   싫소[실쏘]

3. 'ㅎ' 뒤에 'ㄴ'이 결합되는 경우에는, [ㄴ]으로 발음한다.

놓는[논는]   쌓네[싼네]

[붙임]   'ㄶ, ㅀ' 뒤에 'ㄴ'이 결합되는 경우에는, 'ㅎ'을 발음하지 않는다.

않네[안네]   않는[안는]
뚫네[뚤네 → 뚤레]   뚫는[뚤는 → 뚤른]

※ '뚫네[뚤네 → 뚤레], 뚫는[뚤는 → 뚤른]'에 대해서는 제 20 항 참조

4. 'ㅎ(ㄶ, ㅀ)' 뒤에 모음으로 시작된 어미나 접미사가 결합되는 경우에는, 'ㅎ'을 발음하지 않는다.

낳은[나은]　　　　놓아[노아]　　　　쌓이다[싸이다]　　　　많아[마: 나]
않은[아는]　　　　닳아[다라]　　　　싫어도[시러도]

깎아[까까]　　　　옷이[오시]　　　　있어[이써]　　　　낮이[나지]
꽂아[꼬자]　　　　꽃을[꼬츨]　　　　쫓아[쪼차]　　　　밭에[바테]
앞으로[아프로]　　덮이다[더피다]

넋이[넉씨]　　　　앉아[안자]　　　　닭을[달글]　　　　젊어[절머]
곬이[골씨]　　　　핥아[할타]　　　　읊어[을퍼]　　　　값을[갑쓸]
없어[업: 써]

밭 아래[바다래]　　늪 앞[느밥]　　　　젖어미[저더미]　　　맛없다[마덥따]
겉옷[거돋]　　　　헛웃음[허두슴]　　　꽃 위[꼬뒤]

다만, '맛있다, 멋있다'는 [마신따], [머신따]로도 발음할 수 있다.

[붙임]　겹받침의 경우에는, 그중 하나만을 옮겨 발음한다.

넋 없다[너겁따]　　　　　　　　　닭 앞에[다가페]
값어치[가버치]　　　　　　　　　값있는[가빈는]

디귿이[디그시]　　　　　　디귿을[디그슬]　　　　　　디귿에[디그세]
지읒이[지으시]　　　　　　지읒을[지으슬]　　　　　　지읒에[지으세]
치읓이[치으시]　　　　　　치읓을[치으슬]　　　　　　치읓에[치으세]
키읔이[키으기]　　　　　　키읔을[키으글]　　　　　　키읔에[키으게]
티읕이[티으시]　　　　　　티읕을[티으슬]　　　　　　티읕에[티으세]
피읖이[피으비]　　　　　　피읖을[피으블]　　　　　　피읖에[피으베]
히읗이[히으시]　　　　　　히읗을[히으슬]　　　　　　히읗에[히으세]

제5장　음의 동화

제17항　받침 'ㄷ, ㅌ(ㄾ)'이 조사나 접미사의 모음 'ㅣ'와 결합되는 경우에는, [ㅈ, ㅊ]으로 바꾸어서 뒤 음절 첫소리로 옮겨 발음한다.

곧이듣다[고지듣따]　　　　굳이[구지]　　　　　　미닫이[미ː다지]
땀받이[땀바지]　　　　　　밭이[바치]　　　　　　벼훑이[벼홀치]

[붙임]　'ㄷ' 뒤에 접미사 '히'가 결합되어 '티'를 이루는 것은 [치]로 발음한다.

굳히다[구치다]　　　　　　닫히다[다치다]　　　　　　묻히다[무치다]

제18항　받침 'ㄱ(ㄲ, ㅋ, ㄳ, ㄺ), ㄷ(ㅅ, ㅆ, ㅈ, ㅊ, ㅌ, ㅎ), ㅂ(ㅍ, ㄼ, ㄿ, ㅄ)'은 'ㄴ, ㅁ' 앞에서 [ㅇ, ㄴ, ㅁ]으로 발음한다.

먹는[멍는]　　　　국물[궁물]　　　　깎는[깡는]　　　　키읔만[키응만]
몫몫이[몽목씨]　　　긁는[궁는]　　　　흙만[흥만]　　　　닫는[단는]
짓는[진ː는]　　　　옷맵시[온맵씨]　　있는[인는]　　　　맞는[만는]
젖멍울[전멍울]　　　쫓는[쫀는]　　　　꽃망울[꼰망울]　　붙는[분는]
놓는[논는]　　　　잡는[잠는]　　　　밥물[밤물]　　　　앞마당[암마당]
밟는[밤ː는]　　　　읊는[음는]　　　　없는[엄ː는]

[붙임]　두 단어를 이어서 한 마디로 발음하는 경우에도 이와 같다.

책 넣는다[챙넌는다]　　　흙 말리다[흥말리다]　　　옷 맞추다[온맏추다]
밥 먹는다[밤멍는다]　　　값 매기다[감매기다]

제19 항 받침 'ㅁ, ㅇ' 뒤에 연결되는 'ㄹ'은 [ㄴ]으로 발음한다.

담력[담: 녁] 　　　침략[침: 냑] 　　　강릉[강능]
항로[항: 노] 　　　대통령[대: 통녕]

[붙임] 받침 'ㄱ, ㅂ' 뒤에 연결되는 'ㄹ'도 [ㄴ]으로 발음한다.

막론[막논 → 망논] 　　　석류[석뉴 → 성뉴]
협력[협녁 → 혐녁] 　　　법리[법니 → 범니]

제20 항 'ㄴ'은 'ㄹ'의 앞이나 뒤에서 [ㄹ]로 발음한다.

(1) 난로[날: 로] 　　　신라[실라] 　　　천리[철리]
　　광한루[광: 할루] 　　　대관령[대: 괄령]

(2) 칼날[칼랄] 　　　물난리[물랄리] 　　　줄넘기[줄럼끼]
　　할는지[할른지]

[붙임] 첫소리 'ㄴ'이 'ㅀ', 'ㄾ' 뒤에 연결되는 경우에도 이에 준한다.

닳는[달른] 　　　뚫는[뚤른] 　　　핥네[할레]

다만, 다음과 같은 단어들은 'ㄹ'을 [ㄴ]으로 발음한다.

의견란[의: 견난] 　　　임진란[임: 진난] 　　　생산량[생산냥]
결단력[결딴녁] 　　　공권력[공꿘녁] 　　　동원령[동: 원녕]
상견례[상견녜] 　　　횡단로[횡단노] 　　　이원론[이: 원논]
입원료[이붠뇨] 　　　구근류[구근뉴]

제21 항 위에서 지적한 이외의 자음 동화는 인정하지 않는다.

감기[감: 기](×[강: 기]) 　　　옷감[옫깜](×[옥깜])
있고[읻꼬](×[익꼬]) 　　　꽃길[꼳낄](×[꼭낄])
젖먹이[전머기](×[점머기]) 　　　문법[문뻡](×[뭄뻡])
꽃밭[꼳빧](×[꼽빧])

제22항 다음과 같은 용언의 어미는 [어]로 발음함을 원칙으로 하되, [여]로 발음함도 허용한다.

되어[되어/되여]   피어[피어/피여]

[붙임] '이오, 아니오'도 이에 준하여 [이요, 아니요]로 발음함을 허용한다.

제6장 경음화

제23항 받침 'ㄱ(ㄲ, ㅋ, ㄳ, ㄺ), ㄷ(ㅅ, ㅆ, ㅈ, ㅊ, ㅌ), ㅂ(ㅍ, ㄼ, ㄿ, ㅄ)' 뒤에 연결되는 'ㄱ, ㄷ, ㅂ, ㅅ, ㅈ'은 된소리로 발음한다.

국밥[국빱]	깎다[깍따]	넋받이[넉빠지]	삯돈[삭똔]
닭장[닥짱]	칡범[칙뻠]	뻗대다[뻗때다]	옷고름[옫꼬름]
있던[읻떤]	꽂고[꼳꼬]	꽃다발[꼳따발]	낯설다[낟썰다]
밭갈이[받까리]	솥전[솓쩐]	곱돌[곱똘]	덮개[덥깨]
옆집[엽찝]	넓죽하다[넙쭈카다]	읊조리다[읍쪼리다]	값지다[갑찌다]

제24항 어간 받침 'ㄴ(ㄵ), ㅁ(ㄻ)' 뒤에 결합되는 어미의 첫소리 'ㄱ, ㄷ, ㅅ, ㅈ'은 된소리로 발음한다.

신고[신: 꼬]	껴안다[껴안따]	앉고[안꼬]	엄다[언따]
삼고[삼: 꼬]	더듬지[더듬찌]	닮고[담: 꼬]	젊지[점: 찌]

다만, 피동, 사동의 접미사 '-기-'는 된소리로 발음하지 않는다.

안기다   감기다   굶기다   옮기다

제25항 어간 받침 'ㄼ, ㄾ' 뒤에 결합되는 어미의 첫소리 'ㄱ, ㄷ, ㅅ, ㅈ'은 된소리로 발음한다.

넓게[널께]   핥다[할따]   훑소[훌쏘]   떫지[떨: 찌]

제26 항 한자어에서, 'ㄹ' 받침 뒤에 연결되는 'ㄷ, ㅅ, ㅈ'은 된소리로 발음한다.

갈등[갈뜽]	발동[발똥]	절도[절또]	말살[말쌀]
불소[불쏘](弗素)	일시[일씨]	갈증[갈쯩]	물질[물찔]
발전[발쩐]	몰상식[몰쌍식]	불세출[불쎄출]	

다만, 같은 한자가 겹쳐진 단어의 경우에는 된소리로 발음하지 않는다.

허허실실[허허실실](虛虛實實)　　　　절절-하다[절절하다](切切-)

제27 항 관형사형 '-(으)ㄹ' 뒤에 연결되는 'ㄱ, ㄷ, ㅂ, ㅅ, ㅈ'은 된소리로 발음한다.

할 것을[할꺼슬]	갈 데가[갈떼가]	할 바를[할빠를]	할 수는[할쑤는]
할 적에[할쩌게]	갈 곳[갈꼳]	할 도리[할또리]	만날 사람[만날싸람]

다만, 끊어서 말할 적에는 예사소리로 발음한다.

[붙임]　'-(으)ㄹ'로 시작되는 어미의 경우에도 이에 준한다.

할걸[할껄]	할밖에[할빠께]	할세라[할쎄라]
할수록[할쑤록]	할지라도[할찌라도]	할지언정[할찌언정]
할진대[할찐대]		

제28 항 표기상으로는 사이시옷이 없더라도, 관형격 기능을 지니는 사이시옷이 있어야 할(휴지가 성립되는) 합성어의 경우에는, 뒤 단어의 첫소리 'ㄱ, ㄷ, ㅂ, ㅅ, ㅈ'을 된소리로 발음한다.

문-고리[문꼬리]	눈-동자[눈똥자]	신-바람[신빠람]	산-새[산쌔]
손-재주[손째주]	길-가[길까]	물-동이[물똥이]	발-바닥[발빠닥]
굴-속[굴: 쏙]	술-잔[술짠]	바람-결[바람껼]	그믐-달[그믐딸]
아침-밥[아침빱]	잠-자리[잠짜리]	강-가[강까]	초승-달[초승딸]
등-불[등뿔]	창-살[창쌀]	강-줄기[강쭐기]	

제7장 음의 첨가

솜-이불[솜: 니불]	홑-이불[혼니불]	막-일[망닐]
삯-일[상닐]	맨-입[맨닙]	꽃-잎[꼰닙]
내복-약[내: 봉냑]	한-여름[한녀름]	남존-여비[남존녀비]
신-여성[신녀성]	색-연필[생년필]	직행-열차[지캥녈차]
늑막-염[능망념]	콩-엿[콩녇]	담-요[담: 뇨]
눈-요기[눈뇨기]	영업-용[영엄뇽]	식용-유[시굥뉴]
백분-율[백뿐뉼]	밤-윷[밤: 뉻]	

다만, 다음과 같은 말들은 'ㄴ' 음을 첨가하여 발음하되, 표기대로 발음할 수 있다.

이죽-이죽[이중니죽/이주기죽]

검열[검: 녈/거: 멸]

금융[금늉/그뮹]

야금-야금[야금냐금/야그먀금]

욜랑-욜랑[욜랑뇰랑/욜랑욜랑]

[붙임 1] 'ㄹ' 받침 뒤에 첨가되는 'ㄴ' 음은 [ㄹ]로 발음한다.

들-일[들: 릴]	솔-잎[솔립]	설-익다[설릭따]
물-약[물략]	불-여우[불려우]	서울-역[서울력]
물-엿[물렫]	휘발-유[휘발류]	유들-유들[유들류들]

[붙임 2] 두 단어를 이어서 한 마디로 발음하는 경우에도 이에 준한다.

한 일[한닐]	옷 입다[온닙따]	서른여섯[서른녀섣]
3 연대[삼년대]	먹은 엿[머근녇]	할 일[할릴]
잘 입다[잘립따]	스물여섯[스물려섣]	1 연대[일련대]
먹을 엿[머글렫]		

다만, 다음과 같은 단어에서는 'ㄴ(ㄹ)' 음을 첨가하여 발음하지 않는다.

6 · 25[유기오]	3 · 1절[사밀쩔]
송별-연[송: 벼련]	등-용문[등용문]

1. 'ㄱ, ㄷ, ㅂ, ㅅ, ㅈ'으로 시작하는 단어 앞에 사이시옷이 올 때는 이들 자음만을 된소리로 발음하는 것을 원칙으로 하되, 사이시옷을 [ㄷ]으로 발음하는 것도 허용한다.

냇가[내: 까/낻: 까]	샛길[새: 낄/샌: 낄]
빨랫돌[빨래똘/빨랟똘]	콧등[코뜽/콘뜽]
깃발[기빨/긷빨]	대팻밥[대: 패빱/대: 팯빱]
햇살[해쌀/핻쌀]	뱃속[배쏙/밷쏙]
뱃전[배쩐/밷쩐]	고갯짓[고개찓/고갣찓]

2. 사이시옷 뒤에 'ㄴ, ㅁ'이 결합되는 경우에는 [ㄴ]으로 발음한다.

콧날[콛날 → 콘날]	아랫니[아랟니 → 아랜니]
툇마루[퇻: 마루 → 퇸: 마루]	뱃머리[밷머리 → 밴머리]

3. 사이시옷 뒤에 '이' 음이 결합되는 경우에는 [ㄴㄴ]으로 발음한다.

베갯잇[베갣닏 → 베갠닏]	깻잎[깯닙 → 깬닙]
나뭇잎[나묻닙 → 나문닙]	도리깻열[도리깯녈 → 도리깬녈]
뒷윷[뒫: 뉻 → 뒨: 뉻]	

외래어 표기법

제1장 표기의 기본 원칙

제1항 외래어는 국어의 현용 24 자모만으로 적는다.

제2항 외래어의 1 음운은 원칙적으로 1 기호로 적는다.

제3항 받침에는 'ㄱ, ㄴ, ㄹ, ㅁ, ㅂ, ㅅ, ㅇ'만을 쓴다.

제4항 파열음 표기에는 된소리를 쓰지 않는 것을 원칙으로 한다.

제5항 이미 굳어진 외래어는 관용을 존중하되, 그 범위와 용례는 따로 정한다.

제2장 표기 일람표(생략)

제3장 표기 세칙

제1절 영어의 표기

표 1에 따라 적되, 다음 사항에 유의하여 적는다.

제1항 무성 파열음([p], [t], [k])

1. 짧은 모음 다음의 어말 무성 파열음([p], [t], [k])은 받침으로 적는다.

   gap[ɡæp] 갭　　　　　　　cat[kæt] 캣　　　　　　　book[buk] 북

2. 짧은 모음과 유음·비음([l], [r], [m], [n]) 이외의 자음 사이에 오는 무성 파열음 ([p], [t], [k])은 받침으로 적는다.

   apt[æpt] 앱트　　　　　　setback[setbæk] 셋백　　　　act[ækt] 액트

3. 위 경우 이외의 어말과 자음 앞의 [p], [t], [k]는 '으'를 붙여 적는다.

   stamp[stæmp] 스탬프　　　　　　cape[keip] 케이프
   nest[nest] 네스트　　　　　　　　part[pɑː t] 파트
   desk[desk] 데스크　　　　　　　　make[meik] 메이크
   apple[æpl] 애플　　　　　　　　　mattress[mætris] 매트리스
   chipmunk[tʃipmʌŋk] 치프멍크　　sickness[siknis] 시크니스

어말과 모든 자음 앞에 오는 유성 파열음은 '으'를 붙여 적는다.

bulb[bʌlb] 벌브   land[lænd] 랜드
zigzag[zigzæg] 지그재그   lobster[lɔbstə] 로브스터
kidnap[kidnæp] 키드냅   signal[signəl] 시그널

제3항   마찰음([s], [z], [f], [v], [θ], [ð], [ʃ], [ʒ])

1. 어말 또는 자음 앞의 [s], [z], [f], [v], [θ], [ð]는 '으'를 붙여 적는다.

   mask[mɑ: sk] 마스크   jazz[dʒæz] 재즈
   graph[græf] 그래프   olive[ɔliv] 올리브
   thrill[θril] 스릴   bathe[beið] 베이드

2. 어말의 [ʃ]는 '시'로 적고, 자음 앞의 [ʃ]는 '슈'로, 모음 앞의 [ʃ]는 뒤따르는 모음에 따라 '샤', '섀', '셔', '셰', '쇼', '슈', '시'로 적는다.

   flash[flæʃ] 플래시   shrub[ʃrʌb] 슈러브
   shark[ʃɑ: k] 샤크   shank[ʃæŋk] 섕크
   fashion[fæʃən] 패션   sheriff[ʃerif] 셰리프
   shopping[ʃɔpiŋ] 쇼핑   shoe[ʃu:] 슈
   shim[ʃim] 심

3. 어말 또는 자음 앞의 [ʒ]는 '지'로 적고, 모음 앞의 [ʒ]는 'ㅈ'으로 적는다.

   mirage[mirɑ: ʒ] 미라지   vision[viʒən] 비전

제4항   파찰음([ts], [dz], [tʃ], [dʒ])

1. 어말 또는 자음 앞의 [ts], [dz]는 '츠', '즈'로 적고, [tʃ], [dʒ]는 '치', '지'로 적는다.

   Keats[ki: ts] 키츠   odds[ɔdz] 오즈
   switch[switʃ] 스위치   bridge[bridʒ] 브리지
   Pittsburgh[pitsbə: g] 피츠버그   hitchhike[hitʃhaik] 히치하이크

2. 모음 앞의 [tʃ], [dʒ]는 'ㅊ', 'ㅈ'으로 적는다.

   chart[tʃɑ: t] 차트   virgin[və: dʒin] 버진

1. 어말 또는 자음 앞의 비음은 모두 받침으로 적는다.

steam[stiːm] 스팀 corn[kɔːn] 콘
ring[riŋ] 링 lamp[læmp] 램프
hint[hint] 힌트 ink[iŋk] 잉크

2. 모음과 모음 사이의 [ŋ]은 앞 음절의 받침 'ㅇ'으로 적는다.

hanging[hæŋiŋ] 행잉 longing[lɔŋiŋ] 롱잉

1. 어말 또는 자음 앞의 [l]은 받침으로 적는다.

hotel[houtel] 호텔 pulp[pʌlp] 펄프

2. 어중의 [l]이 모음 앞에 오거나, 모음이 따르지 않는 비음([m], [n]) 앞에 올 때에는 'ㄹㄹ'로 적는다. 다만, 비음([m], [n]) 뒤의 [l]은 모음 앞에 오더라도 'ㄹ'로 적는다.

slide[slaid] 슬라이드 film[film] 필름
helm[helm] 헬름 swoln[swouln] 스월른
Hamlet[hæmlit] 햄릿 Henley[henli] 헨리

장모음의 장음은 따로 표기하지 않는다.

team[tiːm] 팀 route[ruːt] 루트

중모음은 각 단모음의 음가를 살려서 적되, [ou]는 '오'로, [auə]는 '아워'로 적는다.

time[taim] 타임 house[haus] 하우스
skate[skeit] 스케이트 oil[ɔil] 오일
boat[bout] 보트 tower[tauə] 타워

---

1) 이 '중모음(重母音)'은 '이중 모음(二重母音)'으로, '중모음(中母音)'과 혼동하지 않도록 한다.

1. [w]는 뒤따르는 모음에 따라 [wə], [wɔ], [wou]는 '워', [wɑ]는 '와', [wæ]는 '왜', [we]는 '웨', [wi]는 '위', [wu]는 '우'로 적는다.

word[wə: d] 워드	want[wɔnt] 원트
woe[wou] 워	wander[wɑndə] 완더
wag[wæg] 왜그	west[west] 웨스트
witch[witʃ] 위치	wool[wul] 울

2. 자음 뒤에 [w]가 올 때에는 두 음절로 갈라 적되, [gw], [hw], [kw]는 한 음절로 붙여 적는다.

swing[swiŋ] 스윙	twist[twist] 트위스트
penguin[peŋgwin] 펭귄	whistle[hwisl] 휘슬
quarter[kwɔ: tə] 쿼터	

3. 반모음 [j]는 뒤따르는 모음과 합쳐 '야', '얘', '여', '예', '요', '유', '이'로 적는다. 다만, [d], [l], [n] 다음에 [jə]가 올 때에는 각각 '디어', '리어', '니어'로 적는다.

yard[jɑ: d] 야드	yank[jæŋk] 얭크
yearn[jə: n] 연	yellow[jelou] 옐로
yawn[jɔ: n] 욘	you[ju:] 유
year[jiə] 이어	Indian[indjən] 인디언
battalion[bətæljən] 버탤리언	union[ju: njən] 유니언

1. 따로 설 수 있는 말의 합성으로 이루어진 복합어는 그것을 구성하고 있는 말이 단독으로 쓰일 때의 표기대로 적는다.

cuplike[kʌplaik] 컵라이크	bookend[bukend] 북엔드
headlight[hedlait] 헤드라이트	touchwood[tʌtʃwud] 터치우드
sit-in[sitin] 싯인	bookmaker[bukmeikə] 북메이커
flashgun[flæʃgʌn] 플래시건	topknot[tɔpnɔt] 톱놋

---

2) 이 '복합어'는 학교 문법 용어에 따르면 '합성어'가 된다. 이하 같다.

2. 원어에서 띄어 쓴 말은 띄어 쓴 대로 한글 표기를 하되, 붙여 쓸 수도 있다.

　　　Los Alamos[lɔs æləmous] 로스 앨러모스/로스앨러모스

　　　top class[tɔpklæs] 톱 클래스/톱클래스

제2절 독일어의 표기

표 1을 따르고, 제1절(영어의 표기 세칙)을 준용한다. 다만, 독일어의 독특한 것은 그 특징을 살려서 다음과 같이 적는다.

제1항　[r]

1. 자음 앞의 [r]는 '으'를 붙여 적는다.

　　　Hormon[hɔrmo: n] 호르몬　　　　　　　Hermes[hɛrmɛs] 헤르메스

2. 어말의 [r]와 '-er[ər]'는 '어'로 적는다.

　　　Herr[hɛr] 헤어　　　　　　　　Razur[razu: r] 라주어
　　　Tür[ty: r] 튀어　　　　　　　　Ohr[o: r] 오어
　　　Vater[fa: tər] 파터　　　　　　Schiller[ʃilər] 실러

3. 복합어 및 파생어의 선행 요소가 [ər]로 끝나는 경우는 2의 규정을 준용한다.

　　　verarbeiten[fɛrarbaitƏn] 페어아르바이텐
　　　zerknirschen[tsɛrknirʃƏn] 체어크니르셴
　　　Fürsorge[fy : rzorgə] 퓌어조르게
　　　Vorbild[fo : rbilt] 포어빌트
　　　außerhalb[ausərhalp] 아우서할프
　　　Urkunde[u : rkundə] 우어쿤데
　　　Vaterland[fa : tərlant] 파터란트

제2항　어말의 파열음은 '으'를 붙여 적는 것을 원칙으로 한다.

　　　Rostock[rɔstɔk] 로스토크　　　　　　Stadt[ʃtat] 슈타트

제3항　철자 'berg', 'burg'는 '베르크', '부르크'로 통일해서 적는다.

　　　Heidelberg[haidəlbɛrk, −bɛrç] 하이델베르크

Hamburg[hamburk, -burç] 함부르크

1. 어말 또는 자음 앞에서는 '슈'로 적는다.

    Mensch[menʃ] 멘슈   Mischling[miʃliŋ] 미슐링

2. [y], [ø] 앞에서는 'ㅅ'으로 적는다.

    Schüler[ʃy: lər] 쉴러   schön[ʃø: n] 쇤

3. 그 밖의 모음 앞에서는 뒤따르는 모음에 따라 '샤, 쇼, 슈' 등으로 적는다.

    Schatz[ʃats] 샤츠   schon[ʃo: n] 숀
    Schule[ʃu: lə] 슐레   Schelle[ʃɛlə] 셸레

    läuten[lɔytən] 로이텐   Fräulein[frɔylain] 프로일라인
    Europa[ɔyro: pa] 오이로파   Freundin[frɔyndin] 프로인딘

제 3 절 프랑스어의 표기

표 1에 따르고, 제 1 절(영어의 표기 세칙)을 준용한다. 다만, 프랑스어의 독특한 것은 그 특징을 살려서 다음과 같이 적는다.

1. 어말에서는 '으'를 붙여서 적는다.

    soupe[sup] 수프   tête[tɛt] 테트
    avec[avɛk] 아베크   baobab[baɔbab] 바오바브
    ronde[rɔ̃: d] 롱드   bague[bag] 바그

2. 구강 모음과 무성 자음 사이에 오는 무성 파열음('구강 모음+무성 파열음+무성 파열음 또는 무성 마찰음'의 경우)은 받침으로 적는다.

    septembre[sɛptɑ̃: br] 셉탕브르   apte[apt] 압트
    octobre[ɔktɔbr] 옥토브르   action[aksjɔ̃] 악시옹

1. 어말과 자음 앞의 [ʃ], [ʒ]는 '슈', '주'로 적는다.

    manche[mãː ʃ] 망슈   piége[pjɛː ʒ] 피에주

    acheter[aʃte] 아슈테   dégeler[deʒle] 데줄레

2. [ʃ]가 [ə], [w] 앞에 올 때에는 뒤따르는 모음과 합쳐 '슈'로 적는다.

    chemise[ʃəmiː z] 슈미즈   chevalier[ʃəvalje] 슈발리에

    choix[ʃwa] 슈아   chouette[ʃwɛt] 슈에트

3. [ʃ]가 [y], [œ], [ø] 및 [j], [ɥ] 앞에 올 때에는 'ㅅ'으로 적는다.

    chute[ʃyt] 쉬트   chuchoter[ʃyʃɔte] 쉬쇼테

    pêcheur[pɛʃœː r] 페쇠르   shunt[ʃœ̃ː t] 쇵트

    fâcheux[faʃø] 파쇠   chien[ʃjɛ̃] 시앵

    chuinter[ʃɥɛ̃te] 쉬앵테

1. 어말과 자음 앞의 [ɲ]는 '뉴'로 적는다.

    campagne[kapaɲ] 캉파뉴   dignement[diɲmã] 디뉴망

2. [ɲ]가 '아, 에, 오, 우' 앞에 올 때에는 뒤따르는 모음과 합쳐 각각 '냐, 녜, 뇨, 뉴로 적는다.

    saignant[sɛɲã] 세냥   peigner[peɲe] 페녜

    agneau[aɲo] 아뇨   mignon[miɲɔ̃] 미뇽

3. [ɲ]가 [ə], [w] 앞에 올 때에는 뒤따르는 소리와 합쳐 '뉴'로 적는다.

    lorgnement[lɔrɲəmã] 로르뉴망   baignoire[bɛɲwaː r] 베뉴아르

4. 그 밖의 [ɲ]는 'ㄴ'으로 적는다.

    magnifique[maɲifik] 마니피크   guignier[giɲje] 기니에

    gagneur[gaɲœː r] 가뇌르   montagneux[mɔtaɲø] 몽타뇌

    peignures[pɛɲyː r] 페뉘르

1. 어말에 올 때에는 '유'로 적는다.

Marseille[marsɛj] 마르세유   taille[tɑː j] 타유

2. 모음 사이의 [j]는 뒤따르는 모음과 합쳐 '예, 옝, 야, 양, 요, 용, 유, 이' 등으로 적는다. 다만, 뒷모음이 [ø], [œ]일 때에는 '이'로 적는다.

payer[peje] 페예   billet[bijɛ] 비예
moyen[mwajɛ̃] 무아옝   pleiade[plejad] 플레야드
ayant[ɛjɑ̃] 에양   noyau[nwajo] 누아요
crayon[krɛjɔ̃] 크레용   voyou[vwaju] 부아유
cueillir[kœjiː r] 쾨이르   aïeul[ajœl] 아이욀
aïeux[aj ø] 아이외

3. 그 밖의 [j]는 '이'로 적는다.

hier[jɛː r] 이에르   Montesquieu[mɔ̃tɛskj ø] 몽테스키외
champion[ʃɑ̃pjɔ̃] 샹피옹   diable[djɑː bl] 디아블

[w]는 '우'로 적는다.

alouette[alwɛt] 알루에트   douane[dwan] 두안
quoi[kwa] 쿠아   toi[twa] 투아

제4절 에스파냐어의 표기

표 2에 따라 적되, 다음과 같은 특징을 살려서 적는다.

gu, qu는 i, e 앞에서는 각각 'ㄱ, ㅋ'으로 적고, o 앞에서는 '구, 쿠'로 적는다. 다만, a 앞에서는 그 a와 합쳐 '과, 콰'로 적는다.

guerra 게라   queso 케소
Guipuzcoa 기푸스코아   quisquilla 키스키야
antiguo 안티구오   Quorem 쿠오렘
Nicaragua 니카라과   Quarai 콰라이

제2항   같은 자음이 겹치는 경우에는 겹치지 않은 경우와 같이 적는다. 다만, –cc–는 'ㄱㅅ'으로
　　　　적는다.

carrera 카레라　　　　　　　carreterra 카레테라　　　　　accion 악시온

제3항   c, g

　　c와 g 다음에 모음 e와 i가 올 때에는 c는 'ㅅ'으로, g는 'ㅎ'으로 적고, 그 외는 'ㅋ'과 'ㄱ'으로
적는다.

Cecilia 세실리아　　　　　　cifra 시프라　　　　　　　georgico 헤오르히코
giganta 히간타　　　　　　　coquito 코키토　　　　　　gato 가토

제4항   x

　　x가 모음 앞에 오되 어두일 때에는 'ㅅ'으로 적고, 어중일 때에는 'ㄱㅅ'으로 적는다.

xilofono 실로포노　　　　　　　laxante 락산테

제5항   l

　　어말 또는 자음 앞의 l은 받침 'ㄹ'로 적고, 어중의 l이 모음 앞에 올 때에는 'ㄹㄹ'로 적는다.

ocal 오칼　　　　　　　　　　colcren 콜크렌
blandon 블란돈　　　　　　　　Cecilia 세실리아

제6항   nc, ng

　　c와 g 앞에 오는 n은 받침 'ㅇ'으로 적는다.

blanco 블랑코　　　　　　　　　yungla 융글라

제5절 이탈리아어의 표기

　　표 3에 따르고, 다음과 같은 특징을 살려서 적는다.

제1항   gl

i 앞에서는 'ㄹㄹ'로 적고, 그 밖의 경우에는 '글ㄹ'로 적는다.

paglia 팔리아	egli 엘리
gloria 글로리아	glossa 글로사

제2항　gn

뒤따르는 모음과 합쳐 '냐', '녜', '뇨', '뉴', '니'로 적는다.

montagna 몬타냐	gneiss 녜이스	gnocco 뇨코
gnu 뉴	ogni 오니	

제3항　sc

sce는 '셰'로, sci는 '시'로 적고, 그 밖의 경우에는 '스ㅋ'으로 적는다.

crescendo 크레셴도	scivolo 시볼로
Tosca 토스카	scudo 스쿠도

제4항　같은 자음이 겹쳤을 때에는 겹치지 않은 경우와 같이 적는다. 다만, -mm-, -nn-의 경우는 'ㅁㅁ', 'ㄴㄴ'으로 적는다.

Puccini 푸치니	buffa 부파
allegretto 알레그레토	carro 카로
rosso 로소	mezzo 메초
gomma 곰마	bisnonno 비스논노

제5항　c, g

1. c와 g는 e, i 앞에서 각각 'ㅊ', 'ㅈ'으로 적는다.

cenere 체네레	genere 제네레
cima 치마	gita 지타

2. c와 g 다음에 ia, io, iu가 올 때에는 각각 '차, 초, 추', '자, 조, 주'로 적는다.

caccia 카차	micio 미초	ciuffo 추포
giardino 자르디노	giorno 조르노	giubba 주바

제6항   qu

qu는 뒤따르는 모음과 합쳐 '콰, 퀘, 퀴' 등으로 적는다. 다만, o 앞에서는 '쿠'로 적는다.

soqquadro 소콰드로	quello 퀠로
quieto 퀴에토	quota 쿠오타

제7항   l, ll

어말 또는 자음 앞의 l, ll은 받침으로 적고, 어중의 l, ll이 모음 앞에 올 때에는 'ㄹㄹ'로 적는다.

sol 솔	polca 폴카
Carlo 카를로	quello 퀠로

제6절   일본어의 표기

표 4에 따르고, 다음 사항에 유의하여 적는다.

제1항   촉음(促音) [ッ]는 'ㅅ'으로 통일해서 적는다.

サッポロ 삿포로	トットリ 돗토리	ヨッカイチ 욧카이치

제2항   장모음

장모음은 따로 표기하지 않는다.

キュウシュウ(九州) 규슈	ニイガタ(新潟) 니가타
トウキョウ(東京) 도쿄	オオサカ(大阪) 오사카

제7절 중국어의 표기

표 5에 따르고, 다음 사항에 유의하여 적는다.

제1항   성조는 구별하여 적지 아니한다.

제2항 'ㅈ, ㅉ, ㅊ'으로 표기되는 자음 뒤의 'ㅑ, ㅖ, ㅛ, ㅠ' 음은 'ㅏ, ㅔ, ㅗ, ㅜ'로 적는다.

쟈 → 자   졔 → 제

제8절 폴란드어의 표기

표 6에 따르고, 다음과 같은 특징을 살려서 적는다.

제1항   k, p

어말과 유성 자음 앞에서는 '으'를 붙여 적고, 무성 자음 앞에서는 받침으로 적는다.

    zamek 자메크   mokry 모크리   Słupsk 스움스크

제2항   b, d, g

1. 어말에 올 때에는 '프', '트', '크'로 적는다.
   od 오트

2. 유성 자음 앞에서는 '브', '드', '그'로 적는다.
   zbrodnia 즈브로드니아

3. 무성 자음 앞에서 b, g는 받침으로 적고, d는 '트'로 적는다.
   Grabski 그랍스키   odpis 오트피스

제3항   w, z, ź, dz, ż, rz, sz

1. w, z, ź, dz가 무성 자음 앞이나 어말에 올 때에는 '프, 스, 시, 츠'로 적는다.
   zabawka 자바프카   obraz 오브라스

2. ż와 rz는 모음 앞에 올 때에는 'ㅈ'으로 적되, 앞의 자음이 무성 자음일 때에는 '시'로 적는다. 유성 자음 앞에 올 때에는 '주', 무성 자음 앞에 올 때에는 '슈', 어말에 올 때에는 '시'로 적는다.
   Rzeszów 제슈프   Przemyśl 프셰미실   grzmot 그주모트
   Łóżko 우슈코   pęcherz 펭헤시

3. sz는 자음 앞에서는 '슈', 어말에서는 '시'로 적는다.
   koszt 코슈트   kosz 코시

제4항   ł

1. ł는 뒤따르는 모음과 결합할 때 합쳐서 적는다. (ło는 '워'로 적는다.) 다만, 자음 뒤에 올
때에는 두 음절로 갈라 적는다.

     łono 워노   głowa 그워바

2. 6ł는 '우'로 적는다.

     przjyació ł 프시야치우

제5항   l

어중의 l이 모음 앞에 올 때에는 'ㄹㄹ'로 적는다.

     olej 올레이

제6항   m

어두의 m이 l, r 앞에 올 때에는 '으'를 붙여 적는다.

     mleko 믈레코   mrówka 므루프카

제7항   ę

ę은 '엥'으로 적는다. 다만, 어말의 ę는 '에'로 적는다.

     ręka 렝카   proszę 프로셰

제8항   'ㅈ', 'ㅊ'으로 표기되는 자음(c, z) 뒤의 이중 모음은 단모음으로 적는다.

     stacja 스타차   fryzjer 프리제르

제9절 체코어의 표기

표 7에 따르고, 다음과 같은 특징을 살려서 적는다.

제1항   k, p

어말과 유성 자음 앞에서는 '으'를 붙여 적고, 무성 자음 앞에서는 받침으로 적는다.

     mozek 모제크   koroptev 코롭테프

제2항 b, d, dʼ, g

1. 어말에 올 때에는 '프', '트', '티', '크'로 적는다.
    led 레트

2. 유성 자음 앞에서는 '브', '드', '디', '그'로 적는다.
    ledvina 레드비나

3. 무성 자음 앞에서 b, g는 받침으로 적고, d, dʼ는 '트', '티'로 적는다.
    obchod 옵호트   odpadky 오트파트키

제3항 v, w, z, řʼ, ž, š

1. v, w, z가 무성 자음 앞이나 어말에 올 때에는 '프, 프, 스'로 적는다.
    hmyz 흐미스

2. ř, ž가 유성 자음 앞에 올 때에는 '르주', '주', 무성 자음 앞에 올 때에는 '르슈', '슈', 어말에
   올 때에는 '르시', '시'로 적는다.
        námořník 나모르주니크   hořký 호르슈키   kouř 코우르시

3. š는 자음 앞에서는 '슈', 어말에서는 '시'로 적는다.
    puška 푸슈카   myš 미시

제4항 l, lj

어중의 l, lj가 모음 앞에 올 때에는 '르ㄹ', '르리'로 적는다.
    kolo 콜로

제5항 m

m이 r 앞에 올 때에는 '으'를 붙여 적는다.
    humr 후므르

제6항 자음에 '예'가 결합되는 경우에는 '예' 대신에 '에'로 적는다. 다만, 자음이 'ㅅ'인 경우에는 '셰'로 적는다.

    věk 베크   šest 셰스트

제10 절   세르보크로아트어의 표기

표 8에 따르고, 다음과 같은 특징을 살려서 적는다.

제1항   k, p

k, p는 어말과 유성 자음 앞에서는 '으'를 붙여 적고, 무성 자음 앞에서는 받침으로 적는다.

jastuk 야스투크   opština 옵슈티나

제2항   l

어중의 l이 모음 앞에 올 때에는 'ㄹㄹ'로 적는다.

kula 쿨라

제3항   m

어두의 m이 l, r, n 앞에 오거나 어중의 m이 r 앞에 올 때에는 '으'를 붙여 적는다.

mlad 믈라드   mnogo 므노고   smrt 스므르트

제4항   š

š는 자음 앞에서는 '슈', 어말에서는 '시'로 적는다.

šljivovica 슐리보비차   Niš 니시

제5항   자음에 '예'가 결합되는 경우에는 '예' 대신에 '에'로 적는다. 다만, 자음이 'ㅅ'인 경우에는 '셰'로 적는다.

bjedro 베드로   sjedlo 셰들로

제11 절   루마니아어의 표기

표 9에 따르고, 다음과 같은 특징을 살려서 적는다.

제1항   c, p

어말과 유성 자음 앞에서는 '으'를 붙여 적고, 무성 자음 앞에서는 받침으로 적는다.

cap 카프   Cîntec 큰테크
factură 팍투러   septembrie 셉템브리에

제2항   c, g

c, g는 e, i 앞에서는 각각 'ㅊ', 'ㅈ'으로, 그 밖의 모음 앞에서는 'ㅋ', 'ㄱ'으로 적는다.

cap 카프   centru 첸트루
Galaţi 갈라치   Gigel 지젤

제3항   l

어중의 l이 모음 앞에 올 때에는 'ㄹㄹ'로 적는다.

clei 클레이

제4항   n

n이 어말에서 m 뒤에 올 때는 '으'를 붙여 적는다.

lemn 렘느   pumn 품느

제5항   e

e는 '에'로 적되, 인칭 대명사 및 동사 este, era 등의 어두 모음 e는 '예'로 적는다.

Emil 에밀   eu 예우   el 옐
este 예스테   era 예라

제12절   헝가리어의 표기

표 10에 따르고, 다음과 같은 특징을 살려서 적는다.

제1항   k, p

어말과 유성 자음 앞에서는 '으'를 붙여 적고, 무성 자음 앞에서는 받침으로 적는다.

ablak 어블러크   csipke 칩케

제2항　bb, cc, dd, ff, gg, ggy, kk, ll, lly, nn, nny, pp, rr, ss, ssz, tt, tty는 b, c, d, f, g, gy, k, l, ly, n, ny, p, r, s, sz, t, ty와 같이 적는다. 다만, 어중의 nn, nny와 모음 앞의 ll은 'ㄴㄴ', 'ㄴ니', 'ㄹㄹ'로 적는다.

között 쾨죄트　　　　　　　dinnye 딘네　　　　　　　nulla 눌러

제3항　l

어중의 l이 모음 앞에 올 때에는 'ㄹㄹ'로 적는다.
olaj 올러이

제4항　s

s는 자음 앞에서는 '슈', 어말에서는 '시'로 적는다.
Pest 페슈트　　　　　　　lapos 러포시

제5항　자음에 '예'가 결합되는 경우에는 '예' 대신에 '에'로 적는다. 다만, 자음이 'ㅅ'인 경우에는 '셰'로 적는다.

nyer 네르　　　　　　　selyem 셰옘

제13절　스웨덴어의 표기

표 11에 따르고, 다음과 같은 특징을 살려서 적는다.

제1항

1. b, g가 무성 자음 앞에 올 때에는 받침 'ㅂ, ㄱ'으로 적는다.
snabbt 스납트　　　　　　　högst 획스트

2. k, ck, p, t는 무성 자음 앞에서 받침 'ㄱ, ㄱ, ㅂ, ㅅ'으로 적는다.
oktober 옥토베르　　　　　　　Stockholm 스톡홀름
Uppsala 웁살라　　　　　　　Botkyrka 봇쉬르카

<table><tr><td>제2항</td><td>c는 'ㅋ'으로 적되, e, i, ä, y, ö 앞에서는 'ㅅ'으로 적는다.</td></tr></table>

campa 캄파   Celsius 셀시우스

<table><tr><td>제3항</td><td>g</td></tr></table>

1. 모음 앞의 g는 'ㄱ'으로 적되, e, i, ä, y, ö 앞에서는 '이'로 적고 뒤따르는 모음과 합쳐
   적는다.

   Gustav 구스타브   Göteborg 예테보리

2. lg, rg

   älg 엘리   Borg 보리

3. n 앞의 g는 'ㅇ'으로 적는다.

   Magnus 망누스

4. 무성 자음 앞의 g는 받침 'ㄱ'으로 적는다.

   högst 획스트

5. 그 밖의 자음 앞과 어말에서는 '그'로 적는다.

   Ludvig 루드비그   Greta 그레타

<table><tr><td>제4항</td><td>j는 자음과 모음 사이에 올 때에 잎의 자음과 합쳐서 적는다.</td></tr></table>

fjäril 피에릴   mjuk 미우크
kedja 셰디아   Björn 비에른

<table><tr><td>제5항</td><td>k는 'ㅋ'으로 적되, e, i, ä, y, ö 앞에서는 '시'로 적고 뒤따르는 모음과 합쳐 적는다.</td></tr></table>

Kungsholm 쿵스홀름   Norrköping 노르셰핑

<table><tr><td>제6항</td><td>어말 또는 자음 앞의 l은 받침 'ㄹ'로 적고, 어중의 l이 모음 앞에 올 때에는 'ㄹㄹ'로 적는다.</td></tr></table>

folk 폴크   tal 탈   tala 탈라

제7항 어두의 lj는 '이'로 적되 뒤따르는 모음과 합쳐 적고, 어중의 lj는 'ㄹ리'로 적는다.

Ljusnan 유스난   Södertälje 쇠데르텔리에

제8항 n은 어말에서 m 다음에 올 때 적지 않는다.

Karlshamn 칼스함   namn 남

제9항 nk는 자음 t 앞에서는 'ㅇ'으로, 그 밖의 경우에는 'ㅇ크'로 적는다.

anka 앙카   Sankt 상트
punkt 풍트   bank 방크

제10항 sk는 '스크'으로 적되 e, i, ä, y, ö 앞에서는 '시'로 적고, 뒤따르는 모음과 합쳐 적는다.

Skoglund 스코글룬드   skuldra 스쿨드라   skål 스콜
skörd 셰르드   skydda 쉬다

제11항 ö는 '외'로 적되 g, j, k, kj, lj, skj 다음에서는 '에'로 적고, 앞의 '이' 또는 '시'와 합쳐서
        적는다. 다만, jö 앞에 그 밖의 자음이 올 때에는 j는 앞의 자음과 합쳐 적고, ö는 '에'로
        적는다.

Örebro 외레브로   Göta 예타   Jönköping 옌셰핑
Björn 비에른   Björling 비엘링   mjöl 미엘

제12항 같은 자음이 겹치는 경우에는 겹치지 않은 경우와 같이 적는다. 단, mm, nn은 모음 앞에
        서 'ㅁㅁ', 'ㄴㄴ'으로 적는다.

Kattegatt 카테가트   Norrköping 노르셰핑   Uppsala 웁살라
Bromma 브롬마   Dannemora 단네모라

제14절 노르웨이어의 표기

표 12에 따르고, 다음과 같은 특징을 살려서 적는다.

제1항

1. b, g가 무성 자음 앞에 올 때에는 받침 'ㅂ, ㄱ'으로 적는다.

    Ibsen 입센　　　　　　　　　　　　sagtang 삭탕

2. k, p, t는 무성 자음 앞에서 받침 'ㄱ, ㅂ, ㅅ'으로 적는다.

    lukt 룩트　　　　　　september 셉템베르　　　husets 후셋스

제2항　c는 'ㅋ'으로 적되, e, i, y, æ, ø 앞에서는 'ㅅ'으로 적는다.

    Jacob 야코브　　　　　　　　　Vincent 빈센트

제3항　d

1. 모음 앞의 d는 'ㄷ'으로 적되, 장모음 뒤에서는 적지 않는다.

    Bod ø 보되　　　　　Norden 노르덴　　　(장모음 뒤) spade 스파에

2. ld, nd의 d는 적지 않는다.

    Harald 하랄　　　　　　　　　Aasmund 오스문

3. 장모음+rd의 d는 적지 않는다.

    fjord 피오르　　　　nord 노르　　　　　Halvard 할바르

4. 단모음+rd의 d는 어말에서는 '드'로 적는다.

    ferd 페르드　　　　　　　　　mord 모르드

5. 장모음+d의 d는 적지 않는다.

    glad 글라　　　　　　　　　Sjaastad 쇼스타

6. 그 밖의 경우에는 '드'로 적는다.

    dreng 드렝　　　　　　　　bad 바드

※ 모음의 장단에 대해서는 노르웨이어의 발음을 보여 주는 사전을 참조하여야 한다.

제4항 g

1. 모음 앞의 g는 'ㄱ'으로 적되 e, i, y, æ, ø 앞에서는 '이'로 적고 뒤따르는 모음과 합쳐 적는다.

      god 고드   gyllen 윌렌

2. g는 이중 모음 뒤와 ig, lig에서는 적지 않는다.

      haug 헤우   deig 데이   Solveig 솔베이
      fattig 파티   farlig 팔리

3. n 앞의 g는 'ㅇ'으로 적는다.

      Agnes 앙네스   Magnus 망누스

4. 무성 자음 앞의 g는 받침 'ㄱ'으로 적는다.
      sagtang 삭탕

5. 그 밖의 자음 앞과 어말에서는 '그'로 적는다.
      berg 베르그   helg 헬그   Grieg 그리그

제5항 j는 자음과 모음 사이에 올 때에 앞의 자음과 합쳐서 적는다.

      Bjørn 비에른   fjord 피오르   Skodje 스코디에
      Evje 에비에   Tjeldstø 티엘스퇴

제6항 k는 'ㅋ'으로 적되 e, i, y, æ, ø 앞에서는 '시'로 적고, 뒤따르는 모음과 합쳐 적는다.

      Rikard 리카르드   Kirsten 시르스텐

제7항 어말 또는 자음 앞의 l은 받침 'ㄹ'로 적고, 어중의 l이 모음 앞에 올 때에는 'ㄹㄹ'로 적는다.

      sol 솔   Quisling 크비슬링

제8항 nk는 자음 t 앞에서는 'ㅇ'으로, 그 밖의 경우에는 'ㅇ크'로 적는다.

      punkt 풍트   bank 방크

제9항   sk는 '스ㅋ'로 적되, e, i, y, æ, ø 앞에서는 '시'로 적고 뒤따르는 모음과 합쳐 적는다.

  skatt 스카트   Skienselv 시엔스엘브

제10항   t

1. 어말 관사 et의 t는 적지 않는다.
  huset 후세   møtet 뫼테   taket 타케

2. 다만, 어말 관사 et에 s가 첨가되면 받침 'ㅅ'으로 적는다.
  husets 후셋스

제11항   eg

1. eg는 n, l 앞에서 '에이'로 적는다.
  regn 레인   tegn 테인   negl 네일

2. 그 밖의 경우에는 '에그'로 적는다.
  deg 데그   egg 에그

제12항   ø는 '외'로 적되, g, j, k, kj, lj, skj 다음에서는 '에'로 적고 앞의 '이' 또는 '시'와 합쳐서
        적는다. 다만, jø 앞에 그 밖의 자음이 올 때에는 j는 앞의 자음과 합쳐 적고 ø는 '에'로
        적는다.

  Bodø 보되   Gjøvik 예비크   Bjørn 비에른

제13항   같은 자음이 겹치는 경우에는 겹치지 않은 경우와 같이 적는다. 단, mm, nn은 모음 앞에
        서 'ㅁㅁ', 'ㄴㄴ'으로 적는다.

  Moss 모스   Mikkjel 미셸
  Matthias 마티아스   Hammerfest 함메르페스트

제15절 덴마크어의 표기

표 13에 따르고, 다음과 같은 특징을 살려서 적는다.

제1항

1. b는 무성 자음 앞에서 받침 'ㅂ'으로 적는다.

  Jacobsen 야콥센   Jakobsen 야콥센

2. k, p, t는 무성 자음 앞에서 받침 'ㄱ, ㅂ, ㅅ'으로 적는다.

  insekt 인섹트   september 셉템베르   nattkappe 낫카페

제2항 c는 'ㅋ'으로 적되, e, i, y, æ, ø 앞에서는 'ㅅ'으로 적는다.

  campere 캄페레   centrum 센트룸

제3항 d

1. ds, dt, ld, nd, rd의 d는 적지 않는다.

  plads 플라스   kridt 크리트   fødte 푀테   vold 볼
  Kolding 콜링   Jylland 윌란   hård 호르   bord 보르
  nord 노르   Öresund 외레순

2. 다만, ndr의 d는 '드'로 적는다.

  andre 안드레   vandre 반드레

3. 그 밖의 경우에는 '드'로 적는다.

  dreng 드렝

제4항 g

1. 어미 ig의 g는 적지 않는다.

  vældig 벨디   mandig 만디   herlig 헤를리
  lykkelig 뤼켈리   Grundtvig 그룬트비

2. u와 l 사이의 g는 적지 않는다.

  fugl 풀   kugle 쿨레

3. borg, berg의 g는 적지 않는다.

    Frederiksberg 프레데릭스베르   Nyborg 뉘보르   Esberg 에스베르

4. 그 밖의 자음 앞과 어말에서는 '그'로 적는다.

    magt 마그트   dug 두그

제5항   j는 자음과 모음 사이에 올 때에 앞의 자음과 합쳐서 적는다.

    Esbjerg 에스비에르그   Skjern 스키에른
    Kjellerup 키엘레루프   Fjellerup 피엘레루프

제6항   어말 또는 자음 앞의 l은 받침 'ㄹ'로 적고, 어중의 l이 모음 앞에 올 때에는 'ㄹㄹ'로 적는다.

    Holstebro 홀스테브로   Lolland 롤란

제7항   v

1. 모음 앞의 v는 'ㅂ'으로 적되, 단모음 뒤에서는 '우'로 적는다.

    Vejle 바일레   dvale 드발레   pulver 풀베르
    rive 리베   lyve 뤼베   løve 뢰베
    doven 도우엔   hoven 호우엔   oven 오우엔
    sove 소우에

2. lv의 v는 묵음일 때 적지 않는다.

    halv 할   gulv 굴

3. av, æv, øv, ov, ev에서는 '우'로 적는다.

    gravsten 그라우스텐   havn 하운   København 쾨벤하운
    Thorshavn 토르스하운   jævn 예운   Støvle 스퇴울레
    lov 로우   rov 로우   Hjelmslev 옐름슬레우

4. 그 밖의 경우에는 '브'로 적는다.

    arv 아르브

    ※ 묵음과 모음의 장단에 대해서는 덴마크어의 발음을 보여 주는 사전을 참조하여야 한다.

lykkelig 뤼켈리   hoppe 호페   Hjørring 예링
blomme 블로메   Rønne 뢰네

제16절 말레이인도네시아어의 표기

표 14에 따르고, 다음과 같은 특징을 살려서 적는다.

제1항   유음이나 비음 앞에 오는 파열음은 '으'를 붙여 적는다.

Prambanan 프람바난   Trisno 트리스노   Ibrahim 이브라힘
Fakhrudin 파크루딘   Tasikmalaya 타시크말라야   Supratman 수프라트만

제2항   sy는 뒤따르는 모음과 합쳐서 '샤, 셰, 시, 쇼, 슈' 등으로 적는다. 구철자 sh는 sy와 마찬가지로 적는다.

Syarwan 샤르완   Syed 솃
Paramesywara 파라메시와라   Shah 샤

제3항   인도네시아어의 구철자 dj와 tj는 신철자 j, c와 마찬가지로 적는다.

Djakarta 자카르타/Jakarta 자카르타
Banda Atjeh 반다아체/Banda Aceh 반다아체

제4항   인도네시아어의 구철자 j와 sj는 신철자 y, sy와 마찬가지로 적는다.

Jusuf 유숩/Yusuf 유숩
Sjarifuddin 샤리푸딘/Syarifuddin 샤리푸딘

제5항   인도네시아어의 구철자 bh와 dh는 신철자 b, d와 마찬가지로 적는다.

Bhinneka 비네카/Binneka 비네카
Yudhoyono 유도요노/Yudoyono 유도요노

| 제6항 | 인도네시아어의 구철자 ch는 신철자 kh와 마찬가지로 적는다. |

Chairil 하이릴/Khairil 하이릴
Bacharuddin 바하루딘/Bakharuddin 바하루딘

| 제7항 | 말레이시아어의 구철자 ch는 신철자 c와 마찬가지로 적는다. |

Changi 창이/Cangi 창이   Kuching 쿠칭/Kucing 쿠칭

| 제8항 | 말레이시아어 철자법에 따라 표기한 gh, th는 각각 g, t와 마찬가지로 적는다. |

Ghazali 가잘리/Gazali 가잘리   baligh 발릭/balig 발릭
Mahathir 마하티르(말레이시아어 철자법)/Mahatir 마하티(인도네시아어 철자법)

| 제9항 | 어중의 l이 모음 앞에 올 때에는 'ㄹㄹ'로 적는다. |

Palembang 팔렘방   Malik 말릭

| 제10항 | 같은 자음이 겹쳐 나올 때에는 한 번만 적는다. |

Hasanuddin 하사누딘   Mohammad 모하맛
Mappanre 마판레   Bukittinggi 부키팅기

| 제11항 | 반모음 w는 뒤의 모음과 합쳐 '와', '웨' 등으로 적는다. 자음 뒤에 w가 올 때에는 두 음절로 갈라 적되, 앞에 자음 k가 있으면 '콰', '퀘' 등으로 한 음절로 붙여 적는다. |

Megawati 메가와티   Anwar 안와르
kwartir 콰르티르   kweni 퀘니

| 제12항 | 반모음 y는 뒤의 모음과 합쳐 '야', '예' 등으로 적으며 앞에 자음이 있을 경우에는 그 자음까지 합쳐 적는다. 다만 g나 k가 y 앞에 올 때에는 합쳐 적지 않고 뒤 모음과만 합쳐 적는다. |

Yadnya 야드냐   tanya 타냐
satya 사탸   Yogyakarta 욕야카르타

제13항 e는 [e]와 [ə] 두 가지로 소리 나므로 발음을 확인하여 [e]는 '에'로 [ə]는 '으'로 적는다. 다만, ye의 e가 [ə]일 때에는 ye를 '여'로 적는다.

Ampenan 암페난   sate 사테   Cirebon 치르본
kecapi 크차피   Yeh Sani 예사니   Nyepi 녀피

제14항 같은 모음이 겹쳐 나올 때에는 한 번만 적는다.

Pandaan 판단   saat 삿
Paramesywara 파라메시와라   Shah 샤

제15항 인도네시아어의 구철자 중모음 표기 oe, ie는 신철자 u, i와 마찬가지로 '우, 이'로 적는다.

Bandoeng 반둥/Bandung 반둥   Habibie 하비비/Habibi 하비비

제4장 인명, 지명 표기의 원칙

제1절 표기 원칙

제1항   외국의 인명, 지명의 표기는 제1장, 제2장, 제3장의 규정을 따르는 것을 원칙으로 한다.

제2항   제3장에 포함되어 있지 않은 언어권의 인명, 지명은 원지음을 따르는 것을 원칙으로 한다.

Ankara 앙카라   Gandhi 간디

제3항   원지음이 아닌 제3국의 발음으로 통용되고 있는 것은 관용을 따른다.

Hague 헤이그   Caesar 시저

제4항   고유 명사의 번역명이 통용되는 경우 관용을 따른다.

Pacific Ocean 태평양   Black Sea 흑해

제2절 동양의 인명, 지명 표기

제1항 중국 인명은 과거인과 현대인을 구분하여 과거인은 종전의 한자음대로 표기하고, 현대인은 원칙적으로 중국어 표기법에 따라 표기하되, 필요한 경우 한자를 병기한다.

제2항 중국의 역사 지명으로서 현재 쓰이지 않는 것은 우리 한자음대로 하고, 현재 지명과 동일한 것은 중국어 표기법에 따라 표기하되, 필요한 경우 한자를 병기한다.

제3항 일본의 인명과 지명은 과거와 현대의 구분 없이 일본어 표기법에 따라 표기하는 것을 원칙으로 하되, 필요한 경우 한자를 병기한다.

제4항 중국 및 일본의 지명 가운데 한국 한자음으로 읽는 관용이 있는 것은 이를 허용한다.

東京 도쿄, 동경	京都 교토, 경도	上海 상하이, 상해
臺灣 타이완, 대만	黃河 황허, 황하	

제3절 바다, 섬, 강, 산 등의 표기 세칙

제1항 바다는 '해(海)'로 통일한다.

홍해	발트해	아라비아해

제2항 우리나라를 제외하고 섬은 모두 '섬'으로 통일한다.

타이완섬	코르시카섬	우리나라 : 제주도, 울릉도

제3항 한자 사용 지역(일본, 중국)의 지명이 하나의 한자로 되어 있을 경우, '강', '산', '호', '섬' 등은 겹쳐 적는다.

온타케산(御岳)	주장강(珠江)	도시마섬(利島)
하야카와강(早川)	위산산(玉山)	

Rio Grande 리오그란데강　　　　　Monte Rosa 몬테로사산

Mont Blanc 몽블랑산　　　　　　Sierra Madre 시에라마드레산맥

로마자 표기법

제1장 표기의 기본 원칙

제1항   국어의 로마자 표기는 국어의 표준 발음법에 따라 적는 것을 원칙으로 한다.

제2항   로마자 이외의 부호는 되도록 사용하지 않는다.

제2장 표기 일람

제1항   모음은 다음 각 호와 같이 적는다.

1. 단모음

ㅏ	ㅓ	ㅗ	ㅜ	ㅡ	ㅣ	ㅐ	ㅔ	ㅚ	ㅟ
a	eo	o	u	eu	i	ae	e	oe	wi

2. 이중 모음

ㅑ	ㅕ	ㅛ	ㅠ	ㅒ	ㅖ	ㅘ	ㅙ	ㅝ	ㅞ	ㅢ
ya	yeo	yo	yu	yae	ye	wa	wae	wo	we	ui

[붙임 1]   'ㅢ'는 'ㅣ'로 소리 나더라도 'ui'로 적는다.

　　　　　광희문   Gwanghuimun

[붙임 2]   장모음의 표기는 따로 하지 않는다.

제2항   자음은 다음 각 호와 같이 적는다.

1. 파열음

ㄱ	ㄲ	ㅋ	ㄷ	ㄸ	ㅌ	ㅂ	ㅃ	ㅍ
g, k	kk	k	d, t	tt	t	b, p	pp	p

2. 파찰음

ㅈ	ㅉ	ㅊ
j	jj	ch

3. 마찰음

ㅅ	ㅆ	ㅎ
s	ss	h

4. 비음

ㄴ	ㅁ	ㅇ
n	m	ng

5. 유음

ㄹ
r, l

[붙임 1]　'ㄱ, ㄷ, ㅂ'은 모음 앞에서는 'g, d, b'로, 자음 앞이나 어말에서는 'k, t, p'로 적는다.
　　　　　([ ] 안의 발음에 따라 표기함.)

구미 Gumi	영동 Yeongdong	백암 Baegam
옥천 Okcheon	합덕 Hapdeok	호법 Hobeop
월곶[월곧] Wolgot	벚꽃[벋꼳] beotkkot	한밭[한받] Hanbat

[붙임 2]　'ㄹ'은 모음 앞에서는 'r'로, 자음 앞이나 어말에서는 'l'로 적는다. 단, 'ㄹㄹ'은 'll'로 적는다.

구리 Guri	설악 Seorak
칠곡 Chilgok	대관령[대괄령] Daegwallyeong
임실 Imsil	울릉 Ulleung

제3장　표기상의 유의점

제1항　음운 변화가 일어날 때에는 변화의 결과에 따라 다음 각 호와 같이 적는다.

1. 자음 사이에서 동화 작용이 일어나는 경우

백마[뱅마] Baengma	신문로[신문노] Sinmunno
종로[종노] Jongno	왕십리[왕심니] Wangsimni
별내[별래] Byeollae	신라[실라] Silla

2. 'ㄴ, ㄹ'이 덧나는 경우

학여울[항녀울] Hangnyeoul	알약[알략] allyak

3. 구개음화가 되는 경우

해돋이[해도지] haedoji   같이[가치] gachi
맞히다[마치다] machida

4. 'ㄱ, ㄷ, ㅂ, ㅈ'이 'ㅎ'과 합하여 거센소리로 소리 나는 경우

좋고[조코] joko   놓다[노타] nota
잡혀[자펴] japyeo   낳지[나치] nachi

다만, 체언에서 'ㄱ, ㄷ, ㅂ' 뒤에 'ㅎ'이 따를 때에는 'ㅎ'을 밝혀 적는다.

묵호 Mukho   집현전 Jiphyeonjeon

[붙임] 된소리되기는 표기에 반영하지 않는다.

압구정 Apgujeong   낙동강 Nakdonggang
죽변 Jukbyeon   낙성대 Nakseongdae
합정 Hapjeong   팔당 Paldang
샛별 saetbyeol   울산 Ulsan

제2항   발음상 혼동의 우려가 있을 때에는 음절 사이에 붙임표(-)를 쓸 수 있다.

중앙 Jung-ang   반구대 Ban-gudae
세운 Se-un   해운대 Hae-undae

제3항   고유 명사는 첫 글자를 대문자로 적는다.

부산 Busan   세종 Sejong

제4항   인명은 성과 이름의 순서로 띄어 쓴다. 이름은 붙여 쓰는 것을 원칙으로 하되 음절 사이에 붙임표(-)를 쓰는 것을 허용한다. (( )안의 표기를 허용함.)

민용하 Min Yongha(Min Yong-ha)
송나리 Song Nari(Song Na-ri)

(1) 이름에서 일어나는 음운 변화는 표기에 반영하지 않는다.
한복남 Han Boknam(Han Bok-nam)
홍빛나 Hong Bitna(Hong Bit-na)

(2) 성의 표기는 따로 정한다.

제5항　'도, 시, 군, 구, 읍, 면, 리, 동'의 행정 구역 단위와 '가'는 각각 'do, si, gun, gu, eup, myeon, ri, dong, ga'로 적고, 그 앞에는 붙임표(-)를 넣는다. 붙임표(-) 앞뒤에서 일어나는 음운 변화는 표기에 반영하지 않는다.

충청북도 Chungcheongbuk-do	제주도 Jeju-do
의정부시 Uijeongbu-si	양주군 Yangju-gun
도봉구 Dobong-gu	신창읍 Sinchang-eup
삼죽면 Samjuk-myeon	인왕리 Inwang-ri
당산동 Dangsan-dong	봉천 1동 Bongcheon 1(il)-dong
종로 2가 Jongno 2(i)-ga	퇴계로 3가 Toegyero 3(sam)-ga

[붙임]　'시, 군, 읍'의 행정 구역 단위는 생략할 수 있다.

청주시 Cheongju　　　함평군 Hampyeong　　　순창읍 Sunchang

제6항　자연 지물명, 문화재명, 인공 축조물명은 붙임표(-) 없이 붙여 쓴다.

남산 Namsan	속리산 Songnisan
금강 Geumgang	독도 Dokdo
경복궁 Gyeongbokgung	무량수전 Muryangsujeon
연화교 Yeonhwagyo	극락전 Geungnakjeon
안압지 Anapji	남한산성 Namhansanseong
화랑대 Hwarangdae	불국사 Bulguksa
현충사 Hyeonchungsa	독립문 Dongnimmun
오죽헌 Ojukheon	촉석루 Chokseongnu
종묘 Jongmyo	다보탑 Dabotap

제7항　인명, 회사명, 단체명 등은 그동안 써 온 표기를 쓸 수 있다.

제8항　학술 연구 논문 등 특수 분야에서 한글 복원을 전제로 표기할 경우에는 한글 표기를 대상으로 적는다. 이때 글자 대응은 제2장을 따르되 'ㄱ, ㄷ, ㅂ, ㄹ'은 'g, d, b, l'로만 적는다. 음가 없는 'ㅇ'은 붙임표(-)로 표기하되 어두에서는 생략하는 것을 원칙으로 한다. 기타 분절의 필요가 있을 때에도 붙임표(-)를 쓴다.

집 jib
밖 bakk
붓꽃 buskkoch
독립 doglib
물엿 mul-yeos
좋다 johda
조랑말 jolangmal

짚 jip
값 gabs
먹는 meogneun
문리 munli
굳이 gud-i
가곡 gagog
없었습니다 eobs-eoss-seubnida

듣기파트는 들려주는 내용을 바탕으로 사실적·추론적·비판적 이해능
력을 측정하고자 한다. 문제를 파악함과 동시에 듣기에 집중하는 요령
을 익혀야 한다.

듣기

04 듣기

chapter

01 사실적 이해

1. 정보의 개괄적 이해

① 들려주는 정보의 기본적인 내용들을 파악하며 듣는다.
② 내용을 짧게 나누면서 정리하며 듣는다.

> **TIP**
>
> **그림을 보며 정보 확인하기**
> 그림이 제시된 듣기 문제는 순차적인 해결 전력이 필요하다. 즉, 정보를 들으면서 동시에 그림 속에서 그 정보를 확인해 나가야 한다. 듣기는 일회적이기 때문에 정보가 제시되는 순간을 놓치게 되면 문제를 해결할 수 없다.

2. 핵심 정보의 파악

① 대화의 앞부분이나 마무리를 특히 귀담아 듣는다.
② 반복되는 추상적 어휘나 단정적 진술에 유의한다.
③ 전체 내용을 포괄하는 중심 내용을 찾으며 듣는다.

> **TIP**
>
> **대담이나 토론에서의 핵심 정보 파악하기**
> ㉠ 대화의 상황과 그 상황에 맞는 대화의 특징을 이해한다.
> ㉡ 논쟁이 벌어지는 대화 상황이라면 어떤 문제에 대해 논쟁하는지 중심 화제를 확인한다.
> ㉢ 관점이나 논점이 드러나는 부분에 특히 주의하면서 듣되, 한 가지 논점에 집중한다.

 **추론적 이해**

1. 의도의 추리

① 발화 내용과 분위기를 통해, 이면에 숨어 있는 의도를 추리하면서 듣는다.
② 비유적 의미나 표현, 어조 등에 유의하면서 듣는다.

2. 전개될 내용의 추리

① 발화가 이루어지는 상황을 머릿속에서 상상하면서 듣는다.
② 화자의 관점을 정확하게 이해하면서 듣는다.

3. 추론의 유형 파악

① 전제와 판단을 구분하여 그 인과적 관계를 따져 가며 듣는다.
② 추론의 유형을 판단하며 듣는다.

4. 논리적 이해

① 내용에 전개된 사항과 판단 내용의 논리적 관계를 파악하며 듣는다.
② 논리직으로 오류가 있는지 따져 가면서 듣는다.

TIP

추론하며 듣기에서 유의할 점
㉠ 미리 문제의 답지를 확인하고 추리해야 할 내용이 어떤 것인지 예측해 본다.
㉡ 방송이 시작되면 중심 논제나 화제가 무엇인지 파악한다.
㉢ 주어지는 정보를 잘 이해한다.
㉣ 추리 과정에서 지나친 비약이 일어나지 않도록 주의한다.

03 비판적 이해

1. 내적 준거에 의한 비판

① 제시된 정보의 내용이나 표현이 정확하고 적절한지 판단하며 듣는다.
② 내용 전개의 일관성, 통일성을 판단하며 듣는다.

2. 외적 준거에 의한 비판

① 사회적 통념이나 윤리성을 기준으로 내용이 적절한지 판단하며 듣는다.
② 듣는 이에게 어떤 영향을 주는가를 판단하며 듣는다.

> **TIP**
>
> **듣기문제 실전대비 요령**
>
> ㉠ 듣기문제의 가장 큰 문제점은 정보가 한 번만 제시된다는 점이다. 따라서 듣기 대본을 들으면서 핵심적인 내용을 기록하는 습관을 가져야 한다. 메모의 핵심은 두 가지이다. 하나는 말하는 사람이 전달하는 내용이고, 다른 하나는 그 내용을 전달하는 태도이다.
>
> ㉡ 기본적인 정보를 잘 파악한 후에는 대본의 흐름에 따라 다음 내용을 미루어 짐작하거나, 말하는 사람의 의도와 태도 등을 파악할 수 있어야 한다. 대본을 듣기 전에 문제의 발문을 미리 보고, 그와 관련된 내용을 짐작해 보면 많은 도움이 된다.
>
> ㉢ 다른 사람의 말을 들을 때에는 정보만을 파악해서는 안 되고, 그 사람의 말하기 방식이나 태도, 의도 등을 평가하고 비판할 수 있어야 한다.

출제예상문제

www.**goseowon**.co.kr

홈페이지에서 듣기평가 문제 MP3파일을
이용하세요.

▶ 다음 대화를 잘 듣고 물음에 답하세요. (듣기대본 ☞ 488p)

1 두 학생이 제출했을 과제물의 제목으로 가장 알맞은 것은?

① 디지털 글쓰기의 장단점
② 디지털 글쓰기와 정보화
③ 정보화 시대의 글쓰기 방법
④ 세대 간의 정보화 격차 해소 방안
⑤ 디지털 글쓰기와 의사소통과의 관계

▶ 다음 뉴스를 잘 듣고 물음에 답하세요. (듣기대본 ☞ 489p)

2 이 뉴스의 제목으로 가장 적절한 것은?

① 서울 시민들에게 묘목 무료 제공
② 식목일에는 나무심기를 실천하자
③ 덩굴장미로 단장하는 식목일의 서울
④ 나무심기를 통한 푸른 서울 가꾸기 사업
⑤ 동네 특성에 맞는 나무 심기 운동의 확산

▸다음 강연을 잘 듣고 물음에 답하세요. (듣기대본 ☞ 490p)

3 이 강연의 제목으로 가장 적절한 것은?

① 한국 고건축의 구조와 기능
② 한국 고건축의 예술적 가치
③ 한국 고건축의 예술적 아름다움
④ 한국 고건축에서 드러난 자연관
⑤ 한국 고건축의 역사적 발달 과정

▸다음 강연을 잘 듣고 물음에 답하세요. (듣기대본 ☞ 491p)

4 화장실 문화 시민 연대가 발표한 보고서의 주된 내용으로 가장 알맞은 것은?

① 남녀 화장실 변기 숫자의 현황 파악
② 변하지 않는 남존 여비 사상에 대한 비판
③ 새 법안에 무관심한 시민 사회에 대한 경고
④ 남녀 평등을 반영한 여자 화장실 증설 요구
⑤ 남녀의 신체 구조적 차이로 인한 다양한 풍경 소개

▸다음 대화를 잘 듣고 물음에 답하세요. (듣기대본 ☞ 492p)

5 이 대화의 주제로 가장 적절한 것은?

① 예술 작품의 정의
② 예술 작품의 종류
③ 예술 작품의 실용성
④ 예술 작품의 전시 방법
⑤ 예술 작품이 주는 감동

▶ 다음 강연을 잘 듣고 물음에 답하세요. (듣기대본 ☞ 493p)

6 이 강연의 주제로 가장 적절한 것은?

① 광고 전략의 변화
② 광고의 사용 가치의 변화
③ 광고의 본질적 목적의 변화
④ 광고를 통한 소비자 의식의 변화
⑤ 시대 흐름에 따른 상품의 사용 가치의 변화

▶ 다음 뉴스를 잘 듣고 물음에 답하세요. (듣기대본 ☞ 494p)

7 해설자가 궁극적으로 말하고자 하는 바로 가장 알맞은 것은?

① 성차별적인 언어 표현은 절대 사용해서는 안 된다.
② 언어에 반영된 민족 정서는 매우 가치 있는 것이다.
③ 관습적으로 사용되는 말들은 그 나름대로 가치가 있다.
④ 올바른 국어 사용을 위해 모든 국민들이 노력해야 한다.
⑤ 언어 규칙은 언어를 사용하는 언중에 의해 결정되어야 한다.

▶ 다음 내용을 잘 듣고 물음에 답하세요. (듣기대본 ☞ 495p)

8 화자가 궁극적으로 말하고자 하는 것은 무엇인가?

① 당면한 모든 문제는 종교적인 성찰과 태도를 통해 해결할 수 있다.
② 모든 문제를 남에게 돌리는 태도는 인격의 미숙함에서 비롯되는 것이다.
③ 당면한 문제를 잘 해결하려면 시간 활용을 잘 하는 태도를 가져야 한다.
④ 삶의 지혜를 담은 문구를 늘 곁에 두고 읽으면 마음의 평정을 찾을 수 있다.
⑤ 주어진 문제로 인해 조급해하거나 화나 짜증을 내는 습관에서 벗어나야 한다.

▶ 다음 강연을 잘 듣고 물음에 답하세요. (듣기대본 ☞ 496p)

9 이 강연을 통해 궁극적으로 말하고자 하는 것은?

① 도시화로 인해 소외되고 있는 서민층의 애환
② 골목길에서 느낄 수 있는 어린 시절에 대한 향수
③ 환경 개선이 절대적으로 필요한 골목길 개발 문제
④ 불법 주차 등의 많은 문제를 드러내고 있는 골목길의 현실
⑤ 정신적인 가치가 가볍게 여겨지고 있는 현실에 대한 안타까움

▶ 다음 내용을 잘 듣고 물음에 답하세요. (듣기대본 ☞ 497p)

10 이 이야기에서 지휘자는 왜 어린이를 껴안고 울었을까?

① 조국 현실에 대한 슬픔을 참을 수 없었기 때문에
② 어린 꼬마의 책임감 있는 행동에 감동했기 때문에
③ 역경을 딛고 이루어 낸 합창 공연이 잘 끝났기 때문에
④ 고아가 된 딱한 처지의 어린이들이 불쌍하게 느껴졌기 때문에
⑤ 합창단의 노래가 외국에서 울려 퍼지는 것에 대해 감격했기 때문에

▶ 다음 뉴스를 잘 듣고 물음에 답하세요. (듣기대본 ☞ 498p)

11 이 뉴스를 통해 알 수 있는 사실이 아닌 것은?

① 이민 상품 고객 중 2·30대 청년층이 가장 많은 부분을 차지한다.
② 이민 상품에 대해 대다수의 국민들은 회의적인 생각을 지니고 있다.
③ 정부 당국자들은 교육 문제와 실업 문제의 해결을 위해 노력해야 한다.
④ 불안정한 남북 간의 관계도 이민 상품의 인기에 일조했다고 할 수 있다.
⑤ 자기만의 기술을 지닌 전문직 종사자들이 이민을 더 많이 생각하고 있다.

▶ 다음 이야기를 잘 듣고 물음에 답하세요. (듣기대본 ☞ 499p)

12 이 이야기의 내용과 일치하지 않는 것은?

① 제비는 주로 곤충을 잡아 먹는다.
② 제비는 1년에 두 번 새끼를 친다.
③ 제비는 한 배에 3~7개의 알을 낳는다.
④ 제비는 우리나라에서 겨울을 나지 않는다.
⑤ 제비는 몸길이가 약 18cm 정도에 이르는 소형 조류이다.

▶ 다음 교양 강좌를 잘 듣고 물음에 답하세요. (듣기대본 ☞ 500p)

13 강좌 내용 중 왕의 하루 일과와 관련이 없는 것은?

① 보고된 업무의 기록
② 야간의 암호 정하기
③ 석강(夕講)과 야간 집무
④ 일출 전 웃어른에 대한 문안 인사
⑤ 학문·정치 토론인 경연(經筵)에 참석

▶ 다음 강연을 잘 듣고 물음에 답하세요. (듣기대본 ☞ 501p)

14 이 강연에서 특히 강조하고자 한 것은?

① 초가집이 지니는 현대적 예술 가치
② 초가집에 담겨 있는 선조들의 지혜
③ 초가집을 짓는 데 쓰인 재료의 다양성
④ 초가집에 숨어 있는 우리 조상들의 풍류
⑤ 초가집을 통해 느낄 수 있는 우리 문화의 보편성

▶ 다음 강연을 잘 듣고 물음에 답하세요. (듣기대본 ☞ 502p)

15 이 강연의 목적으로 가장 알맞은 것은?

① 문화 변동의 원인 규명   ② 문화 변동의 과정 소개
③ 문화 변동의 양상 설명   ④ 문화 변동의 결과 예시
⑤ 문화 변동의 필요성 논증

▶ 다음 강연을 잘 듣고 물음에 답하세요. (듣기대본 ☞ 503p)

16 이 강연의 내용으로 볼 때, '먼 곳으로 출타 중'이라는 뜻을 담고 있는 것은?

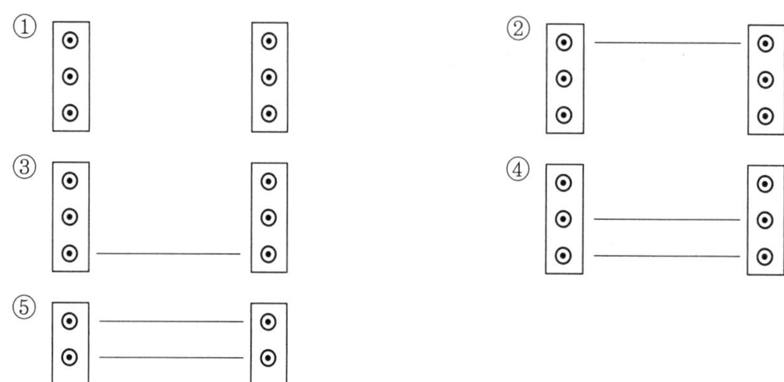

▶ 다음 강연을 잘 듣고 물음에 답하세요. (듣기대본 ☞ 504p)

17 이 강연에 이어질 결론으로 적절한 것은?

① 전통적인 가족제도의 온전한 계승만이 우리의 살 길입니다.
② 대가족제도가 무너진 것은 바로 현대사회의 산업화에 기인하는 것입니다.
③ 전통적인 가족제도는 오늘날 우리들에게 전혀 맞지 않으며 당장 버려야 합니다.
④ 가정은 오늘을 사는 우리들에게 기본이 되며 사회를 지탱해 주는 매우 중요한 구실을 합니다.
⑤ 온고지신(溫故知新)이라는 말이 결코 공허한 표어가 아님을 우리는 깊이 인식해야 할 것입니다.

▶ 다음 구술 면접 상황을 잘 듣고 물음에 답하세요. (듣기대본 ☞ 505p)

18 학생의 대답에 대한 평가로 알맞은 것은?

① 일관성 있게 자신의 주장을 유지하고 있다.
② 주장을 뒷받침하는 논거가 분명하지 못한다.
③ 외국의 사례를 중심으로 논거를 보완하고 있다.
④ 문제 해결을 위한 다양한 의견을 제시하고 있다.
⑤ 질문의 핵심을 파악하지 못하여 논점에서 벗어나고 있다.

▶ 다음 강연을 잘 듣고 물음에 답하세요. (듣기대본 ☞ 506p)

19 이 강연자의 설명방식으로 적절하지 않은 것은?

① 구체적인 예를 들어 이해를 돕고 있다.
② 전문가의 말을 인용하여 주장을 강화하고 있다.
③ 다른 대상과의 대비를 통해 특성을 부각하고 있다.
④ 핵심 주장을 먼저 제시한 후 그 이유를 설명하고 있다.
⑤ 다양한 해석의 가능성을 제시하여 의미를 확대하고 있다.

▶ 다음 강연을 잘 듣고 물음에 답하세요. (듣기대본 ☞ 507p)

20 이 강연자의 발하기 방식으로 가장 적절한 것은?

① 개인적 경험을 바탕으로 청자의 호기심을 자극하고 있다.
② 전문가의 의견을 근거로 주장의 신뢰성을 확보하고 있다.
③ 발상의 전환을 통해 대상의 새로운 측면을 제시하고 있다.
④ 문제의 본질을 지적하면서 앞으로의 과제를 제시하고 있다.
⑤ 대비되는 두 가지 개념을 제시하면서 청자의 올바른 선택을 기대하고 있다.

▶ 다음 강연을 잘 듣고 물음에 답하세요. (듣기대본 ☞ 508p)

21 이 강연의 설명 방식의 특징으로 알맞지 않은 것은?

① 시간의 흐름에 따라 내용을 전개하고 있다.
② 구체적인 자료를 들어 객관성을 확보하고 있다.
③ 비교과 대조의 방법을 사용하여 이해를 돕고 있다.
④ 민속과 관련된 용어가 많이 사용되어 이해하기 어렵다.
⑤ 논리적 추론을 사용하여 대상이 지닌 문제점을 비판하고 있다.

▶ 다음 이야기를 잘 듣고 물음에 답하세요. (듣기대본 ☞ 509p)

22 이 이야기에서 길동이의 말하기 방식에 대한 설명으로 가장 적절한 것은?

① 비유를 사용하고 있어 의미를 파악하기 어렵다.
② 자신의 생각을 정확하고 명료하게 전달하고 있다.
③ 우회적인 표현을 사용하여 상대방을 설득하고 있다.
④ 확고한 신념을 바탕으로 자신 있게 의견을 말하고 있다.
⑤ 겸손한 태도를 보이면서 자신의 생각을 관철시키고 있다.

▶ 다음 대화를 잘 듣고 물음에 답하세요. (듣기대본 ☞ 509p)

23 이 대화의 마지막 부분에서 남학생이 했을 대답으로 가장 알맞은 것은?

① 열차를 탓하며 승강장을 빠져나올 것 같아.
② 그냥 태연하게 다음 열차를 기다릴 것 같아.
③ 버럭 화를 내며 신경질적인 행동을 보일 것 같아.
④ 너무 창피해서 있던 자리를 벗어나 다른 곳으로 갈 것 같아.
⑤ 차라리 잘 됐다 생각하며 의자에 앉아 음료수를 마실 것 같아.

▶ 다음 인터뷰를 잘 듣고 물음에 답하세요. (듣기대본 ☞ 510p)

24 기자의 질문에 대한 홍길동 이장의 답변으로 가장 적절한 것은?

① 우리 동네 특산물을 활용하여 산양유도 직접 짜보게 하고, 녹차 잎도 따서 차를 만들어 보게 합니다.
② 우리 동네 유적을 잘 활용하여 석불에 대해 자세히 설명도 해 주고, 장승 앞에서 사진도 찍게 합니다.
③ 찾아오는 분들이 재미있게 놀고 갈 수 있도록 직접 팽이도 깎아 보게 하고, 연도 만들어 날리게 합니다.
④ 도시 사람들이 편히 쉬었다 갈 수 있도록 숙박시설을 잘 갖추고, 푸짐하고 맛있는 음식을 정성스럽게 대접합니다.
⑤ 농촌에서 가장 중요한 것을 체험할 수 있도록 봄에는 아이들이 직접 모내기를 해 보게 하고, 가을에는 자기가 심은 벼를 베게 합니다.

▶ 다음 대화를 잘 듣고 물음에 답하세요. (듣기대본 ☞ 511p)

25 독서에 대한 스승의 생각으로 가장 적절한 것은?

① 한 권의 책을 읽더라도 정신을 가다듬고 집중하여 읽어야 한다.
② 독서는 남자로서의 출세와 입신양명을 하는 데 반드시 필요하다.
③ 독서는 책 내용에 상관없이 다양한 분야의 책들을 많이 읽는 것이 중요하다.
④ 어려운 내용의 책은 여러 번 반복하여 읽으면 그 뜻을 스스로 깨우치게 된다.
⑤ 천하를 준다 해도 독서의 즐거움과는 바꿀 수 없으니 독서는 평생을 두고 할 만하다.

▶ 다음 토론을 잘 듣고 물음에 답하세요. (듣기대본 ☞ 512p)

26 이 토론의 쟁점으로 가장 적절한 것은?

① 인간의 행동은 통제가 가능한가?
② 인간의 심리 관찰은 왜 필요한가?
③ 인간의 심리는 실험을 통해 알 수 있는가?
④ 동양인과 서양인의 사고의 차이는 무엇인가?
⑤ 인간과 동물의 심리는 근본적으로 어떻게 다른가?

▶ 다음 대화를 잘 듣고 물음에 답하세요. (듣기대본 ☞ 513p)

27 이 대화에서 남학생의 마지막 말에 이어질 내용으로 가장 적절한 것은?

① 오늘 할 일은 오늘 해결하자.
② 할 수 있다는 자신감을 갖자.
③ 일의 우선 순위를 정해서 행동하자.
④ 남의 의견을 잘 들어주고 남을 배려하자.
⑤ 서두르지 말고 침착하고 여유 있게 행동하자.

▶ 다음 이야기를 잘 듣고 물음에 답하세요. (듣기대본 ☞ 514p)

28 밤톨이의 태도를 비판할 때 그 근거로 가장 적절한 것은?

① 가장 높이 나는 새가 가장 멀리 본다.
② 가장 많이 말하는 사람은 항상 적게 행동한다.
③ 사람은 신념과 함께 젊어지고 실망과 함께 늙어간다.
④ 작은 시도를 계속 완성해 나가면 어떤 일이든 성취할 수 있다.
⑤ 자신을 비판하는 사람보다 자신에게 아첨하는 사람을 좋아한다.

▶ 다음 대화를 잘 듣고 물음에 답하세요. (듣기대본 ☞ 515p)

29 두 학생이 같은 영화를 서로 다르게 평가하고 있는 근본적인 이유로 알맞은 것은?

① 영화를 비평할 수 있는 능력의 차이 때문에
② 성별의 다름으로 인한 가치관의 차이 때문에
③ 인생의 의미에 대한 입장이 서로 다르기 때문에
④ 영화에 대한 기초 지식의 정도가 다르기 때문에
⑤ 영화의 줄거리를 서로 다르게 이해하고 있기 때문에

▶ 다음 인터뷰를 잘 듣고 물음에 답하세요. (듣기대본 ☞ 516p)

30 이 인터뷰에서 진행자의 질문에 대한 박사의 마지막 답변으로 가장 적절한 것은?

① 유통 구조의 문제점을 찾아 개선해야 합니다.
② 소비자 공략을 위한 광고를 구상해야 합니다.
③ 히트 상품에 대한 철저한 분석이 필요합니다.
④ 소비자들의 요구에 맞는 틈새 상품을 개발해야 합니다.
⑤ 시장 조사를 선행하여 철저한 대응 전략을 세워야 합니다.

▶ 다음 강연을 잘 듣고 물음에 답하세요. (듣기대본 ☞ 517p)

31 이 강연에서 말하고자 하는 예술에 대한 관점으로 가장 적절한 것은?

① 예술은 현실에 대한 새로운 인식이다.
② 예술은 악하고 추한 것에 대한 저항이다.
③ 예술은 인류 역사의 가장 위대한 유산이다.
④ 예술은 인간의 정신을 풍요롭게 만들어 준다.
⑤ 예술은 우리 삶을 형성하는 가장 중요한 본질이다.

▶ 다음 강연을 잘 듣고 물음에 답하세요. (듣기대본 ☞ 518p)

32 이 강연을 듣고 질문할 내용으로 가장 적절한 것은?

① 팝 아트는 어디에서 시작했습니까?
② 팝 아트에 담긴 의도는 무엇입니까?
③ 팝 아트는 언제부터 유행되었습니까?
④ 팝 아트도 예술이라고 할 수 있습니까?
⑤ 팝 아트의 소재에는 어떤 것들이 있습니까?

▶ 다음 대화를 잘 듣고 물음에 답하세요. (듣기대본 ☞ 519p)

33 이 대화에서 여자가 범하고 있는 오류와 동일한 오류를 범하고 있는 것은?

① 야, 너희들 텔레비전 보다가 왜 싸우니? 당장 들어가서 공부하지 못해.
② 인기 있는 탤런트가 '속편해' 소화제 광고에 출연하더라구. 당연히 효과도 매우 좋겠지?
③ 너희들 놀이터에서 안 놀고, 왜 이렇게 차도에서 놀고 있는 거야? 차에 치이려고 작정을 했구나.
④ 우리 축구팀이 반칙한 것을 너무 비난하지 마. 지난 월드컵 대회 때 보니까 다른 나라는 더 심하더라 뭐.
⑤ 그 사람 입사한지 얼마 안 된 신입 사원이야. 이번 문제가 회사 운명을 좌우하는데, 그런 신입 사원이 내놓은 의견을 따른다는 것은 말도 안 돼.

▶ 다음 대화를 잘 듣고 물음에 답하세요. (듣기대본 ☞ 520p)

34 여학생의 마지막 말에서 범하고 있는 오류를 바르게 지적한 것은?

① 원인과 결과를 혼동해서 말하고 있다.
② 타당한 근거 없이 의견을 펼치고 있다.
③ 인신 공격을 하여 논점에서 벗어나고 있다.
④ 모순된 내용을 말해 스스로 자가 당착에 빠지고 있다.
⑤ 논리적인 판단을 하지 않고 지나치게 감정에 호소하고 있다.

▶ 다음 강연을 잘 듣고 물음에 답하세요. (듣기대본 ☞ 521p)

35 이 강연의 바로 뒤에 이어질 철학의 정의로 가장 적절한 것은?

① 철학은 성숙한 이성(理性)이다.
② 철학은 진리를 탐구하는 것이다.
③ 철학은 삶에 대해 생각하는 것이다.
④ 철학은 영혼(靈魂)의 참다운 의술이다.
⑤ 철학은 인생의 괴로움을 치유하는 것이다.

▶ 다음 강연을 잘 듣고 물음에 답하세요. (듣기대본 ☞ 522p)

36 이 강연으로부터 이끌어 낼 수 있는 판단으로 가장 적절한 것은?

① 앞으로 대기 중의 산소는 점차 증가할 것이다.
② 생명 개체 수를 줄여야 대기 중의 산소를 보존할 수 있다.
③ 대기 중 산소의 함량 비율을 깨뜨리지 않도록 노력해야 할 것이다.
④ 대기 중 산소의 함량은 앞으로도 항상 일정 비율을 유지할 것이다.
⑤ 생태계의 파괴는 오존층의 파괴로 이어져 자외선의 차단을 초래할 것이다.

▶ 다음 토론을 잘 듣고 물음에 답하세요. (듣기대본 ☞ 523p)

37 토론에서 두 사람이 공통적으로 인정하고 있는 것은?

① 위성 TV 방송은 문화적 퇴폐 분위기를 조성한다.
② 위성 방송 관련 주요 설비를 미국에 의존하게 된다.
③ 머독의 한국 투자는 일시적인 외화 유입 효과밖에 없다.
④ 외국의 위성 TV 방송은 우리 문화의 정체성을 약화시킨다.
⑤ 머독의 한국 투자는 우리 영상 산업계에 타격을 입힐 것이다.

▶ 다음 연극 대사를 잘 듣고 물음에 답하세요. (듣기대본 ☞ 524p)

38 딸이 아버지를 설득하기 위해 사용한 방법으로 가장 알맞은 것은?

① 동정심에 호소하고 있다.
② 권위 있는 사람의 말을 인용하고 있다.
③ 비유를 사용하여 완곡하게 말하고 있다.
④ 반론의 가능성을 원천적으로 봉쇄하고 있다.
⑤ 대상을 비교하여 공통된 특성을 이끌어내고 있다.

▶ 다음 시를 잘 듣고 물음에 답하세요. (듣기대본 ☞ 525p)

39 이 시의 서정적 자아가 추구하는 삶의 모습으로 가장 적절한 것은?

① 낚시를 즐기는 여유로운 삶
② 꿈을 이루기 위한 의지적인 삶
③ 호숫가 근처에서의 낭만적인 삶
④ 마음의 흔들림 없는 평화로운 삶
⑤ 아름다운 노래와 벗하며 사는 순수한 삶

▶ 다음 대화를 잘 듣고 물음에 답하세요. (듣기대본 ☞ 526p)

40 대화에서 아들이 지적하고 있는 국어 표현상의 잘못과 가장 유사한 것은?

① 준수야, 선생님께서 빨리 오시래.
② 오늘 저녁에 역전 앞에서 만나자.
③ 오늘 본 영화는 재미있었던 것 같아요.
④ 저 둘은 쌍둥이인데도 얼굴이 많이 틀려.
⑤ 그는 손에 상처가 깊은데도 대수로이 여기며 태연했다.

▶ 다음 이야기를 잘 듣고 물음에 답하세요. (듣기대본 ☞ 527p)

41 이야기의 끝 부분에서 부자가 처한 상황을 나타내는 가장 적절한 말은?

① 자는 범 코 찌른 격이군.
② 고양이 목에 방울 단 격이군.
③ 제 꾀에 제가 넘어간 격이군.
④ 귀 막고 방울 도둑질 한 격이군.
⑤ 자라 보고 놀란 가슴 솥뚜껑 보고 놀란 격이군.

▶ 다음 강연을 잘 듣고 물음에 답하세요. (듣기대본 ☞ 528p)

42 '끓는 물 속의 개구리'와 가장 밀접한 관련이 있는 것은?

① 우물 안 개구리　　　　　　　② 언 발에 오줌 누기
③ 개구리도 옴쳐야 뛴다.　　　 ④ 오동나무 보고 춤춘다.
⑤ 가랑비에 옷 젖는 줄 모른다.

▶ 다음 대화를 잘 듣고 물음에 답하세요. (듣기대본 ☞ 529p)

43 이 대화에 쓰인 관용적 표현 중 상황에 어울리지 않는 것은?

① 가는 날이 장날
② 가뭄 끝에 오는 비
③ 풀 방구리에 쥐 드나들듯
④ 비 온 뒤에 땅이 굳어진다.
⑤ 가을 날씨 변하는 것과 개구리 뛰는 방향은 알 수 없다.

▶ 다음 강연을 잘 듣고 물음에 답하세요. (듣기대본 ☞ 530p)

44 이 강연에서 말하고자 하는 바를 가장 잘 드러낸 말은?

① 천 리 길도 한 걸음부터
② 발 없는 말이 천 리 간다.
③ 우물을 파도 한 우물을 파라.
④ 코에 걸면 코걸이 귀에 걸면 귀걸이
⑤ 가다가 중지하면 아니 간 것만 못하다.

▶ 다음 이야기를 잘 듣고 물음에 답하세요. (듣기대본 ☞ 531p)

45 이 이야기를 통해 얻을 수 있는 교훈과 관련이 있는 것은?

① 농가성진(弄假成眞)　　　　　② 새옹지마(塞翁之馬)
③ 유비무환(有備無患)　　　　　④ 과유불급(過猶不及)
⑤ 살신성인(殺身成仁)

▶ 다음 대화를 잘 듣고 물음에 답하세요. (듣기대본 ☞ 532p)

46 이 대화에서 남자의 마지막 말에 드러난 상황을 나타내기에 가장 적절한 한자 성어는?

① 표리부동(表裏不同)
② 백척간두(百尺竿頭)
③ 고장난명(孤掌難鳴)
④ 난형난제(難兄難弟)
⑤ 진퇴양난(進退兩難)

▶ 다음 강연을 잘 듣고 물음에 답하세요. (듣기대본 ☞ 533p)

47 이 강연에서 말하고자 하는 바와 관련이 있는 한자 성어는?

① 등하불명(燈下不明)
② 타산지석(他山之石)
③ 난형난제(難兄難弟)
④ 죽마고우(竹馬故友)
⑤ 근묵자흑(近墨者黑)

48 다음 표준 발음을 잘 듣고 지적한 부분의 발음이 표준발음법에 맞지 않는 것을 고르시오.

(해설 ☞ 534p)

① "브레이크 페달을 밟고 시동을 걸어야지."
② "구름 한 점 없이 맑게 갠 하늘이 무척 아름답다."
③ "운동장에는 흙과 자갈이 한 데 섞여 쌓여 있었다."
④ "사람의 값어치는 돈으로 매길 수 있는 게 아니다."
⑤ "코는 뭉툭하고 입은 넓죽해서 볼품이 없다."

49 다음 표준 발음을 잘 듣고 지적한 부분의 발음이 표준발음법에 맞지 않는 것을 고르시오.

(해설 ☞ 534p)

① "까만 눈동자가 매우 초롱초롱 빛났다."
② "말을 더듬지 말고 침착하게 말해 봐라."
③ "자음 이응 다음에는 지읒이 와야 맞는 거지?"
④ "거세게 몰아치는 파도를 피하려고 뱃머리를 돌렸다."
⑤ "그는 그녀의 몰상식한 행동을 보자 갑자기 화가 치밀었다."

50 다음 물음에 해당하는 단어를 표준발음법에 맞게 말한 것을 고르시오. (해설 ☞ 535p)

- 안에 솜을 두어 만든 이불을 뭐라고 하나요? ___①___
- 공식적으로 서로 만나 보는 예를 뭐라고 하나요? ___②___
- 아직 피지 아니한 어린 꽃봉오리를 뭐라고 하나요? ___③___
- 손으로 무엇을 잘 만들어 내거나 다루는 재주를 뭐라고 하나요? ___④___
- 잠을 자기 위해 사용하는 이부자리나 침대보 따위를 통틀어 이르는 말을 뭐라고 하나요?
   ___⑤___

▶다음은 강연의 일부입니다. 잘 듣고 물음에 답하세요. (듣기대본 ☞536p)

1 이 강연의 내용에 어울리는 제목을 띄어쓰기를 포함하여 12자 이내로 쓰시오.

⇒ ____

▶다음은 토론의 일부입니다. 잘 듣고 물음에 답하세요. (듣기대본 ☞536p)

2 들려준 토론자의 주장은 '어떤 주장'에 대한 반론이다. 처음의 '어떤 주장'의 핵심적인 주장을 한 문장으로 쓰시오.

⇒ ____

▶다음은 강연의 일부입니다. 잘 듣고 물음에 답하세요. (듣기대본 ☞537p)

3 젊은 국악인들의 시도를 비판하는 내용의 주장을 한 문장으로 쓰시오.

⇒ ____

▶다음은 책 소개의 일부입니다. 잘 듣고 물음에 답하세요. (듣기대본 ☞538p)

4 소개된 내용을 반영하여 책 제목을 20자 이내로 만들어 쓰시오.

⇒ ____

▶ 다음은 이야기의 일부입니다. 잘 듣고 물음에 답하세요. (듣기대본 ☞539p)

5 이 이야기의 뒤에 이어질 왕의 말을 한 문장으로 쓰시오.

⇒ ____

▶ 다음은 강연의 일부입니다. 잘 듣고 물음에 답하세요. (듣기대본 ☞540p)

6 국가의 힘이 국가 간의 협상에 미치는 영향에 대한 대립적인 두 가지 견해를 쓰고 각각의 입장을
한 문장으로 요약하여 서술하시오.

⇒ ____

____

▶ 다음은 시의 일부입니다. 잘 듣고 물음에 답하세요. (듣기대본 ☞541p)

7 이 시를 통해 비판하고자 하는 것이 무엇인지 한 문장으로 서술하시오.

⇒ ____

듣기대본

www.goseowon.co.kr
홈페이지에서 듣기평가 문제 MP3파일을
이용하세요.

1 듣기문제 ☞ 469p

> 여 : 너는 디지털 글쓰기의 좋은 점이 뭐라고 생각하니?
>
> 남 : 음, 우선 머릿속에 떠오르는 대로 빨리 쓸 수 있고, 또 쉽게 고칠 수도 있고, 그래서 누구나 쉽게 글을 쓸 수 있다는 거 아닐까?
>
> 여 : 맞아. 기존의 글쓰기는 소수의 전유물이었는데, 디지털 글쓰기 덕분에 누구나 쉽게 글을 쓰고 의사소통을 할 수 있게 되었대. 한마디로 글쓰기의 민주화가 이루어진 거지.
>
> 남 : 글쓰기의 민주화……. 거창하기는 한데, 꼭 그렇게만 볼 수는 없을 것 같아. 누구나 쉽게 글을 쓸 수 있게 됐다는 건, 그만큼 글이 가벼워졌다는 거 아냐? 생각해 봐. 우리 주변에도 그런 글들이 넘쳐 나잖아.
>
> 여 : 하긴, 디지털 글쓰기 때문에 옛날보다 진지하게 글을 쓰는 사람이 적어진 건 사실이야. 남의 글을 베끼기도 쉬워졌고.
>
> 남 : 이 정도면 되겠다. 우리 이걸로 숙제 내자.
>
> 여 : 뭐, 우리?
>
> 남 : 그래, 함께 한 거나 마찬가지잖아. 같이 내자, 응?
>
> 여 : 너도 참…….

TIP 두 사람은 디지털 글쓰기와 관련된 화제로 대화하고 있다. 특히, 디지털 글쓰기의 장단점에 대해 서로의 생각을 주고 받고 있다.

Answer 1. ①

'종로에는 사과나무를 심어 보자.'라는 노랫말의 가요가 유행한 적이 있습니다.

식목일을 앞두고 서울 각 지역에서 '동네 특성과 색깔에 맞는 나무를 심어 보자.'는 움직임이 벌어지고 있습니다. 4월 들어 서울시는 시민들에게 무료로 묘목을 제공하고 시민들이 이를 심는 '푸른 서울 가꾸기' 사업을 펼치고 있는데, 시민들의 신청을 살펴보면 동네의 특성을 살려 보려는 모습이 눈에 띕니다.

한때 푸른 뽕나무가 우거져 잠실로 불렸으나 이제는 콘크리트 숲을 이루고 있는 잠실 3동 주공 아파트 3단지 주민들은 이번 식목일에 뽕나무를 심기로 하고 서울시에 뽕나무 5백 그루를 구해 줄 것을 요청했습니다. 시중에서 구하기 어려운 뽕나무를 요청받은 서울시는 긴급히 경북 경산시 진량면에 있는 한국 상묘 협회에까지 수소문하여 뽕나무 묘목을 구했습니다. 송파구 신천동 장미 아파트 단지 주민들은 단지 외곽 담 주위와 뒤쪽의 한강변까지 덩굴장미를 심어 이름 그대로 장미 마을을 만들 계획으로 묘목 4백 그루를 신청했습니다. 이미 지난 해부터 조금씩 덩굴장미를 심어 터를 닦은 이 아파트 단지는 내년쯤이면 장미 단지로 자리 잡을 전망입니다.

노원구 하계2동의 장미 아파트 역시 단지를 둘러싸고 있는 2.4km의 철책 주위에 덩굴장미를 심기로 하고 묘목을 신청했습니다. 강동구 풍납동 현대 아파트 주민들은 '바람맞이'를 뜻하는 마을 이름과 관련해 바람에 강한 쥐똥나무를 이번 식목일에 심기로 했습니다.

TIP 식목일을 앞두고 서울 각 지역에서 동네 특성과 색깔에 맞는 나무를 심는 주민들을 소개하고 있으므로 각 동네에서 벌어지는 나무 심기 운동을 제목으로 하는 것이 적절하다.

Answer 2.⑤

건축물을 한 채 앉히면 그 자리만큼의 자연이 훼손됩니다. 토지의 형태가 바뀌고, 나무가 잘리고, 꽃과 풀이 사라지는 걸 떠나 원래 있던 빈자리를 건축물이 차지함으로써 공간과 시선, 바람이 통하지 않습니다. 이는 자연이 가진 강한 생명력을 잃는 것과 같습니다. 들쇠에 분합문을 걸어 들어올리면 문에 의해 막혔던 부분이 트여 공간과 시선, 바람이 통합니다. 이와 같이 문에 의해 막혔던 공간을 원래 모습대로 통하게 하는 것을 '공간 환원(空間還元)'이라고 합니다.

누(樓)는 아예 벽과 문을 설치하지 않아 공간의 생명력을 극대화한 건축물입니다. 차이는 있지만 누는 기둥과 지붕, 바닥이 있을 뿐 벽과 문이 없습니다. 이런 이유로 자리는 차지하고 있지만 사방으로 트여 건축물이 없는 것과 똑같은 효과가 생깁니다. 실(室)이 아닌 바닥과 지붕으로 한정된 트인 공간을 얻은 것이기 때문에 공간과 시선, 바람이 건축물이 없던 이전처럼 통하도록 되어 있습니다. 또한, 기둥과 지붕이 스크린 작용까지 함으로써 경관에 대한 미감을 증폭시키기도 합니다. 이런 이유로 누에 벽을 세우고 문을 달면 본래 가졌던 시원스러운 성품을 잃게 됩니다. 문을 연다 해도 최초에 가졌던 강한 생명력 – 흐름 – 은 이미 상실한 상태이고, 벽에 의해 막힌 쪽으로는 공간과 시선, 바람이 통하지 않으므로 거의 죽은 것과 다름이 없습니다. 오늘날 많은 사찰에서 실을 얻기 위해 누에 벽을 세우고 문을 달고 있습니다. 이는 누가 가지고 있는 본래의 기능과 가치를 모르고 단순히 부족한 실을 얻기 위함이니 실로 안타까운 일이 아닐 수 없습니다. 다시 벽을 헐고 문을 떼었을 때, 누는 자연에 대한 열린 눈을 회복할 것이고 공간과 바람의 흐름도 회복할 것입니다. 한국인의 자연관과 건축관이 가장 극명하게 드러나는 누는 한국인의 자연을 존중하고 자연에 순응하는 소박한 심성을 그대로 보여 주고 있습니다.

TIP 강연 끝 부분의 "한국인의 자연관과 건축관이 가장 극명하게 드러나는 누(樓)는 한국인의 자연을 존중하고 자연에 순응하는 소박한 심성을 그대로 보여 주고 있다."라고 말한 부분을 통해 주제를 드러내고 있으며 이를 반영한 내용으로 제목을 정해야 한다.

Answer 3.④

> 　최근 우리 사회에서 볼 수 있는 가장 극적인 변화 중 하나가 화장실의 혁명이라고 할 정도로 공중 화장실의 모습들이 달라지고 있습니다. 그러나 극장이나 고속 도로 휴게실 등 화장실 입구에서 남자들이 여자 친구나 아내가 나오기를 기다리는 모습은 여전히 변하지 않은 흔한 풍경 중의 하나이기도 합니다.
> 　최근 '화장실 문화 시민 연대'가 간행한 화장실법 입법을 위한 보고서에서는 남성들이 여성을 기다리는 모습이 화장실 불평등의 결과물이라는 조사 결과와 함께, 이의 개선책으로 화장실 수에 있어서의 실질적인 남녀 평등이 이루어져야 한다고 주장하고 있습니다. 이 보고서에 따르면, 남성들은 흔히 여성들이 대중 시설의 화장실에서 줄을 길게 서고 또 나오는 시간이 오래 걸리는 것에 대해 '신체 구조상 화장실 이용 절차가 복잡하여 이용 시간이 길기때문'일 것이라고 생각하고 있는 것으로 나타났습니다. 그러나 실제 이유는 평균 이용 시간이 여성이 남성에 비해 2배 정도 길다는 점 이외에 화장실 변기 수가 남자 화장실이 여자 화장실에 비해 평균 2배 정도 많아 이용 시간을 감안할 경우 사실상 여자 화장실이 남자의 1/4에 불과한 현실 때문인 것으로 드러났습니다.
> 　이러한 현실은 현재의 공중 화장실 관련 법규에 변기의 수를 남녀 동수로 규정했으나 이것이 '대변기를 기준으로 남녀 동수로 규정하고 있는 것에 기인합니다. 소변기를 다수 가지고 있는 남자 화장실은 실제로는 여자 화장실에 비해 2~3배의 변기를 가지고 있는 셈이며, 여기에 극장, 공연장, 백화점 등 대중 시설의 상당수에 여성 이용자가 더 많은 현실을 감안해 보면 화장실 이용에 있어서 남녀 불평등의 정도는 더 심각해집니다.
> 　화장실 문화 시민 연대는 2년 전 이미 다중 시설의 화장실에서 '여자 화장실 변기의 수는 소변기를 포함한 남자 화장실 변기 수 이상으로 설치'하는 것을 의무화하는 내용의 공중 화장실법을 국회 의원을 통해 발의했으나, 금번 정기 국회에서 처리되지 않을 경우 자동 폐기될 위기에 있다며 시민 사회의 관심을 호소하고 있습니다.

TIP　이 강연은 여자 화장실 변기의 수가 절대적으로 모자란 현실을 지적하며, 이것에 대한 개선을 요구하는 법안이 발의되었음에도 불구하고 폐기될 처지에 있음을 환기시키며, 시민 사회의 관심을 호소하고 있는 현재의 사정을 언급하고 있다.
　　　①②⑤는 ④를 주장하기 위한 근거이다.

Answer　4.④

여 : 미술관에 오니까 좋은 작품들을 많이 감상할 수 있어서 참 좋다.

남 : 그렇지? 여기서 작품들을 직접 보니까 예술은 아름다움을 추구하는 거라는 말이 맞는 것 같아.

여 : 맞아. 계속 서서 봤더니 힘드네. 어, 여기 웬 침대가 있지? 좀 앉았다 가자.

남 : 어, 앉으면 안 돼. 그것도 예술 작품인가 봐.

여 : 뭐라고? 이 침대가 무슨 예술 작품이야?

남 : 여기 작품 이름이 쓰여 있잖아. 〈침대의 꿈〉.

여 : 이건 좀 심했다. 막 자다 일어난 내 침대랑 똑같은데. 너는 이게 정말 예술 작품이라고 생각하니?

남 : 미술관에 전시되어 있으니까 예술 작품이겠지.

여 : 음, 너 아까 예술은 아름다움을 추구하는 거라고 했잖아. 우리 엄마는 내 침대 보구 지저분하다고 항상 혼내시는데, 이 침대도 만만치 않아. 그런데 무슨 예술 작품이니?

남 : 그런가? 그래도 이건 예술 작품이라고 볼 수 있는 이유가 있을 거야. 음……. 이거 아닐까? 이 작가는 이 작품을 통해 무슨 말을 하고 싶은 거야. 우리에게 전해 주는 어떤 메시지가 있어. 그러 니까 예술이라고 할 수 있어.

여 : 작가가 이 침대로 말하려는 게 뭔데?

남 : 음, 침대를 통해 자유로워지고 싶은 꿈을 말한 것은 아닐까?

여 : 아냐! 우리에게 어떤 메시지를 전해 주는 것이 예술 작품이라는 말도 이상해. 저기 '비상구'라고 쓰여진 표지판을 봐. 저 표지판을 만든 사람도 표지판으로 우리에게 뭔가를 말해 주고 있지만 저 게 예술 작품은 아니잖아.

TIP 〈침대의 꿈〉이란 작품을 보면서, 예술 작품이란 무엇인가에 대해 대화를 나누고 있는 상황이다.

Answer 5.①

> 광고란 본래 상품을 선전하여 많이 팔 목적으로 만들어집니다. 광고가 처음 등장했을 때에는, 상품이 어떤 용도로 사용되며 어떤 특징과 장점을 지녔는지를 주로 설명하였습니다. 그러나 오늘날의 광고는 상품의 용도나 장점과 같은 사용 가치를 설명하는 데에만 그치지 않고 상품의 겉모습을 부각시켜서 소비자들의 욕구를 자극하고 있습니다. 이것은 상품의 사용 가치를 하나의 미끼로 던져 주고 상품의 겉모습을 통해서 승부를 걸겠다는 전략이라고 할 수 있습니다. 이 때문에 상품의 사용 가치 못지 않게 상품의 겉모습이 중요해지고 있는 것입니다. 실제로 오늘날 기업들은 별다른 변화도 없이 디자인만 변형시키거나 약간의 기능만을 추가하여 끊임없이 새 제품을 생산하고 있습니다. 이와 같은 미적 변형이나 혁신은 상품의 형태, 포장, 상표 등에까지 확장되었습니다. 광고에서 상품의 디자인이나 포장에 역점을 두고 있는 사실도 이런 맥락에서 이해해야 합니다.

TIP 강연의 내용은, 광고가 처음 등장했을 때에는 상품의 사용 가치를 주로 설명하며 선전하는 방식을 사용했었는데 이제는 상품의 디자인이나 포장에 역점을 두어 선전하는 방식으로 그 전략이 변화하고 있다는 것이다. 이는 곧 광고 전략이 변화하고 있음을 말한다.

Answer 6.①

> 국립국어원이 신문·방송·인터넷 등 대중 매체에서 쓰이는 언어 가운데 성차별적인 언어 표현 5,087개를 골라 발표했습니다. 그 중에는 일리 있는 지적도 많았습니다. 예컨대 '연놈', '계집사내'와 같이 양성을 가리키면서도 여성을 먼저 쓰는 경우 대개 여성을 비하하는 뜻이 담겨 있다는 점에서 암시적으로 성차별 의식을 보여 준다는 지적은 옳습니다. 그러나 상당수는 너무 작위적이라는 인상을 주는 것이 사실입니다. 이 가운데 양성을 함께 가리킬 때 남성을 앞세우는 경우가 1,677개로 가장 많았는데, 이 같은 표현은 뚜렷하게 성차별로 보기 어려운 측면이 있습니다. '1남 2녀', '장인 장모' 등은 남녀 우열적인 표현이라기보다는 병렬적 표현으로 보아야 합니다. 그리고 '앳된', '앙칼진', '야들야들한', '가녀린' 등이 왜 성(性)차별적 표현인지 근거가 약합니다. 요즘 많은 사람들이 '아빠 엄마'보다 '엄마 아빠'로 부르는 것도 참고할 만합니다. '동거녀'라는 말은 '동거남'과 함께 쓰이는 말인데도 성차별의 탈을 씌웠습니다. 또한, 영어에서 빌려온 '처녀작', '처녀 비행'까지 문제 삼는다면 외국어도 우리가 고쳐 줘야 할 판입니다. '아내'를 '집사람'으로 부르는 것이 문제라면 남편을 '바깥사람'이라고 하는 것도 문제 삼아야 합니다.
>
> "성차별적인 언어 표현은 성별 간의 편견을 고착화함으로써 성별 간 갈등을 유발하고 궁극적으로는 사회 통합마저 저해할 수 있다."는 국립국어원 측의 입장은 일리가 있습니다. 그러나 지나치게 성 대결로 몰아가는 듯한 인상을 줘서는 곤란합니다. 또 이러한 제약은 표현의 빈곤을 낳을 수도 있습니다. 국립국어원의 제안대로 했다가는 아름답고 감칠맛 나는 표현을 상당수 잃어버릴까 우려됩니다.

TIP 뉴스의 해설자는 국립국어원이 대중 매체에서 쓰는 언어 중에 성차별적인 언어 표현을 골라 발표한 것에 대해 그 취지 자체에는 동의하지만, 지나치게 성 대결로 몰아가는 듯한 인상을 주고 나아가 표현의 빈곤을 낳을 수도 있음을 지적하고 있다. 또한 아름답고 감칠맛 나는 표현을 잃어버릴까 우려하고 있다. 이것은 언어를 사용하는 사람들이 자연스럽게 사용하는 관습적인 표현은 그 나름의 가치가 있음을 말하고 있는 것이다.

Answer 7.③

> 여러분, 요즘은 어떠신지요?
>
> 해결되지 않는 조급한 문제로 인해 화나 짜증이 나 있다고요? 그러면 밖으로 나가 잠시 산책을 해 보세요. 그리고 자신의 삶에 대해서 잠시 한번 생각해 보세요. 내가 짜증나 있는 것이 정말 타당한가, 내가 진정 남에게 화나 짜증을 낼 만한 자격을 가지고 있는가 하고 말이지요. 잠시 아프리카 케냐의 공용어인 스와힐리어를 알아볼까요? 스와힐리어로 '하쿠나 마타타'는 '괜찮아'라는 의미입니다. 케냐 사람들은 이 말을 거의 입에 달고 살더군요. '폴레 폴레'라는 말도 잘 씁니다. '천천히'라는 의미입니다. 이 말도 잘 기억하세요.
>
> 화나 짜증을 잘 내는 것은 그 사람이 가진 영혼의 미숙함과 혼란스러움을 잘 보여 줍니다. 화나 짜증을 잘 내는 것은 그 사람의 잘못된 습관에서 유래하는 것이 대부분이기 때문입니다. 거의 모든 경우 자신이 원만하게 해결하지 못한 문제가 나쁜 습관을 타고 외부로 분출되면서 화나 짜증을 내게 되는 것입니다. 천주교인들은 모든 문제를 자신의 문제로 바라볼 것을 권하고 있습니다. '미야 칼파 미야 칼파 미야 맥시마 칼파'라 하지요. '모든 게 나의 책임'이라는 의미입니다. 제 주변의 어떤 이가 몹시 과음한 다음날 그는 자신에게 술을 먹인 상대에 대해 화나 짜증을 잘 내더군요. 사실 이 모든 문제의 근원은 그 사람이 지닌 나쁜 습관 탓입니다.
>
> 괜스레 초조하고 짜증이 일어나시나요? 그러면 잠시 산책을 하면서 '잠 카랏'이라는 말레이시아 말을 기억해 보세요. '고무줄 시간'이라는 의미입니다. 모든 시간은 내게 고무줄입니다. 그 고무줄을 늘려 쓰든 줄여 쓰든 그 모든 책임은 나에게 달려 있지요. 그러기에 불교에서는 말합니다. '일체유심조'라고.

TIP 화자가 전달하고자 하는 핵심은 조급해하거나 화나 짜증을 내는 습관에서 벗어나야 한다는 것이다. 자신이 원만하게 해결하지 못한 문제가 나쁜 습관이 되어 외부로 드러나는 것이 화나 짜증이라고 말하고 있다. 이를 뒷받침하기 위해서 종교와 관련된 내용도 언급하고 있다.

Answer 8.⑤

오늘 제가 여러분께 들려 드리고 싶은 것은 '골목 문화'에 대한 이야기입니다. '골목 문화'라고 하니 무슨 거창한 말 같습니다만, 사실은 우리 주변에 있는 삶의 모습을 한 번 살펴보자는 것이지요. 요즘 아이들이 노는 모습을 보고 있으면 저는 문득 골목 대장을 따라 온 동네의 꼬불꼬불한 골목길을 휘젓고 다니던 때가 새삼스럽게 생각납니다. 그때는 이 집 저 집 아이들이 모두 골목에서 만나고 골목에서 놀고 골목에서 뒹굴곤 했지요.

그런데 지금은 어떻습니까? 아파트 단지는 물론이고 단독 주택이 모여 있는 골목길에도 우리 아이들은 보이질 않습니다. 골목길에는 겨우 사람들이 지나다닐 정도의 공간만 남겨 놓고 나머지 공간은 모두 자동차가 차지해 버렸습니다. 골목길은 이웃집과 '주차 전쟁'을 벌이는 공간으로 변해 버려 이제는 골목이라고 할 만한 골목은 없고 차들로 가득 찬 쓸쓸한 길만 있을 뿐이지요. 시골에서마저 그 옛날 골목길의 정감을 느낄 수 있는 길을 찾기가 쉽지 않습니다. 우리 주변의 길은 모두 옛날보다 훨씬 넓고 곧게 잘 닦였는데도 '외부 차량 주차 금지, 엄중 경고, 불법 주차시 가만 두지 않겠음'이라는 살벌한 경고가 흉물스럽게 벽면을 채우고 있을 뿐, 어느 곳에서도 평화롭게 노는 아이들의 모습을 찾을 수가 없습니다.

여러분 오늘날의 골목길은 확장되고 포장되어 참으로 시원하고 편리한 것처럼 보입니다. 그러나 그 편리함과 시원함으로 인해 우리는 우리의 소중한 가치를 잃어가고 있지는 않을까요? 그것은 다른 어떤 나라에서도 느낄 수 없는 우리만의 정감이요, 가치요, 문화인 것입니다. 그것을 우리는 '개발(開發)'이라는 미명 하에 지키지 못했던 것입니다. 세상이 변해 가는 것이야 어쩔 수 없는 것이라 하더라도 정말 소중한 가치가 사라져 가는 현실이 마음 아플 따름입니다.

TIP 강연자는 개발이 우선 되어 눈에 보이지 않는 소중한 추억이나 문화와 같은 정신적인 가치가 경시되고 있는 현실을 안타깝게 여기고 있다.

Answer 9.⑤

> 　1950년대에, 한국의 전쟁 고아로 구성된 어린이 합창단이 6·25 참전국을 순회 공연하게 되었습니다. 아름다운 한복을 입고 노래 부르는 이 어린이 합창단은 가는 곳마다 많은 찬사를 받았습니다.
> 　어느 날, 미국의 카네기 홀에서 공연할 때의 일입니다. 장내에는 관람객으로 입추의 여지가 없었습니다. 합창은 앙코르를 세 번씩이나 받으며 박수 갈채 속에서 끝났습니다. 그런데 막이 내리고 어린이들이 퇴장할 때에 지휘자가 보니, 맨 앞줄에 선 꼬마의 걸음걸이가 이상했습니다.
> 　"너, 걸음이 왜 그렇지?"
> 　지휘자가 물었습니다.
> 　"오줌을 쌌어요."
> 　"아니, 뭐라고? 무대 위에다 오줌을 쌌단 말이야?"
> 　"네."
> 　꼬마는 고개를 푹 숙였습니다.
> 　"아니, 여기가 어디라고 오줌을 싸니? 오줌이 마려우면 살며시 빠져 화장실에 갈 것이지. 이런 망신이 어디 있어?"
> 　지휘자는 몹시 당황하여 꾸짖었습니다. 그러자 꼬마가 조용히 대답했습니다.
> 　"선생님, 제가 화장실에 가면 알토 파트가 엉망이 되잖아요?"
> 　지휘자는 그만 어린 꼬마를 와락 껴안고 울었습니다.

TIP 화장실 가는 것도 참고 오줌을 싸면서까지 자신이 맡은 알토 파트를 충실하게 해내는 어린 꼬마의 행동에 감동을 받았기 때문이다.

Answer 10.②

앵　　커 : 최근 TV 홈쇼핑에서 이민 상품을 판매해서 화제가 되고 있습니다. 이민 상품이 홈쇼핑에서 팔렸다는 사실도 놀랍지만, 더 놀라운 사실은 이 상품이 판매가 시작된 지 2시간 만에 완전히 다 팔렸다는 것인데요, 이 문제와 관련해서 사회부 홍길동 기자와 이야기를 나눠 보겠습니다. 홍 기자, 이민도 이제는 상품으로 팔렸다는데, 도대체 어떤 상품이 얼마 정도에 팔린 겁니까?

홍 기자 : 최근 국내 L모 홈쇼핑에서 판매를 한 이민 상품이었는데요, 정착에 필요한 정착 기술 습득과 이민 수속에 관한 모든 수속을 다 포함해서 약 2,800만 원 정도에 판매되었다고 합니다. 상품은 다양해서 학생 이민이나 전문인 이민 등이 있었지만, 이 상품들은 가격은 저렴한데 비해 조건이 까다로워서 대부분의 고객들은 정착 기술 습득까지 포함돼 있는 고가 상품을 택했다고 합니다.

앵　　커 : 그렇다면 주로 이민 대상국에는 어떤 나라들이 있습니까?

홍 기자 : 주로 캐나다 호주, 그리고 뉴질랜드가 주 대상국이었는데요, 이들 나라는 국토가 인구에 비해 넓고 사회 보장 제도가 잘 정비되어 있는 영어권이라는 공통점이 있습니다.

앵　　커 : 고객층은 주로 어떤 사람들이었나요?

홍 기자 : 제 조사에 의하면 주로 2, 30대 청년층이 고객의 70% 이상을 차지했고요, 일반직에 근무하는 사람들보다는 전문직에 종사하는 사람들이 더 많았습니다.

앵　　커 : 원정 출산이 한때 사회적인 이슈로 대두되더니, 이제는 이민이 상품으로까지 팔리게 되는군요. 이러다가 나라가 텅 비게 되는 일이 벌어지면 어쩌나 하는 생각도 드는데요. 과연 이러한 이민 열풍의 원인이 어디에 있다고 보십니까?

홍 기자 : 저희 방송사가 한 조사 기관에 의뢰하여 이민에 대한 생각을 조사해 봤습니다. 조사 결과 총 응답자 1,000명 가운데 65% 가량이 이민에 대해 심각한 고려를 해 본 적이 있다고 답을 했습니다. 이들에게 이민을 가겠다는 이유에 대해 물어 봤더니, 가장 많은 응답자가 '우리나라에서 살기가 어려워서'라는 답을 했습니다. 구체적인 내용으로는 자녀의 교육 문제, 청·장년층의 실업 문제, 남북 간의 불안정한 관계, 정치적 부정 부패, 노후 생활의 문제 순으로 그 이유를 들었습니다.

앵　　커 : 살기가 그만큼 힘들어서 이 나라를 떠나겠다는 말들이군요. 이러한 현상에 대해 정부 당국자들은 어떤 생각들을 하고 있을지 참 궁금하군요. 이상으로 이민 상품 판매와 그 원인에 대해 알아봤습니다. 수고했습니다, 홍 기자.

TIP　뉴스 내용을 보면, '조사 결과 총 응답자 1,000명 가운데 65% 가량이 이민에 대해 심각한 고려를 해 본 적이 있다'는 부분이 있다.

Answer　11.②

제비는 제비과 제비속에 속하는 몸길이 약 18cm의 소형 조류입니다. 북반구에 널리 번식하는 여름새이나 일부 지역에서는 적은 무리가 월동도 합니다. 우리나라 전역에서 번식하는 대표적인 여름새이며, 부산이나 제주도 등지의 남부 지방에서는 겨울에도 한두 마리를 볼 수 있습니다.

등은 금속 광택이 나는 어두운 청색이고, 이마와 멱은 어두운 밤색이며, 멱 밑은 어두운 청색띠로 경계를 이룹니다. 그러나 배는 백색입니다.

4월에서 7월 사이에 인가(人家) 처마 밑에 둥지를 만들고 한 배에 3개 내지 7개의 알을 낳아 13일에서 18일 정도 포란한 뒤, 20일에서 24일 간의 육추 기간을 지나면 둥지를 떠납니다. 하늘을 날아다니면서 곤충을 포식하며 새끼를 키우는 기간에도 곤충의 성충과 유충을 주로 먹는데, 대부분 파리나 벌을 잡아먹고 나머지는 거미류 등으로 충당합니다. 번식을 마친 어미새와 둥지를 떠난 어린 새들은 갈대밭이나 배밭 등지에 잠자리를 마련하고, 저녁해가 떨어지기 직전에 무리 저어 모여드는데 그 수는 수천에서 수만 마리에 이릅니다.

우리나라를 지나가거나 우리나라에서 번식하는 제비는 대부분이 동남아, 대만, 필리핀, 태국, 베트남 등지에서 겨울을 보내고, 이듬해 봄이면 다시 우리나라를 찾아 오는데, 일부 무리는 북녘 시베리아까지 북상합니다. 우리나라에서 태국까지의 거리만 해도 약 3,840km나 됩니다.

제비는 가을이 되면 피하 지방층이 생기면서 체중이 20% 이상 늘어나기 때문에 먹지 않고도 장거리 여행을 할 수 있습니다. 예를 들면, 목포에서 중국까지 약 560km나 되는 거리를 쉬지 않고 하늘을 날 수 있는 에너지를 저장하고 있는 것입니다. 제비는 1년에 두 번 새끼를 치는 보호조입니다.

TIP 제비는 우리나라 전역에서 번식하는 대표적인 여름새이며, 부산이나 제주도 등지의 남부 지방에서는 겨울에도 한두 마리를 볼 수 있다.

Answer 12.④

> 왕의 하루 일과는 아침, 낮, 저녁, 밤의 네 단계로 구분할 수 있습니다. 왕이 처리하는 집무는 만 가지나 될 정도로 많다고 하여 '만기(萬機)'라 불릴 정도였습니다. 왕의 하루는 아침에는 신료들로부터 정치를 듣고, 낮에는 왕을 찾아오는 방문객들을 만나며, 저녁에는 조정의 법령을 검토하며 보내는 것이었습니다. 밤이라고 해서 한가한 것이 아니었죠. 밀린 업무나 개인 공부를 하거나 자신을 바라보는 여인, 왕비를 포함한 후궁 등을 달래주는 일까지 왕은 해야 했습니다.
>
> 그럼 이제부터는 더 자세히 알아볼까요?
>
> 왕은 해가 뜨기 전에 일어나 웃어른에 대한 문안 인사로 하루 일과를 시작합니다. 먼저 대비와 대왕대비에게 인사를 올리고 직접 인사를 올릴 수 없을 때는 내시를 대신 보냅니다. 해가 뜰 무렵 왕은 신료들과 학문 토론 겸 정치 토론인 경연(經筵)에 참석하고 경연이 끝나면 아침 식사를 하고 조회를 시작하는데 왕의 공식 집무는 여기서부터입니다. 아침 조회인 상참이 끝나면 승지를 비롯하여 공무가 있는 신료들로부터 업무를 보고 받는데 이 때에는 반드시 사관(史官)이 동석해 왕에게 보고하는 업무를 사관이 직접 듣고 기록합니다.
>
> 정오가 되면 왕은 점심을 간단히 하고 주강(晝講)에 참여해 학문을 익힙니다. 주강 이후에는 지방관으로 발령받고 떠나는 신료나 지방에서 중앙으로 승진해 오는 관료들을 만나고 오후 3시에서 5시 사이에는 야간에 대궐의 호위를 맡을 군사들 및 장교들과 숙직 관료들의 명단을 확인하고, 야간의 암호를 정해 주는 일을 합니다.
>
> 왕은 저녁이 되면 석강(夕講)에 참석해야 합니다. 석강이 끝나면 저녁을 먹고 잠시 휴식을 취하며 저녁 후에도 낮 동안의 업무가 밀려 있으면 야간 집무를 봅니다. 그리고 잠자리에 들기 전에 다시 대비와 대왕대비 등에게 문안 인사를 드리며 이로써 왕의 공식적인 하루 일과가 끝나게 됩니다.

TIP 왕에게 보고 된 업무를 기록하는 사람은 사관(史官)이다.

Answer 13.①

여러분들은 초가집 하면 아마도, 전통, 자연, 환경 등과 같은 말들을 먼저 떠올릴 것입니다. 하지만 그것이 우리 초가집의 전부는 아닙니다.

우리 선조들은 주변에서 얻을 수 있는 볏짚, 소나무, 진흙 등 자연의 재료를 변형하지 않고 그대로 이용하여 초가집을 만들었습니다. 이 때문에 초가집은 그 배경과 조화를 이룰 수 있었고, 그러면서도 살기에 편안한 집이 될 수 있었습니다.

우선 초가집의 지붕에 대해 살펴보겠습니다. 짚은 가벼워서 기둥에 압력을 적게 줍니다. 또한 비가 오거나 눈이 녹아도 짚의 결을 따라 물방울이 흘러내려 잘 새지 않습니다. 짚을 받쳐 주는 것은 소나무 기둥인데, 그 속에는 썩지 않는 송진이 들어 있습니다. 이 송진이 소나무 속을 잘 썩지 않게 만들어, 초가집을 오랫동안 지탱하게 해 줍니다.

우리 선조들은 복잡한 계산을 통해 지붕이나 기둥을 만든 것이 아닙니다. 그저 자연의 원리를 따르려고 했습니다. 그렇게 함으로써 집이 자연과 조화를 이루고 나면, 자연이 알아서 사람을 편안하게 해 주었습니다. 진흙벽에서도 이러한 것을 확인할 수 있습니다.

TIP 초가집의 지붕과 진흙벽 등을 살펴보면서 자연의 원리를 따르며 살아갔던 선조들의 지혜를 강조하고 있다.

Answer 14.②

문화는 항상 일정한 상태로 있는 것이 아니라 변화합니다. 한 사회의 문화는 다른 문화와 접촉하고, 때로는 그 접촉으로 인해 원래의 것과 새로 유입된 것 사이에, 또는 한 문화의 부분들 사이에 마찰이 일어나기도 합니다. 그 결과는 변동입니다. 문화의 변동은 여러 가지 방식(方式)으로 일어납니다. 그것은 다른 문화와의 '접촉(接觸)'에 의해서 일어나기도 하고, '발명'이나 지식의 '축적(蓄積)'에 의해 발생하기도 합니다.

이러한 여러 가지 문화의 변동 방식 중 현대 사회에 있어서 가장 중요한 의미를 갖는 것은 아마도 접촉에 의한 변화일 것입니다. 오늘날 완전히 폐쇄적인 사회는 거의 찾기 힘듭니다. 어떤 사회든 정도의 차이는 있을지언정 다른 사회와의 접촉은 불가피합니다. 다시 말해 세계적으로 문화들 사이의 접촉이 매우 광범위하게 일어나고 있습니다. 그러나 두 개의 문화가 접촉하는 양상이나 결과가 일정한 것은 아닙니다. 두 개의 문화가 접촉할 때, 각각의 문화는 그 고유의 정체(正體)와 가치 체계를 그대로 지키면서 공존하게 되는 경우가 있습니다. 이러한 현상을 '수용(收容)'이라고 합니다. 우리나라에 사는 화교(華僑)들이 그 대표적인 예입니다. 그들은 한국 사회에 살지만 자신들의 고유의 정체와 가치를 그대로 보유하고 있습니다.

한편 접촉한 두 문화 또는 집단의 정체가 혼합되어 새로운 정체가 나타나거나 이 중 하나가 새로운 정체로 혼합될 때 이를 우리는 '동화(同化)'라고 일컫습니다. 미국 사회에서, 아일랜드 사람, 독일 사람들은 이민 후 그들 각각의 독자적인 문화적 전통을 잃어버리고 다른 것들과 함께 새로운 미국 문화 속으로 흡수되는 경향을 보입니다. 즉 이들은 미국 문화에 동화된 것입니다.

두 개의 문화가 접촉할 때 전반적인 정체는 그대로 유지하면서 다른 문화의 특성을 일부 받아들이게 되는 경우가 현대 사회에서는 제일 흔하게 나타납니다. 이를 가리켜 '문화 접변(文化接變)' 또는 '문화 교차(文化交叉)'라고 합니다. 문화 접변은 보통 두 개 이상의 문화가 오랜 기간을 두고, 또 어느 정도 거리를 두고 접촉할 때 발생합니다. 이 때 이들 문화는 다른 문화의 유형을 자기 문화의 일부로서 받아들이는 것이 일반적인 현상입니다.

TIP 문화 변동의 방식 중 현대 사회에서 중요한 의미를 갖는 '접촉'에 의한 변화를 이야기하면서, 접촉하는 양상이나 결과에 따라 수용, 동화, 문화 접변 등의 예를 들어 설명하고 있다.

Answer 15.③

여러분, '정낭'이라는 것을 아십니까? 제주도의 집들은 대문이 없는 대신, 대문 역할을 하는 '정낭'이라는 것이 있습니다. 정낭은 서까래 크기의 나무 기둥 세 개를 의미합니다. 이것을 커다란 돌에 서너 개의 구멍을 뚫은 정주목에 얹어 집 안의 인적 정보를 외부에 알리는 구실을 하도록 했지요. 이는 제주 지방 특유의 생활 풍습입니다. 집에 대문이 없기 때문에, 소나 말이 들어와서 마당에 널려 있는 보리나 조 등의 곡식을 먹지 못하도록 좌우에 나무를 걸쳐 사용하다 보니 나중에는 자연스레 집 안 사람의 존재 유무를 외부에 알리는 정보 표현 수단이 된 것입니다.

정낭으로는 여러 가지 상이한 정보를 외부에 나타낼 수 있습니다. 정낭 세 개 중에 하나만 걸쳐 있으면 지금 집 안에 사람이 없지만 이웃에 잠시 다니러 갔으니 곧 돌아온다는 의미이고, 위와 아래에 두 개의 정낭이 걸쳐 있으면 이웃 마을에 외출 중인데 돌아오기까지 시간이 좀 걸린다는 뜻입니다. 또 세 개의 정낭이 모두 걸쳐 있으면 집에서 먼 다른 곳으로 출타 중이라는 뜻이고, 정낭이 하나도 걸쳐 있지 않으면 집 안에 사람이 있다는 표시입니다.

제주도 사람들이 거친 자연 환경에서 진솔하게 살아가면서 얻은 삶의 지혜라고 할 정낭은 우리나라 정보 통신의 효시라고 할 수 있습니다. 정낭 통신의 역사는 지금부터 약 760년 전인 고려 때부터 제주 중산간 마을에서 시작되었고, 조선 때부터는 제주도의 온 고을에 정낭이 일반화되어 사용되었다고 합니다.

TIP　세 개의 정낭이 모두 걸쳐 있으면 집에서 먼 다른 곳으로 출타 중이라는 뜻을 나타낸다.

Answer　16.⑤

요즘 우리나라에서도 비윤리적인 범죄들이 빈발하고 있는데, 그 주된 원인을 현대 가족제도의 혼란에서 찾는 사람들이 많습니다. 그래서 그 해결방안을 모색하는 데 도움이 됐으면 하는 마음으로 우리나라의 전통적인 가족제도에 대해 말씀드리겠습니다. 우리나라는 전통적으로 농경사회와 유교적 이념을 배경으로 하여 가부장적인 대가족제도를 유지해 왔습니다. 전통 사회에서 '가정'이라는 말보다는 '집안'이나 '문중'이라는 말이 일반적일 정도로 가족의 범위가 현대 사회에 비해 훨씬 넓었으며, 그 기능도 다양하였습니다. 가족은 농경사회에서의 생산이나 소비의 단위일 뿐만 아니라 교육의 기본 단위이기도 하였습니다. 이 가족 안에서의 교육을 바탕으로 사회나 국가의 윤리와 질서가 유지되었던 것입니다. 물론 전통적 가족제도는 상하관계를 중시하는 수직구조였으나, 그것이 강압에 의한 것이 아니라 서로 간의 애정과 이해를 바탕으로 한 것임은 말할 필요도 없습니다. 예컨대 남편은 남편으로서, 아내는 아내로서, 자식은 자식으로서 자신의 본분을 지켜가며 서로를 신뢰하고 존중하는 것을 기본전제로 해서 형성된 것이 전통적인 가족제도였습니다. 물론 이러한 전통적 가족제도가 현대의 기술, 공업사회에 적합한 것은 결코 아닙니다. 그러나 현대사회의 한 특징인 핵가족화와 그로 인한 가정의 기능 상실, 더 나아가 여기에서 파생되는 사회기초윤리의 소멸 등이 문제점으로 부각되고 있는 지금 전통적인 가족제도는 우리에게 많은 암시를 주고 있다고 할 것입니다.

TIP 핵가족화와 가정의 기능 상실 등의 현대 가족제도의 문제점을 인식하고 현대의 가치관 상실을 극복할 수 있는 하나의 방법으로 전통적인 가족제도를 제시하고 있다.

Answer 17.⑤

교수 : 질문하겠습니다. 학생은 완벽한 사회 정의가 실현될 수 있다고 생각합니까?

학생 : 저는 완벽한 사회 정의는 실현될 수 없다고 생각합니다.

교수 : 그렇게 생각하는 이유는 뭡니까?

학생 : 예전이나 지금이나 세상에 완벽한 것은 없습니다. 뭐든지 너무 완벽하게 하려고 하면 잃는 것이 더 많습니다. 예를 들어 너무 완벽하게 깨끗해지려고 하면 결벽증 같은 병이 되는 것처럼 말입니다. 완벽한 사회를 만들려고 하기보다는 지금보다 좀더 정의로운 사회를 만들려는 자세가 필요합니다.

교수 : 지금보다 좀더 정의로운 사회는 어떤 사회인가요?

학생 : 제가 생각하기에는 빈부 격차가 작고 노력한 만큼 정당한 대가를 받은 사회입니다. 얼마 전 텔레비전에서 호화로운 집들 맞은 편에 사는 빈민촌 사람들을 보았습니다. 연탄도 없어서 추운 방에서 겨울을 보내는 천막촌 사람들이 불쌍하게 보였습니다. 빈부 격차를 줄이고 의지할 곳 없는 사람들이 최소한의 인간적인 생활을 할 수 있게 해야 합니다.

교수 : 그런 사회를 만들기 위해서 국가는 어떤 일을 해야 합니까?

학생 : 여러 가지 방법이 있지만, 빈부 격차를 줄일 수 있는 복지 정책을 펴야 합니다. 누진세 같은 것을 이용해서 많이 버는 사람들에게 세금을 더 많이 내게 하고 그것으로 가난한 사람을 도와서 모두 잘사는 나라를 만들어야 합니다.

교수 : 그럼, 마지막으로 묻겠습니다. 세금을 지나치게 많이 내게 하면 열심히 일을 해도 소득이 적어지기 때문에 사람들이 일을 열심히 하지 않으려고 할 겁니다. 그러면 결과적으로 생산성이 떨어지고 지금보다 더 못 살게 될 수도 있을 텐데요?

학생 : 빈익빈 부익부 현상이 심각해지면 많은 사회 문제가 발생하고 사회 통합도 어려워집니다. 모든 사람이 함께 잘 살아야 사회 갈등과 범죄가 줄어들고 사회가 평화롭고 행복해집니다. 그러니까 서로 도와야 모두 잘 살 수 있다는 것을 깨닫고 합의하게 되면 수입이 많은 사람도 세금 때문에 일을 게을리 하지는 않을 겁니다. 사람은 누구든 최소한의 인간다운 생활을 할 수 있어야 합니다. 그렇기 때문에 게을러서가 아니라 어쩔 수 없이 가난하게 사는 사람들을 위해서 국가가 복지 정책을 실시해야 한다고 생각합니다.

TIP 질문의 핵심요지는 완벽한 사회 정의가 실현될 수 있는가이다. 학생은 처음부터 완벽한 사회 정의는 실현될 수 없으며, 정의로운 사회를 만들려는 노력 자체가 필요하다고 주장하고 이를 위한 세부적인 방법들을 제시하면서 자기 나름대로의 논리를 펼쳐 주장의 일관성을 보여주고 있다.

Answer 18.①

글을 모르는 아동이 처음으로 글읽기를 배우는 것이 글 깨치기입니다. 글을 깨치게 되면 그때부터 아동은 음성 언어 세계에서 문자 언어 세계로 나아가게 됩니다. 따라서 글 깨치기는 아동 발달에도 중요한 과정인데, 우리 한글은 이런 면에서 세계 어느 나라의 문자보다 글 깨치기가 쉽습니다. 즉 한글은 어떤 문자보다 배우기 쉽게 되어 있다는 것입니다.

그 이유 중 첫 번째는 한글의 각 글자는 하나의 발음과 일치한다는 점입니다. 예를 들어 한글의 문자 표기로서의 '아'는 '아'라는 하나의 소리와 일치하여 대응합니다. 그러나 영어 문자 'a'는 '에이, 아, 애, 어' 등 여러 가지 소리로 발음됩니다. 그리하여 문자를 처음 배우는 사람의 경우에 당연히 영어가 더 어렵게 느껴질 수밖에 없습니다.

둘째로 한글의 표기 단위는 음절이라는 점을 들 수 있습니다. 예를 들어 '비행기'라는 단어는 시각적으로 세 글자로 이루어짐을 누구나 알 수 있으며, 청각적으로도 세 마디임을 즉각적으로 인식할 수 있다는 것입니다. 이에 비하여 영어는 단순히 알파벳을 나열한 형태이므로, 시각적으로나 청각적으로 마디를 구분하기가 쉽지 않습니다.

"문자의 역사를 통틀어 한글과 같이 우수한 문자는 없다."라는 래리 레디어드의 극찬과 "한글은 인류의 위대한 지적 유산의 하나"라는 제프리 샘슨의 찬사는 우리 한글이 얼마나 우수한지를 잘 대변해 주고 있습니다. 우리나라가 세계적으로 문맹률이 낮은 이유도 이런 한글의 특성 때문입니다.

한글은 소리와 문자 표기가 일대일로 대응되며 음절 단위로 표기됨으로써 누구나 시각적, 청각적으로 쉽게 문자나 단어를 지각할 수 있습니다. 이러한 점은 한글의 언어학적 우수성과 아울러 교육적인 가치까지도 잘 보여주는 독특한 장점입니다.

TIP 강연에서 한글은 배우기 쉽다는 주장을 먼저 제시한 후, 하나의 문자에 하나의 소리가 대응된다는 점과 음절 모아적기의 특성을 그 이유로 제시하고 있다. 또한 권위자들의 한글 우수성에 대한 언급을 인용하고 있고, 한글과 영어에서의 대비 사례를 제시하여 이해를 돕고 있다. 그러나 다양한 해석 가능성을 제시한 내용은 없다.

Answer 19.⑤

몇 년 전 동남아 일대에 사스 공포가 몰아쳤을 때 우리는 김치를 먹기 때문에 안전하다고 위안한 적이 있습니다. 과학적으로 입증된 사실은 아니었지만, 김치가 우리 민족의 지혜로운 건강 식품이라는 자부심에서였습니다.

국산 김치에서도 기생충 알이 검출됐다는 식약청의 발표는 충격을 넘어 허탈감마저 들게 합니다. 당국은 일부 영세 업체의 제품일 뿐이라며 해롭지 않은 수준이라고 했지만 꺼림칙하기 그지없습니다. 그동안 중국산만 탓하고 국산에 대해서는 안전하다고 반복해 온 당국의 태도를 생각하면 울화가 치밉니다. 그들에게 묻고 싶습니다. 몸 안에서 자라지 않을 기생충 알이니 김치와 함께 먹을 수 있느냐고 말입니다. 게다가 감염되더라도 구충제를 먹으면 안전하다는 말을, 당국이 할 소린지 따져보고 싶습니다.

문제의 본질은 국산 김치에서도 기생충 알이 검출됐다는 돌이킬 수 없는 사실입니다. 아무리 안전하다고 해도 국민의 불신이 쉽게 가실 문제가 아니라고 봅니다. 당국은 제목부터 '국산 김치의 97%는 기생충 알이 없다.'라는 식의 보도 자료를 내놨습니다. 앞서 중국산에서 나왔던 기생충 알도 알고 보니 해롭지 않은 것이었다는 발표도 덧붙였습니다. 결과적으로 국산이든 중국산이든 일부 김치에서 기생충 알이 검출됐지만 당장 해롭지는 않다는 것입니다. 몰랐던 셈치고 먹어도 무방하다는 얘기나 다를 바 없습니다. 그것이 아니라면 뭔가 책임이 따라야 한다고 봅니다. 기생충 알 김치가 한 둘도 아닌 16개 제품이나 유통되고 있었는데도 당국은 몰랐습니다. 기생충 검사 항목이 없었다는 것이 절대적인 책임과 권한을 국민들로부터 위임받고 있기 때문입니다.

그동안 우리는 김치의 자부심에만 들떠 왔지, 그것을 국제화하는 데는 눈을 크게 뜨지 못했습니다. 세계의 어느 누구도 문제 삼을 수 없는 자격을 갖춰왔다고 말하기 어렵습니다. 그 자격은 맛 그 자체에 한정된 것이 아니라 제조에서 보관·유통 등에 이르기까지 안전 시스템을 구축했을 때 얻어지는 것입니다. 오늘날은 손맛에만 의존하는 시대가 아니라 각종 데이터를 요구하는 시대입니다. 김치는 한국을 대표하는 상징 식품입니다. 세계 어디에서 만들건 안정해야 합니다. 그 기준을 만들어 나가는 것이 김치 종주국의 책무라고 할 수 있습니다.

TIP 강연의 중간 부분까지는 김치의 종주국이라 할 수 있는 우리나라의 김치에서도 기생충 알이 검출됐다는 사실 즉, 문제의 본질을 지적하면서 정부의 태도를 비판하고 있다. 강연의 후반부에서는 김치의 국제화와 관련하여 안전 시스템의 구축 문제에 대해 언급하면서 그 기준을 만들어 나가는 것이 김치 종주국의 책무라고 밝힘으로써 앞으로의 과제를 제시하고 있다.

Answer 20.④

　　3세기경의 한반도를 중심으로 한 여러 부족의 생활 상태를 기록한 '삼국지(三國志) 위지(魏志) 동이전(東夷傳)'과 기타 중국 사적(史籍)의 단편적인 기록들에 의하면, 어느 부족 사회에서나 일 년에 한두 차례의 대회를 열고 제천 의식을 거행하면서, 부족 의식을 연마하고 가무 백희(歌舞百戲)를 연행(演行)하였다고 했는데, 여기서 우리는 우리나라의 원시적 축제를 볼 수 있습니다. 부여의 영고(迎鼓), 고구려의 동맹(東盟), 예의 무천(舞天), 마한의 춘추제 등을 그 대표적인 고대 제의(祭儀)로 들 수 있는데, 그것은 '연일 음주 가무' 또는 '주야 음주 가무'하는 축제였으나, 아직 의례(儀禮)에서 분화되지 않은 단계로 보입니다.

　　이러한 제천 의례의 전통은 국가적 행사인 공의(公儀)와, 민간의 마을굿의 두 갈래로 전승되어 오면서 우리나라 축제의 맥을 이어 왔다고 할 수 있습니다.

　　먼저, 신라의 대표적인 공의는 팔관회(八關會)였는데, 진흥왕 12년(551년)에 전사한 사졸들을 위한 위령제로서 시작했다고 합니다. 이를 계승한 고려조의 팔관회는 국가적 행사로 고구려의 동맹과 신라의 팔관회를 통합한 민족적 수호제로서 음력 11월쯤에 행해졌는데, 상원(上元)의 연등회(燃燈會)와 더불어 양대 국가 축전의 행사였습니다. 천령(天靈)과 오악 명산, 대천(大川), 용신(龍神) 등 토속신에 대한 제전인 팔관회나 불사(佛事)의 제전인 연등회에서는 그 대상이 다를 뿐, 양자는 다 같이 소회일(小會日)과 대회일(大會日)이 있어, 궁중의 뜰에 윤등 일좌(輪燈一座)를 놓고, 사방에 등을 밝히고, 높이 5장이나 되는 무대를 양쪽에 설치하고, 그 앞에서 가무 백희를 봉정하고, 더불어 주과(酒果)와 음악으로 대축연을 베풀며, 제불(諸佛)과 천지 신명을 즐겁게 하여 국가와 왕실의 태평을 기원하였습니다. 이때, 백관이 행례하고, 왕은 위봉루에 출어하여 이를 보았습니다. 특히, 대회일에는 송의 상인, 여진, 탐라, 일본 등의 외국인이 조하(朝賀)하여 예물과 명마 등을 바치는 국가적 행사의 성격을 띠었습니다.

　　우리로서는 이때에 봉정된 가무 백희의 내용이 관심사입니다. 팔관회가 국선(國仙)에 의한 가무 백희로 용천(龍泉)을 기쁘게 해서 복을 비는 것이 그 본질이라고 한다면, 조선조의 구나(驅儺)에서도 처용가로써 재앙을 물리치고, 무당의 굿에서도 가무로써 이렇게 하는 것과 동일한 의례 형식이라 할 수 있습니다.

TIP　우리나라 축제의 기원과 역사적 전개를 밝히고자 하는 강연으로, 민속에 대한 어려운 용어가 많이 쓰이고 있으며 그에 대한 배경 지식이 없으면 이해가 어렵다. 이 강연은 구체적인 자료를 예로 들면서 우리나라 축제에 대한 설명을 목적으로 하고 있으며, 문제점을 찾아 비판하고 있는 것은 아니다.

Answer 21.⑤

> 옛날 어느 고을에 길동이라고 하는 아이가 살았습니다. 그런데 길동이는 어려서 어머니가 돌아가시고 의붓어머니가 들어와서 같이 살게 되었습니다. 그리하여 아버지, 의붓어머니, 길동이 그리고 배다른 동생들이 함께 살았습니다. 그런데 의붓어머니는 아무래도 동생들을 더 위하고 길동이는 소홀히 대했습니다. 맛있는 음식과 좋은 옷은 동생들 차지가 되곤 했습니다.
>
> 어느 몹시 추운 겨울, 길동이는 길을 떠나는 아버지의 말고삐를 잡고 앞장서서 가게 되었습니다. 그때 길동이는 의붓어머니가 준, 갈대로 만든 얇은 옷을 입고 있어서 온 몸이 떨리는 것이었습니다. 심하게 떨다가 말고삐를 놓쳐 버리자 아버지는 이 모든 사실을 알게 되어 의붓어머니를 집에서 내치려 했습니다. 그러자 길동이는 아버지께 무릎을 꿇고 다음과 같이 말했습니다.
>
> "아버님, 어머니가 있으면 한 아들이 춥겠지만 어머니가 없으면 세 아들이 추울 것입니다."

TIP　길동은 아버지의 마음을 다치지 않게 하고 그 뜻을 거스르지 않으려는 태도로 말하고 있으며, 이는 직접적으로 말하지 않고 돌려서 말하는 방식으로 표현되고 있다.

> 남 : 어제 수업시간에 사람들의 반응 유형에 관한 선생님 얘기 어땠니? 난 참 재밌던데.
> 여 : 응. 나도 재밌었어. 특히 난처한 상황에 처했을 때 자기도 모르게 작동하는 방어기제가 사람마다 다르다는 것이 재밌었어. 내가 어떤 유형인지도 분명하더라.
> 남 : 넌 어떤 유형인데?
> 여 : 난 반동형에 속하겠더라. 어려운 상황이 되면 난 내 감정을 반대로 표현하거든. 넌 어떤 유형이니?
> 남 : 난 달콤한 레몬형인 것 같이.
> 여 : 그래? 난 그 대목을 잘 알아듣지 못했어. 그게 어떤 유형이니?
> 남 : 달콤한 레몬형은 나쁜 상황에 처했을 때 그 상황을 자신에게 좋은 쪽으로 해석하는 유형이래. 내가 봐도 난 그런 것 같거든?
> 여 : 그래? 음……. 그럼 한번 말해 봐. 너 같은 달콤한 레몬형이 지하철을 타려고 뛰어가는데 문이 갑자기 닫히는 바람에 열차를 놓쳐 버렸어. 그런 상황에서 너라면 어떻게 행동하겠니?

TIP　레몬형은 나쁜 상황에 처했을 자신에게 좋은 쪽으로 해석하는 유형이므로 지하철을 놓쳤을 때도 좋은 쪽으로 해석하여 행동할 것이라고 추리할 수 있다.

Answer　22.③　23.⑤

> 기자 : 최근 농촌 행사로 큰 수입을 올리고 있는 서원리 홍길동 이장님을 모시고, 말씀을 나눠보겠습니다. 안녕하세요?
>
> 이장 : 안녕하십니까?
>
> 기자 : 이색적인 농촌 체험 행사를 진행하고 계시는 데 특별한 계기라도 있었습니까?
>
> 이장 : 예. 우리 마을의 농촌 체험 행사가 처음 시작할 때와 달리 찾아오는 사람들이 점점 줄어서 새로운 행사를 계획하지 않을 수 없었습니다.
>
> 기자 : 찾아오는 사람들이 줄어든 이유가 무엇이었나요?
>
> 이장 : 처음 농촌 체험 행사를 시작할 때에는 다른 마을처럼 도시 사람들이 편하게 쉴 수 있는 숙박시설을 짓고 떡 만들기나 사과 깎기 같은 행사를 마련했습니다. 그런데 그런 행사는 다른 농촌 마을에서도 쉽게 체험할 수 있는 것이라 굳이 깊은 산골에 있는 우리 마을까지 올 필요가 없었던 거지요.
>
> 기자 : 그렇겠군요. 그래서 어떻게 해결하셨습니까?
>
> 이장 : 네. 그래서 어떻게 하면 우리 마을 체험 행사에 사람들이 많이 찾아올 수 있을까 고민해 봤더니 두 가지 조건이 필요하더군요. 하나는 다른 마을의 체험 행사와 달리 우리 마을만의 특징을 느낄 수 있게 하는 것이고, 또 하나는 농촌 체험 행사니까 눈으로만 구경하지 않고 농촌 일을 직접 체험할 수 있게 하는 것입니다. 이 두 가지를 다 만족시킬 행사를 마련해서 진행을 했더니 사람들이 많이 찾아오더군요.
>
> 기자 : 그럼 구체적으로 어떤 행사를 진행하고 계신가요?

TIP 이장의 말대로 다른 마을의 체험 행사와 달리 서원리 마을만의 특징을 느낄 수 있게 하고, 또 눈으로만 구경하지 않고 농촌 일을 직접 체험할 수 있게 하는 것을 찾아야 한다. ①은 마을의 특징을 잘 살리면서 직접 체험도 할 수 있는 경우이므로 두 가지 조건에 잘 맞는다.

Answer 24.①

제자 : 오랜만에 문안 인사 올립니다. 오늘도 책을 보고 계시는군요. 스승님께서 종일 책을 손에서 놓지 않는 것은 무엇 때문입니까?

스승 : 허허, 오서 오게나. 자, 차 한 잔 하지. 내가 책을 보는 이유는 글쎄……. 이렇게 설명하면 될까? 농부는 쟁기와 보습을 손에서 놓지 않고, 어부는 그물을 손에서 놓지 않으며, 상인은 시장을 한 눈에 두루 볼 수 있는 곳에서 떠나지 않는 법이니, 이것이 자연의 도리라네.

제자 : 무릇 농부와 어부, 상인은 단지 하나의 일만을 하고 있기에 그 일을 잃어버리면 먹고 살 대책이 없습니다. 이 때문에 그 도구를 놓지 않는 것입니다. 스승님께서는 재주가 온전하고 덕이 높아 존경을 받고 있습니다. 게다가 관직이 이미 높았으니, 책은 한 번 쓰면 버리고 마는 그런 하찮은 물건과도 같지 않겠습니까?

스승 : 지혜로운 자는 책을 통하여 더욱 지혜로워지고, 현명한 자는 책을 통하여 더욱 밝아지는 법이라네. 임금께서는 이 때문에 나를 무능하다고 여기지 않으시고 나에게 백성을 다스리는 많은 권한을 주셨지. 내가 온 힘을 다해 임금으로부터 부여받은 임무를 완수하고, 덕을 실천함에 이러한 서적이 아니라면 아무 것도 할 수 없다네.

제자 : 그것을 말씀드리는 것이 아닙니다. 스승님의 연세가 아주 많으신데도 한시도 책을 놓지 않으시니 그것이 걱정스러워 올리는 말씀입니다.

스승 : 공자가 말하지 않았는가? '아침에 도를 들으면 저녁에 죽어도 좋다.'라고 말일세. 서적 속에 절로 즐거움이 있는 것이지. 그렇게 책을 읽으며 평생 근심을 잊고 살다 죽는 것이 바로 나의 뜻이라네.

TIP 스승의 말 중에 마지막 부분을 보면, 공자의 말을 인용하면서 서적 속에 즐거움이 있다고 했고 평생 책을 읽으며 근심 없이 살고 싶다고 말하고 있다.

Answer 25.⑤

> 남 : 실험 심리학에서는 인간의 특정한 행동을 통제하는 실험을 합니다. 이 방법으로 인간의 심리를 알아낼 수 있습니다.
>
> 여 : 저의 생각은 다릅니다. 열 길 물 속은 알아도 한 길 사람 속은 알기 어렵다는 말이 있습니다. 다른 사람의 심리를 아는 것이 얼마나 어려운지를 보여 주는 말입니다. 행동 통제 실험을 아무리 많이 한다고 해도 인간의 복잡한 심리를 알 수는 없습니다. 인간의 심리는 한두 가지 요인에 의해 결정되는 것이 아니기 때문이죠.
>
> 남 : 그렇지만 결정적인 요인은 있겠지요. 제한된 상황에서 인간 행동을 단순화한다면, 인지는 물론 감정이나 욕망까지도 수치로 계량화할 수 있다고 봅니다. 실제로 동물 실험에서도 이는 밝혀졌습니다.
>
> 여 : 아니지요. 어떻게 인간과 동물이 같을 수가 있습니까? 인간을 동물과 같이 단순하게 생각해서는 곤란합니다. 인간은 문화에 따라서도 그 심리가 크게 달라집니다. 예를 들자면, 동양인과 서양인은 그 문화의 차이만큼이나 생각의 틀이 다릅니다. 서양식 사고방식에서 나온 실험 심리학으로 동양인의 심리를 잴 수는 없습니다.
>
> 남 : 글쎄요. 동양인과 서양인의 사고방식이 다르다고 해도 인간의 기본 특성은 같지 않겠습니까? 따라서 실험 심리학이 인간 심리의 핵심을 밝힐 수 있다고 생각합니다.

TIP 남자는 인간의 특정한 행동을 통제하여 인간의 심리를 알 수 있다고 주장하고 있고, 여자는 인간의 심리는 한두 가지 요인에 의해 결정되는 아니기 때문에 행동 통제 실험을 통해서는 인간의 복잡한 심리를 알 수 없다고 주장하고 있다. 결국, 이 토론의 쟁점은 실험을 통해 인간의 심리를 알 수 있느냐 없느냐하는 문제이다.

Answer 26.③

남 : 너, 이런 얘기 들어본 적 있어? 사람은 저마다 오행, 그러니까 목·화·토·금·수의 기질을 가지고 있다는 얘기 말이야.

여 : 아니, 못 들어봤어. 그게 뭐야?

남 : 몇 가지만 알려줄게. 나무의 속성과 관계있는 '목'형 기질의 아이는 다른 아이에 비해 호기심이 많고, 아이디어가 풍부한 편이래. 성격도 쾌활한 편이어서 친구 사이에 인기도 있구. 하지만 호기심이 지나쳐 여러 가지 일을 동시에 벌이는 경향이 많대. 무엇이든지 하고 싶은 일이 생기면 일단 저지르고, 그러다 보니 정말로 하고 싶은 일은 못하게 될 때도 있는 그런 성격이래.

여 : 그렇구나. 그럼 '화'형은 어떤 특징이 있어?

남 : '화'형은 말 그대로 불같은 기질을 갖고 있지. 매사에 적극적이고 승부근성이 강해서 어떤 일을 꾸물대지 않고 빠르게 처리한대. 하지만 욱하는 성격 때문에 낭패를 입는 단점도 있어. 또 물과 같은 성질을 가진 '수'형은 어떤 일을 할 때 자기 생각이 매우 뚜렷하고 의지가 강한 편이래. 그래서 조숙하다는 말을 듣기도 하지. 하지만 자기 주관이 지나쳐 독선에 빠지기 쉽고, 현실성과 융통성이 부족하다는 소릴 듣기도 한 대.

여 : 재밌네. 자신이 어떤 유형에 속하는지 파악해서 장점은 살리고, 단점을 고치도록 노력하면 살아가면서 제법 도움이 되겠어. 근데, 너는 어떤 유형에 속하니?

남 : 나는 '목'형에 속하는 것 같아. 호기심이 많은 편이잖아. 하지만 단점을 고치기 위해 이런 생각을 품고 생활하려고 해.

TIP   남학생은 오행 기질 중 '목'형에 속한다. '목'형의 단점은 호기심이 지나쳐 여러 가지 일을 동시에 벌인다는 것이다. 따라서 이런 단점을 개선하도록 하는 내용이 이어져야 한다.

Answer 27.③

옛날 어느 깊은 산 속에 다람쥐 마을이 있었습니다. 거기에 동갑내기 두 마리 다람쥐가 살았는데 하나는 '도톨', 다른 하나는 '밤톨'이라고 불렸답니다. 도톨은 나무타기에 도사라서 늘 높은 나무를 찾아 다니며 맛있는 먹이들을 모아 오는데 밤톨은 겁이 많아 나무 꼭대기 쪽은 엄두도 못 내고 안전한 낮은 곳만 다녔습니다.

도톨 : 밤톨아 너 참 안 됐다. 너 그거 몰라? 맛있는 먹이는 다 높은 데 있어.

밤톨 : 나도 알아. 하지만 나는 높은 곳이 싫어. 도톨아, 무서워.

도톨 : 쯧쯧 … 그러니까 만날 맛없는 것만 먹지. 항상 배도 고프고. 나도 처음부터 이렇게 나무를 잘 탔던 것은 아냐. 처음엔 식은땀이 날 만큼 겁났는데 자꾸 연습하다 보니 이제 이렇게 잘 하잖아. 남들도 갈 수 있는 곳만 다닌다면 남들하고 똑같은 것밖에 못 먹어.

밤톨 : 난 오히려 네가 자꾸 위험한 높은 곳만 좋아하고 왜 낮은 데로 내려와 다니려 하지 않는지 모르 겠어. 한꺼번에 좋은 먹이를 혼자 다 차지해서 어쩌려고? 난 널 따라 하지는 않을래.

그 후 얼마 지나지 않았을 때 도톨은 절벽 위로 뻗어 나간 위험한 가지의 열매를 따려다 절벽 아래로 떨어져 크게 다쳤습니다. 네 다리가 다 부러지고 눈도 다치는 등 상태가 심각했습니다. 몇 달간 병석에 누워 있던 도톨에게 어느 날 밤톨이 찾아왔습니다.

밤톨 : 도톨아, 좀 어떠니?

도톨 : 으~ 아파……. 일어날 수가 없고 눈도 안 보여.

밤톨 : 앞으로 내가 가끔 먹이를 가져다줄게. 별로 맛있는 건 아니지만.

도톨 : 그래. 고마워.

밤톨은 밖으로 나오며 혼잣말로 중얼거렸습니다.

밤톨 : 무모한 친구였어. 높은 가지일수록 맛있는 먹이가 많이 달려 있다는 건 누구나 알지. 그렇지만 이렇게 다칠 걸 꼭 그랬어야 할까? 난 양이니 맛이니 안 따질 거야. 탈없이 오래 살다 주어진 수명을 다하는 게 최고 아니겠어.

TIP 밤톨은 처음부터 일관되게 자신의 태도를 유지하면서 고난과 위험을 무릅쓰고 무엇인가를 성취하려는 자세 에 대해 부정적으로 생각하고 있다. 이런 태도를 비판하기 위한 근거는 평범한 안정보다 진취적인 태도를 강조한 내용이어야 한다.

Answer 28.④

> 남 : 영화 재밌게 봤니?
>
> 여 : 응, 재미있더라. 그런데, 네 말처럼 작품성이 뛰어난 것 같진 않아.
>
> 남 : 왜? 어린 꼬마가 힘겨운 과정을 하나하나 헤쳐 나가서 결국에는 소원을 성취하는 모습을 통해 우리의 인생을 압축적으로 보여 주고 있잖아?
>
> 여 : 어린아이를 내세워 인생의 단면을 여실히 보여 주고 있기는 해. 하지만 마지막 고비를 넘기는 과정이 맘에 안 들더라고.
>
> 남 : 그랬니? 난 그 부분이 제일 맘에 들던데……. 영원히 이길 수 없을 것 같던 연싸움을 승리로 이끌어 낸 순간, 주인공의 희열에 찬 표정이 지금도 생생하게 떠올라. 그리고 과묵한 성격에 무서운 외모의 털보 아저씨가 어린 시절 연싸움의 대가였다는 설정도 재미있잖아.
>
> 여 : 나는 바로 그 부분이 맘에 안 들어. 싸움연을 만드는 기술과 연 조종법을 터득하느라고 고생하는 과정을 그렇게 실감나게 묘사해 놓고는, 정작 가장 중요한 순간에는 아저씨의 도움으로 문제가 해결되도록 해 버리다니…….
>
> 남 : 그게 어때서? 그것이 우리 인생의 모습과 더 가깝지 않니? 우린 혼자 힘으로 살아가는 것 같지만, 사실 중요한 고비에는 주변 사람으로부터 도움을 받게 되는 경우가 더 많잖아. 누군가에게 도움을 받고 또 도움을 주기도 하면서 살아가는 게 바로 인생 아닐까?
>
> 여 : 글쎄? 도움을 주고받으면서 살 수밖에 없다는 말은 맞지만, 정말 중요한 순간에 성공을 거둘 수 있게 하는 것은 본인의 노력밖에 없지 않을까? 다른 사람의 도움은 말 그대로 도움일 뿐이라고 생각해. 이 영화가 만약 우리 인생의 단면을 보여 주고자 한 거라면, 주인공이 털보 아저씨로부터 얻은 것이 아니라 자신의 의지와 노력을 통해서 스스로 깨달은 것으로 인해 성공을 거두는 내용으로 하는 게 나았을 거야. 자기 자신과의 피나는 싸움 없이는 아무것도 성취할 수 없는 게 우리 인생이잖아. 그러니까 내 생각은, 주인공이 최종적인 성공을 거두게 되는 과정을 주인공의 노력에 초점을 두어서 보여 줬어야 한다는 거야.

TIP 두 사람은 이 영화가 인생의 단면을 보여준다는 점에서는 동의하고 있다. 그러나 영화의 작품성에 대해서 서로 평가가 다르다. 남학생은 '혼자 힘으로 살아가는 것 같지만 중요한 고비에는 주변 사람들로부터 도움을 받게 되는 것이 바로 인생의 모습이라고 생각하고 있으나, 여학생은 '자기 자신과의 피나는 싸움 없이는 아무것도 성취할 수 없는 것이 우리 인생'이라고 생각하고 있다.

Answer 29.③

> **진행자** : 박사님께서는 최근 온라인 시장의 성공 열쇠로 '롱테일(long tail) 법칙'을 이야기하고 계신데요. '롱테일 법칙'의 개념부터 말씀해 주십시오.
>
> **박 사** : 그 동안 비즈니스 세계에서는 '히트 상품 20%가 전체 매출의 80%를 만든다.'는 생각이 불문율로 통했습니다. 이 때문에 기업에서는 히트 상품을 만드는 데 주력했습니다. 이를 20대 80의 법칙, 즉 파레토 법칙이라고도 부릅니다. 하지만, 최근에는 눈에 띄지 않던 80%에 해당되는 일반 상품들이 위치한 꼬리 부분이 점점 길어지고 두툼해졌습니다. 이것이 '긴 꼬리', 즉 롱테일 법칙입니다.
>
> **진행자** : 그러니까 롱테일 법칙의 핵심은, 판매량이 적은 다량의 물건들이 모여 제법 그럴싸한 규모의 시장을 형성한다는 것이군요. 그렇게 볼 수 있는 구체적인 사례가 있나요?
>
> **박 사** : 온라인 서점들의 전체 수익을 조사했습니다. 그랬더니 수익의 절반 이상이 대형 서점에서는 진열조차 되지 않았던 비주류 책에서 나왔습니다.
>
> **진행자** : 온라인 서점의 주 수익원은 베스트셀러가 아니라 오히려 예상하지 못했던 의외의 책이었단 말씀이시죠? 그럼, 왜 이런 현상이 일어나지요?
>
> **박 사** : 롱테일 법칙은 초고속 인터넷의 보급으로 온라인 매장이 형성되었기에 가능했습니다. 온라인 매장은 제품 전시나 판매에 들어가는 제반 비용이 적고 재고 부담도 없습니다. 덕분에 기존의 백화점이나 슈퍼마켓 등의 오프라인 매장에서는 소비자를 만날 기회조차 얻지 못했던 다양한 상품들이, 그것을 원하는 소비자와 만날 수 있게 된 것입니다. 거기에다가 사람들의 취향이 다양해져서 점점 더 독특하고 개성 있는 상품을 찾게 된 것도 한 이유이지요.
>
> **진행자** : 인터넷 유통망과 사람들의 다양한 요구 때문에 그 동안 천덕꾸러기 신세였던 80%의 사소한 제품들이 효자 제품으로 빛을 발하게 된 것이군요. 그럼, 온라인 시장을 공략하기 위해서는 어떤 대응 전략이 있을까요?

TIP 소수의 매출을 올린다고 생각했던 꼬리 부분이 점차 길어지고 두툼해지고 있다는 것이 롱테일 법칙이다. 이런 현상이 나타나는 이유는 초고속 인터넷의 보급으로 온라인 매장이 형성되면서 제품의 종류가 다양해지고, 소비자들의 취향이 다양해져서 독특하고 개성 있는 상품을 찾기 때문이다. 따라서 온라인 시장을 공략하기 위해서는 소비자들의 다양한 요구를 정확하게 파악하고 그 틈을 파고 들 수 있는 틈새 상품의 개발이 필요하다.

Answer 30.④

> 예술의 역사는 인류의 역사와 일치한다고 할 수 있습니다. 그만큼 예술은 우리의 삶과 불가분의 관계를 맺고 있다는 말입니다. 그럼 도대체 예술은 인생에서 어떤 의의를 지니고 있는 것일까요? 또, 우리들은 왜 살아가면서 예술을 필요로 하는 것일까요? 이러한 질문에 대한 답은 아마 여행의 그것에서 찾을 수 있을 것입니다. 사람들은 매일 반복되는 일상에 지치거나, 자신의 현재의 삶에서 어떤 한계를 느낄 때면 여행을 떠나곤 합니다. 물론 요즘에는 여행의 의미가 많이 퇴색되어 가고는 있습니다만, 여행이란 본질적으로 미지의 세계, 낯선 세계로 떠나는 것입니다. 먹고 사는 것, 이해득실을 따지고 계산하는 것, 직장과 가족 등 현실적으로 자신을 얽매고 있는 모든 것으로부터 떠나는 것입니다. 그 어떤 현실적인 가치에도 얽매이지 않고 자유로운 상태에서 모든 것을 순수하게 본능적으로 받아들일 수 있게 되는 것입니다. 따라서, 지금까지와는 다른 입장에서 세상을 바라보고, 지금까지는 알지 못했던 사물들의 새로운 면을 알게 되는 셈입니다. 지금까지처럼 현실적인 직장인으로서, 가족의 일원으로서, 사회 조직의 한 구성원으로서 바라보던 것과는 달리 순수한 자연인으로서, 자유인으로서 세상을 받아들이는 것입니다. 그렇게 함으로써 잊었던 자신의 존재를 느껴 보기도 하고, 세상과 사물에 대해 새롭고 신선한 인식과 느낌을 얻기도 하며, 일상의 삶에 매몰되어 있던 자신을 되돌아보고 삶의 의미를 새롭게 되새겨 볼 수도 있는 것입니다. 예술도 궁극적으로는 마찬가지입니다. 비록 현실로부터 소재를 취하기는 하지만 새롭게 조직하고, 아름답고 낯설게 꾸며 놓은 예술 작품을 보면서, 우리는 마치 여행에서 느끼는 것과 유사한 체험을 하게 됩니다.

TIP 강연에서 예술의 의미와 필요성을 설명하기 위해 예술과 유사한 성격을 지니고 있는 여행에 대해 설명하고 있다. 즉, 여행은 지금까지와는 전혀 다른 새로운 입장에서 세상과 사물을 바라보고 인식함으로써, 현실을 새롭게 되새기고 자신을 성찰하게 하는 계기가 된다고 말하고 있다. 결국 여행이란 현실을 새롭게 인식하고 새롭게 해석하기 위한 과정이라는 것이다. 따라서, 여행에 대한 이런 관점을 예술에 적용한다면 예술도 현실을 새롭게 인식하기 위한 과정이라 말할 수 있다.

Answer 31.①

여러분이 만일 미술관에 갔을 때 대형 햄버거 모형이나 유명 배우가 그려진 그림을 본다면 기분이 어떨까요? 일단 그런 이상한 것들이 미술관에 있다는 것 자체가 이상할 것입니다. 그래서 무슨 식당 광고나 영화 광고를 위해서 미술관을 빌린 게 아닌지 의심스러운 눈으로 보면서, 그것을 예술품으로 인정하려 들지 않을 것입니다.

그런데 실제로 햄버거나 만화의 주인공, 또는 영화 배우의 모습을 그린 화가들이 과거에도 있었고 지금도 있습니다. 1950년대 후반부터 서양 미술계에는 앤디 워홀이나 로이 리히텐슈타인, 제스퍼 존스 같은 사람들이 나타나 새로운 바람을 일으키기 시작했습니다. 이들은 사람들의 눈에 익숙한 일상 용품이나 폐품들, 그리고 대중 문화와 관련된 인쇄물들, 텔레비전 같은 대중 매체에서 작품의 소재를 찾았습니다. 즉, 마릴린 먼로나 엘비스 프레슬리, 심지어 코카 콜라, 햄버거 등 모든 일상적인 것들이 작품에 소재로 등장하게 된 것입니다. 대중 문화의 비속한 것들이 미술 작품으로 부활하는 영광을 누리게 되었다고나 할까요. 그것을 작품화하는 방법도 판화 기법에서 전통적인 회화 기법까지 두루 쓰였습니다. 이런 일련의 미술 경향을 '팝 아트'라고 하는데, 이 말은 '대중적 예술'이라는 뜻을 가진 말입니다. 팝 아트가 처음 생긴 곳은 영국이었습니다만, 정작 그 주무대는 영국이 아니라 미국이었습니다.

그러면 팝 아트 화가들이 대중들에게 보여 주려 한 것은 과연 무엇이었을까요? 단순히 대중 문화를 이용한 의미 없는 장난에 불과했을까요? 그렇지 않습니다. 팝 아트가 세상에 선을 보이자 당시 사람들은 무심코 소비하고 즐기는 자신들의 생활을 크게 확대된 그림으로 보면서 새삼 충격을 받았다고 합니다. 팝 아트 화가들은, 사람들이 그러한 충격을 통해 대중 매체가 지배하고 인스턴트 음식이 판치는 현대 문명의 저속함과, 물질의 노예가 되어 버린 자신들의 삶에 대해 스스로 깊이 생각할 기회를 주려 했던 것이지요.

TIP 강연의 앞부분에서, 팝 아트를 처음 보는 사람은 그것을 예술로 인정하기 어려울 것이라 언급했는데 그것에 대하여 명확한 해명을 하지는 않았다. 의문을 제기해 놓고 그것에 대한 뚜렷한 답은 제시하지 않은 상태이다. 따라서 ④와 같은 물음을 통해 그 점을 확인할 필요가 있다.

Answer 32.④

남 : 야, 기사를 좀 봐. 이 코미디언 정말 대단한데.

여 : 무슨 기사가 났길래 그렇게 호들갑이야?

남 : 그 동안 이 코미디언이 제작한 공상 과학 영화가 외국에서 호평을 받고 있대.

여 : 그래. 보라매, 드래곤 루카처럼 거짓말 같은 영화를 말하는구나. 넌 그런 영화 안 봤니?

남 : 물론 봤지. 그런데 그 때는 시시한 줄 알았는데, 이거 좀 봐. 외국에 수출까지 한대.

여 : 너 무슨 소리 하는 거야? 코미디언이 만든 영화가 우리나라에서나 통하지 외국에서까지 통하겠어?

남 : 그게 아냐. 이 코미디언이 만든 영화 한 편 수출 가격이 작년 우리나라 영화 전체 수출 가격보다 높대. 이런 사례로 보면 우리나라의 공상 과학 영화를 다른 나라 사람들이 인정을 하고 있는 것이 라구.

여 : 믿을 수가 없어. 코미디언과 공상 과학 영화 제작은 서로 안 맞아. 그런 사람이 만든 거니 오죽하 겠어? 네가 뭘 잘못 읽었겠지.

TIP 여자는 코미디언이 만든 영화라서 영화가 수준에 못 미칠 것이라 판단하며 무시하고 있다. 이는 발생학적 오류에 해당된다. ⑤의 경우도 신입 사원의 의견이기 때문에 대수롭지 않다고 여기는 동일한 유형의 오류다.

Answer 33.⑤

> 여 : 진료가 의사들의 고유 권한이라면 약의 조제는 약사들의 고유 권한이라고 할 수 있어. 그런데 지금은 일방적으로 약사들의 진료 행위를 금지시키고 의사들은 처방과 함께 조제권도 갖고 있잖아? 이건 합리적이지 못해! 약의 조제권은 약사들이 독점하는 게 옳아!
>
> 남 : 약사들의 진료 행위 금지는 진료를 전공하지 않은 약사들의 오진으로 말미암아 사고를 제거하는 의도이지, 의사들이 진료와 처방을 독점하자는 의도가 아니잖아?
>
> 여 : 물론 거의 모든 시간을 질병에 대해 연구하는 의사들이 약사들에 비해 훨씬 더 정확하고 안전하게 진료하여 처방을 내릴 수 있겠지. 그러나 똑같은 이유로 약의 조제에만 전념하는 약사가 약의 성분 분석과 조제에 대해 더욱 정확하고 안전한 처방을 내릴 수 있는 것 아니니? 형평성의 문제에서 보더라도 조제권을 독점해야 돼!
>
> 남 : 물론 네 말에도 일리는 있어. 그렇지만 의사에게 조제권과 투여권을 금지시킨다면 매우 위험한 일이 발생할 수 있을 것 같아. 환자의 상태가 위급하여 급히 약을 투여해야 생명을 건질 수 있는 상황에서, 의사에게 약의 조제권이 금지된다면 그 환자는 어떻게 되겠니? 약을 조제할 약사를 찾으러 간 사이에 그 환자는 생명을 잃을 수도 있을 것 아니니? 따라서, 이건 단순히 형평성의 문제로 따질 게 아니야.
>
> 여 : 너는 의사도 아니면서 왜 그렇게 의사 편만 드니? 그리고 남성 우월주의에 빠져 있는 네가 어떻게 형평성을 따질 수 있겠니? 우습다, 우스워!

TIP 여학생의 마지막 말은 약사와 의사의 조제권이라는 논점에서 벗어나, 인신 공격적인 말을 함으로써 대화를 엉뚱한 방향으로 유도하고 있다.

Answer 34.③

'철학이란 무엇일까?' 이 질문에 대해서 명쾌하게 답을 할 수 있는 사람은 아마 없을 것입니다. 인류의 역사가 시작된 이래로 지금까지 수많은 철학자들이 철학에 관한 정의를 내렸지만 그 어느 누구도 철학을 확실하게 정의하지는 못했습니다. 오히려 철학에 대한 정의 그 자체가 또 하나의 철학 분야인 것처럼 보입니다. 몇몇 위대한 학자들의 철학에 대한 정의는 그 어떤 철학적 진술보다도 어려운 것이 사실입니다.

그러나 그렇다고 해서 철학을 대단히 유별나고 어려운 것으로 생각할 필요는 없습니다. 사실 철학을 어렵게만 생각하다 보니 그 정의를 내리기 어려운 것이 아닐까 싶습니다. 사람들은 철학이라면 무언가 기발한 내용을 담고 있고 생활과는 무관한 것쯤으로 생각하는데, 꼭 그렇지만은 않습니다.

철학은 '인간의 삶은 무엇인가'라는 물음에서 출발합니다. 그리고 이 물음에 대한 대답은 곧 철학의 끝이라고도 할 수 있을 것입니다. 철학이라는 말의 본래 뜻이 '지혜에 대한 사랑'이라는데, 이 지혜란 결국 삶의 지혜를 말하는 것일 테니까요. 그러니 철학에 대한 정의는 그저 알기 쉽게 다음 정도면 충분할 것입니다.

TIP 이 강연에 이어질 내용은 '철학에 대한 정의'이다. 철학이 '인간의 삶은 무엇인가'라는 물음에서 출발하고 이 물음에 대한 대답이 곧 철학의 끝이라는 진술과, 그 정의를 알기 쉽게 내리겠다는 끝 부분의 진술로 보아 '삶의 대한 생각'이 이어질 내용으로 적절하다.

Answer 35.③

지구의 나이는 약 45억 살이라고 합니다. 따라서 지구가 어렸을 때는 대기의 구성이 지금과 매우 달랐습니다. 주로 수소, 메탄, 암모니아와 수증기로 되어 있었습니다. 지구의 산소는 약 32억 년 전쯤 광합성을 할 수 있는 엽록소를 지닌 원시적인 식물이 생긴 후 그 양이 증가했다는 설이 있습니다. 그러나 32억 년 전만 해도 육지는 생물체가 살기에는 적합하지 않았습니다. 그 때는 공기 중에 산소가 없었으므로 태양으로부터 오는 강력한 자외선을 차단해 생물을 보호해 주는 오존층이 아직 생성되지 않았기 때문입니다. 다행히 물은 자외선을 차단해 생물을 보호할 수 있었기 때문에 깊은 물 속에서 광합성을 할 수 있는 엽록소를 지닌 생명체가 생겨나 산소를 만들기 시작했습니다. 처음에는 그 양이 매우 적어 약 10억 년간은 수중에서 생긴 산소가 모두 물 속에 녹아버렸습니다. 그 후, 지금으로부터 약 22억 년 전쯤에는 산소가 바닷물에 더 이상 녹을 수 없을 정도가 되어 대기 중으로 뿜어져 나오기에 이르렀습니다.

그리고 8억 년 전쯤부터 이렇게 대기로 뿜어져 나온 산소가 오존층을 만들기 시작해 지구상에는 식물이 급격히 증가하게 되었습니다. 따라서 공기 중의 산소의 양도 빠른 속도로 늘어났습니다.

식물의 푸른 잎은 엽록소를 지니고 있습니다. 엽록소는 뿌리로부터 올라온 물과 공기 중의 이산화탄소와 태양 에너지를 합하여 탄소동화작용을 합니다. 이때 나무는 부수적으로 산소를 만들어 내는 공장이 됩니다. 큰 나무 한 그루가 대략 두 사람이 하룻동안 숨쉬는 데 필요한 양보다 조금 더 많은 산소를 공급합니다. 식물이 매년 대기 속으로 방출하는 산소의 총량은 대략 2천억 톤 정도입니다.

그러나 산소는 우리의 호흡뿐만 아니라 연료를 태우고 산화 반응을 일으키는 등 여러 가지 형태로 소모되기 때문에 대기 중의 함량이 23% 정도에서 일정하게 유지되고 있습니다. 이 산소의 함량이 변하면 지구상의 생태계는 예측하기 어려운 변화가 일어날 것입니다.

TIP 강연의 끝 부분에서 산소의 함량이 변하면 생태계는 예측하기 어려운 변화가 일어날 것이라고 한 점에 유의한다.

Answer 36.③

남 : 위성 TV 사업은 여타 산업과 비교해 볼 때 투자 규모에 비해 고용 창출이 현저히 낮은 업종입니다. 또, 미국에서조차 문화적 퇴폐 분위기를 조성한다 하여 비판이 많은 사업이기도 합니다. 먼저 경제적 관점에서 살펴보면, 위성 방송에 관련된 주요 설비는 모두 미국에서 수입할 것이기 때문에 투자 초기부터 대부분의 투자 금액은 즉시 미국으로 돌아가게 될 것입니다. 뿐만 아니라, 독점적인 운영으로 얻게 될 엄청난 과실조차 모두 미국으로 즉시 건너갈 것입니다. 세계적 언론 재벌인 머독의 한국 투자가 이루어지면 문화적인 면에서도 큰 충격이 있게 될 것입니다. 가뜩이나 열악한 한국의 영화나 영상 산업계는 설 자리를 잃어버리게 될 것이고, 이들 업계에 종사하고 있는 종업원들의 살 길은 막막해 질 것입니다. 무엇보다도 큰 문제는 외국의 영화, 비디오가 공중파 방송을 통해 우리의 가정에 무차별적으로 침투한다는 것입니다. 경제난 때문에, 일시적인 외화 유입 효과밖에 없는 소비성 오락 산업을 유치하기 위해 정부가 나서는 현실이 안타깝습니다.

여 : 문제의 본질은 머독의 진출 자체가 아니라 이를 두고 허둥대는 국내 방송 산업의 허약한 체질에 있다고 생각합니다. 물론, 머독의 한국 진출이 이루어지면 우리나라의 영상 산업계가 타격을 입을 것은 분명합니다. 그러나 근시안적 시각으로 무조건 반대만 해서는 안 됩니다. 중요한 것은 외국 방송 프로그램과 사업자들을 우리 입장에서 어떻게 수용할 것인가, 수용에 앞서 그들에 대해 경쟁력을 갖는 국내 사업자를 어떻게 육성할 것인가를 고민하는 일입니다. 위성 방송에는 국경이 없습니다. 이미 국내에서도 NHK, STAR TV, CNN 등은 수백만 명이 시청하고 있습니다. 이처럼 많은 사람들이 시청하고 있는 것은 이 방송들의 수준이 높다는 증거가 아니겠습니까? 이런 현실을 외면해서는 안 됩니다.

TIP 토론에서 남자는 머독의 한국 투자가 이루어지면 한국의 영상 산업계가 설 자리를 잃어버리게 될 것이라고 우려를 표명하고 있으며, 여자는 우리나라의 영상 산업계가 타격을 입을 것이 분명하다고 판단하고 있다. 따라서 두 사람은 머독의 한국 투자가 우리에게 불리하게 작용할 것이라 생각하고 있다.

Answer 37.⑤

> 딸　　: 제게 무슨 잘못이 있어요?
>
> 아버지 : 뭐라고?
>
> 딸　　: 공부하고 싶어하는 게 뭐가 잘못이란 말이어요?
>
> 아버지 : 안 된다면 안 돼! 지금 우리 처지에 공부를 한다는 게 가당키나 한 소리냐? 공부라는 건 도시의 부잣집 자제들이나 하는 게야. 그리고 그까짓 공부를 해서 쌀이 나오냐, 금이 나오냐?
>
> 딸　　: 배우지 못하면 잘 살 수 없는 법이래요.
>
> 아버지 : 뭐라고? 누가 그 따위 소릴 하던?
>
> 딸　　: 오 선생님이어요. 우리 조상들은 그저 이어받은 땅에서 고지식한 농사 기술로 죽어라 땀만 흘리면서 살아 왔는데, 이건 잘못이래요.
>
> 아버지 : 오 선생님이 그런 얘길 했어?
>
> 딸　　: 외국의 농촌이 잘 사는 것은 농부들이 배우면서 일하는 까닭이래요. 농지(農地) 정리도 그렇고, 종자를 저장하는 법도 그렇고, 모든 면에서 배우고 연구하면서 일들을 하니까 그만큼 잘 살 수 있는 거래요. 교육은 도시 사람만 받고 농촌 사람은 안 받아도 된다는 생각부터 고쳐야 우리도 잘 살 수 있단 말씀이어요.
>
> 아버지 : 아니, 벙어리가 갑자기 말문이 터졌나, 왜 이렇게?
>
> 딸　　: 아버지, 오 선생님의 말씀에 담긴 뜻을 한 번 생각해 보세요. 가난하다고 언제까지나 체념하면서 살 수는 없잖아요?
>
> 아버지 : 그래, 네가 야학에 나가면 갈대밭에서 콩이 나온다고 하더냐?
>
> 딸　　: 사람의 노력으로 안 되는 일은 없다고 하셨어요. 갈대밭을 손질해서 콩이 나오도록 노력을 해야죠. 해 보지도 않고 어떻게……
>
> 아버지 : 듣기 싫다! 사람은 분수에 맞게 살아야 해. 이 얘기는 다시는 꺼내지 마라.

TIP 이 희곡은 차범석의 〈고구마〉의 한 부분으로 딸은 공부를 하기 위해 야학에 나가려고 하지만 아버지는 이를 반대하고 있는 상황이다. 딸은 아버지를 설득하기 위해 오 선생님의 말을 인용하고 있다.

Answer 38.②

> 나의 마음은 고요한 물결
> 바람이 불어도 흔들리고
> 구름이 지나가도 그림자 지는 곳.
>
> 돌을 던지는 사람
> 고기를 낚는 사람
> 노래를 부르는 사람
>
> 이리하여, 이 물가 외로운 밤이면
> 별은 고요히 물 위에 뜨고
> 숲은 말없이 물결을 재우나니.
>
> 행여 백조가 오는 날
> 이 물가 어지러울까
> 나는 밤마다 꿈을 덮노라.

TIP 이 시는 평온하고 여유로운 삶을 지향하는 서정적 자아의 모습을 느끼게 해 준다. 이 서정적 자아는 돌을 던지는 사람, 고기를 낚는 사람, 노래를 부르는 사람들과의 얽힘으로부터 벗어나고 싶어 한다. 그리하여 고요히 자신의 내면 세계에 젖어들어 침잠하는 길을 택하는 것이다. 결국, 서정적 자아가 추구하는 삶은 어떠한 것들에도 흔들리지 않는 평온한 삶이라는 것을 알 수 있다.

※ 김광섭의 〈마음〉 : 마음의 평화와 고요한 마음에 대한 동경, 또는 정갈한 마음으로 임을 기다리는 마음을 노래한 시이다.

Answer 39.④

> 엄마 : 이게 뭐니. 다 큰 녀석이 칠칠하게 옷에다 음식을 다 흘리고.
> 아들 : 하하.
> 엄마 : 애는, 어쩌 너는 야단 맞으면서도 좋아하냐?
> 아들 : 금방 엄마가 저더러 칠칠하다고 하셨잖아요.
> 엄마 : 그래, 그게 어때서?
> 아들 : 엄마, 여기 국어 사전이 있으니까 '칠칠하다'를 한번 찾아보실래요?
> 엄마 : 아니, 이 녀석이? 왜 갑자기 국어 사전은 찾으래? 그래, 어디 찾아보자.
> 아들 : 뭐라고 되어 있어요?
> 엄마 : '칠칠하다'가 여기 있군. '하는 모양이 막힘이 없이 민첩하다'라고 나와 있구나.
> 아들 : 그러니까 엄마는 저를 칭찬하신 셈이라구요. '칠칠하지 못하게'라고 하셨어야지요.
> 엄마 : 아니 이 녀석이? 엄마를 가르치려 드는 것 좀 보게나.
> 아들 : 그래도, 우리말을 쓰시려면 정확하고 올바르게 쓰셔야죠.
> 엄마 : 알았으니까 어서 냉큼 가서 옷이나 갈아입어!

TIP 아들이 문제 삼고 있는 것은 '칠칠하게'라는 단어의 사용이다. 엄마는 부정적인 의미로 이 단어를 사용하고 있는데, 이 단어는 긍정적인 의미를 지니고 있기 때문에 부정어를 붙여 써야 이 상황에 맞는 표현이다. ⑤의 '대수롭다'는 '중요하게 생각하다'는 뜻을 지니고 있으므로 '대수롭지 않다'라고 써야 맞는 표현이다.
① 높임법을 잘못 사용한 경우이다. '오시래'를 '오라고 하셔'로 고쳐야 한다.
② 표현이 중복된 경우이다. '역전'의 '전'과 '앞'이 중복된다.
③ 자신의 생각을 말하는 경우로서, '~것 같다'를 명백한 표현으로 고쳐야 한다.
④ '다르다'와 '틀리다'를 잘못 사용한 경우이다.

Answer 40.⑤

옛날에 어떤 욕심 많은 부자가 있었습니다. 그런데 어느 날 헝겊 주머니에 있던 돈을 잃어 버렸습니다. 그래서 돈을 찾아 주는 사람에게는 3만 원을 주겠다고 광고를 했습니다. 그 때 어떤 정직하고 훌륭한 양심을 가진 사람이 돈을 찾아다 주었습니다. 부자는 그 돈을 되찾자 반갑기는 하였지만, 그것은 단지 잃어버렸던 돈이 되돌아온 것에 지나지 않는다는 생각을 했습니다. 그래서 부자는 돈을 세면서 어떻게 하면 3만 원을 주지 않을 수 있을까 재빨리 생각했습니다. 부자는 돈을 찾아 준 사람에게 말했습니다.

"사실은 이 주머니에 24만 원을 넣어 두었는데, 21만 원밖에 없는 걸 보니 당신이 미리 열어 보고 사례금 3만 원을 꺼내 가졌군."

그러자 돈을 찾아 준 사람은 사례금 3만 원보다도 도둑의 누명을 쓴 것이 원통해서 재판관에게 가자고 했습니다.

재판관은 두 사람의 이야기를 모두 듣더니 한 사람은 정직하고 한 사람은 흉악한 꾀를 쓰고 있다는 것을 알아차렸습니다. 그래서 재판관은 한 사람이 잃어버린 것은 24만 원이고, 한 사람이 주운 것은 21만 원이니 아마도 부자가 잃어버린 돈이 아닌 것 같으니, 돈을 주운 사람은 21만 원을 가지고 가서 주인이 나타날 때까지 잘 간수하고, 부자는 잃어버린 24만 원을 누가 주워 가지고 올 때까지 기다릴 수밖에 없다고 판결을 내렸습니다.

TIP 이야기에서 부자는 잃어버린 돈을 찾아 준 착한 사람에게 자기가 공포한 사례금을 주기는커녕 오히려 그를 돈을 가로챈 도둑으로 몰고 있다. 이는 자기의 이익을 위해서 남에게 해를 입히는 행동이다. 그러나 재판관의 현명한 판단으로 부자는 자기가 꾸민 계략에 자기가 빠지게 되었다. 이런 경우 꾀를 내어 남을 속이려다 도리어 자기가 그 꾀에 속아 넘어감을 비유적으로 이르는 말인 '제 꾀에 제가 넘어가다.'라는 속담을 쓸 수 있다.

① 그대로 가만히 두었으면 아무 탈이 없을 것을 공연히 건드려 문제를 일으킴을 비유적으로 이르는 말이다.
② 실행하기 어려운 것을 공연히 의논함을 이르는 말이다.
④ 얕은 수를 써서 남을 속이려 하나 거기에 속는 사람이 없음을 비유적으로 이르는 말이다.
⑤ 어떤 사물에 몹시 놀란 사람은 비슷한 사물만 보아도 겁을 냄을 이르는 말이다.

Answer 41.③

많은 경우 위기는 그 징후를 보이며 서서히 다가옵니다. 따라서 대부분의 기업들이 당장 견딜 만하면 근본적인 대책을 세우기보다는 현상을 유지하며 버티어 보려고 합니다. 경제적 불황과 같은 일시적인 위기는 시간이 지나면 저절로 해결되므로 최대한 허리띠를 졸라매며 방어적 자세로 웅크리고 경쟁자보다 오래 버티면, 경쟁자가 서서히 탈락되어 가고 위기가 지난 후에는 기대 이상의 결실을 얻을 수도 있을 것입니다.

그러나 위기의 본질이 일시적 현상이 아니라 근본적인 구조의 변화에서 오는 현상일 때는 허리띠를 졸라매는 것만 가지고는 대응할 수 없습니다. 근본적인 대응책만이 위기를 견뎌 내게 할 수 있는 것입니다. 허리띠를 졸라매며 버틸 때까지 버티다가 심각하다고 느낄 때에는 이미 위기에 대처할 능력을 상실한 후가 되기 쉽습니다.

개구리를 갑자기 뜨거운 물 속에 집어 넣으면 개구리는 깜짝 놀라서 밖으로 뛰쳐나옵니다. 그러나 개구리를 적당한 온도의 물 속에 넣고 서서히 열을 가하면 개구리는 밖으로 뛰쳐나오지를 않습니다. 그러다가 개구리는 도저히 견딜 수 없는 지경에 이르면 뛰쳐나오려고 합니다. 그러나 그 때는 이미 개구리가 기진맥진하여 뛰쳐나올 기력을 상실해 버린 상태에 놓이게 됩니다. 개구리는 이렇게 하여 죽어 가게 된다는 것이 '끓는 물 속의 개구리' 우화입니다.

TIP '끓는 물 속의 개구리'에 등장하는 개구리는 서서히 뜨거워지는 물에서 뛰쳐나오지 않고 있다가 견딜 수 없는 상태에 이르러서야 나오려고 하지만 이미 기력을 상실해 죽게 된다.
① 견문이 좁아 세상 형편을 모르는 사람을 비유적으로 이르는 말이다.
② 눈 앞에 급한 일을 피하기 위해서 하는 임시변통이 결과적으로 더 나쁘게 되었을 때 하는 말이다.
③ 뛰기를 잘하는 개구리도 뛰기 전에 옴츠려야 한다는 뜻으로, 아무리 급하더라도 일을 이루려면 그 일을 위하여 준비할 시간이 있어야 함을 이르는 말이다.
④ 성미가 급하여 서둔다는 뜻의 속담이다.
⑤ 조금씩 내리는 비를 피하지 않고 있다가 흠뻑 젖게 된다는 속담으로 바로 이 이야기와 관련이 있다.

Answer 42.⑤

남 : 너 머피의 법칙 아니? 가는 날이 장날이라는 말처럼 하필이면 소풍 가는 날, 꼭 비가 와. 특히 가을 소풍엔!

여 : 맞아, 지난번 소풍에도 그랬잖니? 아침에는 분명 맑아서 우산도 가져가지 않았는데, 풀 방구리에 쥐 드나드는 것처럼 옷 젖는 줄 모른 채 조금씩 내리는 비에 그만 옷이며 가방이며 어느새 젖고 말았어.

남 : 그 때 정말 당황스럽더라. 마땅히 비를 피할 곳도 없었는데 말이지.

여 : 그렇지만 선생님께서는 가뭄 끝에 오는 비처럼 고마운 비라고 하셨어. 그렇지 않아도 날씨가 너무 건조해 산불이 날까 걱정하던 차에 다행이라 하셨지.

남 : 가을 날씨가 쉽게 변하는 것을 보면 역시 가을 날씨 변하는 것과 개구리 뛰는 방향은 알 수 없다는 말이 맞나 봐. 오늘 이처럼 비가 오면 내일은 비가 안 올까?

여 : 그런데 말이야. 비 온 뒤에 땅이 굳어진다는 말이 있던데, 그러면 내일은 여기 땅이 정말 딱딱해지는 거니?

TIP 여자의 발화 중 '풀 방구리에 쥐 드나들 듯'은 매우 자주 드나드는 모양을 비유적으로 이르는 말이다. 따라서 이 상황에서는 '가랑비에 옷 젖는 줄 모른다'는 표현이 더 적절하다.

① 어떤 일을 하려고 하는데 뜻하지 않은 일을 공교롭게 당함을 비유적으로 이르는 말이다.

② 날씨가 건조해서 산불을 걱정했는데 비가 와서 다행이라는 내용과 잘 어울린다.

④ 어떤 시련을 겪은 뒤에 더 강해짐을 비유적으로 이르는 말이다.

⑤ 개구리 뛰는 방향을 예측하기 어려운 것처럼 가을 날씨도 변화가 심해 예측이 어렵다는 뜻이다.

Answer 43.③

> 저는 쾌도난마(快刀亂麻)의 현실성을 별반 믿지 못합니다. 물론 한 칼로 잘라 말할 수 있는 일이 전혀 없는 것은 아닙니다. 그러나 현실이 한 칼로 잘라진다고는 믿을 수 없습니다. 때문에 서양의 고사에 나오는 이른바 '골디온의 매듭'에 대해서도 쾌감을 느끼는 편은 아닙니다.
> 기원전 334년, 알렉산더 대왕이 골디온의 신전에 이르렀다는 데서부터 이야기는 비롯됩니다. 그 신전의 기둥엔 수레 하나가 단단하게 매어져 있었습니다. 그 매듭을 풀면 온 세계의 왕이 된다는 예언이 전해 오던 터였습니다. 알렉산더는 그 매듭을 한 칼로 베어버렸습니다. '가시(可視)의 현상'에만 집착하는 무리들은 그것을 '매듭을 푼 것'이라고 해설합니다. 어처구니 없는 얘기입니다. 매듭은 하나하나 풀어가는 '장정(長征)의 노고'와 한 칼로 베어 버리는 '단순의 척결'이 도저히 같을 수는 없습니다. 잘린 매듭은 풀리지 않은 매듭을 그대로 간직하고 있었을 것임이 분명합니다.

TIP 쾌도난마(快刀亂麻 ; 잘 드는 칼로 마구 헝클어진 삼 가닥을 자른다는 뜻으로 어지럽게 뒤얽힌 사물을 강력한 힘으로 명쾌하게 처리함을 이르는 말)식의 현실 인식 태도와 문제 해결 방식을 비판하고 있다. 현실의 모든 문제는 단칼에 해결될 수 없기 때문에 순리대로 신중하게 풀어나가야 된다는 현실 인식이 드러나 있다.

Answer 44.①

큰 창고 옆에 살고 있는 사람이 있었습니다. 그는 장사를 하거나 농사를 짓지는 않았지만 날이 저물 무렵에 나갔다가 밤이 이슥하면 돌아왔는데 언제나 쌀 닷 되를 가지고 왔습니다. 물어도 대답하지 않았으므로 가족들도 어떻게 생긴 것인지 알지 못했습니다. 이런 식으로 수십 년간을 넉넉한 음식과 번드레한 옷으로 살았습니다. 어느 날 그가 병으로 앓아 누웠습니다. 병세가 위독해지자 은밀히 아들을 불러 놓고 다음과 같이 일렀습니다.

"창고 몇 번째 기둥을 자세히 살펴보면 손가락이 들어갈 만한 구멍이 하나 있을 것이다. 그 작은 구멍으로 손가락만한 나무를 넣어 후비면 쌀이 조금씩 흘러 나올 것이야. 쌀을 하루에 닷 되씩만 꺼내 오고 절대로 그 이상은 가져오지 말거라."

아비가 죽자 아들은 아비가 일러준 대로 하여 예전과 같이 넉넉히 살 수 있었습니다. 그런데 몇 달이 지난 어느 날 조금씩 욕심이 생기기 시작했습니다. 그래서 구멍을 조금 크게 뚫고 하루에 서너 말씩 가져왔습니다. 그러나 얼마 되지 않아 더 큰 욕심이 생긴 아들은 구멍을 더 크게 넓혔습니다. 그러자 쌀이 줄어든 것을 눈치챈 창고지기한테 발각되어 결국 죽임을 당하고 말았습니다.

TIP 지나친 욕심을 부려서는 안 된다는 교훈을 주고자 하는 이야기이다. 이러한 의도를 적절히 반영한 것은 '지나친 것은 미치지 못함과 같다'는 뜻의 '과유불급'이다.
① 농가성진(弄假成眞) : 장난삼아 한 것이 진심으로 한 것같이 됨을 이르는 말이다.
② 새옹지마(塞翁之馬) : 인생의 길흉화복은 변화가 많아서 예측하기가 어렵다는 말이다.
③ 유비무환(有備無患) : 미리 준비가 되어 있으면 걱정할 것이 없음을 이르는 말이다.
⑤ 살신성인(殺身成仁) : 자기의 몸을 희생하여 인(仁)을 이룸을 뜻하는 말이다.

Answer 45.④

> 여 : 요즈음 광고들은 하나같이 왜 그런지 모르겠어.
> 남 : 왜! 어때서 그러는데.
> 여 : 휘발유 광고나 자동차 타이어 광고나 모두 여자 모델이 등장하잖아. 그것도 몸을 심하게 노출시키고 말야. 너무 지나친 것 같애.
> 남 : 왜 보기에 좋던데.
> 여 : 아니, 뭐라고?
> 남 : 농담이야, 농담. 하지만 그렇게 해야 물건이 잘 팔린다잖아. 또 고객들의 인상에도 오래 남고, 한 마디로 광고의 효과가 훨씬 중요한 거지.
> 여 : 그게 바로 목적을 위해서는 수단과 방법을 가리지 않는 잘못된 상혼이잖아. 그런 것이 우리 사회를 어둡게 만든다구.
> 남 : 그래 맞아. 하지만 어디 광고만 그러니? 세상 모든 일이 다 그렇지. 장사하는 사람이 돈만 많이 벌면 그만이지, 어디 도덕적인 책임까지 져야 한다고 생각하겠어? 더군다나 요즈음 같은 불경기에 너나없이 장사가 안 된다고 야단인데……. 그리고 또 생각하면 뭐 하나. 오히려 장사에 방해만 되지. 도덕성을 생각하자니 장사가 안 되고, 장사를 잘 하자니 도덕성이 걸리고, 정말 어려운 문제지.

TIP 도덕적인 고려 없이 광고의 효과만을 중시할 것이냐, 광고의 효과와는 상관없이 도덕성을 지킬 것이냐를 판단하는 것은 어렵다는 것이다. 즉, 이러지도 못하고 저러지도 못하는 상황이다.

① 표리부동(表裏不同) : 마음이 음흉하고 불량하여 겉과 속이 다름을 이르는 말이다.

② 백척간두(百尺竿頭) : 백 자나 되는 높은 장대 위에 올라섰다는 뜻으로, 몹시 어렵고 위태로운 지경을 이르는 말이다.

③ 고장난명(孤掌難鳴) : 외손뼉만으로는 소리가 울리지 아니한다는 뜻으로, 혼자의 힘만으로 어떤 일을 이루기 어려움을 이르는 말이다.

④ 난형난제(難兄難弟) : 누구를 형이라 하고 누구를 아우라 하기 어렵다는 뜻으로, 두 사물이 비슷하여 낫고 못함을 정하기 어려움을 이르는 말이다.

⑤ 진퇴양난(進退兩難) : 이러지도 저러지도 못하는 어려운 처지를 이르는 말이다.

Answer 46.⑤

> 좋은 친구를 많이 사귀기 바랍니다. 사람은 이 세상에 고립되어 혼자 살아갈 수 없습니다. 우리가 좋은 친구를 많이 사귄다는 것은 인생의 폭을 넓히고 생활 반경을 확대시키는 것이 됩니다. 이런 의미에서 좋은 친구를 많이 사귀는 것은 공부를 열심히 하는 것 이상으로 중요하다고 볼 수 있습니다.
>
> 그런데 친구 가운데는 나에게 유익한 친구와 손해 되는 친구가 있습니다. 우리는 유익한 친구를 사귀도록 노력해야 하겠습니다. 〈논어〉에 '벗이 먼 곳에서 찾아오니 또한 즐겁지 아니한가'라는 구절이 있습니다. 여기서의 '벗'은 단순히 사귀는 이를 가리키는 것이 아니라, 같은 스승 밑에서 동문(同門) 수학(修學)한 유익한 벗을 뜻합니다.
>
> 또한, 친구 사귐에 조심을 기해야겠습니다. 나쁜 친구를 사귀게 되면 은연중 친구에게서 나쁜 점을 배우게 되기 때문입니다. 따라서, 우리는 정직한 사람, 신용 있는 사람, 견문이 넓은 사람을 친구로 삼아야 하겠습니다.

TIP 이 강연에서는 나쁜 친구를 사귀게 되면 은연중에 친구에게서 나쁜 점을 배우게 되니 친구 사귐에 조심하라고 말하고 있다. 따라서, '먹을 가까이하는 사람은 검어진다는 뜻으로, 나쁜 사람과 가까이 지내면 나쁜 버릇에 물들기 쉬움을 비유적으로 이르는 말'인 '근묵자흑(近墨者黑)'이 관련이 있다.

① 등하불명(燈下不明) : 등잔 밑이 어둡다는 뜻으로, 가까이에 있는 물건이나 사람을 잘 찾지 못함을 이르는 말이다.

② 타산지석(他山之石) : 다른 산의 나쁜 돌이라도 자신의 산의 옥돌을 가는 데에 쓸 수 있다는 뜻으로, 본이 되지 않은 남의 말이나 행동도 자신의 지식과 인격을 수양하는 데에 도움이 될 수 있음을 비유적으로 이르는 말이다.

③ 난형난제(難兄難弟) : 누구를 형이라 하고 누구를 아우라 하기 어렵다는 뜻으로, 두 사물이 비슷하여 낫고 못함을 정하기 어려움을 이르는 말이다.

④ 죽마고우(竹馬故友) : 대말을 타고 놀던 벗이라는 뜻으로, 어릴 때부터 같이 놀며 자란 벗을 이르는 말이다.

Answer 47.⑤

48 듣기문제 ☞ 484p

TIP
① 밟고[발꼬 → 밥꼬]
'밟-'은 자음 앞에서 [밥]으로 발음한다〈표준발음법 제10항〉.

> **예** 밟다[밥따], 밟소[밥쏘], 밟지[밥찌], 밟게[밥께]

②③ 겹받침 'ㄺ, ㄻ, ㄿ'은 어말 또는 자음 앞에서 각각 [ㄱ, ㅁ, ㅂ]으로 발음하지만 용언의 어간 말음 'ㄺ'은 'ㄱ' 앞에서 [ㄹ]로 발음한다〈표준발음법 제11항〉.

④ 받침 뒤에 모음 'ㅏ, ㅓ, ㅗ, ㅜ, ㅟ'들로 시작되는 실질 형태소가 연결되는 경우에는, 대표음으로 바꾸어서 뒤 음절 첫소리로 옮겨 발음한다〈표준발음법 제15항〉.

⑤ '넓-'은 다음과 같은 경우에 [넙]으로 발음한다〈표준발음법 제10항〉.

> **예** 넓죽하다[넙쭈카다], 넓-둥글다[넙뚱글다]

49 듣기문제 ☞ 484p

TIP
① 표기상으로는 사이시옷이 없더라도, 관형격 기능을 지니는 사이시옷이 있어야 할 합성어의 경우에는, 뒤 단어의 첫소리 'ㄱ, ㄷ, ㅂ, ㅅ, ㅈ'을 된소리로 발음한다〈표준발음법 제28항〉.

② 어간 받침 'ㄴ(ㄵ), ㅁ(ㄻ)' 뒤에 결합되는 어미의 첫소리 'ㄱ, ㄷ, ㅅ, ㅈ'은 된소리로 발음한 경우이다〈표준발음법 제24항〉.

③ 지읒이[지으지 → 지으시]
한글 자모의 이름은 그 받침소리를 연음하되, 'ㄷ, ㅈ, ㅊ, ㅋ, ㅌ, ㅍ, ㅎ'의 경우에는 특별히 다음과 같이 발음한다〈표준발음법 제16항〉.

> **예** 디귿이[디그시], 지읒이[지으시], 치읓이[치으시], 키읔이[키으기], 티읕이[티으시], 피읖이[피으비] 히읗이[히으시]

④ 사이시옷 뒤에 'ㄴ, ㅁ'이 결합되는 경우에는 [ㄴ]으로 발음한다〈표준발음법 제30항〉.

⑤ 한자어에서, 'ㄹ' 받침 뒤에 연결되는 'ㄷ, ㅅ, ㅈ'은 된소리로 발음한다〈표준발음법 제26항〉.

Answer 48.① 49.③

TIP

① 솜이불[소미불 → 솜니불]

합성어 및 파생어에서, 앞 단어나 접두사의 끝이 자음이고 뒤 단어나 접미사의 첫음절이 '이, 야, 여, 요, 유'인 경우에는, 'ㄴ' 음을 첨가하여 [니, 냐, 녀, 뇨, 뉴]로 발음한다〈표준발음법 제29항〉.

② 상견례[상결례 → 상견녜]

'ㄴ'은 'ㄹ'의 앞이나 뒤에서 [ㄹ]로 발음하지만 '상견례'의 경우에는 'ㄹ'을 [ㄴ]으로 발음한다〈표준발음법 제20항〉.

③ 꽃망울[꼰망울]

받침 'ㄱ(ㄲ, ㅋ, ㄳ, ㄺ), ㄷ(ㅅ, ㅆ, ㅈ, ㅊ, ㅌ, ㅎ), ㅂ(ㅍ, ㄼ, ㄿ, ㅄ)'은 'ㄴ, ㅁ' 앞에서 [ㅇ, ㄴ, ㅁ]으로 발음한다〈표준발음법 제18항〉.

④ 손재주[손재주 → 손째주]

⑤ 잠자리[잠자리 → 잠짜리]

표기상으로는 사이시옷이 없더라도, 관형격 기능을 지니는 사이시옷이 있어야 할 합성어의 경우에는, 뒤 단어의 첫소리 'ㄱ, ㄷ, ㅂ, ㅅ, ㅈ'을 된소리로 발음한다〈표준발음법 제28항〉.

Answer 50.③

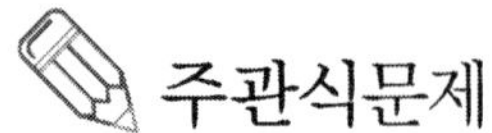

주관식문제

1 듣기문제 ☞ 486p

> 　농사에 의존한 생활양식은 한국 전통 윤리의 바탕이 되었다고 할 수 있습니다. 전통 사회에서 농토는 단순한 경제적 가치만을 갖는 것이 아니라 생명체와도 같은 애착의 대상이었습니다. 조상이 물려준 땅을 지키는 것은 자손의 도리였기에 고향을 함부로 떠나지 않았습니다. 같은 고장에 사는 사람들은 혈연 유대가 있거나, 통성명을 하면 쉽게 알 수 있는 사이가 대부분이었습니다. 이러한 사정으로 말미암아 전통 윤리 의식 가운데 특정한 대인 관계를 위한 규범이 차지하는 비중이 매우 컸습니다.
> 　전통 윤리의 또 하나의 특색은 윤리 의식 중 정서적 요소가 차지하는 비중이 압도적으로 크다는 사실입니다. 즉 전통 윤리에서 높이 평가되는 가치는 사리에 대한 이성적 판단보다는 인간적인 정서 내지 감정이었습니다. 예컨대, 효성으로 칭송되는 심성의 기초는 부모에 대한 혈육의 정이며, 충성의 이름으로 찬양되는 행위의 토대는 윗사람에 대한 의리의 정입니다.

》》 정답예시

　한국의 전통 윤리

》》 해설

　강연에서 한국의 전통 윤리에 대해, 생활양식과 정서적 요소의 측면으로 나누어 설명하고 있다.

2 듣기문제 ☞ 486p

> 　음악 CD를 만들어 판매하는 음반사들이 위기 위식을 느끼는 것은 당연합니다. 왜냐하면 그들이 만들 CD에 갇혀 있는 음악이 소리바다를 통해 자유롭게 해방되었기 때문입니다. 음반사들은 소리바다로 인해, 음반의 판매가 현저하게 줄었고, 그 손실이 연간 2천억 원에 달한다고 주장합니다. 과연 그럴까요? 소리바다를 통해 노래를 시장에 소개할 수 있는 기회가 늘어났기 때문에, 음반 구매가 오히려 활성화되었을 가능성도 높습니다.
> 　설령 음반사들이 손실을 입었다고 하더라도, 그들이 입은 손실을 저작권이라는 법률이 보장해 주어야 하는가의 문제와는 전혀 다른 문제입니다. 인터넷으로 대변되는 변화된 시장 환경에 맞게 새로운 수익 모델을 개발하는 것은 순전히 음반사들의 몫이기 때문입니다. 저작권법 제1조는 문화의 발전을 궁극적인 목적으로 하는 법률입니다. 따라서, 음반사의 수익을 보장하기 위해 이 법률을 준용하는 것은 법의 제정 목적에도 어긋나는 것입니다.

소리바다 서비스는 저작권법에 위배된다.

토론자는 음반사들이 소리바다로 인해 손실을 보았을 가능성은 적으며 설령 손실을 보았다고 해도 그들의 수익을 저작권법에 의해 보장받으려고 하는 것은 문제가 있음을 지적하고 있다. 여기서 토론자가 반론을 제기하게 된 '어떤 주장'은 음반사들의 입장을 반영한 주장이다. 즉, 소리바다로 인해 손해를 보고 있으며 소리바다는 저작권에 위배되므로 이를 없애야 한다는 주장이다.

3 듣기문제 ☞ 486p

80년대에 들어와 두드러지게 나타난 현상 중의 하나가 바로 국악 가요입니다. 이 용어는 젊은 세대에 속하는 일부 국악인들에 의해 사용된 것으로 쉽게 말해 '국악과 가요와의 만남'이라는 폭넓은 범주에 속하는 모든 음악적 시도나 작품을 가리키는 말입니다. 물론 그전에도 국악의 리듬이나 창법, 음계를 이용한 가요가 있었으므로 국악과 가요의 관계가 그리 먼 것은 아니었습니다. 그러나 이는 단순히 가수가 민요를 한 번쯤 불러 보는 수준을 넘지 못했습니다. 그러다 최근에는 일부 대중 가수들이 국악의 이디엄(idiom)을 사용하려는 시도를 통해 독자적인 면모를 보여주고 있습니다.

한편 '국악과 가요의 만남'은 종래 아악의 박물관적 보존에서 탈피하여 국악의 대중화를 꾀하려는 일부 국악계의 움직임에 의해 더욱 가속화되고 있습니다. 이들은 국악의 대중화라는 전략적 목표 외에도 원래 서민층에서 향유되던 민속악을 오늘에 되살려 그것을 가요와 연계하는 방법을 모색하고 있는 것입니다. 또한, 80년대 초부터 창단되기 시작한 여러 국악 관현악단이 일반 청중을 대상으로 한 레퍼토리를 개발해야 하는 필연성에 부딪히게 되자 청중의 음악적 기호에 따르는 많은 기획과 프로그램을 개발하기 시작했습니다.

국악 가요는 국악 성가, 국악 동요 등과 같이 국민 대중의 생활과 가장 밀접한 관련을 맺은 음악의 분야를 파고들어 '아래에서부터' 혹은 '음악 현장'에서부터 점진적으로 개혁을 추진하려는 시도입니다.

여하튼 국악인들이 국악 가요에 접근하는 것과 대중 가수들이 국악 가요에 접근하는 시각은 약간씩 다릅니다. 국악인들은 이를 대중의 정서에 호소함으로써 국악의 대중화를 꾀하고 그로 말미암아 국악이 주변성을 탈피하고 음악의 구심력을 회복하려는 과정에서 과도기적으로 나타나는 현상으로 보고 있습니다. 그에 반해서 대중 가수들은 국악을 대중가요의 폭을 넓히는 다양한 시도 중의 하나로 생각하거나, 상업 자본의 지배와 그 유통 구조에서 벗어난 노래를 추구하는 하나의 방식으로 보고 있습니다.

- 국악은 나라의 음악이므로 아무 곳에서나 불릴 수 없다.
- 이들의 시도는 대중에 영합하는 일이므로 국악인으로서의 품위를 격하시키며 체면에 손상을 주는 일이다.
- 대중 가수를 이용하여 국악을 발전시킨다는 것은 결국 대중 가수들을 위해 국악이 들러리를 서는 것에 불과하다.

이 강연은 국악을 대중화시키기 위해 국악 가요를 만들고 있는 젊은 국악인들에 대해 말하고 있다.

> 　농업이 위기라는 사실은 누구나 다 알고 있었지만, 최근 한미 FTA를 둘러싼 농민들의 시위에 대해 일부에서는 너무 과한 것이 아닌가라는 목소리가 있었습니다. 정부가 나서서 농업의 문을 닫으려는 상황, 과연 어쩔 수 없는 시대 흐름인가요? 식량 자급률 25%밖에 안 되는 나라에서 남의 나라에 먹을거리를 의존한다면 앞으로 어떻게 될지 생각해 보았습니까?
>
> 　이 책은 21세기 산업 전반에 걸친 사회 변화와 강대국 사이에 낀 우리나라의 내외부적 상황을 종합하여 우리 농업의 올바른 대안을 이야기하고 있습니다. 저자는 '국민 모두가 당사자가 되는 농업', '신자유주의를 넘어서는 지속 가능한 국민 농업' 이렇게 두 가지를 제창하며, 구체적으로 이를 어떻게 실현할 수 있는지 알려 주고 있습니다.
>
> 　또 도시 농업에서 나오는 먹을거리가 얼마나 가치 있는지를 소개하며 도시에서 사례도 제시하였습니다. 무엇보다 농업의 대안을 농민에 국한하지 않고 전체 국민의 관점에서 기술한 점, 전체 사회의 재구성과 연계했다는 점, 그 와중에 근본주의적 관점을 유지했다는 점이 특징입니다.

》 정답예시

우리 농업, 희망의 대안

》 해설

책 소개에서 우리나라의 농업이 위기를 맞고 있다는 문제를 제기하면서 해당 책에는 이러한 위기를 어떻게 해결할 수 있는지 그 대안이 담겨 있음을 밝히고 있다. 또한 마지막 문단에서는 국민 전체의 관점에서 농업의 대안을 제시했다는 점이 이 책의 특징이라고 말하고 있다.

> 옛날에 한 청년이 왕을 찾아가 인생의 성공 비결을 가르쳐 달라고 간청했습니다. 왕은 말 없이 컵에다 포도주를 가득 따라 청년에게 건네준 뒤 큰 소리로 병사를 불러 명령했습니다.
>
> "이 청년이 포도주 잔을 들고 마을을 한 바퀴 도는 동안 너는 칼을 빼들고 청년을 따라가거라. 만약 이 청년이 포도주를 엎지를 때에는 즉시 목을 내리쳐라."
>
> 청년을 식은땀을 흘리며 그 잔을 들고 천신만고 끝에 마을을 한 바퀴 돌아 왕 앞에 섰습니다. 왕은 청년에게 물었습니다.
>
> "그래, 마을을 도는 동안 무엇을 보고 들었느냐?"
>
> 땀으로 흠뻑 젖은 청년은 휘둥그레진 눈으로 왕에게 더듬거리면 대답했습니다.
>
> "잔에 있는 포도주가 쏟아질까 봐 아무것도 보지 못하고 듣지도 못했습니다."
>
> 청년의 말이 끝나자 왕은 화가 난 목소리로 다시 물었습니다.
>
> "넌 거리에 있는 거지도 장사꾼도 못 보고 술집에서 노래하는 여인의 소리도 듣지 못했단 말이냐?"
>
> 청년은 왕의 호통에 겁을 먹고 벌벌 떨며 말했습니다.
>
> "네, 저는 아무것도 보지도 듣지도 못했습니다."
>
> 그 순간 왕의 표정이 밝아지더니 웃으며 말했습니다.

≫ 정답예시

아무리 어려운 일이라도 정신을 집중하면 이뤄낼 수 있다.

≫ 해설

이 이야기에서 왕은 '어떤 일이든 반드시 이루어 내야 한다고 생각한 뒤 집중하게 되면 불가능하리라 여겨지는 여건 속에서도 성공할 수 있다'는 교훈을 깨닫게 하고 있다

일반적으로 국가의 힘은 한 국가의 경제적·군사적·정치적 힘의 크기로 표현될 수 있습니다. 이러한 국가의 힘이 국가 간의 협상에 미치는 영향에 관해서는 두 가지 의견이 대립하고 있습니다. 하나는 현실주의적 입장이고, 다른 하나는 자유주의적 입장입니다.

현실주의적 입장에서는 국가 간의 협상에 있어서 협상력은 기본적으로 국가의 힘에 의하여 좌우된다고 볼 수 있습니다. 이들의 견해에 따르면 소위 강대국과 개도국의 협상에서는 강대국이 항상 유리한 위치에 있을 수밖에 없습니다. 강대국은 자신들이 가지고 있는 압도적인 힘으로 개도국의 협상에 대한 기대를 자신들에게 유리한 방향으로 바꿀 수 있기 때문이라는 것입니다.

그러나 자유주의적 입장은 이와 다릅니다. 자유주의적 입장은 협상의 결과를 설명하기 위해서는 먼저 협상의 구조적인 면과 절차적인 면을 동시에 고려해야 한다고 봅니다. 구조적인 면에 대해서는 다음과 같이 설명할 수 있습니다. 강대국과 개도국이라는 일반적인 힘이 중요한 것이 아니라 특정 협상의 주제와 관련된 힘이 중요하다는 것입니다. 특정 주제와 관련된 힘이란 협상 테이블에 오른 아주 구체적인 협상의 대상과 관련된 힘을 의미합니다.

협상의 절차적인 면이란 협상의 전술을 의미합니다. 협상의 전술이란 협상 과정에서 자신의 자원을 효과적으로 사용하기 위하여 동원하는, 협상을 고의로 기피하거나 연기하기, 다른 협상 의제와 연결시켜 처리할 것을 주장하기, 자국 내부의 사정을 내세워 호소하기 등과 같은 방법을 의미합니다.

》 정답예시

- 현실주의적 입장 : 협상력은 국가의 힘에 의하여 좌우된다.
- 자유주의적 입장 : 협상의 결과를 설명하려면 협상의 구조적인 면과 절차적인 면을 동시에 고려해야 한다.

》 해설

이 강연은 국가의 힘이 국가 간의 협상에 미치는 영향에 대한 대립적인 두 가지 견해, 즉 현실주의적 입장과 자유주의적 입장을 제시하고 있다.

> 내가 그의 단추를 눌러 주기 전에는
> 그는 다만
> 하나의 라디오에 지나지 않았다.
>
> 내가 그의 단추를 눌러 주었을 때
> 그는 나에게로 와서
> 전파가 되었다.
>
> 내가 그의 단추를 눌러준 것처럼
> 누가 와서 나의
> 굳어버린 핏줄기와 황량한 가슴 속 버튼을 눌러다오.
> 그에게로 가서 나도 그의 전파가 되고 싶다.
>
> 우리들은 모두
> 사랑이 되고 싶다.
> 끄고 싶을 때 끄고 켜고 싶을 때 켜는
> 라디오가 되고 싶다.

≫ 정답예시

쉽게 만나고 헤어지는 현대인들의 사랑을 비판하고 있다.

≫ 해설

이 시는 장정일의 〈라디오와 같이 사랑을 끄고 켤 수 있다면〉이다. 김춘수의 시 〈꽃〉을 패러디 기법을 사용하여 재창작함으로써 소비적 사랑의 현실 세태를 비판하고 있다.

읽기는 주어진 내용을 토대로 세부 정보를 파악하거나 비판·추론 등
보다 고차원적인 문제해결능력을 측정하려는 영역이다.

읽기

05 CHAPTER

05 읽기
chapter

 **01 중심 내용 파악하기**

1. 주제어 파악

글 전체를 읽어가면서 화제(話題)가 되는 말을 확인하고, 화제어 중에서 가장 중심이 되는 말을 선별해야 한다.

TIP

주제어 파악의 방법
㉠ 추상어 중 반복되는 말에 주목한다.
㉡ 그 말을 중심으로 글을 전개해 나가는 말을 찾는다.

2. 중심 내용의 파악

글을 제대로 이해하려면 글을 간추려 중심 내용을 파악해야 한다. 특히, 글에 나타나 있는 여러 정보 상호 간의 위상이나 집필 의도 등을 고려해 핵심 내용을 선별해야 한다.

TIP

정보의 위상
㉠ 전제와 주지 : 글의 핵심이 되는 정보를 주지(主旨)라 하고, 이를 도출해 내기 위해 미리 제시하는 사전 정보를 전제(前提)라 한다.
㉡ 일화와 개념 : 일화적 정보와 개념적 정보가 함께 어우러져 있으면, 개념적 정보가 더 포괄적이고 종합적이므로 우위에 놓인다.
㉢ 설명과 설득 : 설명은 어떤 주지적인 내용을 해명하여 이해하도록 하는 것이며, 설득은 보다 더 적극성을 부여하여 이해의 차원을 넘어 동의하고 공감하여 글쓴이의 의견에 동조하거나 행동으로 옮기도록 하는 것이다.

① 주제문 파악의 방법

　㉠ 집필 의도 등을 고려하여 글의 내용을 입체화시켜 본다.

　㉡ 추상적 진술의 문장 등 화제를 집중적으로 해명한 문장을 찾는다.

　㉢ 배제(排除)의 방법을 이용하여 정보의 중요도를 따져본다.

② 중심 내용 찾기의 과정

　㉠ 문장을 꼼꼼히 읽는다.

TIP

문장을 꼼꼼히 읽는 방법

㉠ 문장의 주어에 주목한다.

㉡ 접속어와 지시어 사용에 유의한다.

㉢ 문장을 읽을 때는 항상 펜을 들고 문장의 중심 내용에 밑줄을 긋는 습관을 들인다.

　㉡ 문단의 중심 내용을 파악한다.

TIP

문단의 중심 내용을 찾는 방법

㉠ 문단에서 반복되는 어휘에 주목한다.

㉡ 문장과 문장 간의 관계에 유의해서 읽는다.

㉢ 글쓴이가 그 문단에서 궁극적으로 말하고자 하는 바를 생각해 본다.

　㉢ 글 전체의 중심 내용을 파악한다.

글의 구조 파악하기

1. 구조의 뜻

한 편의 글은 하나 이상의 문단이, 하나의 문단은 하나 이상의 문장이 모여서 이루어진다. 이러한 성분들은 하나의 주제를 나타내기 위해 짜임새 있게 연결되어 있다. 이러한 글의 짜임새를 글의 구조라고 한다.

2. 글의 구조 파악하기의 의의

단순히 글의 정보를 확인하고 이해하는 것에서 나아가 정보의 조직 방식과 정보 간의 관계까지 파악하는 것을 포함한다.

3. 글의 구조 파악하기의 방법

① 문단의 중심 내용 파악하기 : 글의 구조를 파악하기 위해서는 문단의 중심 내용을 먼저 파악해야 한다. 글의 구조는 글의 내용과 밀접한 관련이 있기 때문이다.

② 문단의 기능 파악하기 : 한 편의 글은 여러 개의 형식 문단이 모여 어루어지는데, 이 때 각 문단은 각각의 기능을 지닌 채 유기적인 짜임으로 이루어져 있다. 따라서 글의 구조를 파악하기 위해서는 각 문단이 수행하는 기능과 역할을 파악해야 한다.

> **TIP**
>
> **문단의 기능을 파악하는 방법**
> ㉠ 문단의 기능을 나타내는 표현에 주목한다.
> ㉡ 문단의 중심 내용을 글 전체의 주제와 비교하여 어떤 관계를 맺고 있는지 판단한다.
> ㉢ 문단의 위치도 문단의 기능과 관련이 있으므로 문단의 기능에 따른 문단의 종류와 위치 등을 알아 둔다.

 TIP

기능에 따른 문단의 유형

㉠ 도입 문단 : 본격적으로 글을 써 나가기 위하여 글을 쓰는 동기나 목적, 과제 등을 제시하는 문
단이다. 화제를 유도하며, 무엇보다도 독자의 흥미와 관심을 잡아끌어 글의 내용에 주목하게
한다.
㉡ 전제 문단 : 논리적 전개의 바탕을 이루는 문단이다. 연역적 방법으로 전개되는 글에서 전제를
설정하는 경우와 비판적 관점으로 발전하기 위해 먼저 상식적 편견을 제시하는 경우가 많다.
㉢ 발전 문단 : 앞 문단의 내용을 심화시켜 주제를 형상화하는 문단이다.
㉣ 강조 문단 : 어떤 특정한 내용을 강조하는 문단이다. 어떤 문단을 독립시켜 강조하거나, 결론에
서 특정한 내용을 반복하여 지적하는 경우가 많다.

③ 문단과 문단의 관계 파악하기 : 한 편의 글을 구성하고 있는 각각의 문단은 독립적으로 존재하는
것이 아니라 앞뒤 문단과 밀접한 관련이 있으므로 문단과 문단의 관계를 파악하는 것이 중요하다.

TIP

문단과 문단의 관계를 파악하는 방법

㉠ 글 전체의 주제를 염두에 두고 인접한 문단끼리 중심 내용을 비교해 본다.
㉡ 첫째, 둘째, 셋째 등의 내용 열거를 위한 표현들을 찾아 확인한다.
㉢ 문단과 문단을 잇는 접속어에 유의한다.

03 핵심 정보 파악하기

1. 핵심 정보의 파악

설명하는 글은 글쓴이가 알고 있는 사실이나 정보를 독자에게 쉽게 전달하기 위해 쓴 글이기 때문
에 글쓴이의 의견은 거의 배제되기 쉽고 객관성이 강하다는 특징이 있다. 이런 종류의 글은 새로운
정보를 전달하는 글이므로 설명하고자 하는 핵심 정보를 파악하는 일이 글을 이해하는 데에 무엇보
다 중요하다.

2. 핵심 정보 파악하기의 방법

① 글의 첫머리에 유의하기 : 글쓴이는 말하고자 하는 부분 즉, 핵심 내용을 효과적으로 전달하기 위해 여러 가지 방법을 사용한다. 가장 일차적인 방법은 글의 첫머리에 자신이 설명하고자 하는 대상을 제시하는 것이다. 글의 첫머리는 독자에게 인상적으로 다가오기 때문에 글쓴이는 대상의 개념이나 글의 핵심 정보와 관련된 내용을 주로 이 부분에 배치한다.

② 반복되는 표현에 집중하기 : 문단의 중심 내용은 자주 반복되어 진술된다. 글 전체에서도 중점적으로 설명하고자 하는 대상을 자주 반복하여 독자에게 강조하고자 한다. 반복되는 내용을 통해 문단의 중심 내용을 파악하고 다른 문단과의 관계를 파악하면, 글 전체의 핵심 내용을 파악하는 데 많은 도움이 된다.

③ 문단의 중심 내용 종합하기 : 하나의 문단에는 하나의 중심 내용과 이를 뒷받침하는 여러 문장들이 배치되어 있듯이 한 편의 글도 핵심 정보를 위해 관련된 문단이 유기적으로 조직되어 있다. 문단의 중심 내용을 찾은 후에는 그 중요성을 파악하고, 문단의 중심 내용을 모아 그 중요도를 따져보면 글 전체의 핵심 내용을 찾을 수 있다.

 비판하며 읽기

1. 비판하며 읽기의 뜻

글에 제시된 정보를 정확하게 이해하기 위하여 내용의 적절성을 비평하고 판단하며 읽는 것을 말한다.

2. 비판의 기준

① 준거(準據)의 뜻 : 어떤 정보에 대해 가치를 판단할 수 있는, 이미 공인되고 통용되는 객관적인 기준을 말한다.

② **내적 준거** : 글 자체의 내용이나 구조, 표현 등과 같이 글 내부의 조직 원리와 관계된 판단 기준을 말한다.

    ㉠ **적절성** : 글을 쓰는 목적, 대상에 따라 그에 알맞은 내용과 표현을 요구한다. 즉 글의 내용을 표현하는 어휘, 문장 구조, 서술 방식 등이 본래의 내용을 정확하고 적절하게 드러내어 잘 조화를 이루고 있는지를 판단하는 기준이 적절성의 기준이다.

    ㉡ **유기성** : 유기성은 사고의 전개 과정, 즉 필자의 논지 전개가 일관되고 요소 간의 응집성이 갖추어져 있는지, 혹은 논리적 일탈은 없는지를 비판하는 기준이 되는 조건이다.

    ㉢ **타당성** : 글의 내용이 제대로 표현되려면 필자의 생각을 뒷받침하는 논지와 그 제시 방법이 합리적이고 타당해야 한다. 이러한 타당성의 기준은 필자가 주관적인 견해를 마치 객관적인 사실과 진리인 것처럼 전제하고 있지는 않은가를 비판하는 기준이다.

③ **외적 준거** : 사회 규범이나 보편적 가치관, 도덕과 윤리, 또는 시대 배경과 환경 등 글이 읽히는 상황과 관련되는 판단 기준을 말한다.

    ㉠ **신뢰성** : 글 속에 담겨 있는 사실이나 전제, 견해들이 일반적인 진리에 비추어 옳은가를 판단하는 기준이다.

    ㉡ **공정성** : 어떤 생각이 일반적인 사회 통념이나 윤리적·도덕적 가치 기준에 부합하는지, 그것이 일부의 사람들에게만이 아닌 대부분의 사람들에게 공감을 받을 수 있는지의 여부를 판단하는 기준이다.

    ㉢ **효용성** : 글 속에 담겨 있는 정보나 견해가 현실적인 기준에 비추어 보았을 때 얼마나 유용한가를 평가하는 기준이다.

3. 비판하며 읽기의 방법

① **주장과 근거 찾기** : 주장하는 글을 읽을 때 가장 쉽게 범하는 실수는 주장과 근거를 혼동하는 것이다. 주장이 글쓴이가 독자를 설득하려는 중심 생각이고, 근거는 그 주장을 뒷받침하는 재료이다. 근거는 주장과 깊은 관련이 있지만 주장 그 자체는 아니다.

② **주장의 타당성 판단하기** : 주장이 무엇인지 파악하고 그 근거를 찾은 후에는 주장의 타당성을 검토한다. 글을 읽으면서 글쓴이의 입장이나 관점이 올바른가, 잘못된 관점이나 전제는 없는가, 예를 든 내용이 주장과 밀접한 관계가 있는가 등을 글쓴이의 관점과 반대되는 입장이나 자신의 관점에서 비판해 본다.

③ **주장을 비판적으로 수용하기** : 주장이 타당하더라도 글쓴이의 주장을 무조건 받아들여서는 안
   된다. 글의 내용과 표현에 대해 의문을 품고 옳고 그름을 평가하거나, 자신의 관점과 다른 부분
   에 대해 반박하며 수용해야 한다.

TIP

주장을 비판적으로 수용하는 방법
㉠ 나의 관점에서 글쓴이의 생각에 반론을 제시해 본다.
㉡ 주장에 대해 의문을 품고, 다른 측면의 생각은 없는지 질문해 본다.
㉢ 글쓴이의 의견이 시대적, 사회적 기준 등에 적합한가를 판단한다.
㉣ 대립하는 두 견해나 관점을 소개하는 경우 중립적인 관점에서 바라본 것인지 확인한다.

05 추론하며 읽기

1. 추론하며 읽기의 뜻

이미 알려진 판단(전제)을 근거로 하여 새로운 판단(결론)을 이끌어 내기 위하여, 글 속에 명시적으
로 드러나 있지 않은 내용, 과정, 구조에 관한 정보를 논리적 비약 없이 추측하거나 상상하며 읽는
것을 말한다.

2. 추론하며 읽기의 방법

① **글의 결론 파악하기** : 글의 결론은 추론 과정의 산물이므로 추론 과정을 이해하기 위해서는 먼저
   글의 결론이나 글쓴이의 주장을 파악해야 한다.

② **전제나 근거 파악하기** : 전제란 결론을 이끌어 내는 과정에서 필요한 논리적 근거로서 주장이나
   결론과 밀접한 관련이 있으며, 전제가 달라지면 주장이나 결론도 달라진다. 따라서 전제를 결론
   이나 주장과 따로 떼어서 다루는 것은 의미가 없다.

주장을 비판적으로 수용하는 방법

전제나 근거를 파악하는 방법

㉠ 전제나 근거는 대개 결론이나 주장을 담은 문단 앞에 위치하므로 중심 문단 바로 앞 문단의 주
제문을 찾아 결론과의 관계를 확인한다.

㉡ 전제를 파악할 때는 인과 관계가 성립되는지를 확인한다.

㉢ 전제에는 원인 외에도 가정과 조건 등의 전제를 생각할 수 있어야 한다.

③ 추론 방식 파악하기

㉠ **연역 추리** : 일반적인 원리를 전제로 하여 특수한 사실에 대한 판단이 옳고 그름을 증명하는
추리이다. 따라서 어떤 특정한 대상에 대한 판단은 연역 추리에 의한 결론이 된다. 그리고
전제를 인정하면 필연적으로 결론을 인정하게 된다.

㉡ **귀납 추리** : 충분한 수효의 특수한 사례에서 일반적인 원리를 이끌어 내어 사례 전체를 설명
하는 추리이다. 따라서 여러 사례에 두루 적용할 수 있는 일반적인 판단은 귀납 추리에 의한
결론이 된다. 그리고 전제를 다 인정하여도 결론을 필연적으로 인정하지 않을 수도 있다.

㉢ **유비 추리** : 범주가 다른 대상 사이의 유사성을 바탕으로 하나의 대상을 다른 대상의 특성에
비추어 설명하는 추리이다. 따라서 두 대상이 어떤 점에서 공통된다는 것을 바탕으로 다른
측면도 같다고 판단하면, 이것이 곧 추리의 결론이 된다. 이 경우에 한 쪽의 대상만 특수하게
지닌 속성을 다른 대상도 지니고 있다고 판단하면 오류가 된다.

㉣ **가설 추리** : 어떤 현상을 설명할 수 있는 원인을 잠정적으로 판단하고, 현상을 검토하여 그
판단의 정당성을 밝히는 추리이다. 따라서 현상의 원인에 대한 판단은 가설 추리에 의한 결
론이 된다. 이 경우엔 누군가 더 적절한 다른 가설을 제시할 수 있고, 가설로 설명할 수 없는
다른 사례가 발견되면, 그 가설은 틀린 것이 될 수 있다.

출제예상문제

1 다음 글의 주제로 가장 적절한 것은?

> 가부장제의 권위에 길들여져 온 우리 사회에는 아직도 권위주의적인 잔재가 남아 있다. 그러나 민주 사회인 오늘날에는 절대적 권위보다 올바른 권위가 어느 때보다도 중요시되고 있다. 권위주의는 상급자가 조직의 힘만을 내세워 하급자에게 일방적으로 명령하고 복종하도록 강요하는 데서 발생한다. 이로 말미암아 상급자의 독주와 횡포가 생겨나게 되고, 하급자의 자율성과 창의성을 끌어내지 못하게 되어 오직 규칙만이 강화되는 비인간적인 사회가 되어 버린다. 그러나 하급자의 마음 속에 심리적인 저항감을 주지 않는 상급자의 권위는 오히려 환영을 받는다. 상급자가 인간적인 존경과 신뢰할 만한 실력을 겸비한 인간적 권위의 소유자라면 하급자는 자발적으로 그를 따르게 되며, 그 사회는 인간적인 유대감이 형성될 수 있는 것이다. 권위주의는 조직의 권위만을 내세우고 인간적인 권위를 갖추지 못했을 때 생겨난다. 따라서 인간적 존경과 실력을 갖춘 올바른 권위야말로 권위주의의 폐해를 없애고 건강한 민주 사회를 이루는 지름길인 것이다.

① 권위주의의 역사
② 올바른 권위의 필요성
③ 권위에 대해 잘못된 인식
④ 권위주의의 긍정적인 모습
⑤ 권위주의가 사회에 미치는 부정적 영향

advice 이 글은 처음 부분에서 올바른 권위의 중요성을 언급하면서 권위주의의 폐해와 올바른 권위의 모습을 제시하고 있다. 마지막 부분에서는 논의를 결론지으면서 올바른 권위의 필요성을 강조하고 있다.

Answer 01.②

2 다음 글의 글쓴이의 의도로 가장 적절한 것은?

> 걸핏하면 끊어지곤 하는 퓨즈처럼 귀찮은 것도 없지만 절대로 안 끊어지는 퓨즈도 곤란한 물건이다. 아니, 곤란한 정도가 아니라 그야말로 위험천만한 물건이다. 원래 퓨즈는 납과 주석의 합금으로서 일정량 이상의 전류가 흘러들어올 경우 녹아서 끊어짐으로써 화재나 기타 위험한 사고를 막아 준다는 사실은 초등학교 때 이미 배운 터이다. 그런데 얼마 전 어느 호텔 화재 사건에 뒤이어 나온 신문 보도에 의하면 불순물을 섞어 만들어 좀처럼 끊어지지 않는 불량 퓨즈가 시중에 많이 나돌고 있다고 한다. 그 결과 누전(漏電) 등의 무서운 사고가 빈번히 일어나고 있다는 것이다.
>
> 지난 주에 나는 어느 여자 대학의 심포지엄에 초대받아 학생들로부터 이 어려운 시기에 지성인은 무엇을 해야 할지 좀 구체적으로 말해 달라는 진지하고도 엄중한 추궁을 받았다. 하지만 속시원한 답변은 끝내 못 하고, 다만 우리나라의 지성인들 가운데는 의당 끊어져야 할 때에도 안 끊어지는 불량(不良) 퓨즈들이 너무 많은 것 같다는 식의 애매한 말로써 얼버무리고 말았다. 부끄럽게도 나 스스로가 불량 퓨즈의 한 본보기를 보여 준 것도 같다.

① 말을 돌려서 하면 그 의도가 제대로 전달될 수 없다.
② 신기술의 개발로 과거에 있었던 위험이 사라지게 되었다.
③ 지성인은 사회 발전을 위해 자신의 목숨을 기꺼이 바쳐야 한다.
④ 불량품을 만들어 파는 것은 별것 아닌 것 같지만, 큰 재난을 초래할 수 있다.
⑤ 지성인은 다소 손해를 보더라도 사회의 위험을 경고하는 임무를 수행해야 한다.

advice 퓨즈가 녹아서 끊어짐으로써 화재나 위험한 사고를 막는 것처럼, 지식인들도 퓨즈처럼 자신이 손해를 보더라고 사회의 위험을 예방하고 경고하는 역할을 해야 한다는 생각을 드러내고 있다.

Answer 02.⑤

3 다음 시에 대한 설명으로 적절하지 않은 것은?

> 이 산 밑에 와 있네.
> 내, 흰 구름송이나 보며
> 이 곳에 있네.
>
> 꽃이나 술이나에
> 묻히어 살던
> 도연명이 아니어라.
>
> 어느 땅엔들
> 가난이야 없으랴만
> 마음의 가난은 더욱 고달파라.
>
> 눈 깨면 환히 열리는 산
> 눈 어리는 삼각산 기슭
> 너의 자락에 내 그리움과
> 아쉬움을 담으리.

① 삼각산을 제재로 하고 있다.

② 한 폭의 동양화를 보는 듯하다.

③ 자연 친화적인 성격을 보여 준다.

④ 감각적이고 생생한 표현을 사용하였다.

⑤ 시적 화자는 도심의 향락적인 삶을 추구하고 있다.

advice ⑤ 이 시의 화자는 자연 속에서 사는 삶을 최고의 가치로 여기고 있으며, 자연에 동화되어 자연 속에서 살아가고자 한다.

※ 신석초의 〈삼각산 옆에서〉 : 삼각산 기슭 자락에 서 있으면서 자연의 넓은 품 속에 자신의 그리움과 아쉬움을 담고 싶은 소망을 표현하고 있다.

Answer 03.⑤

4 다음 시의 말하는 이가 지니고 있는 인생관으로 가장 적절한 것은?

> 나는 그늘이 없는 사람을 사랑하지 않는다.
> 나는 그늘을 사랑하지 않는 사람을 사랑하지 않는다.
> 나는 한 그루 나무의 그늘이 된 사람을 사랑한다.
> 햇빛도 그늘이 있어야 맑고 눈이 부시다.
> 나무 그늘에 앉아
> 나뭇잎 사이로 반짝이는 햇살을 바라보면
> 세상은 그 얼마나 아름다운가.
>
> 나는 눈물이 없는 사람을 사랑하지 않는다.
> 나는 눈물을 사랑하지 않는 사람을 사랑하지 않는다.
> 나는 한 방울 눈물이 된 사람을 사랑한다.
> 기쁨도 눈물이 없으면 기쁨이 아니다.
> 사랑도 눈물 없는 사랑이 어디 있는가.
> 나무 그늘에 앉아
> 다른 사람의 눈물을 닦아 주는 사람의 모습은
> 그 얼마나 고요한 아름다움인가.

① 자연을 예찬하는 삶을 살아가자.
② 이 세상 모든 것을 아름답게 여기자.
③ 어떤 상황에서도 노력하는 자세가 필요하다.
④ 세상에서 소외된 사람들에게 사랑을 베풀어야 한다.
⑤ 우리 삶을 더욱 풍요롭게 하기 위해서는 즐겁게 살아야 한다.

advice 이 시의 주제는 고통받고 소외된 사람들에 대한 따뜻한 사랑이며, 말하는 이의 인생관은 이와 관련지어 생각할 수 있다.

※ 정호승의 〈내가 사랑하는 사람〉: 세상에 대한 희망은 다른 사람에 대한 이해와 자기 희생에서 찾을 수 있음을 말하고 있으며, 더불어 사는 삶의 자세와 고통받는 사람들에 대한 사랑이 담긴 시이다.

Answer 04.④

5 글의 표현법이 ㉠과 가장 유사한 것은?

> 유리(琉璃)에 차고 슬픈 것이 어린거린다.
> 열없이 붙어서서 입김을 흐리우니
> 길들은 양 언날개를 파다거린다.
> 지우고 보고 지우고 보아도
> 새까만 밤이 밀려나가고 밀려와 부딪히고,
> 물 먹은 별이, 반짝, 보석(寶石)처럼 백힌다.
> 밤에 홀로 유리(琉璃)를 닦는 것은
> ㉠외로운 황홀한 심사이어니,
> 고흔 폐혈관(肺血管)이 찢어진 채로
> 아아, 늬는 산(山)ㅅ새처럼 날러갔구나!

① 태어나면서 이미 위대한 죽음이었던 산

② 님은 갔습니다. 아아, 사랑하는 나의 님은 갔습니다.

③ 나 보기가 역겨워 가실 때에는 죽어도 아니 눈물 흘리우리다.

④ 한 송이 국화꽃을 피우기 위해 봄부터 소쩍새는 그렇게 울었나 보다.

⑤ 저렇게 많은 별들 중에서 별 하나가 나를 내려다본다. 이렇게 많은 사람 중에서 그 별 하나를 처다
본다.

advice ㉠은 겉으로 드러난 표현은 이치에 맞지 않지만 진리를 내포하는 역설(逆說)적 표현으로, '황홀하다'와 '외롭
다'의 모순된 상황에서 죽은 아이에 대한 그리움을 절제하여 표현하고 있다.
① 태어남과 죽음을 동시에 일치시킨다는 점에서 논리적 모순이고, 표현법상 역설에 해당한다.
※ 정지용의 〈유리창〉 : 선명하고 감각적인 이미지를 사용해, 자식 잃은 아버지의 슬픔과 그리움을 표현한 시
이다.

6 다음 글의 문맥상 ㉠의 의미로 가장 적절한 것은?

> 비록 무기가 정예하지 못하다 하나, 맹자의 말과 같이 덕이 있으면 몽둥이를 가지고도 진·초(秦
> 楚)의 갑옷 입은 군사를 칠 수 있나니, 금성탕지(金城湯池)를 잃었다 하지 말라. 뭇사람의 애국심이
> 성을 이룰 수 있으리라. 관동과 영남의 의병들이 이미 연락의 형세를 이루었고, 구미의 강국들이 이미
> 연맹해줄 기미가 있도다. 주저하여 남에게 뒤지지 말고, 다행스러운 이 때에 맞춰 힘을 다하자. 궁벽하
> 고 먼 고을은 기회를 보아 토벌할 수 있으니, 큰 성과 도시에 힘을 합쳐 함께 멸할지라. 제각기 반드시
> 죽겠다고 뜻을 분발하여, 일에 뒤떨어진 죽음을 뉘우치지 말라! 조선에 살고 조선에 죽어 아버지와
> 스승의 교훈을 저버리지 말자. 적을 죽이거나 적에게 붙거나 결단코 조종(祖宗)의 정한 상과 벌을
> 따를 것이라. 격문이 도착되거든 ㉠풀이 바람에 따르듯 하라. 복심(腹心)을 헤쳐 널리 고하노라.

Answer 05.①   06.①

① 기세에 따라 떨쳐 일어나라.　　② 현 정세에 맞추어 순응하라.
③ 유연하고 부드럽게 대응하라.　　④ 외부의 명령에 무조건 복종하라.
⑤ 서로의 힘을 모아 하나로 결집하라.

advice 이 글은 한말(韓末) 의병을 모집하는 격문이다. '풀'과 '바람' 등은 함축적 의미로 쓰인 어휘들인데, '풀'은 백성을 상징하고 '바람'은 여기저기 일어난 의병의 기세로 해석할 수 있다.

7 다음 글에 나타난 글쓴이의 태도로 적절한 것은?

> 삶을 수동적으로만 받아들이던 옛 사람이 아니더라도 구름의 모습에 관심을 가질 때, 그 구름이 갖는 어떤 상징을 느끼면, 고르지 못한 인생에 새삼 개탄을 하게 된다.
>
> 과학의 발달에 따라 인간의 이지(理智)가 모든 불합리성을 거부하게 되었다 할지라도, 이 '느낌'이란 것을 어찌할 수 없어, 우리는 지금도 달이라면 천체(天體) 사진을 통하여 본 달의 죽음의 지각(地殼)보다도, 먼저 계수나무의 환상을 머리에 떠올린다.
>
> 고도한 과학력은 또 인공운(人工雲)을 조성하여, 인공 강우까지도 가능케 하리라 한다. 그러나 인간의 의지로 발생한 인공 수정(人工受精)된 생명도 자연 생명과 같은 삶을 이어 갈 수밖에 없듯이, 인공으로 이루어졌다 하더라도 우리에게 오는 느낌은 자연운(自然雲)과 같은 허무(虛無) 그것일 뿐이다.
>
> 식자(識者)는 혹 이런 느낌을 황당하다고 웃을지 모르나, 그 옛날 나의 어린 정서를 흔들고 키워 준 구름에서 이제 나이 먹어 지친 지금은 또 다른 의미를 찾고자 한다. 흐르는 물과 일었다 스러지는 구름의 모습은 나에게 가르치는 것이 많다고 생각하는 것이다. 물은 언제나 흐르되 그 자리에 있고, 항상 그 자리를 채우는 것은 같은 물이 아니듯이, 하늘에 뜬 구름 역시 일었다 스러지나, 같은 모습을 띄우되 같은 것은 아니라는 것 − 그리고 모든 것은 그렇게 있게 마련이라는 것을 깨우쳐 준다. 이런 상념은 체념이 아니고 달관(達觀)이었으면 하는 것이 이즈음의 나의 소망인 것이다.

① 자연과 일체가 되는 조화로운 삶을 살고자 한다.
② 자연을 스승으로 삼아서 인생의 교훈을 얻고자 한다.
③ 자연에 순응하지 않는 적극적인 삶의 태도를 갖고자 한다.
④ 인간이 만든 과학의 성과에 대해 비판적으로 생각하고 있다.
⑤ 자연에서 느끼는 정서를 바탕으로 낭만적인 삶을 꿈꾸고 있다.

advice 글쓴이는 구름을 통해 무상(無常)한 삶의 본질을 깨닫고, 달관하는 삶의 자세를 배우고 있음을 알 수 있다.
※ 한무숙의 〈구름〉 : 구름을 보고 인생의 허무함을 느끼면서 이를 통해 달관의 자세라는 인생의 교훈을 깨닫고 있는 글이다.

Answer 07.②

8 다음 글을 통해서 얻을 수 있는 교훈으로 가장 적절한 것은?

임제(林悌)는 호협한 선비로서, 젊었을 때 친구와 같이 어느 골목을 지나게 되었다. 그 골목 막다른 곳에는 재상의 집이 있었는데, 마침 큰 잔치를 베풀고 손님을 맞이하고 있었다. 임제는 그 주인을 잘 알지도 못하면서 친구에게 말했다.

"내 이 집 주인과 옛날부터 교분이 있네. 자네도 나를 따라 이 연회에 참석하지 않겠나?"

친구가 허락하니, 임제는 잠깐 문 밖에 기다리고 있으면 내가 들어가서 친구와 같이 왔다고 하고, 다시 나와 맞아들이겠다고 한다.

두 사람은 약속을 하고 친구는 문 밖에 기대 선 채 임제만 안으로 들어갔다.

주인이 마중을 나오자 임제는 짐짓 아는 사이처럼 읍(揖)을 해 보이고는 말석에 가서 앉았다. 하인들이 음식상을 바치고 돌아가며 술을 마시는데, 손님 중의 한 사람이 주인을 보고 저 사람은 누구냐고 물었다. 주인이 보아도 모르는 사람이어서 주인은 다시 여러 손님을 찾아다니면서 누구와 동행을 한 사람이냐고 물었지만 손님 중에는 아는 사람이 없었다.

"건방지기 짝이 없는 녀석이군!"

주인과 손님은 다같이 코웃음을 쳤다.

이 때 임제는 비로소 입을 열어,

"여러분은 지금 이 사람을 보고 웃는데, 그것은 아직 약과요. 내 말을 듣고 나면 가소로워 배꼽이 빠질지도 모르오."

"그건 또 무슨 미친 소린가?"

손님 가운데 한 사람이 대거리를 하자 임제는 시치미를 뚝 떼고 말하였다.

"오래 전부터 문 밖에는 내 입만 바라보면서 술과 음식을 기다리는 사람이 있소이다."

이 말에 주인과 손님들은 모두 웃음을 떠뜨렸다. 이리하여 손님들이 돌아가며 임제에게 술을 권하였고, 마침내 그의 호매한 성품을 알게 되었다.

드디어는 밖에서 기다리고 있는 친구도 합석시키자 하여 하인을 불렀다.

친구는 들어와서 자리를 잡고 앉았는데, 임제가 여러 선비들과 어울려 환담하는 것을 보고 끝까지 의심치 않았다.

① 모든 일에 신중하게 행동해야 한다.
② 어려운 일은 서로 도와 주어야 한다.
③ 친구를 잘 만나야 모든 일이 잘 해결된다.
④ 젊어서는 많은 사람들을 두루 사귀는 것이 좋다.
⑤ 세상을 살아가는 데는 기지(奇智)가 있어야 한다.

advice 이 글은 전혀 알지 못하는 사람의 집에 들어가 자신의 친구에게 잘 아는 곳으로 생각하게 한, 임제의 임기응변 능력과 호방한 성품을 보여주는 해학적인 글이다. 임제의 호방한 성품과 임기응변의 기지와 관련하여 교훈을 얻을 수 있다.

Answer 08.⑤

9 다음 글 (가)~(마)의 중심 내용으로 알맞지 않은 것은?

(가) 한 나라에서 사는 사람들끼리 서로 방언 때문에 의사소통이 안 된다거나 오해가 생긴다면 큰 문제가 아닐 수 없다. 그래서 국가에서는 특정 시대, 특정 지역, 특정 계층에서 사용하는 말을 정하여, 모든 국민이 배우고 쓸 수 있게 하는데, 이런 말을 표준어라고 한다.

(나) 표준어는 맞춤법이나 표준 발음의 대상이 된다. 즉, '한글맞춤법'은 "표준어를 소리대로 적되, 어법에 맞도록 함을 원칙으로 한다."고 하였으며, '표준 발음법'은 "표준어의 실제 발음을 따르되, 국어의 전통성과 합리성을 고려하여 정함을 원칙으로 한다."고 하였으니, 올바른 한글 표기와 표준 발음을 하기 위해서 표준어를 꼭 알아야 함은 물론이다.

(다) 표준어를 정해서 쓰면, 모든 국민이 의사소통이 원활하게 되어, 통합이 용이해진다. 또한 표준어를 통하여 지식이나 정보를 얻을 수 있고, 문화 생활도 누릴 수 있다. 그리고 교육적인 면에서도 효율적이며, 국어 순화에도 기여할 수 있다.

(라) 표준어가 아닌 말은 모두 방언이라고 하는데, 방언 중에서 지역적 요인에 의한 것을 지역 방언이라고 하고, 사회적 요인에 의한 것을 사회 방언 또는 계급 방언이라고 한다. 그러나 좁은 의미에서의 방언은 지역 방언만을 의미한다. 지역 방언은 동일한 언어를 사용하는 사람들이 서로 다른 지역에서 살게 되면서 변이된 것이다. 그러므로 가까운 거리의 지역보다는 먼 지역 간의 방언 차이가 더 크며, 교통이 잘 발달되지 않은 지역이나, 옛날에 다른 나라에 속했던 지역 간에도 방언의 차이가 크게 나타난다.

(마) 사회 방언은 언어의 사회적 요인에 의한 변이가 나타난 것인데, 대체로 계층, 세대, 성별, 학력, 직업 등이 중요한 사회적 요인이다. 사회 방언의 예를 들면, '물개'는 군인들이 '해군'을 의미하는 말로 쓰며, '낚다, 건지다'는 신문이나 방송에 종사하는 사람들이 '(좋은) 기사를 취재하다'라는 의미로 사용한다.

① (가) : 표준어의 개념
② (나) : 표준어의 기능
③ (다) : 표준어 사용의 이점
④ (라) : 방언의 분류
⑤ (마) : 방언의 폐해

advice ⑤ (마)는 사회적 방언에 대해 설명하고 있다.

10 다음 글을 읽고 아래와 같이 정리할 때, 아래의 내용 중 삭제해야 할 부분은?

저널리즘 비평은 신문, 잡지, 방송 매체를 통한 영화 비평으로 일반 대중을 상대로 한다. 개봉 예정이거나 현재 상영중인 영화들에 대해 설명하고, 아직 영화를 보지 않은 관객들에게 감상 여부를 결정하도록 도와 준다. 저널리즘 비평은 매체의 특성상 보통 아주 짧고 즉각적이다. 영화의 개봉을 알리고 예상 관객들을 위해 영화에 대한 개략적인 정보를 서술하면서 추천의 근거를 들고 간략한 평가를 덧붙인다. 줄거리와 출연 배우, 감독, 재미 여부 등 관객이 궁금해하는 기본적인 질문에 답하는 것이 주된 내용이다. 특히 줄거리를 요약할 때는 결론을 드러내지 않는 것이 관례이며, 영화에 출연한 스타들에 대해 언급하는 것도 주된 내용 중 하나이다. 관객들은 영화를 선택하기 전에 그것이 재미있는 이야기인지를 알고 싶어하면서 동시에 그 재미를 자신이 직접 발견하기를 원하며, 좋아하는 배우가 어떤 모습으로 나오는지 궁금해하기 때문이다. 또한 감독이 관객에게 던지는 메시지가 무엇인가를 대신 말해 주기도 한다.

관객들은 보통, 비평가의 주관적인 반응에 따라 움직인다. 비평가의 말이 설득력 있게 들린다면 관객들은 그의 추천대로 영화를 선택할 것이다. 저널리즘 비평에서도 때로는 비평가에 따라 개략적인 보도의 수준을 넘어서서 나름대로 진지한 분석을 시도하는 경우도 있다. 그러나 대개의 경우 매체의 특성상 영화의 사회적, 정치적, 철학적 쟁점에는 별 관심을 두지 않는다. 비평가에게는 영화를 다시 한 번 진지하게 보고 감독이 설계한 시청각적인 구조에 대해서 자세하게 분석할 시간적 여유가 주어지지 않기 때문이다. 이러한 이유로 저널리즘 비평은 개별 영화가 지니는 장단점을 지적하는 데 만족하며 특정한 역사적 시각의 제시는 논외로 한다. 대중 매체를 통해 관객들과 만나는 비평가들이 비록 어떤 개관적인 방법론을 구사한다고 할 수는 없지만, 빈도수로 본다면 전문적인 학술 비평보다 우리가 훨씬 더 자주 접하게 되는, 친숙한 비평 양식이다.

저널리즘 비평의 특징은 다음과 같다.
첫째, 관객의 이해를 용이하게 하기 위하여 영화의 스토리를 요약한다.
둘째, 작품을 보고 느낀 비평가의 주관적인 인상을 서술한다.
셋째, 영화의 결말을 언급하며 영화 관람의 체험을 공유하고 감정적인 반응을 교환할 수 있도록 한다.
넷째, 대중들에게 인기 있는 스타 혹은 배우들에 대해 언급한다.
다섯째, 영화의 주제를 간단하게 설명하고 영화가 가지는 장단점에 대해 덧붙인다.
이와 같이 저널리즘 비평은 영화에 대해 진지한 탐구를 시도하기보다는 그 오락적 가치에 상대적으로 비중을 두어, 영화가 잠재적으로 지니는 소비적 효과에 관심을 집중시킨다.

① 첫째
② 둘째
③ 셋째
④ 넷째
⑤ 다섯째

advice 이 글은 일반 대중을 상대로 신문, 잡지, 텔레비전 등의 매체를 통하여 간단하게 평을 하는 저널리즘 비평의 특성을 밝히고 있다.
③ 저널리즘 비평은 '특히 줄거리를 요약할 때는 결론을 드러내지 않는 것이 관례'라고 말하고 있다.

Answer 10.③

11 다음 글에서 글쓴이가 주장하는 중심 내용은?

우리나라에도 몇몇 도입종들이 활개를 치고 있다. 예전엔 청개구리가 울던 연못에 요즘은 미국에서 건너온 황소개구리가 들어앉아 이것저것 닥치는 대로 삼키고 있다. 어찌나 먹성이 좋은지 심지어는 우리 토종 개구리들을 먹고 살던 뱀까지 잡아먹는다. 토종 물고기들 역시 미국에서 들여온 블루길에게 물길을 빼앗기고 있다. 이들이 어떻게 자기 나라보다 남의 나라에서 더 잘 살게 된 것일까?

도입종들이 모두 잘 적응하는 것은 결코 아니다. 사실, 절대 다수는 낯선 땅에 발도 제대로 붙여보지 못하고 사라진다. 정말 아주 가끔 남의 땅에서 들풀에 붙은 불길처럼 무섭게 번져 나가는 것들이 있어 우리의 주목을 받을 뿐이다. 그렇게 남의 땅에서 의외의 성공을 거두는 종들은 대개 그 땅의 특정 서식지에 마땅히 버티고 있어야 할 종들이 쇠약해진 틈새를 비집고 들어온 것들이다. 토종이 제자리를 당당히 지키고 있는 곳에 쉽사리 뿌리내릴 수 있는 외래종은 거의 없다.

제 아무리 대원군이 살아 돌아온다 하더라도 더 이상 타 문명의 유입을 막을 길은 없다. 어떤 문명들은 서로 만났을 때 충돌을 면치 못할 것이고, 어떤 것들은 비교적 평화롭게 공존하게 될 것이다.

결코 일반화할 수 있는 문제는 아니겠지만 스스로 아끼지 못한 문명은 외래 문명에 텃밭을 빼앗기고 말 것이라는 예측을 해도 큰 무리는 없을듯싶다. 내가 당당해야 남을 수용할 수 있다.

영어만 잘 하면 성공한다는 믿음에 온 나라가 야단법석이다. 배워서 나쁠 것 없고, 영어는 국제 경쟁력을 키우는 차원에서 반드시 배워야 한다. 하지만 영어보다 더 중요한 것은 우리 한글이다. 한 술 더 떠 일본을 따라 영어를 공용어로 하자는 주장이 심심찮게 들리고 있다. 그러나 우리말을 제대로 세우지 않고 영어를 들여오는 일은 우리 개구리들을 돌보지 않은 채 황소개구리를 들여온 우를 또다시 범하는 것이다.

영어를 자유롭게 구사하는 일은 새 시대를 살아가는 필수 조건이다. 하지만 우리 한글을 바로 세우는 일에도 소홀해서는 절대 안 된다. 황소개구리의 황소 울음 같은 소리에 익숙해져 청개구리의 소리를 잊어서는 안 되는 것처럼.

① 영어를 공용어로 사용해야 한다.
② 세계의 공용어로 영어를 선정하자.
③ 외국 문물을 적극적으로 수용하자.
④ 우리말을 바로 세운 뒤 영어를 받아들여야 한다.
⑤ 전통 문화의 훌륭한 가치를 깨닫고 계승에 힘써야 한다.

advice 이 글은 미국에서 건너온 '황소개구리'가 약화된 생태계 틈새를 비집고 들어와 번식했듯이, 영어만 잘 하면 된다는 생각도 우리 개구리를 돌보지 않은 채 황소개구리를 들여온 우를 또다시 범하는 것이라고 주장하면서, 영어를 자유롭게 구사하는 일이 새 시대를 살아가는 필수 조건이기는 하지만 우리말을 바로 세우는 일에도 소홀해서는 절대로 안 된다는 점을 강조하고 있다.
④ 영어의 실용성을 인정하면서 우리말을 바로 세워야 한다고 주장하고 있다.

> 브룩헤이븐 국립 연구소에서 일하고 있는 퍼 박 박사는 한 줌의 모래가 만들어 내는 패턴 속에서 '스스로 짜여진 고비성'이라는 현상을 발견하였다. 바닥을 깨끗이 한 후 모래를 일정한 속도로 조금씩 쏟아 부으면, 모래들은 자신이 처음 떨어진 곳에 그대로 멈춰 조금씩 쌓이면서 산 모양의 작은 모래 더미를 만든다. 시간이 흘러 모래 더미가 어느 정도 경사를 이루게 되면 모래 알갱이들은 경사면을 타고 조금씩 흘러내리게 된다. 일정한 속도로 모래를 계속 부어 주면 쏟아지는 모래와 흘러내리는 모래의 양이 평균적으로 균형을 이루면서 모래 더미가 일정한 각도의 더미를 이루게 된다. 이 때 만들어진 각도를 '멈춤각'이라 부른다. 흥미로운 것은 멈춤각이 모래 더미의 크기와는 상관없이 모래의 특성에 따라 항상 일정한 값을 가지며, 모래를 아무리 더 부어도 모래 더미는 스스로 일정한 각도의 모래 더미를 계속 유지하려고 한다는 사실이다. 모래 더미의 각도가 멈춤각보다 작으면 모래가 계속 쌓이고, 멈춤각보다 크면 옆으로 계속 흘러내려서 일정한 각도의 모래 더미를 계속 유지한다는 것이다. 이 상태를 '고비 상태'라고 부른다.
>
> 시카고 대학의 하인리히 재거 교수와 그 동료들은 전자 현미경을 이용해 모래 더미의 경사면을 촬영한 결과, 모래 더미 속의 알갱이가 위치에 따라 서로 다른 성질을 나타낸다는 사실을 알아냈다. 모래를 계속 쏟아 부으면 모래 더미 경사면의 얇은 위층은 마치 액체처럼 흘러내리고 안쪽은 고체처럼 고정된 상태를 유지한다. 이러한 사실은 모래시계의 수수께끼를 푸는 중요한 실마리를 제공해 주었다. 즉, 모래시계가 위에서 누르는 모래의 양에 상관없이 일정한 흐름을 만드는 이유를 재거 교수의 실험에서 찾을 수 있다는 것이다. 모래시계의 경우 유리면에 닿은 경사 부분의 모래는 액체처럼 미끄러져 내려가지만 위에서 누르는 모래는 고체처럼 고정되어 있다. 따라서 밑으로 흘러 내려가는 모래에 압력을 가하지 않기 때문에 모래가 일정한 속도로 내려갈 수 있는 것이다.
>
> 그렇다면 만약 모래에 '물'이 첨가되는 경우, 모래의 성질은 어떻게 바뀔까? 미국 노트르담 대학의 혼베이커 교수와 그의 동료들은 수분을 조금씩 첨가할 경우, 모래 더미의 멈춤각이 어떻게 바뀌는지 측정해 보았다. 그들의 실험에 따르면, 아주 적은 양의 수분이 첨가되기만 해도 모래 더미의 멈춤각은 기하급수적으로 늘어나고 알갱이들은 서로 응집하게 된다. 미세한 수분이 모래 알갱이들을 서로 고정시켜 주는 접착제 역할을 하는 것이다.

① 멈춤각의 크기는 쏟아 붓는 모래의 특성에 따라 변화할 수 있다.

② 모래에 수분을 첨가하면 멈춤각은 급격하게 커지고 모래 알갱이들이 서로 응집한다.

③ 모래 더미의 각도가 멈춤각보다 작을 때, 모래 더미에 쏟아 붓는 모래는 더미 위에 쌓인다.

④ 쏟아 붓는 모래의 양이 많아지면 모래 더미의 크기가 커지고 멈춤각도 이에 비례하여 커진다.

⑤ 모래 더미에 쏟아 붓는 모래의 양과 경사면을 타고 흘러내리는 모래의 양이 균형을 이룰 때 멈춤각이 형성된다.

advice ④ 이 글의 여섯 번째 문장을 보면, '멈춤각이 모래 더미의 크기와는 상관없이 모래의 특성에 따라 항상 일정한 값을 가진다.'고 설명하고 있다.

Answer 12.④

인간 생활에 있어서 웃음은 하늘의 별과 같다. 웃음은 별처럼 한 가닥의 광명을 던져 주고, 신비로운 암시도 풍겨 준다. 웃음은 또한 봄비와도 같다. 이것이 없었던들 인생은 벌써 사막이 되어 버렸을 것인데, 감미로운 웃음으로 하여 인정의 초목은 무성을 계속하고 있는 것이다.

웃음에는 여러 가지 색채가 있다. 빙그레 웃는 파안대소가 있는가 하면, 갈갈대며 웃는 박장대소가 있다. 깨가 쏟아지는 간간대소가 있는가 하면, 허리가 부러질 정도의 포복절도도 있다. 이러한 종류의 웃음들은 우리 인생에 해로운 것이 조금도 없다.

그러나 웃음이 언제나 우리를 복된 동산으로만 인도하는 것은 아니다. 남을 깔보고 비웃는 냉소도 있고, 허풍도 떨고 능청을 부리는 너털웃음도 있다. 대상을 유혹하기 위하여 눈초리에 간사가 흐르는 눈웃음이 있는가 하면, 상대방의 호기심을 사기 위하여 지어서 웃는 선웃음이라는 것도 있다.

사람이 기쁠 때 웃고 슬플 때 운다고만 생각하면 잘못이다. 기쁨이 너무 벅차면 눈물이 나고 슬픔이 극도에 이르면 도리어 기막힌 웃음보가 터지지 않을 수 없다. 이것은 탄식의 웃음이요, 절망의 웃음이다.

<u>㉠그러나 이것은 극단의 예술이요, 대체로 슬플 때 울고, 기쁠 때 웃는 것이 정상이요 일반적이 아닐 수 없다. 마음 속에 괴어 오르는 감정을 표면에 나타내지 않는 것으로써 군자의 덕을 삼는 동양에서는, 치자다소(痴者多笑)라 하여, 너무 헤프게 웃는 것을 경계하여 왔다. 감정적 동물인 인간으로부터, 희로애락(喜怒哀樂)을 불현어외(不顯於外)*하는 신의 경지에까지 접근하려는 노력과 욕구에서 오는 기우(杞憂)가 아니었을까.</u>

* 불현어외(不顯於外) : 밖으로 드러내지 않음.

13 이 글에 대한 설명으로 적절하지 않은 것은?

① 웃음을 다양한 관점에서 고찰하고 있다.
② 웃음을 인격 완성의 조건으로 보고 있다.
③ 예리한 관찰과 비유적 표현이 나타나 있디.
④ 웃음의 의미를 삶과 관련지어 평가하고 있다.
⑤ 삶의 여러 모습에 따라 웃음의 속성을 밝히고 있다.

advice ② 감정을 표면에 드러내지 않는 것을 군자의 덕으로 생각하는 동양에서는, 헤프게 웃는 것을 경계해 온 사실에 대해 '기우(杞憂)'라고 표현한 것을 볼 때 웃음을 인격 완성의 조건으로 보고 있지 않다는 것을 알 수 있다.
※ 이희승의 〈웃음의 철학〉 : 인간 생활에 있어서 웃음의 의미를 다양한 시각에서 고찰하고 있는 글이다.

Answer 13.②

14 ㉠에서 글쓴이가 경계하고 있는 삶의 태도는?

① 예의를 갖추지 않고 함부로 행동하는 태도
② 감정을 속여서 남에게 피해를 주려는 태도
③ 상황 판단을 못하여 비정상적인 감정을 표현하려는 태도
④ 체면을 중시하여 감정을 제대로 표현하지 않으려는 태도
⑤ 현실 생활에 적응하지 못하고 초월적인 삶을 살려는 태도

advice 체면으로 인하여 인간 생활에 있어서 웃음의 가치를 깨닫지 못하는 삶의 태도를 경계하고 있다.

※ 다음 글을 읽고 물음에 답하시오. [15 ~ 16]

도덕이나 윤리는 원만한 사회 생활을 위한 지혜이며, 나를 포함한 모든 사람들을 위하여 매우 소중하고 보배로운 것이다. 그런데 우리 사회에는 윤리와 도덕을 존중하는 것이 오히려 손해를 보는 것이라는 인식이 널리 퍼져 있다. 사람들은 왜 도덕적 삶이 자신에게 손해를 가져온다고 생각하는 것일까?

첫째 이유는 그러한 주장을 하는 사람들의 계산법이 근시안적이기 때문이다. 당장 눈앞에 보이는 이해 관계만을 계산할 때 우리는 윤리를 존중하는 사람은 손해를 본다는 결론을 내리게 된다. 근시안적인 관점에서 눈에 보이는 이해 관계만을 눈여겨볼 때, 정직하고 성실한 사람은 손해를 본다는 인상을 받기 쉽다. 그러나 긴 안목으로 볼 때는, 정직하고 성실한 사람이 불행한 생애의 주인공이 된 경우보다는 부도덕하기로 소문난 사람이 말년을 비참하게 보낸 사례가 더 많을 것이다. ___㉠___(이)라는 말이 언제나 적중한다고는 보기 어려우나 전혀 근거 없는 허사(虛辭)라고 보기는 더욱 어렵다.

둘째 이유는 우리 사회에 도덕률을 어기는 사람들이 너무나 많기 때문이다. 도덕률 또는 윤리가 삶의 지혜로서의 진가를 발휘하는 것은 대부분의 사회 성원이 그것을 준수할 경우이다. 대부분의 사람들이 도덕률을 실천으로써 존중할 경우에 나를 포함한 모든 사람들이 도덕률의 혜택을 입게 되는 것이며, 대부분의 사람들이 그것을 지키지 않고 소수만이 그것을 지킬 경우에는 도덕을 지키는 소수의 사람들은 피해자가 될 염려가 있다.

셋째 이유는 시대상 또는 사회상이 급변하는 과정에서 옛날의 전통 윤리가 오늘의 우리 현실에 적합하지 않을 경우도 많기 때문이다. 삶의 지혜로서의 윤리는 행복한 삶을 위한 행위의 원칙 또는 그 처방에 해당한다. 그 행위의 처방은 상황에 적합해야 하거니와, 시대상 또는 사회상이 크게 바뀌고 생활의 조건이 크게 달라지면, 행복을 위한 행위의 처방도 따라서 달라져야 할 경우가 많다. 그런데 우리가 윤리와 도덕성을 강조할 때 사람들의 머리에 떠오르는 것은 대체로 전통 윤리의 규범들이다. 그 전통 윤리의 규범 가운데는 현대의 생활 조건에 맞지 않는 것도 흔히 있으며, 오늘의 상황에 맞지 않는 윤리의 규범을 맹목적으로 지키는 사람들은 현대의 생활 조건에 적응하지 못하고 어려움을 겪게 된다. 이러한 경우에 '윤리를 지키는 사람은 손해를 본다.'라는 말이 나올 수 있는 여지가 생기는 것이다.

Answer 14.④

15 이 글의 중심 내용으로 가장 적절한 것은?

① 바뀌는 시대상과 도덕성의 관계

② 도덕적 삶이 손해라고 인식하는 까닭

③ 전통 윤리에 깃들어 있는 도덕적 가치

④ 손해를 무릅쓰고 도덕을 지켜야 하는 이유

⑤ 급변하는 현대 사회에서 도덕적 삶이 갖는 의미

> **advice** 처음 문단에서 도덕적 삶을 손해라고 생각하는 인식이 널리 퍼지게 된 까닭이 무엇인지에 대해 문제를 제기하고, 이어지는 문단에서 그 이유를 밝히고 있다.
>
> ※ 김태길의 〈도덕적인 사람은 손해를 보는가〉 : 도덕적 삶을 손해라고 인식하는 까닭에 대해 밝히고 있는 글이다.

16 문맥상 ㉠에 들어갈 알맞은 한자 성어는?

① 사필귀정(事必歸正)　　　　② 권선징악(勸善懲惡)

③ 적자생존(適者生存)　　　　④ 선공후사(先公後私)

⑤ 고진감래(苦盡甘來)

> **advice** ㉠의 바로 앞에 쓰인 문장은, 정직하고 성실한 사람이 말년에 비참하게 보내지 않을 확률이 더 높다는 뜻으로 해석할 수 있다.
>
> ① 사필귀정(事必歸正) : 모든 일은 반드시 바른길로 돌아감
>
> ② 권선징악(勸善懲惡) : 착한 일을 권장하고 악한 일을 징계함
>
> ③ 적자생존(適者生存) : 환경에 적응하는 생물만이 살아남고, 그렇지 못한 것은 도태되어 멸망하는 현상
>
> ④ 선공후사(先公後私) : 공적인 일을 먼저 하고 사사로운 일은 뒤로 미룸
>
> ⑤ 고진감래(苦盡甘來) : 쓴 것이 다하면 단 것이 온다는 뜻으로, 고생 끝에 즐거움이 옴을 이르는 말

Answer 15.② 16.①

※ 다음 글을 읽고 물음에 답하시오. [17 ~ 18]

이것은 퍽 우려할 일이다. 즉, 위에서 본 현대 사회의 중요한 문제들에 접해서 많은 선택과 결정을 내려야 할 사람들이 이들 문제의 바탕이 되는 과학의 내용을 이해하기는커녕, 접근하기조차 힘들 정도로 과학이 일반 지식인들로부터 유리(遊離)된 것은 커다란 문제인 것이다. 더구나 이런 실정이 쉽게 해결되기가 힘든 뚜렷한 이유, 즉 과학의 내용 자체가 가지는 어려움은 계속 존재하거나 심해질 것이기 때문에 문제는 더욱 심각하다.

그러나 이러한 과학의 유리 상태를 심화시키는 데에 과학 내용의 어려움보다도 더 크게 작용하는 것은 과학에 관해 널리 퍼져 있는 잘못된 생각이다. 흔히들 현대 사회의 많은 문제들이 과학의 책임인 것으로 생각한다. 즉, 과학이 인간의 윤리나 가치 같은 것은 무시한 채 맹목적으로 발전해서 많은 문제들 - 예를 들어, 무기 개발, 전쟁 유발, 환경 오염, 인간의 기계화, 생명의 존귀성 위협 - 을 야기(惹起)시키면서도 이에 대해서 아무런 책임을 지지 않고 있다는 생각이 그것이다.

대부분의 경우, 이런 생각의 바탕에는 과학이 가치 중립적(價値中立的)이거나 혹은 가치와 무관하다는 명제(命題)가 깔려 있다. 물론, 과학이 가치 중립적이라는 생각은 여러 의미에서 타당한 생각이며 실제로 많은 사람들이 받아들이는 생각이다. 최근에 와서 이에 회의(懷疑)를 표시하는 사람들도 거의 대부분 이 명제 자체를 부정하는 것보다는 과학에 가치 중립적이 아닌 측면도 있음을 보이는 데에 그친다. 그러나 일반 사람들이 위의 문제들에 관한 책임을 과학에 돌리면서 흔히 가지는 생각은 과학의 가치 중립성에 대한 잘못된 이해에서 연유할 때가 많다.

과학이 가치 중립적이라는 말은 크게 보아서 다음 두 가지의 의미를 지니고 있다. 첫째는 자연 현상을 기술하는 데에 있어서 얻게 되는 과학의 법칙이나 이론으로부터 개인적 취향(趣向)이나 가치관에 따라 결론을 취사 선택할 수 없다는 점이고, 둘째는 과학으로부터 얻은 결론, 즉 과학 지식이 그 자체로서 가치에 대한 판단이나 결정을 내려 주지 못한다는 점이다.

사람에 따라서는 이 중 첫째는 수긍하면서 둘째에 대해서는 반론(反論)을 제기하기도 한다. 예를 들어, 그들은 인간의 질병 중 어떤 것이 유전(遺傳)한다는 유전학의 지식이 유전성 질병이 있는 사람은 아기를 낳지 못하게 해야 한다는 결론을 내린다고 생각한다. 즉, 과학적 지식이 인간의 문제에 관하여 결정을 내려 준다고 생각한다. 그러나 보다 주의 깊게 살펴보면 이것이 착각이라는 것은 분명하다.

17 이 글의 내용과 일치하지 않는 것은?

① 과학은 가치 중립적이다.
② 과학은 인간의 문제에 대해 결정을 내려주지 못한다.
③ 현대의 모든 문제는 과학으로부터 해결 방안을 찾을 수 있다.
④ 흔히 현대 사회의 많은 문제들이 과학의 책임이라고 생각한다.
⑤ 과학에 관해 널리 퍼져 있는 잘못된 생각이 과학의 유리 상태를 심화시킨다.

advice ③ 과학으로부터 많은 문제가 발생하고 있음을 밝히고 있지만 과학으로부터 해결 방안을 찾을 수 있다는 내용은 언급되어 있지 않다.

Answer 17.③

18 이 글 다음에 이어질 내용으로 적절한 것은?

① 과학의 발달 과정을 자세히 살펴보아야 한다.

② 인간에 관한 모든 문제는 과학이 책임져야 한다.

③ 인간과 사회의 모든 문제점을 검토해 봐야 한다.

④ 과학의 발달로 발생한 문제는 해결이 불가능하다.

⑤ 인간 문제에 관해 결정을 내리는 것은 인간 자신이다.

advice 마지막 문장에서 과학적 지식이 인간의 문제에 관하여 결정을 내려주는 것은 착각이라고 말한 것으로 볼 때, 결정을 내리는 것은 인간이라는 내용이 이어져야 한다.

※ 다음 글을 읽고 물음에 답하시오. [19 ~ 20]

(가) 영화에서 멜로드라마는 가장 대중적인 장르 가운데 하나이다. 반면, 그 의미의 해석에 대해서는 특정 사회 시대에 따라 달라지는 특성을 보이기도 한다. 물론, 그 가장 기본적인 의미는 '음악(melos)과 드라마(drama)가 결합된 내러티브(narrative) 형식'이라는 것이다. 그러나 그 역사적 기원에 따른 해석이나 담화 방식, 이데올로기 등은 각기 다를 수밖에 없다. 멜로드라마의 개념은 애초에 서구에서 발생한 만큼 그들의 관점에서 멜로드라마의 기원을 보자면, 그리스 시대의 아이스킬루스, 에우리피데스, 소포클레스의 비극이나 시에까지 거슬러 올라간다. 그러나 오늘날 문학이나 연극, 영화에서 찾을 수 있는 멜로드라마의 기본적 형식은 역시 프랑스 혁명 직후 전성기를 누린 낭만주의 연극이나 감상주의 소설에서 시작되었다고 보아야 할 것이다.

(나) 역사적으로 볼 때 흥미롭게도 멜로드라마는 사회적 · 이데올로기적 위기가 고조되는 시기에 대중적이 되는 경향을 보이는데, 과거의 종교나 초월적 가치가 대중들에게 의미를 상실할 즈음인 프랑스 혁명 직후에는 새로운 부르주아 계급의 일상적 삶에서 잃어버린 도덕적 의미를 긍정하는 도구로 사용되었다. 즉, 이 시대의 소설이나 연극은 도덕적 이상주의자인 부르주아 계급이 주인공과, 타락했으나 표면상으로는 여전히 권위적인 사회 계급(봉건 영주와 관료들) 사이의 갈등을 주로 묘사하는데, 여기서 사용되는 멜로드라마적 요소는 가족 관계, 불행한 연인들, 강요된 결혼 등이다. 따라서, 그 이데올로기적 메시지는 구시대의 봉건제적 잔재에 저항하는 자유로운 부르주아적 투쟁이 주류를 이루고 있다.

(다) 그러나 왕정 복고 시대에 이르러서는 이러한 멜로드라마의 이데올로기적 메시지가 변질되어 버렸다. 즉, 독을 바른 손수건, 최후의 순간의 구출, 갑작스런 행운의 반전, 우연의 일치 등과 같은 오락물로 퇴행하고 말았다. 그 결과 고통받는 개인이 자신의 사회적 지위에 만족을 느끼게 함으로써 복잡한 사회 문제들이 단순화 내지는 은폐되었다. 이처럼 멜로드라마는 그 역사적 · 사회적 맥락 속에서 반체제적으로 기능하기도 하고 도피주의적으로 기능하기도 하였다.

Answer 18.⑤

(라) 이러한 멜로드라마의 양면적 양식은 19세기에 들어와서 각종 사회 현상을 담은 데에 주력하였다. 영국
   에서는 디킨스, 콜린스, 리이 등이 멜로드라마적 플롯을 빌려 사회적 갈등을 충실히 묘사하였으며, 프
   랑스에서는 슈, 위고, 발자크 등이 역시 사회 변화의 문제를 멜로드라마의 플롯 속에 담았다.

(마) 슈는 멜로드라마의 진부한 형식을 사용하면서 궁극적으로는 사회 참여적 저널리즘을 겨냥하였다. 그의
   '파리의 의혹'의 경우, 대중적 형식과 허구적 논법에 의해 정치적 논쟁의 여지를 없앤 뒤 공공 위생,
   매춘, 부정 부패, 마약 중독, 도박 등과 같은 사회 문제를 거론하였다. 발자크의 소설들은 사회 문제에
   보다 구체적인데, 산업 자본가와 은행가의 냉혹함, 퇴폐적인 귀족 계급의 비참함 몰락, 급격한 산업화
   에 따른 빈부 격차 등의 문제들을 멜로드라마 속에서 생동감 있게 묘사하였다.

19 이 글의 제목으로 가장 알맞은 것은?

① 멜로드라마의 개념
② 멜로드라마와 대중문화
③ 멜로드라마의 시대적 특징
④ 멜로드라마의 기원과 전개
⑤ 멜로드라마와 사회의 관계

advice ④ 이 글은 멜로드라마의 기원과 함께 특정 사회나 시대에 따라 달라지는 멜로드라마의 역사적 전개 과정을
설명하고 있다.

20 (가) ~ (마)의 중심 내용으로 적절하지 않은 것은?

① (가) : 멜로드라마의 개념은 그리스 비극에서 기원하고 있다.
② (나) : 프랑스 혁명 직후의 멜로드라마는 부르주아적 투쟁이 주류였다.
③ (다) : 왕정 복고 시대의 멜로드라마는 복잡한 사회 문제들을 주로 다루었다.
④ (라) : 19세기 멜로드라마는 다양한 사회 현상을 담았다.
⑤ (마) : 슈와 바자크의 멜로드라마는 사회 참여적 성격을 지녔다.

advice ③ 왕정 복고 시대에 이르러서는 멜로드라마가 오락물로 퇴행했으며 복잡한 사회 문제들이 단순화 또는 은폐
되었다고 말하고 있다.

Answer 19.④ 20.③

해가 저문 어느 날, 오막살이 토굴에 사는 노승(老僧) 앞에 더벅머리 학생이 하나 찾아왔다. 아버지가 써 준 편지를 꺼내면서 그는 사뭇 불안한 표정이었다.

사연인즉, 이 망나니를 학교에서고 집에서고 더 이상 손댈 수 없으니, 스님이 알아서 사람을 만들어 달라는 것이었다. 물론 노승과 그의 아버지는 친분이 있는 사이였다.

편지를 보고 난 노승은 아무런 말도 없이 몸소 후원에 나가 늦은 저녁을 지어 왔다. 저녁을 먹인 뒤 발을 씻으라고 대야에 가득 더운 물을 떠다 주었다. 이때 더벅머리의 눈에서는 주르륵 눈물이 흘러내렸다.

그는 아까부터 훈계가 있으리라 은근히 기다려지기까지 했지만, 스님은 한 마디 말도 없이 시중만을 들어 주는데에 크게 감동한 것이다. 훈계라면 진저리가 났을 것이다. 그에게는 백 천 마디 ㉠좋은 말보다는, 다사로운 손길이 그리웠던 것이다. 이제는 가고 안 계신 한 노사(老師)로부터 들은 이야기다. 내게는 생생하게 살아 있는 노사의 상(像)이다.

산에서 살아보면 누구나 다 아는 일이지만, 겨울철이면 나무들이 많이 꺾이고 만다. 모진 비바람에도 끄떡 않던 아름드리 나무들이, 꿋꿋하게 고집스럽기만 하던 그 소나무들이 눈이 내려 덮이면 꺾이게 된다. 가지 끝에 사뿐사뿐 내려 쌓이는 그 하얀 눈에 꺾이고 마는 것이다. 깊은 밤, 이 골짝 저 골짝에서 나무들이 꺾이는 메아리가 울려 올 때, 우리들은 잠을 이룰 수가 없다. 정정한 나무들이 부드러운 것 앞에서 넘어지는 그 의미 때문일까. 산은 한 겨울이 지나면 앓고 난 얼굴처럼 수척하다.

사이밧티이의 온 시민들을 공포에 떨게 하던 살인귀(殺人鬼) 앙굴리마알라를 귀의(歸依)시킨 건 부처님의 불가사의한 신통력(新通力)이 아니었다. 위엄도 권위도 아니었다. 그것은 오로지 자비(慈悲)였다. 아무리 흉악무도한 살인귀라 할지라도 차별 없는 훈훈한 사랑 앞에서는 돌아오지 않을 수 없었던 것이다.

바닷가의 조약돌을 그토록 둥글고 예쁘게 만든 것은 무쇠로 된 정이 아니라, 부드럽게 쓰다듬는 물결인 것을.

21 이 글의 필자에게서 배울 수 있는 태도는?

① 자연 현상을 심미적 관점에서 음미하려는 태도
② 현재보다 나은 미래를 위해서 꾸준히 노력하는 태도
③ 쉽게 믿기보다는 다양한 경험을 통해서 확인하려는 태도
④ 남의 눈을 의식하지 않고 자신의 주관을 관철하려는 태도
⑤ 사소한 현상이나 사물을 통해서 인생의 교훈을 얻으려는 태도

advice 이 글의 필자는 노사(老師)에게서 들었던 이야기와 산에서의 사소한 경험들을 통해서 부드러운 것이 강하고 딱딱한 것보다 훌륭한 힘을 발휘할 수 있다는 교훈을 얻고 있다.

※ 법정의 〈설해목(雪害木)〉 : 진정으로 강한 것은 부드러운 것이라는 것을 실례와 비유적인 표현으로 알게 쉽게 드러내고 있는 수필이다.

Answer 21.⑤

22 다음 밑줄 친 말의 문맥적 의미가 ⊙과 유사한 것은?

① <u>좋은 말</u>로 할 때 듣는 게 너한테 이로울 거야.

② 귀에 듣기 <u>좋은 말</u>이라고 함부로 믿어서는 안 된다.

③ 너 맘대로 하는 게 자유라고? 그래, 그거 참 <u>좋은 말</u>이다.

④ 아버님께서는 인생의 귀감이 될 <u>좋은 말씀</u>을 많이 해 주셨다.

⑤ 자신의 생각을 솔직하게 드러내는 말, 그게 바로 <u>좋은 말</u>이다.

advice ⊙은 행동의 지침이나 훈계를 뜻한다. ④의 '좋은 말씀'이 이와 유사한 뜻으로 쓰였다.
① 거칠거나 상대방의 기분을 나쁘게 하지 않는 말
② 당장에만 기분을 좋게 하는 말
③ 현실과 관계없이 뜻이 그럴싸한 말
⑤ 바른 표현 또는 정확한 표현

※ 다음 글을 읽고 물음에 답하시오. [23 ~ 24]

남태평양의 어느 부족 사회에는 부모가 예순 살이 되면 자식이 그 부모를 죽이는 관습이 있다. 그 부족 사람들은 사람은 죽을 당시의 육체로 내세에 들어간다고 믿었으며, 병들고 늙어 허약한 몸으로 내세에서 영원히 지내는 것을 매우 불행한 일로 간주했다. 그래서 그들은 자유롭게 운신할 수 있는 나이에 내세에 들게 하는 것을 부모에 대한 효도로 여겼다. 만약 그들과 같은 믿음을 공유하고 있다면 우리들도 그러한 관습을 실천하거나 쉽게 용인할 것이다. 그 부족의 입장에서는 자기들의 관습이 전통이라고 주장할 수도 있을 것이다. 그러나 삶과 죽음, 현세와 내세에 대한 인류의 인식과 태도는 더 이상 그런 관습을 용인하지 않는다. 적어도 현재까지 도달한 인류의 지식과 지혜에 비추어 볼 때 그것은 부당하다고 생각되기 때문이다.

위에 든 예는 극단적인 경우지만, 우리 삶을 규정하는 모든 전통과 관습, 제도 등을 평가하는 패러다임적 틀을 보여 준다. 어떤 전통, 관습, 제도가 그 나름대로 역사성과 근거를 갖는다 하더라도 그에 대한 평가와 개선 또는 폐지 여부는 오늘의 기준과 관점에 의거해야 함을 시사해 준다.

최근 우리 사회에서 논쟁이 되고 있는 '호주제 폐지' 문제도 이런 맥락에서 짚어 볼 필요가 있다. 전 국민의 98%가 현행 호주제에 아무런 불편 없이 지내기 때문에, 혹은 호주제는 우리의 오랜 전통이기 때문에 호주제는 계속 유지해야 한다든지 등의 주장은 설득력을 갖기 어렵다.

가족 혹은 가족 제도는 이중성을 갖는다. 우선 가족은 사회의 기본 구조의 일부분이다. 따라서, 남녀 평등의 가치가 적용되는 영역이 되는 것이다. 다른 면에서 가족은 사적 영역으로서 국가의 간섭이 배제되어야 하는 곳이기도 하다. 그러나 남녀 평등의 가치를 중심 가치로 생각하는 자유 민주주의 체제에서는 가족 내에서 남녀 불평등이 근본적인 차별을 초래할 경우, 그리고 그 차별이 제도에 근거할 경우 그런 차별에 대해 간섭하고 제도를 개혁해야 할 근거를 갖는다.

Answer 22.④

　정통 가족 제도를 우리가 수호해야 할 중심 가치라고 말하면서, 그 근간은 호주제의 유지에 있다고 주장하는 사람들이 있다. 전통적인 가족 제도가 그들의 말대로 중요한 가치일 수 있다. 하지만 그런 가치를 호주제의 유지와 결부시키는 것은 시대착오적이라 할 수 있다. 유림을 비롯한 전통주의자들의 주장은 종교적 교설과 크게 다르지 않다. 그러한 그들의 주장을 법과 제도로써 모든 사람들에게 강요하는 것은 오늘날 민주주의 이상과 현실에 부적절하다.

　전통주의자들이 중시하는 정통 가족 질서와 가치는 이제 더 이상 국가의 제도와 법률에 근거해 유지 조장되어야 하는 가치는 아니다. 그런 가치가 무의미하다는 말은 아니다. 그러나 그들의 주장처럼 소수에 불과하더라도 남녀 불평등과 같은 민주적 가치를 훼손하면서 제도적으로 뒷받침해야 할 가치는 아니다.

23 이 글의 서술상의 특징을 바르게 말한 것은?

① 시간적 순서에 따라 논리를 전개하고 있다.

② 비유와 상징으로 독자의 상상력을 자극하고 있다.

③ 일정한 기준에 의해 대상을 분류하여 설명하고 있다.

④ 구체적 사례를 통해 비교하면서 독자의 이해를 돕고 있다.

⑤ 예상되는 반론을 미리 반박해서 자신의 주장을 정당화하고 있다.

advice　이 글은 신문 사설로서, 우리 사회에서 논쟁이 되고 있는 호주제가 민주적 가치의 실현이라는 측면에서 폐지해야 한다는 주장을 하고 있다. 남태평양의 어느 부족의 예처럼 오늘날 맞지 않는 사회 제도를 존속함이 부당하며 아무리 사적인 영역일지라도 남녀 평등, 소수자의 권익 보호와 같은 민주적 가치 실현을 위해선 국가의 간섭이 정당화될 수 있음을 역설하고 있다.
⑤ 호주제 폐지 문제에 있어 반대하는 전통주의자들의 의견을 예상하여, 글의 서두 부분에서 반박하는 내용으로 글을 시작했고 이어서 자신이 주장하는 호주제 폐지에 대한 의견을 피력하고 있다.

24 이 글 서두에 어느 부족 이야기를 예로 제시함으로써 궁극적으로 말하고자 하는 것은 무엇인가?

① 가족 제도가 갖는 이중성을 고발한다.

② 어떤 관습이든지 그 나름대로의 역사성을 갖는다.

③ 전통적인 관습을 재해석하고 진정한 의미를 찾아야 한다.

④ 부당한 전통 가족 관습이 있다면 그 관습을 고치는 것이 정당하다.

⑤ 전통을 고수하고 보존하는 것은 우리가 지켜야 할 중심 가치라는 것을 환기시킨다.

advice　④ 부족의 관습은 현재까지 도달한 인류의 지식과 지혜에 비추어 볼 때 부당하기 때문에 폐지해야 한다고 말하면서, 부당한 전통 가족 관습은 고쳐야 한다는 주장을 펼치고 있다.

Answer　23.⑤　24.④

※ 다음 글을 읽고 물음에 답하시오. [25 ~ 26]

'현대' 물리학을 갈릴레오의 〈두 가지 새로운 과학〉이 출판된 1636년부터 잡는 것은 불합리한 처사가 아니다. 이 책의 제목은 물질의 힘과 역학, 즉 운동의 과학에 관한 두 가지 연구라는 점에서 붙여진 것이다. 역학의 경우, 그 뛰어난 공적은 자유롭게 떨어지는 물체의 운동을 정량적으로 ㉠기술하는 데에 성공했다는 점이다. 이 기술은 세련되고 정확할 뿐만 아니라 운동의 상태 변화, 즉 가속의 변화에 대한 정량(定量)적인 개념을 최초로 도입했다. 후에 뉴턴 경은 이 개념을 많이 이용하였다.

과학사에서 갈릴레오는 보통 외로운 선각자, 즉 자신의 눈에 의한 증거보다는 고대 철학자들의 권위만을 믿는 바보들 가운데에 유일하게 존재하는 객관적인 관찰자로서 부각된다. 그러나 방 안에 있는 물건 중에서 아무것이나 열 개를 집어서 높은 창 밖으로 던졌을 때 갈릴레오가 기술한 바와 같은 간단한 운동을 하는 물체는 거의 없을 것이다. 이와 같이 자유 낙하(自由落下)에 대한 그의 기술은 이상화(理想化)된 것이었다. 그것은 실제로 물체가 떨어질 때 관여하는 대부분의 복잡함을 무시한 단순한 통찰력의 결과였다. 그를 반대하는 사람들은 아리스토텔레스로부터 계승되어 온 기술 방법을 고집스럽게 고수했다. 그 방법은 심각한 결점을 가지고 있으나 낙하에 대한 여러 가지 예에서 갈릴레오의 방법보다 현상을 더 잘 묘사해 주었다. 그러나 아리스토텔레스의 통찰력이 운좋은 추측으로서 과학적으로는 아무런 가치가 없는 것이었던 반면에 갈릴레오는 운동에 관한 깊은 이해를 향하여 거대한 일보를 내딛게 해 주었다.

갈릴레오는 셰익스피어가 태어나고 미켈란젤로가 죽은 1564년부터 뉴턴이 태어난 1642년까지 살았다. 그는 피사에서 꽤 유명하지만 가난한 토스카나 출신의 가문에서 태어났다. 음악가이고 화음에 대한 최초의 논문 중 하나를 쓴 아마추어 학자이기도 한 그의 아버지는 자기의 영리한 아들이 의사가 되어 집안을 다시 일으켜 주기를 원했다. 그러나 갈릴레오는 대학에서 수학에 매혹되더니 현재도 그렇지만 돈과는 거리가 먼 직업을 갖게 되었다.

오늘날의 대부분의 과학자들과 마찬가지로 갈릴레오는 그가 비교적 젊었을 때에 독창적인 일을 많이 했다. 이 시기에 그는 파도바 대학의 수학 교수로 일했으며, 그것은 나이 27세에서 46세까지의 기간이 된다. 파도바는 베니스 공화국에서 둘째 가는 도시로서 그 당시의 자유로운 분위기는 갈릴레오 스타일의 사색가들을 후대하였다.

갈릴레오는 떨어지는 물체의 운동에 대한 그 자신의 설명을 제시함으로써 오늘날과 같은 과학적인 존경을 받게 되었다. "완전히 저항이 없는 매질 안에서는 모든 물체가 같은 속도로 떨어질 것이며, 같은 시간 동안에는 같은 양만큼 물체의 속도가 증가된다."는 그의 주장에서 '완전히 저항이 없는……'이란 말은 대단히 중요하다. 이 말은 자연 현상과는 다른 추상적인 의미를 나타내며 이것이 바로 갈릴레오를 성공으로 이끌었다.

25 이 글을 통해 알 수 있는 내용이 아닌 것은?

① 갈릴레오는 젊어서 수학자로서 활동했다.
② 갈릴레오는 아리스토텔레스와 견해를 달리했다.
③ 갈릴레오의 학설은 뉴턴에 의해 계승, 발전했다.
④ 갈릴레오는 실제 실험 결과에 의해 학설을 세웠다.
⑤ 오늘날 대부분의 과학자들은 현대 물리학은 갈릴레오부터 시작한 것으로 보고 있다.

> **advice** 이 글은 현대 물리학의 기점인 갈릴레오의 자유 낙하 이론을 소개하고 있다.
> ④ 이 글의 두 번째 문단에서 '자유 낙하에 대한 그의 기술은 이상화된 것이었다. 그것은 실제로 물체가 떨어질 때에 관여하는 대부분의 복잡함을 무시한 단순한 통찰력의 결과였다.'라고 언급한 것으로 보아, 갈릴레오는 실험에 전적으로 의존하는 대신 이상화된 상태를 가정하고 있다.

26 다음 밑줄 친 단어 중 ㉠과 쓰임이 가장 유사한 것은?

① 그는 사람을 다루는 <u>기술</u>이 으뜸이야.
② 그는 건축 <u>기술</u>을 연마하기 위해 노력했다.
③ 인간과 사회의 관계를 200자 이내로 <u>기술</u>해라.
④ 지난 호 잡지에서 <u>기술</u>한 바와 같이 명료한 것이다.
⑤ 그 마법사는 <u>기술</u>로써 주위의 사람들을 끌어 들였다.

> **advice** ㉠ 기술(記述) : 대상이나 과정의 내용과 특징을 있는 그대로 열거하거나 기록하여 서술함
> ① 기술(技術) : 사물을 잘 다룰 수 있는 방법이나 능력
> ② 기술(技術) : 과학 이론을 실제로 적용하여 자연의 사물을 인간 생활에 유용하도록 가공하는 수단
> ④ 기술(旣述) : 이미 앞서 서술한 것
> ⑤ 기술(奇術) : 교묘한 눈속임으로 재미있게 부리는 재주

Answer 25.④ 26.③

※ 다음 글을 읽고 물음에 답하시오. [27 ~ 28]

우리나라의 경우 처음 기상 관측이 시작된 1919년 이후 80년 동안 평균 기온이 1.5℃ 가량 상승했다. 같은 기간 동안 지구 평균 상승분은 0.4℃ 정도였으니 지구 평균보다 세 배 이상 상승한 것이다. 기상청에서 내놓은 결과에 따르면 우리나라는 여름보다 겨울에 기온 상승이 더 크게 ⊙일어난다고 한다. 최저 기온이 영화 10℃ 이하로 내려가는 날의 수는 해가 갈수록 적어지고 있다. 예를 들어 1991년부터 1997년까지 8년 동안 기온이 영하 10℃ 이하로 내려가는 날의 수는 해가 갈수록 적어지고 있다. 예를 들어 1991년부터 1997년까지 8년 동안 기온이 영하 10℃ 이하였던 날은 1971년부터 1977년까지 8년간의 수치의 절반밖에 안 되었다. 이 수치는 겨울이 따뜻해지고 있음을 보여 준다.

기상청 자료에 따르면 강수 현상도 변화를 보이는데, 강수량에는 큰 변화가 없지만 강수는 점차 커지는 것으로 나타났다. 다시 말해 게릴라성 호우와 같이 갑자기 큰비가 내리는 일이 ⓛ잦아졌다는 것이다. 1920년대와 대비해서 최근 20년간의 강수를 보면 강수량은 7% 증가하는데 그쳤지만 강수 일수가 14% 감소했으므로 강수 강도는 18%나 증가한 셈이 된다. 강수 강도가 높아진다는 것은 큰비나 눈으로 인한 피해가 커진다는 것을 의미하는데, 앞으로 이러한 피해는 자주 나타날 것이다.

2000년 발표된 '기후 변화 정부간 패널(IPCC)'의 3차 보고서는 21세기 동안 지구 평균 기온이 최소 1.6℃에서 5.8℃까지 상승할 것으로 ⓒ내다보고 있다. 이러한 기온 상승은 말할 것도 없이 기상 이변과 해수면 상승을 동반할 것이고, 이는 전 지구적인 기상 재해를 일으킬 것이다. 이 전망을 우리나라에 적용해 본다면 21세기 100년 동안 평균 기온은 최대 10℃ 이상 상승할 수도 있다. 이것은 엄청난 폭의 상승이고, 이러한 변화는 당연히 심각한 기상 이변과 걷잡을 수 없는 생태계 교란을 초래할 것이다. 온도 상승이 일어난다고 해도 생태계가 영향을 받지 않는 범위는 10년간 0.1℃ 정도이다. 그러나 100년 동안 10℃ 이상 상승하는 것은 생물의 적응 가능 온도에 비해 10배 이상의 속도인 것이다. 급격한 기온 상승으로 온대성 나무와 풀들이 사라지고, 모기가 극성을 부리고, 겨울철에는 눈이 오지 않을 수도 있다.

기후 변화의 결과가 이토록 심각하다면 우리는 어떻게 해야 할 것인가? 방법은 온실 가스 배출량을 줄이면 된다. 가장 효과적인 방법은 화석 연료로부터 ⓔ벗어나 재생 가능 에너지를 사용하는 것이다. 재생 가능 에너지는 고갈되지 않으면서 온실 가스도 만들어 내지 않는다. 그러나 재생 가능 에너지의 확대는 기존의 에너지 산업과 정치 체제에 커다란 변화를 가져올 수 있고, 석유 소비를 줄임으로써 산유국과 에너지 산업계에 큰 타격을 입힐 수 있다. 그렇기 때문에 산유국과 에너지 산업계에서는 재생 가능한 에너지의 이용 확대를 통한 기후 변화 억제라는 방식에 크게 반발한다.

기후 변화는 전 지구적인 현상이기 때문에 한 지역, 한 나라의 노력만으로 억제할 수 있는 것이 아니다. 따라서 지구상의 모든 국가, 모든 사람이 힘을 합쳐서 온실 가스 배출을 줄여가는 데 최선의 노력을 기울여야 한다. 바로 그렇기 때문에 해마다 세계 기후 변화 회의가 열리고 있으며, 이 회의에서 어떤 방법을 통해 기후 변화가 억제될 것인가가 논의되고 전 세계가 참여할 수 있는 협약이 모색되고 있다. 물론 기후 변화에 대해서는 국가마다 입장이 다르다. 그러나 분명한 사실은 기후 변화가 좀더 진행되면 지구상의 거의 모든 나라가 상당한 피해를 입으리라는 것이고, 이를 막기 위해서는 전 세계는 물론 우리나라 역시 온실 가스 배출량 감소를 위해 많은 노력을 ⓜ기울여야 한다는 것이다.

27 이 글의 내용과 일치하지 않는 것은?

① 기후 변화를 막기 위해 온실 가스 배출량을 줄여야 한다.

② 우리나라는 최근 20년간 이전에 비해 강수량이 크게 늘어나고 있다.

③ 현실적으로 온실 가스 배출량을 줄이는 데 난색을 표하는 국가들이 있다.

④ 기온 상승이 이대로 진행될 경우 전 지구적 재앙에서 벗어나기 힘들 것이다.

⑤ 우리나라의 기온 상승은 지구 전체의 평균 기온 상승보다 세 배 정도의 높은 수치를 보이고 있다.

advice 이 글은 우리나라를 중심으로 지구의 기후 변화의 실체를 구체적으로 관측된 수치를 들어 제시한 뒤, 기후 변화가 가져올 환경 파괴의 위험성에 대해 경고하면서 지구상의 모든 국가, 모든 사람들이 온실 가스 배출 감소 등 기후 변화를 억제하는 활동에 나서야 한다고 역설하고 있다.
② 우리나라의 강수의 변화를 보면 강수 정도가 커져 집중 호우가 잦아지면서 강수 피해가 늘고 있지만 강수량 자체가 크게 늘어난 것은 아니다.

28 ㉠~㉤과 바꾸어 쓰기에 적절하지 않은 것은?

① ㉠ : 발생(發生)한다

② ㉡ : 빈번(頻繁)해졌다는

③ ㉢ : 전망(展望)하고

④ ㉣ : 이탈(離脫)하여

⑤ ㉤ : 경주(傾注)해야

advice ④의 '이탈하다'는 '떨어져 나오거나 떨어져 나가다'라는 뜻으로 쓰이므로 문맥상 '벗어나다'와 바꾸어 쓰기에 적절하지 않다.
① 발생(發生) : 어떤 일이나 사물이 생겨남
② 빈번(頻繁) : 번거로울 정도로 도수가 잦음
③ 전망(展望) : 앞날을 헤아려 내다봄
⑤ 경주(傾注) : 힘이나 정신을 한 곳에만 기울임

Answer 27.② 28.④

※ 다음 글을 읽고 물음에 답하시오. [29 ~ 30]

　　백성들이 십분의 일을 세금으로 내어 위에다 바치는 까닭은 임금으로 하여금 그 총명을 써서 나라를 다스리게 하기 위한 것이다. 그러므로 임금이 음식을 받게 되면 '백성들도 음식을 얻어먹는 것이 나와 같은가'를 생각하고, 옷을 입게 되면 '백성들도 옷을 얻어 입는 것이 나와 같은가'를 생각해야 한다. 궁실에 거처하면서 '만백성이 편안히 지내는가'를 생각하고, 수레를 타면서 '만백성이 화목하게 지내는가'를 생각해야 한다. 그러므로 말하기를, '네가 입는 옷과 네가 먹는 밥은 백성의 기름이다.'고 하였다.

　　평상시에 백성들이 해다 바치는 것도 불쌍하고 민망한데, 어찌 망령되게 무익한 일을 일으켜 힘든 부역을 번거롭게 시키고, 백성들의 농사 시기를 빼앗아 원망과 한숨을 일으키는가? 그리하여 사랑스런 어버이와 효성스런 자식들로 하여금 서로 보살피지를 못하게 하며, 흩어져 떠돌아다니다가 골짜기에 죽어 엎어지게 하는가?

　　아아, 상고 시대 태평성대는 임금과 백성이 한 몸이라서 임금의 힘을 알지 못하였다. 그래서 노래를 지어 부르기를,

　　"우리 뭇 백성에게 쌀을 먹이셨으니

　　　그대의 극(極)이 아님이 없네.

　　　우리도 알지 못하는 사이에

　　　임금의 법을 따르게 되었네."

라고 하였다. 또 말하기를,

　　"해가 나오면 일하고 해가 들어가면 돌아가 쉬니, 임금의 힘이 나와 무슨 상관이 있느냐?"

라고 하였다.

　　그러나 세대가 내려와 ㉠폭군이 교만하고 포악하게 굴자, 백성들이 원망하고 한숨을 쉬면서 노래를 지어 부르기를,

　　"썩은 새끼줄로 여섯 말을 모는 듯하네.

　　　원망이 어찌 밝은 데서 있으랴?

　　　보기 전부터 도모해야지."

라고 하였다.

　　그러므로 임금이 나라를 다스리려면 오로지 백성 사랑하는 것을 근본으로 삼아야 한다. 백성을 사랑하는 방법은 '어진 정치'만 하면 되는 것이다.

　　그렇다면 '어진 정치'는 어떻게 하는 것인가? ㉡품 안에서 소중하게 키우는 것도 아니고, 어루만지며 쓰다듬는 것도 아니다. 다만 농부와 누에고치를 권장하여, 본업에 힘쓰게 하는 것뿐이다. 그렇다면 권장하는 방법은 어떻게 하여야 하는가? 번거롭고 시끄럽게 명령을 내지 말아야 한다. 아침마다 깨우쳐 주고 저녁마다 장려하며, 세금과 부역을 가볍게 하여 농사 시기를 빼앗지 않는 것뿐이다.

　　그러기에 성인도 춘추를 지으면서 무릇 궁실을 짓거나 성곽을 쌓은 일에 대해서는 반드시 그 시기를 밝혀서 기록하였으니, 이는 후세의 임금에게 백성을 수고롭게 하는 것이 중대한 일임을 경계한 것이다.

29 글의 내용으로 볼 때, 이 글은 주로 어떤 물음에 대한 답인가?

① 임금은 권위를 어떻게 확보할 것인가?
② 백성들이 어질게 되려면 어떻게 해야 하는가?
③ 임금으로서 마땅히 해야 하는 일은 무엇인가?
④ 백성이 임금을 정성껏 섬기게 하는 방법은 무엇인가?
⑤ 올바른 정치를 하기 위해 임금은 어떤 책을 읽어야 하는가?

advice 이 글은 임금이 백성을 사랑하는 방법에 대해 논하고 있다. 백성을 귀찮게 하거나 괴롭히지 말고 그들의 삶을 보살펴 주어야 하며 임금이 백성을 위해 해야 할 일, 즉 임금의 도리가 글의 중심 화제라 할 수 있다.
* 김시습의 〈애민의(愛民義)〉 : 군주는 자신의 권세가 백성들로부터 나왔으므로 백성들 위에 군림하는 것이 아니라 백성들이 평화롭고 안정된 삶을 살 수 있도록 하는 것이 군주의 올바른 도리임을 밝히고 있는 글이다.

30 ㉠㉡의 의미와 관련이 있는 말을 바르게 묶은 것은?

㉠	㉡
① 가렴주구(苛斂誅求)	금지옥엽(金枝玉葉)
② 견강부회(牽强附會)	금과옥조(金科玉條)
③ 고육지책(苦肉之策)	금석맹약(金石盟約)
④ 구밀복검(口蜜腹劍)	금상첨화(錦上添花)
⑤ 감탄고토(甘呑苦吐)	금의환향(錦衣還鄉)

advice ㉠은 백성을 괴롭힌다는 뜻이므로 '가렴주구(苛斂誅求)'가, ㉡은 귀한 자신을 소중히 키운다는 뜻이므로 '금지옥엽(金枝玉葉)'과 의미가 서로 통한다.
① 가렴주구(苛斂誅求) : 세금을 가혹하게 거두어들이고, 무리하게 재물을 빼앗음
　금지옥엽(金枝玉葉) : 귀한 자손을 이르는 말
② 견강부회(牽强附會) : 이치에 맞지 않는 말을 억지로 끌어 붙여 자기에게 유리하게 함
　금과옥조(金科玉條) : 금이나 옥처럼 귀중히 여겨 꼭 지켜야 할 법칙이나 규정
③ 고육지책(苦肉之策) : 자기 몸을 상해 가면서까지 꾸며 내는 계책
　금석맹약(金石盟約) : 쇠나 돌처럼 굳고 변함없는 약속
④ 구밀복검(口蜜腹劍) : 말로는 친한 듯하나 속으로는 해칠 생각이 있음을 이르는 말
　금상첨화(錦上添花) : 좋은 일 위에 또 좋은 일이 더하여짐을 비유적으로 이르는 말
⑤ 감탄고토(甘呑苦吐) : 자신의 비위에 따라서 사리의 옳고 그름을 판단함을 이르는 말
　금의환향(錦衣還鄉) : 출세를 하여 고향에 돌아가거나 돌아옴을 비유적으로 이르는 말

Answer 29.③ 30.①

※ 다음 글을 읽고 물음에 답하시오. [31 ~ 33]

(가) 우주론은 우주에 관한 근원적 의문을 풀고자 하는 학문이다. 그러한 의문들이란 "우주란 무엇인가?", "우주란 왜, 그리고 어떻게 생겨났는가?", "우주는 어떻게 변하고 있는가?" 등의 역사 깊은 질문들이다. 우주론의 연구 대상인 우주가 무엇인가에 대한 생각은 시대에 따라 다르다. 따라서 과거 인류의 지적 성취를 재음미하기 위하여 우선 오늘날의 관점에서 우주를 정의할 필요가 있다. 현대 우주론의 관점에서 보면, 우주란 시공간과 물질 그리고 원리 또는 법칙 등을 모두 아우른 물리적 세계이다.

(나) 그러나 우주를 이 모든 것을 포함하는 한 차원 높은 그 어떤 것으로 설정하거나, 또는 시간이나 공간 영역의 다원화된 관점이 신화나 종교 그리고 철학에서 때때로 등장한다. 즉, 종교적우주는 신이 창조한 영적 영역일 수 있으며, 예술적·철학적 우주는 인간의 정신 활동 범주에 기반을 둔 감각이나 논리로써 틀 지워진 유기적·종합적 체계이다. 우리는 과학적 우주관과의 이러한 차이에 유념할 필요가 있다.

(다) 원리 또는 법칙이란 존재를 야기시키거나 무형의 물질과 시공간에 모양과 운동을 낳게 하는 규정이다. 과학적 우주론이 일부 종교적 우주론과 가장 큰 차이를 보이는 것이 바로 우주의 지배 원리이다. 과학적 우주론에서 원리는 특정 우주를 정의하는 중요한 요소인 것이다. 즉, 우주는 원리를 자신 속에 품고 있으며, 우리가 시공간과 물질을 구체적 대상으로서 우주라고 부르는 것처럼 그것의 모양과 운동을 결정하는 원리도 우주인 것이다. 그러나 종교에서는 대체로 우주의 지배 원리가 우주와 분리되어 있다. 우주의 운행 원리는 초우주에 속한 신이 갖고 있기 때문이다.

(라) "우주란 무엇인가?"라는 질문에서 우리가 알고자 하는 것이 구체적으로 무엇인가를 생각해 보자. 우선 우주에 널려 있는 모든 천체를 이루는 궁극적 물질이 무엇인가가 의문의 대상이다. 또한 물질이 모여 만든 천체(예로서 태양계, 은하계 등), 그리고 그것과 불가분의 관계에 있는 시공간이 어떠한 구조를 갖고 있는가도 의문의 대상이다. 그리고 이 틀 안에서 천체가 어떻게 운동하고 있는가도 우주를 파악하는 내용이다. 이것은 물질에서 천체를 형태 짓고, 그들의 운동을 지속하게 하는 힘, 즉 원리로써 체계화된다.

(마) 한편, 위의 질문은 우주의 현 상태만을 묻지 않고 실은 우주 진화의 전 과정을 알고자 하는 것이다. 즉 우주의 기원으로부터 현재와 미래로 진화하는 일관된 시나리오로서의 현대 우주론이 정착할 때까지는 인류 역사의 전 기간이 소요되었으리라. 인간의 눈에 기이하게 보이던 자연 현상들이 추상화되어 신화나 종교가 등장하게 되었고, 그것이 산술화되고 논리가 부여되면서 고대 철학과 과학으로 탈바꿈하였다. 여기에서 법칙화가 이루어지고, 현상의 이면에 있는 실상으로서의 과학적 우주상이 제기되었다고 할 수 있다. 따라서, 필연적으로 현대의 과학적 우주상들은 신화적·종교적 우주관과 그 근본 개념에 있어서 많은 공통 요소를 포함하고 있다. 그러므로 현대 우주론은 고대로부터 인류가 도달한 지적 세계에서 본질적으로 크게 벗어나지 않았다고 할 수 있다. 과학의 발전이 지금까지 제기되었던 다양한 이론들 가운데 실제 관측된 우주와 부합하지 않는 것을 제거해 나가는 과정이라면, 우리는 나머지 우주론들 가운데 정답이 있기를 바라며, 그러기 위해 보다 풍부한 우주론을 가질 필요가 있다. 우리는 우주론의 변천을 돌이켜 봄으로써 다양한 우주관에 접하고 사고의 자유도도 높일 수 있을 것이다.

31 이 글의 내용과 일치하는 것은?

① 우주론은 우주에 대한 동일한 정의로부터 시작된다.

② 신화나 종교, 철학에서는 우주를 하나의 물리적 세계로 파악한다.

③ 현대 우주상은 근본 개념에서 종교적 우주론을 완전히 탈피한 것은 아니다.

④ 종교적 우주론은 과학적 우주론과 우주의 운동 원리에 대해 공통의 이해를 보인다.

⑤ 자연 현상에 대해 추상화, 산술화, 논리화 등의 과정은 신화, 종교, 철학, 과학 등과 관계가 없다.

> **advice** 이 글은 우주론의 개념을 규정하고, 종교적 우주론과 과학적 우주론의 차이점을 밝힌 다음, 현대 우주론의 관심 대상을 구체적으로 소개하고 있다. 또한 역사의 진행에 따라 신화, 종교, 철학, 과학 등에서 우주를 어떻게 보아 왔는가를 설명하고 있다.
> ③ (마)의 다섯 번째 문장을 보면, 현대의 과학적 우주상은 신화적·종교적 우주관과 그 근본 개념에서 많은 공통적인 요소를 포함하고 있음을 알 수 있다.

32 (가)~(마)에 대한 설명으로 적절하지 않은 것은?

① (가) : 화제 제시를 제시하고 개념을 정리했다.

② (나) : 분석을 통해 대상의 특징을 설명하고 있다.

③ (다) : (나)의 내용을 구체화하고 있다.

④ (라) : 대상에 대한 구체적인 관심 내용을 제시했다.

⑤ (마) : 대상에 대한 역사적 인식의 과정을 제시했다.

> **advice** ② (나)는 신화, 종교, 철학 등에서 우주를 바라보는 관점이 다르다는 것을 설명하고 있다. 즉, 대상의 차이점을 중심으로 설명하고 있는 대조의 방법이 사용되었다.

33 이 글 다음에 이어질 내용으로 적절한 것은?

① 우주론의 변천 과정

② 우주론의 현대적 의미

③ 현대 우주론의 문제점

④ 우주의 화학적 구성 물질

⑤ 철학적 우주론과 과학적 우주론의 차이

> **advice** 이 글은 우주론의 변천 과정을 살피기 위한 서론 부분으로, (마)의 마지막 문장에서 보듯이 다음 부분에서는 우주론의 변천을 살피는 것이 올바른 순서이다.

Answer 31.③ 32.② 33.①

※ 다음 글을 읽고 물음에 답하시오. [34 ~ 36]

생활 속으로 사라지고, 보이지 않고, 조용한 컴퓨터가 바로 유비쿼터스라는 것이다. 이는 사람들이 공기를 마시면서 그 행위를 의식하지 않듯이 생활 속에서 언제, 어디서나 컴퓨터를 사용하지만 컴퓨터를 의식하지 않아야 한다. 컴퓨터가 생활과 아주 자연스럽게 연결되고 그 일부가 되어야 한다.

일반적으로 컴퓨터라고 하면 집에서 사용하는 PC를 떠올리게 되지만, 신호 처리 능력을 가진 디지털 기기 전부를 컴퓨터 부류로 포함시킬 수 있다. 휴대 전화, 디지털 카메라, MP3 플레이어, 세탁기, 에어컨도 모두 컴퓨터가 ㉠내장되어 있는 것이다. 이런 기기들은 생활 속에서 아주 쉽고 편리한 수단으로 사용되고 있다. 하지만 오히려 기능이 많아지면서 사용하기에 부담스러운 상황도 발생하고 있다. 이런 것을 보면 기술과 인간의 가치 추구가 똑같이 일치하지는 않는 것 같다. 기술적으로는 의미가 있으나 인간 관점으로는 별로 의미가 없을 수도 있고, 기술적으로 아주 간단한 것이나 생활에서는 너무나 필요하고 중요한 것일 수도 있다.

㉡그렇다면 어떻게 해야 컴퓨터가 사람들의 생활과 자연스럽게 어울릴 수 있을까. 가장 먼저 생각해 볼 수 있는 것은 디지털 기기들이 일상 생활의 책상, 의자, 거울, 액자, 가방, 옷 등과 같은 사물의 형태를 띠는 수준으로 발전하는 것이다. 그리고 사용 방법도 기존의 사물을 사용하는 것과 그리 다를 바가 없어야 한다. 그렇게 된다면 사람들은 일상 생활 환경의 큰 변화 없이 컴퓨터와 비교적 쉽게 가까워 질 수 있다. 좀더 나아가 사람들의 평소 생활 모습을 살펴보고 분석함으로써 컴퓨터가 어떤 형태와 역할로써 생활 속에 들어와야 하는지 예측해 볼 수 있을 것이다. 사람들의 생활 패턴을 변화시키지 않거나, 새로운 변화에 적응이 가능한 수준의 연장선상에 컴퓨터가 존재한다면 훨씬 자연스럽고 빠른 시일 내에 컴퓨터가 인간의 삶 속에 스며들 수 있을 것이다. 또한, 디자인이나 인터페이스 부분도 사람들의 생활과 잘 어울릴 수 있도록 고려된다면 지금껏 알아 왔던 컴퓨터 모습과는 다른 컴퓨터가 그 자리를 대체하게 될지도 모른다.

사람들이 살아가는 행태, 즉 라이프스타일은 가정 및 사회에서 공통적인 모습이 있으며, 개인의 취향이나 성향에 따라 다른 형태를 나타내기도 한다. 경제적 여유에 따라서도 다양한 라이프스타일이 형성된다. 예를 들어 각종 제품들을 구매할 수 있는 구매력 있는 사람들과 그렇지 못한 사람들은 분명 그 차이가 있을 것이다. 또한 연령층이나 직업에 따라서도 다양한 특성을 보이기도 한다. X세대, Y세대, P세대, 보보스족, 코쿤족 등 다양한 라이프스타일을 분류해 놓은 용어들이 있다. 각각의 라이프스타일에 따라서 어떤 형태의 유비쿼터스 환경을 선호하고, 활용을 하게 될지 살펴볼 필요가 있을 것이며, 가정, 사무실, 거리, 공공 장소 등 장소에 따라 어떤 유비쿼터스 환경이 적합한지 고민해 볼 필요가 있을 것이다.

유비쿼터스 개념이 제안된 최초의 의도는 인간 중심적인 접근이다. 최근에는 유비쿼터스가 기술적인 측면에서 다루어지는 경향이 많이 있다. 유비쿼터스 네트워크라 하여 언제 어디서나 접속이 가능한 IT환경이라는 개념으로 해석되어 연구가 되고 있기도 하다. 다양한 분야와 새로운 개념의 확대로 많은 연구가 진행이 되는 것은 환영할 만한 것이나, 가장 기본적인 요소인 인간과 컴퓨터 관계에 대한 연구도 게을리 해서는 안 될 것이다.

34 이 글의 내용과 일치하지 않는 것은?

① 우리나라는 이미 본격적인 유비쿼터스 환경에 놓여 있다.
② 유비쿼터스는 원래 인간과 기술의 조화를 강조한 개념이다.
③ 고도의 기술 발전은 인간과 기술의 괴리를 불러올 수 있다.
④ 연령, 직업, 취향 등에 따라 사람들의 라이프스타일이 달라진다.
⑤ 생활 패턴에 따라 그에 알맞은 유비쿼터스 환경은 달라져야 한다.

> **advice** 이 글은 유비쿼터스의 본래 개념에는 컴퓨터와 인간의 자연스러운 조화가 강조되어 있다는 점을 지적하면서, 유비쿼터스의 개념이 언제 어디서나 접속 가능하다는 기술적인 측면으로 확대하고 있지만 여전히 인간적 요소는 중시되어야 한다고 주장하고 있다.
> ①에 대해서는 언급하지 않았다. 오히려 유비쿼터스는 현재의 환경이나 삶의 모습이 아니라 앞으로 다가올 환경이나 삶의 모습임을 추리할 수 있다.

35 다음 밑줄 친 단어 중에서 ㉠과 그 의미가 같은 것은?

① 생선 내장을 꺼내고 소금을 쳐서 냉동실에 넣었다.
② 자동 기어 변속 장치를 내장한 자동차가 더 비싸다.
③ 재개발 지역에 새로 솟은 빌딩들은 내장 공사가 한창이다.
④ 불교에서는 참선을 통해 내장을 줄이거나 없앨 수 있다고 보고 있다.
⑤ 그녀는 다양한 부엌용품들로 내장된 새로운 감각의 부엌을 기대하였다.

> **advice** ㉠의 '내장(內藏)'은 '밖으로 드러나지 않게 안에 간직함'을 뜻하며 ②의 '내장'도 같은 뜻으로 쓰였다.
> ① 내장(內臟) : 척추동물의 가슴 안이나 배 안 속에 있는 여러 가지 기관을 통틀어 이르는 말
> ③ 내장(內粧) : 건물의 내부를 꾸미는 일
> ④ 내장(內障) : 불교에서, 마음속에 일어나는 번뇌의 장애를 이르는 말
> ⑤ 내장(內裝) : 내부를 꾸미거나 설비를 갖춤

36 ㉡의 예로 알맞지 않은 것은?

① 음성 명령을 인식하고 음성으로 작동하는 세탁기를 만든다.
② 청소용 로봇의 외형을 친절한 이미지의 사람 모양으로 디자인한다.
③ 인터넷을 이용한 원격 진찰의 절차를 오프라인상의 절차와 유사하게 한다.
④ 컴퓨터의 업그레이드된 기능을 환기할 수 있게 외형을 첨단 이미지로 디자인한다.
⑤ 복잡한 프로그램을 거쳐야 하던 양면 복사를 간단하게 버튼을 조작하여 가능하게 한다.

> **advice** ④는 세 번째 문단에서 언급하고 있는 컴퓨터와 사람들의 생활이 자연스럽게 어울리는 여러 가지 예와 거리가 멀다. 또한 첨단 제품의 첨단 디자인이라고 해서 사람들의 생활과 잘 어울린다고 말할 수 없다.

Answer 34.① 35.② 36.④

ⓐ덕순이는 자기네들의 팔자를 고칠 수 있고 없고가 이 순간에 달렸음을 또 한 번 깨닫고 열심히 의사의 입만 쳐다보고 있는 것이다마는 금테 안경 쓴 의사는 그리 쉽사리 입을 열려 하지 않았다. 몇 번을 거듭 주물러 보고 두드려 보고 들어 보고 이러기를 얼마 한 다음 시덥지 않게 저쪽으로 가 대야에 손을 씻어가며 간호부를 통하여 하는 말이,

"이 뱃속에 어린애가 있는데요, 나올려다 소문이 적어서 그대로 죽었어요. 이걸 그냥 둔다면 앞으로 일주일을 못 갈 것이니 수술을 해야 하겠으나 또 그 결과가 반드시 좋다고 단언할 수도 없는 것이며 배를 가르고 아이를 꺼내다 만일 사불여의(事不如意)하여 불행을 본다더라도 전혀 관계없다는 승낙만 있으면 내일이라도 곧 수술을 하겠어요."

하고 나이 어린 간호부는 조금도 거리낌 없는 어조로 줄줄 쏟아 놓다가,

"어떻게 하실 테야요?"

"글쎄요……."

덕순이는 이렇게 얼떨떨한 낯으로 다시 한번 뒤통수를 긁지 않을 수 없었다.

간호부의 말이 무슨 소린지 다는 모른다 하더라도 속대중으로 저쯤은 알아챘던 것이니 아내의 생명이 위험하다는 그 말이 두렵기도 하려니와 겨우 아이를 뱄다는 것쯤, 연구거리는 못 되는 병인 양싶어 우선 낙심하고 마는 것이다.

〈중략〉

"왜 여기서 병을 고치면 월급을 주는 수도 있다지요."

"제 병 고쳐 주는데 무슨 월급을 준단 말이오?"하고 맨망스리로 톡 쏘는 바람에 덕순이는 고만 얼굴이 벌개지고 말았다. ⓑ팔자를 고치려던 그 계획이 완전히 어그러졌음을 알자, 그의 주린 창자는 척 꺾이며 두꺼운 손으로 이마의 진땀이나 훑어보는 밖에 별도리가 없는 것이다. 허나 아내의 생명은 어차피 건져야 하겠기로 공손히 허리를 굽신하여,

"그럼 낼 데리고 올게 어떻게 해주십시오."하고 되도록 빌붙어 보았던 것이, ⓒ그때까지 끔찍끔찍한 소리에 얼이 빠져서 멀뚱히 누웠던 아내가 별안간 기급을 하여 일어나 살뚱맞은 목성으로,

"나는 죽으면 죽었지 배는 안 째요."하고 얼굴이 노랗게 되는 데도 더 할 말이 없었다. 죽이더라도 제 원대로나 죽게 하는 것이 혹은 남편 된 사람의 도릴지 모른다. 아내의 꼴에 하도 어이가 없어,

"죽는 거보담야 수술을 하는 게 좀 낫겠지요!" 비소(鼻笑)를 금치 못하고 섰는 간호부와 의사가 눈에 보이지 않도록 덕순이는 시선을 외면하여 뚱싯뚱싯 아내를 업고 나왔다. 지게 위에 올려놓은 다음 엎디어 다시 지고 일어나려니 이게 웬일일까, 아까 오던 때와는 갑절이나 무거웠다.

덕순이는 얼마 전에 희망이 가득히 차 올라가던 길을 힘 풀린 걸음으로 터덜터덜 내려오고 있었다. 보지는 않아도 지게 위에서 소리를 죽여 훌쩍훌쩍 울고 있는 아내가 눈앞에 환한 것이다. 학식이 많은 의사는 일자무식인 덕순이 내외보다는 더 많이 알 것이니 생명이 한 이레를 못 가리라던 그 말을 어째 볼 도리가 없다. ⓓ인제 남은 것은 우중충한 그 냉골에 갖다 다시 눕혀 놓고 죽을 때나 기다리고 있을 따름이다.

덕순이는 눈 위로 덮는 땀방울을 주먹으로 훔쳐 가며 장차 캄캄하여 올 그 전도를 생각해 본다. ⓔ서울을 장대고 왔던 것이 벌이도 잘 안 되고 게다가 인젠 아내까지 잃는 것이다. 지에미 붙을! 이놈의 팔자가, 하고 딱한 탄식이 목을 넘어오다 꽉 깨무는 바람에 한숨으로 터져 버린다.

한나절이 되자 더위는 더한층 무서워진다.

덕순이는 통째 진무를 듯싶은 등어리를 견디지 못하여 먼첫번에 쉬어 가던 나무 그늘에 지게를 벗어 놓는다. 땀을 들여 가며 아내를 가만히 내려다보니 그 동안 고생만 시키고 변변히 먹이지도 못하였던 것이 갑자기 후회가 나는 것이다. 이럴 줄 알았더라면 동넷집 닭이라도 훔쳐다 먹였을 걸 싶어,

"울지 말아, 그것들이 뭘 아나? 제까짓 게!"하고 소리를 뻑 지르고는,

"채미 하나 먹어 볼 테야?"

"채민 싫어요!"

아내는 더위에 속이 탔음인지 한길 건너 저쪽 그늘에서 팔고 있는 얼음냉수를 손으로 가리킨다. 남편이 한 푼 더 보태어 담배를 사려던 그 돈으로 얼음냉수를 한 그릇 사다가 입에 먹여까지 주니 아내도 황송하여 한숨에 들이켠다. 한 그릇을 다 먹고 나서 하나 더 사 주랴 물었을 때 이번에는 왜떡이 먹고 싶다 하였다. 덕순이는 이것이 마지막이라는 생각으로 나머지 돈으로 왜떡 세 개를 사다 주고는 그대로 눈물도 씻을 줄 모르고 그걸 오직오직 깨물고 있는 아내를 이윽히 바라보고 있었다. 그러나 아내가 무슨 생각을 하였는지 왜떡을 입에 문 채 훌쩍훌쩍 울며,

"저 사촌 형님께 쌀 두 되 꿔다 먹은 거 부대 잊지 말구 갚우."

하고 부탁할 제 이것이 필연 아내의 유언이라 깨닫고는, "그래 그건 염려 말아!"

"그리구 임자 옷은 영근 어머니더러 사정 얘길 하구 좀 빨아 달래우."

하고 이야기를 곧잘 하다가 다시 입을 일그리고 훌쩍훌쩍 우는 것이다.

덕순이는 그 유언이 너무 처량하여 눈에 눈물이 핑 돌아 가지고는 지게를 도로 지고 일어선다. 얼른 갖다 눕히고 죽이라도 한 그릇 더 얻어다 먹이는 것이 남편의 도릴 게다.

때는 중복허리의 쇠뿔도 녹이려는 뜨거운 ㉠땡볕이었다.

37 이 글에 대한 설명으로 알맞은 것은?

① 장면을 빠르게 전환하여 긴장감을 고조시키고 있다.
② 인물의 성격 대비를 통해 주제를 분명하게 드러내고 있다.
③ 인물 내면의 심경 묘사에 주력하여 사건을 전개하고 있다.
④ 시점을 전환하여 서술함으로써 인물의 다양한 면모를 보여 주고 있다.
⑤ 회상의 기법을 동원하여 현재의 상황과 심리의 원인을 드러내고 있다.

advice ③ 진료 결과를 기다리는 덕순의 초조한 심경, 원하는 진료 결과가 나오지 않은 데 대한 낙심, 수술 여부에 대한 고민, 집으로 가는 도중의 심경 등 인물의 내면적 갈등과 심경 묘사에 주력하면서 사건을 전개하고 있다.
※ 김유정의 〈땡볕〉 : 이 작품은 가난과 죽음이라는 절망적인 상황에서도 덕순네 부부의 순박한 인간애를 보여 주고 있는 단편 소설이다. 작품의 배경이 되는 1930년대 후반에는 일제 식민지의 착취가 극심해서 농촌이 황폐화되었고 또 궁핍화가 극에 달했다. 이 작품은 도시로 살 길을 찾아 유랑해 온 이농민 부부의 절망적인 삶의 모습을 형상화하고 있으며, 제목이자 배경이 되는 '땡볕'은 덕순네 부부가 맞부딪치고 있는 현실의 어려움을 상징적으로 나타내고 있다.

Answer 37.③

38 ㉠의 기능에 대한 설명으로 가장 알맞은 것은?

① 미래에 발생할 불길한 징조를 나타낸다.

② 희망과 절망 속에서 갈등하는 인물의 심리를 드러낸다.

③ 인물의 심리와 조응하여 가혹한 삶의 현실을 나타낸다.

④ 인물의 의지에 따라 상황이 달라질 수 있음을 암시한다.

⑤ 현실의 어려움을 이겨내고 극복하려는 인물의 강한 의지를 암시한다.

advice ③ '땡볕'은 아내의 죽음을 앞에 둔 덕순의 암담하고 절망적이며 참담한 심경과 조응하여, 그가 처한 상황의 비극성과 가혹한 삶의 현실을 상징적으로 나타내 준다.

39 ⓐ~ⓔ의 상황에 어울리는 한자 성어가 아닌 것은?

① ⓐ : 전전긍긍(戰戰兢兢)　　　　② ⓑ : 일장춘몽(一場春夢)

③ ⓒ : 아연실색(啞然失色)　　　　④ ⓓ : 속수무책(束手無策)

⑤ ⓔ : 설상가상(雪上加霜)

advice ① ⓐ는 초조하게 의사의 말을 기다리는 상황이므로 '노심초사(勞心焦思, 몹시 마음을 쓰며 애를 태움)'가 적절하다. '전전긍긍(戰戰兢兢)'은 '몹시 두려워서 벌벌 떨며 조심함'을 뜻한다.

② 일장춘몽(一場春夢) : 헛된 영화나 덧없는 일을 비유적으로 이르는 말

③ 아연실색(啞然失色) : 뜻밖의 일에 얼굴빛이 변할 정도로 놀람

④ 속수무책(束手無策) : 손을 묶은 것처럼 어찌할 도리가 없어 꼼짝 못함

⑤ 설상가상(雪上加霜) : 난처한 일이나 불행한 일이 잇따라 일어남을 이르는 말

Answer 38.③　39.①

(가) 언어로 표현된 것들 가운데 사실적 · 실용적 · 논리적인 것을 가리켜 실용어 또는 일상어라 하고, 이와는 달리 허구적 · 미적 · 정서적인 것을 가리켜 문학어라고 하는 것이 일반적 인식이다. 그런가 하면 언어의 용법 자체를 과학적 용법과 정서적 용법으로 나누는 사람도 있다. 이런 기준에 따르면 논설문이나 기사문은 실용어가 되고, 시나 소설은 문학어로 분류됨에 더 이상 논의의 여지가 없는 것처럼 보이지만, 실은 이러한 경계가 그처럼 자명한 것은 아니다. 예를 들어, '기미독립선언문'에 정서적 색채가 짙다는 것을 부인하기 어려운가 하면, 허구적인 소설에 사실적 · 실용적 요소가 없다고는 하기 어렵다. 이는 문학적 언어와 실용적 언어의 구분이 그다지 확연하지 않음을 보여 준다.

(나) 문학어와 실용어의 구분이 흐릿한 것은 무엇을 문학이라고 인식했던가 하는 역사적 동향과 관계가 깊다. 동 · 서양을 막론하고 '문학'이란 대체로 학문을 뜻하는 말이었다. 그러다가 학문이 발달하여 여러 분야로 나뉘게 되자, 의학이나 법률 혹은 자연 과학 등처럼 전문성을 띤 학문에 대하여 언어가 중심이 되는 철학이나 역사학, 그리고 언어 예술 등을 지칭하는 용어가 되었다가, 다시 또 사회와 학문의 분화에 따라 개념이 좁아져서 오늘날 ㉠문학이라고 하면 ㉡언어 예술만을 가리키는 말이 되었다.

(다) 이러한 경과는 학문과 예술의 구분이 분명하지 않은 채로 시작되었다는 뜻도 되고, 우리의 언어 활동이 문학과 비문학으로 준별(峻別)되기 어렵다는 것을 시사하기도 한다. 우리나라의 경우에도 예전에는 시를 쓰는 것이나 상소문을 쓰는 일이 다 문학 활동으로 취급되었으며, 그 모두가 글을 하는 선비의 일이었다. 그러다가 최근에 이르러서는 시나 소설처럼 예술적 성향을 띤 언어 활동만을 문학으로 한정하는 경향을 띠게 되었는데, 이렇게 된 데는 서양의 문학관이 크게 영향을 끼쳤고, 또 직업이 다양하게 분화되어 작가라는 부류가 생겨난 시대적 변화도 작용했다.

(라) 문학이 본디 언어로 이루어지는 정신 활동을 가리키는 말이었음은 결국 우리의 일상적 언어 활동이 그 원리에 있어서는 크게 차이가 나지 않음을 뜻한다. 그 예로, 시를 이루는 가장 중요한 언어적 요소인 율격(律格)이라든가 은유(隱喩)라는 것은 일상어에서도 중요한 요소로 작용하고 있으며, 소설의 특징적 요소인 플롯이라는 것 또한 기승전결(起承轉結)이라고 하는 이야기 일반의 요소와 크게 다르지 않다는 점을 보면 일상어와 문학어가 크게 다르지 않음을 알 수 있다.

(마) 따라서 오늘날에 형성된 문학과 비문학의 구분은 언어 활동 싱의 차이에 있다기보다는 그 언어 활동을 대하는 태도의 차이에 기반을 두고 있다. 즉, 문학과 비문학을 가르는 기준은 그 문맥의 현실성 여부에 있다. 문맥의 현실성 여부란 그 언어 진술이 현실적으로 구체적인 지시물을 갖는가 하는 점에 관계된다. Rh－형인 피가 모자라 생명이 위독하다는 방송을 듣고 병원으로 달려가는 사람은 있겠지만, 〈홍길동전〉을 읽고서 홍길동이 세웠다는 율도국이라는 유토피아를 찾아 나설 사람은 없다. 이는 문학의 언어가 구체적인 지시 대상을 갖지 않는다는 사실을 의미한다. 따라서 문학의 언어는 현실 맥락이 아니라 자체의 맥락에 한정됨을 인식하여야 한다.

40 이 글의 내용과 일치하지 않는 것은?

① 문학의 개념은 점차로 그 의미 영역이 축소되어 왔다.
② 언어적 표현은 흔히 문학어와 실용어로 나뉘어 인식된다.
③ 시나 소설의 특징적 요소를 일상어에서도 찾아볼 수 있다.
④ 언어의 용법을 과학적 용법과 정서적 용법으로 구분할 수 없다.
⑤ 문학에 대한 인식이 변화한 것은 사회와 학문의 발달로 인한 것이다.

advice 이 글은 언어 활동의 측면에서 문학어와 실용어의 구분이 쉽지 않음과 그 요인에 대해 밝히고, 오늘날 문학과 비문학을 구분하는 기준을 문맥의 현실성 여부로 제시하고 있다.
④ (마)에서 문맥의 현실성에 기준을 두고 문학과 비문학을 가를 수 있다고 한 것은, 언어의 과학적 용법과 정서적 용법을 가를 수 있음을 뜻한다.

41 (가) ~ (마)의 중심 화제로 알맞지 않은 것은?

① (가) : 실용어와 문학어 구분의 모호성
② (나) : 문학 개념의 역사적 변천 양상
③ (다) : 우리나라 문학 개념 축소의 원인
④ (라) : 문학 활동과 일상 언어 활동 원리의 유사성
⑤ (마) : 문학과 비문학을 구분하는 기준

advice ③ (다)는 문학과 비문학 구별의 어려움을 우리나라의 사례를 통해 살펴보고 있다. 화제의 중심은 '문학과 비문학 구별의 어려움'이다.

42 단어의 의미 관계가 '㉠ : ㉡'과 가장 유사한 것은?

① 연극 : 희곡　　　　　　　　② 동물 : 식물
③ 한글 : 훈민정음　　　　　　④ 음악가 : 예술가
⑤ 비행기 : 교통수단

advice ㉠ '문학'과 ㉡ '언어 예술'은 동일한 대상을 지시하는 표현이다.
③ '한글'과 '훈민정음'은 모두 세종 대왕이 창제한 우리나라 문자를 가리키므로 '㉠ : ㉡'의 관계와 가장 가깝다.

Answer 40.④　41.③　42.③

※ 다음 글을 읽고 물음에 답하시오. [43 ~ 45]

　동아시아인, 아프리카인, 아메리카 인디언들은 어른이 되면 우유를 마시기 싫어한다. 반면, 북유럽인과 미국인들은 나이에 관계없이 우유를 벌컥벌컥 마셔댄다. 왜 그런지를 이해하기 위해서는 유전적 차이를 살펴보아야 한다.

　대개 포유류에서는 이유기가 지나면 갑자기 락타아제가 현격히 감소하게 되는데, 다른 포유동물들처럼 사람도 나이가 들수록 락타아제를 생산하는 능력을 잃는다. 하지만 인종적인 차이가 있어 백인 성인에게는 약 5 ~ 10%, 흑인 성인에게는 70%, 동양인 성인에서는 약 90%에서 유당불내성을 보이고 있다. 유당불내성이란 소장 점막에 있는 유당분해효소인 락타아제(lactase)의 결손, 또는 활성이 저하되어서 우유를 마시면 소화, 흡수가 안 되는 것을 말한다.

　그런데 이렇게 인종들 간의 유당 분해에 대한 불균형이 초래된 것은 무슨 까닭일까?

　이 이야기를 하기에 앞서 왜 젖 속에는 더 단순하고 더 소화가 잘되는 단당류가 포함되어 있지 않은지를 설명할 필요가 있다. 그것은 락토오스가 에너지를 제공할 뿐만 아니라 아이들이 젖 속에 있는 칼슘을 소화하는 데 도움을 주기 때문이다. 다들 알고 있듯이 우리 몸은 뼈를 만들고 그것을 튼튼하게 하기 위한 핵심 미네랄인 칼슘을 필요로 한다. 어른들은 칼슘을 식물 특히 잎새 푸른 야채에서 섭취한다. 그러나 아기들은 엄마의 젖에서 공급받아야 한다. 칼슘을 소화하는 데 중요한 또 한 가지 요소는 비타민 D다. 그런데 어른들은 비타민 D를 바다 생선이나 생선을 먹는 포유류를 통해 섭취하든지 또는 피부를 태양에 노출시킴으로써 몸 안에서 자체적으로 합성해 낸다. 어른들과 달리 아기들과 비타민 D를 오로지 햇빛을 통해서만 얻을 수 있다. 젖에는 그것이 전혀 없기 때문이다. 따라서, 칼슘 흡수에 락토오스가 기여하는 바가 크기 때문에 단당류 대신 다당류인 락토오스가 들어가 있는 것이다.

　약 1만 2천 년 전쯤에 젖이 나오는 동물들이 중동에서 사육되기 시작하였다. 인간은 처음으로 다른 동물의 유선에서 젖을 엄청나게 짜먹을 수 있게 되었다. 그런데 초창기 젖을 짜먹던 사람들은 그 새로운 음식을 날 것으로 먹으면 소화할 수 없다는 것을 발견했다. 소화하기 위해서는 시게 만들든지 아니면 요구르트, 치즈로 만들어야 했다. 발효는 락토오스를 수크로오스로 바꾸고 그렇게 되면 어른들은 동물의 젖을 식사에 첨가해 먹기 위해 락타아제를 생산할 필요가 없어지는 것이다.

　중동에서 동물의 젖을 짜먹는 사람들이 칼슘 흡수에 락타아제가 끼치는 효과를 잃었다고 해서 번성에 지장을 받은 것은 아니었다. 그들은 필요한 비타민 D를 햇빛에서 얻고 칼슘은 잎새 푸른 야채에서 섭취할 수 있었기 때문이다. 바로 그 때문에 유대인, 아랍인, 그리스인, 수단인, 그리고 남아시아인들이 발효가 되지 않은 우유를 먹고 나면 속이 불편한 것이다. 동물의 젖을 짜먹는 사람들이 북유럽으로 확산되고 나서야 비로소 나이를 ㉠불문하고 락타아제를 생산할 수 있는 능력이 종족 번성에 있어서의 현격한 차이와 연결되게 되었다.

　대개 북쪽 지방에서 동물 젖을 짜먹는 사람들은 안개가 자욱한 환경에서 살며 거의 일년 내내 추위 때문에 옷을 두텁게 입어야 한다. 그들은 생선이나 바다 포유류를 통해 비타민 D를 얻을 수도 없었고 칼슘을 섭취할 잎새 푸른 야채도 구할 수가 없었다. 그런 상황에서 발효되지 않은 우유를 많이 마셔도 소화할 수 있는 유전자를 가진 개체는 뼈를 정상적으로 발육시킬 수 있었으며, 구루병이나 골종 같은 질병에 덜 걸렸다. 따라서, 그들은 발효된 우유, 요구르트, 치즈를 통해 칼슘을 섭취한 개체들보다 종족 번식률을 높였다. 4, 5천 년내에 성년기에 락타아제 생산을 통제하는 유전자는 북유럽의 동물 젖을 짜먹는 인구의 90%까지 확산되었다.

43 이 글의 내용과 일치하지 않는 것은?

① 아기들은 엄마의 젖에서 칼슘을 공급받는다.
② 어른들은 비타민 D를 자체적으로 생성할 수 있다.
③ 칼슘과 비타민 D는 모두 우유를 통해서만 얻을 수 있다.
④ 북유럽에서는 우유의 소화 능력이 번식력에 큰 영향을 끼쳤다.
⑤ 사람도 나이가 들어감에 따라 락타아제 생산 능력이 떨어진다.

> **advice** 이 글은 동아시아인, 아프리카인 등은 어른이 되면 우유를 소화시키지 못한 반면 북유럽인들은 우유를 소화
> 하는 데 지장이 없는 이유를 유전적 차이를 통해 살피고 있다.
> ③ 필요한 비타민 D를 햇빛에서 얻고 칼슘은 잎새 푸른 야채에서 섭취할 수 있다.

44 이 글의 논지 전개 방식으로 가장 적절한 것은?

① 가설을 제시한 뒤 그것을 검증하고 있다.
② 의문점을 제기하고 이에 대해 설명하고 있다.
③ 비유를 사용하여 중심 내용을 이해시키고 있다.
④ 대상의 차이점과 유사점을 집중적으로 검토하고 있다.
⑤ 시간의 흐름에 따라 핵심 내용을 정리해 나가고 있다.

> **advice** ② 이 글의 세 번째 문단에서 '이렇게 인종들 간의 유당 분해에 대한 불균형이 초래된 것은 무슨 까닭일
> 까?'라는 의문을 제기하고 그 다음은 의문에 대한 자세한 설명이 이어진다.

45 다음 밑줄 친 단어 중 ㉠과 쓰임이 가장 유사한 것은?

① 남녀를 <u>불문</u>하고, 모두 그 모임에 참석했다.
② 도망 중인 그들에게 이름은 <u>불문</u>의 것이었다.
③ 주지 스님이 가지고 계신 오래된 책은 <u>불문</u>으로 되어 있다.
④ 젊은 시절 방황하며 보내던 그는 만년에 <u>불문</u>에 귀의하였다.
⑤ 오늘 일어난 일을 비밀로 한다면 그 원인에 대해서는 <u>불문</u>에 부치겠다.

> **advice** '불문(不問)'은 '묻지 아니함' 또는 '가리지 아니함'이란 뜻을 지닌 말로 ㉠의 '나이를 불문하고'는 '나이를 상관
> 하지 않고'라는 뜻으로 쓰였다.
> ② 묻지 아니함
> ③ 불가(佛家)의 글자
> ④ 불문(佛門) : 불가(佛家)
> ⑤ 밝히지 않고 덮어 둠

Answer 43.③ 44.② 45.①

미국 영화가 전통적으로 당대의 시대 정신과 문화를 반영하고 있다는 사실은 이미 잘 알려져 있지만, 그 중에서도 1990년에 개봉되어 대성공을 거둔 '나 홀로 집에(Home Alone)'와 '후쿠(Hook)'는 오늘날 미국 사회의 문제점을 잘 드러내 주고 있다.

매컬리 컬킨이라는 아역 배우를 일약 유명하게 만들어 준 '나 홀로 집에'는 케빈 맥컬리스터라는 여덟 살 난 소년이 우연히 홀로 집에 남겨져 겪게 되는 고독과 모험을 그린 영화다.

그의 가족들은 깜박 그의 존재를 잊어버리고 유럽으로 크리스마스 휴가 여행을 떠난다. 텅빈 집에 혼자 남겨진 그는 처음에는 자유를 즐기지만 결국에는 고독을 느끼게 되고, 이윽고 침입해 들어오는 도둑들과 대면해서 그들을 퇴치해 집을 지킨다. 그런 후에 가족들이 다시 돌아오며 영화는 끝난다.

이 단순한 구성의 코미디 영화가 미국에서 1990년도 흥행 1위와 영화사상 흥행 3위를 차지한 이유의 이면에는, 그것이 현대 미국인들의 불안 심리에 호소하는 바가 컸기 때문이다. 왜냐 하면 오늘날 미국 가정주부들의 대부분이 직장을 갖고 있으며, 그 결과 아이들은 '나 홀로 집에' 버려져 있는 경우가 허다하기 때문이다.

미국의 아이들은 처음에는, 물론 그러한 자유를 즐기고 좋아한다. 그러나 오래지 않아 그들은 고독을 느끼게 되고 이윽고 가정을 파괴하는 위협적인 요소들과 대면하게 된다. 영화 속의 케빈은 다행히도 그 사악한 요소들과 대면해 싸워서 그 위협을 이겨 내지만, 많은 아이들은 불행히도 악의 힘에 밀려서 <u>차츰 가정으로부터 멀어져 간다</u>. 그러므로 '나 홀로 집에'는 사실 모든 미국 어린이들의 현실이자, 모든 미국 주부들의 악몽이라고 할 수 있다.

46 위의 글을 통해 알 수 있는 글쓴이의 영화에 대한 관점으로 옳은 것은?

① 영화는 인간이 가 볼 수 없는 환상의 세계를 보여 줌으로써, 꿈을 가질 수 있게 하는 장점을 가지고 있다.

② 현대 사회에서 영화는 대중들의 욕구를 대변하는 최고의 매체라는 점에서 대중 문화의 총아라고 할 수 있다.

③ 영화는 영화가 상영되는 그 시대의 문화의 일부를 보여 준다는 섬에서 우리 현실을 비추는 거울이라고 할 수 있다.

④ 영화는 모순적인 사회 현실을 개혁하려는 이들이 자신들의 사상을 전달하는 매체라는 점에서 중요한 의의가 있다.

⑤ 영화의 폭력적이며 선정적인 장면들이 청소년에게 무분별하게 전달되면서 결국 불건전한 생각과 가치관을 심어주게 되므로 영화는 부정적인 문화라 할 수 있다.

advice 글쓴이는 이 영화를 통해 미국 사회의 문화적 상황에 대해 설명하면서, 미국 영화는 당대의 시대 정신과 문화를 반영하고 있다는 말을 하고 있다.

※ 김성곤의 〈나 홀로 집에와 잊혀진 아이들〉: 영화의 의미를 반영론적 관점에서 분석하고 있는 영화 평론으로 미국 영화에 반영된 미국 사회의 현실에 대해 쓴 글이다.

Answer 46.③

47 다음 중 윗글의 밑줄 친 부분과 바꾸어 쓰기에 가장 적절한 것은?

① 점점 가족의 기대를 저버리게 된다.

② 인생의 험난한 과정을 즐기게 된다.

③ 부모로부터의 사랑과 관심을 간절히 바라게 된다.

④ 사회에 문제를 일으키는 사람으로 성장하기 쉽다.

⑤ 부모의 기대에 맞추어 스스로를 통제할 줄 알게 된다.

advice '미국 어린이들의 현실이자, 모든 미국 주부들의 악몽'이라는 표현에서 보듯이 아이들이 점차 부정적인 방향으로 성장함을 뜻하고 있다.

※ 다음 글을 읽고 물음에 답하시오. [48~49]

(가) 가장 초보적이요 원시적인 방법은, 체험으로써 지식을 얻는 일이다. 불을 만져 보고 뜨거움을 느끼게 되면, 불은 뜨거운 성질, 즉 열을 가지고 있는 물질이라는 것을 알게 되니, 이 체험으로 한 가지 지식을 배운 것이다. 또, 얼음을 만져 보고 차가움을 느끼게 되면 얼음은 차가운 성질을 가졌다는 지식을 얻게 되는 것이다. 인간은 이와 같이 실제의 체험으로써 일생 동안 많은 지식을 배우게 된다.

(나) 그러나 지식은 그 종류와 양이 무한하다. 오늘날까지 인류가 알아 낸 지식은, 한 개인이 한평생 체험을 거듭할지라도 그 몇 만 분의 일도 배우기 어려운 것이다. 또, 지식 중에는 체험으로써 배우기에는 너무 위험한 것도 많다. 가령, 콜레라균은 사람을 죽일 수 있는 무서운 독성을 가진 미생물인데, 이것을 어떠한 개인이 먹어 보아서 그 성능을 증명하려 하면, 그 사람은 그 지식을 얻기 전에 벌써 죽어 버리고 말게 될 것이다. 그러므로 체험만으로써 모든지식을 얻으려는 것은 매우 졸렬한 방법일 뿐 아니라, 거의 불가능한 일이라 하겠다.

(다) 지식을 획득하는 둘째 방법은 배우는 일이다. 즉, 교육을 통하여 지식을 습득하는 방법이다. 사람이 어려서는 가정 교육을 통하여, 좀 자라서는 학교 교육을 통하여 그리고 성인이 되어서는 사회 교육에 의하여 지식을 배우게 되나, 도저히 그 전부를 배울 수는 없는 일이다. 그런데 이 중에서 학교 교육과 같은 것은 인격 함양과 더불어 지식획득을 주목적으로 하는 전문적인 행사이기 때문에 비교적 짧은 기간 안에 많은 지식을 배울 수 있다.

(라) 지식을 획득하는 제3의 방법은 연구와 터득이다. 배움은 어디까지나 수동적이지만, 터득은 자력으로 미지의 새로운 지식을 향하여 개척하여 나가는 것이다. 이것은 능동적이요 적극적인 지식 획득의 방법이니, 수확에 비하여 그 노력은 막대한 바가 있다. 기지의 지식과 끈기 있는 실험으로써 또는 추리로써 대상에 대한 진상을 밝혀 내면, 거기서 비로소 새 지식을 획득하게 되는 것이다. 이와 같이, 새 지식을 향하여 연구하고 터득해 나가는 데는, 선배나 기타 전문가의 힘을 빌리게 되는 일도 있는 데, 거기에는 여러 가지 불편과 곤란이 개재된다. 그러므로 어느 방향의 전문가가 되든지, 대성하는 사람들은 대개 독자적으로 연구하여 나가는 경우가 많다.

Answer 47.④

(마) 이렇게 독력으로 개척하여 나가는 데에는 무엇보다도 필요하고 비교적 쉽사리 입수할 수 있는 재료가 서적이다. 서적은 어떠한 종류를 막론하고, 그 저자가 적거나 많거나 간에 자기의 체험과 상상력 또는 추리력을 근거로 하고 토대로 삼아서 저작하였기 때문에, 그들의 무한한 노고와 오랜 세월의 연마를 거쳐서 이루어진 것이다.

(바) 이러한 노작의 결정체인 서적을 읽는다면, 저자의 장구한 기간의 체험이나 연구를 독자는 극히 짧은 시일에 섭취하여 자기 것으로 만들 수 있게 된다. 그뿐 아니라, 서적에서 얻은 지식이나 암시에 의하여, 그 저자보다 한 걸음 더 나아가는 새로운 지식을 터득하게 되는 일이 많다. 그렇기 때문에 서적은 어두운 거리에 등불이 되는 것이며(㉠暗衢明燭), 험한 나루에 훌륭한 배가 된다(㉡迷津寶筏)고 일러 왔다.

48 다음 중 (가)~(마)의 중심 내용으로 알맞지 않은 것은?

① (가) 직접 체험에 의한 지식 획득 방법
② (나) 직접 체험의 무한한 가능성
③ (다) 교육에 의한 지식 획득 방법
④ (라) 연구와 터득에 의한 지식 획득 방법
⑤ (마) 서적의 필요성

advice (나)는 직접 체험의 한계를 중심 내용으로 서술하고 있다.
※ 이희승의 〈독서와 인생〉 : 이상의 실현과 문화 창조를 위해서는 지식의 획득이 필요하며, 지식의 획득을 위해서는 서적이 필요하므로 좋은 책을 선택하여 읽는 노력이 필요함을 역설하고 있는 논설문이다.

49 다음 중 윗글의 ㉠㉡을 바르게 읽은 것은?

① ㉠ 암구명촉, ㉡ 미진보벌　　　② ㉠ 암구명탁, ㉡ 미진보적
③ ㉠ 암구명독, ㉡ 미율보벌　　　④ ㉠ 암요명탁, ㉡ 미진보벌
⑤ ㉠ 암요명촉, ㉡ 미율보벌

advice ㉠ 暗衢明燭(암구명촉) : 暗衢(암구)는 어두운 거리, 明燭(명촉)은 밝은 등불로 서적의 가치를 이르는 말이다.
㉡ 迷津寶筏(미진보벌) : 迷津(미진)은 험한 나루, 寶筏(보벌)은 훌륭한 배로 서적의 가치를 이르는 말이다.

Answer 48.② 49.①

※ 다음 글을 읽고 물음에 답하시오. [50 ~ 51]

> (가) 동주는 시를 함부로 써서 원고지 위에서 고치는 일이 별로 없었다. 즉, 한 편의 시가 이루어지기까지는 몇 주일, 몇 달 동안을 마음 속에서 ㉠고민하다가, 한번 종이 위에 옮기면 그것으로 완성되는 것이었다. 그의 시집을 보면, 1941년 5월 31일 하루에 '또 태초(太初)의 아침', '십자가', '눈 감고 간다' 등 세 편을 썼고, 6월 2일에는 '바람이 불어'를 썼는데, 동주와 같은 과작(寡作)의 시인이 하루에 세 편의 시를 쏟아 놓고, 이틀 뒤에 또 한 편을 썼다는 사실은 믿어지지 않는 일이다. 그것은 머릿속에서 완성된 시를 다만 원고지에 옮겨 적은 날이라고 생각할 때에야 비로소 ㉡수긍이 가는 일이다. 그는 이처럼 마음 속에서 시를 다듬었기 때문에, 한 마디의 시어 때문에도 몇 달을 고민하기도 했다.
>
> (나) 윤동주가 세상을 떠난 지 어느덧 30여 년의 세월이 흘렀다. 그가 즐겨 거닐던 서강 일대에는 고층 건물이 ㉢즐비하게 들어서고, 창냇벌을 꿰뚫고 흐르던 창내가 자취를 감추어 버릴 만큼, 오늘날 신촌은 그 모습이 완전히 달라졌다. 달 밝은 밤이면 으레 나섰던 그의 산책길에 풀벌레 소리가 멈춘 지 오래고, 그가 사색의 보금자리로 삼았던 외인 묘지(外人墓地)는 계절 감각을 상실한 지 오래다.
>
> (다) 태평양 전쟁이 벌어지자, 일본의 ㉣혹독한 식량 정책이 더욱 ㉤악랄해졌다. 기숙사의 식탁은 날이 갈수록 조잡해졌다. 학생들이 맹렬히 항의를 해 보았으나, 일본 당국의 감시가 워낙 철저하기 때문에 어쩔 수 없다고 했다. 1941년, 동주가 4학년으로, 내가 2학년으로 진급하던 해 봄에, 우리는 하는 수 없이 기숙사를 떠나기로 했다. 마침, 나의 한 반 친구의 알선이 있어서, 조용하고 조촐한 하숙집을 쉽게 얻을 수 있었다.

50 (가)를 통해 알 수 있는 윤동주의 시작(詩作) 태도로 알맞은 것은?

① 사상적인 면을 강조한다.   ② 기발한 생각을 중요시한다.
③ 지나칠 정도로 결백성이 강하다.   ④ 작품의 완결성을 위해 최선을 다한다.
⑤ 과정을 항상 중요하게 생각한다.

> **advice** 한 마디의 시어 때문에 몇 달을 고민하는 모습을 통해, 작품의 완결을 위해 노력하는 자세를 짐작할 수 있다.
> ※ 정병욱의 〈잊지 못할 윤동주〉 : 윤동주에 대한 회고와 그의 삶과 인품에 대한 감동을 그리고 있는 수필(평전)이다.

51 다음 중 윗글의 ㉠ ~ ㉤에 해당하는 한자를 바르게 연결하지 않은 것은?

① ㉠ 苦悶   ② ㉡ 首肯
③ ㉢ 柳比   ④ ㉣ 酷毒
⑤ ㉤ 惡辣

> **advice** ㉢ 櫛比(즐비) : 한 줄로 촘촘히 늘어 서 있음을 이르는 말이다.

Answer 50.④ 51.③

※ 다음 글을 읽고 물음에 답하시오. [52~54]

(가) 한국의 미술, 이것은 이러한 한국 강산의 마음씨에서 그리고 이 강산의 몸짓 속에서 벗어날 수는 없다. 쌓이고 쌓인 조상들의 긴 옛 이야기와도 같은 것, 그리고 우리의 한숨과 웃음이 뒤섞인 한반도의 표정 같은 것, 마치 묵은 솔밭에서 송이버섯들이 예사로 돋아나듯이 이 땅 위에 예사로 돋아난 조촐한 버섯들, 한국의 미술은 이처럼 한국의 마음씨와 몸짓을 너무나 잘 닮고 있다.
　　한국의 미술은 언제나 담담하다. 그리고 욕심이 없어서 좋다. 없으면 없는 대로의 재료, 있으면 있는 대로의 솜씨가 별로 꾸밈없이 드러난 것, 다채롭지도 수다스럽지도 않은 그다지 슬플 것도 즐거울 것도 없는 덤덤한 매무새가 한국 미술의 마음씨이다.

(나) 길고 가늘고 가냘픈, 그리고 때로는 도도스럽기도 하고 슬프기도 한, 따스하기도 하고 부드럽기도 한 곡선의 조화, 그 위에 적당히 ㉠호사스러운 무늬를 안고 푸르고 맑고 총명한 푸른빛 ㉡너울을 쓴 아가씨, 이것이 고려의 청자이다. 의젓하기도 하고 어리숭하기도 하면서 있는 대로의 양심을 털어놓은 것, 선의와 ㉢치기(稚氣)와 소박한 천성의 아름다움, 그리고 못생기게 둥글고 솔직하고 정다운, 또 따뜻하고도 희기만 한 빛, 여기에는 흰옷 입은 한국 백성들의 핏줄이 면면히 이어져 있다. 말하자면 ㉣방순한 진국 약주 맛일 수도 있고 털털한 막걸리 맛일 수도 있는 것, 이것이 조선 시대 자기의 세계이며, 조선 항아리의 예술이다.

(다) 한국은 과거의 나라가 아니다. ㉤면면히 전통을 이어 온, 그리고 아직도 젊은 나라이다. 미술은 망하지도 죽지도 않았으며 과거의 미술이 아니라 아직도 씩씩한 맥박이 뛰고 있는 살아 있는 미술이다.

52 다음 중 윗글의 내용과 일치하는 것은?

① 한국 미술은 자연미에 바탕을 두고 있다.
② 한국 미술의 전통이 현대에 와서 단절되었다.
③ 한국 미술의 우수성은 화려함에서 찾을 수 있다.
④ 한국 미술은 다른 나라의 미술에 비해 독창적이다.
⑤ 한국 미술은 동방 미술사에 커다란 영향을 주었다.

advice　제시된 글은 자연미와 소박함에 바탕을 둔 한국 미술의 특징에 대해 쓴 글이다.
　　※ 최순우의 〈우리의 미술〉 : 자연미에 바탕을 둔 한국 미술의 특징을 주제로 한 논설문으로 일반적으로 알고 있는 논설문의 문체와 달리 문체가 화려하고 부드럽다.

53 다음 중 (나)에 쓰인 글의 전개 방식과 유사한 것은?

① 물고기는 머리, 몸통, 꼬리, 지느러미 등으로 되어 있다.

② 고전 소설이란 일반적으로 개화기 이전에 창작된 소설을 말하며 작품에는 홍길동전, 구운몽, 춘향전 등이 있다.

③ 박원하가 하는 짓을 유심히 살펴보았다. 그 애는 힐끔힐끔 시험 감독을 나온 딴 반 담임을 훔쳐보며 방금 말끔히 지운 곳에 얼른 이름을 다 써 넣었는데 놀랍게도 그 이름은 엄석대의 것이었다.

④ 짐승 같은 달의 숨소리가 손에 잡힐 듯이 들리며, 콩 포기와 옥수수 잎새가 한층 달에 푸르게 젖었다. 산허리는 온통 메밀밭이어서, 피기 시작한 꽃이 소금을 뿌린 듯이 흐뭇한 달빛에 숨이 막힐 지경이다.

⑤ 영화는 스크린이라는 일정한 공간 위에 시간적으로 흐르는 예술이며, 연극 또한 무대라는 제한된 공간 위에서 시간적으로 형상화되는 예술이다. 이 두 예술이 다 함께 시간과 공간의 예술이라는 점에서 다른 부문의 예술에 비하여 보다 가까운 위치에 놓여 있음을 알겠다.

advice (나)는 고려의 청자와 조선의 자기를 마치 그림 그리듯 묘사하며 내용을 전개시키고 있다.
① 분석 ② 정의 ③ 서사 ④ 묘사 ⑤ 비교·대조

54 다음 중 ㉠~㉤의 뜻으로 옳지 않은 것은?

① ㉠ 호화롭게 사치하는 태도가 있는

② ㉡ 예전에 여자들이 나들이할 때 얼굴을 가리기 위하여 쓰던 물건

③ ㉢ 어리고 유치한 기분이나 감정

④ ㉣ 향기롭고 아름답거나 유순하고 부드러운

⑤ ㉤ 여러 면 또는 각 방면으로

advice ㉤ '면면(綿綿)히'는 '끊어지지 않고 죽 잇따라 있는'의 뜻이며, '여러 면 또는 각 방면으로'는 '면면(面面)이'로 써야 한다.

Answer 53.④ 54.⑤

55 다음 중 밑줄 친 부분의 의미와 관련이 없는 것은?

> 현재 텔레비전, 인터넷으로 상징되는 영상 매체와 컴퓨터 통신 매체의 급속한 발달 및 보급과 병행하여 고전적 정보 매체인 책의 발간도 양적으로 엄청난 증가를 보이고 있지만, 전자에 비해 후자의 역할은 상대적으로 위축되고 있음이 분명하다. 대부분의 사람들은 신문이나 책을 읽기보다 텔레비전 화면 앞에 앉아 더 많은 시간을 보내며, 편지를 펜으로 쓰기보다 인터넷을 통해 메일을 보내고자 한다. 이러한 경향에 비추어 볼 때, 책이라는 형식을 갖춘 정보 매체는 전자 영상 매체로 완전히 대체되어 <u>골동품으로 남게 될지도 모른다</u>는 생각이 들기도 한다.
>
> 영상 매체에 의한 메시지는 순간적으로 그 이미지에 대한 감각적인 반응이 수동적으로 이루어지기 때문에 심리적으로나 시간적으로 경제적이다. 이런 점에서 영상 매체는 책이 갖지 않은 장점을 갖고 있다. 그러나 그것은 필연적으로 순간적이고 단편적이며, 따라서 반성적이지 못하고 애매한 상태로 남을 수밖에 없다. 이런 점에서 메시지의 전달은 피상적이다.

① 사람들로부터 외면당한다.
② 기성 세대만의 것이 된다.
③ 무가치한 존재가 될지 모른다.
④ 실제 이용되지 않고 묻혀버릴 것이다.
⑤ 책꽂이에만 꽂혀 있게 될 것이다.

advice 영상 매체의 급속한 발달로 인쇄 매체가 상대적으로 위축되고 있음을 말하고 있다. 이는 세대와 관계없이 적용되는 현상이다.

※ 박이문의 〈영상 매체 시대의 책〉: 정보화 사회에서 영상 매체와 인쇄 매체의 특징을 비교하고, 궁극적으로 인쇄 매체의 우수성을 밝히면서 책이 지니고 있는 의미를 말하고자 하는 논설문이다.

※ 다음 글을 읽고 물음에 답하시오. [56 ~ 57]

> ### 혼자 있고 싶어요
>
> ㉠<u>걱정하는 마음으로 관심어린</u> 어머니의 대답을 뒤로 방의 문을 잠그고 무얼 하는 건지 ㉡<u>사춘기의 시작</u>은 이렇게 세상에 혼자 있는 듯한 ㉢<u>고민과 고독</u>으로 시작됩니다.
>
> 어느 날 달라진 자녀의 모습을 보면서 걱정만 하시는 부모님.
> 그러나 이젠 다시 태어나는 자녀의 모습을 흐뭇한 마음으로 지켜볼 때입니다.
> “그래, 지금은 괴롭고 고민스러워도 잘 이겨내 보렴!”
> “그래야 어른이 되는 거란다!”
> 하고 자녀를 격려해 줘야 할 때입니다.
> ㉣<u>지나친 관심, 또 지나친 무관심이</u> 어른으로 성장하려는 자녀에게 해가 되는 것입니다.
> 항상 애정어린 대화로 자녀에게 관심을 보인다면 우리 청소년은 건강하게 성장할 것입니다.
> ㉤<u>청소년에겐 올바른 관심이 있습니다</u>.

Answer 55.②

56 이 글에 대한 설명으로 옳지 않은 것은?

① 설득적인 성격이 강하다.

② 매체를 접하는 대중을 상대로 쓴 글이다.

③ 제목이 글의 주제를 포괄적으로 드러내고 있다.

④ 청소년에 대한 부모의 관심을 촉구하고 있다.

⑤ 구체적인 상황을 제시하고 이에 대한 해결책을 제시하고 있다.

> **advice** ① 이 글은 설득적 성격이 강한 공익 광고이다.
> ② 광고는 매체(신문, 텔레비전 등)를 통해 일반 대중에게 메시지를 전달한다.
> ③④ 이 글의 주제는 '부모들이 자녀에게 적절한 관심을 기울여야 한다.'이다. 그러나 제목은 청소년들의 입장에 어울리는 말일뿐 글 전체의 주제를 포괄한다고 볼 수 없다.
> ⑤ 자녀들이 겪는 구체적 사건에 대해 부모로서 해야 할 해결책을 제시하고 있다.
> ※〈혼자 있고 싶어요〉: 공익 광고문의 일반적 성격인 '계몽·설득'의 요소가 잘 드러나며, 평이하고 직설적인 언어를 주로 사용하고 있는 광고문(공익 광고)으로 청소년에 대한 부모의 올바른 관심을 촉구하고 있다.

57 다음 중 ㉠~㉤의 잘못된 표현을 고친 것으로 옳지 않은 것은?

① ㉠ 관형화 구성이 어색하므로 '관심을 갖고 걱정해 주는'으로 고친다.

② ㉡ 의미가 같은 말이 중복되어 쓰이므로 '사춘기는'으로 바꾼다.

③ ㉢ '고민'과 '고독'은 의미가 중복되기 때문에 둘 중 하나만 쓴다.

④ ㉣ 접속어가 어색하므로 '지나친 관심, 혹은 지나친 무관심이'로 고친다.

⑤ ㉤ '청소년에겐 올바른 관심이 필요합니다.'로 고쳐야 한다.

> **advice** ㉢의 경우 수식하는 말이 '고독'이라는 말과 관계가 있으므로 '고민'을 삭제해야 한다.

Answer 56.③ 57.③

(가) 우리나라에도 몇몇 도입종들이 활개를 치고 있다. 예전엔 참개구리가 울던 연못에 요즘은 미국에서 건너온 황소개구리가 들어앉아 이것저것 닥치는 대로 삼키고 있다. 어찌나 먹성이 좋은지 심지어는 우리 토종 개구리들을 먹고살던 뱀까지 잡아먹는다. 토종 물고기들 역시 미국에서 들여온 블루길에게 물길을 빼앗기고 있다. 이들이 어떻게 자기 나라보다 남의 나라에서 더 잘 살게 된 것일까?

(나) 도입종들이 모두 잘 적응하는 것은 결코 아니다. 사실, 절대 다수는 낯선 땅에 발도 제대로 붙여 보지 못하고 사라진다. 정말 아주 가끔 남의 땅에서 들풀에 붙은 불길처럼 무섭게 번져 나가는 것들이 있어 우리의 주목을 받을 뿐이다. 그렇게 남의 땅에서 의외의 성공을 거두는 종들은 대개 그 땅의 특정 서식지에 마땅히 버티고 있어야 할 종들이 쇠약해진 틈새를 비집고 들어온 것들이다. 토종이 제자리를 당당히 지키고 있는 곳에 쉽사리 뿌리내릴 수 있는 외래종은 거의 없다.

(다) 제아무리 대원군이 살아 돌아온다 하더라도 더 이상 타 문명의 유입을 막을 길은 없다. 어떤 문명들은 서로 만났을 때 충돌을 면치 못할 것이고, 어떤 것들은 비교적 평화롭게 공존하게 될 것이다. 결코 일반화할 수 있는 문제는 아니겠지만 스스로 아끼지 않은 문명은 외래 문명에 텃밭을 빼앗기고 말 것이라는 예측을 해도 큰 무리는 없을 듯싶다. 내가 당당해야 남을 수용할 수 있다.

(라) 영어만 잘 하면 성공한다는 믿음에 온 나라가 야단법석이다. 한술 더 떠 일본을 따라 ㉠영어를 공용어로 하자는 주장이 심심찮게 들리고 있다. 영어는 배워서 나쁠 것 없고 국제 경쟁력을 키우는 차원에서 반드시 배워야 한다. 하지만 영어보다 더 중요한 것은 우리말이다. 우리 말을 제대로 세우지 않고 영어를 들여오는 일은 우리 개구리들을 돌보지 않은 채 황소개구리를 들여온 우를 또다시 범하는 것이다.

(마) 영어를 자유롭게 구사하는 일은 새 시대를 살아가는 필수 조건이다. 하지만 우리말을 바로 세우는 일에도 소홀해서는 절대 안 된다. 황소개구리의 황소 울음 같은 소리에 익숙해져 참개구리의 소리를 잊어서는 안 되는 것처럼.

58 이 글에서 글쓴이가 강조하고 있는 것을 바르게 말한 것은?

① 주체적인 태도
② 민족주의적 사고
③ 세계화에 대한 적응
④ 문화민족으로서의 자부심
⑤ 우리 문화의 대외적 보급

advice 글쓴이는 영어 수용을 반대하지는 않으면서 우리말을 먼저 세우는 것이 중요함을 강조하고 있다. 또한 영어 수용에 대해 기본적으로 찬성의 입장이므로 민족주의라고 할 수는 없다.

※ 최재천의 〈황소개구리와 우리말〉 : 유추의 방법으로 우리말에 대한 소중함을 일깨우고 있으며, 국어에 대한 사랑을 세계화 시대에 대응하기 위한 전략으로 제시하고 있는 논설문이다.

Answer 58.①

59 이 글에서 가장 두드러지게 사용된 내용 전개 방법은?

① 정의   ② 분류
③ 유추   ④ 묘사
⑤ 분석

advice 글쓴이는 외래종인 블루길과 황소개구리가 토종 물고기와 참개구리를 집어삼키는 현상을 영어가 우리 언어를 침범하는 현상으로 유추하여 내용을 전개하고 있다.
① 어떤 대상의 범위를 규정짓거나 개념을 풀이하는 방법이다.
② 비슷한 특성에 근거하여 대상들을 나누거나 묶는 방법이다.
③ 두 개의 사물이 여러 면에서 비슷하다는 것을 근거로 다른 속성도 유사할 것이라고 추론하는 방법이다.
④ 대상에 대한 그림을 글로 표현하면서 그림들의 세부 요소를 연상적 형태로 배열하는 방법이다.
⑤ 어떤 복잡한 것을 단순한 요소나 부분들로 나누는 방법이다.

60 (가)의 상황을 한자 성어로 나타낸 것으로 가장 알맞은 것은?

① 정저지와(井底之蛙)   ② 주객전도(主客顛倒)
③ 건곤일척(乾坤一擲)   ④ 부화뇌동(附和雷同)
⑤ 표리부동(表裏不同)

advice 황소개구리가 토종 개구리를 능가한 것은 사물의 중요성에 비춘 앞뒤의 차례가 바뀐 경우에 해당된다.
① 정저지와(井底之蛙) : 우물 안 개구리를 이르는 말이다.
② 주객전도(主客顛倒) : 사물의 경중, 선후, 완급 따위가 서로 뒤바뀜을 이르는 말이다.
③ 건곤일척(乾坤一擲) : 주사위를 던져 승패를 건다는 뜻으로, 운명을 걸고 단판걸이로 승부를 겨룸을 이르는 말이다.
④ 부화뇌동(附和雷同) : 줏대 없이 남의 의견에 따라 움직임을 이르는 말이다.
⑤ 표리부동(表裏不同) : 마음이 음흉하고 불량하여 겉과 속이 다름을 이르는 말이다.

61 다음 중 ㉠에 대한 비판으로 적당한 것은?

① 우리 문화에 대해 자신감이 넘친다.
② 언어와 문화의 관계에 대해 무지하다.
③ 영어와 우리말의 공통점을 모르고 있다.
④ 언어와 민족의 관계에 대해 집착이 강하다.
⑤ 언어가 생활에 미치는 폐해를 생각하지 않았다.

advice 영어를 공용어로 하자는 주장에 대해서, 우리 개구리를 돌보지 않고 황소개구리를 들여오는 잘못과 같다고 글쓴이는 말하고 있다.

Answer 59.③ 60.② 61.②

※ 다음 글을 읽고 물음에 답하시오. [62 ~ 64]

(가) 네 소원(所願)이 무엇이냐 하고 하느님이 내게 물으시면, 나는 서슴지 않고,
"내 소원은 대한 독립(大韓獨立)이오."
하고 대답할 것이다. 그 다음 소원은 무엇이냐 하면, 나는 또
"우리나라의 독립이오."
할 것이요, 또 그 다음 소원이 무엇이냐 하는 세 번째 물음에도, 나는 더욱 소리를 높여서,
"나의 소원은 우리나라 대한의 완전한 자주 독립(自主獨立)이오."
하고 대답할 것이다.

(나) 그러므로 우리 민족으로서 하여야 할 최고의 임무(任務)는, 첫째로 남의 절제(節制)도 아니 받고 남에게 의뢰(依賴)도 아니 하는, 완전한 자주 독립의 나라를 세우는 일이다. 이것이 없이는 우리 민족의 생활을 보장할 수 없을뿐더러, 우리 민족의 정신력(精神力)을 자유로 발휘(發揮)하여 빛나는 문화를 세울 수가 없기 때문이다. 이렇게 완전한 자주 독립의 나라를 세운 뒤에는, 둘째로 이 지구상의 인류가 진정한 평화(平和)와 복락(福樂)을 누릴 수 있는 사상을 낳아, 그것을 먼저 우리나라에 실현하는 것이다.

(다) 이러하므로, 우리 민족의 독립이란 결코 삼천리 삼천만만의 일이 아니라, 진실로 세계 전체의 운명에 관한 일이요, 그러므로 우리나라의 독립을 위하여 일하는 것이 곧 인류를 위하여 일하는 것이다.
만일, 우리의 오늘날 형편이 초라한 것을 보고 자굴지심(自屈之心)을 발하여, 우리가 세우는 나라가 그처럼 위대한 일을 할 것을 의심한다면, 그것은 스스로 모욕(侮辱)하는 일이다. 우리 민족의 지나간 역사가 빛나지 아니함이 아니나, 그것은 아직 서곡(序曲)이었다. 우리가 주연 배우(主演俳優)로 세계 역사의 무대(舞臺)에 나서는 것은 오늘 이후다. 삼천만의 우리 민족이 옛날의 그리스 민족이나 로마 민족이 한 일을 못 한다고 생각할 수 있겠는가!

(라) 내가 원하는 우리 민족의 사업은 결코 세계를 무력(武力)으로 정복(征服)하거나 경제력(經濟力)으로 지배(支配)하려는 것이 아니다. 오직 사랑의 문화, 평화의 문화로 우리 스스로 잘 살고 인류 전체가 의좋게, 즐겁게 살도록 하는 일을 하자는 것이다. 어느 민족도 일찍이 그러한 일을 한 이가 없으니 그것은 공상(空想)이라고 하지 마라. 일찍이 아무도 한 자가 없기에 우리가 하자는 것이다. 이 큰일은 하늘이 우리를 위하여 남겨 놓으신 것임을 깨달을 때에 우리 민족은 비로소 제 길을 찾고 제 일을 알아본 것이다. 나는 우리나라의 청년 남녀(靑年男女)가 모두 과거의 조그맣고 좁다란 생각을 버리고, 우리 민족의 큰 사명(使命)에 눈을 떠서, 제 마음을 닦고 제 힘을 기르기로 낙(樂)을 삼기를 바란다. 젊은 사람들이 모두 이 정신을 가지고 이 방향으로 힘을 쓸진댄 30년이 못하여 우리 민족은 (㉠)하게 될 것을 나는 확신(確信)하는 바이다.

(마) 나는 우리나라가 세계에서 가장 아름다운 나라가 되기를 원한다. 가장 부강한 나라가 되기를 원하는 것은 아니다. 내가 남의 침략에 가슴이 아팠으니 내 나라가 남을 침략하는 것을 원치 아니한다. 우리의 부력(富力)은 우리의 생활을 풍족히 할 만하고 우리의 강력(强力)은 남의 침략을 막을 만하면 족하다. 오직 한없이 가지고 싶은 것은 높은 문화의 힘이다. 문화의 힘은 우리 자신을 행복하게 하고 나아가서 남에게 행복을 주기 때문이다.

62 다음 중 (가)~(마)의 제목으로 알맞지 않은 것은?

① (가) 나의 소원
② (나) 우리 민족의 임무
③ (다) 우리 역사에 대한 불신
④ (라) 우리 민족의 큰 사명
⑤ (마) 내가 원하는 나라

> **advice** (다)는 '우리 민족의 독립의 의의를 밝히고 있는 문단이다.
> ※ 김구의 〈나의 소원〉 : 1947년 발표된 김구의 정치 철학과 사상을 밝힌 논설문으로, 〈백범 일지〉 말미에 덧붙인 글이다. 우리 민족의 완전한 자주 독립과 우리의 사명을 역설하고 있으며 우파 민족주의자, 자유주의자로서의 김구의 정치적 이념과 사상이 잘 드러난 글로 평가받고 있다.

63 다음 중 (가)의 표현 방식과 유사한 것은?

① 사람은 무엇엔가 흔들리는 존재다. 10대는 컴퓨터에, 20대는 사랑에, 30대는 일에.
② 신은 맹수에게는 날카로운 발톱을, 새에게는 날개를, 인간에게는 지혜를 주어 살아갈 수 있게 하였다.
③ 통일은 우리에게 평화를 줍니다. 통일은 이 나라에 평화를 줍니다. 통일은 우리 민족에게 평화를 줍니다.
④ 설악산은 사시사철 아름답습니다. 봄에는 신록이, 여름에는 녹음이, 가을에는 단풍이, 겨울에는 백설이 아름답습니다.
⑤ 우리는 열심히 공부하고 있습니다. 아침에는 학교에 등교하여, 저녁이면 학원에 가서, 밤이면 집에서 최선을 다하고 있습니다.

> **advice** (가)는 나의 소원이 대한의 독립임을 세 번 반복시키면서 나타내고자 하는 바를 점점 더 강조하는 표현 효과를 거두고 있다.

Answer 62.③ 63.③

64 윗글의 내용으로 보아 ㉠에 들어갈 알맞은 한자 성어는?

① 유비무환(有備無患) ② 괄목상대(刮目相對)

③ 자강불식(自强不息) ④ 상전벽해(桑田碧海)

⑤ 자수성가(自手成家)

advice ① 유비무환(有備無患) : 미리 준비가 되어 있으면 걱정할 것이 없음을 이르는 말이다.

② 괄목상대(刮目相對) : 눈을 비비고 상대편을 본다는 뜻으로, 남의 학식이나 재주가 놀랄 만큼 부쩍 늚을 이르는 말이다.

③ 자강불식(自强不息) : 스스로 힘써 몸과 마음을 가다듬어 쉬지 아니함을 이르는 말이다.

④ 상전벽해(桑田碧海) : 뽕나무 밭이 변하여 푸른 바다가 된다는 뜻으로, 세상일의 변천이 심함을 비유적으로 이르는 말이다.

⑤ 자수성가(自手成家) : 물려받은 재산이 없이 자기 혼자의 힘으로 집안을 일으키고 재산을 모음을 이르는 말이다.

※ 다음 글을 읽고 물음에 답하시오. [65 ~ 66]

간디는 산업화의 확대, 또는 경제 성장이 참다운 인간의 행복에 기여한다고는 결코 생각할 수 없었다. 간디가 구상했던 이상적인 사회는 자기 충족적인 소농촌 공동체를 기본 단위로 하면서 궁극적으로는 중앙 집권적인 국가 기구의 소멸과 더불어 마을 민주주의에 의한 자치가 실현되는 공간이다. 거기에서는 인간을 도외시한 이윤을 위한 이윤 추구도, 물질과 권력에 대한 맹목적인 탐욕도 있을 수가 없다. 이것은 비폭력과 사랑과 유대 속에 어울려 살 때 사람은 가장 행복하고, 자기 완성이 가능하다고 믿는 사상에 매우 적합한 정치 공동체라 할 수 있다.

물레는 간디에게 그러한 공동체의 건설에 필요한 인간 심성의 교육에 알맞은 수단이기도 하였다. 물레질과 같은 단순하지만 생산적인 작업의 경험은 정신 노동과 육체 노동의 분리 위에 기초하는 모든 불평능 사상의 문화적·심리적 토대의 소멸에 기여할 것이다. 뿐만 아니라 '자기 먹을 빵을 손수 마련해 먹는 창조적 노동'에의 참여와 거기서 얻는 기쁨은 소박한 삶의 가치를 진정으로 긍정할 수 있게 하는 토대를 제공해 줄 것이라고 간디는 생각하였다. 결국 간디의 사상은 욕망을 억지로 참아야 하는 금욕주의를 말하는 것이 아니라, 우리가 진정한 행복에 이르기 위해서 ㉠<u>지금까지와는 근본적으로 다른 것</u>을 욕망할 줄 알아야 한다는 것이었다.

㉡<u>간디의 주장</u>은 경제 성장의 논리에 대한 무비판적인 순종과 편의주의적 생활의 안이성에 깊숙이 젖어 있는 우리들에게 헛소리처럼 들릴지도 모른다. 그러나 온갖 생명에 위해를 가해 온 산업 문명이 인간 생존의 자연적·생물학적 기초 자체를 파괴하는 데까지 도달한 지금 그것이 정말 헛소리로 남는다면 우리의 장래는 어떻게 될 것인가?

Answer 64.②

65 다음 중 밑줄 친 ⊙과 관계 있는 것은?

① 내면의 평화
② 폭력과의 전쟁
③ 경제적인 성장
④ 물질적인 이익
⑤ 산업화의 확대

advice 간디는 비폭력·사랑·유대 속에 어울려 살 때 사람은 가장 행복하고, 자기 완성이 가능하다고 믿었으며, 산업화의 확대, 경제 성장, 인간을 도외시한 이윤을 위한 이윤 추구, 물건·권력에 대한 맹목적 탐욕이 인간의 참다운 행복에 기여한다고 생각하지 않았다.

※ 김종철의 〈간디의 물레〉: 비폭력·불간섭주의를 앞세워 인도의 독립 운동을 주도했던 간디의 사상을 유추의 방식으로 사고를 확산하여 논의를 전개시키고 있는 중수필이다.

66 윗글의 내용으로 미루어 보아 ⓛ의 예로 가장 적당한 것은?

① 밤샘 연구로 새로운 물질을 창조하였다.
② 환경 친화적 산업 발전을 위하여 헌신하였다.
③ 주민들의 사랑과 유대에 의한 자치 마을을 건설하였다.
④ 작업 공정을 효율화하여 제품의 생산성을 극대화하였다.
⑤ 주민들을 위해 헌신적으로 봉사하여 그 지역 대표가 되었다.

advice 첫째 문단에서 비폭력과 사랑과 유대 속에 어울려 살 때 사람은 가장 행복하고 자기 완성이 가능하다고 했다. 또한 마을 민주주의에 의한 자치가 실현되는 공간을 강조하고 있다.

Answer 65.① 66.③

(가) 吾等(오등)은 玆(자)에 我(아) 朝鮮(조선)의 獨立國(독립국)임과 朝鮮人(조선인)의 自主民(자주민)임을 宣言(선언)하노라. 此(차)로써 世界萬邦(세계 만방)에 告(고)하야 人類平等(인류 평등)의 大義(대의)를 克明(극명)하며, 此(차)로써 子孫萬代(자손 만대)에 誥(고)하야 民族自存(민족 자존)의 正權(정권)을 永有(영유)케 하노라.

(나) 半萬年(반만 년) 歷史(역사)의 權威(권위)를 仗(장)하야 此(차)를 宣言(선언)함이며, 二千萬(이천만) 民衆(민중)의 誠忠(성충)을 合(합)하야 此(차)를 佈明(포명)함이며, 民族(민족)의 恒久如一(항구 여일)한 自由發展(자유 발전)을 爲(위)하야 此(차)를 主張(주장)함이며, 人類的(인류적) 良心(양심)의 發露(발로)에 基因(기인)한 世界改造(세계 개조)의 大機運(대기운)에 順應幷進(순응 병진)하기 爲(위)하야 此(차)를 提起(제기)함이니, 是(시)ㅣ 天(천)의 明命(명명)이며, 時代(시대)의 大勢(대세)ㅣ며, 全人類(전 인류) 共存同生權(공존 동생권)의 正當(정당)한 發動(발동)이라, 天下何物(천하 하물)이던지 此(차)를 沮止抑制(저지 억제)치 못할지니라.

(다) 舊時代(구시대)의 遺物(유물)인 侵略主義(침략주의), 強權主義(강권주의)의 犧牲(희생)을 作(작)하야 有史以來(유사 이래) 累千年(누천 년)에 처음으로 異民族(이민족) 箝制(겸제)의 痛苦(통고)를 嘗(상)한 지 今(금)에 十年(십 년)을 過(과)한지라, 我(아) 生存權(생존권)의 剝喪(박상)됨이 무릇 幾何(기하)ㅣ며, 心靈上(심령상) 發展(발전)의 障礙(장애)됨이 무릇 幾何(기하)ㅣ며, 民族的(민족적) 尊榮(존영)의 毁損(훼손)됨이 무릇 幾何(기하)ㅣ며, 新銳(신예)와 獨創(독창)으로써 世界文化(세계 문화)의 大潮流(대조류)에 寄與補裨(기여 보비)할 機緣(기연)을 遺失(유실)함이 무릇 幾何(기하)ㅣ뇨.

(라) 丙子修好條規(병자수호조규) 以來(이래) 時時種種(시시종종)의 金石盟約(금석 맹약)을 食(식)하얏다 하야 日本(일본)의 無信(무신)을 罪(죄)하려 안이 하노라. 學者(학자)는 講壇(강단)에서, 政治家(정치가)는 實際(실제)에서, 我(아) 祖宗世業(조종 세업)을 植民地視(식민지시)하고, 我(아) 文化民族(문화 민족)을 土昧人遇(토매인우)하야, 한갓 征服者(정복자)의 快(쾌)를 貪(탐)할 쑨이오, 我(아)의 久遠(구원)한 社會基礎(사회 기초)와 卓犖(탁락)한 民族心理(민족 심리)를 無視(무시)한다 하야 日本(일본)의 少義(소의)함을 責(책)하려 안이 하노라. 自己(자기)를 策勵(책려)하기에 急(급)한 吾人(오인)은 他(타)의 怨尤(원우)를 暇(가)치 못하노라. 現在(현재)를 綢繆(주무)하기에 急(급)한 吾人(오인)은 ㉠宿昔(숙석)의 懲辨(징변)을 暇(가)치 못하노라.

(마) 當初(당초)에 民族的(민족적) 要求(요구)로서 出(출)치 안이한 兩國倂合(양국 병합)의 結果(결과)가, 畢竟(필경) ㉡姑息的(고식적) 威壓(위압)과 差別的(차별적) 不平(불평)과 統計數字上(통계 숫자상) 虛飾(허식)의 下(하)에서 利害相反(이해 상반)한 兩(양) 民族間(민족 간)에 永遠(영원)히 和同(화동)할 수 업는 怨溝(원구)를 去益深造(거익 심조)하는 今來實績(금래 실적)을 觀(관)하라. 勇明果敢(용명 과감)으로써 舊誤(구오)를 廓正(확정)하고, 眞正(진정)한 理解(이해)와 同情(동정)에 基本(기본)한 友好的(우호적) 新局面(신국면)을 打開(타개)함이 彼此間(피차간) 遠禍召福(원화 소복)하는 捷徑(첩경)임을 明知(명지)할 것 안인가.

67 (가)의 문단 구성을 바르게 말한 것은?

① 주지 – 부연
② 전제 – 결론
③ 원인 – 결과
④ 결론 – 예시
⑤ 부연 – 예시

advice 첫 번째 문장은 선언의 내용(주지)을, 두 번째 문장은 그 선언의 취지를 밝히는 서술 형식(부연)을 취하고 있다.
※ 기미독립선언서 : 조선 독립의 선언과 민족의 결의를 촉구하는 식사문(式辭文)이자 선언문으로, 객관적 사실에 근거하여 논리 정연하게 서술되어 있고 웅변적, 설득적 어조로 내용을 전개하고 있는 것이 특징이다. 본문은 최남선, 공약 삼 장은 한용운이 각각 기초하였다.

68 (나)의 제목으로 가장 알맞은 것은?

① 조선 독립의 내용
② 독립 쟁취의 신념
③ 조선 독립의 정당성
④ 독립의 시대적 배경
⑤ 일제의 강점으로 인한 피해

advice (나)는 독립 선언을 뒷받침하는 대내외적인 명분을 제시하여 독립 선언의 배경을 밝힌 후, 독립 선언이 정당함을 주장하고 있다.
※ 글의 짜임
　(가) 독립 선언의 내용과 취지
　(나) 조선 독립의 정당성
　(다) 일제의 강점으로 인한 피해
　(라) 우리의 자세와 의지
　(마) 양국 병합의 결과와 신국면의 타개

69 (다)의 내용 전개 방식으로 알맞은 것은?

① 대조
② 비교
③ 분석
④ 유추
⑤ 예시

advice (다)는 일제 식민지 지배를 받으면서 겪은 고통의 예를 들어 내용을 전개하고 있다.

Answer 67.① 68.③ 69.⑤

70 ㉠에 나타난 작자의 의도를 바르게 말한 것은?

① 현재는 매우 급한 시기이다.

② 과거의 시비를 반드시 가려야 한다.

③ 부끄러운 과거의 일은 이제 잊어버려야 한다.

④ 문제 해결을 위해 충분한 시간을 가져야 한다.

⑤ 과거의 잘잘못을 가리는 것보다 현재와 미래가 더욱 중요하다.

advice ㉠은 '묵은 옛 일을 응징하고 잘못을 가릴 겨를이 없다.'는 뜻이다. 즉, 우리의 현재와 미래를 수습하기에 급해서 과거의 잘잘못을 따질 틈이 없음을 이르는 말이다.

71 ㉡의 의미와 관련이 없는 것은?

① 동족방뇨(凍足放尿) ② 부화뇌동(附和雷同)

③ 임기응변(臨機應變) ④ 미봉지책(彌縫之策)

⑤ 하석상대(下石上臺)

advice '姑息的(고식적)'은 '임시방편'이란 뜻이다. 따라서 '줏대 없이 남의 의견에 따라 움직임'을 뜻하는 '부화뇌동(附和雷同)'과는 관련이 없다.

① 동족방뇨(凍足放尿) : 언 발에 오줌 누기라는 뜻으로, 잠시 동안만 효력이 있을 뿐 효력이 바로 사라짐을 비유적으로 이르는 말이다.

③ 임기응변(臨機應變) : 그때그때 처한 사태에 맞추어 즉각 그 자리에서 결정하거나 처리함을 이르는 말이다.

④ 미봉지책(彌縫之策) : 눈가림만 하는 일시적인 계책을 이르는 말이다.

⑤ 하석상대(下石上臺) : 아랫돌 빼서 윗돌 괴고 윗돌 빼서 아랫돌 괸다는 뜻으로, 임시변통으로 이리저리 둘러맞춤을 이르는 말이다.

Answer 70.⑤ 71.②

72 다음 글의 밑줄 친 부분의 이유와 관계없는 것은?

> 우리는 여기서 '굿(제의)에서 놀이(연희)로의 전화(轉化)의 공식'을 잠깐 생각해 보기로 하자. 춤 놀이의 중요한 구성 요소인 연희자 간의 무용, 노래, 재담 등은 원래 원시 시대의 굿에서는 주신(주무)과 배신(소무) 사이, 또는 주신, 배신, 무 사이의 대무(對舞), 대화 속에서 그 기원을 찾을 수 있다. 이러한 제사권이 소수의 사제자들에게 독점되어 있었던 고대 사회에서 그것은 비의로서 신비화되고, 그 주술성의 효과도 널리 집단에 의해 믿어졌기 때문에 굿은 집단 전체에게 있어 언제나 종교적 외포(畏怖)의 대상이 되어 왔다. 그러나 역사의 경과와 더불어 중세적 사회에서는 비교적 다수의 제사권 참여가 이루어져 종래의 제사 독점에서 오는 의례의 신비성도 차차 희박해지고, 생산력의 상승으로 자연의 불규칙성도 어느 정도 극복되어 가면서, 의례가 가지는 주술적 효과에 대한 믿음도 흔들리게 된다. 그리고 집단의 의례 자체를 종교적 외포의 대상으로서가 아니라, 예술적 감상과 오락의 대상으로 바라보는 여유가 생기게 된다. 이 시점에서 종래의 주신, 배신, 무 사이의 대무와 대화는 종교적 의미를 서서히 잃고, 구경거리 혹은 예능, 더 나아가 연극으로 전화(轉化)하기에 이른다.

① 사제자의 독점적 지위가 무너졌기 때문에
② 의례의 신비성이 갈수록 희박해졌기 때문에
③ 예술적 감상에 대한 욕구가 감퇴되었으므로
④ 자연의 불규칙성이 어느 정도 극복되었으므로
⑤ 주술적 효과에 대한 믿음이 상실되었기 때문에

advice ③ '예술적 감상과 오락의 대상으로 바라보는 여유가 생기게 된다.'라는 부분을 통해 볼 때, 오히려 예술적 감상에 대한 욕구가 점차 증대되었으리라 볼 수 있다.

※ 이두현의 〈한국 축제의 역사〉 : 한국 축제의 기원과 그 역사적 전개를 구체적인 예를 들어 설명한 설명문이다. 국가적 행사와 민간적 행사의 두 측면으로 나누어 우리나라 제의의 흐름을 통시적 관점으로 고찰하고 있다.

Answer 72.③

※ 다음 글을 읽고 물음에 답하시오. [73~77]

(가) 연암(燕巖) 박지원(朴趾源)은 너무도 유명한 영조·정조 시대 북학파(北學派)의 대표적 인물 중의 한 사람이다. 그가 지은 '열하일기(熱河日記)'나 '방경각외전(放璚閣外傳)'에 실려 있는 소설이, 몰락하는 양반 사회에 대한 신랄한 풍자(諷刺)를 가지고 있을 뿐 아니라, 문장이 또한 기발하여, 그는 당대의 허다한 문사들 중에서도 최고봉을 이루고 있는 것으로 추앙(推仰)되고 있다. 그러나 그의 문학은 패관 기서(稗官奇書)를 따르고 고문(古文)을 본받지 않았다 하여, 하마터면 '열하일기'가 촛불의 재로 화할 뻔한 아슬아슬한 장면이 있었다. 말하자면, 연암은 고문파(古文派)에 대한 반항을 통하여 그의 문학을 건설한 것이다.

그러나 오늘날, 우리는 민족 문화의 전통을 연암에게서 찾으려고는 할지언정, 고문파에서 찾으려고 하지는 않는다. 이 사실은, 우리에게 민족 문화의 전통에 관한 해명의 ⊙<u>열쇠</u>를 제시하여 주는 것은 아닐까?

(나) 전통은 물론 과거로부터 이어 온 것을 말한다. 이 전통은 대체로 그 사회 및 그 사회의 구성원인 개인의 몸에 배어 있는 것이다. (ⓛ) 스스로 깨닫지 못하는 사이에 전통은 우리의 현실에 작용하는 경우가 있다. (ⓒ) 과거에서 이어 온 것을 무턱대고 모두 전통이라고 한다면, 인습이라는 것과의 구별이 서지 않을 것이다. 우리는 인습을 버려야 할 것이라고는 생각하지만, 계승해야 할 것이라고는 생각하지 않는다. 여기서 우리는, 과거에서 이어 온 것을 객관화하고, 이를 비판하는 입장에 서야 할 필요를 느끼게 된다. 그 비판을 통해서 현재의 문화 창조에 이바지할 수 있다고 생각되는 것만을 우리는 전통이라고 불러야 할 것이다. 이같이 전통은 인습과 구별될뿐더러, 또 단순한 유물과도 구별되어야 한다. 현재의 문화를 창조하는 일과 관계가 없는 것을 우리는 문화적 전통이라고 부를 수가 없기 때문이다.

(다) 그러므로 어느 의미에서는 고정 불변(固定不變)의 신비로운 전통이라는 것이 존재한다기보다 오히려 우리 자신이 전통을 찾아 내고 창조한다고도 할 수가 있다. 따라서, 과거에는 훌륭한 문화적 전통의 소산으로 생각되던 것이, 후대에는 버림을 받게 되는 예도 허다하다. 한편, 과거에는 돌보아지지 않던 것이 후대에 높이 평가되는 일도 또한 한두 가지가 아니다. 연암의 문학은 바로 그러한 예인 것이다. 비단 연암의 문학만이 아니다. 우리가 현재 민족 문화의 전통과 명맥(命脈)을 이어 준 것이라고 생각하는 것의 대부분이 그러한 것이다. 신라의 향가(鄕歌), 고려의 가요(歌謠), 조선 시대의 사설시조(辭說詩調), 백자(白瓷), 풍속화(風俗畵) 같은 것이 다 그러한 것이다.

(라) 한편, 우리가 계승해야 할 민족 문화의 전통으로 여겨지는 것들이, 연암의 예에서 알 수 있는 바와 같이, 과거의 인습을 타파하고 새로운 것을 창조하려는 노력의 결정(結晶)이었다는 것은 지극히 중대한 사실이다. 세종 대왕의 훈민정음(訓民正音) 창제 과정에서 이 점은 뚜렷이 나타나고 있다. 만일, 세종이 고루(固陋)한 보수주의적 유학자들에게 한글 창제의 뜻을 굽혔던들, 우리 민족 문화의 ⓔ<u>최대 걸작 품</u>이 햇빛을 못 보고 말았을 것이 아니겠는가?

(마) 이러한 의미에서, 민족 문화의 전통을 무시한다는 것은 지나친 자기 학대에서 나오는 편견에 지나지 않을 것이다. 따라서 첫머리에서 제기한 것과 같이, 민족 문화의 전통을 계승하자는 것이 국수주의나 배타주의가 될 수는 없다. 오히려 왕성한 창조적 정신은 선진 문화 섭취에 인색하지 않을 것이다.

73 다음 중 윗글에 대한 설명으로 옳은 것은?

① 주관적인 느낌을 솔직하게 표현하고 있다.

② 시간의 흐름에 따라 대상의 변화를 서술하고 있다.

③ 자신의 의견을 밝히고 이를 논리적으로 증명하고 있다.

④ 새로운 사실을 독자가 알기 쉽도록 풀어서 설명하고 있다.

⑤ 독자들에게 감동을 주기 위한 글로 화려한 문체가 돋보인다.

> **advice** 제시된 글은 자신의 견해를 밝히고 이를 논리적으로 증명하고 있는 논설문이다.
> ※ 이기백의 〈민족 문화의 전통과 계승〉 : 민족 문화의 전통에 대한 올바른 인식과 계승 방안에 대해 역설한
> 논설문이다. '전통'과 '인습'의 공통점과 차이점을 비교와 대조를 통해 부각시키고 있으며, '창조성'을 바탕
> 으로 전통의 본질을 밝히고 있다.

74 (나)의 중심 내용으로 가장 적절한 것은?

① 전통의 본질 ② 새 문화의 창조
③ 우리 문화의 현실 ④ 유물과 문화의 관계
⑤ 전통 계승의 정당성

> **advice** 글의 짜임
> (가) 연암의 문학
> (나) 전통의 본질
> (다) 전통의 발굴과 창조
> (라) 계승해야 할 전통의 성격
> (마) 민족 문화 전통 계승의 정당성

75 ㉠의 문맥적 의미로 가장 알맞은 것은?

① 결과(結果) ② 시사(示唆)
③ 방법(方法) ④ 단서(端緒)
⑤ 요지(要旨)

> **advice** 제시된 글에서 '열쇠'는 열기 위한 도구의 의미가 아니라, 전통의 정체를 밝히기 위한 도구 즉, 해명을 위한
> '실마리'의 의미로 쓰였다.

Answer 73.③ 74.① 75.④

76 ㉡, ㉢에 들어갈 알맞은 접속어를 순서대로 배열한 것은?

① 그리고, 그래서 ② 그러나, 그런데

③ 그래서, 요컨대 ④ 왜냐하면, 그리고

⑤ 그러므로, 그러나

advice ㉡은 인과 관계, ㉢은 역접의 접속어로 이어야 문맥이 자연스럽다.

77 ㉣이 가리키는 것으로 옳은 것은?

① 훈민정음 ② 사설시조

③ 신라의 향가 ④ 조선의 백자

⑤ 연암의 작품

advice 세종 대왕이 보수적인 유학자들의 반대에 굴하지 않고 만들어 낸 문화 유산인 훈민정음(訓民正音)을 가리킨다.

Answer 76.⑤ 77.①

※ 다음 글을 읽고 물음에 답하시오. [1 ~ 2]

관광 산업의 경제적 역기능으로, 잘못된 관광 정책과 개발이 지역 경제의 종속화, 지역 경제의 누수 현상, 물가 상승, 경제적 불안정 등을 초래함으로써 국가의 경제적 기반을 약화시킬 수 있다는 점을 들 수 있다. 이 영향은 단지 관광 산업에 그치지 않고 다른 산업 분야로 급속히 파급될 수 있다는 점이 중요하다.

다음으로 관광 산업의 사회·문화적 역기능을 들 수 있는데, 이는 국가와 사회의 규범과 도덕성, 문화적 정체성 등에 영향을 줌으로써, 경제적 역기능보다 훨씬 더 본질적이며 심각한 결과를 초래할 수 있다. 특히 관광 산업의 사회적 역기능은 인구 구조의 분극화, 가족 구조의 파괴, 소비 지향적 풍조, 각종 사회 병리 현상의 만연 등을 초래하며, 문화적 역기능은 문화의 충돌로 인한 장애, 고유문화의 상품화, 전통문화 유산의 상실, 문화적 자긍심의 약화 등을 초래한다.

관광 산업의 환경적 역기능은 최근 관광 산업의 역기능 중 가장 심각한 문제로 받아들여지고 있는 부분이며, 과연 ㉠정부의 주장처럼 '관광 산업이 무공해 산업인가?'에 대한 근본적 의문을 떠오르게 하는 부분이다. 환경이란 궁극적으로 인간과 자연적 특성 모두를 지칭하는 복합적인 개념으로 이해해야 한다. 그런데도 단지 순간적인 유희 욕구를 충족시키기 위한 기회를 갖고자 하는 소수 사람들의 잘못된 욕망만을 반영하여, 인간과 자연 모두에 큰 피해를 끼칠 수 있는 최악의 환경 파괴를 진행시키고 있는 것은 국가적으로 심각한 상황인 것이다.

이러한 현상은 뛰어난 자연 자원을 보유하고 있는 곳에서 특히 두드러진다. 날로 증가하고 있는 환경 영향 요소들을 고려하지 않고 자연 자원을 무한정 퍼낼 수 있는 우물처럼 인식하는 경향이 지속된다면, 자연은 점차 제 모습을 잃고, 나아가 우리의 생존을 위해 필수적으로 필요한 생활환경마저도 위협받게 될 것이다. 관광 개발로 인한 이와 같은 환경의 변화는 자연환경 자체의 수용 한계를 초과하였을 때 발생하게 되는데, 대부분의 지역에서 심각한 경고음이 들려오고 있는 상황이다. 이에 대한 구체적 사례로 수질 오염, 동·식물 파괴에 따른 생태계의 변화, 관광지와 관광 시즌의 교통 혼잡, 소음 공해, 아름다운 자연환경과 조화를 이루지 못하고 들어서는 각종 관광 시설물들의 부조화와 조망권 침해 등을 들 수 있다.

이외에도 관광 산업이 초래하게 되는 역기능은 교육 환경의 파괴, 주민들 간의 이질화, 관광의 정치 도구화 등 다양한 사회적 측면에서 발견된다. 현대적 의미의 관광 산업이란 지역 주민들의 생존권과 가치 독립성을 확보하는 인간 지향적 산업의 본질을 심하게 왜곡시킬 우려가 있다. 따라서 지금까지 나타난 관광 산업의 부정적 영향을 극복하려는 노력이 없다면 전체적으로 관광 산업은 개선될 수 없으며, 관광 입국으로 진입하려는 꿈은 실현되기 어려울 것임을 명심해야 할 것이다.

1 다음의 주어진 단어를 이용하여 글쓴이가 주장하는 바를 한 문장으로 작성하시오.

> 역기능, 노력, 개선

⇒ ____

≫ 정답예시

관광 산업의 역기능을 극복하고 개선하기 위해 노력해야 한다.

≫ 해설

이 글은 관광 산업의 부정적 영향에 대해 지적한 글로, 경제적, 사회·문화적, 환경적 측면에서 이루어지는 관광 산업의 역기능을 제시하고, 그것을 극복하고 개선하기 위한 인식의 전환과 노력의 필요성에 대해 말하고 있다.

2 ㉠에 대해 반박할 수 있는 사례 한 가지를 한 문장으로 작성하시오.

⇒ ____

≫ 정답예시

관광 시즌에 교통량이 늘어남에 따라 배기가스가 증가하였다.

≫ 해설

'관광 산업은 무공해 산업이다'라는 '정부의 주장'을 비판하려면 글쓴이가 제시한 환경적 역기능의 결과를 근거로 들어야 한다. 즉, 관광 개발로 인한 수질 오염, 동식물 파괴에 따른 생태계의 변화, 관광지와 관광 시즌의 교통 혼잡, 소음 공해, 아름다운 자연환경과 조화를 이루지 못하고 들어서는 각종 관광 시설물들의 부조화와 조망권 침해 등의 현상을 근거로 들어 정부의 주장을 비판할 수 있다.

국어능력인증시험

쓰기파트에서는 좋은 글의 요건을 알고 글을 쓰는 과정에 주의해야 할
내용에 대해 짚고 넘어간다.

쓰기

06 CHAPTER

06 chapter 쓰기

01 좋은 글의 요건

1. **내용의 충실성** : 쓸 것이 있고 쓸 가치가 있는 것으로 내용이 충실해야 한다.

2. **독창성** : 표현·관점·주제면에서 개인의 창의력이 담겨 있어야 한다.

3. **성실성(진실성)** : 글쓴이의 온 정신, 온 마음이 구현되어야 하며, 체험과 표현이 진실해야 한다.

4. **명료성** : 글의 내용이 분명해야 하며, 정확한 어휘를 구사해야 한다.

5. **표현의 경제성** : 불필요한 내용이 없이 간결하게 써야 한다.

6. **논지의 일관성** : 하나의 주제로 일관되어야 한다.

7. **구성의 치밀성** : 논리적인 흐름에 따라야 한다.

 문장쓰기

1. 문장 구조의 선택

① 단순 문장 구조 : 주성분만으로 이루어진 기본 문형으로 글의 내용을 간결·명료하게 전달하며 강렬한 인상을 주지만, 자주 쓰면 미숙하게 보이기 쉽다.

② 확장된 문장 구조
　㉠ 평행 구조로 확장된 문장 : 문법적 구조가 유사하며 균형감, 차이점 강조, 점층적 효과가 있다.
　　예 앞에는 험준한 산이 가로막고 있고, 뒤에는 황량한 사막이 가로막고 있다.
　㉡ 대립 구조로 확장된 문장 : 대조의 원리에 바탕을 두고 있으며, 보다 강렬하고 집약적이다.
　　예 질서는 일종의 희극이지만, 혼란은 일종의 비극이다.
　㉢ 꾸미는 말의 첨가로 확장된 문장 : 구체적이고 섬세한 인상을 준다.
　　예 그 여자는 볼수록 귀엽고 정이 가는, 사근사근한 인상이 지녔다.

2. 문장쓰기의 원리

① 정확성의 원리 : 문법에 맞게 정확하게 쓴다. 주술·존비·시제 등의 호응에 유의하고 수식어의 수식 한계를 명확하게 해야 한다.

② 경제성의 원리 : 필요한 단어를 필요한 만큼만 쓴다. 문장의 길이를 알맞게 조정하고, 장황한 말로 글의 뜻이 모호해지지 않게 주의한다.

③ 동어 반복 회피의 원리 : 동의어나 유의어의 사용, 지시어·접속어의 활용, 성분의 생략 등으로 같은 말의 중복을 피한다.

03 단락쓰기

1. 단락의 뜻과 종류

① 단락의 뜻 : 문장이 모여서 통일된 한 가지 생각을 이루는 글의 덩어리이다.

② 단락의 종류
  ㉠ 형식 단락과 내용 단락
   • 형식 단락 : 행이 바뀌면서 표시되는 소문단 형태의 단락을 말한다.
   • 내용 단락 : 한 개 또는 두 개 이상의 형식 단락이 모여 통일성 있는 내용을 나타내는 단락을 말한다.

  ㉡ 주요 단락과 보조 단락
   • 주요 단락 : 주제가 집약적으로 진술되어 있는 단락으로 중심 또는 핵심 단락을 말한다.
   • 보조 단락 : 주요 단락의 내용을 도와주는 단락으로 도입, 연결, 보충, 예시 단락을 말한다.

2. 단락쓰기의 원리

① 통일성 : 한 단락의 모든 소주제는 한 주제에 수렴되어야 하며, 글 전체의 주제와 통일성을 이뤄야 한다.
② 완결성 : 한 단락의 내용은 원칙적으로 주제문과 뒷받침 문장이 모여서 완전해진다.
③ 일관성 : 한 단락의 여러 문장은 서로 자연스러우면서도 긴밀하게 연결되어야 한다.

04 쓰기의 과정

1. 계획하기(주제 설정)

실력쑥!기출유형문제

다음은 강연내용을 적은 것이다. 이 글을 본론으로 할 때 맺음말로 가장 적절한 것은?

요즘 우리나라에서도 비윤리적인 범죄들이 빈발하고 있는데, 그 주된 원인을 현대 가족제도의 혼란에서 찾는 사람들이 많습니다. 그래서 그 해결방안을 모색하는데 도움이 됐으면 하는 마음으로 우리나라의 전통적인 가족제도에 대해 한말씀 드릴까 합니다. 우리나라는 전통적으로 농경사회와 유교적 이념을 배경으로 하여 가부장적인 대가족제도를 유지해 왔습니다. 전통사회에서 '가정'이라는 말보다는 '집안'이나 '문중'이라는 말이 일반적일 정도로 가족의 범위가 현대사회에 비해 훨씬 넓었으며, 그 기능도 다양하였습니다. 가족은 농경사회에서의 생산이나 소비의 단위일 뿐만 아니라 교육의 기본단위이기도 하였습니다. 이 가족 안에서의 교육을 바탕으로 사회나 국가의 윤리와 질서가 유지되었던 것입니다. 물론 전통적 가족제도는 상하관계를 중시하는 수직구조였으나, 그것이 강압에 의한 것이 아니라 서로간의 애정과 이해를 바탕으로 한 것임은 말할 필요도 없습니다. 예컨대 남편은 남편으로서, 아내는 아내로서, 자식은 자식으로서 자신의 본분을 지켜가며 서로를 신뢰하고 존중하는 것을 기본전제로 해서 형성된 것이 전통적인 가족제도였습니다. 물론 이러한 전통적 가족제도가 현대의 기술, 공업사회에 적합한 것은 결코 아닙니다. 그러나 현대사회의 한 특징인 핵가족화와 그로 인한 가정의 기능상실, 더 나아가 여기에서 파생되는 사회기초윤리의 소멸 등이 문제점으로 부각되고 있는 지금 전통적인 가족제도는 우리에게 많은 암시를 주고 있다고 할 것입니다.

① 어느 사회에서고 그 사회를 지탱하는 가장 기본이 되는 것은 바로 가정이라고 할 수 있습니다.
② 다시 한 번 말하지만 대가족제도가 무너진 것은 바로 현대사회의 산업화에 기인하는 것입니다.
③ 전통적인 가족제도는, 물론 현대를 사는 우리에게 맞지 않는 측면이 많다는 것은 인정합니다.
④ 온고지신(溫故知新)이라는 말이 결코 공허한 표어가 아님을 우리는 깊이 인식해야 할 것입니다.
⑤ 핵가족화에 의한 가족은 전통사회의 가족에 비해 기본단위가 많이 낮아진 것입니다.

Advice 맺음말은 본론에서 말한 핵심내용을 간추림으로써 주제를 강조하는 것이어야 한다. 따라서 주어진 강연의 주제를 가장 잘 함축하면 되는데, 주어진 강연의 주제는 '우리의 전통적인 가족제도에서 현대의 가치관 상실을 극복할 수 있는 교훈을 얻자' 정도가 될 것이다.

답 ④

㉠ 주제 : 글쓴이가 말하고자 하는 중심 내용을 말한다.

㉡ 주제문의 작성

• 문제적 차원에서 설정하여야 한다.

• 주제가 명확해야 글이 논리와 결론을 맺기가 용이해지므로 범위가 좁은 참주제이어야 한다.

• 참신하고 독창적이며 뒷받침할 재료가 충분하여야 한다.

① 글을 쓰는 목적과 글의 종류 : 정보 전달, 독자 설득, 정서의 표현 등의 목적에 따라 구체적인 글의 종류를 정한다.

② 주제 설정

㉠ 주제의 뜻 : 글쓴이가 글을 통해서 나타내고자 하는 중심 생각을 말한다.

㉡ 좋은 주제의 요건

• 너무 크거나 추상적이지 않고 구체적이어야 한다.

• 경험한 것이나 잘 알고 있는 것이어야 한다.

• 여러 사람이 공감할 수 있는 것이어야 한다.

• 개성 있고 참신한 것이어야 한다.

㉢ 주제를 정하는 과정 : '무엇'에 대해 쓸 것인지를 결정한 뒤 그 '무엇'에 관해 떠오르는 생각이나 느낌을 정리한다. 그리고 정리한 생각이나 느낌 중에서 잘 쓸 수 있는 내용을 선택하여 선택한 생각이나 느낌을 하나의 문장으로 나타낸다.

TIP

추론하며 듣기에서 유의할 점

주제문 작성 원칙

㉠ 완결된 문장으로 쓴다(주어＋서술어).

㉡ 간결하고 구체적으로 쓴다.

㉢ 둘 이상의 내용을 담지 않는다.

㉣ 명확한 표현이 되도록 한다.

㉤ 의문문, 비유적·함축적 표현은 피한다.

③ 독자 분석 : 독자의 지적 수준, 나이, 성별, 요구나 관심 사항, 직업, 신분 등을 분석한다.

2. 내용 생성하기(재료 수집과 선택)

① 생각의 발견 : 자유롭게 쓰기, 연관짓기, 토론하기, 질문하기 등의 방법이 있다.

> **TIP**
>
> **소재와 제재**
> ㉠ 소재 : 주제를 살리기 위해 사용되는 알맞은 이야깃거리로 글을 이루는 구체적인 재료이다.
> ㉡ 제재 : 소재 중에서 가장 중심이 되는 이야기이다.

② 재료 수집 : 내용에 관한 전문적인 지식이나 통계 자료 등을 책이나 도서관 등을 통해 수집한다.

> **TIP**
>
> **재료가 갖추어야 할 요건**
> ㉠ 주제를 뒷받침해야 한다.
> ㉡ 풍부하고 다양해야 한다.
> ㉢ 출처가 확실해야 한다.
> ㉣ 글쓴이와 독자의 관심거리이어야 한다.

③ 재료 선정 : 주제와의 관련성, 내용 전개 방법을 고려하여 선택한다.

3. 내용 조직하기(개요 작성)

① 개요(outline) 작성 : 머릿속에서 이룬 구상을 체계적으로 도식화하여 표로 나타낸다.

② 내용 구성의 원리
   ㉠ 통일성 : 주제를 직접 뒷받침하는 내용을 선정한다.
   ㉡ 단계성 : 부분에 따라 그 단계에 맞는 내용을 배치한다.
   ㉢ 응집성 : 내용을 긴밀하게 연결한다.

③ 내용 구성의 종류
   ㉠ 시간적 구성 : 사건의 시간적 순서에 따라 제재를 배열한다.
   ㉡ 공간적 구성 : 시선의 이동이나 사물이 놓여진 순서에 따라 기술한다.
   ㉢ 인과적 구성 : 사건의 원인이나 결과를 드러내야 하는 경우에 효과적인 방법이다.

④ 논리적 구성

　　㉠ **연역적 구성** : 일반적인 내용＋구체적인 내용(주장＋근거)

　　㉡ **귀납적 구성** : 구체적인 내용＋일반적인 내용(근거＋주장)

⑤ 단계식 구성

　　㉠ **3단 구성** : 머리말－본문－맺음말, 서론－본론－결론

　　㉡ **4단 구성** : 기－승－전－결

　　㉢ **5단 구성** : 발단－전개－위기－절정－결말(대단원)

⑥ 문단의 구성 방식

　　㉠ **두괄식** : 중심 문장＋뒷받침 문장들

　　㉡ **양괄식** : 중심 문장＋뒷받침 문장들＋중심 문장

　　㉢ **미괄식** : 뒷받침 문장들＋중심 문장

　　㉣ **중괄식** : 뒷받침 문장들＋중심 문장＋뒷받침 문장들

　　㉤ **병렬식** : 중심 문장이 대등하게 나열되는 구성

4. 표현하기(집필)

① 효과적 표현의 방법

　　㉠ **정확한 표현** : 정확한 단어를 선택해야 한다.

　　㉡ **명료한 표현** : 간결하고 어법에 맞는 문장을 사용해야 한다.

　　㉢ **개성적 표현** : 적절한 표현 기법을 이용해야 한다.

② 접속어와 지시어

　　㉠ 접속어의 종류

관계	내용	접속어의 예
순접	앞의 내용을 이어받아 연결시킴	그리고, 그리하여, 이리하여
역접	앞의 내용과 상반되는 내용을 연결시킴	그러나, 하지만, 그렇지만, 그래도
인과	앞뒤의 문장을 원인과 결과로, 또는 결과와 원인으로 연결시킴	그래서, 따라서, 그러므로, 왜냐하면
전환	뒤의 내용이 앞의 내용과는 다른 새로운 생각이나 사실을 서술하여 화제를 바꾸며 이어줌	그런데, 그러면, 다음으로, 한편, 아무튼

예시	앞의 내용에 대해 구체적인 예를 들어 설명함	예컨대, 이를테면, 예를 들면
대등 · 병렬	앞뒤의 내용을 같은 자격으로 나열하면서 이어줌	그리고, 또는, 및, 혹은, 이와 함께
첨가 · 보충	앞의 내용에 새로운 내용을 덧붙이거나 보충함	그리고, 더구나, 게다가, 뿐만 아니라
확언 · 요약	앞의 내용을 바꾸어 말하거나 간추려 짧게 요약함	요컨대, 즉, 결국, 말하자면

ⓛ 지시어 : 앞 문장에서 언급된 것을 지시함으로써 불필요한 반복을 피할 수 있게 해 주고, 뒷 문장이 앞 문장에 긴밀하게 연결될 수 있게 해 준다.

> 예 이것, 그것, 저것, 이렇게, 그렇게, 저렇게, 이, 그, 저, 이러하다, 그러하다, 저러하다

③ 내용 전개 방법

ㄱ 정의 : 어떤 대상의 범위를 규정짓거나 개념을 풀이한다.

> 예 홍보란 기업에서 이용할 수 있는 커뮤니케이션 방법 중의 하나이다. 그 대상자는 다양한 부류의 사람들은 물론 넓게는 지역 사회 자체가 대상이 될 수 있으며, 기업의 공적인 이미지를 제고시킬 수 있는 뉴스 가치가 있는 사건이나 업적을 그 대상자에게 알림으로써, 각각의 대상들이 지니고 있는 욕구를 충분히 고려하고 조정해 나가는 과정이라고 할 수 있다.

ㄴ 비교 · 대조 : 대상의 공통점이나 차이점을 드러낸다.

> 예 영화는 스크린이라는 일정한 공간 위에 시간적으로 흐르는 예술이며, 연극 또한 무대라는 제한된 공간 위에서 시간적으로 형상화되는 예술이다. 이 두 예술이 다 함께 시간과 공간의 예술이라는 점에서 다른 부문의 예술에 비하여 보다 가까운 위치에 놓여 있음을 알겠다.

ㄷ 예시 : 구체적인 예를 들어 진술의 타당성을 뒷받침한다.

> 예 사진이란 시간을 정지시킨 기록물이다. 정지된 시간은 카메라의 셔터가 찰칵거리는 찰나에 지나지 않는다. 그러나 사진 속에 포착된 시간은 과거의 모든 인과 관계를 담고 있다. 우리는 갈비뼈가 앙상하게 드러난 에티오피아 어린이의 사진을 보면서 그 아이가 그 동안 얼마나 굶었을까를 생각하고, 전쟁터에 쓰러진 병사의 사진을 보면서는 그 이전에 있었을 참혹한 전쟁의 상황과 병사의 고통을 떠올리게 된다. 이처럼 사진은 과거를 향해 열린 창이며 우리는 그 창을 통해 정지된 시간 이전의 사연들을 들여다본다.

ㄹ 분류 : 비슷한 특성에 근거하여 대상들을 나누거나 묶는다.

> 예 동사의 어미 변화는 일정한 법과 형이 따르는데, 서술형, 명령형, 청유형, 약속형, 감탄형, 의문형은 종지법에 속하고, 명사형, 관형사형, 부사형은 전성법에 속하며, 구속형, 방임형, 나열형, 설명형, 비교형, 선택형, 연발형, 중단형, 첨가형, 익심형, 의도형, 목적형, 도급형, 반복형은 접속법에 속한다.

ⓤ **분석** : 어떤 복잡한 것을 단순한 요소나 부분들로 나눈다.

> 예 한 편의 소설을 이루기 위해서는 여러 가지의 구성 요소가 있어야 한다. 흔히 소설의 요소라 하여 주제, 구성, 문체를 들기도 하고, 소설 구성의 3요소라 하여 인물, 사건, 배경을 말하기도 하는데, 말하자면 소설이란 이러한 여러 가지 요소들이 모여서 서로 유기적이고 긴밀한 연관을 맺는 가운데 하나의 효과를 이룬다고 하겠다.

ⓥ **과정** : 어떤 결과를 가져오게 한 행동의 변화, 단계 등에 초점을 둔다.

> 예 오염된 물은 누가 청소하는가? 증발이나 증산 작용과 같은 물 자체의 순환과 분해자, 생산자가 그 역할을 한다. 태양열에 의해 액체인 물이 기체가 되고, 식물의 체내에 있던 수분이 기체가 되어 잎을 통해 발산된다. 이 때 물은, 자기가 용해하여 가지고 있던 물질을 몽땅 그 자리에 둔 채 – 깨끗이 청소된 채 – 자기만 기화한다. 즉, 불순물을 포함하지 않은 순수한 수증기 상태가 되어 구름을 이룬다. 물론, 이 때 공기 중의 먼지가 약간 섞이기는 한다. 구름은 다시 액화되어, 비의 형태로 땅 위에 내린다. 이 물은 지구상의 모든 생물의 세포에까지 흘러들어가서 세포가 필요로 하는 것은 공급해 주고, 필요 없는 것은 세포 밖으로, 그리고 몸 밖으로 깨끗이 치워 준다.

ⓦ **유추** : 두 개의 사물이 여러 면에서 비슷하다는 것을 근거로 다른 속성도 유사할 것이라고 추론한다.

> 예 우리나라는 기후나 지질 조건으로 보아 원래 울창한 삼림이 형성되는 지역이다. 사람이 파괴하지 않은 삼림을 자연림이라고 하는데 이것은 크고 작은 나무, 풀, 이끼 등 제각기 기능이 다른 다양한 종류로 구성되어 있다. 많은 종류들이 교목 층, 아교목 층, 초본 층, 이끼 층 등 공간적으로 여러 층을 형성하여 이른바 다층 사회를 구성한다. 그래서 햇빛을 많이 받는 식물, 중간쯤 받는 식물, 그리고 그늘에서 사는 식물들이 각각 적합한 공간에서 다층 사회의 한 구성원으로서 조화를 유지하고 있는 것이다. 마치 인간 사회에서 농부, 어부, 목수 등 직업이 다양한 사람들이 모여 협력하면서 안정된 생활을 누리는 것과 같다.

ⓧ **인과** : 어떤 결과에 대한 원인, 이유 등을 중심으로 글을 전개한다.

> 예 현대 생활의 특징 중의 하나는 나날의 삶이 점차 대중 문화에 노출되어 가고 있다는 점에서 찾을 수 있다. 기본적으로 현대인은 대중 문화의 소음으로부터 자유로울 수가 없다. 버스 안에서 귀 따갑게 들어야 하는 대중 가요로부터 일간 신문의 요란스러운 책 광고나 영화 광고에 이르기까지 그것은 사람들을 유혹하거나 강압하면서 정신을 산란하게 만들고 있다. 그것은 사람들의 시청각을 독점하면서 사람들로부터 사고의 기회를 빼앗아 가고 있다. 그 결과 특히 청소년들 사이에서는 언어에 의존하여 사고하는 습관을 찾기가 힘들게 되었다.

ⓩ **묘사** : 대상에 대한 그림을 글로 표현하면서 그림들의 세부 요소를 연상적 형태로 배열한다.

> 예 까치는 몸 길이가 45센티미터 안팎으로, 그 중의 반은 꽁지다. 어깨와 배의 하얀 부분을 빼놓은 다른 부분은 언뜻 보아 검은색인데, 각도를 달리하여 보면 날개와 꼬리깃이 아름다운 청록색을 띤다.

ⓒ **서사** : 일정한 시간 동안에 일어나는 행동이나 사건에 초점을 두고 내용을 전개시킨다.

> 예 그들의 이야기를 들으며 매운탕에 소주를 놓고 얼큰하게 취해 갔지만, 나는 끝내 잠자리에 들지 않았다. 자정 넘어서는 강에 나가, 어망으로 물고기를 잡는 불법 어로 행위를 구경하다가, 새벽에 정여진의 방문을 따고 안으로 들어갔다. 예상대로, 많은 잡지와 신문에 둘러싸인 방 한 쪽에 좀 낡아 보이는 컴퓨터 한 대가 놓인 책상이 있었다.

④ **수사법**(표현 기교, 표현 기법)

　㉠ **비유법** : 표현하고자 하는 대상을 다른 대상에 빗대어 나타내는 표현 기법이다.

　　예 직유법, 은유법, 의인법, 활유법, 의성법, 의태법, 풍유법, 대유법, 중의법 등

TIP

대유법

㉠ 제유 : 일부로 전체를 나타낸다.

　예 빵-식량, 십자가-교회

㉡ 환유 : 사물의 특징이나 속성으로 그 사물 자체를 표현한다.

　예 금수강산-우리나라

　㉡ **강조법** : 단조로운 문장을 강렬하고 절실하게 하는 표현 기법이다.

　　예 반복법, 과장법, 열거법, 점층법, 점강법, 비교법, 대조법, 억양법, 미화법, 연쇄법, 영탄법 등

　㉢ **변화법** : 단조롭거나 평범한 문장에 변화를 주어 표현하는 기법이다.

　　예 도치법, 대구법, 설의법, 인용법, 반어법, 역설법, 생략법, 문답법, 돈호법, 명령법 등

TIP

반어와 역설

㉠ 반어(Irony) : 나타내려는 본의(本意)와는 정반대의 뜻으로 표현하는 방법이다.

　예 잘 생겼다(밉상스럽게 생겼다는 뜻을 내포)

㉡ 역설(Parodox, 모순형용) : 표면적으로 이치에 맞지 않는 듯하나 실은 그 속에 진리가 숨어 있는 표현법이다.

　예 용서한다는 것은 최대의 악덕이다. / 님은 갔지만 나는 님을 보내지 아니하였습니다.

5. 고쳐쓰기(퇴고, 글다듬기)

① **고쳐쓰기의 뜻** : 처음 설정한 주제와 작성된 초고 사이의 차이를 발견하여 최초의 주제가 일관성 있고 명확하게 드러나도록 다듬는 글쓰기의 마지막 과정이다.

② **고쳐쓰기의 원칙**
　㉠ **부가(附加)의 원칙** : 부족한 부분, 빠뜨린 부분을 첨가, 보충하여 상세한 표현에 기여한다.
　㉡ **삭제(削除)의 원칙** : 불필요한 부분, 과장이 심한 부분 등을 삭제하여 표현의 긴장감을 높인다.
　㉢ **구성(構成)의 원칙** : 효과적인 내용 전개를 위해 글의 순서를 재구성하여 전개 방식에 논리성을 부여한다.

③ **고쳐쓰기의 방법**
　㉠ **글 전체 수준에서 고쳐쓰기** : 제목의 적절성, 일관성 있는 주제 제시, 구성의 체계성 등을 살핀다.
　㉡ **문단 수준에서 고쳐쓰기** : 문단에 중심 생각이 하나인지, 중심 생각이 주제문으로 잘 표현되었는지, 길이는 적절한지 등을 살핀다.
　㉢ **문장 수준에서 고쳐쓰기** : 문장의 뜻, 어법, 문장의 길이 등을 살핀다.
　㉣ **단어 수준에서 고쳐쓰기** : 단어의 적절성, 띄어쓰기, 맞춤법 등을 살핀다.

출제예상문제

1 다음 자료를 바탕으로 '주5일 근무제의 효율적 활용'이라는 제목으로 글을 쓰려고 한다. 자료 해석이 적절하지 않은 것은?

〈자료1〉

주5일 근무제에 대해 어떤 생각을 갖고 계십니까?

㉠ 주5일 근무제는 노동과 생산성을 중시하던 근로형 사회에서 개인의 삶의 질을 중시하는 여가형 사회로의 변화를 의미합니다.

－○○○ 교수 －

㉡ 주5일 근무제로 여가 활동에 대한 관심이 높아질 것을 예상하여 관광·레저 사업을 새로이 구상하고 있습니다.

－사업가 ○○○ －

㉢ 주5일 근무제로 주중 업무량이 증가하여 오히려 주말에 피곤함을 느낍니다.

－회사원 ○○○ －

〈자료2〉

주5일 근무제가 실시되면 주말에 무엇을 할 계획입니까?

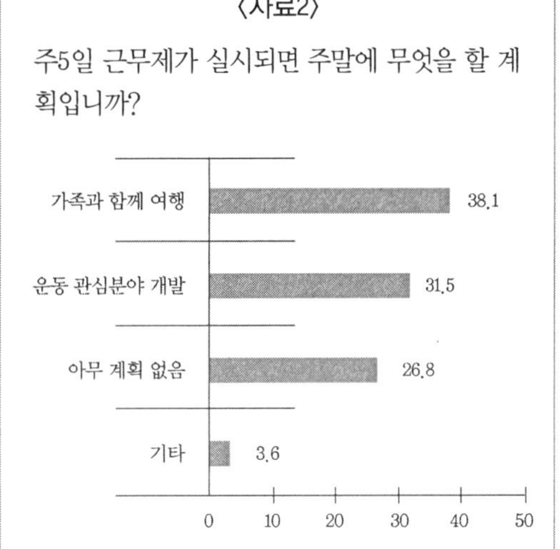

① 다양한 경제 활동 참여로 계층 간의 갈등을 극복할 수 있다.

② 주5일 근무제 시행이 우리 사회의 변화에 미치는 영향이 크다.

③ 주5일 근무제가 주중 업무량의 증가로 근로자에게는 부담이 될 수 있다.

④ 내실 있는 여가 생활을 이끌 수 있는 다양한 프로그램 개발이 필요하다.

⑤ 여가 활동과 관련된 다양한 사업 추진으로 경제 활성화에 도움을 줄 것이다.

advice ① 주5일 근무제는 여가를 중시하는 사회로의 변화를 예고하고 있으며 계층 간의 갈등 극복과는 관계가 없다.

Answer 1.①

2 다음은 '고등학생들의 고민'이라는 제목으로 글을 쓰기 위해 수집한 자료이다. 이 자료에 대한 해석과 활용 방법으로 적절하지 않은 것은?

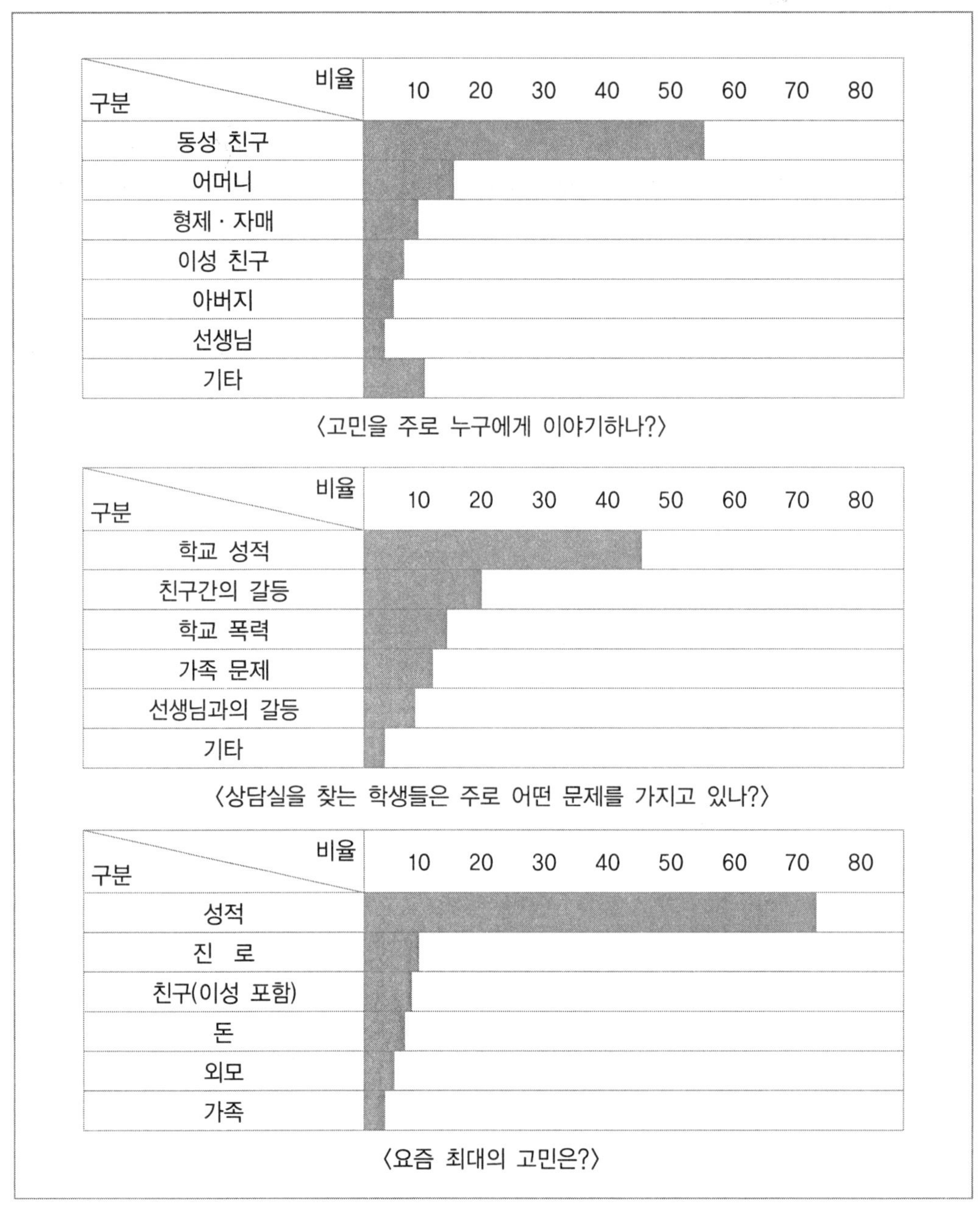

〈고민을 주로 누구에게 이야기하나?〉

〈상담실을 찾는 학생들은 주로 어떤 문제를 가지고 있나?〉

〈요즘 최대의 고민은?〉

① 학교에 학생의 고민을 해결할 수 있는 전문 인력이 부족함을 밝히고 상담 인력을 학교에 충원해야 함을 서술한다.
② 아버지와 고민을 함께 이야기하는 학생들이 적다는 것을 밝히고 아버지와의 대화 시간을 가져야 할 필요성을 서술한다.
③ 학교 성적이 학생들의 최대 고민임을 지적하고 학교에서 성적과 관련된 학생 상담이 좀더 적극적으로 이루어져야 함을 주장한다.
④ 자신의 고민을 선생님께 이야기하는 학생들이 소수에 불과하다는 점을 지적하고 선생님과 학생들이 솔직한 대화를 나눌 수 있는 프로그램이 도입되어야 함을 주장한다.
⑤ 자신의 고민을 친구들과 함께 이야기하는 학생들이 많으므로 학생들 서로가 자신의 이야기를 나누고 서로 상담할 수 있는 '또래 상담'의 시간을 마련할 필요성을 서술한다.

advice ① 주어진 자료를 통해 고등학생의 고민 내용, 대화 상대, 상담실을 찾는 문제 유형 등을 알 수 있다. 그러나 학교에 학생의 고민을 해결할 수 있는 전문 인력이 부족하다는 내용은 없다.

3 다음 자료를 바탕으로 글을 쓸 때 자료에 대한 해석으로 옳지 않은 것은?

연도	출생아 수			추정 여아 수	인공 중절 추계치	
	남아 수	여아 수	여아 백명당 남아 수		건수	비율(%)
1988년	336,824	297,334	113.3	317,758	19,066	6.4
1989년	337,314	301,593	111.8	318,220	19,094	6.3
1990년	348,982	299,221	116.6	329,228	30,007	10.0
1991년	374,190	332,520	112.5	353,009	20,489	6.2
1992년	386,911	340,082	113.8	365,010	24,928	7.3
1993년	381,170	329,959	115.5	359,594	29,635	9.0
1994년	380,489	329,575	115.4	358,951	29,376	8.9

〈자료 : 통계청, 인구 동태 통계 연보, 1994〉

① 자연 출생률은 여아가 남아보다 높다.
② 태아에 대한 성 감별이 행해지고 있다.
③ 인공 중절되는 태아의 대부분이 여아이다.
④ 남아 선호 의식이 성비 불균형을 초래하고 있다.
⑤ 인공 중절 비율이 높을수록 성비 불균형이 심화된다.

advice 자료에서 추정 여아 수는 자연 출생비를 근거로 구해진 것으로, 추정 여아 수가 남아 수보다 적기 때문에 남아의 자연 출생률이 더 높다는 것으로 해석할 수 있다.

Answer 2.① 3.①

4 다음은 '텔레비전 프로그램에 대한 시청률 조사를 중단해야 한다.'는 주제로 글을 쓰기 위해 수집한 자료이다. 글을 쓰는 데 필요한 자료만으로 묶은 것은?

> ㉠ 뉴스 내용이 흥미 위주로 흐르고 있다.
> ㉡ 시청률은 좋은 프로그램 선정의 잣대가 될 수 있다.
> ㉢ 방송사 간의 치열한 경쟁은 프로그램의 질을 높인다.
> ㉣ 텔레비전 프로그램의 선정성과 폭력성이 도를 넘어서고 있다.
> ㉤ 방송사 간의 인기 프로그램 베끼기가 무분별하게 행해지고 있다.
> ㉥ 프로그램의 경쟁력에 따른 광고료의 차등화가 시장 경제 원리에 부합한다.

① ㉠㉡㉢　　　　　　　　　　② ㉠㉣㉤
③ ㉡㉢㉤　　　　　　　　　　④ ㉡㉣㉥
⑤ ㉣㉤㉥

advice '시청률 조사를 중단해야 한다.'는 주제로 글을 쓰려면 시청률 조사가 초래하는 문제점을 찾아야 한다.
㉠㉣㉤ 시청률을 지나치게 의식한 결과라고 할 수 있으므로 글을 쓰는 데 적합한 자료가 된다.
㉡㉢㉥ 시청률 조사가 필요하다는 입장이므로 제시된 주제를 반박하는 자료이다.

5 '만화를 교육적 차원에서 적극 활용하자.'라는 주제로 글을 쓰고자 한다. 다음에서 그 주장의 근거로 적절한 것을 찾아 바르게 묶은 것은?

> ㉠ 상상력을 키울 수 있다.
> ㉡ 폭력적인 표현이 자주 등장한다.
> ㉢ 지나치게 흥미 본위로 되어 있다.
> ㉣ 생략과 단순화로 전달 효과가 크다.
> ㉤ 어려운 이야기도 쉽게 풀어서 전달할 수 있다.
> ㉥ 밑그림과 문자가 결합되어 있어서 흥미를 끌기 쉽다.

① ㉠㉡㉢㉣　　　　　　　　　② ㉠㉡㉣㉤
③ ㉠㉢㉤㉥　　　　　　　　　④ ㉠㉣㉤㉥
⑤ ㉡㉣㉤㉥

advice ㉡㉢은 만화의 단점을 지적한 내용이다.

Answer 4.②　5.④

6 다음의 자료를 활용하여 글을 쓰기 위해 구상한 내용으로 적절하지 않은 것은?

> 우리나라 중학교 여학생의 0.9%, 고등학교 여학생의 7.3%, 남학생의 경우는 중학생의 3.5%, 고등학생의 23.6%가 흡연을 하고 있다. 그리고 매년 청소년 흡연율은 증가하는 추세이다. 청소년보호법에 따르면 미성년자에게 담배를 팔 경우 2년 이하의 징역이나 1천만 원 이하의 벌금, 100만 원 이하의 과징금을 내도록 되어 있다. 그러나 담배 판매상의 잘못된 의식, 시민들의 고발정신 부족 등으로 인해 청소년에게 담배를 판매하는 행위가 제대로 시정되지 않고 있다.
>
> 또한 현재 담배 자동판매기의 대부분(96%)이 국민건강증진법에 허용된 장소에 설치되어 있다고는 하나, 그 장소가 주로 공공건물 내의 식당이나 상가 내 매점 등에 몰려 있다. 이런 장소들은 청소년들의 출입이 용이하기 때문에 그들이 성인의 주민등록증을 도용하여 담배를 사더라도 이를 단속하기가 어려운 실정이다.

① 시사점 : 시민의 관심이 소홀하며 시설 관리 체계가 허술하다.

② 원인 분석 : 법규의 실효성이 미흡하고 상업주의가 만연하고 있다.

③ 보조 자료 : 상가 내 매점 자판기에서 담배를 사는 청소년의 모습이 담긴 사진을 준비한다.

④ 대책 : 국민건강증진법에 맞는 담배 자동판매기를 설치한다.

⑤ 결론 : 현실적으로 실효성이 있는 금연 관련법으로 개정한다.

advice ④ 담배 자동판매기가 국민건강증진법에 허용된 장소에 설치되어 있다고 자료에서 이미 밝히고 있으므로 대책에 대한 구상으로 적절하지 않다.

Answer 6.④

7 '바람직한 인터넷 댓글 문화'라는 제목으로 글을 쓰기 위해 사고 과정을 정리하였다. 다음 중 내용이 적절하지 않은 것은?

사고 과정	내용
주장	바람직하지 못한 댓글에 대해서는 적절한 조치가 필요하다.
근거 1	허위 사실 유포, 비방 등으로 인한 인권 침해가 심각하다. ……………………㉠
근거 2	음란물 유포처럼 댓글을 상업적으로 악용하는 행위가 청소년들에게 나쁜 영향을 준다. ㉡
반 론	개인의 자유로운 댓글을 규제하는 것은 바람직하지 않다. …………………㉢
근거 1	댓글 규제는 건전한 의견 표명까지도 차단할 수 있다. …………………㉣
근거 2	댓글 규제는 세대 간 정보 활용 능력의 격차를 더욱 심화시킨다. ……………㉤
절충안	게시판 댓글란을 유지하되, 본래의 목적에서 벗어난 댓글에 대한 대처 방안을 모색한다.

① ㉠
② ㉡
③ ㉢
④ ㉣
⑤ ㉤

advice ⑤ 댓글의 규제와 세대 간 정보 활용 능력의 격차는 서로 관계가 없다.

8 다음과 같은 개요를 바탕으로 글을 쓰고자 할 때, 그 계획으로 알맞지 않은 것은?

> 주제 : 무분별한 조기 해외 어학 연수의 문제점과 대책
> Ⅰ. 서론
> Ⅱ. 본론
>   1. 조기 해외 어학 연수가 성행하는 이유
>   2. 무분별한 조기 해외 어학 연수의 문제점
>   가. 개인적 차원
>   나. 국가적 차원
> Ⅲ. 결론

① '서론'에서는 조기 해외 어학 연수가 급속히 늘고 있다는 기사를 인용해 최근의 상황을 간략히 진술한다.

② '본론1'에서는 유창한 외국어 실력을 갖춰야 경쟁에서 살아남는 사회 풍조와 국내 외국어 교육의 문제점을 주된 이유로 제시한다.

③ '본론2-가'에서는 시간과 돈의 낭비, 탈선 가능성 등을 지적한다.

Answer 7.⑤ 8.④

④ '본론2-나'에서는 주변 국가와 우리나라의 통계 수치를 비교하면서 우리나라 부모들의 지나친 교육열에 대한 우려의 시각을 드러낸다.

⑤ '결론'에서는 국내 외국어 교육의 근본적인 제도 개선과 새로운 사회 풍조 조성을 문제 해결 방안으로 제시한다.

advice ④ '본론2-나'에서는 무분별한 조기 해외 어학 연수의 국가적 차원의 문제점을 제시해야 한다. 부모들의 지나친 교육열은 국가적 차원의 문제점이라 볼 수 없다.

9 다음의 내용을 서두에 배치하여 '현대 사회에서의 인간 소외의 원인'을 파악하는 글을 쓰고자 한다. 다음에 전개될 내용으로 가장 알맞은 것은?

> 현대를 흔히 인간 소외의 시대라고들 한다. 그것은 현대 사회가 인간의 의지에 의해 움직여지는 것이 아니라, 오히려 인간 자신이 만들어 낸 기계 문명 속에 자신들이 매몰되어 버리기 때문이다.

① 전문적 자기 영역을 개척하고 있는 사람은 사회의 변화에도 능동적으로 대처할 수 있으므로, 자기의 전문 분야에 더욱 매진해야 한다.

② 물질 문명의 발달만을 추구하고 정신적 영역을 등한시하는 가운데 발생한 문제이므로, 정신 문화의 발달을 위해 함께 노력해야 한다.

③ 지구촌 시대에 더불어 살아가기 위해서는 외국어의 습득이 필수적인데, 외국어 능력이 뒤지는 사람은 상대적으로 삶의 어려움을 겪게 된다.

④ 환경과 인간의 조화를 추구하는 현대 사회에서 이 조화의 리듬을 깨뜨리는 행위가 종종 발생하는데, 거기에서 인간은 자신의 존재 가치를 잃게 된다.

⑤ 인간 생활의 향상을 위해 만들어 낸 기계 문명이 너무나 빠른 속도로 발전함에 따라, 그 변화에 적응하려고 발버둥치며 적응하지 못해 소외되는 많은 사람들이 발생하고 있다.

advice 서문의 다음에는 인간 소외의 원인에 대한 글이 이어져야 한다.
⑤ 기계 문명과 긴밀한 연결이 이루어지면서 소외의 문제에 대해 언급하고 있다.

Answer 9.⑤

10 다음의 진술을 뒷받침하는 구체적인 설명을 하고자 할 때, 그 내용으로 가장 적절한 것은?

> 아직까지는 컴퓨터가 인간의 창조적 두뇌를 결코 대신하지 못한다.

① 컴퓨터 프로그램의 개발에 더 많은 관심과 투자가 필요하다.
② 컴퓨터 프로그램을 구입하여 사용할 때는 신중한 검토가 필요하다.
③ 고성능 컴퓨터를 만들어 냈다고 하지만, 인간의 창조력에는 한계가 있다.
④ 앞으로 인간의 지능을 능가하는 컴퓨터가 만들어지면 그 컴퓨터가 인간을 지배하는 시대가 올 것이다.
⑤ 컴퓨터는 창의적인 문장을 만들지 못하며, 함축적 언어로 된 문장은 단 한 줄도 제대로 풀이하지 못한다.

advice ⑤ 컴퓨터가 인간의 창조적 두뇌보다 못한 점에 대한 구체적 예를 보여주고 있으므로 진술 문장에 대한 구체적 설명으로 적절하다.

11 다음은 '현대 사회의 발전과 환경 문제'라는 제목으로 쓴 글의 결론 부분이다. 이 글로 미루어 볼 때, 서론이나 본론 부분에서 언급할 수 있는 내용으로 적절하지 않은 것은?

> 이상에서 우리는 환경 오염의 원인과 그 해결책에 대해 살펴보았다. 환경 문제는 현대 산업 사회의 발달 과정에서 생겨난 것이다. 그렇다고 해서 우리는 산업화를 포기할 수는 없다. 환경을 보존하자는 것이 우리들이 후손들에게 잠시 빌려 쓰고 있는 지구를 온전하게 물려주어 그들의 편안한 삶을 보장해 줄 수 있는 것과 마찬가지로 산업화 역시 현재의 우리들에게 편안하고 윤택한 삶을 제공해 주기 때문이다. 그러므로 우리는 산업화를 계속해서 추진하되, 우리 후손들에게 물려줄 지구의 환경을 생각하여 항상 환경을 보존하는 차원에서 모든 일을 추진해야 할 것이다.

① 지역별 환경 감시 단체 결성
② 산업화의 전개에 따른 생산성 향상
③ 환경을 무시한 성장 일변도의 경제 정책
④ 산업화에 따른 환경 오염 문제의 심각성
⑤ 환경 보존의 필요성에 대한 국민들의 인식 부족

advice 서론과 본론에서 '환경 오염의 원인과 그 해결책'에 대해 언급하고 있는데, ②는 그와 직접적인 관련이 없는 내용이다.
①③⑤ 본론 부분에서 다루어야 할 내용이다.
④ 이 글의 서론 부분에 제시되어 산업화로 인해 삶의 질은 향상되었으나 그 반작용으로 환경 오염의 문제가 심각해졌음을 제기하는 내용으로 적절하다.

Answer 10.⑤ 11.②

12 다음의 조건을 지켜 '나의 취미'라는 제목으로 글을 쓰려고 한다. 그 내용으로 적절한 것은?

> • 한자 성어나 속담을 적절히 활용한다.
> • 취미를 통해 얻는 효과를 드러낸다.
> • 대상을 의인화한 표현 기법을 사용한다.

① '금강산도 식후경'이라는 말이 있습니다. 먹는 것이 무엇보다 중요하다는 뜻입니다. 저는 이 먹을 것, 음식을 만드는 것이 취미입니다. 칼과 도마, 냄비는 나의 죽마고우(竹馬故友)입니다. 물론 제가 가게에 가서 직접 고른 음식 재료는 제 사랑의 손길을 기다리는 예쁜 기구들입니다.

② '요산요수(樂山樂水)'라는 말로 제 취미를 소개하겠습니다. 이 말처럼 저는 산과 물을 찾아 여행하는 것을 좋아합니다. 주말이 되면 부모님과 함께 비단처럼 아름다운 색채가 펼쳐진 산에 올라 호연지기(浩然之氣)를 키우고, 방학에는 눈이 시리게 맑은 바다로 가서 드넓은 수면에 마음을 묻기도 합니다.

③ '사면초가(四面楚歌)'하면 떠오르는 놀이가 무엇일까요? 바로 한나라와 초나라의 싸움, 곧 장기입니다. 성격이 급한 저는 장기를 두면서, 허투루 일을 했다가는 사면초가라는 말처럼 곤경에 빠진다는 것을 깨달았습니다. '돌다리도 두드려 보고 건너라.'라는 말의 의미를 장기를 통해 깨달았다고 할 수 있습니다.

④ '남아수독오거서(男兒須獨五車書)'라는 말처럼 저는 책을 무척 좋아합니다. 여유가 생길 때마다 저는 책의 손을 잡고 세계 여러 나라를 돌아다니기도 하고 그와 함께 역사 속으로 여행을 떠나기도 합니다. 저는 그 여행 과정에서 여러 사람들을 만나고 다양한 문화를 접하면서 세상을 바라보는 안목을 넓혀 갑니다.

⑤ '주마가편(走馬加鞭)'이라는 말처럼, 저는 달리기가 취미입니다. 가볍게 달리다 보면 옆의 나무들이 저에게 수고한다고 손을 흔들고, 태양이 환한 웃음을 저에게 보냅니다. 중간에 힘들어서 포기하고 싶었던 때를 여러 번 극복하면서, 제 삶에 고난이 닥쳐도 달릴 때의 인내심으로 극복할 수 있으리라는 자신감을 얻었습니다.

 ④ '남아수독오거서(男兒須獨五車書)'라는 한자 성어가 독서와 관련이 있고, '책의 손을 잡는다.'는 표현에서 의인법을 찾을 수 있으며, '세상을 바라보는 안목을 넓힌다.'는 성취감 및 효과를 드러내고 있다.
① 취미를 통해 얻는 효과가 드러나지 않았다.
②③ 대상을 의인화한 표현 기법을 사용하지 않았다.
⑤ '주마가편(走馬加鞭)'이라는 한자 성어와 취미인 '달리기'가 어울리지 않는다. '주마가편'은 잘하는 사람을 더욱 장려함을 이르는 말이다.

Answer 12.④

13 ㉠~㉤ 중 글의 흐름으로 볼 때 삭제해도 되는 문장은?

> ㉠영어 공부를 오랜만에 하는 분이나 회화를 체계적으로 연습한 적이 없는 분들을 위한 기초 영어 회화 교재가 나왔습니다. ㉡이제 이 책으로 두루두루 사용할 수 있는 기본 문형을 반복 훈련하십시오. ㉢이 책은 우선 머뭇거리지 않고 첫 단어를 말할 수 있게 입을 터줄 것입니다. ㉣저자는 수년간 언어 장애인을 치료, 연구하고 있는 권위 있는 의사입니다. ㉤테이프만 들어서도 웬만한 내용은 소화할 수 있게 이 책은 구성되었습니다.

① ㉠
② ㉡
③ ㉢
④ ㉣
⑤ ㉤

advice 이 글은 새로 나온 영어 학습 교재를 독자에게 소개하면서, 책의 용도, 구성, 학습 효과 등을 설명하고 있다. ④ 언어 장애인을 치료하는 전문가였다는 내용은 이 책의 소개 내용과 아무 관계가 없다.

14 다음 중 주제문과 뒷받침 문장의 결속이 가장 자연스러운 것은?

① 환경 보존은 환경의 중요성에 대한 인식의 확산에서부터 비롯된다. 환경 보존은 크게는 인류 전체의 문제이기도 하지만, 작게는 바로 우리 동네와 나 자신의 삶과도 직결되는 문제라는 점이 바로 그 이유가 된다.

② 현대의 의학에서는 서양 의학과 동양 의학의 결합이 중요한 과제로 등장하고 있다. 서양 의학은 구체적인 증상에 대한 치료나 외과적 처치에서는 우수하지만 근원적인 원인의 치료에서는 미흡함을 보이고 있기 때문이다.

③ 지적 재산권 보호는 앞으로의 산업에서 아주 중요한 쟁점이 될 것임에 틀림없다. 그런데 지적 재산권은 구체적인 사물에 대한 소유권과는 달리 관념적인 것을 그 대상으로 하는 것이서 그 보호에 여러 가지 난점이 없지 않다.

④ 하나의 현상은 그것이 속한 전체 속에서 파악될 때에 비로소 올바르게 이해될 수 있다. 그러나 지금까지의 인류의 역사에서는, 특히 지금까지의 과학에서는 이러한 전체적 관점보다는 개별적이고 분석적인 관점이 중시되어 왔다.

⑤ 언어는 그것을 사용하는 사람의 인격을 반영한다고 한다. 그것은 한 사람의 인격은 그 사람이 지니고 있는 내면적 사상과 감정을 바탕으로 형성되는 것이며, 이러한 사상과 감정은 곧 그 사람의 언어를 통해서 표현되는 것이기 때문이다.

Answer 13.④ 14.⑤

15 다음 중 주제 문장과 뒷받침 문장이 가장 긴밀하게 연결된 것은?

① 시는 음악성과 회화성을 지닌다. 시의 회화성이란 시어가 형성하는 아름다운 이미지를 말한다. 이
는 우리가 시를 읽을 때, 마음 속에 떠올릴 수 있는 갖가지 심상, 곧 마음의 그림이다.

② 민화의 멋은 실용성에 있다. 민화는 철저히 실용을 목적으로 한, 필요에 의한 산물이다. 사회적
신분이나 학식 같은 것을 내세운 감상용이 아니라, 서민들이 일상생활에서 긴요하게 쓰기 위해
그린 그림이다.

③ 칸타타란 소나타의 반대말로, 소나타가 '소리내거나 악기로 연주할 작품'이란 뜻인 반면 '노래로
부를 작품'이란 뜻이다. 보통 독창, 합창 및 관현악이 뒤섞인다. 이 칸타타 형식은 바흐에 이르러
최고의 경지에 달했다.

④ 역사를 보는 방법에는 여러 가지가 있다. 가장 간단한 방법은 석기 시대의 인간과 오늘날 우리들과
의 주요한 차이점에 대해 생각하는 것이다. 동굴인들의 육체적인 힘은 우리보다 훨씬 강했겠지만,
그들의 생활은 우리의 생활보다 훨씬 위험했고 또 재미도 별로 없었을 것이다.

⑤ 인간의 역사는 생각하고 표현하는 자유, 즉 사상의 자유가 꾸준히 확대되는 방향으로 발전해 왔다.
고려 시대나 조선 시대의 그렇게 엄격했던 신분제가 폐지되어 종이나 하인 등 신분 제도에 의해
차별 받던 계층이 없어졌고, 일제 시대까지 엄존했던 백정 계급이 없어진 것을 보면 이를 알 수
있다.

Answer 15.②

16 다음 중 주제문과 뒷받침 문장의 연결이 긴밀하지 못한 것은?

① 수치심이 자아와 관련된 일시적 감정이라면, 열등감은 장기적 감정이다. 사람들은 누구나 모종의 열등감이나 콤플렉스를 느끼고 산다. 이러한 느낌 때문에 스트레스가 쌓이고 삶이 고달파진다.

② 나무는 주어진 분수에 만족할 줄 안다. 나무로 태어난 것을 탓하지 아니하고, 왜 여기 놓이고 저기 놓이지 않았는가를 말하지 아니한다. 등성이에 서면 햇살이 따사로울까, 골짜기에 내려서면 물이 좋을까 하여, 새로운 자리를 엿보는 일도 없다.

③ 생활 주변에는 여러 가지 예술 작품들이 있다. 많은 젊은이들이 감명 깊게 읽는, 윤동주의 〈별 헤는 밤〉은 문학이면서 예술이다. 미술관에 전시된 그림, 조각품, 도자기도, 연극, 무용도, 라디오에서 흘러나오는 장엄한 교향악, 구성진 민요, 그리고 변진섭, 양수경의 노래도 모두 예술이다.

④ 토속 신앙의 특징은 그 내용이 세계의 어디에서나 공통적이고 거의 동일하다는 사실이다. 우리나라 동해안의 별신굿이나 루마니아 농촌의 봄의 축제나 멜라네시아의 아오리제(풍어를 기원하는 제사) 따위가 갖는 신앙의 내용은 그 형태의 이질성에도 불구하고 그 동기나 축원의 내용이나 그 현실성에서는 완전히 동질적이다.

⑤ 융은 두 가지의 무의식이 있다고 했다. 하나는 개인 무의식이고 또 하나는 집단 무의식이다. 개인 무의식은 그 개인이 어릴 때부터 쌓아 온 의식적인 경험이 인생을 통하여 무의식에 억압되어 그의 경험, 사고, 감정, 행동에 영향을 주는 것이고, 집단 무의식은 옛 조상이 경험했던 의식이 쌓인 것으로서 사람들의 공통된 정신의 바탕이고 경향이며 경험의 정해진 틀이라는 것이다.

advice ① 세 번째 문장에서 결과를 분석하여 주제에서 벗어났다.

17 다음의 서술 방식과 가장 유사한 것은?

> 현악기 계통의 악기는 흔히 두 가지가 부류로 구분된다. 찰현 악기(擦絃樂器) 계통과 안현 악기(按絃樂器) 계통이 그것이다. 서양의 바이올린이나 우리나라의 해금같이 활로 악기의 줄을 마찰해서 소리를 내는 것이 전자의 악기이고, 서양의 하프나 우리의 거문고처럼 악기의 줄을 손가락으로 뚱기거나 뜯어서 소리를 내는 것이 후자의 계보에 속하는 악기이다.

① 천마총은 경주시 황남동 제155호 고분이다. 1973년에 발굴되었는데, 금관과 천마도가 나옴으로써 유명해졌다. 이 고분은 지름 47m, 높이 12.7m의 완전한 봉토분이며, 세심한 발굴을 통해 매장물의 본디 모습을 되살릴 수 있었다.

② 이놈이 썩 묘하게 생겼습니다. 위선 부룩 송아지 대가리같이 머리가 곱슬곱슬하고 노랗기까지 한 게 장관이요, 그런 대가리가 어쩌면 그렇게도 큰지 남의 것 같습니다. 눈은 사팔이어서 얼굴을 모로 돌려야 똑바로 보이고, 코는 비가 오면 숙여야 합니다. 나이는 스무 살인데 그것은 이 애한테만 세월이 특별히 빨리 갔는지, 열 살은 에누리 없이 부족합니다.

③ 사람은 사회적 동물이다. 사람은 본성적으로 다른 사람들과 공동체를 이루어 살게 되어 있다. 따라서, 자기 자신만을 내세우는 유아독존적 생활 태도는 지양되어야 한다. 토마스 만의 말대로 인간은 하나하나의 개체로서가 아니라 그 개체의 상호 연합에 의해서만 위대성이 구현되기 때문이다.

④ 송 영감은 다시 일어나 기기 시작했다. 가마 안으로, 무언가 지금의 온기로써 부족이라도 한 듯이, 곧 예삿사람으로는 더 견딜 수 없는 뜨거운 데가지 이르렀다. 그런데도 송 영감은 기기를 멈추지 않았다. 그렇다고 그냥 덮어놓고 기는 것은 아니었다. 지금 마지막으로 남은 생명이 발산하는 듯 어둑한 속에서도 이상스레 빛나는 송 영감의 눈은 무엇을 찾고 있는 것이었다.

⑤ 칼뱅의 교의가 불러일으킨 내적 고립감은 두 가지 방식으로 해소되었다. 우리는 자신이 선택된 자인지를 살아 있는 동안에는 알 수 없으므로, 스스로 선택되었다고 믿고 살아가는 것이 중요하다는 생각이 그 하나이다. 또 다른 하나의 방식은, 신에게 선택된 자는 살아 있는 동안에도 훌륭한 일을 하면서 금전적 은총을 누릴 것이고, 그러므로 현재 금전적인 여유를 누리고 있는 사람은 선택된 자일 가능성이 높다는 생각이다.

advice 서문은 분류의 서술(전개) 방식이 사용되었다.
　　　① 설명　② 묘사　③ 논증　④ 서사　⑤ 분류

Answer 17.⑤

18 다음의 진술 방식과 가장 유사한 것은?

> 마을에서 면사무소로 올라가는 자드락길 초입에 우리집이 있었다. 닭 몇 마리를 놓아 기를 만한 조그만 뜨락을 둘러친 울바자가 있었고, 그 울바자 너머로는 언제나 먼지와 허섭스레기가 흩날리는 장텃거리가 있고, 거기선 닷새마다 한 번씩 저자가 섰다.

① 풍수와 달리 도깨비는 그 실체가 막연하다. 풍수는 일정한 지세를 토대로 형성된 전통 지리학으로서 과학적 접근이 가능하나, 도깨비는 관념 속에 존재하는 전통적인 신격(神格)이어서 그 실체를 과학적으로 검증할 길이 없다.

② 그는 양평서 오정이 거의 되어서 떠나서, 해 져 갈 즈음해서 백 리를 거의 와서 어떤 높은 고개를 올라섰다. 칼날 같은 바람이 뺨을 친다. 그는 고개를 숙여 앞을 내려다보다가, 소나무 밑에 희끄무레한 사람의 모양을 보았다. 그 곳을 곧 달려가 보았다.

③ 길은 지금 긴 산허리에 걸려 있다. 밤중을 지난 무렵인지 죽은 듯이 고요한 속에서 짐승 같은 달의 숨소리가 눈에 잡힐 듯이 들리며, 콩포기와 옥수수 잎새가 한층 달에 푸르게 젖었다. 산허리는 온통 메밀밭이어서 피기 시작한 꽃이 소금을 뿌린 듯이 흐뭇한 달빛에 숨이 막힐 지경이다.

④ 설명(說明)이란 듣는이가 잘 모르고 있는 사실이나 사물, 현상, 사건에 대하여 알 수 있도록 풀어서 말하는 것이다. 단어의 의미, 용어의 정의, 사회적·경제적 현상의 원인과 결과에 대한 설명 등으로부터 사물이나 인물에 관한 묘사, 자신의 견해나 입장에 대한 해명에 이르기까지 모두 설명의 범위 안에 든다.

⑤ 슈반이 렌즈를 통해 항상 추적하고 있던 대상은 조직의 아주 작은 구조였다. 그는 표본을 이 잡듯이 조사하였다. 그 가운데서 그가 세운 가설에서 벗어난 것은 하나도 없었다. 모든 동물의 몸은 세포의 집합체로 형성되어 있으며, 세포는 모두 닮은 모양이었다. 이렇게 해서 슈반은 세포설을 발표하게 된 것이다.

advice 서문은 묘사의 방법으로 진술하고 있다.
① 대조 ② 서사 ③ 묘사 ④ 정의 ⑤ 과정

Answer 18.③

19 다음의 서술 방식과 가장 유사한 것은?

> 삼국 시대에 새로운 문물을 가지고 일본에 건너 간 우리나라 사람들은 일본의 토착민들을 교화시켰다. 백제의 아직기와 왕인은 일본에 건너가서 한문을 가르쳤는데, 이 때 한학은 일본인에게 문학의 필요성을 인식시켜 주었으며, 유교의 충효 사상도 보급시켜 주었다. 또, 백제는 불교, 경전, 불상과 5경 박사, 의박사, 역박사, 그리고 화가와 공예 기술자 등을 보냈다. 그와 같은 영향으로 5층탑도 세워지고, 백제 가람이라는 건축 양식도 생기게 되었다.

① 언어는 연속적으로 이루어져 있는 세계를 불연속적인 것으로 끊어서 표현한다. 언어의 이러한 특성을 분절성이라고 한다. 예를 들어 무지개의 색깔이 단지 '빨강, 주황, 노랑, 초록, 파랑, 남색, 보라' 일곱 개로 이루어져 있는 것만은 아니며, 어떤 얼음이나 눈도 똑같은 '하얀' 색깔은 아니다.

② 거대한 기계의 일부분도 그 부분만 분리되면 아무 쓸모 없는 고철이 될 수도 있다. 기계의 일부분은 전체의 체계 속에서만 진정한 기능(機能)을 발휘하게 되는 것이다. 우리가 독서를 할 때에는, 이와 같이 어느 한 부분의 내용도 한 편의 글이라는 전체의 구조 속에서 파악하여야만 그 바른 의미를 이해할 수 있다.

③ 한 편의 소설을 이루기 위해서는 여러 가지의 구성 요소가 있어야 한다. 흔히 소설의 요소라 하여 주제, 구성, 문체를 들기도 하고, 소설 구성의 3요소라 하여 인물, 사건, 배경을 말하기도 하는데, 말하자면 소설이란 이러한 여러 가지 요소들이 모여서 서로 유기적이고 긴밀한 연관을 맺는 가운데 하나의 효과를 이룬다고 하겠다.

④ 책을 이용하는 방식은 크게 두 가지로 나뉜다. 첫 번째는 신간 소개를 보고 책의 제목만 외워, 그것들을 알고 있다고 자랑하는 것이다. 두 번째는 서평과 요약문을 통해 책에 대한 이해를 얻는 것이다. 마치 통조림 속의 손질된 물고기를 먹어 영양분을 섭취하는 것처럼, 직접 책을 읽는 수고로움 없이 남이 써 놓은 서평과 요약문을 통해서 책에 담긴 자양분을 섭취하는 것이다.

⑤ 옛날에는 오히려 사회 생활의 비중을 정신적인 것이 더 많이 차지해 왔다. 종교, 학문, 이상 등의 존중되었고, 그 정치적 가치가 쉬 인정받았다. 그러나 현대 사회로 넘어오면서부터 모든 것이 물질 만능주의로 기울어지고 있다. 그것은 세계적인 현상이며, 한국도 예외는 아니다. 물론, 그 중요한 원인이 된 것은 현대 산업 사회의 비대성(肥大性)이다. 산업 사회는 기계와 기술을 개발했고, 공업에 의한 대량 생산과 소비를 가능케 했다. 사람들은 물질적 부를 즐기는 방향으로 쏠렸는가 하면, 사회의 가치 평가가 부(富)를 기준으로 삼기에 이르렀다.

advice 서문은 구체적인 예를 들어 진술의 타당성을 뒷받침하고 있는 예시의 방법을 사용하여 진술하고 있다.
① 예시 ② 유추 ③ 분석 ④ 분류
⑤ 인과의 방법으로 진술하고 있다. 현대 사회가 물질 만능주의로 기울어진 결과를 먼저 제시하고, 현대 산업 사회의 비대성을 그 원인으로 지적하고 있다.

Answer 19.①

20 ㉠~㉤을 고쳐 쓴 것으로 적절하지 않은 것은?

> ㉠일설에는 공기가 탁하기 때문에 서울에서는 좀처럼 감이 열리지 않는다고 한다. ㉡뜨락에는 많지 않은 감이 감나무에 열렸다. ㉢물론 감이 풍성하게 열린 집도 있을 것이다. ㉣수천 대의 시내 버스가 내뿜는 매연의 피해는 참으로 막대한 것이다. ㉤시내에 나가면 숨이 막힐 지경이다. ㉥이미 서울의 공기 오염은 수목과 인간에게 피해를 미친다.

① ㉠을 '서울에서는 좀처럼 감이 열리지 않는다고 한다. 일설에는 공기가 탁하기 때문이라고 한다.'로 나누어 논리적 관계를 확실하게 한다.

② ㉡을 '금년에도 뜨락의 감나무엔 겨우 서너 개의 감이 열렸을 뿐이다.'와 같이 배열하여 '겨우 서너 개의 감'을 부각시킨다.

③ ㉢은 삭제하든지 ㉡의 앞으로 옮겨 '아직 공기가 오염되지 않은 산기슭의 집 중에는 감이 풍성하게 열린 집도 있을 것이다.'로 바꾸어 쓴다.

④ ㉣과 ㉤의 두 문장을 '수천 대의 시내 버스가 내뿜는 매연의 피해는 참으로 막대한 것으로, 시내에서는 숨이 막힌다.'와 같이 결합하여 쓴다.

⑤ ㉥은 소주제문으로 사태의 심각성과 절박함을 강조하기 위해서 '인간에게까지도 피해를 미치고 있는 것이다.'와 같이 단정적으로 고쳐 쓴다.

advice ㉣과 ㉤은 결합하지 않는 것이 오히려 논지가 더 명료하게 드러난다.
㉣은 시내 버스만이 매연을 내뿜는 것이 아니므로 '수많은 차량이 내뿜는 ~'으로 고치는 것이 적절하다. ㉥은 전체의 소주제문이며, ㉢은 논점에서 벗어나 있다.

21 다음은 글쓰기의 절차이다. ㉠, ㉡에 들어갈 알맞은 말은?

> (㉠) → 내용 생성하기 → (㉡) → 표현하기 → 고쳐쓰기

① ㉠ 구성하기 ㉡ 제재 찾기 　② ㉠ 글다듬기 ㉡ 주제 정하기
③ ㉠ 계획하기 ㉡ 내용 조직하기 　④ ㉠ 내용 선정하기 ㉡ 주제 정하기
⑤ ㉠ 구성하기 ㉡ 내용 조직하기

advice 글쓰기(작문)의 절차 : 계획하기(주제 설정) → 내용 생성하기(재료 수집과 선택) → 내용 조직하기(개요 작성) → 표현하기(집필) → 고쳐쓰기(퇴고)

<hr>

Answer 20.④ 21.③

22 '여성의 사회 진출'에 대해 찬성하는 글을 쓰고자 한다. 다음 중 그 근거로 적당하지 않은 것은?

① 여성의 섬세한 손길이 필요한 분야가 많다.
② 여성의 고유한 역할은 가정에서 발휘되어야 한다.
③ 여성에게도 자아 실현을 위한 기회를 주어야 한다.
④ 여성에게도 사회에 대한 봉사의 기회를 줄 수 있다.
⑤ 부부의 맞벌이를 통해 가정이 경제적으로 안정된다.

advice 주장에 대한 근거는 객관적이며 보편적이어야 한다.
② '여성의 사회 진출'에 대해 반대하는 글에 적합한 근거이다.

23 다음 세부 내용을 포괄할 수 있는 제목으로 알맞은 것은?

> • 바지 길이가 짧으면 인색하거나 경망스러워 보이며, 길면 느슨하거나 게을러 보인다.
> • 지나치게 꼭 끼는 옷을 입으면 초라하고 궁색해 보이며, 반대로 너무 헐렁한 옷을 입으면 절도가 없어 보인다.
> • 정장 신사복에 흰색 양말은 금물이니, 바지나 구두의 색에 맞추는 것이 좋다.
> • 정장 신사복에는 숫자로 시간을 알리는 디지털 손목시계보다는 아날로그시계가 중후한 느낌을 준다.
> • 정장 신사복의 가슴 주머니는 원래 장식용으로 만들어진 것이므로 펜이나 안경을 꽂지 않는다.
> • 넥타이는 끝부분이 버클을 살짝 가릴 정도의 길이가 좋다.

① 정장을 고르는 요령
② 예절에 맞는 옷차림
③ 남성 정장에 따르는 장식
④ 정장 신사복을 잘 입는 요령
⑤ 계절에 맞게 정장을 잘 입는 방법

advice 제목은 글의 세부 내용들을 포괄하며 글의 주제와 관련 있는 내용으로 정한다.

Answer 22.② 23.④

24 다음 글의 주제를 분명히 드러내기 위해 (　　) 안에 들어갈 알맞은 말은?

> 　우리 속담 가운데 "콩 심은 데 콩 나고, 팥 심은 데 팥 난다."라는 말이 있다. 공부하지 않고 성적이 향상되기를 바라는 사람에게 주는 교훈이다. 농부가 씨앗을 잘 간수해 두었다가 때를 맞추어 뿌리고, 심고, 가꾸어야 풍성한 결실을 거둘 수 있다. 돈을 낭비하면 가난뱅이가 되고, 시간을 낭비하면 낙오자가 된다.
> 　논밭을 망치는 것은 잡초요, 사람을 망치는 것은 허영이다. 모든 일은 심은 대로 거두는 것이다. 우리는 심은 것을 거두는 (　　)(을)를 마음속에 되새겨야 할 것이다.

① 자연이 주는 혜택　　　　　　　② 인과응보의 진리
③ 긍정적 사고방식　　　　　　　④ 낭비하지 않는 습관
⑤ 성공과 실패의 차이

advice　제시된 글의 주제는 '모든 일은 원인에 따라 결과를 맺는다.'이다.

25 다음 글의 주제를 뒷받침하는 내용으로 적당하지 않은 것은?

> 　사람들은 현재의 생활환경을 더욱더 나은 환경으로 개선하기 위해 많은 노력을 한다. 아파트가 몰려 있는 지역에서는 부녀회 등을 만들어서 화단에 나무와 꽃을 심는 일, 탁아소를 운영하는 일 등 여러 가지 생활 문제를 협의한다. 그리고 사람들은 주차 공간을 확보하기 위해 서로 싸우기도 한다. 농어촌에서는 협동조합을 만들어 운영한다. 협동조합은 농산물이나 축산물, 수산물 등을 공동으로 내다 팔아 생산자가 손해를 입지 않도록 한다. 회사원들은 자신들의 근무 조건을 개선하고 권리를 보호하기 위하여 노동조합을 만들어 문제점을 서로 토의하여 해결해 나가기도 한다.

① 농어촌에서는 협동조합을 만들어 운영한다.
② 사람들이 주차 공간을 확보하려고 서로 싸운다.
③ 아파트 부녀회에서 화단에 나무와 꽃을 심는다.
④ 회사원은 노동조합을 만들어 문제점을 토의한다.
⑤ 아파트 부녀회에서는 여러 가지 생활 문제를 협의한다.

advice　제시된 글의 주제는 '사람들이 생활환경 개선을 위해 노력한다.'이다.
　　　② 주제와 관계가 없는 내용이다.

Answer　24.②　25.②

26 다음 제시된 주제문을 뒷받침하는 내용으로 적절한 것은?

> 인간은 일상 생활에서 다양한 역할을 수행한다.

① 교통과 통신의 발달로 멀리 있는 사람들 사이에도 왕래가 많아지며, 인간관계가 깊어지고 있다.
② 인간은 생활 속에서 때로는 화를 내며 상대를 미워하기도 하고, 때로는 웃으며 상대를 이해하기도 한다.
③ 누구나 가정에서는 가족의 일원, 학교에서는 학생의 일원, 그리고 지역 사회에서는 그 사회의 일원으로 생활하게 되어 있다.
④ 인간은 혼자가 아니라 사회 속에서 여러 사람과 더불어 살아가고 있기 때문에 개인의 행동은 사회에 영향을 끼칠 수밖에 없다.
⑤ 인간은 역사 발전을 위해 노력하지만 모든 이들이 그렇게 하는 것은 아니며, 선천적으로 영웅으로 태어난 인간에 의해 그 사회가 결정되는 수가 많다.

advice '인간은 일상생활에서 다양한 역할을 수행한다.'는 일반적 진술을 뒷받침하기 위해서는 다양한 역할이 무엇인지에 대한 구체화가 이어져야 한다.

27 다음은 '과소비의 문제점과 대책'이라는 제목으로 글을 쓰기 위해 개요를 작성한 것이다.
（　　）안에 들어갈 내용으로 알맞지 않은 것은?

> Ⅰ. 서론 : 현재의 과소비 실태 소개
> 　　㉠ 유명 상표 선호 현상
> 　　㉡ 고가 외제 물건 구매 현상
> Ⅱ. 본론 : 과소비의 문제점과 억제 방안 제시
> 　　㉠ 과소비의 문제점 : （　　　　　　　）
> 　　㉡ 과소비의 억제 방안
> 　　　•근검절약의 사회 기풍 진작
> 　　　•과소비에 대한 무거운 세금 부과
> 　　　•건전한 소비 생활 운동 전개
> Ⅲ. 결론 : 건전한 소비문화의 정착 강조

① 소비재 산업의 기형적 발전　　　　② 개방화에 따른 외국 상품의 범람
③ 충동 구매로 인한 가계 부담의 가중　④ 저축률 하락으로 인한 투자 재원의 부족
⑤ 소득 수준의 차이에서 오는 계층 간의 위화감

advice ② '개방화에 따른 외국 상품의 범람'은 과소비를 부추기는 원인은 될 수 있으나 과소비의 문제점이라고는 할 수 없다.

Answer 26.③ 27.②

28 다음 글에 쓰인 진술 방식이 사용된 글은?

> 이 궁전 앞에서는 아마도 오늘 큰 잔치가 베풀어지나 보다. 별들이 활발하게 오가고, 바다에 내려온 별들은 뱃전에 부딪혀 은가루가 되었다가는 다시 별이 되는 요술을 부리고 있다.

① 영화는 스크린이라는 공간 위에 시각적으로 흐르는 예술이며, 연극은 무대라는 공간 위에서 시간적으로 흐르는 예술이다.

② 소년이 등을 돌려 댔다. 소녀가 순순히 업히었다. 걷어 올린 소년의 잠방이까지 물이 올라왔다. 소녀는 "어머나!" 소리를 지르며 소년의 목을 끌어안았다.

③ 반쯤 솟아오른 것을 보니, 마치 해가 바닷물 속에서 솟아 나오는 것 같고, 해면과 접한 부분은 황금빛으로 빛난다. 수평선에서 막 떨어졌을 때 약간 가로 퍼진 타원형으로 되면서 꿈틀거린다.

④ 까치는 다양한 음식을 즐기는 새다. 곤충을 비롯하여 달팽이, 지렁이, 쥐, 과일, 나무 열매, 감자, 토마토, 콩은 말할 것도 없고, 인가에서 버리는 먹다 남은 찌꺼기며 다른 새의 알이나 병아리까지 먹는다.

⑤ 사람은 사회적 동물이다. 사람은 본성적으로 다른 사람들과 공동체를 이루어 살게 되어 있다. 따라서, 자기 자신만을 내세우는 유아독존적 생활 태도는 지양되어야 한다. 토마스 만의 말대로 인간은 하나하나의 개체로서가 아니라 그 개체의 상호 연합에 의해서만 위대성이 구현되기 때문이다.

advice 제시된 글은 묘사의 방법으로 내용을 전개하고 있다. 묘사는 대상의 세부 요소들에 대한 감각적 인상을 있는 그대로의 언어로 표현하는 방법이다.
① 비교·대조 ② 서사 ③ 묘사 ④ 예시 ⑤ 논증

29 다음 중 퇴고(고쳐쓰기)의 과정으로 옳은 것은?

① 글 전체 – 문단 – 문장 – 단어 – 띄어쓰기·맞춤법
② 문장 – 단어 – 문단 – 띄어쓰기·맞춤법 – 글 전체
③ 단어 – 문장 – 문단 – 글 전체 – 띄어쓰기·맞춤법
④ 띄어쓰기·맞춤법 – 단어 – 문단 – 문장 – 글 전체
⑤ 글 전체 – 띄어쓰기·맞춤법 – 단어 – 문장 – 문단

advice 퇴고(고쳐쓰기)는 '글 전체 수준 – 문단 수준 – 문장 수준 – 단어 수준'의 순으로 이루어져야 한다.

Answer 28.③ 29.①

30 다음 글이 가지고 있는 문제점을 바르게 지적한 것은?

> 요즘 청소년들은 모두 다 자신의 개성과 주관이 뚜렷하다. 자신의 개성을 표현하기 위해 교복 치마와 바지를 줄인다. 일명 '엉덩이 뽈록치마'와 '쫄쫄이 바지'로 불린다. 다 자신들의 개성을 표현하려고 줄여 입는다지만 옷을 줄인다는 것은 자신의 개성을 나타내는 것보다는 유행을 따라 하는 것이고, '나 좀 봐 주세요!'란 표현으로밖에 생각되지 않는다. 청소년들은 우리 것의 소중함도 모르고 오히려 남의 것만 좋아하는 경향이 있다. 요즈음의 이런 현상을 청소년들은 10대의 문화라고 하지만, 일본에서 들어온 것을 따라 한다는 것은 모방이지 그들만의 문화라 할 수 없다. 문화는 그들이 창조하고 만들어 가는 것이기 때문이다. 그러나 다행스럽게도 일부 의식 있는 청소년들은 우리 것을 아끼자는 생각을 가지고 있다.

① 주제가 명확하지 않다.
② 단어의 사용이 잘못되었다.
③ 문장이 어법에 맞지 않는다.
④ 중심 내용에 대한 근거가 타당하지 않다.
⑤ 맞춤법과 띄어쓰기가 바르지 않다.

advice 청소년들의 개성과 주관이 뚜렷하다고 진술한 처음 부분과 그렇지 않다고 진술한 뒤 부분의 내용이 상반되면서 글의 주제가 모호해졌다.

31 다음 내용을 바탕으로 글을 쓸 때 그 주제로 알맞은 것은?

> • 경찰청은 고속도로 갓길 운행을 막기 위해 갓길로 운행하다 적발되면 30일 간의 면허 정지 처분을 내리기로 결정했다.
> • 교통사고 사망률 세계 1위라는 불명예는 1991년에 이어 1992년에도 계속되었다.
> • 교통사고의 원인으로는 운전자의 부주의와 교통 법규 위반이 비율이 가장 높다.
> • 교통 법규 위반자는 자신의 과실로 다른 사람에게 피해를 준다는 점에서 문제가 더욱 심각하다.
> • 우리나라는 과속 운전, 난폭 운전이 성행하고 있다. 이를 근절하기 위한 엄격한 법이 필요하다.

① 교통사고를 줄이기 위해서는 엄격한 법이 필요하다.
② 사고 방지를 위한 대국민적인 캠페인 운동을 해야 한다.
③ 교통사고의 사망률은 교통 문화 수준을 반영한 것이다.
④ 올바른 교통 문화 정착을 위해 국민적 자각이 요구된다.
⑤ 교통사고를 줄이기 위해 경찰청의 노력이 더욱 요구된다.

advice 제시된 내용은 교통사고가 교통 법규를 제대로 지키지 않은 데서 발생하며, 이를 근절하기 위해 보다 엄격한 교통 법규가 필요함을 강조하고 있다.

Answer 30.① 31.①

32 다음 글의 ㉠~㉤을 바르게 고쳐 쓴 것 중 옳지 않은 것은?

> ㉠난 아르바이트를 마치고 집에 걸어오는데 벚꽃이 ㉡활짝피어있어서 기분이 매우 좋았다. 하지만 날씨가 너무 덥고 사람들이 너무 많아서 좀 그랬지만 그보다 장사하려는 사람들을 경찰이 못하게 막고 있는 것이 더 기분이 나빴다. 장사를 못하게 하는 이유는 거기서 ㉢장애인들에 장사를 하라고 ㉣허가를 주었기 때문이다. 그래도 비장애인들과 장애인들이 같이 장사를 했으면 더 ㉤좋았을 걸 하는 생각이 들었다.

① ㉠ 난 → 내가
② ㉡ 활짝피어있어서 → 활짝피어 있어서
③ ㉢ 장애인들에 → 장애인들에게
④ ㉣ 허가를 주었기 때문이다. → 허가했기 때문이다.
⑤ ㉤ 좋았을 걸 → 좋았을걸

advice ㉡ 활짝피어있어서 → 활짝 피어 있어서, 문장의 각 단어는 띄어 씀을 원칙으로 한다.

33 다음 글에 이어질 내용으로 가장 알맞은 것은?

> 우리 민족은 문화적 독창성이 없고 모방적이라고 한다. 한국의 불교, 유교 등은 외국에서 들어온 종교나 사상이며, 한국의 전통적 미술도 중국에서 건너 온 것이라고 한다.
> 그러나 어떠한 민족도 순수하게 고유한 문화는 가지고 있지 않다. 서양의 여러 민족들이 다른 나라에서 발생한 기독교를 받아들였다고 해서 이 민족들을 모방적이라고 하지 않는다. 원효(元曉)의 종교 개혁 운동, 석굴암의 미술, 고려의 청자나 금속 활자 등은 그 문화의 기원이 외국에 있다고 하더라도, 이것은 우리 민족의 독창적 활동의 결과로 이루어진 것이다.

① 우리 민족은 문화적 독창성이 뛰어나다.
② 우리 민족은 고유의 특성 있는 문화를 유지해 왔다.
③ 우리 민족은 독자적 문화 수용의 태도를 가지고 있다.
④ 우리 민족은 우수한 문화를 계승할 능력을 가지고 있다.
⑤ 우리 민족은 창조를 위한 적극적인 모방의 태도를 보였다.

advice 두 번째 형식 문단에서 우리 민족이 문화적으로 독창성이 없음에 대해 반론을 제기하고 있다. 따라서 제시된 글에 이어질 내용에서는 우리 민족이 지닌 독창성에 대해 긍정적인 입장으로 글이 전개될 것이다.

Answer 32.② 33.①

34 다음은 '승용차 같이 타기 운동'이라는 제목으로 4단 구성의 글을 쓰기 위해 개요를 작성한 것이다. '전환' 단계에 들어갈 내용으로 가장 적당한 것은?

Ⅰ. 도입
　　㉠ 출근 시간이면 '승용차를 함께 탑시다.'라는 팻말과 함께 승용차를 같이 타는 모습을 볼 수 있다.
　　㉡ 이 운동은 부녀회 중심으로 자발적으로 전개되고 있다.
Ⅱ. 전개
　　㉠ 우리나라는 출근 전쟁을 매일같이 치른다고 할 수 있을 정도로 교통난이 심각하다.
　　㉡ 이 운동은 교통난을 해소하는 좋은 방법이 된다.
　　㉢ 승용차 같이 타기 운동이 소수의 차원에서 일시적인 운동으로 끝날 우려가 있다.
Ⅲ. 전환
　　________________________________
Ⅳ. 결말
　　㉠ 이 운동이 지속적으로 이루어지고 전국적으로 확산되도록 노력해야 한다.
　　㉡ 더 큰 성과를 위해 매스컴의 협조를 기대한다.

---

① 이 운동은 더불어 사는 사회를 만드는 데 기여한다.
② 승용차 같이 타기 운동과 함께 다른 운동을 벌여야 한다.
③ 교통난을 해소하는 방안은 대중교통 수단의 확충에 있다.
④ 승용차 같이 타기 운동은 교통 문제를 해결하는 유일한 수단이 아니다.
⑤ 승용차 같이 타기 운동이 조직적이고 체계적으로 이루어지는 방안으로는 여러 가지가 있다.

advice '전개'에서 승용차 같이 타기 운동이 일시적인 것으로 끝날 우려를 드러냈으므로, '전환'에서는 이 운동이 지속적으로 이루어지는 방안을 제시하는 것이 좋다.

Answer 34.⑤

35 다음 글의 밑줄 친 ㉠~㉢ 중 주제에 어긋나 전체의 통일성을 깨뜨리고 있는 것으로만 묶은 것은?

> 근래에 본받아야 할 청백리로 변영태가 꼽힌다. ㉠그가 특사가 되어 필리핀에 가게 되었을 때의 일이다. 필리핀은 더운 나라이므로 동복과 하복을 가져가라고 외무부에서 권했지만, 변영태는 매서운 추위 속에서도 하복을 입은 채로 떠났다. ㉡매일 운동을 하던 아령도 휴대하지 않았다. 수하물 운송료를 줄이기 위해서였다. 마닐라에서도 전차와 버스 편으로 다녔다. ㉢그는 외무부 장관으로서 국제회의에 참석할 때마다 남은 출장비를 꼬박꼬박 반납했고 직원들에게도 해외에서의 걷기와 버스타기를 권했다. ㉣그는 6 · 25 직후 부산 피난 시절 퇴근 후 사택에서도 자정까지는 넥타이를 맨 채 바지만 바꿔 입고 일을 계속했으며 대통령으로부터 전화가 오면 꼿꼿한 자세로 받았다. ㉤장관직에서 물러나 있을 때는 담담하게 영어 학원에 나가면서 생계를 이었고, 논어를 영역하던 중 연탄가스로 숨졌다. 장례도 고인의 뜻에 따라 가족장으로 치렀고 정부에서 나온 부의금 300만 원은 대학에 희사했다.

① ㉠㉡
② ㉠㉢
③ ㉠㉣
④ ㉡㉢
⑤ ㉣㉤

advice 이 글의 주제는 변영태가 청백리라는 사실이다.
㉠은 청백리와 직접적인 관계가 없는 내용이며, ㉣은 책임감, 상사에 대한 충성심에 어울리는 내용이다.

36 다음의 경고문을 보고 심한 불쾌감을 느꼈다면 이 경고문은 어떤 문제점을 지니고 있는 것이다. 그 문제점으로 옳지 않은 것은?

> 쓰레기는 쓰레기 봉투에 담아 버리시오.
> 그냥 버리는 사람은 고발 조치하겠음.

① 강한 명령형의 어조를 사용하였다.
② 독자에 대한 예의를 지키지 않았다.
③ 독자를 위협하는 내용으로 되어 있다.
④ 읽을 사람의 기분을 전혀 고려하지 않았다.
⑤ 독자의 지적 수준을 무시하고 과소평가했다.

advice 제시된 경고문은 독자에게 불쾌감을 준다는 문제점을 지니고 있다. 독자의 지적 수준과는 전혀 관계가 없다.

Answer 35.③ 36.⑤

37 다음 신문 기사에 어울리는 제목을 붙일 때 가장 참신한 느낌을 주는 것은?

> 서울 중구 신당동에 사는 주부 최모(40세) 씨는 며칠 전 초등학교 4학년인 아들에게 "스스로 책을 사서 읽고 새 천년을 설계해 보아라."라며 1만 원짜리 도서 상품권 두 장을 선물했다. 하지만 김씨는 아들이 책은 한 권도 사지 않고 도서 상품권을 패스트 푸드점에서 음식값으로 다 써 버렸다는 사실을 뒤늦게 알고 너무나 황당했다.
>
> 1991년, 양서 보급 확대를 위해 도입된 도서 상품권이 최근 일부 패스트 푸드점에서 '음식권'으로 둔갑하고 있다. 도서 상품권을 발매하는 (주)한국 도서 보급이 지난 해 11월 패스트 푸드 업체 두 곳과 음식값을 도서 상품권으로도 지불할 수 있도록 협정을 맺었기 때문이다. (주)한국 도서 보급측은 "최근 도서 상품권 시장이 크게 위축돼 이를 해결하기 위한 차원에서 내린 결정이었다."라며 앞으로 그 대상을 확대할 계획이라고 말했다. 12일 서울 시내 한 패스트 푸드점에서 도서 상품권으로 음식값을 낸 박모(10세, 초등 3년)양은 "작은아버지께서 책을 사라고 주신 것이지만, 먹을 것을 사는 데 써도 될 것 같다."라고 말했다. 또, 이 매장 관계자는 "하루 평균 매출액의 1% 가량이 도서 상품권으로 들어오고 있다."라고 말했다. 어린이 도서 연구회의 한 임원은 아이들에게 도서 상품권을 주는 것은 책을 사서 읽으라는 뜻이라며 "양서 보급 확대라는 도서 상품권의 취지가 변질될 수 있다."라고 우려했다.

① 도서 상품권으로 음식 사기   ② 햄버거가 책을 잡아먹는다?
③ 책을 살까? 햄버거를 살까?   ④ 도서 상품권이 잘못 쓰이고 있다.
⑤ 패스트 푸드점에서도 사용되는 도서 상품권

> **advice** 이 기사문의 주제는 '양서 보급 확대라는 도서 상품권 본래의 취지가 변질되고 있다.'이다.
> ① 이 글이 기사문인지, 안내문인지 알 수 없는 모호한 제목이다.
> ③ 독자의 시선을 끌 수는 있으나 기사의 본래 취지를 충분히 반영하지 못하고 있다.
> ④⑤ 너무 평범해서 독자의 관심을 끌지 못한다.

38 다음 글의 주제문으로 알맞은 것은?

> 나는 해와 달과 별을 사랑한다. 구름과 바람, 그리고 비와 눈과 안개를 사랑한다. 꽃과 잎과 열매는 또 얼마나 사랑스러운 것들인가? 새 한 마리, 풀벌레 한 마리가 다 사랑스러운 것이다.

① 나는 자연을 사랑한다.   ② 나는 내 인생을 사랑한다.
③ 나는 모든 생명을 사랑한다.   ④ 나는 내가 하는 일들을 모두 사랑한다.
⑤ 나는 아름다운 존재를 사랑한다.

> **advice** '해, 달, 별, 구름, 바람, 비, 눈, 안개, 꽃, 잎, 열매, 새, 풀벌레' 등을 사랑한다고 말하고 있으며, 그런 존재를 포괄할 수 있는 말을 찾는다.

Answer 37.②   38.①

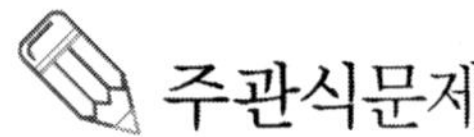 주관식문제

1 〈보기〉의 주어진 조건에 맞추어 다음 글을 요약하여 쓰시오.

> 돼지의 목은 짧다. 없다고 하여도 과언이 아닐 정도로 짧다. 그러나 목이 짧다고 해서 반드시 못난 것이요, 길다고 해서 잘났다는 법이 어디 있는가? 목이 길기로는 기린이 수석이다. 그러나 그 기다란 목을 늘이고 좌로 우로, 혹은 전후로 상하로 이리 돌리고 저리 돌리는 그 줏대 없는 겁쟁이 태도는 보기에 어떠한가? 이리 살피고 저리 살피고 어슬렁어슬렁 걸어가는 그 보조는 풍신 좋은 체구와는 전연 판판이다. 돼지는 다행히 짧아서 곧은 목이다. 고집은 셀지 모르나 좌고우시(左顧右視)의 추태는 있을 수 없다. 목표를 향하여 일직선으로 직진할 뿐이다.

- 돼지와 기린을 비교하는 문장으로 쓸 것
- 한 문장으로 요약하여 쓸 것

⇒ 요약문 : ____

》 정답예시

목이 짧지만 태도가 당당한 돼지가 목만 길고 줏대 없는 기린보다 더 낫다.

》 해설

이 글은 짧은 목을 가진 돼지와 긴 목을 가진 기린을 대조하면서 돼지는 비록 짧은 목을 가졌지만 당당함을 보이고, 기린은 긴 목을 가졌지만 줏대가 없다 하여 돼지가 기린보다 낫다고 말하고 있다.

2 다음 글을 요약하여 한 문장으로 쓰시오.

오늘의 젊은이들은 무자비한 경쟁자, 영악한 개인주의자, 호연지기와 정의감을 상실한 창백한 기능주의자, 원칙 없이 적응만 잘하는 요령주의자로 변질되고 있다. 이러한 비극적 상황에서 요청되는 것은 도덕적 질문을 제기하는 진지한 자세다. 옳으냐 아니면 그르냐의 관점에서 현실을 진단하고, 그 진단에 따라 자신의 삶을 엮어 가는 진지한 자세가 요청되는 것이다. 내일의 엘리트가 되어야 할 오늘의 젊은이들이 이러한 자세를 갖추지 못할 때 그들은 오늘의 이리떼가 되고 만다. 오늘의 이리떼는 내일의 폭군이나 사기꾼이 될 것이다. 그렇다면 조국의 미래는 암담함, 바로 그것이다.

⇒ 요약문 : ＿＿＿＿＿＿＿＿＿＿＿＿＿＿＿＿＿＿＿＿＿＿＿＿＿＿＿＿＿＿＿＿

≫ 정답예시

오늘의 젊은이들은 현실에 대한 도덕적 진단에 따라 자신의 삶을 엮어 가는 진지한 자세를 갖추어야 한다.

≫ 해설

이 글의 중심 내용은 두 번째와 세 번째 문장에 담겨 있다. 따라서 이 두 문장을 적절히 요약하여 요약문을 작성한다.

3　다음은 '적조 현상'에 관한 글이다. 아래의 조건에 맞추어 세 문장으로 요약하시오.

적조 현상이란 오염 물질이 육지로부터 바다에 흘러들어 바닷물이 부영양화 상태를 나타내고 수온이 급격하게 상승할 때 식물성 플랑크톤이 폭발적으로 번식하여 바닷물이 검붉게 변하는 현상을 말한다. 적조가 발생하면 바닷물 속의 용존 산소가 급격히 감소하고 여기에 황화수소, 암모니아, 메탄가스 등의 유해 물질도 함께 발생하기 때문에 부근 해역에 서식하는 어패류는 떼죽음을 당하고, 특히 생물이 밀집하여 서식하는 양식장은 치명적인 타격을 받는다. 우리나라 연안에서 적조 현상이 처음으로 기록·보고된 것은 1962년이다. 그 후 1970년대 중반까지는 일부 폐쇄성 남해 연안에서 여름철에 소규모로 발생하여 일주일 정도 지속하다 그치는 정도였으며, 이때 번식한 식물성 플랑크톤은 독성이 없는 규조류였기 때문에 피해 규모도 비교적 작았다. 그러나 1980년대부터 발생한 적조 때부터 맹독성 편모 조류가 나타나기 시작하였고 피해액도 수십억 원을 넘게 되었다. 그 후 적조는 지금까지 매년 남해안 곳곳에서 발생해 왔으며 발생 시기도 여름 한철이 아니라 4월부터 10월까지로 확대되었다. 적조 현상을 일으키는 직접적인 원인은 유독성 플랑크톤을 폭발적으로 번식하게 하는 해수 조건이다. 성장에 필요한 영양 물질이 해수에 풍부하고 수온이 적절한 경우, 유독성 적조 플랑크톤은 천문학적 숫자로 늘어나고 그 해역은 일시에 독수대(毒水帶)로 변한다. 육지에 버려지는 생활 오수와 공장 폐수가 이 조건을 만들어 내고, 농경지에 뿌려지는 비료와 축산 폐수도 바다에 유입되면 적조 생물이 성장하기 좋은 영양 물질이 된다.

- 대상의 정의를 제시한다.
- 대상의 확대 과정을 제시한다.
- 대상의 발생 원인을 제시한다.

⇒ 요약문 : ＿＿＿＿＿＿＿＿＿＿＿＿＿＿＿＿＿＿＿＿＿＿＿＿＿＿＿＿＿＿＿＿＿＿＿＿＿

》 정답예시

적조 현상은 식물성 플랑크톤의 폭발적 번식으로 바닷물이 검붉게 변하는 현상을 말한다. 적조 현상은 최근에 이르기까지 시간이 흐를수록 더욱 심각해지면서 이로 인한 피해 규모가 늘어나고 있다. 적조 현상은 원인은 유독성 플랑크톤을 폭발적으로 번식하게 하는 해수 조건이다.

》 해설

이 글은 우리나라에 나타나는 적조 현상이 시간이 지남에 따라 점차 심각해지고 있음을 밝히고 있다. 적조 현상이 무엇인지를 이해하고 시대별로 우리나라가 어떤 피해를 입고 있는지, 또한 그것을 일으키는 원인은 무엇인지 세부적인 내용을 파악하여 문장으로 정리한다.

4 〈보기〉는 주제문과 뒷받침 문장의 구성 요건을 설명한 것이다. 다음을 읽고 주어진 글에 맞는 주제문을 작성하시오.

사람들은 누구나 인생에서 자신만의 소중한 꿈을 추구하며 살아간다. 하지만 성공의 정점에서 사람들은 희열보다는 허탈감을 느끼는 경우가 많다. 더 이상 도전할 목표가 없을 때, 더 이상 마음 졸이며 소망하던 이상을 상실하였을 때, 삶의 정열과 보람은 더 이상 자신의 것이 아님을 알게 된다. 가난하지만 하루 하루 미래의 환한 청사진을 마음에 품고 사는 가정이, 부유하지만 더 이상 추구할 이상을 지니지 못한 채 무기력하게 생활하는 가정보다 행복할 수 있는 것도 이러한 이치인 것이다.

- 단락의 주제는 뒷받침 문장에 의해 충분히 뒷받침되어야 한다.
- 단락 안의 모든 문장은 주제와 관련이 있어야 한다.
- 단락 안의 뒷받침 문장들은 서로 긴밀하게 관련을 맺어야 한다.

⇒ 주제문 : ____

》 정답예시

인생의 참다운 가치는 이상을 추구하는 과정 속에 있다.

》 해설

뒷받침문장들의 의미는 모두 이상을 추구하며 살아가는 삶이 진정으로 행복하다는 것을 말하고 있다.

5 〈보기〉의 주어진 단어를 이용하여 다음 글의 주제문을 한 문장으로 작성하시오.

예부터 농악이나 풍물굿 등에 쓰였던 꽹과리, 장구, 북, 징 등 네 개의 타악기로 이루어진 사물(四物)이 '신을 부르는 소리'로까지 격찬을 받으며 '사물놀이'로 탄생되었다. 이는 1978년에 열렸던 '제1회 공간 전통 음악의 밤'에서 젊은 국악인 네 명이 '웃다리 풍물—경기·충청 가락'을 발표함으로써 비롯되었다. 이들이 보여 준 진지하고도 신명나는 사물놀이 연주는 남사당을 통해 이어져 온 전통 음악의 신명나고 건강한 부분을 온전하게 계승하여 우리의 잊혀진 감성과 무뎌져 가는 귀를 다시 열어 주었으며, 나아가 우리 민족 음악의 특수성이 세계 음악의 보편성으로 각광 받는 계기를 열어 주었다.

사물놀이, 계승, 전통

⇒ 주제문 : ____

》 정답예시

사물놀이는 우리의 전통 음악을 계승하여, 세계에 우리의 음악을 알리는 계기를 마련하였다.

》 해설

이 글은 '사물놀이의 의의' 또는 '사물놀이의 발생 의의'에 대해 말하고 있는 글이다.

6 다음 항목들을 바탕으로 쓸 수 있는 주제문을 〈보기〉의 주어진 단어를 이용하여 한 문장으로 작성하시오.

- 여성도 교육을 받아야 한다고 생각하지만, 남성보다는 교육을 덜 받는 것이 당연하다고 믿고 있다.
- 여성도 직업을 가질 수 있다고 생각하지만, 남편이 원한다면 다니던 직장을 포기해야 된다고 생각하고 있다.
- 여성도 술을 마실 수 있다고 생각하지만, 여성이 술에 취한 것은 남성이 술에 취한 것보다 더 추하다고 생각한다.

가치관, 남성

⇒ 주제문 : 여성에 대한 사회적 편견은 ____

≫ 정답예시

여성에 대한 사회적 편견은 뿌리 깊은 남성 위주의 가치관에 근거하고 있다.

≫ 해설

주어진 항목들을 통해 알 수 있는 것은 여성에 대한 인식이 과거에 비해 다소 개선된 것처럼 보이나 사실은 여전히 남성 위주의 가치관에 의해 또 다른 형태의 편견으로 변형되었음을 보여 주고 있다는 것이다. 따라서 주제는 이런 편견이 남성 위주의 가치관에서 비롯된 것임을 밝히는 것이어야 한다.

7 다음은 어떤 글의 개요이다. 결론의 주제문을 한 문장으로 작성하시오.

I. 서론
　어린이 과보호의 문제점
II. 본론
　1. 문제의 배경
　　① 핵가족화 현상으로 인한 가족 우선주의
　　② 자녀에 대한 소유 의식
　2. 문제점의 규명
　　① 가정 차원의 문제점
　　　•아이의 경우－자기 중심적이고 비자주적인 태도 형성
　　　•부모의 경우－자녀에 대한 기대가 충족되지 않는 데서 오는 배신감과 소외감
　　② 사회 차원의 문제점
　　　•공동체 의식의 이완
　　　•시민 의식의 파괴
III. 결론
　（　　　　　　　　　）

⇒ 주제문 : _______________________________________

》 정답예시

과보호에 대한 인식을 새롭게 하고 건전한 가족 문화 형성을 위해 노력해야 한다.

》 해설

본론에서 어린이 과보호의 배경과 그로 인한 문제점을 가정, 사회 차원에서 드러내고 있으므로 이를 바탕으로 본문을 요약하고 주장하는 내용을 찾아야 한다.

8 다음은 '인터넷 매체의 법제화 방안'에 대한 글의 개요이다. 결론의 주제문을 한 문장으로 작성하시오.

1. 법제화의 필요성
   관련 법안의 필요성
2. 법제화의 목적
   가. 국민 개개인의 권익
   나. 기업의 이익 창출
3. 법제화 방안
   가. 기존 법안에 따른 인터넷 매체법
     • 정기 간행물 법안, 기타 간행물 규정안
     • 방송 · 언론 통신법
   나. 인터넷 매체 관련 독자법
     • 언론법으로서의 매체 기본접 제안
     • 매체의 종류에 따른 분류 도입
     • 인터넷 매체의 보장 · 보호 측면
   다. 현행법 개정
     • 헌법 21 개정 : 국민 권익 보장 강화
     • 표현의 자유의 구체적 내용 : 의사 표현, 정보, 알 권리, 정보 공개 청구권
   라. 현행법 보완 정책
     • 콘텐츠 진흥 정책
     • 신생 매체 교육 지원
     • 절충안 마련, 상충법 개정
4. 결론
   (   )

⇒ 주제문 : ____

》 정답예시

개인의 권익과 기업 이익 창출을 포괄하는 법안의 필요하다.

》 해설

이 글은 '인터넷 매체의 법제화 방안'에 대하여 말하고자 하며, 법제화의 목적은 '국민 개개인의 권익과 기업의 이익을 창출하는 것이다. 따라서 법제화의 목적에 부합하는 법안이 필요하다는 내용으로 주제를 작성하면 된다.

9 다음은 어떤 글의 개요이다. 결론의 주제문을 〈보기〉의 주어진 단어를 이용하여 한 문장으로 작성하시오.

Ⅰ. 서론 : 포장재 쓰레기 공해의 심각성
  1. 쓰레기 총량 중 포장재 쓰레기의 비중이 높아지고 있다.
  2. 재활용이 어려운 포장재 쓰레기가 급격히 늘어 공해를 유발하고 있다.
Ⅱ. 본론 1 : 포장재 쓰레기가 급증하게 된 원인
  1. 관련 업계가 과도한 포장 경쟁을 벌이고 있다.
  2. 소비자들은 호화로운 포장을 선호하는 경향이 있다.
  3. 관계 당국은 문제 해결을 위한 적절한 대책을 세우지 못하고 있다.
Ⅲ. 본론 2 : 포장재 쓰레기로 인한 환경 오염 방지 대책
  1. 기업은 포장보다는 상품의 질로 경쟁해야 한다.
  2. 소비자는 실속을 중시하는 합리적 소비 생활을 해야 한다.
  3. 당국은 재활용이 가능한 포장재 생산과 사용을 적극 권장해야 한다.
Ⅳ. 결론
  (   )

생산, 소비, 상품

⇒ 주제문 : ____________________________________

》 정답예시
상품의 생산과 소비에서 환경을 먼저 생각하는 자세가 필요하다.

》 해설
포장재 쓰레기가 급증하게 된 원인을 관련 업계, 소비자, 관계 당국의 측면에서 살피고 있으므로, 생산과 소비에서의 환경에 대한 바람직한 자세를 결론에서 밝혀야 한다.

10 '합창 동호회'를 광고하는 글을 쓰려고 한다. 〈보기〉의 조건을 지켜 광고문을 작성하시오.

- 비유를 사용하여 표현할 것
- 동호회 활동의 의의를 완곡하게 드러낼 것
- 유사한 문장 구조를 반복하여 리듬감을 살릴 것

⇒ 광고문 : ____

____

≫ 정답예시

우리가 모여서 목소리를 내면 악보 속 음표들이 잠을 깹니다. 목소리들이 화음을 이루면 음표들은 춤을 춥니다. 음표들이 춤을 추면 우리 세상도 춤을 춥니다.

≫ 해설

'음표가 잠을 깬다.', '음표가 춤을 춘다.', '세상이 춤을 춘다.'는 비유적 표현을 사용한 예이고, 동호회 활동이 '세상을 즐겁게 한다.'는 내용을 완곡하게 드러내고 있으며, '~하면 ~한다'라는 구조의 문장을 세 번 반복하여 리듬감을 살리고 있다.

11 다음의 문장을 비유와 예시를 사용하여, 적절하게 구체화하여 한 문장으로 다시 쓰시오.

> 우리가 서구 문화의 유입 속에서도 꿋꿋이 우리의 전통 문화를 지키는 것은 매우 가치 있고 중요한 일이다.

⇒ ____

>> 정답예시

오늘날 서구 문화가 물밀듯이 밀려드는 상황에서도 흔들리지 않는 나무처럼 버티고 서서 우리의 국악, 탈춤, 판소리와 같은 전통 문화를 지키는 것은 매우 가치 있고 중요한 일이다.

>> 해설

주어진 조건인 비유와 예시를 사용하여 적절하고 효과적으로 표현하여 문장을 작성한다.

12 다음 글의 밑줄 친 부분을 자연스러운 문장이 되도록 한 문장으로 고쳐 쓰시오.

> 인류가 옷을 처음 입기 시작한 이유는 추위나 여러 가지 위험 등으로부터 자신을 보호하기 위함이었다. 문명이 발전하면서 새로운 기능이 의복에 첨가되었다. 의복은 지위를 나타내기도 하고, 자신을 좀 더 아름답게 표현할 수 있는 수단이 되기도 하였다. 우리는 사람을 처음 대할 때에 그 사람이 입은 옷에서 강한 인상을 받기도 하고, 옷을 통해서 그 사람의 안목과 성격을 짐작하기도 한다. 이처럼 <u>보호 수단으로서보다는 상대방에게 자기의 이미지를 전달하기도 하므로, 의생활에서는 실용성에 더 신경을 써야 한다.</u>

⇒ ____

>> 정답예시

옷은 자신의 신체를 보호하는 기능뿐 아니라 상대방에게 자기의 이미지를 전달하는 기능도 지니므로, 의생활에서는 표현성도 고려해야 한다.

>> 해설

주어진 글의 '추위나 여러 가지 위험 등으로부터 자신을 보호'와 '우리는 사람을 처음 대할 때에 그 사람이 입은 옷에서 강한 인상을 받기도 하고, 옷을 통해서 그 사람의 안목과 성격을 짐작하기도 한다.'라는 부분을 통해 알 수 있는 주제를 참고하여 자연스러운 문장이 되도록 고쳐쓴다.

13 (가)의 일기를 소재로 (나)와 같이 시를 창작하고자 한다. ㉠에 알맞은 구절을 〈보기〉의 조건에 맞추어 쓰시오.

(가) 벌써 아들이 세상을 떠난 지 일 년이 지났다. 어린 손자를 데리고 성묘를 갔다. 집에서 기르던 개 두 마리도 데리고 갔다. 준비해 간 보잘것없는 제수를 펼쳐 놓고 나도 모르게 취해 버렸다. 해질 녘에야 졸리운 듯 비틀대는 손자 손목을 부여쥔 채 산을 내려왔다.

(나) 흰 개가 앞서서 가고 누렁개가 뒤따라 가네.
들판은 풀이 무성하고 무덤들만 덩그러니 놓여 있네.
　　　　　　　　㉠
날은 저물고 취해 돌아오는 길에 아비 잃은 손자 손을 부여쥐었네.

- (가)의 이야기를 충분히 반영할 것
- 시 전체의 분위기를 고려할 것
- 시각적 이미지를 활용할 것
- 띄어쓰기를 포함하여 25자 이내로 쓸 것

⇒ ___________________________________

≫ 정답예시

한 칸 무덤 너머 지는 태양 빛

≫ 해설

(가)는 손자와 개 두 마리를 데리고 성묘를 갔다가 그곳에서 취해 해질녘에 손자를 데리고 집으로 돌아오는 것이 주된 내용이다. (나)에는 무덤에서 준비한 음식을 차려 놓고 술에 취해 버린 화자의 모습이 나타나 있지 않다. 따라서 시각적 이미지를 고려하면서, ‘무덤’과 ‘해지는’ 등의 배경을 통해 쓸쓸하고 외로운 분위기를 느낄 수 있는 내용으로 적절히 구상하여 작성하면 된다.

새로 추가된 표준어 목록

 **2016. 12. 27. 추가목록**

① 추가 표준어(4항목)

추가된 표준어	현재 표준어
걸판지다	거방지다
겉울음	건울음
까탈스럽다	까다롭다
실뭉치	실몽당이

* '까탈스럽다'가 표준어로 인정됨에 따라 같은 계열이 '가탈스럽다'도 표준어로 인정됨

② 추가 표준형(2항목)

추가 표준어	현재 표준어	뜻 차이
엘랑	에는	• 표준어 규정 제25항에서 '에는'의 비표준형으로 규정해 온 '엘랑'을 표준형으로 인정함. • '엘랑' 외에도 'ㄹ랑'에 조사 또는 어미가 결합한 '에설랑, 설랑, -고설랑, -어설랑, -질랑'도 표준형으로 인정함. • '엘랑, -고설랑' 등은 단순한 조사/어미 결합형이므로 사전 표제어로는 다루지 않음.
주책이다	주책없다	• 표준어 규정 제25항에 따라 '주책없다'의 비표준형으로 규정해 온 '주책이다'를 표준형으로 인정함. • '주책이다'는 '일정한 줏대가 없이 되는대로 하는 짓'을 뜻하는 '주책'에 서술격조사 '이다'가 붙은 말로 봄. • '주책이다'는 단순한 명사+조사 결합형이므로 사전 표제어로는 다루지 않음.

① 현재 표준어와 같은 뜻을 가진 표준어로 인정한 것(복수 표준어로 인정-4개)

추가된 표준어	현재 표준어
마실	마을
이쁘다	예쁘다
찰지다	차지다
-고프다	-고 싶다

* '마실'은 '이웃에 놀러 다니는 일'의 의미에 한하여 표준어로 인정함. '마실꾼, 마실방, 마실돌이, 밤마실'도 표준어로 인정함. → '여러 집이 모여 사는 곳'의 의미로 쓰인 '마실'은 비표준어임.
* '이쁘다'가 표준어로 인정됨에 따라 '이쁘장스럽다, 이쁘장스레, 이쁘장하다, 이쁘디이쁘다'도 표준어로 인정함.

② 현재 표준어와 뜻이 다른 표준어로 인정한 것(별도 표준어로 인정-5개)

추가 표준어	현재 표준어	뜻 차이
꼬리연	가오리연	• 꼬리연 : 긴 꼬리를 단 연 • 가오리연 : 가오리 모양으로 만들어 꼬리를 길게 단 연. 띄우면 오르면서 머리가 아래위로 흔들린다.
의론	의논	• 의론(議論) : 어떤 사안에 대하여 각자의 의견을 제기함. 또는 그런 의견 • 의논(議論) : 어떤 일에 대하여 서로 의견을 주고받음 * '의론되다, 의론하다'도 표준어로 인정함.
이크	이키	• 이크 : 당황하거나 놀랐을 때 내는 소리. '이키'보다 큰 느낌을 준다. • 이키 : 당황하거나 놀랐을 때 내는 소리. '이끼'보다 거센 느낌을 준다.
잎새	잎사귀	• 잎새 : 나무의 잎사귀. 주로 문학적 표현에 쓰인다. • 잎사귀 : 낱낱의 잎. 주로 넓적한 잎을 이른다.
푸르르다	푸르다	• 푸르르다 : '푸르다'를 강조할 때 이르는 말 • 푸르다 : 맑은 가을 하늘이나 깊은 바다, 풀의 빛깔과 같이 밝고 선명하다. * '푸르르다'는 '으불규칙용언'으로 분류함.

③ 현재 표준적인 활용형과 용법이 같은 활용형으로 인정한 것(복수 표준형-2개)

추가 표준어	현재 표준어	비고
말아 말아라 말아요	마 마라 마요	• '말다'에 명령형어미 '-아', '-아라', '-아요' 등이 결합할 때는 어간 끝의 'ㄹ'이 탈락하기도 하고 탈락하지 않기도 함.
노랗네 동그랗네 조그맣네 …	노라네 동그라네 조그마네 …	• ㅎ불규칙용언이 어미 '-네'와 결합할 때는 어간 끝의 'ㅎ'이 탈락하기도 하고 탈락하지 않기도 함. * '그렇다, 노랗다, 동그랗다, 뿌옇다, 어떻다, 조그맣다, 커다랗다' 등등 모든 ㅎ불규칙용언의 활용형에 적용됨.

2014. 12. 15. 추가목록

① 현재 표준어와 같은 뜻으로 추가로 표준어로 인정한 것(5개)

추가된 표준어	현재 표준어
구안와사	구안괘사
굽신*	굽실
눈두덩이	눈두덩
삐지다	삐치다
초장초	작장초

* '굽신'이 표준어로 인정됨에 따라, '굽신거리다, 굽신대다, 굽신하다, 굽신굽신, 굽신굽신하다' 등도 함께 인정됨.

② 현재 표준어와 뜻이나 어감이 차이가 나는 별도의 표준어로 인정한 것(8개)

추가 표준어	현재 표준어	뜻 차이
개기다	개개다	개기다 : (속되게) 명령이나 지시를 따르지 않고 버티거나 반항하다. ※ 개개다 : 성가시게 달라붙어 손해를 끼치다.
꼬시다	꾀다	꼬시다 : '꾀다'를 속되게 이르는 말. ※ 꾀다: 그럴듯한 말이나 행동으로 남을 속이거나 부추겨서 자기 생각대로 끌다.
놀잇감	장난감	놀잇감 : 놀이 또는 아동 교육 현장 따위에서 활용되는 물건이나 재료. ※ 장난감: 아이들이 가지고 노는 여러 가지 물건
딴지	딴죽	딴지 : 일이 순순히 진행되지 못하도록 훼방을 놓거나 어기대는 것. ※ 딴죽 : 이미 동의하거나 약속한 일에 대하여 딴전을 부림을 비유적으로 이르는 말.
사그라들다	사그라지다	사그라들다 : 삭아서 없어져 가다. ※ 사그라지다 : 삭아서 없어지다.
섬찟*	섬뜩	섬찟 : 갑자기 소름이 끼치도록 무시무시하고 끔찍한 느낌이 드는 모양. ※ 섬뜩 : 갑자가 소름이 끼치도록 무섭고 끔찍한 느낌이 드는 모양
속앓이	속병	속앓이 : 「1」속이 아픈 병. 또는 속에 병이 생겨 아파하는 일. 「2」겉으로 드러내지 못하고 속으로 걱정하거나 괴로워하는 일. ※ 속병 : 「1」몸속의 병을 통틀어 이르는 말 「2」'위장병'을 일상적으로 이르는 말 「3」화가 나거나 속이 상하여 생긴 마음의 심한 아픔
허접하다	허접스럽다	허접하다 : 허름하고 잡스럽다. ※ 허접스럽다 : 허름하고 잡스러운 느낌이 있다.

* '섬찟'이 표준어로 인정됨에 따라, '섬찟하다, 섬찟섬찟, 섬찟섬찟하다' 등도 함께 인정됨.

공무원시험/자격시험/독학사/검정고시/취업대비 동영상강좌 전문 사이트

공무원	9급 공무원	서울시 기능직 일반직 전환	각 시·도 기능직 일반직 전환	교육청 기능직 일반직 전환
	관리운영직 일반직 전환	사회복지직 공무원	우정사업본부 계리직	서울시 기술계고 경력경쟁
기술직 공무원	물리	화학	생물	
	기술계 고졸자 물리/화학/생물			
경찰·소방공무원	소방특채 생활영어	소방학개론		
군 장교, 부사관	육군부사관	공군부사관	해군부사관	부사관 국사(근현대사)
	공군 학사사관후보생	공군 조종장학생	공군 예비장교후보생	공군 국사 및 핵심가치
NCS, 공기업, 기업체	공기업 NCS	공기업 고졸 NCS	코레일(한국철도공사)	한국수력원자력
	국민건강보험공단	국민연금공단	LH한국토지주택공사	한국전력공사
자격증	임상심리사 2급	건강운동관리사	사회조사분석사	한국사능력검정시험
	국어능력인증시험	청소년상담사 3급	관광통역안내사	국내여행안내사
	텔레마케팅관리사	사회복지사 1급	경비지도사	경호관리사
	신변보호사	전산회계	전산세무	
무료강의	국민건강보험공단	사회조사분석사 기출문제	독학사 1단계	대입수시적성검사
	사회복지직 기출문제	농협 인적성검사	지역농협 6급	기업체 취업 적성검사
	한국사능력검정시험 백발백중 실전 연습문제		한국사능력검정시험 실전 모의고사	

서원각 www.goseowon.co.kr
QR코드를 찍으면 동영상강의 홈페이지로 들어가실 수 있습니다.

서원각

자격시험 대비서

| 핵심이론 〉 | 출제예상문제 〉 | 온라인강의 제공 |

임상심리사 2급

건강운동관리사

사회조사분석사 종합본

사회조사분석사 기출문제집

국어능력인증시험

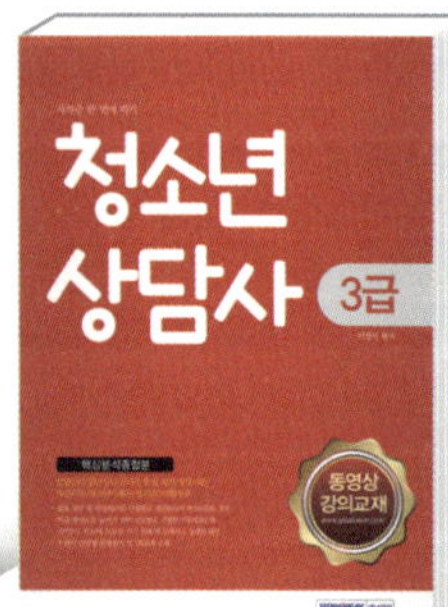
청소년상담사 3급

관광통역안내사 종합본

사회복지사 1급 기출문제 정복하기

서원각 동영상강의 혜택

www.goseowon.co.kr

>> 수강기간 내에 동영상강의 무제한 수강이 가능합니다.
>> 수강기간 내에 모바일 수강이 무료로 가능합니다.
>> 원하는 기간만큼만 수강이 가능합니다.